秦文明新探叢書

秦封泥集釋 上

劉瑞 編著

上海古籍出版社

本書獲得 2020 年度國家古籍整理出版專項經費資助

本書爲

國家社科基金項目"秦封泥分期與秦職官郡縣重構研究"（14BZS017）

國家社科基金重大招標項目"秦統一及其歷史意義再研究"（14ZDB028）

國家社科基金重大招標項目"秦漢三輔地區建築研究與復原"（18ZDA181）

階段性成果

謹以此書紀念秦始皇帝陵博物院建院 40 周年

"秦文明新探叢書"序

　　秦統一是中國歷史上的一件大事,它不僅終結了諸侯林立的"封建"亂世,促成了血緣政治向地緣政治的體制嬗變,同時也爲"百代秦政"的制度傳承和中華文明走向世界打下了堅實的基礎。

　　秦始皇是古代中國這場大變局的見證者和主導者,他所創建的皇帝制度,其精髓是以官僚體系和郡縣制爲保障的中央集權的治理模式。"書同文""車同軌",不但革除了舊有體制的弊端,也爲民族文化的深度交流和融合清除了障礙。

　　作爲中國歷史上第一個中央集權制王權,雖然在5000年文明長河中僅僅是曇花一現,但兩千年的滄海桑田、王朝更迭,卻一次次通過陳列在廣闊大地上的遺産和書寫於古籍裏的文字,帶給我們無限的驚喜和想象。

　　秦始皇帝陵是中國古代規模最大、結構最複雜、埋藏最豐富的帝王陵墓,是"世界最大的考古學儲備之一",是2200多年前人類智慧和勞動的結晶。兵馬俑是20世紀世界上最偉大的考古發現之一,是中華民族的驕傲和寶貴財富,是中華文明的精神標識。其恢弘壯觀的規模、豐富至高的内涵所體現的格局、氣度、神韻以及理念、智慧,都充分彰顯了重大的歷史、科學、藝術以及社會思想價值。

　　四十多年前秦兵馬俑的橫空出世,揭開了秦始皇帝陵歷史寶庫的冰山一角。數十年幾代學人的不輟耕耘,使這部塵封千年的歷史巨著被一頁頁漸漸打開。在這裏:象徵虎狼之師的軍事陣列,反映國家治理架構、皇家事務管理的神秘遺迹,展現社會標準化生産、精細化管理以及國家工程高超技藝的文物精品比比皆是。透過這些載體,映射給世人更多的是中華先民堅韌不拔、勇往直前的英雄氣概,是大秦帝國開放包容、不拘一格的治國理念,是管理集團以身作則、層層傳導的責任擔當,是大國工匠精益求精、追求完美的敬業精神。

　　秦始皇帝陵博物院是以秦始皇帝陵爲依托,在原秦始皇兵馬俑博物館的基礎上,整合秦始皇帝陵陵園(麗山園)而建成的一座現代化的遺址博物館。從1974年威武雄壯的兵馬俑橫空出世,到1979年一號兵馬俑陪葬坑正式對外開放;從1986年"秦俑學研究會"盛大啟幕,到1998—1999年石鎧甲、百戲俑陪葬坑驚世再現;從2003年秦陵地宫神秘面紗初現端倪,到2006—2007年文吏俑、青銅水禽破土而出;從2010年秦始皇陵國家考古遺址公園建成開放,到2019年秦始皇陵基本格局豹斑隱現、陵西大型陪葬墓浮出水面,到最終催生“秦文明研究中心”落户秦始皇帝陵博物院和西北大學,幾代秦俑人篳路藍縷,攻堅克難,使大批重要的遺迹和古代藝術珍品重現於世,爲全面解讀秦始皇帝陵的内涵、價值與意義提供了可能,也爲世界重新認識秦始皇及其時代打開了另一扇窗。

　　四十年彈指一揮間,在改革開放和煦春風的沐浴和“一帶一路”國家倡議的指引下,秦始皇帝陵博物院已從土石灘上一座孤立簡陋的保護大棚,發展成爲集考古遺址本體及其歷史環境風貌保護展示,融合了教育、科研、遊憩、休閒等多項功能爲一體的公共文化空間。

　　回顧數十年的學術歷程,秦始皇帝陵博物院始終秉持科研興院(館)的理念,引導科研人員,不斷提升業務能力和素質。學術團隊從無到有、由弱漸强,研究範圍也由考古學、歷史學向外輻射,擴展到政治史、軍事史、文化史、科技史、水利工程、建築環境、雕塑藝術等諸多領域。先後編輯出版了“秦俑·秦文化叢書”(如《秦始皇帝評傳》《秦軍事史》《秦始皇陵兵馬俑文物保護研究》等)、《秦文化論叢》(2011年更名爲《秦始皇帝陵博物院院刊》)等多部叢書或書刊;出版了《秦始皇陵兵馬俑坑一號坑發掘報告(1974～1984)》《秦始皇陵銅車馬發掘報告》《秦始皇陵銅車馬修復報告》《秦始皇帝陵園考古報告》(1999—2010年,共5册)《秦始皇帝陵出土一號青銅馬車》《秦始皇帝陵出土二號青銅馬車》《回顧與創新——秦始皇兵馬俑博物館开館三十周年紀念文集》《守護傳承　創新發展——秦始皇帝陵博物院建院四十周年紀念文集》《秦文字類編》《秦文字通假集釋》《秦始皇陵考古發現與研究》《日出西山——秦人歷史新探》《秦文字通論》《秦文化考古學之研究》《秦始皇帝陵一號兵馬俑陪葬坑發掘報告(2009～2011年)》《禮儀與秩序——秦始皇帝陵研究》等學術專著近百部。舉辦了“輝煌時代——羅馬帝國文物特展”“文明之海——從古埃及到拜占庭的地中海文明”“龐貝:瞬間與永恒”“曙光時代——意大利伊特魯里亞文明”“不朽之旅——古埃及人的生命觀”“瑪雅:重現的文明”等世界文明展覽系列;“平天下——秦的統一”“傳承與謀變——三晋歷史文化展”“泱泱大國——齊國歷史文化展”“幽燕長歌——燕國歷史文化展”“神秘王國——古中山國歷史文化展”“南國楚寶　驚采絶豔——楚文物珍品展”“水鄉澤國——東周時期吳越歷史文化展”“尋巴——消失的古代巴國”“帝國之路·隴東記憶——秦文化與西戎文化考古成果展”“帝國之路·雍城崛起——秦國歷史文化展”“銅鑄滇魂——雲南滇國青銅文化展”等東周歷史文化展系列;以及“溢彩流光——陝西出土秦金銀器展”“萌芽·成長·融合——東周時期北方青銅文化臻萃”“破譯秦朝:里耶秦簡中的帝國真相”“‘麗山園’遺珍——秦始皇陵園出土文物精華展”等專題展覽,爲促進中國古代歷史文化,尤其是秦漢歷史、考古、科技、藝術等研究做出了重要貢獻。

　　多年來,與秦始皇帝陵和兵馬俑的考古發現、學術研究相呼應,全國各地有關秦的考古發現也此起彼伏、層出不窮,極大地帶動了全球秦文明、秦文化以及秦歷史研究的縱深發展。尤其甘肅早期秦文化遺存、陝西鳳翔雍城、寶雞陽平、閻良櫟陽城、鄭國渠遺址、西安上林苑建築群、廢丘遺址("三秦"之雍王章邯所都廢丘)、秦咸陽城、咸陽早期秦王陵、臨潼秦東陵、湖南里耶古城、湖北荆州胡家草場秦墓、湖北宜城楚皇城、四川渠縣城壩遺址("宕渠"縣城)等考古發現，以及雲夢簡、放馬灘簡、王家臺簡、周家臺簡、里耶簡、嶽麓簡、清華簡、北大簡、相家巷封泥等大批地下出土文獻資料的面世，極大地彌補了文獻記載的不足，促進了秦史、秦文化研究的長足進步。

縱觀百年來中國乃至世界關於秦史、秦文明、秦文化研究的廣度、深度與維度，以及新時期社會對博物館保護、研究、展示、傳播職責和功能的認知和期盼，秦始皇帝陵博物院所做的工作顯然微不足道。由此，我們立足於秦始皇帝陵和兵馬俑目前的考古發現和專題研究，結合全國各地最新考古發現、文獻釋讀以及專題研究等領域的熱點問題，決定聯合上海古籍出版社，組織知名學者編寫這套"秦文明新探叢書"，以推進秦始皇帝陵博物院乃至全球秦文明、秦史、秦文化的專題研究和價值闡釋，爲保護遺産、傳承文明、弘揚文化提供支撑。

"秦文明新探叢書"第一批圖書，包含13個選題。這些選題將以秦統一的進程和意義爲主綫，在全球視野下用最新的政區擴張、戰爭防禦、官僚制度、法治思維、文字檔案、行政管理、社會治理、交通組織、民族融合等多維度視角，對秦始皇"奮六世之餘烈，振長策而御宇内"的偉大壯舉進行解讀和詮釋，以反映秦統一對中國歷史的貢獻和影響。

爲了保證圖書的權威性、可讀性和客觀性，項目組還邀請國内知名專家擔任審稿專家和學術顧問，對所有書稿進行審核。在此，謹向付出勞動的所有專家、撰稿人及工作人員表示誠摯的謝意！

未來項目組還將根據學術研究和展示需要，擇時組織叢書續編。

"秦文明新探叢書"的出版發行，是秦始皇帝陵博物院學術研究"立足陝西，面向全國，放眼全球"的一次有益嘗試，也是博物館人落實習近平總書記"強化中華民族精神標識"(兵馬俑)"一個博物館就是一所大學校"講話精神的具體實踐。兩千多年來，秦文化早已融入中國傳統文化的洪流之中，並部分沉澱爲民族文化基因，成爲過去、現在乃至未來治國理政、資政育人的重要源泉。今天，我們堅定文化自信，離不開對中華文明、中國歷史的認知和自覺。期待"秦文明新探叢書"能夠使更多的人"記得起歷史滄桑、看得見歲月留痕、留得住文化根脈"。

感謝上海古籍出版社對叢書出版的支持！

秦始皇帝陵博物院院長

侯寧彬

序

◎ 周曉陸

這兩年來新冠疫情很緊，全球群起抗疫，從社會經濟、教育到許多社會領域的活動都受到了耽誤，受到了損失。可是，也有的學者在這個階段極爲發奮，利用難得的空隙接連推出了學術論著。近日，我很高興看見了劉瑞先生的《秦封泥集釋》，這是録有超過2300個秦泥封品種，文字達140多萬的皇皇巨製。

近幾年，據我知道他就協助劉慶柱、李毓芳先生推出了《漢長安城未央宮骨簽（90册）》（中華書局，2020年），主編了《櫟陽瓦當》《櫟陽陶文》《櫟陽考古發掘與研究》（均爲科學出版社，2020年），並出版了《秦封泥集存》（中國社會科學出版社，2020年）。夸贊一位學者勞動成果的成語叫作“著作等身”，我在這裏毫不夸張地説，劉瑞在這兩三年中就真正做到了著作等身。

他給我看《秦封泥集釋》書稿，令人又驚又喜，這又是一部在秦泥封研究上的重要著作。先説一事，關於比較多的研究同仁稱爲“封泥”的這個文物，我以前在相關的書本、文章中也稱之爲“封泥”，後來經考慮之後，我認爲稱爲“泥封”應當更爲妥當，相關的觀點發表在《西泠藝叢》2019年12期上。在本篇的小序中，我在自己的叙述中稱爲“泥封”，在引用先賢和其他同仁叙述時，在徵引以往著作和文章時照舊録爲“封泥”，這裏就不展開關於這類文物命名的討論了，大家知道這篇序文中所講的“泥封”和“封泥”，指的是同一類文物就可以了。

劉瑞先生囑我在書稿前面講幾句話，我想既是考古學同仁感情所繫，也是與他共同走過的一段經歷的留念，也是至今古璽印和泥封縈回於腦際的一點思索，所以就應允了。和以前一樣，本人在回憶和研究的時候，一方面認識到舊有的可能的問題和錯誤，另一方面也可能會產生新的問題和錯誤，這一點上我也提醒讀者們注意和原諒，並請劉瑞和讀者予以指正。

一

劉瑞先生一開始接觸的秦泥封文物，與北京古陶文明博物館所藏的秦泥封有很大關係。借此機會，我要將古陶文明博物館，即路東之先生的秦泥封收藏的“小史”稍作梳理。在這之前，我就秦泥封與古陶文明博物館有關的發現的小史不止一次地做過簡單的回憶和報告，其中確實有不够準確、嚴謹之處，我想借忝爲劉瑞的大著小序之機，在與有關先生仔細核實之後，做出比較準確的回憶，以往所有的不確切之處由我負責，也對其他先生的引用表示歉意。

路東之先生從20世紀80年代後期開始，一方面進行他喜愛的文學創作，包括小説、散文、詩歌；另一方面也涉獵古代文物的收藏。他收藏的特點是比較少地關注宋、元、明、清之後的文物（書畫除外），比較多地關注從新石器時代到秦漢時代的文物，最早他以收藏西北地區的彩陶和戰國秦漢瓦當見長，曾經號稱北京市收藏界的"瓦當王"。其中，他也收藏了一些商代甲骨文、古代璽印，至遲在1986年他收藏了一百多枚古代泥封（以西漢、新莽、東漢泥封爲主）。這見於他在1991年12月出版的第一部詩集《情况》，不僅在詩文中提到了瓦當、碑石等收藏，附錄中提到的《二十"泥痕"記》一文就是指漢泥封的收藏。

在1995年的春天，路東之先生從西安地區不止一位收藏家和文物愛好者手中分幾批得到新見的泥封，對比他以往收藏的漢代泥封，泥質相對駁雜一些，泥塊及上面的印面要略小一些，泥封的面上多帶有十字界格，字體近於小篆，字畫纖勁，東之當時就認爲可能是早於漢代的泥封。當收藏到一定數量的時候，在1996年春節甫過，他到西安西北大學上門去求教秦漢考古學家王建新教授。由於王建新教授此時忙於赴日本講學，於是介紹路東之與我相識。當天，即1996年2月下旬那個早上，"我衣履不整地開了房門，由王建新先生介紹了大約同樣衣衫不整的東之兄。從懷疑他口稱見到一批定然早於西漢的封泥，到我細細地看過一通之後，激動地拍桌子留下他喝酒"（見《秦封泥集》，三秦出版社2000年，第456頁）。1995年春天，是東之敏感地發現和收藏秦泥封的開始，1996年初春是我們正式確認秦泥封的時間。

在1996年9月之前，我們的這一發現以及初步研究，一直面對着社會和學界的懷疑、不解、嘲諷以及反對的巨大壓力。當時的西安正陷在新發現《孫子兵法》的熱鬧當中，有許多同仁也將秦泥封的發現視爲和所謂《孫子兵法》一類的事情。在當年"五一"節之前，我們就複印了上百品新見的秦泥封紙本資料，有的寄出被拒收，有的約請專家結合實物看一眼而告没有時間，避之不及，這些都是出於學術的謹慎，我們深表理解，其中酸楚非他人可知。當時向省市級文物主管部門，以及數所綜合性、專題性博物館通報這次發現，無有回聲；最感激的是西北大學文博學院院長周偉洲教授親自陪我向省局作專門的匯報，可還是僅落得無人理睬；當時我們長嘆感慨道"懷璧之哭，豈惟昔者"！

1996年，將紀念西北大學考古專業成立40周年，當時西北大學的領導余華青教授、文博學院領導周偉洲教授，堅決支持我們的研究，並且定於當年12月在紀念儀式上正式向社會公布。在做出這一決定時，西北大學校内也有人提出了不同意見。爲慎重起見，有人提出赴北京請示李學勤先生，這是余華青先生以作思想工作的形式委婉地告訴我的。我聽後則是非常高興，自從1983年在南京博物院研究"陳璋圓壺"時候受到李學勤先生的鼓勵，已經有約10年没有見到先生了。國慶期間，我和路東之、程任先生到北京紫竹苑李學勤先生的府上做了匯報。

李學勤先生看到實物非常高興，他講這是一個重要的發現，指出秦泥封的發現本身可以分爲三個層次："第一個層次是農民田間勞動時對實物存在的發現；第二個層次是一些收藏家認爲是古代的遺物，加以收藏；第三個層次是確認遺物的年代和作用。你們的發現屬於第三個，太重要了。"李學勤先生面對實物，談及泥封所記職官反映了"周秦之制"，談及泥封所記地理内容"看來還是秦的中央、郡、縣三級合理"。記得剛一見面，李先生打趣地说：他早知道這個發現，有人寫信通報：周與路會刻圖章，對於這批東西要"當心"，我們四人都會心地笑出聲來。

有了李學勤先生的支持，研究的窘境就頓時改觀了。許多朋友紛紛來索要拓本複印件；陝西省考古所、陝西歷史博物館、秦始皇兵馬俑博物館、南京印社、北京大學考古文博學院都請我們去介紹了此次發現；《西北大學學報》和《考古與文物》專門約稿報道這次發現，《西北大學學報》還在1996年10月將1997年第1期的有關秦泥封的内容做出抽印本，提前發給學人們。1996年12月25—26日，西北大學考古專業成立40周年紀念會上披露了這次發現，李學勤和衆多學者即席作了書面發言。

之後，陝西省西安市考古所在1996年末到1997年初對泥封的發現地"相家巷南地"進行搶救性發掘，有了重要的收穫，秦泥封數量很大、品種衆多，可惜至今還没正式公布。在2000年夏，中國社會科學院考古所有目的地在相家巷南地進行發掘，又出土數百枚秦泥封，弄清了地層並見到了相關的瓦當、陶片等遺物，2001年在《考古學報》第4期發表《西安相家巷遺址秦封泥的發掘》。這樣，這批重要的由民間收藏的"零散文物"，就具有了考古學地層學的背景。

以路東之1995年的發現，1996年的披露，到1996、1997年至2000年的考古發掘，這是"相家巷南地"古泥封發現的一個完整的過程。其實在更早時間，孫慰祖先生在1996年7月12日香港《大公報》發表《新見秦官印封泥考略》一文，這是相家巷出土秦泥封（收藏於澳門文物學家蕭春源先生的珍秦齋）的首次披露。二十多年過去了，我還是要感謝一批學者給予及時、堅定的支持，當時先後有張沛、吳剛、周偉洲、余華清、袁仲一、焦南峰、李伯謙、李學勤、王一羽等等；在這裏特別要感謝當時的兩位年輕人：劉瑞、陳曉捷。

二

劉瑞是1992年進入西北大學本科學習的，他爲人正直，愛憎分明，尊師重友，是一個很正的大學生。他非常熱愛考古工作，尤其是對於三代、秦漢、魏晉南北朝的考古和文獻關注得非常扎實。他在兼任學生幹部時有大量社會活動，同時學習成績在班上屬於拔尖的。在1996年初，東之先生開始和我正式投入秦泥封研究後不久，我就約請了劉瑞、陳曉捷兩位在校的同學幫助研究，他們兩位做出了突出的貢獻。當時，我有意地讓劉瑞和陳曉捷進行交叉研究，即在部分論文中劉瑞進行秦漢職官方面的攻關，陳曉捷進行地理問題的攻關；另外在一些論著中又反過來，讓劉瑞關注秦漢地理，曉捷關注職官。

當時沒有一分錢的支持，能否出版也未可知，這是一個非常枯燥、艱苦，無名無利，同時沉浸在發現喜悦中的特殊勞動。

爲了做好秦泥封的研究，我和劉瑞、曉捷多次在西安西北大學和北京古陶文明博物館之間往返。記得有一天傍晚，火車過了鄭州停下，我們詢問得知是鄭州黄河鐵橋，第二天早上起來，依舊停留在此，居然在橋上晚點停留了十二小時之久。我們在古陶文明博物館進行攝影、測量、做拓本的時候，多次忘記了吃飯的時間，甚至有時候工作到第二天凌晨；打地鋪、睡沙發、啃冷饅頭那是常事。後來我在《秦封泥集》後記中寫道："劉瑞、陳曉捷二位，在職官、地理的考辨上出力尤多，許多新見亦出自他們，他倆不遠千里，奔走二京，在校對、校稿以及一些技術處理上付出了大量的勞動；他們的學識亦在工作之中有了長足的進步，將來之大成就已屬可期。"（見《秦封泥集》，第456頁）他們的工作成果出現在近十篇論文之中，我們的共同工作，也爲成功申報國家教委人文社會科學研究"九五"規劃第一批項目奠定了基礎，直接促成了2000年5月《秦封泥集》的出版，成爲秦泥封研究階段性成果之一。同樣，我的關於劉瑞、陳曉捷二位成長的預言，也獲得實現。劉瑞先生現在是中國社會科學院考古所研究員，常年負責一系列重要的考古發掘和資料整理與研究；陳曉捷先生現在是陝西省銅川市博物館負責人、研究員，考古、文物和地方史研究專家。

劉瑞先生在考古戰綫的迅速成長，有前輩們的關注提攜，更有自己的不懈努力。他在復旦大學攻讀博士前後，一直奮戰在考古工地，在廣東西漢南越王宫殿遺址、陝西秦阿房宫遺址、秦櫟陽城遺址、西漢中渭橋遺址、漢唐漕渠遺址、西漢昆明池遺址等戰國秦漢唐時期重要乃至核心的遺址發掘中取得了一批驕人的成績，成長爲中國考古界21世紀位居前列的學科帶頭人之一。其中，恐怕在他學術起步之時，也有秦泥封研究一定的學術影響吧。去年和今年，他接連推出了《秦封泥集存》和《秦封泥集釋》，可以算作他的重要學術回顧和貢獻。

三

自"相家巷南地"秦泥封面世之後，其有關的數據一直在遞增。在大數據時代，這些數據有着戰國史、秦漢史研究方面的特殊意義。

首先，秦泥封出土的地點，在陝西省已知的已由西安漢城保護區六村堡相家巷南地遺址，擴大到漢城遺址西牆外、陝西鳳翔雍城遺址、陝西高陵、陝西長安等地。在全國已知的"秦式泥封"的出土，已經有河南、山東、遼寧、内蒙古、安徽、湖南、廣西等省區的多個縣市。有的爲古遺址地層出土，有的見於窖穴、灰坑（處理簡牘等垃圾堆性質）、古井和墓葬當中，情況並不單一。大多數是比較單純的"秦式泥封"出土，也有的和戰國楚國泥封混出，還有的和西漢泥封混出，這些都值得進一步研究。

第二，在1995—1996年初步接觸"相家巷南地"的秦泥封之際，它們的數量已經超越了漢泥封的存世總數；到了今天，僅明確可分辨内容的秦泥封存世數量應當超過兩萬枚,包括破碎者其數量會更大一點,這是絶不能小覷的一筆重要文化遺産。目前,在《西北大學學報》《考古與文物》1997年第1期較大數量披露之後,涉及秦泥封的比較大型的重要著録還有《中國歷代印風系列·歷代印匋封泥印風》(傅嘉儀,重慶出版社,1999年)、《上海博物館藏品研究大系·中國古代封泥》(孫慰祖,上海人民出版社,2002年)、《秦封泥彙考》(傅嘉儀,上海書店,2007年)、《問陶之旅》(路東之,紫禁城出版社,2008年)、《新出封泥彙編》(楊廣泰,西泠印社出版社,2010年)、《古陶文明博物館藏封泥集》(路東之,古陶文明博物館,2011年)、《新出陶文封泥選編》(楊廣泰,文雅堂,2015年)、《中國封泥大系》(任紅雨,西泠印社,2018年),等等。其間,還有一些主要是民營博物館、民間收藏家的著録集,也披露了一些鮮見品類。2020年和2021年劉瑞分別推出《秦封泥集存》和《秦封泥集釋》,前一本是目前爲止記録秦泥封標本最多的集子,本書則是在前一本基礎上輯録每一枚秦泥封各家解説的重要本子。學術研究正如長江後浪推前浪似的不斷向前發展,秦泥封的研究在未來還會有品種、數量的增加,尤其是當西安考古研究院藏品公布之後。但是秦泥封的基本學術框架已經確立,“秦式泥封”的基本標準已經確立,劉瑞先生的《秦封泥集存》《秦泥封集釋》,將是秦泥封研究繞不過去的重要里程碑。

第三,秦泥封中的中央職官、地方職官,各級各屬的數據分析。這方面看似容易,實際上要從這些職官的分布、意義、性質,看到秦的周秦官制的異同、東周列國官制的區別、秦漢官制的沿革,等等。要看到三公九卿制,職司重要與否之不同,要看到它們下層的具體分布。從秦泥封看,已然有了後世所謂的宮中、府中的區別,宮中系統中又有服務於皇帝和後宮的區別,對於這些問題秦泥封都提供了有益的資料。我在秦泥封之中注意到,除了侍衛體系的職官,似乎沒有見到領軍征戰的將軍內容,軍令如何頒布,戰績如何上達咸陽,這爲秦軍制的探討提供了新的思路。秦泥封中見到的封君內容,爲瞭解以地緣政治來完成大一統的秦朝,是如何處理血緣貴族關係,這又是否影響了西漢政治,提供了素材。還有一些名目,是職官名還是地名有待深究。

第四,有關歷史地理的數據。秦泥封中見到中央(內史)、郡、縣三級,以及鄉、亭等記載,也有地方官的職官、名稱和職守的記載,其中的地名數量多寡、具體地點職守出現頻次的高低,都能説明戰國秦代和秦朝的政治風雲,這方面還有很大的研究空間。秦泥封地理內容的比對,作爲最重要的文獻就是《漢書·地理志》,再就是參考從戰國到兩漢的金石簡牘材料,還有清代人的《讀史方輿紀要》等等。於是,主要可以分作幾種情況:1.《漢志》有,記爲秦,甚至更早;2.《漢志》有,不記爲秦,記爲漢;3.《漢志》無,戰國、秦、兩漢金石簡牘材料可能有;4.《漢志》無,《讀史方輿紀要》等地理書上可能有;5. 一切其他文字資料都沒有;面對秦泥封資料,明眼人一看就知道其大數據意義上的重要價值。秦泥封中關於宮苑、禁苑的記載,遠遠多於其他地下出土文獻,這是服從於中央、皇室的一種特殊的地理單元。同樣,還有一些名目,是地名還是職官名有待深究廓清。

第五,我曾經指出,秦完成了漢字形態史的第三次大整理。在戰國時期,由於天下分裂導致的政治、經濟、軍事差異的複雜原因，又因爲手刻金文、書寫簡牘的盛行，當時的文字總體表現十分紛亂、簡率。秦文字得益於後來的大一統，使之下傳有緒，實質上，它也參與了這種"紛亂、簡率"。戰國列國文字，是有其"正體"的，反復鈐於陶胚、封泥、絹帛之上的璽印文字，便是當時正體。同此道理，秦印、秦泥封上的文字，正是秦文字之標準正體。存世的秦泥封數量遠大於秦印，其上單字排列清晰，每字約1釐米見方，單字數量較多，其中大體面目一致，也有繁簡、假借、異體甚至用他國字形的現象。秦泥封文字是秦朝進行漢字大整理（有人稱爲漢字大統一）時的重要依據。

第六，秦泥封本身的物態數據。例如，秦泥封背後的痕迹，屬於簡牘的有哪些？ 數量如何？ 屬於封囊的有哪些？ 而這些囊又有盛物、盛簡牘的不同，能否借泥封區分？ 封笥箱的有哪些？ 封錢串的有哪些？ 這些還没有明確的數量統計，當然在研究的過程中，有些現象有疏忽，有的現象會隨着泥質漫渤而消失。例如，在古陶文明博物館觀察秦泥封的時候，曾經在一枚泥封背面，見到細心繫出的繩結就像五瓣梅花一樣美，當時我們傳看後夸贊一定是宮女秦娥所爲。又例如，曾經在一個收藏家處，看到幾枚秦泥封背面封錢幣留下的半兩的情況，尤其可以分析出半兩的型和式，這樣結合文獻包括秦出土簡牘文字的記載，就可以推導出秦時賦税封錢的大致狀況。

上述這些數據的研究，基礎安放在哪裏？ 目前，就要放在劉瑞先生的《秦封泥集存》和《秦泥封集釋》兩部大作之中。

四

《秦封泥集釋》這本書功德無量的貢獻，在於將2021年之前各家對秦泥封的解説都匯集在一起，安屬於每一枚秦泥封的標本之下，這爲後來的研究者提供了莫大的方便。

第一，從中可以看出研究道路的艱辛，可以看出對於秦泥封品類、内容研究的不斷深入。學術觀點也要去粗取精，去僞存真，接受同仁的批評，接受實踐的檢驗。以本人早先發表的一些意見來看，已有不妥和錯誤，在後來的研究者中已經得到了部分糾正，這點對我而言是非常高興的。因爲錯誤的認識是一個客觀存在，刻意地回護只能使自己在錯誤的路上越走越遠，這種糾錯的過程在本書中可以比對看出，這點應該感激不盡，讓後來的研究者少走一些認識上的彎路。

第二，細心的研究者可以找到再研究的空間。秦泥封提供了秦百官制的目録式表達，也提供了地理志的目録式表達，超過了《史記》《漢書》的記載。相對於秦的出土文獻（金文、陶文、簡牘文字、石刻等等），其整齊、完整程度遠遠超過之。未來對戰國、秦、漢史的研究，這是一筆不容錯過的最基本的基石。這方面結合已有文獻、秦漢出土文字的研究已經做出了不小的成績，《秦泥封集釋》及時做了很好的總結。

第三，秦泥封中有些印例可以做比較性的研究，認清其性質。例如，秦圓型印面的"中謁者"泥封和戰國楚國圓形的公印"專室之璽"，兩者所用圓形是否和它們傳遞文件、傳遞官方的上下信息這樣的流轉職守有關，是否傳遞了秦楚之間的某種相似的制度。又例如，秦公印和秦公印泥封上常有文字排列的非規範的讀法，還有如"泰""太"不分的用法，這裏面究竟蘊含着什麼樣的意義？是用印制度規定，還是在當時一定情況下的隨意性所致，這些留下了等待揭示的謎團。例如，相對於漢泥封，秦泥封的用泥顯得隨意，這些泥取自何處？和文獻中指出的青泥、武都紫泥是什麼關係？這些值得做進一步泥封成分的研究。上一節講過泥封背面的痕迹，泥封面背都有留下指紋的痕迹，在當時的簡牘學、包裝學、痕迹學上都有特殊的意義。

第四，秦的大一統對中國政治、歷史有重大的影響，中國古代政治制度其中一項就是用印制度的表達。秦的公印雖然有一定的出土，但總的數量並不多，其中可能還有少量隨葬印的出現。而秦泥封所反映的公印，是秦時實用印章的遺蜕。因爲秦實現了政治上的大一統，自然秦印就成爲全國一統化的標準，這一點，秦保留了齊楚的某些規定，但也基本改變了六國璽印的許多要素。漢代的印章繼承秦風，但在秦的基礎上發生改變而形成自己的風格。在三國魏晉南北朝時期，由於政治、軍事、度量衡、計量的原因，各朝代、各地的印制也有了變化。這一變化直到北朝末期、隋唐時期才有了根本性的變化。因此，秦開創的"方寸璽"之制，是中國古代長時期公用印的定制，即便在隋唐之後也可以看到這種制度的影響——重品階、重字形、重尺度。在《秦封泥集釋》基礎上，人們對古代印制的研究方面也會有重要的收穫。

第五，秦泥封具有重要的傳統藝術價值。在篆刻領域"印宗秦漢"是個經典性的表述。較長時期以來，印壇實際上是"宗漢"多於"宗秦"，主要原因是秦印和秦泥封之美被人認識得比較晚近。現在，這些秦印和秦封泥的巨量出土，爲"印宗秦漢"做了很好的資料補充。對篆刻藝術而言，應該迎頭而上汲取秦泥封、秦印更多更豐富的營養。新著錄的秦印以私印爲多，這些私印印面、印字的變化、隨活程度遠遠高於秦公印、秦泥封（包括秦泥封中的私印），秦私印中大部分鑿刻得很淺，似乎秦私印有用於泥封和不用於泥封之分，這種區分在秦印、秦泥封實際上可以定義爲藝術表現的"流派"分歧，這可以看出秦泥封很重要的啓示作用。

第六，秦泥封的研究實際上是多方面的，目前秦泥封的研究缺陷尚多，更高的學術願景在前。這並不是《秦封泥集釋》一書自身的問題，反之，這本書給研究者們大致指出秦泥封存在的學術待考處，成爲學者們可以進行更多方面的研究的出發點。

五

最後，我想指出一點。二十多年前珍秦齋和古陶文明博物館的收藏，開啓了"相家巷南地"大批的秦泥封研究的序幕。所以，我們不要輕視民營博物館和私人的文物收藏，他們以學術爲天下公器的胸懷，值得人們品味，他們的收藏與發現，往往是後來重大考古學探討的先聲。

拉拉雜雜寫了以上一些意見，人與秋老，明日黄花，事理難明。寫來請劉瑞先生曬正，請讀者們批評。填詞一首，用紀其盛：

《過秦樓·序〈秦封泥集釋〉》

廿載如煙，長安城角，相家南地村頭。
指帝嬴重現，握塊塊青泥，抑印綢繆。
夜石祖龍憂，或成將，路子春秋。
在陶然亭下，劉陳初試，金甲銀勾。

港澳初捷報，函關繼，學林蒸渭水，章沸新謳。
當職官來雨，看安排郡縣，千歲悠游。
零簡掇研究，聚時難，不免成愁。
感榆涂集釋，梳瀑如流，重洗秦樓。

2021年8月31日於秦漢杜地

目　録

上册目録

前　言

　　璽印，是古人用作信用憑證的器物，"印章的主要作用在於憑信之證據，表示某種集團的、階層的、官方的、私人的、公用的、商用的、藝術的等等有關時效、地域、權威、身份、價值、意見的憑信"，① 因此東漢許慎《説文解字》説："印，執政所執信也。"文獻中，印亦稱璽。東漢劉熙《釋名》曰："璽，徙也。封物使可轉徙而不可發也。印，信也，所以封物爲信驗也，亦言因也，封物相因付也。"② 秦漢時期璽印的地位和變化，在東漢蔡邕所著《獨斷》中有較詳細記載：③

　　　　璽者，印也。印者，信也（天子璽以玉，螭虎紐）。④ 古者尊卑共之。《月令》曰"固封璽"；《春秋左氏傳》曰："魯襄公在楚。季武子使公冶問璽書，追而與之。"此諸侯、大夫印稱璽者也。衛宏曰"秦以前，民皆以金玉爲印，龍虎紐，唯其所好。然則秦以來，天子獨以印稱璽，又獨以玉。群臣莫敢用也"⑤［皇帝六璽，皆玉，螭虎紐。⑥ 文曰：皇帝行璽、皇帝之璽、皇帝信璽、天子行璽、天子之璽、天子信璽，皆以武都紫泥封之］。

《獨斷》中所言的"固封璽"見於《禮記·月令》，該句盧文弨在抱經堂叢書本《獨斷》校

---

① 周曉陸、路東之：《秦封泥集》上編《秦封泥簡論·古璽印與封泥》，三秦出版社2000年版，第3頁。
② （東漢）劉熙：《釋名》，中華書局2016年版，第88頁。
③ （東漢）蔡邕：《獨斷》，作者待刊校本，下同。
④ 《文選·從遊京口北固應詔一首》注引《獨斷》："璽，印也，信也。古者尊卑共之。秦以來，簽字獨以印稱璽，又獨以玉也。"《漢書·高帝紀》注引應劭之言亦無此八字。又：孫詒讓《札迻》卷十：盧文弨"抱經堂叢書本"校曰："舊有'天子璽以玉，螭虎紐'八字。案：不當間廁在此，且其文詳，當別爲一條，今補於後。"孫詒讓案曰："'天子璽'八字，《左傳·襄二十九年》正義及釋慧苑《華嚴經音義·三》引並在'信也'下，則唐本已如此，似不宜移後。'以玉'，《左疏》作'白玉'，《漢舊儀》同。"孫詒讓：《札迻》，中華書局1989年版，334頁。孫詒讓例爲唐本，但《文選》注、《漢書》注均早於唐，故删之。
⑤ 孫詒讓《札迻》卷十案："名"，《左傳疏》引作"民"，與《漢舊儀》同，是也。當據校正。又案：《華嚴經音義》引此書云：天子之璽，以螭虎鈕。古者尊卑共之，《月令》云'固封璽'。秦以前諸侯、卿、大夫皆曰璽。自兹以降，天子獨稱，不敢用也。秦王子嬰上高祖傳國璽文曰'受命於天，既壽且康'，此印章古名璽，即今謂檢文也。"孫詒讓：《札迻》，333頁。自秦王子嬰以下，今本無。或慧苑據他書增益，非蔡語。所引於今本上下文多譌異，附錄於此，以備校覈。
⑥ 今從《後漢書·光武帝紀》注引《獨斷》（33頁）。盧文弨"抱經堂叢書本"作"天子璽以玉，螭虎紐"，校："此句從上移此。案《光武帝紀上》注引作'皇帝六璽，皆玉，螭虎紐'，此下二十六字亦據所印補。"

中説：

> 臧在東云：《禮記·月令》"固封疆"，鄭注："今《月令》疆或爲璽。"《吕氏春
> 秋》《淮南子》並作"固封璽"。《太平御覽》682載應劭《漢官儀》引《月令》曰"固
> 封璽"，此亦用今《月令》也。

《獨斷》所言的《春秋左氏傳》内容見於《左傳·襄公二十九年》。類似内容還見於《漢
書·高帝紀》注引應劭曰："璽，印也，古者尊卑共之。《左傳》襄公在楚，季武子使公冶問
璽書，追而與之。秦漢尊者以爲信，群下乃避之。"與《獨斷》所言基本一致。

一、封泥的發現與確認

作爲憑信意義的璽印，要通過某種特定的載體才可體現。封泥就是璽印在泥上鈐抑
的產物，是璽印蘊含意義的重要表現形式。如周曉陸、路東之所言："在論及南北朝——隋
唐之前璽印用法時，恐怕最爲重要的，即是在封泥上所體現的璽印的使用了。"[1]

戰國秦漢時期，往往會在某些器物、文書等外置檢、囊等，然後在繫繩上置泥而在其
上鈐抑印章。睡虎地秦簡《金布律》有"官府受錢者，千錢一畚，以丞、令印印。不盈千
者，亦封印之。錢善不善，雜實之。出錢，獻封丞、令，乃發用之"的記載，就是秦時期有
關印章使用的規定。而張家山漢簡《二年律令·賊律》中也有"毀封，以它完封印印之，
耐爲隸臣妾"，是對非法打破封泥後用其他封泥冒充的懲罰。《二年律令·行書律》規定
"書以縣次傳，及以郵行，而封毀，□縣□劾印，更封而署其送徽曰：封毀，更以某縣令若
丞印封"，規定了文書在傳送過程中，封在文書外的封泥，如果意外破裂後的補救措施。
而在漢簡中，也確實有不少"封破""印破"的當時的相關記錄保留下來。[2]

雖然有確切的璽印鈐抑於泥上形成封泥的記載，而且從後來發現的情況看，古人使
用璽印在泥上鈐抑的時間也很長，但在相當長時間裏人們並未發現有關封泥的任何實
物記錄。特別是從宋代金石學開始大興之後，在日益昌盛的金石收藏中，雖然傳世或出
土銅器、碑刻等古代遺物越來越多地進入了有宋一代富裕而有閑的士大夫家中，但不知
何種原因，直到清代中晚期，封泥才第一次被發現，之後就如井噴般被收藏與研究，成爲
一個新的文物類別。

從文獻記載看，封泥在被發現和進入收藏家手中並加以大規模著録的時間——幾
乎與甲骨文一樣——我們對與之有關的人物、時間和地點都有一個清晰而準確的認識。
據《筠清館金石》等文獻記述，見於記録的封泥的第一次出土是道光二年（1822年），"道
光二年蜀人掘山藥得一窖，凡百餘枚"，之後"估人賫至京師，大半壞裂。諸城劉燕庭、

---

① 周曉陸、路東之：《秦封泥集》上編《秦封泥簡論·古璽印與封泥》，第6頁。
② 趙平安：《漢簡中有關印章的資料》，《秦西漢印章研究》，上海古籍出版社2012年版，第130—131頁。

仁和龔定盦各就估人得數枚,山西閣帖軒藏數枚,餘不知落何處"。①

　　封泥"再發現"後就這樣進入了收藏家和研究者眼中。最早的封泥著録,目前一般上溯到道光二十二年(1842年)吴榮光南海吴氏家刻本《筠清館金石》,之後陸續有咸豐二年(1852年)劉喜海《長安獲古編》及光緒三十年(1904年)劉鶚抱殘守缺齋《鐵雲藏陶》②等等。不過隨着童衍方對釋六舟舊藏道光十七年(1837年)漢封泥拓本的研究,封泥著録出現的時間被提前了五年。③

　　由於封泥是新發現的一種器物,在封泥發現和著録的早期,它的名稱並不固定。如釋六舟藏漢封泥拓本"黄神越章"封泥下錢泳跋稱其爲"印範",④第一次正式出版的封泥著録《筠清館金石》中,將六枚封泥在"漢印範"下進行羅列,後更稱"此漢世印範子也",⑤顯示出當時的學者尚不能判斷它們的實際用途。

　　此後的情況,如王獻唐所言,"戴醇士知爲博士封題之用,名曰抑埴(見《習苦齋詩集》),仍非正稱。⑥迨劉燕庭據《續漢書‧百官志》始定爲封泥(見《泥封印古録》胡序),其《長安獲古編》録入西安所收封泥三十枚。而仁和胡琨合劉、陳舊藏,編爲《泥封印古録》,反疑劉説不信(見原書胡序)。趙益甫《寰宇訪碑録補》亦登六枚,仍沿舊名,題曰印範,皆不可解者也"。⑦封泥名稱在不同學者的認識中來回摇擺。

　　從目前可見文獻看,咸豐二年(1852年)去世的劉喜海在他生前所編的《長安獲古編》中,以"封泥"爲名著録了"東郡太守章""東萊太守章"等三十枚封泥,但其判斷"封泥"名稱的過程並不清晰。

　　1903年(光緒癸卯),羅振玉在《鄭庵封泥序》中言:

　　　　古泥封于金石學諸品中最晚出,無專書記録之。玉以爲此物有數益焉:可考見古代官制以補史乘之佚,一也;可考證古文字,有禆六書,二也;刻畫精善,可考見古藝術,三也。顧傳世頗尠。此卷爲吴縣潘文勤公所藏,計官私印三百有四。亟付之景印,以廣其傳。他家所藏,續有所得,當次第印行之。光緒癸卯正月。⑧

① (清)吴榮光:《筠清館金石》,道光二十二年(1842年)南海吴氏家刻本。童衍方收藏的釋六舟舊藏漢封泥拓本册中有戴熙(字醇士)跋"嚴道橘園"封泥時云,"西人來售於都,不常有,有則數十枚,道光十年前未嘗有也",表明封泥從1822年出土,要在近8年之後的道光十年(1830年)左右才傳至京師。童衍方:《釋六舟舊藏漢封泥拓本册概述》,《西泠印社》總第18期,2008年8月版,第37頁。
② 孫慰祖:《古封泥集成》,上海書店出版社1996年版;周曉陸、路東之;《秦封泥集》;孫慰祖:《封泥發現與研究》,上海書店出版社2002年版;王偉:《秦璽封泥職官地理研究》,中國社會科學出版社2014年版。
③ 童衍方:《釋六舟舊藏漢封泥拓本册概述》,《西泠印社》總第18期,2008年8月版,第37—46頁。嚴格説,此爲未曾出版的拓片册,和成書印行的《筠清館金石》還是有較大差距。
④ 童衍方:《釋六舟舊藏漢封泥拓本册概述》,《西泠印社》總第18期,2008年8月版,第37頁。
⑤ (清)吴榮光:《筠清館金石》,道光二十二年(1842年)南海吴氏家刻本。
⑥ 童衍方收藏的釋六舟舊藏漢封泥拓本册中有戴熙(字醇士)跋,云"都之金石友皆曰'印模',熙以爲模必四匡高起,此不高也,非模,當是漢人搏土用印,有所附麗以爲符驗之物,所謂泥封。今人以硃爲之,鈐信札書畫者,名之曰泥,其實非泥,蓋襲其名耳"。童衍方:《釋六舟舊藏漢封泥拓本册概述》,《西泠印社》總第18期,2008年8月版,第37頁。
⑦ 王獻唐:《臨淄封泥文字》,山東省圖書館1925年,扶桑社《封泥大觀》平成十九年(2007年)影印版,第152頁。
⑧ 羅振玉:《鄭庵封泥序》,《貞松老人外集》卷一,《松翁近稿(外十種)》,上海古籍出版社2013年版,第787—788頁。

在指出封泥蘊含三點價值之前,言其爲"泥封"。不過在其所著《雪堂藏古器物目録》中則名"封泥"。① 當然,需要指出的是,究竟稱之爲"封泥"還是"泥封",至今學者還在討論之中,如新近周曉陸先生在系統研究後就指出,應以稱"泥封"更爲恰當。②

1904年劉鶚《鐵雲藏陶》將封泥單獨列爲一編"附諸陶器之後",他在該編的自序中對封泥發現和認識的過程進行敘述,並以"泥封"爲名加以略釋:

> 泥封者,古人封苞苴之泥而加印者也。封背麻絲粘着往往可見。在昔不見於著録,自吴荷屋《筠清館金石》始録六枚,稱爲印笵,誤以爲鑄印之範也。云:"道光二年,蜀人掘山藥,得一窖,凡百餘枚。估人賫至京師,大半壞裂。諸城劉燕亭、仁和龔定庵各得數枚,山西閬帖軒藏數枚,餘不知落何處。"予考《長安獲古編》所載,凡二十品,然則劉氏復有續得也。其後蜀中、山左各有所出,爲數當日夥,予不能得其詳矣。姑以敝藏所有拓付石印,附諸陶器之後,雖非三代文字,然其中官名多爲史籍所不載,殆亦考古者之一助云。③

劉鶚不僅在這裏著録了148枚"泥封",④ 還明確指出"泥封者,古人封苞苴之泥而加印者也",指出了封泥的性質。其所言"苞苴",文獻中有明確記載。如《禮記·曲禮上》:"凡以弓劍苞苴簞笥問人者,操以受命,如使之容。"孔穎達疏:"苞者以草苞裹魚肉之屬也……苴者亦以草藉器而貯物也。"《荀子·大略》:"禱曰:……苞苴行與?讒夫興與?何以不雨至斯極也!"楊倞注:"貨賄必以物苞裹,故總謂之苞苴。"在一般情況下"苞苴"多指的是物品。因此從劉鶚的序看,雖他敏鋭認識到封泥"其中官名多爲史籍所不載,殆亦考古者之一助",並注意到封泥背面的情況——"封背麻絲粘着往往可見",但終還是未能將封泥與公私文書的封緘更加直接地聯繫起來。

光緒九年(1883年)陳介祺所輯《十鐘山房印舉》收録封泥247枚,無釋文。⑤ 光緒三十年(1904年),吴式芬、陳介祺編輯出版收録封泥達849枚的《封泥考略》。該書分十卷,分成古璽封泥、漢帝信璽封泥、漢朝官印封泥(卷一)、漢諸侯王璽印封泥(卷二)、漢郡國官印封泥(卷三、四)、漢縣邑道官印封泥(卷五、六、七)、新莽朝僞官印封泥(卷八、九)、漢臣民印封泥(卷十)進行著録。

該書不僅直接以"封泥"爲名,而且對每枚封泥都做了詳略不等的考證,較之前諸多著録有了明顯進步。⑥ 而特需指出的是,在《封泥考略》中,在對"皇帝信璽"的考證下,還較詳細地對封泥使用方式進行了分析:

① 羅振玉:《雪堂藏古器物目録》,《雪堂藏古器物目録(外五種)》,上海古籍出版社2013年版。第71—81頁。
② 周曉陸:《"泥封""封泥"稱謂辨》,《西泠藝叢》2019第12期,第5—8頁。
③ (清)劉鶚:《鐵雲藏陶》,江蘇廣陵古籍刻印社1998年影印本,第97—98頁。
④ 此資料從廣陵古籍刻印社1998年影印本統計。孫慰祖在《古封泥集成》中指出:"《鐵雲藏封泥》,初輯成當在光緒二十四年(1898年),録入114枚,後於1904年附入《鐵雲藏陶》印行。"
⑤ (清)陳介祺:《十鐘山房印舉·封泥》,光緒九年(1883年)刊,扶桑社《封泥大觀》平成十九年(2007年)影印版。
⑥ (清)吴式芬、陳介祺:《封泥考略》,浙江人民美術出版社2013年影印版。

《百官志》“守宫令一人”，本注曰：“主御紙筆墨及尚書財用諸物及封泥。”今按，《後漢書·李雲傳》“尺一之板”注：“詔，策也。”《漢書·昌邑王髆傳》“持牘趨謁”、《原涉傳》“削牘爲疏”、《外戚傳》“手書對牘背”，並注：“牘，木簡也。”又《周勃傳》“吏乃書牘背示之”，注：“牘，木簡，以書辭也。”《說文解字》：“牘，書版也。”《後漢書·北海靖王興傳》《蔡邕傳》注同。《史記·匈奴傳》：“漢遺單于書牘以尺一寸，單于遺漢書以尺二寸。牘及封印皆令廣大。”據此則漢時詔策、書疏皆以木簡，亦曰板、版，均可名牘，皆有封泥。

　　此封泥色紫，背有版痕，當是以版入中，上以繩緘其口，以泥入繩至版，然後加以封印，外加青囊。囊之兩端無縫，以護封泥。如藏玉牒於石檢，金繩縢之、石泥封之、印之以璽也。中約署，當是束牘之中而署字也爲識也。

　　《東觀漢記·鄧訓列傳》，又知訓好以青泥封書，還過趙國易陽，……。①

他們從文獻出發的相關探討，與後來考古學傳入中國後的一系列發現多有吻合。

　　與此同時，該書第一卷著錄的第一枚“古璽封泥”的考釋文字，記錄了作者敏銳地觀察到封泥背面所留封緘方式的差異，“泥下有細文，不似版痕，似非施於簡牘者。真封泥中奇古之制矣”，這種對封泥正背情況均加注意的著錄形式，與之前其他著錄相比，當然要更進一步。

　　宣統元年（1909年），在山東紀王城出土三百餘枚封泥，而大約同時，在山東鄒縣也有封泥出土，二地所出封泥後爲羅振玉所得。②如胡平生指出，清末動蕩之際，受日本京都西本願寺大谷光瑞派其駐北京的代表寺僧的邀請，羅振玉帶了五十萬卷圖書、三萬多片甲骨、數千件碑拓、青銅器及其他文物一千餘件，攜王國維等東渡日本。而也就在此時，王國維開始了他之後著名於世的包括封泥在內的國學研究。③

　　據有關文獻，綜合孫慰祖④、周曉陸和路東之、⑤王輝⑥、王偉⑦、楊廣泰⑧、鄭宇清⑨、呂健⑩等學者的既有研究成果，1949年前封泥發現與著錄的情況可梳理如下：

　　道光二年（1822年），蜀地出土封泥，後歸劉喜海、龔自珍、閭帖軒等收藏。

　　道光二十二年（1842年），吳榮光在《筠清館金石》中著錄六枚封泥，稱“漢世印範子”。

　　咸豐二年（1852年）去世的劉喜海生前編輯《長安獲古編》，著錄蜀、長安等地封泥

① （清）吳式芬、陳介祺：《封泥考略》，浙江人民美術出版社2013年影印版，第140—141頁。
② 孫慰祖：《封泥發現與研究》，上海書店出版社2002年版，第26頁。
③ 胡平生：《簡牘檢署考導言》，胡平生、馬月華校注：《簡牘檢署考校注》，上海古籍出版社2004年版，第3頁。
④ 孫慰祖：《古封泥集成》序《古封泥述略》，1996年版，第1—7頁。孫慰祖：《封泥發現與研究》。
⑤ 周曉陸、路東之：《秦封泥集》上編，第3—13頁。
⑥ 王輝：《秦封泥的發現與研究》，《文物世界》2002年第2期，第26—29頁。該文後轉載於《大匠之門5》，廣西美術出版社2015年版，第178—181頁。《古封泥的發現、著錄及其研究概説》，《陝西歷史博物館館刊》第24輯，三秦出版社第2017年版，第112—121頁。
⑦ 王偉：《秦璽印封泥職官地理研究》，第14—26頁。
⑧ 楊廣泰：《秦官印封泥著錄史略》，《東方藝術》2013年第4輯。
⑨ 鄭宇清：《〈封泥考略〉研究》，花木蘭文化出版社2015年版。
⑩ 呂健：《漢代封泥的考古學研究》，南京師範大學2017年博士論文。

29枚。①

　　光緒九年（1883年）陳介祺在名爲《十鐘山房印舉》實爲《十鐘山房封泥》中收録封泥247枚。

　　光緒三十年（1904年）劉鶚抱殘守缺齋所藏三代文字之二的《鐵雲藏陶》後單獨附録封泥編，著録封泥165枚。②

　　光緒三十年（1904年），吳式芬、陳介祺編輯出版《封泥考略》，收録封泥843枚。③

　　1913年，羅振玉編輯出版《齊魯封泥集存》，收録封泥449枚。

　　1924年，陳寶琛編輯出版《澂秋館藏古封泥》，收録封泥242枚。

　　1928年，周明泰編輯出版《續封泥考略》，收録封泥454枚；編輯出版《再續封泥考略》，收録封泥320枚。④

　　1931年，吳幼潛編輯出版《封泥彙編》，收録封泥1115枚。

　　1934年，馬衡編輯出版《封泥存真》，收録封泥177枚。

　　1936年，王獻唐編輯出版《臨淄封泥文字》，收録封泥465枚。⑤

　　1940年，于省吾《雙劍誃古器物圖録》刊登了12枚"漢封泥"的正面照片和拓本，⑥從封泥的圖像看，其中的"居室丞印"爲秦封泥。

　　日人在侵華期間，曾於牧羊城發現"河陽令印""武庫中丞"圓形封泥，後出版的考古報告發表了封泥照片。⑦二封泥今藏於旅順博物館，在2000年出版的《遼海印信圖録》中發表了封泥拓片、正面照片並介紹了其規格大小，並有簡單考釋。⑧

二、辨識秦封泥

　　在封泥發現早期，不僅發現數量少，封泥的性質也還在探討之中，因此也就不可能對封泥的時代進行如今天這般細緻地區分。在開始著録封泥的道光二十二年（1842年）吳榮光南海吳氏家刻本《筠清館金石》、咸豐二年（1852年）劉喜海《長安獲古編》等著録中，在光緒九年（1883年）陳介祺所輯的《十鐘山房印舉》、之後光緒三十年（1904年）

---

① 鄭宇清指出，《長安獲古編》所輯封泥數量應爲29枚（另有1枚泥印），見鄭宇清：《〈封泥考略〉研究》，第264頁。

② 學者多記該書封泥爲114枚，鄭宇清核算後指出，其所輯封泥爲165枚，見鄭宇清：《〈封泥考略〉研究》，第265頁。認爲114枚是誤算，無關版本。但二者數量差異過大，推測應有其他原因。

③ 該書著録封泥的數量説法不一。鄭宇清核算後指出，《封泥考略》所輯封泥數量爲843枚（另有3枚泥印），見鄭宇清：《〈封泥考略〉研究》，第268頁。

④ 學者對該書著録封泥數説法不一。鄭宇清核算後指出，《再續封泥考略》所輯封泥數量當爲320枚（刪去兩枚與《封泥考略》重見者），見鄭宇清：《〈封泥考略〉研究》，第268頁。

⑤ 目前學者多認爲該書著録封泥數量爲464枚，鄭宇清在核算後指出，其所輯封泥數量當爲465枚，見鄭宇清：《〈封泥考略〉研究》，第267頁。

⑥ 于省吾：《雙劍誃古器物圖録》，大業印刷局1940年印，中華書局2009年版，第187—193頁。

⑦ 東亞考古學會：《牧羊城——南滿洲老鐵山麓漢及漢以前遺迹》，東亞考古學會1931年版，插圖二六。

⑧ 王綿厚、郭守信：《遼海印信圖録》，遼海出版社2000年版，第14頁。該書稱兩封泥在"解放後出土於旅順口區鐵山鎮刁家村南牧羊城址"。從其發布的拓片看，與日人《牧羊城》所發掘的封泥照片完全一致，但與其所發布的封泥照有較明顯差異，不排除在解放後另有出土的可能性。

劉鶚抱殘守缺齋《鐵雲藏陶》中，或提出封泥時代爲“漢”，或不言封泥時代而“默認”爲漢。

但也確實有學者在這個階段開展了封泥時代細化的探索。如國家圖書館藏有光緒八年（1882年）吳大澂編撰的《愙齋所藏封泥目》抄本，共收錄80枚封泥的名稱。該稿本爲吳大澂寄贈陳介祺之物，陳介祺在收到後的次日，就在如“未央衛丞”等19枚封泥下書“僞”字，在“綏遠將軍章”等10枚封泥下書“疑”字，對其所藏共29枚封泥的真僞提出意見。不僅該目將新莽封泥提出單列，而且陳介祺更在“西共丞印”下單寫一“秦”字，對這枚封泥的時代提出明確意見，是目前所見首例確定的秦封泥。①

當然，雖然如此，當時整個學界對封泥斷代開展的分析都甚爲有限，而這種情況直到光緒三十年（1904年）吳式芬、陳介祺編輯《封泥考略》才有改觀。

在《封泥考略》中，吳式芬、陳介祺設計了一個新的編輯體例，其先是按時代，首爲“古鈢封泥”，次爲“漢帝信璽封泥”，後爲“新莽朝僞官印封泥”，之後在不同的時代下按職官地理進行進一步的排序。這種排序表明，從釋六舟舊藏道光十七年（1837年）漢封泥拓本開始，在經過67年封泥數量和認識的積累後，封泥的研究已日漸成熟。而這種按時代分類編輯的體例，基本被後來出版的《齊魯封泥集存》《澂秋館藏古封泥》《續封泥考略》《再續封泥考略》《封泥彙編》等著錄所延續。

值得注意的是，在1931年吳幼潛編輯出版的《封泥彙編》中，雖然沒有給封泥進行考證，但他將之前其他著錄列入漢帝封泥的“皇帝信璽”，編列入“古鈢封泥”，並將其排列在“古鈢封泥”的最後一枚，接下來是“漢朝官印封泥”。這樣，雖然其中沒有文字指出“皇帝信璽”的時代，但這樣排列，明顯表明“皇帝信璽”爲秦物。

1936年，王獻唐在編輯《臨淄封泥文字目錄》時，首次在“周璽封泥”後，單獨列出“秦官印封泥”的名目，將其與“漢朝官印封泥”並列起來。他在“秦官印封泥”下羅列出判斷爲秦封泥的封泥，有臨菑丞印、臨朐丞印、昌陽丞印、芒丞之印、琅邪候印、左田之印等6枚。王獻唐在這裏指出：

> 右封泥印文，皆有闌格，爲嬴秦印式。其制出於有周，周璽初無闌格，繼刻邊闌，後於中作直界，又後加刻橫線，遂成四格。秦代官印，襲用舊式，無不具闌格。每空一字，字多莫容，則合二字入格。漢初印曹製文，間仍秦制（漢初王國官印，皆無闌格。郡守景帝二年改太守，傳世守與太守封泥，俱有有闌格、無闌格二種，知中朝亦未一律），後更廢除。上印、丞、候諸秩及郡縣名稱，漢初與秦略同，殊難爲別。惟有闌格封泥，皆出臨淄東門外，與漢之無闌格者，區域不同。東門外爲秦官署舊址，故以所出錄爲秦製，說詳敘文。②

---

① （清）吳大澂藏並撰：《愙齋所藏封泥目》，國家圖書館藏抄本。

② 王獻唐：《臨淄封泥文字》，山東省圖書館1925年，扶桑社《封泥大觀》平成十九年（2007年）影印版，133頁。

這樣,在道光二年(1822年)蜀地發現封泥114年後,在釋六舟舊藏道光十七年(1837年)漢封泥拓本顯示的封泥著錄99年後,秦封泥終於從古鈢封泥、漢官印封泥中獨立出來。

從上引王獻唐在提出"秦封泥"時的判斷看,他確定秦封泥的根據,主要還是從秦印而來。他認爲,秦封泥的突出特徵是封泥有欄格。他明確指出,不同時代封泥的出土地有明顯不同。雖然王獻唐在這裏提出的這兩點判斷依據未見得完全準確,但從之後在西安相家巷等地大量出土秦封泥的發現情況看,除少數因秦封泥本身在發展過程中出現的一些"特例"外,根據封泥泥面有欄格和出土地進行判斷其是否爲秦封泥的方法,依然基本準確。

這樣,如果我們從王獻唐判斷秦封泥的特徵回溯,就可以判斷《長安獲古編》封泥第5頁左的田字格"定陶丞印"、《鐵雲藏陶》126頁上"私官丞印"有豎欄,147頁下"承丞之印"、151頁下"公車司馬"、152頁下"樂府鍾官"等均有田字格的4枚封泥,均爲秦封泥。

當然,早在王獻唐專列秦封泥之前,已有一些收藏家或學者在進行封泥考釋時,指出個別封泥的時代爲秦。如1996年孫慰祖在《古封泥集成》序中曾梳理過秦封泥的認識過程,指出《封泥考略》在"三川尉印"的考釋云"《地理志》河南郡注'秦三川郡,高帝更名',……此曰'參川',即三川郡尉之印,印篆'參'字與《石鼓》同,字又近斯,當是秦印",認爲"具備如此外證條件的封泥爲數不多,且完全依附文獻也很難免穿鑿之失"。特別指出《封泥考略》:

> 卷六"東安平丞"引《史記·田單列傳》徐廣注"齊改爲安平,秦滅齊改東安平",遂認爲此印"大於漢官印,'與秦官印大,私印極小'之論合,是秦印也",其偏差是明顯的。東安平兩漢均置,此封泥文字風格與秦相去較遠,應是西漢中期遺物。周氏《續考》及《再續考》基本上也側重於考證史料,但周書對於秦印的認識似與實際已較接近,如卷一"信宮車府",云"印文錯綜,似是秦印也"。這些釋例大致反映了當時封泥斷代的方法和認識水平。總體而言,此期璽印斷代之學尚屬朦朧階段,研究封泥的學者還未能更多地注意到對其印文形式作時代特徵上的歸納排比。[1]

在《古封泥集成》序中,孫慰祖還指出當時已可確認的秦封泥標準品有"三川尉印""薋陽宮印""安臺左壓"等。

2001年,周曉陸、路東之在出版的第一部秦封泥著錄《秦封泥集》的《秦封泥簡論》中,專列一節"秦封泥認識小史",梳理秦封泥的認識過程。指出,《封泥考略》中:

> "參川尉印,……當是秦印","趙郡左田,……簠齋藏有'泰上寢左田'銅印,蓋一時所製","田廥,……疑是秦制","懷令之印,……印字是秦篆文,又有十字闌,殆秦物也","重泉丞印,……有十字闌,文橫讀,似秦制","屯留,……似秦印",

① 孫慰祖:《古封泥集成》之《古封泥述略》,1996年版,第14頁。

“博城，……似秦印”，“公印……印文似秦”，“芻狀，……秦以前物也”，“王未，……中有闌，亦似秦物”，應當説，這十品的斷代是準確的。而同書又將漢代“□（采）銅”“廬江豫守”“東安平丞”“臨菑卒尉”“南郡發弩”“公孫强印”“□將士”等封泥誤作秦代遺物。又對屬於秦代的“安臺丞印”“安臺左墅”等，不提出具體斷代的意見，似誤指認爲漢武帝時代的遺物。值得注意的是，《封泥考略》中將後世豔稱爲秦璽封泥的“皇帝信璽”，置於“漢帝信璽”條下，明確表示了斷代意見，根據我們的研究，這一意見是頗有見地的。

以後的一些封泥著録，如周進《續封泥考略》中，正確地指出“信宫車府”封泥“或曰此印文錯綜，似是秦印也”。然而是書録有其它幾枚秦封泥而未識，又誤説“司空之印”漢封泥爲秦物。總的來説進展並不很大。而吴幼潛《封泥彙編》，將“皇帝信璽”置於“古璽封”欄之殿後，“漢朝官印封泥”欄之前，大約表達了視其爲秦物的觀點，對於後來這枚封泥的評價，影響很大。對於其它十餘品曾已確認的秦封泥，他將之統統歸於漢代遺物欄中，就秦封泥的認識、研究而言，這不能不説是一個退步。[①]

鄭宇清系統梳理了《封泥考略》中提出與秦有關的20枚封泥考釋文字後，指出《封泥考略》“將封泥歸爲‘秦’的主要依據爲‘印文順序’‘印的大小’‘字體’‘有闌（即界格）和‘官名不見載’”，[②] 基本一直都是後來學者判斷是否爲秦封泥的重要理由。

與任何事物一樣，封泥的發現和認識，是一個互相推進的螺旋式的上升過程。以目前已經取得巨大成就的封泥斷代看，在封泥的著録中，早期蜀地發現的封泥都是漢物，自然不會提出秦封泥的判斷（當時也並未認識到它們就是封泥，如前所言，當時尚還斷其爲“印範子”）。由於尚處發現的早期，對封泥時代特徵肯定瞭解不多，劉喜海不能將關中收穫的“定陶丞印”等定爲秦物也就在情理之中，劉鶚在《鐵雲藏陶》中不辨秦物也自不能苛求。

因此，從1904年吴式芬、陳介祺《封泥考略》開始對個別封泥進行時代爲“秦”的探討，到1936年王獻唐《臨淄封泥文字》中最終單列“秦封泥”一目，在這32年間出版的封泥著録，雖無論編輯體例還是時代判斷都略有反復，但依然可以看出封泥研究和認識是越來越成熟的。所以，封泥的發現和確認是一個歷史的動態過程，用很長時間從大量的封泥中辨識出秦封泥，就是一個不斷探討與研究的水到渠成的結果。

三、秦封泥的發現、著録與考釋

1949年10月1日中華人民共和國成立之後，各項文化事業蓬勃發展。之前因日軍侵華而全面停頓的考古工作，不僅很快恢復，而且取得的成績越來越大。封泥在這個過程中陸續被發現和公布出來。從1990年代開始，特別是21世紀初以來，隨着學術事業

---

① 周曉陸、路東之：《秦封泥集》上編《秦封泥簡論》，第12—13頁。
② 鄭宇清：《〈封泥考略〉研究》，第160頁。

的發展，分散收藏在國内外的公、私博物館、考古機構的大量封泥，以各種形式得以著録出版。無論是新公布封泥的數量和品種，還是各地出版的封泥著録和研究成果，都遠非之前可比。秦封泥就在這個過程中得到驚人的發現。

1954年4月，中央文化部社會文化事業管理局和中國科學院考古研究所組成工作隊對洛陽王城開展考古調查，之後9月至1955年1月、1955年3至4月考古研究所洛陽發掘隊進行了發掘，出土了2枚"雒陽丞印"封泥，並發表了其中1枚封泥的拓片。[①] 後在《洛陽中州路（西工段）》中發表了兩枚封泥的拓片和正、背照片，均有十字界格，爲秦封泥。[②]

1979年4月，遼寧省文化廳文物普查培訓班在凌源縣安杖子古城遺址發掘的西漢遺存中，於H4中出土封泥18枚，H3出土封泥1枚，共出土封泥19枚，發表11枚封泥拓片。從發表的封泥拓片看，除"右美宫左""右北太守"2枚封泥文字粗壯爲漢封泥外，其餘"夕陽丞印""廷陵丞印""資丞之印""昌城丞印""廣城之丞""白狼之丞""當城丞印""泉州丞印"等封泥均有十字界格，當爲秦封泥。[③] 後封泥中的13品在《遼海印信圖録》中有拓片、照片發表，並有封泥規格介紹、泥面文字考釋。[④]

1979年5月，馮永謙、姜念思同寧城縣文化館文物組王維屏在對内蒙古昭烏達盟寧城縣甸子公社黑城大隊古城址進行考古調查的過程中，發現"漁陽太守章""白狼之丞""衛多"封泥各1枚，發表3枚封泥拓片，其中"白狼之丞"有十字界格，爲秦封泥。[⑤]

1995年，西安漢長安城遺址内相家巷村南田地中出土大量秦封泥，但封泥在出土後很快就流散於國内外。留在國内的大部分封泥，被後來成立的北京古陶文明博物館路東之收藏，[⑥] 並由周曉陸判斷其時代爲秦，[⑦] 流散到澳門珍秦齋的封泥由孫慰祖指出時代爲秦，[⑧] 殊途而同歸，爲學界幸事。而銷售封泥的閆小平，後將向路東之銷售時留下的600餘枚品相好的秦封泥，售於傅嘉儀主持的西安中國書法藝術博物館收藏。[⑨]

1996年4月，孫慰祖修訂再版《古封泥集成》，收録封泥2670枚，[⑩] "增補了部分樂浪出土封泥以及珍秦齋收藏的新出秦封泥等28枚，這是陝西新出秦封泥最初發表的資料"。[⑪] 作爲最早關注海外流散相家巷秦封泥並進行研究、著録的學者，孫慰祖《古封泥集成》新版中收録12枚珍秦齋藏相家巷出土秦封泥後，使得該書成爲内地最早的該批秦封泥著録。

---

① 考古研究所洛陽發掘隊：《一九五四年秋季洛陽西郊發掘簡報》，《考古通訊》1955年第5期，第27—28頁。
② 中國科學院考古研究所：《洛陽中州路（西工段）》，科學出版社1959年版，第44頁。
③ 遼寧省文物考古研究所：《遼寧凌源安杖子古城址發掘報告》，《考古學報》1996年第2期，第230頁。李恭篤：《凌源安杖子古城出土一批西漢封泥》，《遼海文物學刊》1994年第2期。
④ 王綿厚、郭守信：《遼海印信圖録》，第7—13頁。
⑤ 馮永謙、姜念思：《寧城縣黑城古城址調查》，《考古》1982年第2期，第159—161頁。
⑥ 古陶文明博物館：《圓夢之旅——一個博物館人的逐夢旅程》，古陶文明博物館2015年版，第150頁。
⑦ 周曉陸：《秦封泥的考古學發現與初步研究》，《史學論衡》，北京師範大學出版社2002年版，第330—331頁。
⑧ 孫慰祖：《新見秦官印封泥考略》，《大公報·藝林》1996年7月12日。該文後收入《孫慰祖論印文稿》，上海書店1999年版。
⑨ 王輝：《古封泥的發現、著録及其研究概説》，《陝西歷史博物館館刊》第24輯，第113頁。
⑩ 孫慰祖：《古封泥集成》，1996年版，第14頁。
⑪ 孫慰祖：《封泥發現與研究》，第42—43頁。

　　1996年6月,路東之應中國印刷博物館的邀請舉辦《路東之收藏瓦當封泥展》,展出路東之夢齋藏彩陶、瓦當、封泥等藏品,相家巷出土秦封泥在其中展出。①

　　1996年,吳鎮烽將陝西歷史博物館歷年移交、收藏的來自陝西省文管會發掘和中國科學院考古研究所撥交的69枚封泥,進行考釋後加以公布,其中部分爲秦封泥。②

　　1996年12月26日,西北大學召開"首屆新發現秦封泥學術研討會",路東之向西北大學博物館捐贈20品秦封泥,並以古陶文明博物館和西北大學歷史博物館的名義向社會公開了秦封泥的重大發現,公布了路東之藏秦封泥的信息和部分品種,引起學界高度重視。③

　　1997年初,周曉陸、路東之、龐睿將路東之北京古陶文明博物館收藏的秦封泥整理後公布了154種封泥的拓片和釋文。④

　　1997年1月至3月,西安市文物保護考古研究所在得到傅嘉儀獲得的相家巷秦封泥準確出土地信息後,在程林泉的帶領下,於陝西省西安市未央區六村堡街道相家巷村南發掘185平方米,清理40個遺迹單位,共出土封泥11347枚,是迄今爲止一個遺址出土封泥數量最多的地點。據介紹,發掘中最重要遺迹有3個:H3出土封泥2266枚,H25出土2833枚,K1出土2211枚。該次發掘的資料尚在整理之中。經初步整理,與職官有關的封泥7600枚,與地理名稱有關的封泥1300枚,其他封泥240多枚。⑤

　　1997年4月,倪志俊在《書法報》上公布了相家巷秦封泥的準確地點和西安中國書法藝術博物館收藏秦封泥的相關情況,公布了25枚封泥的拓片,並指出該批收藏品相完好,可以糾正之前少數因殘缺而致誤的封泥釋讀。⑥

　　1997年6月,羅小紅在《説古道今》上介紹了相家巷秦封泥發現的具體情況,並公布了25枚封泥的拓片。⑦

　　1997年7月,傅嘉儀、羅小紅在《收藏》雜誌介紹了漢長安城內新發現秦封泥的相關情況,刊發49枚封泥照片。⑧

　　1997年8月,任隆以考釋的形式,刊布了收藏在西安中國書法藝術博物館的秦封泥114種。⑨

　　1997年10月在西安終南印社的內部刊物《終南》第1輯上,崎嶇刊發《西安中國書

---

① 古陶文明博物館:《圓夢之旅———一個博物館人的逐夢旅程》,第226頁。
② 吳鎮烽:《陝西歷史博物館館藏封泥考》(上、下),《考古與文物》1996年第4期,第49—59頁;1996年第6期第53—61頁。
③ 古陶文明博物館:《圓夢之旅———一個博物館人的逐夢旅程》,第163頁。
④ 周曉陸、路東之、龐睿:《秦代封泥的重大發現———夢齋藏秦封泥的初步研究》,《考古與文物》1997年第1期,第35—49頁。
⑤ 張翔宇:《相家巷秦封泥的發現與整理》,《美術報》2019年3月2日第10版。王輝:《古封泥的發現、著錄及其研究概説》,《陝西歷史博物館館刊》第24輯,第113頁。
⑥ 倪志俊:《空前的考古發現　豐富的瑰寶收藏——記西安北郊出土封泥出土地點的發現及西安中國書法藝術博物館新入藏的大批封泥精品》,《書法報》1997年4月9日。
⑦ 羅小紅:《秦封泥的重大發現》,《説古道今》1997年第2期。
⑧ 傅嘉儀、羅小紅:《漢長安城新出土秦封泥——西安中國書法藝術博物館藏封泥初探》,《收藏》1997年第6期,第7—8頁。傅嘉儀《秦封泥欣賞》,《收藏》1997年第6期,彩頁。
⑨ 《西安北郊新出土封泥選拓》,《書法報》1997年4月9日第4版。任隆:《秦封泥官印考》,《秦陵秦俑研究動態》1997年第3期,第17—35頁。

法藝術博物館藏秦封泥簡介》和"永巷""右丞相印"等51枚封泥的拓本。①

1998年2月,周曉陸、路東之、龐睿繼續刊布了62品北京古陶文明博物館藏秦封泥。②

1998年6月,任隆再以考釋形式公布收藏於西安中國書法藝術博物館的秦封泥。③

1998年9月,路東之出版《路東之夢齋秦封泥留真》原拓秦封泥100品。④

1998年10月,路東之在日本篆刻美術博物館舉辦的封泥展覽上,做了《封泥收藏與研究的過去和現在》的學術報告。⑤

1999年1月,傅嘉儀出版《篆字印彙》,其采擇來源廣泛,"手鈐本、散頁、新出土璽印、封泥瓦當,及未發表者占重要比例",其中"西安中國書法藝術博物館藏秦代封泥"即在其中,成爲相家巷秦封泥藏品的一次集中著録。⑥不過受體例限制,秦封泥散見於不同字頭,使用起來並不方便。

1999年,孫慰祖將新發現的秦漢官印、封泥進行匯釋。⑦

1999年12月,傅嘉儀編輯出版《歷代印匋封泥印風》,收録西安中國書法藝術博物館藏257品秦封泥拓片。⑧

2000年5月,周曉陸、路東之在全面公布北京古陶文明博物館藏秦封泥的基礎上,結合之前譜録中著録的秦封泥,整理出版了第一部秦封泥的專有譜録——《秦封泥集》。⑨該書除集中刊布北京古陶文明博物館藏封泥外,還對封泥本身的相關信息展開認真梳理,對封泥背後痕迹所反映出來的封緘方式的探索細緻而深入。這種強調和彰顯封泥本身考古學特徵的做法,與作者長期從事考古學和古文字學教授與科研的經歷直接相關。

2000年4月至5月,中國社會科學院考古研究所漢長安城考古隊在之前盜掘出土秦封泥的相家巷村南田地進行發掘,發掘面積500餘平方米。該次發掘獲得封泥325枚,共100多種,從地層學上確定了封泥的時代爲秦。發掘資料經快速整理後在2001年及時發布,同期刊發了劉慶柱、李毓芳的研究文章。⑩

---

① 崎嶇:《西安中國書法藝術博物館藏秦封泥簡介》,《終南》第1輯,1997年,第17—23頁,封底。

② 周曉陸、路東之、龐睿:《西安出土秦封泥補讀》,《考古與文物》1998年第2期,第50—59,轉77頁。

③ 任隆:《秦封泥官印續考》,《秦陵秦俑研究動態》1998年第3期,第22—14頁。

④ 古陶文明博物館:《道在瓦礫——一個博物館人的逐夢旅程》,第163頁。

⑤ 同上注。

⑥ 傅嘉儀:《篆字印彙》,上海書店出版社1999年版。

⑦ 孫慰祖:《新發現的秦漢官印、封泥資料彙釋》,《孫慰祖論印文稿》,第71—77頁。

⑧ 傅嘉儀:《歷代印匋封泥印風》,重慶出版社1999年版,第125—167頁。

⑨ 周曉陸、路東之:《秦封泥集》。

⑩ 中國社會科學院考古研究所漢長安城工作隊:《西安相家巷遺址秦封泥的發掘》,《考古學報》2001年第4期,第509—544頁。劉慶柱、李毓芳:《西安相家巷遺址秦封泥考略》,《考古學報》2001年第4期,第427—452頁。王偉在整理後指出,《發掘·出土封泥統計表》中列出全部325枚封泥。其中T2③:70、TG1:5、TG1:77 3枚是無字封泥;另有T2③:89、T2③:168、T2③:170、T2③:171 T2③:172、T2③:173、T2③:180、T3③:38、TG1③:81 9枚"文字漫漶"。除去3枚無字封泥和9枚"文字漫漶"者,《發掘·出土封泥統計表》共公布了185種,313枚封泥的資料(包括殘字封泥在內)。

2000年楊廣泰主編《秦官印封泥聚》,公布了其收藏的秦封泥新品。①

2000年,王輝在發表西安中國書法藝術博物館藏封泥的同時,②並在其出版的《秦出土文獻編年》中對之前已知秦封泥進行了集中分析。③

2000年,蕭春源在《珍秦齋藏印·秦印篇》中發表了其收藏的秦封泥12枚,同時發表了相關封泥的正背照片。④與1996版《古封泥集成》對比,《古封泥集成》刊發拓片的"居室丞印""中羞丞印""安臺丞印"3枚不見於是書,是書中刊布的"少府工丞""咸陽丞印"2枚不見於《古封泥集成》。

2001年8月,周曉陸、劉瑞對新見秦封泥的地理内容進行考釋的同時並將封泥信息進行公布。⑤

2001年9月,許雄志出版《秦印文字彙編》。該書雖名秦印,然其采擇時亦包括封泥。⑥

2001年10月,傅嘉儀、王輝對西安中國書法藝術博物館所藏秦封泥在公布的同時並加考釋。⑦

2001年12月,王輝對西安中國書法藝術博物館藏秦封泥中的若干品種進行考釋。⑧

2002年7月,周曉陸、陳曉捷通過《新見秦封泥中的中央職官印》,公布了新發現的有關中央職官的秦封泥,並加以考釋。⑨

2002年10月,周曉陸等發表《秦封泥再讀》,對部分新的秦封泥資料進行公布。⑩

2002年10月,傅嘉儀以西安中國書法藝術博物館收藏秦封泥爲主結集出版了《新出土秦代封泥印集》,共刊布封泥432品,其中西安中國書法藝術博物館藏341品公布正背拓本,並有釋文,同時收録發表於《秦封泥集》的北京古陶文明博物館藏34品,並收録早期譜録中秦封泥附録57品,多有簡略釋文。⑪

2002年,劉慶柱對相家巷新發掘的封泥進行了進一步研究,同時發表了一些在之前《考古學報》所刊文中未加公布的封泥拓片。⑫

① 楊廣泰:《秦官印封泥聚》,文雅堂2000年。是書未見,轉引自周曉陸:《秦封泥的考古學發現與初步研究》,《史學論衡》,北京師範大學出版社2002年版,第332頁。
② 王輝:《秦印考釋三則》,《中國古璽印學國際研討會論文集》,香港中文大學文物館2000年版。
③ 王輝:《秦出土文獻編年》,臺北新文豐出版公司2000年版。
④ 肖春源:《珍秦齋藏印·秦印篇》澳門文化廳2000年版。
⑤ 周曉陸、劉瑞:《新見秦封泥中的地理内容》,《秦陵秦俑研究動態》2001年第4期。
⑥ 許雄志:《秦印文字彙編》,河南美術出版社2001年版。
⑦ 傅嘉儀:《西安新發現秦封泥》,《書法》2001年第10期。王輝:《秦印封泥考釋(五十則)》,《四川大學考古專業創建四十周年暨馮漢驥教授百年誕辰紀念文集》,四川大學出版社2001年版;王輝:《西安中國書法藝術博物館藏秦封泥選釋續》,《陝西歷史博物館館刊》第8輯,三秦出版社2001年。王輝:《西安中國書法藝術博物館藏秦封泥選釋》,《文物》2001年第12期。
⑧ 王輝:《西安中國書法藝術博物館藏秦封泥選釋續》,《陝西歷史博物館館刊》第8輯;王輝:《西安中國書法藝術博物館藏秦封泥選釋》,《文物》2001年第12期。
⑨ 周曉陸、陳曉捷:《新見秦封泥中的中央職官印》,《秦文化論叢》第9輯,西北大學出版社2002年版。
⑩ 周曉陸等:《秦封泥再讀》,《考古與文物》,2002年第5期。
⑪ 傅嘉儀:《新出土秦代封泥印集》,西泠印社2002年版。
⑫ 劉慶柱:《新獲漢長安城遺址出土封泥研究》,(《石璋如院士百歲祝壽論文集——考古·歷史·文化》,臺北南天書局2002年版。

2002年,周曉陸、陳曉捷發表了在北京新見的秦封泥品種並做考釋。[①]

2002年,周天游、劉瑞整理了之前已發表的419種秦封泥品種,並結合新公布的張家山漢簡對秦封泥的釋讀問題進行了研究。[②]

2002年12月,孫慰祖出版了作爲上海博物館藏品研究大系之一的《中國古代封泥》。該書在詳細介紹了上海博物館藏封泥的來源後,大量發表了上海博物館藏封泥的精美拓片及正反面彩色照片,並收錄了上海博物館2001年入藏的部分相家巷遺址出土秦封泥。[③]

2002年4至11月,湖南省考古研究所在湖南省龍山縣里耶鎮進行里耶古城發掘的過程中,在出土大量簡牘的J1中出土二百多枚封泥匣,少數匣上有文字。出土"有封泥十多枚,多殘破。圓形印面,其上的文字係膠泥半乾時以璽印戳上,因廢棄時偶然被火燒後陶化而得以保留,背面不規則,直徑2.6釐米許,厚不足1釐米。内容有□陵□印、□庭□馬(洞庭司馬)、酉陽丞印、酉□丞□等"。後記述出土封泥"數量較多","原置於來往郵件的封泥匣内,多破碎不易收集",考古報告介紹了其中10件封泥的情況,發表了封泥摹本。[④]

2003年,王輝考釋了新發現的三枚秦封泥。[⑤]

2003年,路東之出版《古陶文明博物館藏戰國封泥》原拓本。[⑥]

2003年2月,徐暢出版的《中國書法全集·先秦璽印》中,在"戰國公璽與印迹"下專列"秦印與封泥",收錄了208枚秦封泥的拓本。[⑦]

2004年12月,日本藝文書院出版《新出相家巷秦封泥》,收錄了相家巷出土秦封泥250種的正反照片和拓片,其中"泰史""南郡府丞""蜀大府丞"等爲之前所不見。[⑧]

2005年1月,伏海翔出版《陝西新出土古代璽印》,[⑨]除刊有"華陽丞印""左司空印"封泥的彩色照片外,還有187枚封泥的拓本和釋文。該書雖未介紹封泥來源,但從封泥拓本看,其基本爲西安中國書法藝術博物館所藏。

2005年,周曉陸、陳曉捷、劉瑞、湯超、李凱等對流散在北京等地的新見秦封泥進行考釋。[⑩]

2005年12月,馬驥在《中國文物報》上發表了在西安新發現的21枚秦封泥品種,並

① 周曉陸、陳曉捷:《新見秦封泥中的中央職官印》,《秦文化論叢》第9輯。
② 周天游、劉瑞:《西安相家巷出土秦封泥簡讀》,《文史》2002年第3期。
③ 孫慰祖:《中國古代封泥》,上海人民出版社2002年版。
④ 湖南省文物考古研究所:《里耶發掘報告》,嶽麓書社2007年版,第180、220頁。
⑤ 王輝:《釋秦封泥中的三個地名》,《秦文化論叢》第10輯,三秦出版社2003年版。
⑥ 路東之:《問陶之旅——古陶文明博物館藏品擷英》,紫荆城出版社2008年版,第152頁。
⑦ 徐暢:《中國書法全集·先秦璽印》,榮寶齋出版社2003年版。
⑧ 平出秀俊:《新出相家巷秦封泥》,藝文書院2004年版。
⑨ 伏海翔:《陝西新出土古代璽印》,上海書店出版社2005年版。
⑩ 周曉陸、陳曉捷、湯超、李凱:《於京新見秦封泥中的地理内容》,《西北大學學報(哲學社會科學版)》2005年第4期。周曉陸、劉瑞、李凱、湯超:《在京新見秦封泥中的中央職官内容紀念相家巷秦封泥發現十周年》,《考古與文物》2005年第5期。陳曉捷、周曉陸:《新見秦封泥五十例考略——爲秦封泥發現十周年而作》,《碑林集刊》第11輯,陝西人民出版社2005年。

探討了秦封泥的斷代問題。①

2006年，陝西省西安市未央區六村堡街道六村堡村內的東西路南側發現秦封泥，該地與相家巷秦封泥發現地相距約600米。②

2006年6月，陳曉捷、周曉陸發表《新見秦封泥五十例考略——爲秦封泥發現十周年而作》，公布了50品文雅堂藏秦封泥，多爲新品。③

2007年，李曉峰、楊冬梅在秦封泥發現的推動下，將濟南市博物館收藏的帶界格封泥進行了專門的公布和考釋。④

2007年，傅嘉儀以西安中國書法藝術博物館所藏秦封泥爲基礎，將"周曉陸、路東之先生的《秦封泥集》和陝西省考古研究所研究員王輝先生關於秦封泥論述，以及作者本人關於秦封泥的淺述合編而成"的《秦封泥彙考》出版。在該書自序中，傅嘉儀先對秦封泥的發現經過做了簡要敍述，然後從文字演變、"麗山飤官"封泥綫索體現出的時代性、"泰廄丞印""中廄丞印""小廄丞印"等多見於秦始皇出土陶文的職官名、"廢丘""廢丘丞印"等文獻記載漢初即已改名的地名等四個方面對相關問題加以探討。書中對秦封泥有簡略考釋，書後彩版爲230品封泥的拓片、正反面的彩色照片。⑤

2008年3月，路東之出版《問陶之旅》，發表了在《秦封泥集》之後陸續收集的戰國、秦和漢代封泥。⑥

2009年6月，王玉清、傅春喜出版《新出汝南郡秦漢封泥集》，公布了在河南平輿出土的汝陽郡封泥554枚的拓片（多爲漢封泥），部分封泥同時公布了正反照片。⑦

2010年，周曉陸出版《二十世紀出土璽印集成》，其雖名"璽印集成"，然對已知封泥資料同樣進行了集中收錄，蔚爲大觀。⑧

2010年，郭富春在出版的《大連古代文明圖說》中公布了一枚封泥的照片和拓片，有十字界格，爲秦封泥。⑨

2010年11月，西泠印社在中國印學博物館舉辦"新出戰國秦漢封泥特展"和"戰國秦漢封泥文字國際學術研討會"，配合展覽出版的圖錄收錄了戰國封泥6品、秦封泥111品，西漢（含新莽）封泥135品的正反照片和拓本。⑩

2010年，楊廣泰出版《新出封泥彙編》，共收錄了其個人收藏的7800方1272種封泥，"約近已知存世封泥之半，所收封泥拓片百分之八十爲首次刊布"，包括戰國封泥11

① 馬驥：《西安新見秦封泥及其斷代探討》，《中國文物報》2005年12月7日。
② 馬驥：《西安近年封泥出土地調查》，《青泥遺珍·戰國秦漢封泥文字學術研討會論文集》，西泠印社2010年版，第30頁。
③ 陳曉捷、周曉陸：《新見秦封泥五十例考略——爲秦封泥發現十周年而作》，《碑林集刊》第11輯。
④ 李曉峰、楊冬梅：《濟南市博物館藏界格封泥考釋》，《中國書畫》2007年第4期。
⑤ 傅嘉儀：《秦封泥彙考》，上海書店出版社2007年版。
⑥ 路東之：《問陶之旅——古陶文明博物館藏品掇英》。
⑦ 王玉清、傅春喜：《新出汝南郡秦漢封泥集》，上海書店出版社2009年版。
⑧ 周曉陸：《二十世紀出土璽印集成》，中華書局2010年版。
⑨ 郭富純等：《大連古代文明圖說》，吉林文史出版社2010年6月。
⑩ 西泠印社、中國印學博物館：《青泥遺珍：新出戰國秦漢封泥特展圖錄》，西泠印社2010年版。

種、秦封泥434種、西漢封泥361種、平輿出土兩漢封泥372種、新莽封泥94種,其中507種爲首次發表,占全書全部的40%。該書不僅是繼《古封泥集成》後最大規模的封泥著錄,更是新出封泥資料的一次大彙聚。①

2011年4月,許雄志將自己收藏的戰國秦漢封泥結集出版。根據來源不同,分別爲河南新蔡戰國封泥49枚、西安相家巷秦封泥28枚、臨淄西漢封泥19枚、平輿秦漢封泥206枚、未名出土地域封泥9枚,各封泥均有正反面照片和拓片,印製精美。②

2012年4月,周曉陸出版《酒餘亭陶泥合刊》,公布了他2001年收藏的204枚“泥封”的拓片,其中不少“是未曾面世的孤品”。③

2012年底,《唐都學刊》發表20枚西安中國書法藝術博物館藏秦封泥的彩色照片。④

2013年,周曉陸、陳曉捷對文雅堂收藏的封泥加以公布和考釋。⑤

2014年9月,秦陵博物院入藏1100餘枚秦、西漢、新莽、東漢封泥及燕、齊陶文。據介紹,該批封泥原爲楊廣泰收藏,由趙旭捐贈於秦陵博物院。王輝發表了其中327枚漢封泥的拓片、釋文與考釋。⑥

2014年,王偉對博士論文修訂後出版《秦璽印封泥職官地理研究》,⑦系統收集、梳理了之前已發表秦封泥資料,並對秦官制、宮室、苑囿、陵寢及郡縣等開展綜合研究。

2014年,王輝、王巧英公布了數枚文雅堂收藏的秦封泥。⑧

2015年,王偉考釋公布了文雅堂收藏的秦封泥20枚。⑨

2015年5月,西泠印社美術館舉辦“古代封泥精品展”,展出歷代封泥400品,後出版的圖錄選擇了其中200品的正反放大照片和原大拓片並附釋文,在封二、封三等刊錄了48品殘泐封泥照片,爲封泥的綴合工作提供了寶貴資料。⑩

2015年7月,楊廣泰出版《新出陶文封泥選編》,公布了其收藏的戰國封泥3種、秦封泥246種、漢封泥228枚、新莽封泥93種,以拓片爲主,個別封泥有正反面彩色照片。⑪

2015年12月,龐任隆編輯出版《秦封泥研究》,將之前已發表的20篇秦封泥研究文章進行了集中收錄,並提供了西安中國書法藝術博物館藏100枚秦封泥的統計表,其中2件封泥時代注明爲“戰國”。⑫

2016年,蔡慶良、張志光在出版的《秦業流風:秦文化特展》中公布了之前在西安

① 楊廣泰:《新出封泥彙編》,西泠印社出版社2010年版。
② 許雄志:《鋻印山房藏古封泥菁華》,河南美術出版社2011年版。
③ 周曉陸:《酒餘亭陶泥合刊》,藝文書院2012年版。
④ 《西安中國書法藝術博物館館藏秦封泥圖錄》,《唐都學刊》2012年第6期。
⑤ 陳曉捷、周曉陸:《北京文雅堂藏秦封泥選考》,《咸陽師範學院學報》2013年第1期。
⑥ 王輝:《秦陵博物院藏漢封泥匯釋》,《秦始皇帝陵博物院》總第5輯,2015年,陝西師範大學出版社2015年版。
⑦ 王偉:《秦璽印封泥職官地理研究》。
⑧ 王輝、王巧英:《釋文雅堂藏幾枚與府有關的秦封泥》,《陝西歷史博物館館刊》第21輯,三秦出版社2014年版。
⑨ 王偉:《文雅堂藏新品秦封泥考釋(二十則)》,《中國文字研究》第21輯,上海書店出版社2015年版。
⑩ 西泠印社美術館:《古代封泥精品展》,文雅堂2015年版。
⑪ 楊廣泰:《新出陶文封泥選編》,文雅堂2015年版。
⑫ 龐任隆:《秦封泥研究》,陝西人民美術出版社2015年版。

南郊賈里村大墓發掘中出土的"内史之印"封泥。①

2016年, 在古代文明研究協同創新中心中國人民大學中心編著出版的《里耶秦簡博物館藏秦簡》中, 刊發了里耶出土的"酉陽丞印"封泥的照片, 並與出土的封泥匣並排放置。②

2017年, 王偉公布了文雅堂收藏的地名封泥15品。③

2017年8月, 魏傑在《金石研究》創刊號上公布了其所藏的"高章宦丞""都水丞印""騎馬丞印""内官丞印"等10品秦封泥的拓片和彩色正背照片。④

2017年10月, 西安中國書法藝術博物館在《書法》上刊布了館藏236品封泥精品的彩色照片。⑤

2018年8月, 許静洪、許雲華將陝北歷史文化博物館所藏封泥資料加以刊布, 包括戰國封泥1品、秦封泥4品、漢封泥97品, 均有正反照片、拓本和釋文。⑥

2018年李振洲介紹了中國文字博物館收藏的20枚秦封泥的彩色照片和釋文。⑦

2018年, 任紅雨出版了由劉慶柱、王輝作序的《中國封泥大系》。該書彙集2017年6月之前作者所見的63種封泥譜録, 還有作者自己搜集的珍稀、孤本封泥原拓5336枚, 共輯録封泥拓片15177枚, 6347種。該書的編排以時代爲經、音序爲緯, 分戰國封泥、秦官印封泥、秦私印封泥、兩漢官印封泥、漢私印封泥、新莽官印封泥、新莽私印封泥、漢後官印封泥、唐官印封泥等9目, 其中戰國封泥242枚, 106種; 秦封泥5485枚, 2085種; 漢封泥7942枚, 3235種; 新莽封泥1487枚, 902種; 漢後官印封泥7枚, 7種; 唐官印封泥14枚, 12種, 成爲自封泥發現以來收集封泥數量、品種最多的封泥譜録, 是封泥著録的新一代的集成之作。⑧

2019年, 許衛紅、張楊力錚、趙震、狄明在《陝西省咸陽城府庫遺址考古發掘取得重要收穫》中公布了遺址發掘的秦封泥1種。⑨

2019年5月, 孫慰祖在《問印》創刊號上發表《新出封泥擷珍》, 發表了12枚秦至唐封泥, 不僅多枚封泥爲首次發表, 而且封泥的拓片和照片均甚爲精美。⑩

2019年, 許雄志出版《鑒印山房藏古封泥選粹》, 輯録戰國秦漢官印及漢私印封泥254枚的拓片, 其中來自新蔡戰國封泥50枚、來自河南郡封泥54枚、弘農郡封泥50枚、汝南郡封泥50枚、漢私印封泥50枚。⑪

---

① 蔡慶良、張志光:《秦業流風: 秦文化特展》, 臺北故宫博物院2016年版。
② 古代文明研究協同創新中心中國人民大學中心編著:《里耶秦簡博物館藏秦簡》, 中西書局2016年版。
③ 王偉:《新見秦地名封泥選釋(十五則)》,《出土文獻》第10輯, 中西書局2017年版。
④ 魏傑:《冰齋魏傑藏秦封泥》,《金石研究》第1輯, 世界圖書出版西安有限公司2017年版, 第136—141頁。
⑤ 西安中國書法藝術博物館:《秦封泥選》,《書法》2017年10期彩版。
⑥ 許静洪、許雲華:《陝北歷史文化博物館藏璽印封泥選》, 西泠印社出版社2018年版。
⑦ 李振洲:《中國文字博物館館藏秦代封泥鑒賞》,《文物鑒定與鑒賞》2018年第12期。
⑧ 任紅雨:《中國封泥大系》, 西泠印社出版社2018年版。
⑨ 許衛紅、張楊力錚、趙震、狄明:《陝西省咸陽城府庫遺址考古發掘取得重要收穫》,《中國文物報》2019年5月8日第8版。
⑩ 孫慰祖:《新出封泥擷珍》,《問印》第一卷, 西泠印社出版社2019年版, 第131—135頁。
⑪ 許雄志:《鑒印山房藏古封泥選粹》, 鑒印山房金石文存2019年版。

2019年，李超介紹了收藏於西安博物院的西安市文物保護考古研究所在相家巷發掘的秦封泥30餘枚。在該文表二中，還揭示了西安博物院所藏"桓段""公車司馬""蘇段""泰匠丞印""美陽丞印""中廄丞印""謁者丞印""咸陽亭丞""詔事之印"等9枚館藏秦封泥的名稱，並在注中介紹原西安中國書法藝術博物館藏的絕大多數秦封泥，已在2010年後由西安含光門遺址博物館所收藏。[①]

四、秦封泥集釋

從1882年陳介祺提出"西共丞印"時代爲"秦"至今已有139年，從1904年吳式芬、陳介祺《封泥考略》辨識出個別秦封泥至今已有117年，自1936年王獻唐《臨淄封泥文字》單列"秦封泥"目至今也達85年。在長達百年左右的時間裏，學界秦封泥研究的成果日益豐富，相關認識日益成熟。秦封泥蘊含的學術價值，也在不斷的研究中得到闡發。

從封泥發現情況看，在1997年相家巷遺址秦封泥大量發表之前，已知秦封泥的數量和品種都非常有限，學者以秦封泥爲對象開展的研究自然不多。多數情況下，學者提到秦封泥都僅是封泥史中的一筆帶過，極少以秦封泥爲專題進行研究，更遑論秦封泥研究專著。

王國維說："古來新學問之起，大都由於新發見。有孔子壁中書出，而後有漢以來古文家之學；有趙宋古器出，而後有宋以來古器物、古文字之學。"因此在1995年西安漢長安城相家巷遺址大量出土秦封泥後，在巨大新材料的推進下，秦封泥研究的情況得到極大改觀。

1995年西安相家巷遺址秦封泥的出土，如李學勤先生所言，與甲骨文一樣，一開始並非科學發掘，在出土之後還很快流散。不過可喜的是，在相家巷秦封泥流散的過程中，很快就被孫慰祖先生在澳門鑒定其時代爲秦，路東之先生收藏的封泥也經周曉陸先生確認爲秦。雖各自"閉門造車"，但最終"出門合轍"，一南一北"遥相呼應"，可稱學界幸事。

之後，在周曉陸先生的大力推動下，1996年12月26日西北大學文博學院召開了"首屆新發現秦封泥學術研討會"。巨量秦封泥的發現，馬上得到與會學者的高度重視和積極評價。更可喜的是，西安市文物考古研究所在得到傅嘉儀提供的封泥出土地的準確信息後，迅速對其進行發掘，獲得更巨量發現。錯失了之前收藏秦封泥機會的傅嘉儀先生，也從閆小平手裏，將其售予路東之時留下的精品封泥，盡納於中國書法藝術博物館。

這樣，雖然相家巷秦封泥在出土後即有流散，但由於確認及時，絕大多數秦封泥還是留在國內公私博物館中，避免了再次流散和失落的可能。於是，秦封泥才能在之後短短一兩年時間裏，以巨量和遠超人們想象的豐富內容，如秦始皇陵兵馬俑一樣，一次次

---

① 李超：《秦封泥與封檢制度》，《考古與文物》2019年第4期，第86頁注6。

震撼學界。

伴隨各家收藏秦封泥的公布，以及各項研究的不斷深入，秦封泥研究，無論在研究角度還是研究成果上，都非常驚人。甚至可以説，20年多年來學界開展的秦封泥研究的範圍之廣、數量之多，早已超過經160餘年積累和發展的漢封泥研究，成爲封泥研究中最重要的方向和内容。

關於秦封泥釋讀或公布的情況，前文已進行了梳理，而從1995年西安相家巷秦封泥發現、1996年底西北大學召開學術會議公布秦封泥發現的消息至今已經20餘年的秦封泥研究情況，已有多位學者進行了綜述和評價。如周曉陸、路東之《秦封泥的發現與研究》，[①] 周曉陸《秦封泥的考古學發現與初步研究》，[②] 王輝《秦封泥的發現及其研究》，[③]《古封泥的發現、著録及其研究概説》，[④] 楊廣泰、路東之所撰相關論著，等等。而我也曾以《1997—2001年秦封泥研究概況》[⑤] 和《1997—2002年間西安相家巷出土秦封泥研究綜述》爲名，[⑥] 對2002年之前的秦封泥研究情況進行過梳理。在周曉陸、路東之《秦封泥集》，在王偉《秦璽印封泥職官地理研究》、王輝等《秦文字通論》的相關章節中，也都對秦封泥發現與研究情況進行了學術史梳理。在《秦封泥集》出版後學者對其進行積極評價的同時，也對秦封泥研究提出進一步發展的期待。[⑦] 近年來南京大學崔璨還針對性地對十年來秦封泥發現和研究情況進行了整理。[⑧]

從現有研究情況看，在取得一系列重要成就的同時，在多年秦封泥的公布和研究過程中，存在以下幾種方式：

1. 收藏秦封泥的收藏家延請專家學者，共同或單獨對其收藏秦封泥品類進行泥面文字隸定並進行文獻闡釋。如孫慰祖先生對珍秦齋藏秦封泥的釋讀與刊發，[⑨] 如周曉陸、路東之先生對北京古陶文明博物館藏封泥在《考古與文物》上的陸續刊布，[⑩] 如任隆、王輝先生對西安中國書法藝術博物館藏秦封泥的重點發表。[⑪]

2. 發表秦封泥拓片、照片或封泥名目，在進行泥面文字隸定後進行文獻釋讀與闡釋。如周曉陸、路東之先生以北京古陶文明博物館藏品爲基礎出版《秦封泥集》、[⑫] 傅嘉

① 周曉陸、路東之：《秦封泥的發現與研究》，《周秦漢唐研究》第1輯，三秦出版社1998年版。
② 周曉陸：《秦封泥的考古學發現與初步研究》，收入《史學論衡》。
③ 王輝：《秦封泥的發現及其研究》，《文物世界》2002年第2期。
④ 王輝：《古封泥的發現、著録及其研究概説》，《陝西歷史博物館館刊》第24輯。
⑤ 劉瑞：《1997—2001年秦封泥研究概況》，《中國史研究動態》2002年第9期。
⑥ 劉瑞：《1997—2002年間西安相家巷出土秦封泥研究綜述》，《秦文化論叢》第10輯，三秦出版社2003年版。
⑦ 阿敏：《考古重大發現，印苑別開生面——記〈秦封泥集〉問世》，《中國書法》2001年第5期。
⑧ 崔璨：《近十年來秦封泥研究的回顧與展望》，《西泠藝叢》2019年第12期，第15—20頁。
⑨ 孫慰祖：《新見秦官印封泥考略》，《大公報·藝林》1996年7月12日，後收入《孫慰祖論印文稿》。
⑩ 周曉陸、路東之、龐睿：《秦代封泥的重大發現——夢齋藏秦封泥的初步研究》，《考古與文物》1997年第1期；周曉陸、路東之、龐睿：《西安出土秦封泥補讀》，《考古與文物》1998年第2期。
⑪ 任隆：《秦封泥官印考》，《秦陵秦俑研究動態》1997年第3期；任隆：《秦封泥官印續考》，《秦陵秦俑研究動態》1998年第3期。王輝：《秦印考釋三則》，《中國古璽印學國際研討會論文集》；王輝：《秦印封泥考釋（五十則）》，《四川大學考古專業創建四十周年暨馮漢驥教授百年誕辰紀念文集》；王輝：《西安中國書法藝術博物館藏秦封泥選釋續》，《陝西歷史博物館館刊》第8輯。
⑫ 周曉陸、路東之：《秦封泥集》。

儀先生以西安市中國書法藝術博物館藏秦封泥爲基礎出版《秦封泥彙考》① 等等。

3. 以傳統拓片形式出版封泥"圖録"。圖録僅對封泥泥面文字進行隸定,不對相關文字内容進行文獻釋讀。如傅嘉儀《新出土秦代封泥印集》、② [日]平出秀後《新出相家巷秦封泥》、③ 楊廣泰《新出封泥彙編》、④ 許志雄《鑒印山房藏古封泥菁華》、⑤ 任紅雨《中國封泥大系》⑥ 等等。無論發表秦封泥的數量,還是圖録數量,此方式均爲大宗。

4. 以傳統原拓形式的百本甚至幾十本極少量"出版",僅發表封泥拓片,不僅没有封泥文字文獻釋讀,甚至連封泥泥面的文字隸定都會闕如。

5. 考古學家在公布考古資料後,專文刊發封泥文獻考釋。如劉慶柱、李毓芳先生對相家巷封泥的整理與研究。⑦

由於長期以來封泥發表"形式多樣",自然造成學者考釋封泥的相關論述發表的情況"千差萬别"——既見於專門的封泥圖録,也見於正常刊發的學術期刊,還見於各種形式的國内外會議論文集,此外報紙、内部刊物中也時有秦封泥的考釋研究得到發表。於是,在很多時候,即使是長期從事秦封泥的研究者,也很容易遺漏發表在一些"罕見"載體上的其他學者的相關研究成果。

這樣,隨着時間的發展和越來越多封泥以不同形式的發表,有關封泥研究成果的分散與難尋問題日益嚴重,直接影響到秦封泥研究的順利開展。

從2000年夏季開始,我開始仿照古人"集釋"的體例,將陸續收集的不同學者對秦封泥的考釋和認識,按封泥泥面文字,進行歸類整理,並每年都進行一兩次的補充、更新,希望能通過自己的這個工作,將不同學者歷年來對同一封泥的認知進行盡可能的完整條理化,當然,一開始只是方便自己能"站在前人的肩膀上"不斷開展秦封泥研究。

在這個過程中,基於相近目的,學者開展了類似的秦封泥集釋型研究,如2002年8月臺灣師範大學林麗卿在導師季旭昇指導下完成《秦封泥地名研究》碩士學位論文,2005年4月安徽大學朱晨在導師徐在國指導下完成《秦封泥集釋——中央官印部分》碩士論文。

2014年我申報的國家社科基金"秦封泥分期與秦職官郡縣重構研究"(14BZS017)獲批,同年我作爲子課題負責人參加的王子今先生作爲首席專家的國家社科基金重大招標項目"秦統一及其歷史意義再研究"(14ZDB028)也獲批准。因此從2015年開始,我陸續將之前收集的秦封泥資料進行各種角度的查重補缺,集中收集十餘年來新出版考古報告、封泥圖録及各種圖書雜誌,在獲得一份"全"而"新"的秦封泥目録

① 傅嘉儀:《秦封泥匯考》。

② 傅嘉儀:《新出土秦代封泥印集》。

③ [日]平出秀後:《新出相家巷秦封泥》。

④ 楊廣泰:《新出封泥彙編》。

⑤ 許志雄:《鑒印山房藏古封泥菁華》。

⑥ 任紅雨:《中國封泥大系》。

⑦ 中國社會科學院考古研究所漢長安城工作隊:《西安相家巷遺址秦封泥的發掘》,《考古學報》2001年第4期;劉慶柱、李毓芳:《西安相家巷遺址秦封泥考略》,《考古學報》2001年第4期。

的同時,對各位學者的研究成果進行了重點梳理,以便自己設想的相關研究能順利推進。2018年秋,我申請的國家社科基金重大招標項目"秦漢三輔地區建築研究與復原"(18ZDA181)獲批,這樣含大量秦代建築職官、宮苑名稱的秦封泥,也就自然成爲該課題研究的一部分内容。

於是,我就將之前陸續收集、整理的資料做了重新梳理,並據《漢書·百官公卿表》等文獻及學者研究成果進行了排序,完成了以《秦封泥集存》爲核心的圖像學整理,[①]獲得了一份自認爲"齊全"的封泥目録和封泥數量認知。

以此爲基礎,重新梳理之前持續多年的關於學者對秦封泥研究成果的"集釋"。

如在《秦封泥集存》中指出的,由於大量秦封泥發表並不完整,以及藏家藏品來源多未公布,秦封泥時代判讀本身是一個學術難題,所以在對於哪些是秦封泥、哪些不是秦封泥,也很難有一個統一標準和學者共識。當然,無論是秦的職官地理,還是秦的印章制度,本身更是隨着秦的發展壯大而不斷發展的。

因此,我們今天所看到的秦封泥,自然是這一制度不斷發展過程的産物,這裏收羅的秦封泥,肯定在時代的判斷上會存在不同的意見,具體的排序和歸類也會有不同看法——這是學術研究中很正常的事情,但如果這些對秦封泥認識上的疑問和不同意見,是通過《秦封泥集存》和本書的羅列"放在一起"後而不斷凸顯出來的話,那多年收集和整理的目就已達到不少。

同樣,如《秦封泥集存》中指出,本書所收秦封泥的時代,並不限於短暫的統一秦,而是上起戰國晚期,少數延續到西漢,大體就是1997年初李學勤先生在西安相家巷秦封泥發現後提出的秦封泥的時間範圍。而既然我將這些封泥收集在一起,自然意味着在我看來,它們的時代應該爲秦——當然這裏所謂的秦也是指上述的時間範圍。

我判斷其時代爲秦的根據,一方面在此之前所收集到的絶大多數封泥的時代已有學者判斷爲秦的結論,一方面則是自己在前輩學者的基礎上還進行了一些重新的判定。而我開展進一步判定的依據,一是1996年西安相家巷秦封泥發現之後孫慰祖先生在澳門,周曉陸、路東之先生在西安分別從文獻記載和封泥印章制度方面總結的秦封泥特徵,一是中國社會科學院考古研究所漢長安城考古隊在漢長安城遺址通過科學考古發掘出土秦封泥後,劉慶柱、李毓芳先生總結出的秦封泥特點,同時還考慮了多年來學者在秦陶文、秦印章制度等方面的研究成果。大體而言,應是一個綜合的判斷。

整體而言,這裏收集的中央、地方類職官封泥的時代,可能争議較小,但具體到某個封泥則應會與之前的意見有所不同,對自認爲"有把握"的封泥,我會在"瑞按"中偶有敍述,但更多的,只能以後尋找機會加以解釋。當然,判斷就肯定有錯誤,需今後不斷修正。

秦封泥收集過程中,見到了數量較多的鄉亭部和私印、吉語封泥。究竟如何處理這些封泥,如《秦封泥集存》指出的,我曾非常糾結。從資料完整性看,没有任何不收理

---

① 劉瑞:《秦封泥集存》,中國社會科學出版社2020年版。

由。但從實際情況看，特別是從目前秦封泥斷代研究的進展看，尤其是從出土秦封泥中極少見到鄉類封泥的情況看，很難給大部分鄉亭部、私印、吉語封泥一個如中央、地方職官封泥那樣較明確的時代爲秦的判斷。

從湖南里耶發掘出土的秦代簡牘中，我們見到規模龐大的人口數量甚至超過當時很多縣的"貳春鄉"等鄉級機構。因此從管理角度看，秦鄉有印應無問題。在傳世和出土封泥中已有不少例證，所以發現和存在秦鄉亭部封泥應合情合理。當然，據文獻記載，漢高祖劉邦在起義之前任秦的泗水亭長，在之前公布的秦封泥中還有數量較多的"咸陽亭印"封泥，明確表明秦亭有印、有亭印封泥。

據目前所見資料，在秦統一過程中、統一後，秦王朝採取了一系列包括印章制度在內的制度性變革——在目前所見封泥和出土秦簡牘中都有切實反映。但從制度變化的實際情況看，由於秦祚甚短，秦統一過程中、統一後採取的這些變革，主要集中在中央和縣級以上職官，至今還沒有見到明確的在鄉亭部和私人印章方面進行強力變革的資料。因此，對數量較多的傳世鄉亭部和私印、吉語封泥究竟該如何斷代，就成爲一個甚爲困難的問題。

在這個問題中，比較而言，私印封泥的情況更加複雜。比方說如建秦的嬴政、李斯，建漢的劉邦、張良、蕭何，他們生於戰國晚期，長於秦，有的還在經過短暫的統一秦後，滅秦而立漢，成爲漢人。因此，如果他們自用私印一直未變，那不同時間裏用該私印抑製的封泥，如果有幸被發現，是不是一定就能截然分開？是不是能更進一步指出它們是戰國封泥、秦封泥還是漢封泥？我想，這在較長時間裏可能都是一個難以解決的難題。

於是，在經過一系列痛苦糾結後，我決定把鄉亭部、私印、吉語封泥與之前的中央和地方職官封泥收到一起，希望通過包括《秦封泥集存》在內的一系列努力，在將它們與其他封泥放在一起後，爲進一步研究提供些許便利。如果讀者能從中梳理出更多秦鄉亭部、私印、吉語封泥的特點，那我們的目的就已部分達到。

將現有的這些封泥收集到一起的依據，一方面是明確的出土品中的鄉亭部和私印封泥，一方面是之前學者已指出其時代爲秦，一方面則是擁有與前述兩類封泥風格相似的特徵。而正因爲對鄉印和私印該如何安置的猶豫不決、來回擺動及標準難定，所以同我盡量保證沒有大的遺漏的中央和地方職官封泥的收集情況相比，鄉印、私印封泥的缺漏和不足肯定會更多一些。取捨之間，肯定會存在因誤判而造成的誤入、誤删，今後當在大家的關注中陸續修正。

如《秦封泥集存》中指出，雖然理解目前收集和整理的絕大多數秦封泥，都是考古發掘之外藏於公私藏家的流散物，但在目前大多數秦封泥僅以傳統拓片形式進行發表，封泥照片發表非常有限情況下，在無法一一目驗封泥實物的情況下，在秦封泥因不斷打製拓片出現較多形態變化的情況下，單從拓片而對這些封泥進行真僞的分別就存在着很大困難。

因此，在這裏呈現的秦封泥中，雖然據封泥形態和內容，我認爲其中大多數應爲真品，但也確實有極個別封泥無論從字體結構還是從其上職官地理的名稱上看，都那麼地

“與衆不同”，其所記載的職官還不見於文獻，有可能爲僞品。對這種情況，我雖心中惴惴，但依然還是把它們也收納了進來，免得因一個自己“智子疑鄰”的誤判，而使一些可能非常重要的信息得不到學者注意，造成研究損失，故而自己對相關封泥的意見在“瑞按”中有所反映。

由於開展的都是秦封泥資料整理，而本書與《秦封泥集存》在不同時間和出版社分別出版，書前關於秦封泥發現、著録及研究等的介紹性文字，難以采用傳統“互見”法，只能將《秦封泥集存》前言中的大部分内容移至於此，敬請諒解。[①]

本書稱爲《集釋》，取自我們傳統的文獻學做法，如《後漢書集釋》。

秦封泥的發現、公布及研究，是一個長期的過程。更多秦封泥的發現和發表，會使進一步開展封泥資料集釋與研究成爲可能。

希望在這一讓人感到痛並快樂的過程中，我們能不斷得到新的收穫。

---

① 本前言的大部分内容，采自《秦封泥集存》。

凡　例

1. 本書集釋2019年底前公開發表的秦封泥考釋成果，歷年碩博士論文所做考釋不予收録。

2. 中央、地方類封泥的時代以秦爲主，上起戰國晚期，少數延至漢代；受斷代材料所限，鄉亭部及私印、吉語封泥的時代略寬。

3. 封泥文字以原釋爲基礎，結合研究成果並酌以己見；圖像模渳及原未發表圖像者，從原釋。殘碎封泥，以殘存筆畫推定所缺文字，殘缺過甚則不釋。未釋及殘缺字以"□"表示。釋讀存疑者，字外加框，如"丞"。

4. 封泥名目下置封泥拓片，簡注出處，不標注發表年代；未發表圖像的封泥，標"無圖"及出處。

5. 據封泥内容，上編收中央職官，中編收地方職官，下編收未歸類、未完全釋讀及殘碎封泥。私名、吉語封泥及部分形制類似的西漢早期封泥列爲附編。

6. 中央職官封泥以《漢書·百官公卿表》爲基礎，結合文獻所載職官沿革、學者研究及個人意見排序。太醫、永巷、都水、司空等職於多個公卿下均設置同名官，置某一公卿後不復見。宮臺禁苑封泥設專節單列。

7. 地方職官封泥以《中國行政區劃通史·秦漢卷》爲基礎，結合文獻所載隸屬演變、學者研究及個人意見排序。不同郡屬的同名縣，置某郡後不復見。

8. 因泥面讀法不同產生的差異，如"陽安"與"安陽"爲兩地，以某讀法歸類後不復見。職官、地名寫法與傳世文獻不同者，目依文獻，釋讀據泥面。"灊丘""廢丘"等文獻中同地而不同名稱者，同名下分列。

9. 雍工室、巴左工、河内左工、櫟陽左工室等"地名+官名"類封泥，因尚不確定其上屬機構，故置地方編内相關地名下。

10. 對既可屬中央亦可屬地方的封泥，以某意見歸類後不復見。

11. 未發表圖像的封泥依原釋，原釋難歸類時在下編内分列。

12. 同一職官封泥以時代早晚如"壐"在"印"前，並據職官高低排序。

13. 封泥圖像大小據版面調整，非原大不設比例尺。

14. 諸家對同一封泥的考釋，按發表時間早晚排列。

15. 諸家所做秦封泥考釋，視文字多寡及内容進行節選或全録。

16. 研究者對同類封泥的"聚類式"考釋置某封泥後,其他封泥下以"説見某"標記。

17. 對某封泥的考釋相近或有淵源,僅收録首次發表者,後續以"見某"標記。

18. 諸家考釋後,以"瑞按"闡述陋見。

簡稱對照表

《洛陽 1956》　郭寶鈞：《洛陽西郊漢代居住遺迹》，《考古通訊》1956 年第 1 期。

《西工段 1959》　中國科學院考古所：《洛陽中州路（西工段）》，科學出版社，1959 年。

《黑城 1982》　馮永謙、姜念思：《寧縣黑城古城址調查》，《考古》1982 年第 2 期。

《歷代 1987》　王人聰：《新出歷代璽印集釋》，香港中文大學文物館，1987 年。

《官印 1990》　王人聰、葉其峰：《秦漢魏晋南北朝官印研究》，香港中文大學出版社，
　　　　　　　1990 年。

《秦銅 1990》　王輝：《秦銅器銘文編年集釋》，三秦出版社，1990 年。

《兩漢 1993》　孫慰祖：《兩漢官印匯考》，上海書畫出版社，1993 年。

《古封 1996》　孫慰祖：《古封泥集成》，上海書店出版社，1996 年。

《安杖子 1996》　李恭篤、高美璇：《遼寧凌源安杖子古城址發掘報告》，《考古學報》1996
　　　　　　　年第 2 期。

《陝封 1996》　吳鎮烽：《陝西歷史博物館館藏封泥考》（上）（下），《考古與文物》1996
　　　　　　　年第 4、6 期。

《新見 1996》　孫慰祖：《新見秦官印封泥考略》，《大公報・藝林》1996 年 7 月 12 日，後
　　　　　　　收入《孫慰祖論印文稿》，上海書店，1999 年。

《選拓 1997》　《西安北郊新出土封泥選拓》，《書法報》，1997 年 4 月 9 日第 4 版。

《發現 1997》　周曉陸、路東之、龐睿：《秦代封泥的重大發現——夢齋藏秦封泥的初
　　　　　　　步研究》，《考古與文物》1997 年第 1 期。

《宦官 1997》　余華青：《新發現的封泥資料與秦漢宦官制度研究》，《西北大學學報
　　　　　　　（哲學社會科學版）》1997 年第 1 期。

《郡縣 1997》　周偉洲：《新發現的秦封泥與秦代郡縣制》，《西北大學學報（哲學社會
　　　　　　　科學版）》1997 年第 1 期。

《窺管 1997》　黃留珠：《秦封泥窺管》，《西北大學學報（哲學社會科學版）》1997 年第
　　　　　　　1 期。

《年代 1997》　張懋鎔：《試論西安北郊出土封泥的年代與意義》，《西北大學學報（哲
　　　　　　　學社會科學版）》1997 年第 1 期。

《秦印 1997》　李學勤：《秦封泥與秦印》，《西北大學學報（哲學社會科學版）》1997 年

　　　　　　　　第1期。

《圖例1997》　　路東之:《秦封泥圖例》,《西北大學學報(哲學社會科學版)》1997年第
　　　　　　　　1期。

《樂府1997》　　周天游:《秦樂府新議》,《西北大學學報(哲學社會科學版)》1997年第
　　　　　　　　1期。

《叢考1997》　　史黨社:《新發現秦封泥叢考》,《秦陵秦俑研究動態》1997年第3期。

《印考1997》　　任隆:《秦封泥官印考》,《秦陵秦俑研究動態》1997年第3期。

《初探1997》　　傅嘉儀、羅小紅:《漢長安城新出土秦封泥——西安中國書法藝術博物
　　　　　　　　館藏封泥初探》,《收藏》1997年第6期。

《南北宮1997》　史黨社、田静:《新發現秦封泥中的"上湆"及"南宮""北宮"問題》,
　　　　　　　　《人文雜誌》1997年第6期。

《欣賞1997》　　傅嘉儀:《秦封泥欣賞》,《收藏》1997年第6期。

《叢考1998》　　史黨社、田静:《新發現秦封泥叢考》,《秦文化論叢》第6輯,西北大學
　　　　　　　　出版社,1998年。

《中封1998》　　〔日〕渡邊隆男:《中國の封泥》,二玄社,1998年。

《字典1998》　　何琳儀:《戰國古文字典》,中華書局,1998年。

《走士1998》　　陳曉捷:《"走士"考》,《周秦漢唐研究》第1輯,三秦出版社,1998年。

《左田1998》　　劉瑞:《"左田"新釋》,《周秦漢唐研究》第1輯,三秦出版社,1998年。

《秦式1998》　　周曉陸、劉瑞:《90年代之前所獲秦式封泥》,《西北大學學報(哲學社會
　　　　　　　　科學版)》1998年第1期。

《補讀1998》　　周曉陸、路東之、龐睿:《西安出土秦封泥補讀》,《考古與文物》1998年
　　　　　　　　第2期。

《内造1998》　　周雪東:《秦漢内官、造工考》,《西北大學學報(哲學社會科學版)》
　　　　　　　　1998年第2期。

《續考1998》　　任隆:《秦封泥官印續考》,《秦陵秦俑研究動態》1998年第3期。

《大匠1998》　　劉瑞:《秦漢時期的將作大匠》,《中國史研究》1998年第4期。

《新泥1999》　　孫慰祖:《新發現的秦漢官印、封泥資料匯釋》,《孫慰祖論印文稿》,上
　　　　　　　　海書店出版社,1999年。

《印風1999》　　傅嘉儀:《歷代印匋封泥印風》,重慶出版社,1999年。

《出土2000》　　王輝:《秦出土文獻編年》,新文豐出版公司,2000年。

《遼海2000》　　王綿厚、郭守信:《遼海印信圖録》,遼海出版社,2000年。

《秦封2000》　　周曉陸、路東之:《秦封泥集》,三秦出版社,2000年。

《三則2000》　　王輝:《秦印考釋三則》,《中國古璽印國際研討會論文集》,香港中文大
　　　　　　　　學文物館,2000年。

《珍秦2000》　　肖春源:《珍秦齋藏印·秦印篇》,臨時澳門市政局/文化暨康體部,
　　　　　　　　2000年。

《工室2001》　劉瑞:《秦工室略考》,《古文字論集(二)》,《考古與文物》2001年。

《考釋2001》　王輝:《秦印封泥考釋(五十則)》,《四川大學考古專業創建四十周年暨馮漢驥教授百年誕辰紀念文集》,四川大學出版社,2001年。

《釋續2001》　王輝:《西安中國書法藝術博物館藏秦封泥選釋續》,《陝西歷史博物館館刊》第8輯,三秦出版社,2001年。

《小劄2001》　陳曉捷:《學金小劄》,《古文字論集(二)》,《考古與文物》2001年。

《珍秦2001》　蕭春源:《珍秦齋藏印·戰國篇》,澳門基金會,2001年。

《論要2001》　趙平安:《秦西漢官印論要》,《考古與文物》2001年第3期。

《發掘2001》　中國社會科學院考古研究所漢長安城工作隊:《西安相家巷遺址秦封泥的發掘》,《考古學報》2001年第4期。

《考略2001》　劉慶柱、李毓芳:《西安相家巷遺址秦封泥考略》,《考古學報》2001年第4期。

《新地2001》　周曉陸、劉瑞:《新見秦封泥中的地理內容》,《秦陵秦俑研究動態》2001年第4期。

《書法2001》　傅嘉儀:《西安新發現秦封泥》,《書法》2001年第10期。

《選釋2001》　王輝:《西安中國書法藝術博物館藏秦封泥選釋》,《文物》2001年第12期。

《上封2002》　孫慰祖:《中國古代封泥》,上海人民出版社,2002年。

《西大2002》　西北大學文博學院:《百年學府聚珍:西北大學歷史博物館藏品選》,文物出版社,2002年。

《新官2002》　周曉陸、陳曉捷:《新見秦封泥中的中央職官印》,《秦文化論叢》第9輯,西北大學出版社,2002年。

《新獲2002》　劉慶柱:《新獲漢長安城遺址出土封泥研究》,《石璋如院士百歲祝壽論文集——考古·歷史·文化》,(臺北)南天書局,2002年。

《印集2002》　傅嘉儀:《新出土秦代封泥印集》,西泠印社,2002年。

《簡讀2002》　周天游、劉瑞:《西安相家巷出土秦封泥簡讀》,《文史》2002年第3期。

《可齋2003》　孫慰祖:《戰國秦漢璽印雜識》,《可齋論印新稿》,上海辭書出版社,2003年。

《三地2003》　王輝:《釋秦封泥中的三個地名》,《秦文化論叢》第10輯,三秦出版社,2003年。

《書集2003》　徐暢:《中國書法全集·先秦璽印》,榮寶齋出版社,2003年。

《相家2004》　〔日〕平出秀後:《新出相家巷秦封泥》,藝文書院,2004年。

《相家2004》　〔日〕平出秀後:《新出相家巷秦封泥》,藝文書院,2004年。

《五十例2005》　陳曉捷、周曉陸:《新見秦封泥五十例考略—爲秦封泥發現十周年而作》,《碑林集刊》第11輯,陝西人民出版社,2005年。

《西見2005》　馬驥:《西安新見秦封泥及其斷代探討》,《中國文物報》2005年12月7日。

《於京2005》   周曉陸、陳曉捷、湯超、李凱：《於京新見秦封泥中的地理内容》，《西北大學學報》2005年第4期。

《在京2005》   周曉陸、劉瑞、李凱、湯超：《在京新見秦封泥中的中央職官内容》，《考古與文物》2005年第5期。

《秦工2007》   陳治國、張衛星：《秦工室考述》，《咸陽師範學院學報》2007年第1期。

《報告2007》   湖南省考古研究所：《里耶發掘報告》，嶽麓書社，2007年。

《彙考2007》   傅嘉儀：《秦封泥彙考》，上海書店，2007年。

《縣考2007》   李曉傑：《戰國秦縣新考》，《歷史地理》第22輯，上海人民出版社，2007年。

《問陶2008》   路東之：《問陶之旅——古陶文明博物館藏品掇英》，紫禁城出版社，2008年。

《分域2009》   陳光田：《戰國璽印分域研究》，嶽麓書社，2009年。

《觀一2009》   瀨川敬也：《觀峰館所藏封泥》，《觀峰館紀要》第5號。2009年。

《寒金2009》   王獻唐：《寒金冷石文字》，青島出版社，2009年。

《汝南2009》   王玉清、傅春喜：《新出汝陽郡秦漢封泥集》，上海書店，2009年。

《雙劍2009》   于省吾：《雙劍誃古器物圖録》，中華書局，2009年。

《圖説2009》   徐暢：《先秦璽印圖説》，文物出版社，2009年。

《政區2009》   后曉榮：《秦代政區地理》，社會科學出版社，2009年。

《調查2010》   馬驥：《西安近年封泥出土地調查》，《青泥遺珍·戰國秦漢封泥文字學術研討會論文集》。

《内史2010》   王輝：《秦封泥等出土文字所見内史及其屬官》，《青泥遺珍·戰國戰國秦漢封泥文字國際學術研討會論文集》。

《體系2010》   孫慰祖：《官印封泥中所見秦郡與郡官體系》，《青泥遺珍·戰國戰國秦漢封泥文字國際學術研討會論文集》。

《永巷2010》   曹錦炎：《讀秦封泥永巷、永巷丞印劄記》，《青泥遺珍·戰國戰國秦漢封泥文字國際學術研討會論文集》。

《詹事2010》   陳昭容：《從封泥談秦漢"詹事"及其所屬"食官"》，《青泥遺珍·戰國戰國秦漢封泥文字國際學術研討會論文集》。

《大連2010》   郭富純：《大連古代文明圖説》，吉林文史出版社，2010年。

《古璽2010》   田煒：《古璽探研》，華東師範大學出版社，2010年。

《觀二2010》   瀨川敬也：《觀峰館所藏封泥（二）》，《觀峰館紀要》第6號，2010年。

《銘刻2010》   陳曉捷、穆興平：《秦漢銘刻叢考》，《秦俑博物館開館三十周年秦俑學第七次年會國際學術研討會論文集》，三秦出版社，2010年。

《秦漢2010》   施謝捷：《新見秦漢官印二十例》，《古文字研究》第28輯，中華書局，2010年。

《青泥2010》   西泠印社、中國印學博物館編：《青泥遺珍·新出戰國秦漢封泥特展圖録》，西泠印社，2010年。

《述略2010》	李中華：《東瀛所藏中國封泥述略》，《青泥遺珍·戰國戰國秦漢封泥文字國際學術研討會論文集》，西泠印社，2010年。
《璽印2010》	周曉陸：《二十世紀出土璽印集成》，中華書局，2010年。
《新出2010》	楊廣泰：《新出封泥彙編》，西泠印社，2010年。
《工官2010》	趙孝龍、胡香蓮：《秦工官考》，《黑龍江史志》2010年第1期。
《大少内2010》	陳治國、張立瑩：《從新出簡牘再探秦漢的大内與少内》，《江漢考古》2010年第3期。
《秦廄2010》	吳曉懿：《秦簡封泥所見秦廄官名初探》，《中國歷史文物》2010年第3期。
《江東2010》	孫慰祖：《從秦官印和封泥看浙江、江東在秦代的隸屬關係》，《中國文物報》2010年9月17日（後名爲《浙江、江東、江南爲秦郡説》收入《可齋論印四集》，吉林美術出版社，2016年）。
《觀三2011》	瀨川敬也：《觀峰館所藏封泥（三）》，《觀峰館紀要》第7號，2011年。
《河外2011》	陳偉：《關於秦封泥"河外"的討論》，《出土文獻研究》第10輯，中華書局，2011年。
《集證2011》	王輝、程學華：《秦文字集證》，（臺北）藝文印書館，2011年。
《菁華2011》	許志雄：《鑒印山房藏古封泥菁華》，河南美術出版社，2011年。
《宮殿2011》	王偉：《秦璽印封泥所見宮殿及其分布》，《西安財經學院學報》2011年第2期。
《桃支2011》	劉新民：《古代璽印中的"左（右）右礜桃支（丞）"新考》，《吉林廣播電視大學學報》2011年第2期。
《酒餘2012》	周曉陸：《酒餘亭陶泥合刊》，（京都）藝文書院，2012年。
《研究2012》	趙平安：《秦西漢印章研究》，上海古籍出版社，2012年。
《再考2012》	王偉：《清華簡〈繫年〉"奴之戎"再考》，《出土文獻》第3輯，中西書局，2012年。
《邯鄲2012》	侯廷生：《甘丹出現時間及嬗變爲"邯鄲"的新證》，《邯鄲職業技術學院學報》2012年第4期。
《寺工2012》	陸德富：《寺工續考》，《考古》2012年第9期。
《楚地2013》	吳良寶：《戰國楚簡地名輯證》，武漢大學出版社，2013年。
《邸丞2013》	孫慰祖：《"邸丞"辨》，《出土文獻與古文字研究》第5輯，上海古籍出版社，2013年。
《官名2013》	吳曉懿：《戰國官名新探》，安徽師範大學出版社，2013年。
《皇帝2013》	王偉：《"皇帝信璽"封泥及其時代的再探討》，《陝西歷史博物館館刊》第20輯，三秦出版社，2013年。
《戰國2013》	后曉榮：《戰國政區地理》，文物出版社，2013年。
《秦選2013》	楊廣泰：《秦官印封泥著錄史略》《新出土秦漢封泥選》，《東方藝術·書

法》2013年2月下半月總第272期。

《選考2013》　　陳曉捷、周曉陸：《文雅堂藏秦封泥選考》，《咸陽師範學院學報》2013年第1期。

《川渝2013》　　高子期：《秦封泥中的川渝史料》，《四川文物》2013年第3期。

《左右般2013》　陳治國、谷朝旭：《秦封泥中"左般"與"右般"考釋》，《文博》2013年第3期。

《訂補2014》　　王輝、王偉：《秦出土文獻編年訂補》，三秦出版社，2014年。

《文府2014》　　王輝、王巧英：《釋文雅堂藏幾枚與府有關的秦封泥》，《陝西歷史博物館館刊》第21輯，三秦出版社，2014年。

《職地2014》　　王偉：《秦璽印封泥職官地理研究》，中國社會科學出版社，2014年。

《船官2014》　　楊廷霞、王君：《秦代船及船官的考察——以里耶秦簡爲視窗》，《魯東大學學報（哲學社會科學版）》2014年第1期。

《御弄2015》　　陳治國：《"陰御弄印"與"陽御弄印"封泥考釋》，《考古與文物》2015年第3期。

《內官2014》　　王偉、白利利：《秦漢內官職能辯正》，《西安財經學院學報》2014年第5期。

《二十則2015》　王偉：《文雅堂藏新品秦封泥考釋（二十則）》，《中國文字研究》第21輯，上海書店出版社，2015年。

《精品2015》　　西泠印社美術館：《古代封泥精品展》，西泠印社美術館，2015年。

《山全2015》　　呂金成：《山東書法全集·封泥》，山東畫報出版社，2015年。

《新選2015》　　楊廣泰：《新出陶文封泥選編》，文雅堂，2015年。

《悠悠2015》　　后曉榮：《悠悠集——考古文物中的戰國秦漢史地》，中國書籍出版社，2015年。

《楚官2016》　　陳穎飛：《楚官制與世族探研——以幾批出土文獻爲中心》，中西書局，2016年。

《冀史2016》　　后曉榮：《秦封泥和璽印所見河北古史》，《窗紙集》，三秦出版社，2016年。

《濟博2016》　　李曉峰：《濟南市博物館館藏精品·封泥卷》，山東美術出版社，2016年。

《里耶2016》　　古代文明研究協同創新中心中國人民大學中心編著：《里耶秦簡博物館藏秦簡》，中西書局，2016年。

《奴盧2016》　　劉樂賢：《談秦封泥中的"奴盧"》，《出土文獻與中國古代文明——李學勤先生八十壽誕紀念論文集》，中西書局，2016年。

《秦業2016》　　蔡慶良、張志光：《秦業流風：秦文化特展》，臺北故宮博物院，2016年。

《通論2016》　　王輝、陳昭容、王偉：《秦文字通論》，中華書局，2016年。

《眴衍2016》　　陳永中：《"眴衍導丞"秦封泥證說》，《寧夏史志》2016年第1期。

《上官2016》　　朱晨、吳紅松：《秦封泥文字考釋二則》，《江漢考古》2016年第4期。

《秦水2016》　　苗潤潔、后曉榮：《秦漢印章封泥中的水文化》，《南昌工程學院學報》

2016年第5期。

《冰齋2017》　魏傑：《冰齋魏傑藏秦封泥》，《金石研究》第1輯，世界圖書出版公司，2017年。

《楚制2017》　譚黎明：《春秋戰國時期楚國官制研究》，社會科學文獻出版社，2017年。

《秦地2017》　晏昌貴：《秦簡牘地理研究》，武漢大學出版社，2017年。

《十五則2017》　王偉：《新見秦地名封泥選釋（十五則）》，《出土文獻》第10輯，中西書局，2017年。

《烏氏2017》　葛亮：《烏氏扁壺與商鞅變法前的秦國量制》，《戰國文字研究的回顧與展望》，中西書局，2017年。

《陽城2017》　曹錦炎：《陽城戟銘文小考》，《戰國文字研究的回顧與展望》，中西書局，2017年。

《制度2017》　陳偉：《秦簡牘校讀及所見制度考察》，武漢大學出版社，2017年。

《代馬2017》　賈麗英：《“代馬丞印”小研究》，《石家莊學院學報》2017年第1期。

《辨僞2017》　馬孟龍、何慕：《再論“秦郡不用滅國名”——以秦代封泥文字的釋讀、辨僞爲中心》，《中國歷史地理論叢》2017年第2期。

《泥選2017》　西安中國書法藝術博物館：《秦封泥選》，《書法》2017年第10期。

《御弄2017》　李超：《秦陰陽御弄封泥與苑囿略論》，《中國國家博物館館刊》2017年第12期。

《大系2018》　任紅雨：《中國封泥大系》，西泠印社，2018年。

《古分2018》　肖毅：《古璽文分域研究》，崇文書局，2018年。

《胡家溝2018》《陝西秦咸陽城胡家溝建築遺址》，《2017中國重要考古發現》，文物出版社，2018年。

《集釋2018》　曾憲通、陳偉武：《出土戰國文獻字詞集釋》，中華書局，2018年。

《秦官2018》　陳松長：《秦代官制考論》，中西書局，2018年。

《陝北2018》　許靜洪、許雲華：《陝北歷史博物館藏璽印封泥選》，西泠印社，2018年。

《邯史2018》　后曉榮、韓鴻業：《考古文物中的秦代邯鄲古史》，《邯鄲學院學報》2018年第3期。

《廣封2019》　周曉陸：《廣封泥考略》，人民美術出版社，2019年。

《山房2019》　許雄志：《鑒印山房藏古封泥選粹》，鑒印山房，2019年。

《擷珍2019》　孫慰祖：《新出封泥擷珍》，《問印》（第一卷），西泠印社，2019年。

《十則2019》　王偉、童志軍：《新見秦地名封泥考釋》，《江漢考古》2019年第4期。

《西博2019》　李超：《秦封泥與封檢制度》，《考古與文物》2019年第4期。

中央職官

第一章　皇帝

皇帝信璽

《古封》P6；《中封》P18；《秦封》P105；《書集》P113；《山全》圖版 P2；《大系》P120

【兩漢 1993】

　　西漢早期。封泥。印文二行四字，有界欄。《封泥考略》著録。皇帝信璽，漢帝六璽之一。《説文解字》："璽，王之印也，所以主土，从土爾聲。"徐官《古今印史》："璽，印章也。從爾從土，古之制字者取命爾守土爲意。"秦漢以來，天子諸侯王及皇后、太后以印爲璽。衛宏《漢舊儀》：皇帝六璽，"璽皆白玉螭虎鈕，文曰'皇帝行璽''皇帝之璽''皇帝信璽''天子行璽''天子之璽''天子信璽'，凡六璽"。又璽"皆以武都紫泥封，青布囊白素裹，兩端無縫，尺一板中約署。皇帝帶綬，黃地六采，不佩璽。璽以金銀縢組，侍中組負以從"。漢代帝璽，印章未存，僅見此封泥一。信璽爲皇帝"發兵徵大臣"所用。《封泥考略》云："此封泥色紫，背有版痕繩痕，當是以版入中，上以繩緘其口，以泥入繩至版，然後加以封印，外加青囊囊之，兩端無縫以護封泥，如藏玉牒于石檢，金繩縢之石，泥封之，印之以璽也。"此封泥文字風格近於秦篆，施用界欄，應爲漢初之制。

【年代 1997】

　　"皇帝信璽"，一向被斷爲秦代皇帝信璽，現在看來這一論斷恐怕值得商榷。《周文》已經指出"此批封泥無一用封泥匣"，並將其作爲秦式封泥的斷代標準之一。由於不用封泥匣，所以秦式封泥多呈圓形或橢圓形。一般來説邊緣較窄，四角尖端被損壞。而"皇帝信璽"則不同：一是用封泥匣；二是邊緣很寬綽，泥面呈方形；三是四角保存完好。至於"皇帝信璽"用田字格並不能成爲秦印的重要理由。西漢前期一些公用印仍

有田字格或界格,如"浙江都水"印等。文獻記載秦代天子用璽,《史記·高祖本紀》:
"秦王子嬰素車白馬,係頸以組,封皇帝璽符節,降軹道旁。"《索隱》:"又《漢官儀》云子
嬰上始皇璽,因服御之,代代相受,號曰'漢傳國璽'也。"《正義》:"天子有六璽:皇帝行
璽、皇帝之璽、皇帝信璽、天子行璽、天子之璽、天子信璽。"有的學者據此斷"皇帝信璽"
爲秦印。從字面上講,秦代皇帝可以用"皇帝信璽",漢代也可以用"皇帝信璽"。漢初
有一枚"皇后之璽"印,可資比較。兩者的"皇"字與"璽"字的寫法惟妙惟肖,且風格、
神韻非常逼近。細加品味,"皇帝信璽"封泥的書體已不如西安北郊秦式封泥那樣開張。
所以我們初步認爲"皇帝信璽"不是秦式封泥,乃是西漢初期的封泥,唯其如此,與秦式
封泥極爲相似,如果沒有西安北郊封泥作對比,很難判定是秦封泥的。

【秦式1998】

　　録於《封泥》,現藏於日本。《史記·秦始皇本紀》記秦王嬴政召群臣議帝號時,總
結道"去'泰'着'皇',采上古帝號,號曰'皇帝'","自今以來,除謚法,朕爲始皇帝,
後世以計數,二世三世至於萬世,傳之無窮"。《漢舊儀》卷上:"皇帝六璽,皆白玉螭虎
鈕,文曰'皇帝行璽''皇帝之璽''皇帝信璽''天子行璽''天子之璽''天子信璽'凡
六種。""信璽,發兵。""皆以武都紫泥封,青布囊,白素裹,兩端無縫,尺一板中約署。"
《史記·秦始皇本紀》:"上病益盛,乃爲璽書賜公子扶蘇曰……在中車府令趙高行符璽
事所","令子嬰齋,當廟見,受王璽","子嬰即係頸以組,白馬素車,奉天子璽符,降軹道
旁。"《龍崗》有"從皇帝而行"等。《秦銅》始皇詔版權:"廿六年,皇帝盡併兼天下",嶧
山刻石:"皇帝立國""今皇帝壹家""皇帝曰:金石刻辭盡始皇帝所爲也。"

【秦封2000】

　　近同《秦式1998》。

【可齋2003】

　　封泥舊藏陳介祺。後歸金頌清,又先後轉入日本原田悟郎、阿部房次郎,阿部氏於
1935年贈與日本帝室博物館。

　　衛宏《漢舊儀》載皇帝六璽有"信璽""行璽",後者爲南越王墓出土"文帝行璽"所
間接印證。由此可對秦、漢之際帝璽的風格獲得形象認識,史料價值十分珍貴。

　　此封泥印文體勢趨於平正嚴謹,然不失圓活,印面界格仍存,向以爲西漢初期的定
制。今據新出秦封泥,或可置於漢前。

【分域2009】

　　"皇帝信璽"(《典》1.11)。"帝印"(《官璽印(一)》)。據《史記正義》載,天子有六
璽,"皇帝信璽"就是其中之一。

【皇帝2013】

　　孫慰祖《西漢官印、封泥分期考述》置其於西漢,《古璽印欣賞漫筆》言其爲秦漢之
際,《漢印論》置於"(西)漢",《戰國秦漢璽印雜識》置於"西漢",言"封泥印文體勢趨
於平正嚴謹,然不失圓活,印面界格仍存,向以爲西漢初期定制。今據新出秦封泥,或可
置於漢前"。後《封泥:發現與研究》《歷代璽印斷代標準品圖鑒》定其爲秦。趙超《試

談幾方秦代的田字格印及有關問題》認爲其"可能是秦代皇帝用璽"。王輝《秦印探述》和《秦文字集證·秦印通論》將其與"文帝行璽""皇后之璽"比較後同意沙孟海、趙超意見,重申"此璽爲秦物,非漢初物"。張懋鎔指出其"不是秦式封泥,乃是西漢初期的封泥"。周曉陸等《九十年代之前所獲秦式封泥》《秦封泥集》均收錄"皇帝信璽",默認爲秦物。岐嶇《古印趣話》將其置於西漢。没有秦代封泥匣實物出土一直是學術界不敢確定"皇帝信璽"封泥時代的最主要的原因。隨着湖南龍山里耶戰國-秦代古城一號井封泥匣實物的出土,加之已經公布的秦封泥資料中使用了封泥匣的秦封泥不斷被發現,可將"皇帝信璽"封泥的時代提前至秦,但秦代封泥匣的使用没有形成嚴格制度,封泥匣可能也没有統一制式。

【廣封2019】

案《封泥考略》:信璽,漢帝發兵徵大臣所用也。案《續漢書·輿服志》"黄赤綬"注:《漢舊儀》曰:"璽皆白玉螭虎紐,文曰皇帝行璽、皇帝之璽、皇帝信璽、天子行璽、天子之璽、天子信璽,凡六璽。皇帝行璽,凡封之璽,賜諸侯王書;信璽,發兵徵大臣;天子行璽,策拜外國,事天地鬼神。璽皆以武都紫泥封,青囊白素裏,兩端無縫,尺一板中約署。皇帝帶綬,黄地六采,不佩璽。璽以金銀滕組,侍中組負以從。秦以前民皆佩綬,金、玉、銀、銅、犀、象爲方寸璽,各服所好。"又《後漢書·百官志》:"守宫令一人。本注曰:主御紙筆墨,及尚書財用諸物及封泥。"今案《後漢書·李雲傳》"尺一之板"注:"詔策也。";《漢書·昌邑王髆傳》"持牘趨謁"、《原涉傳》"削牘爲疏"、《外戚傳》"手書對牘背"並注"牘,木簡也"。又《周勃傳》"吏乃書牘背示之"注;"牘,木簡,以書辭也。"《説文》:"牘,書版也。"《後漢宫·北海靖王興傳》《蔡邕傳》注同《史記·匈奴傳》:"漢遺單于書,牘以尺一寸。單于遺漢書以尺二寸牘,及封印,皆令廣大長。"據此,則漢時詔策書疏皆以木簡,亦曰"板""版",均可名牘,皆有封泥。此封泥色紫,背有版痕,繩痕當是以版入中上,以繩緘其口,以泥入繩至版,然後加以封印,外加青囊囊之,兩端無縫以護封泥;如藏玉牒於石檢,金繩滕之石,泥封之,印之以璽也。"中約署",當是束牘之中而署字以爲識也。《後漢書·鄧寇列傳》注:《東觀記》曰:'又知訓好青泥封書,從黎陽步推鹿車於洛陽市藥,還過趙國易陽,並載青泥(襆)〔墣〕,至上谷遺訓。'"

瑞按:皇帝,秦統一後天子之專稱。《史記·秦始皇本紀》:"秦初并天下,令丞相、御史曰……天下大定。今名號不更,無以稱成功,傳後世。其議帝號。"丞相綰、御史大夫劫、廷尉斯等皆曰:"昔者五帝地方千里,其外侯服夷服,諸侯或朝或否,天子不能制。今陛下興義兵,誅殘賊,平定天下,海内爲郡縣,法令由一統,自上古以來未嘗有,五帝所不及。臣等謹與博士議曰:'古有天皇,有地皇,有泰皇,泰皇最貴。'臣等昧死上尊號,王爲'泰皇'。命爲'制',令爲'詔',天子自稱曰'朕'。"王曰:"去'泰',着'皇',采上古'帝'位號,號曰'皇帝'。他如議。"制曰:"可。"追尊莊襄王爲太上皇。制曰:"朕聞太古有號毋謚,中古有號,死而以行爲謚。如此,則子議父,臣議君也,甚無謂,朕弗取焉。自今已來,除謚法。朕爲始皇帝。"《漢官六種·漢官儀》:"皇帝六璽,皆白玉螭虎紐,文曰皇帝行璽、皇帝之璽、皇帝信璽、天子行璽、天子之璽、天子信璽，凡六璽。皇帝行璽，凡封命用之。皇帝之璽，賜諸侯王書；皇帝信璽，發兵；其徵大臣，以天子行璽；策拜外國事，以天子之璽；事天地鬼神，以天子信璽。"《隋書・禮儀志》："皇帝行璽，封命諸侯及三公用之；皇帝之璽，與諸侯及三公書用之；皇帝信璽，發諸夏兵用之。"《漢書・霍光傳》："受皇帝信璽、行璽大行前。"《後漢書・光武帝紀》注引蔡邕《獨斷》曰："皇帝六璽，皆玉，螭虎紐，文曰'皇帝行璽''皇帝之璽''皇帝信璽''天子行璽''天子之璽''天子信璽'，皆以武都紫泥封之。"《史記・高祖本紀》"封皇帝璽符節"《索隱》：韋昭云："天子印稱璽，又獨以玉。符，發兵符也。節，使者所擁也。"……又《漢官儀》云："子嬰上始皇璽，因服御之，代代傳受，號曰'漢傳國璽'也。"《正義》按："天子有六璽，皇帝行璽、皇帝之璽、皇帝信璽、天子行璽、天子之璽、天子信璽。皇帝信璽凡事皆用之，璽令施行；天子信璽以遷拜封王侯；天子之璽以發兵。皆以武都紫泥封，青囊白素裏，兩端無縫。《三秦記》云紫泥水在今成州。《輿地志》云漢封詔璽用紫泥，則此水之泥也。" 張家山漢墓竹簡《二年律令》第9號"僞寫皇帝信璽、皇帝行璽，要斬以勻"。"皇帝信璽"封泥爲傳世品，從泥面反映的印章風格看，其與出土秦封泥高度一致。然此封泥有封泥匣，與出土秦封泥中絕少用封泥匣的情況不同。不過作爲皇帝所用印章的封泥，出現例外自在情理之中。然據《漢書・王莽傳》，"初，漢高祖入咸陽至霸上，秦王子嬰降於軹道，奉上始皇璽。及高祖誅項籍，即天子位，因御服其璽，世世傳受，號曰漢傳國璽"，可知漢皇帝直到西漢末仍一直用秦始皇所製璽。因此在將該封泥根據風格視爲秦封泥的同時，其實完全不能排除其是在漢代用秦代皇帝信璽鈐抑的可能，而且這種可能性明顯要更大一些。從封泥實物觀察，其周邊經打磨，已非原態。據相關資料，該封泥出土於清代晚期洛陽。

唯王御璽

《大系》P276

【職地2014】

我們懷疑其是秦統一前掌管國君用印的官吏所用，蓋相當於漢代少府屬官"符節令丞"。

【二十則2015】

"唯王御璽"封泥目前僅見於此，但均殘損嚴重，"王"字始終未出現，《選編》釋文未知所據,暫存疑。《史記·秦始皇本紀》:"己酉,王冠,帶劍,長信侯毐作亂而覺,矯王御璽及太后璽,以發縣卒及衛卒、官騎、戎翟君公、舍人,將欲攻蘄年宫爲亂。"集解引蔡邕曰:"御者,進也。凡衣服加於身,飲食入於口,妃妾接於寢,皆曰御。御之親愛者曰幸。璽者,印信也。天子璽白玉螭虎鈕。"此"唯□御璽"或掌管國君印信者所用。

　　瑞按:封泥殘,然從筆意可知讀"唯王御璽"應可成立。唯王,不見於文獻。"王御璽"三字之連用,見《史記·秦始皇本紀》"長信侯毐作亂而覺,矯王御璽及太后璽以發縣卒及衛卒"中。璽,蔡邕《獨斷》:"璽者,印也。印者,信也。古者尊卑共之。《月令》曰:'固封璽。'《春秋左氏傳》曰:'魯襄公在楚,季武子使公冶問,璽書追而與之。'此諸侯、大夫印稱璽者也。衛宏曰:'秦以前,民皆以金玉爲印,龍虎紐,唯其所好。然則秦以來,天子獨以印稱璽,又獨以玉。群臣莫敢用也。'"秦統一前璽普遍使用,如《韓非子·説林》:"秦武王令甘茂擇所欲爲於僕與行事,孟卯曰:'公不如爲僕。公所長者使也,公雖爲僕,王猶使之於公也。公佩僕璽而爲行事,是兼官也。'"《韓非子·外儲説右下》:"王因收吏璽自三百石以上皆效之子之,子之大重。"秦統一後,璽成爲高等級印章的專名,文獻中漢代僅天子、皇后、諸侯王可用璽。廣州南越王墓發掘出土一枚"文帝行璽"金印、一枚"帝印"玉印及兩枚"帝印"封泥。從該墓的出土情況看,在身份同"帝"情況下,一用"璽"一用"印"。同墓還出有"右夫人璽"龜紐金印、"左夫人印""□夫人印""泰夫人印"龜紐鎏金銅印。對比可知,它們除印章材質有別外,在主人同爲"夫人"的情況下,也有用"璽"和用"印"差異,顯示出南越國的"璽"高於"印",與前引文獻記載相符。

　　又:秦統一後,"御"爲天子專用。如蔡邕《獨斷》:"御者,進也。凡衣服加於身,飲食入於口,妃妾接於寢,皆曰御。"《廣雅·釋詁》:"御,進也。"《詩·六月》"飲御諸友",毛傳:"御,進也。"《後漢書·張皓傳》"書御,京師震怖",李賢注:"進也。"《文選·景福殿賦》注引蔡邕《月令章句》:"凡衣服加於身曰御。"《釋名》:"御,語也,尊者將有所欲,先語之也,亦言其職卑下,尊者所勒御如御牛馬然也。"

第二章　丞相·三公·九卿

一、丞　　相

丞相之印

《發現》圖1;《圖例》P52;《秦封》P106

【發現1997】

　　《漢書·百官公卿表》:"相國、丞相,皆秦官,金印紫綬,掌丞天子,助理萬機。"據《史記》等文獻載,秦武公二年以前,秦即設相,而武公二年正式設丞相。因此條記載不詳,遂使後來有秦設二丞相或三丞相之爭。本批封泥的出土明確見到秦統一後爲三丞相之制。

【管窺1997】

　　秦封泥爲丞相制度的認識提供了新材料。過去一般認爲是兩相制,封泥中丞相及左右丞相並存的現象,明顯向傳統的兩相制提出挑戰。但由於缺少出土情況的具體記録,驟下結論説秦實行三相制,還嫌尚早,但説存在這種可能性應該不算過分。

【年代1997】

　　現在缺少"相邦之印"封泥,合理的解釋是當時已不設置相邦一職。從出土文字資料看,四年相邦樛斿戈較早,在秦惠文王后元四年即公元前321年,其次有十三年相邦義戈、十四年相邦冉戈、二十年相邦冉戈、三十一年相邦冉戈,最晚的相邦戈是八年相邦呂不韋戈(秦王政八年,前239年)。呂不韋被免職在秦王政十年,即公元前237年。也就是説,這批封泥如果有早到戰國晚期者,也不會超過公元前237年。……這批封泥中引人注目的是"丞相之印""左丞相印""右丞相印"這三種官階最高的官印。這三方封泥字體、書體都很接近，可能是同一時期使用物。這就牽涉到一個争論已久的問題，即秦時設二丞相還是三丞相。……（從文獻和出土資料看），有兩種可能，一種是秦時交替設置丞相與左、右丞相，幾十年，十幾年以至於更短的時間更變一次是極有可能的。另一種是：丞相是共名。即在某種情況下用丞相名義，在另一種情況下則用左、右丞相的名義。

【秦封2000】

有的研究者疑此品爲"左丞相印"之殘。《漢表》："相國、丞相皆秦官，金印紫綬，掌承天子助理萬機，秦有左右。"應劭曰："丞者，承也。相者，助也。"《史記・秦本紀》：惠文君十年，"張儀相秦"。更元後七年，"樂池相秦"。八年，張儀復相秦。秦武王二年，"初置丞相，樗里疾、甘茂爲左右丞相"。昭襄王元年，"嚴君疾爲相"。九年，"孟嘗君薛文來相秦"。十年，"樓緩爲丞相"。十二年"穰侯魏冉爲相"。二十四年，"魏冉免相"。二十六年，"魏冉復相"。《吕不韋列傳》：莊襄王元年，"以吕不韋爲丞相"。《秦始皇本紀》：九年，"令相國昌平君發卒攻毐"。二十六年，"丞相綰""丞相李斯"。二世三年，"冬，趙高爲丞相"。《國策・秦一》"衛鞅亡魏入秦，孝公以爲相"。《秦銅》始皇詔版："……乃詔丞相狀、綰"，二世詔版"元年敕詔丞相斯、去疾"。《青川》"丞相戊"。琅邪臺刻石、嶧山刻石："丞相臣斯、臣去疾"。漢封泥見：《封泥》"丞相之印章"，《齊魯》《再續》《封泥》《古封1994》"梁丞相印""淄川丞相"，《齊魯》"臨淄丞相"，《臨淄》"南宫丞相"。

【考略2001】

《秦封泥集》中收録1枚相家巷出土流散的封泥，作者釋爲"丞相之印"，但"之"字殘甚，難以判定。況且相家巷遺址出土的屬於"丞相"之印，已有十幾件，除左、右丞相外，未見1枚文字清晰的"丞相之印"出土。當然我們不排除秦有"丞相之印"，如秦二世末年即廢左右丞相，僅設"丞相"。

【簡讀2002】

《漢書・百官公卿表》："相國、丞相，皆秦官，金印紫綬，掌承天子助理萬機。秦有左右，高帝即位，置一丞相，十一年更名相國，緑綬。孝惠、高后置左右丞相，文帝二年復置一丞相。"應劭曰："丞者，承也。相者，助也。"荀悦曰："秦本次國，命卿二人，是以置左右丞相，無三公官。"《史記・秦本紀》："（武王）二年，初置丞相，樗里疾、甘茂爲左右丞相。"

【分域2009】

"丞相"爲地位僅次於國君、協助國君掌管軍國大事的權臣，且分左、右。《漢書・百官公卿表》云："相國、丞相，皆秦官，金印紫綬，掌承天子，助理萬機。"

【集證2011】

《漢書・百官公卿表》："相國、丞相，皆秦官，金印紫綬，掌承天子，助理萬機，秦有左右。"《史記・秦本紀》："（武王）二年，初置丞相，樗里疾、甘茂爲左右丞相。"秦有相邦，亦有丞相。秦相邦之見於記載者，最早爲惠文君前元四年（前334年）的相邦樛斿，説見拙文《十九年大良造鞅殳鐏考》。此後爲惠文君十三年（前325年）、惠文王後元四年

（前321年）的相邦張儀，昭王十四年（前293年）、二十年（前287年）、三十一年（前276年）的相邦魏冉，秦王政三年（前244年）、四年、五年、八年的相邦呂不韋。秦丞相之設，始於武王二年，除《秦本紀》外，還見於《史記·六國年表》《樗里子甘茂列傳》，以及四川青川縣出土的秦更修田律木牘。此後見於記載者有昭王時之向壽、樓緩、魏冉、壽燭、范雎、蔡澤，莊襄王時之呂不韋，始皇時之隗狀、王綰、馮去疾、李斯，後二人二世時仍爲丞相。二世時，趙高以宦者的身份爲中丞相。

相邦與丞相或以爲一職，或以爲兩職，拙著《秦銅集釋》以爲是兩職，“相邦之地位在丞相之上”，“丞相最初設置時是輔佐相邦的……在相邦去職，暫時找不到合適人選時，丞相也代行相邦的職責”。秦丞相始置於武王二年，故以上三印時間上限爲此年。

秦丞相分左、右，《史記·樗里子甘茂列傳》：“秦使甘茂定蜀，還而以甘茂爲左丞相，以樗里子爲右丞相。”《秦始皇本紀》：“三十七年十月癸丑，始皇出游，左丞相斯從，右丞相去疾守。”馬非百《秦集史·丞相表》以爲秦“以權力集中於右丞相”。拙著《秦銅集釋》也説：“在相邦空缺的情況下，右丞相就代理或升任相邦，如樗里疾爲右丞相，而《呂氏春秋·無義》稱之爲‘樗里相國’。《史記·六國年表》稱：‘昭王十二年，樓緩免，穰侯魏冉爲丞相。’魏冉爲右丞相，而傳世有十四年及三十一年相邦冉戈，冉實際上是以右丞相而稱相邦，這種情況文獻記載也或稱相邦。《史記·穰侯列傳》云昭王三十二年，‘穰侯爲相國，將兵攻魏’。至呂不韋之由右丞相升任相邦，更是史有明文。而左丞相甘茂、向壽、王綰、李斯從未見稱相邦者。”

秦丞相屬分左右，但一般情況下只是籠統的稱“丞相”，如始皇二十六年詔版稱“丞相狀、綰”，二世詔版稱“丞相斯、去疾”。李斯爲左丞相，竟排在右丞相馮去疾之前。“丞相□印”第三字不太清楚，周曉陸初隸作“之”字，袁仲一先生一次與我閑談，疑其非“之”。我後來再仔細看，也疑或爲“左”字之殘。如然，則秦並非另有凌駕於左、右丞相之外的“丞相”，也不能“明確見到秦統一後爲三丞相制”。不過周氏的看法後來有改變。

《史記·范雎蔡澤列傳》：“應侯因謝罪，請歸相印。”可見秦相有印。

【官名2013】

“相邦”這一官名，源於春秋時世卿世族家臣制“相室”一職。戰國時成爲國君首輔大臣。《戰國策·秦策》：“衛鞅亡魏入秦，孝公以爲相。”《史記·張儀列傳》：“惠王乃以張儀爲相。”由此可知衛鞅、張儀曾任秦相。有學者則認爲：“秦之置相，較各國晚，商君擅秦國政者二十餘年，位至大良造，封列侯，時尚無丞相之官。至惠文王十年，以張儀爲相，是爲秦置相之始。”據兵器銘文所載，張儀之相職，應是相邦而非丞相。《漢書·百官公卿表》：“相國、丞相，皆秦官，金印紫綬，掌丞天子，助理萬機。”至於兩者之區別，繆文遠先生指出：“大約在不設相邦時則設置左右丞相”，馬非百先生進一步説明：“秦雖置左右丞相，然其權力實集中於右丞相之手。”

左右丞相爲秦國執政之大臣，統一六國之後還一直沿用。根據青川木牘與《史記·秦本紀》：“秦武王二年，初置丞相。樗里疾、甘茂爲左右丞相。”可知戰國晚期秦已設有丞相一職。陳邦懷先生根據出土文獻考證出《史記·穰侯列傳》中的"丞相觸"即壽觸。壽觸,秦王政十五年任相職,十六年被免,此應在秦王政稱"始皇帝"之前。

　　韓、趙、魏三國官制相近,均設"相"職弼佐君王。從出土的兵器銘文上看,趙國相邦、守相還兼掌督造兵器。守相,即傳世文獻中的"假相",是指代理相職。《史記·廉頗藺相如列傳》:"趙以尉文封廉頗爲信平君,爲假相國。"有學者認爲銘文中的"杜波"即"廉頗","守相"也稱"假相"。《戰國策·秦策》:"文信侯出走,與司空馬之趙,趙以爲守相。"高誘注:"守,假官也。"到春秋晚期,當晉國進步的卿大夫開始使用官僚管理政事務的時候,"相"就成爲官僚機構的首腦。春秋戰國之交,晉已開始設置"相邦"一職。據《韓非子·外儲說左下》"解孤薦其仇於簡主以爲相"可推知,趙簡子時趙國已立相位。《史記·魏世家》:"魏成子爲相矣。"知魏國亦有相職。直到公元前328年(秦惠王十年)張儀做秦相,秦才開始正式設立相位,這是仿效三晉的制度的。

【訂補2014】

　　(92)四年相邦樛斿戈,秦惠文君四年(公元前334年)。"樛斿"即瓦書之"大良造庶長游"。二器作於同年,而一用爵稱,一用官名者,可能當時始有相邦這一官名。

　　(121)加拿大蘇氏藏有七年丞相免殳戈,秦昭襄王七年(前300年)。(122)八年相邦薛君、丞相殳豆,秦昭襄王八年(前299年)。"殳"即見於《秦本紀》之"金受","受"爲"殳"的誤隸。"殳"亦見於《戰國策·東周·或爲周最謂金投》之"金投",殳、投通用。金投是戰國晚期趙人,"不善齊",他在昭襄王七年、八年到秦任丞相。

【職地2014】

　　秦丞相一職,《史記》中多處提及。秦之"丞相"亦見於秦武王二年更修田律木牘、泰山、嶧山刻石、始皇及二世詔版、里耶秦簡和多件秦丞相監造的兵器。另2010年11月陝西臨潼秦東陵昭襄王陵盜掘出土八年相邦薛君漆豆有"八年丞相殳"的銘文。

　　《漢書·百官公卿表》云:"相國、丞相,皆秦官,金印紫綬,掌丞天子,助理萬機,秦有左右。高帝即位,置一丞相,十一年更名相國,綠綬。孝惠、高后置左右丞相,文帝一年復置一丞相。"可見,漢高祖時相國和丞相被當做同一職位先後設置,且由"皆秦官"可知班固知道相國和丞相是兩個不同的官職,張家山漢簡中相國和丞相同時出現就是最好的例證。後世將二者混同,主要是漢初一段時間內相邦和丞相興廢更迭數次,造成理解混亂。

　　相家巷秦封泥剛公布時,研究者或據"□丞相印"而認爲秦有三丞相之設,今據完整的"右丞相印"和"左丞相印"印面布局來看,"□丞相印"當爲"左丞相印"。據《史記》《漢書》等文獻記載,宦官可稱"中人",宦官充任的官職名前可加"中",如"中謁者",則《史記·李斯列傳》"二世拜趙高爲中丞相"的所謂"中丞相",是指趙高以宦官身份擔任丞相,並不是左、中、右的"中",秦也沒有"中丞相"之職,可見秦並未設置過三位丞相。金少英《秦官考》:"案《史記·秦始皇本紀》及《通鑑》均書'趙高爲丞相',二世、閻樂、子嬰亦均稱趙高爲'丞相',不稱'中丞相'。'高故宦人也','用事于中',《通鑑》注:'蓋以其宦人,得入禁中';則高稱'中丞相'殆由于此。"

　　又：相邦與丞相的區別前人也有注意。……綜合以上資料，我們認爲《秦本紀》所説"相"均指"相邦"，《秦本紀》與《六國年表》的異文當以《秦本紀》爲是。……至少在秦昭襄王即位初期，秦國的相邦和丞相的職位均同時設立過，而且經常的情況可能是相邦和丞相有一方空缺，擔任相邦和丞相的人員也以客卿居多。

　　秦置相邦蓋在惠文王十年前後……由於相邦往往權傾朝野，秦國在武王二年設置左右丞相，應該是爲了節制相邦權利而設。即丞相的出現時爲了協調國君權力與相邦權力的矛盾。因此《史記》在武王二年特意記下"初置丞相"，因爲自文公設置史官紀事標誌着秦國史官紀事制度的創立，此前已有"相秦"者多位，獨此特書，也是秦國制度史上的一大革新。

【秦官2018】

　　相邦和丞相之職在戰國時期各國均有設置，趙國還有假相、假相國和守相之名，魏、趙、燕等國另有丞相之設。從傳世文獻和新出土秦文字資料來看，秦既有相邦又有丞相，文獻所謂"相國"秦時本名"相邦"，而《史記》等文獻屢見的某人"相秦"應即在秦擔任相邦一職，與明確説某人"爲丞相"有别。秦"相邦"和"丞相"之名多見於簡牘和兵器刻銘，秦封泥還有左右丞相，里耶秦簡和嶽麓秦簡資料中又新出現"丞相史"和"丞相叚（假）史"，新出八年相邦薛君漆豆刻銘中有"相邦薛君"和"丞相殳"。《漢書·百官公卿表》云："相國、丞相，皆秦官……。"由班固"皆秦官"可知相國和丞相是兩個不同的官職，但漢初一段時間内相邦和丞相興廢更迭數次，加之《史記》等文獻中某人"爲相"和"相秦"所表述的意義不明確，故而造成後世理解上的混亂，使秦相邦和丞相的關係越來越難以釐清，遂滋生出對秦相邦和丞相關係的種種歧説。或認爲二者異名同實；或認爲相邦與丞相地位尊卑略有區别；或認爲相邦和丞相是兩種不同的官職，二者存在一定差異，但丞相是作爲相邦的副手出現的，在某些情況下可以臨時代理相邦。相邦和丞相的區别前人也有注意到，如金少英《秦官考》引《兩漢勘誤補遺》："莊襄王以吕不韋爲丞相，太子政立，尊之爲相國，則丞相之上自有相國，非丞相即相國也。"又引《歷代職官表》："始皇尊吕不韋，爲特置相國，則相國在丞相之上。"但諸家往往對《漢書·百官公卿表》將"相國""丞相"並列，説成"皆秦官"的説法不予採信，如馬非百《秦集史·職官志》："《漢書》謂相國丞相皆秦官者實屬誤會。"

　　曾經的聚訟紛紜隨着新秦文字資料的面世戛然而止。2010年11月陝西臨潼秦東陵昭襄王陵盜掘出土的一件漆豆，其刻銘爲："八年相邦薛君造，雍工帀效，工大人申。八年丞相殳造，雍工帀效，工大人申。"由此漆豆銘文可知莊襄王八年時相邦和丞相分别由孟嘗君田文（薛君）和金受（殳）擔任。

　　實際上，漢初相國和丞相也常同見於記載。如《史記·蕭相國世家》："拜丞相蕭何爲相國，益封五千户。"蕭何職位升遷，秩級變高故有"益封五千户"之事，可見相國是比丞相秩級高的職位。又，時代爲吕后二年的張家山漢簡中既有"相國"又有"丞相"，且《二年律令·秩律》云："……丞相、相國長史，秩各千石。"（411）整理小組注："丞相、相國之名，漢初常互易。"此説恐誤。簡文雖然未見"相國"秩級（或吕后時相國一職暫廢），但明言"丞相”僅與相國屬官“相國長史”同秩級,不及一般郡守(二千石),二者應分屬兩種不同的官職甚明,且相國(邦)秩級要高於丞相。又據《續漢書·百官志一》:“漢之初興,承繼大亂,兵不及戢,法度草創,略依秦制。”由此上推秦時的相邦與丞相的情況亦應如此。

總之,春秋早期的“相”應是“正卿當國,皆謂之相”的一個泛稱,還不是正式的職官名稱。戰國時期,諸侯爭以富國強兵爲務。作爲正卿級別的“相”多輔助國君、隨同國君出入,故其職位日益顯要。加上各國幾乎不擇手段地發展實力,所以掀起了“客卿”相國的高潮。蘇秦遊説諸侯,身配六國相印即是很好的例子。戰國後期,相(邦)成爲各國宰輔的通稱。秦相邦蓋自秦惠文王十年張儀相秦之時始,秦武王二年設置左右丞相應該是爲了節制往往權傾朝野的相邦權力而設。武王之後,秦國相邦多是客卿擔任,如張儀、樂池、犀首、范睢、蔡澤、向壽、孟嘗君田文(薛君)、金受(殳)、樓緩、魏冉、呂不韋等,似乎是一個榮譽職位;而丞相起初往往由秦宗室成員擔任,如樗里疾。秦王政十年,“相國呂不韋坐嫪毐免”,此後秦文獻中再也不見相邦之職。秦出土文獻中呂不韋所監造的兵器有三年至九年,惟獨沒有十年及十年以上的紀年兵器出現。我們推測,其原因是秦王政十年呂不韋被免相,此後嬴政便借機廢除了位高權重、時常架空國君的“相邦”一職;或者嬴政當時並未公開宣布廢除相邦之職,但也不再任命其他人擔任相邦一職,久而久之,相邦一職形同虛設,實際上與被廢除沒有區別。

瑞按: 此枚封泥左上字殘,右側與“左丞相印”相類,從目前殘存筆畫看,尚難確定其爲“之”字。秦是否有在左右丞相之外的“丞相”,尚難確定。又,東漢蔡邕《獨斷》:“璽者,印也。印者,信也。(天子璽以玉,螭虎紐)。古者尊卑共之。《月令》曰:‘固封璽。’《春秋左氏傳》曰:‘魯襄公在楚,季武子使公冶問,璽書追而與之。’此諸侯、大夫印稱璽者也。衛宏曰:‘秦以前,民皆以金玉爲印,龍虎紐,唯其所好。然則秦以來,天子獨以印稱璽,又獨以玉。群臣莫敢用也。’”秦統一後,璽爲天子等所專用,臣下則用“印”。陳偉武先生1996年指出,戰國晚期秦國執政大臣之稱,秦統一天下後尚沿用。《集成》第十七、十八册中“丞相”僅11294號“丞相觸”戈和11379號“丞相啟狀”戈。陳邦懷先生考定“丞相觸”即壽觸,訂正《史記》壽燭乃壽觸之訛。後者稱“十七年丞相啟狀造”,可知作於秦王政十七年,即秦王政稱“始皇帝”之前。明董説《七國考》卷一“左右丞相”條:“《史記》:‘秦武王二年,初置丞相。樗里疾、甘茂爲左右丞相。’”繆文遠先生訂補云:“傳世及考古所得秦器,稱‘丞相’者均爲秦始皇時物,見秦權詔版及琅琊刻石,其在此之前均稱‘相邦’。則‘丞相’之稱,當是始皇時事。”可是,1979—1980年間,四川省青川縣郝家坪50號戰國墓出土了一枚木牘,牘文開頭就説:“二年十一月己酉朔朔日,王命丞相戊(茂)、內史匽,取臂更修爲田律。”“二年”指秦武王二年,“丞相戊”即丞相甘茂。這一考古發現的遺物,可與《史記》相印合,並對繆文遠先生説有所訂補(《華學2》P75)。

又:《漢表》:“相國、丞相,皆秦官……秦有左右。”目前僅發現左、右丞相,既未發現相國封泥,亦未發現左、右相國封泥,也未發現“相邦”封泥。文獻中秦最後一位相邦爲呂不韋。

左丞相印

《初探》P8;《選拓》附圖;《印考》圖 155;《秦封》P107;《書法》P34;
《書集》P113;《彙考》P1;《璽印》P450;《大系》P393

【發現 1997】

說見"丞相之印"。

【印考 1997】

印面爲正方形,田字格,邊長 2 釐米,前者從左向右旋讀;後者則爲右豎讀,印文清楚,邊欄完整(瑞按:前者爲本封泥,後者指"右丞相印")。丞相之職,始於戰國,爲百官之首。秦武王立左右丞相各一人;秦統一後,亦分設左右丞相。《漢書·百官公卿表》:"相國、丞相皆秦官,金印紫綬,掌丞天子助理萬機。"《史記·秦本紀》:"武王二年(前 309 年),初置丞相,以甘茂爲左丞相,以樗里子爲右丞相。"爾後,又有屈蓋、向壽、金受、芈戎、徐詵爲左丞相;魏冉、薛文、樓緩、壽燭、杜倉、范睢、蔡澤、呂不韋爲右丞相。秦始皇時代,昌平君、王綰、李斯爲左丞相;呂不韋、隗狀、馮去疾爲右丞相,《史記·秦始皇本紀》載,始皇三十七年"始皇出游,左丞相斯從,右丞相去疾守"。秦二世時,馮去疾爲右丞相,李斯爲左丞相。李斯死後,二世拜趙高爲中丞相,事無大小,輒取決於高。"中"當爲宮中宦者之稱,宦者稱"中人",因趙高爲宦官,故在丞相之上冠"中"字,實爲一官而異名。

【秦封 2000】

《漢表》:"相國、丞相皆秦官,金印紫綬,掌天子助理萬機,秦有左右。"《史記·秦本紀》:武王二年,"初置丞相,樗里疾、甘茂爲左右丞相。"《史記·秦始皇本紀》:"三十七年十月癸丑,始皇出游,左丞相斯從,右丞相去疾守。"

【簡讀 2002】

說見"丞相之印"條。

【彙考 2007】

丞相,官名。戰國秦置,秦漢沿之。爲輔佐君主的最高行政長官。《漢書·百官公卿表》:"相國、丞相,皆秦官,金印紫綬,掌丞天子助理萬機,秦有左右。"顏師古注引應劭曰:"丞者,承也。相者,助也。"荀悦曰:"秦本次國,命卿二人,是以置左右丞相,無三公官。"王先謙《漢書補注》:"齊召南曰:'荀說非也。秦置左右丞相,始於悼武王二年,時秦已稱王數世,豈猶守周制,次國二卿故事耶,且左相、右相商湯已然。《左傳》:仲虺居薛,爲湯左相,是其明證。但丞相之名始於秦耳。'"《史記·秦本紀》:"(武王)二年,初置丞相,樗里疾、甘茂爲左右丞相。"

【分域2009】

說見"丞相之印"。

【集證2011】

說見"丞相之印"。

【官名2013】

說見"丞相之印"。

【廣封2019】

案《漢書·百官公卿表》:"相國、丞相,皆秦官,金印紫綬,掌丞天子助理萬機。秦有左右。(應邵曰:'丞者、承也。相者、助也。' 荀悦曰:'秦本次國,命卿二人,是以置左右丞相,無三公官。')"《史記·秦本紀》:"(武王)二年。初置丞相,樗里疾、甘茂爲左右丞相。"《秦封泥彙考》王先謙《漢書補注》,"齊召南曰:'荀説非也。秦置左右丞相,始於悼武王二年,時秦已稱王數世,豈猶守周制,次國二卿故事耶,且左相、右相商湯已然。'《左傳》:'仲虺居薛,爲湯左相。' 是其明證。但丞相之名始於秦耳。"

右丞相印

1　　2

1.《選拓》附圖;《秦封》P108;《書法》P34;《書集》P114;《彙考》P2;《大系》P336
2.《印風》P126;《書集》P114;《彙考》P1;《大系》P336

【發現1997】

說見"丞相之印"。

【印考1997】

說見"左丞相印"。

【秦封2000】

參見"左丞相印"。[①]

[①]《秦封泥集》原爲參見一·二·2"左丞相印"。其中的"一·二·2"爲該書編號。本文在録入時一律將之省略,下同。

【考略2001】

　　相家巷遺址流散秦封泥有"右丞相印"和"左丞相印",此封泥"右□相□"當爲"右丞相印"。《漢書·百官公卿表》云:"相國、丞相,皆秦官,金印紫綬,掌丞天子助理萬機。秦有左右,高帝即位,置一丞相,十一年更名相國,緑綬。孝惠、高后置左右丞相,文帝二年復置一丞相。"

　　《史記·秦本紀》:秦武王二年"初置丞相,樗里疾、甘茂爲左、右丞相"。至秦二世二年,秦丞相均置左、右。左、右丞相並立,但以右丞相爲上。據《戰國策》《史記》等文獻及出土文物考證,其間秦有右丞相12人:樗里疾、甘茂、魏冉、薛文、樓緩、壽燭、杜倉、范雎、蔡澤、吕不韋、隗狀、馮去疾;左丞相9人:甘茂、屈蓋、向壽、金受、芈戎、徐詵、昌平君、王綰、李斯。由此可見,結合新出土封泥資料,進一步證明了文獻記載秦之丞相有左右之説是可信的。

【簡讀2002】

　　説見"丞相之印"條。

【彙考2007】

　　説見"左丞相印"。

【集證2011】

　　説見"丞相之印"。

【官名2013】

　　説見"丞相之印"。

【廣封2019】

　　説見"左丞相印"。

二、邦尉/大尉

大尉之印

《在京》圖四:1;《璽印》P450;《大系》P249

【在京2005】

　　大通太,"大尉"或即爲"太尉"。文獻中舊以國尉爲太尉。《史記·白起王翦列傳》:"(昭王十四年)起遷爲國尉。"《正義》:"言太尉。"《漢表》:"太尉秦官。金印紫綬,掌武事。”然從邦尉、大尉封泥同出看，二者應有區別，它們或是同時設立的不同掌屬的職官，或是同一職官早晚不同時的稱呼。

【官名2013】

廷尉、中尉、衛尉同屬九卿，位在三公之下。廷尉，爲秦司法之最高長官；中尉，掌京師治安；衛尉，掌宮門屯衛。邦尉疑似“國尉”。大通太，“大尉”或即“太尉”。文獻中舊以國尉爲太尉。《史記·白起王翦列傳》：“(昭王十四年)起遷爲國尉。”《正義》：“言太尉。”《漢表》：“太尉，秦官。金印紫綬，掌武事。”然從邦尉、大尉封泥同出看，二者應有區別，他們或是同時設立的不同掌屬的職官，或是同一職官早晚不同時的稱呼。

【職地2014】

大尉即太尉。《漢書·百官公卿表》：“太尉，秦官，金印紫綬，掌武事。武帝建元二年省。元狩四年初置大司馬。”後世多沿襲《白起王翦列傳》“起遷爲國尉”的意見。陳直較早提出“《正義》之説，尚待商榷”，判斷“邦尉當即國尉”。封泥中，太尉和國(邦)同時出現，且“邦尉之璽”封泥表明，秦統一前後均設有邦尉之職。據前文所論大—泰的時代先後關係，“大尉之印”封泥的時代也很可能是統一前。準此，班固之説不誤，太尉和國(邦)尉秦時就可能同時存在，後人將二者混同的看法必須重新解釋。

又：邦尉非太尉，邦尉即郡尉。太尉和邦尉是秦同時設立過的兩個不同級別官職。與漢太尉一樣，秦時的太尉應是全國最高的軍事長官，而邦尉指的是郡的軍事長官，即郡尉。見於張家山《賜律》和《二年律令·秩律》的“郡尉”就是漢初承襲秦制的明證。

據前引《百官公卿表》，漢初設有太尉，掌武事，至武帝建元二年省，元狩四年以大司馬代替。由此可知漢初的太尉或大司馬是全國最高的軍職，秦太尉與其職掌應該相同。此外，張家山漢簡《二年律令·秩律》涉及的最高秩級爲二千石官，中央級官員以御史大夫爲首，但並沒有包括相國(邦)、太尉，這反映出相國(邦)、太尉屬於“三公”之列。由此上溯至秦，秦時太尉與漢初太尉或大司馬一樣，是全國最高的軍職，位列秦時“三公”是合適的。

【秦官2018】

大尉即太尉。《漢書·百官公卿表》：“太尉，秦官，金印紫綬，掌武事。武帝建元二年省。元狩四年初置大司馬，以冠將軍之號……有長史，秩千石。”可知，漢初有太尉，掌武事，是全國最高的軍職，後被大司馬之職替代。秦之太尉職掌與漢初太尉應該不會有太大的差別。此外，張家山漢簡《二年律令·秩律》涉及的最高秩級爲二千石，中央級官員以御史大夫爲首，但並沒有包括相國(邦)、太尉(二者均爲“金印紫綬”)，這可能反映出漢初相國(邦)、太尉的秩級應該比以御史大夫爲首的二千石官員高，相國(邦)、太尉屬於“三公”之列。

瑞按：大尉，文獻書爲太尉。《漢書·百官公卿表》：“太尉，秦官，金印紫綬，掌武事。武帝建元二年省。元狩四年初置大司馬，以冠將軍之號。宣帝地節三年置大司馬，不冠將軍，亦無印綬官屬。成帝綏和元年賜大司馬金印紫綬，置官屬，禄比丞相，去將軍。哀帝建平二年復去大司馬印綬、官屬,冠將軍如故。元壽二年復賜大司馬印綬,置官屬,去將軍,位在司徒上。有長史,秩千石。"太尉,《史記》全書不見於秦統一前諸國。《隋書·百官上》說"逮于戰國,戎馬交馳,雖時有變革,然猶承周制。秦始皇廢先王之典,焚百家之言,創立朝儀,事不師古,始罷封侯之制,立郡縣之官。太尉主五兵,丞相總百揆,又置御史大夫,以貳於相",認爲太尉爲秦始皇統一後所設。《史記·秦始皇本紀》言"三十七年,兵無所不加,制作政令,施於後王",《正義》曰:"謂置郡縣,壞井田,開阡陌,不立侯王,始爲伏臘;又置丞相、太尉、御史大夫、奉常、郎中令、僕射、廷尉、典客、宗正、少府、中尉、將作、詹事、水衡都尉、監、守、縣令、丞等,皆施於後王,至於隋、唐矣。"亦將太尉之設歸於始皇。因此雖如《宋書·百官上》言"太尉,一人。自上安下曰尉。掌兵事,郊祀掌亞獻,大喪則告謚南郊。堯時舜爲太尉官,漢因之。武帝建元二年省"中的"堯時舜爲太尉官",並不可信。秦之後,太尉延設。如《史記·韓信列傳》"漢王還定三秦,乃許信爲韓王,先拜信爲韓太尉,將兵略韓地",《史記·漢興以來將相名臣年表》高皇帝二年有"太尉長安侯",五年"罷太尉官"。據《史記·呂太后本紀》載惠帝去世後呂后"置太尉官,絳侯勃爲太尉"。《漢官六種·漢官儀》:"三司之職,司馬主兵。漢承秦曰太尉,武帝改曰大司馬,無印綬,官兼加而已。世祖改曰太尉。"從秦封泥的發現及里耶秦簡更名木方的發現看,秦統一後用"泰",據此本封泥用"大",應大體視爲戰國晚期秦統一之前物。

大尉府襄

《新官》圖1;《大系》P249

【新官2002】

《漢書·百官公卿表》記:"太尉,秦官,金印紫綬,掌武事"。應劭曰:"自上安下曰尉,武官悉以爲稱"。襄有成、助之意,《春秋·定公十五年》"不克襄事",注:"襄,成也。"由是可知太尉開府,並有襄助之僚屬。

【圖說2009】

秦封泥大尉之印(《考與》2005.5),太尉府襄(《論叢》第9輯)。襄,有助理、佐治等義,可能是太尉府總管助理的印迹。邦尉之璽(《考與》2005.5),戰國封泥。大通太,"大尉",即爲"太尉"。統一六國前稱國尉。《史記·白起王翦列傳》:"(昭王十四年)起遷爲國尉。”《史記·秦始皇本紀》“始皇十年,尉繚乃亡去。秦王覺,固止,以爲秦國尉。”秦統一後,改“國尉”爲“太尉”,掌管全國軍事,但不常設。《漢書·百官公卿表》:“太尉,秦官,掌武事,金印紫綬。”與掌政務、監察的丞相、御史大夫合稱“三公”,其尊與丞相等。顯然,秦時帶兵打仗,多係臨時差遣,其命將調兵大權都集中在秦王手中。

周曉陸説“從邦尉、大尉封泥同出看,二者應有區別,它們或是同時設立的不同掌屬的職官,或是同一職官早晚不同時的稱呼”。後者甚是。筆者以爲:邦尉是戰國時期職官,太尉是秦統一六國後的職官。秦時軍隊組織有平時和戰時之分。平時,主管軍事的,中央有邦尉(太尉),郡縣有郡尉。

【職地2014】

秦封泥僅一見,文義費解。周曉陸:“襄有成、助之意……可知太尉開府,並有襄助之僚屬。”據《説文·衣部》“襄,《漢令》‘解衣耕謂之襄。’”段注:“襄,今人用襄爲輔佐之義,名義未嘗有此。”可見,襄在漢代指的是一種耕作方法,其輔佐、襄助之意來源不明。另外,秦封泥中均用“丞”表示副二之職、襄助之意,如中車府丞印、御府丞印、中府丞印、大府丞印、私府丞印等。可見,周説較爲迂曲。另,《古璽彙編》收錄兩方戰國楚璽:襄官之璽和下蔡職襄。徐暢云:“襄,即纕,即佩帶、馬腹帶。這是楚國中央政府管理全國織帶業的職官印。”此可備一説。

【秦官2018】

“大尉府襄”,僅一見,文義費解。周曉陸云:“襄有成、助之意……可知太尉開府,並有襄助之僚屬。”據《説文·衣部》:“《漢令》‘解衣耕謂之襄’。”段注:“襄,今人用襄爲輔佐之義,名義未嘗有此。”可見,襄在漢代指的是一種耕作方法,其輔佐、襄助之意來源不明,故周説略顯迂曲。《古璽彙編》還收錄“襄官之璽”和“下蔡職襄”兩方戰國楚璽,徐暢云:“襄,即壤,即佩帶、馬腹帶。這是楚國中央政府管理全國織帶業的職官印。”此或可備一説。我們認爲“大尉府襄”或可能是太尉官署機構用印。

又:郡尉的官署稱爲“尉府”,如里耶秦簡8-376“☐一詣蒼梧尉府,一南鄭”,8-728+8-1474“☐獄南曹書二封,遷陵印:一洞庭泰守府,一洞庭尉府”,8-1225“尉曹書二封,遷陵印:一封詣洞庭泰守府,一封詣洞庭尉府”,8-1517“吏、徒上事尉府者牘背”,8-1823“獄南書一封,丞印,詣洞庭尉府”。另外里耶出土封泥匣J1⑦-5“洞庭泰守府,尉曹發,以郵行”,“尉曹”即郡尉的曹署。

瑞按:大尉,太尉,説見“大尉之印”。《禮記·曲禮》“天子之六府,曰司土、司木、司水、司草、司器、司貨,典司六職”注:“府,主藏六物之税者。”《禮記·曲禮下》“在官言官,在府言府,在庫言庫,在朝言朝”,注:“唯君命所在,就展習之也。官謂板圖文書之處。府謂寶藏貨賄之處也。庫謂車馬兵甲之處也。朝謂君臣謀政事之處也。”《周禮·太宰》“以八灋治官府”,注:“百官所居曰府。”疏:“官府,在朝廷之官府也。”大尉府,爲太尉之府。該封泥第四字模糊,其意尚難確定。又:此封泥《大系》P308誤釋爲“新襄☐☐”重出。

邦尉之璽

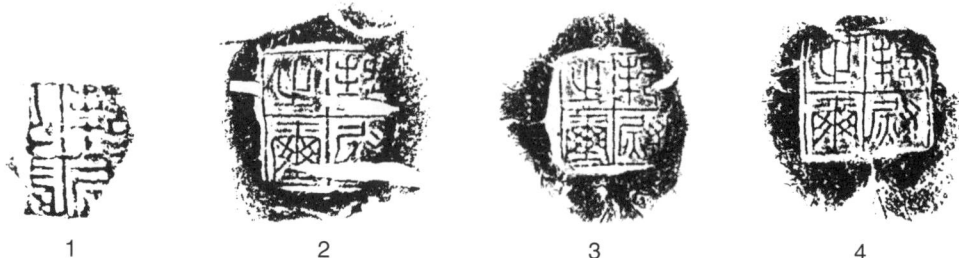

1　　　　　2　　　　　3　　　　　4

1.《新出》P99
2.《新出》P99；《大系》P28
3、4.《大系》P28—29

【官印1990】

　　在考訂"邦司馬印"印時指出。漢初諱邦字，如馬王堆帛書《老子》乙種本，該邦爲國。此印不諱邦字，印面有田字格，應係秦至高帝時之物。邦司馬未見文獻記載，雲夢秦簡有邦司空，《秦律雜抄》："縣司空，司空佐史，士吏將者弗得，貲一甲；邦司空一盾"。由此可以推知秦官亦應有邦司馬。

【可齋2003】

　　在考訂"邦司馬印"印時指出，印文風格渾樸，自具特色。此"邦"當爲京師之城邦。秦半通印又見"邦侯"。《秦律雜抄》有"邦司空"。《漢書·百官公卿表》云："城門校尉，掌京師城門屯兵，有司馬、十二城門候。"據此例之，秦邦司馬即漢之城門司馬。漢避高祖諱，故改。

【在京2005】

　　文獻中秦有國尉，《史記·秦始皇本紀》："(尉繚)乃亡去。秦王覺，固止，以爲秦國尉。"《史記·白起王翦列傳》："(昭王十四年)起遷爲國尉。"未見邦尉。漢避高祖名諱，易"邦"爲"國"，《睡虎》、秦封泥中有"屬邦"，而《史記》《漢書》爲"屬國"。依此例，《史記·秦始皇本紀》中所言之"國尉"可能諱爲"邦尉"。劉慶柱、李毓芳先生在《西安》(即《發掘2001》)就"寺工丞璽"，指出"蔡邕《獨斷》云：'璽者印也，印者信也。古者尊卑共之。''秦以來天子獨以印稱璽，群臣莫敢用也。"據此推斷，'寺工丞璽'封泥應爲戰國秦國遺物。在封泥時代上'寺工丞印'晚於'寺工丞璽'"。秦印"邦尉之印"當屬於統一後之物，其晚於戰國秦國遺物"邦尉之璽"。

【官名2013】

　　《説文》："邦，國也。從邑，豐聲。"《韓非子·內儲説上》："吳起下令大夫曰：'明日且攻亭，有能先登者，仕之國大夫，賜之上田宅。'"戰國時代，魏國亦設有"國大夫"一職，邦大夫，疑即國大夫。陳偉武師在論及官名"大夫"時，指出："戰國時稱爲'都'的官印不少,官名有'丞''司馬''司徒''司工'等,疑都是作爲城邑最高行政軍事長官的'都'大夫的屬官……'國大夫''都大夫''鄉大夫'都是管理一定行政區劃的長官,而其職掌範圍則有所不同。"

【職地2014】

　　先秦文獻中的太尉和國(邦)尉均屬於掌管軍事的職官。秦時邦尉指的是郡尉,其由"邦尉"改稱"郡尉"約在秦完成統一之時。從"邦尉之璽"和"邦尉之印"雖能看出秦統一前後均有設置,但其級別不明。里耶秦簡8-461號木牘:"……騎邦尉爲騎□(郡?);郡邦尉爲郡尉;邦司馬爲郡司馬……"。據此,秦璽印"邦司馬印"就是郡的司馬用印;而秦封泥"騎邦尉印""南陽邦尉"爲統一前的叫法,因爲按照更名後的規定,"南陽邦尉"應稱"南陽尉印"。秦封泥中類似的郡尉印有東郡尉印、河間尉印、四川尉印、參川尉印等。"南陽邦尉"封泥是證明"邦尉"即郡尉的最有力的證據。

　　瑞按:邦尉,文獻無載,而有國尉。《史記·秦始皇本紀》李斯上《諫逐客書》後"秦王覺,固止,以爲秦國尉,卒用其計策",《正義》:"漢太尉、大將軍之比也。"《史記·白起列傳》"昭王十三年,而白起爲左庶長,將而擊韓之新城。是歲,穰侯相秦,舉任鄙以爲漢中守。其明年,白起爲左更,攻韓、魏於伊闕,斬首二十四萬,又虜其將公孫喜,拔五城。起遷爲國尉。"國尉,亦非秦人獨有。《史記·廉頗藺相如列傳》:"趙惠文王賜奢號爲馬服君,以許歷爲國尉。"《新序·雜事第一》:"後又問:庸可以爲國尉?祁奚對曰:午可也。"傳世印章有"相邦之印",睡虎地秦墓竹簡有"相邦""屬邦"。漢高祖名"邦",至漢避諱,更其名爲"相國""屬國"(《宋書·百官上》:"相國,一人。漢高帝十一年始置,以蕭何居之,罷丞相;何薨,曹參代之;參薨,罷。")邦尉,應當即文獻中之"國尉"。璽,説見"皇帝信璽"。秦統一前上下均可用"璽",後爲天子皇后、諸侯王等高層所專,臣下不再使用。

邦尉之印

《大系》P29

【集證2011】

　　在釋讀"邦尉之印"秦印時指出,此印出羅振玉《陸庵疑古錄》,未見傳本。羅福頤曾摹取其印文字收入《漢印文字徵》中。沙孟海《印學史》44頁注五云據羅福頤先生回憶,此印確有田字界格,則其爲秦印無疑。

邦尉即國尉,漢避高祖劉邦名,改爲國尉,或謂之太尉。昭王十四年,白起遷爲國尉(《白起列傳》);始皇十年,以尉繚爲國尉(《秦始皇本紀》)。國尉爲三公之一,地位甚高。《漢書·百官公卿表》:"太尉,秦官,金印紫綬,掌武事。"秦稱邦尉,漢稱太尉。

【官名2013】

傳世文獻未見有"邦尉",而有"國尉"一職官名。《史記·秦始皇本紀》:"(尉繚)乃亡。秦王覺,固止,以爲秦國尉。"《史記·白起王翦列傳》:"(昭王十四年)起遷爲國尉。"因避漢高祖名諱,易"邦"爲"國",故秦封泥中的"屬邦",在《史記》《漢書》中稱爲"屬國"。依此例,出土文獻中的"邦尉",可能諱爲傳世典籍中的"國尉",執掌一國之兵權。

騎尉

《發掘》圖版拾捌,8

【考略2001】

《漢書·百官公卿表》:"郎中有車、户、騎三將。"騎將即郎中騎將、騎郎將之簡稱,騎將主騎郎。車、户、騎三將"秩皆比千石"。"騎尉"或爲"騎將"之屬官。

【簡讀2002】

《漢表》:"郎中有車、户、騎三將。""騎尉"或爲"騎將"屬官。《漢表》有"騎都尉""屯騎校尉""越騎校尉""胡騎校尉"之名。

【官名2013】

考訂"騎將"時指出,騎將,統率騎兵的將領,屬官有左、右騎將。《史記·傅靳蒯成列傳》:"陽陵侯傅寬,以魏大夫騎將從,爲舍人,起橫陽。"

又:發掘出土的秦封泥有"邦騎尉印"。邦騎尉,鮮見於先秦典籍。據《漢書·百官公卿表》所記載與騎尉相關的官名有騎都尉、騎校尉、越騎校尉、胡騎校尉等。傳世的秦印有"邦尉之印",邦騎尉,疑是率領騎兵作戰的武官,爲邦尉之屬官。

【秦官2018】

"騎尉"一職,或是"騎馬"之尉用印,但"騎馬"未記有尉,附此存疑。

瑞按:封泥字迹不清,張家山漢墓竹簡《二年律令·秩律》有"御史大夫,廷尉,内史,典客,中尉,車騎尉,大僕,長信詹事,少府令,備塞都尉",整理者指出,車騎尉爲車騎都尉。

邦騎尉印

1　　　　　　　2

1.《發掘》圖一六：24；《新獲》P288；《大系》P195
2.《在京》圖一：2；《璽印》P444；《大系》P195

【考略2001】

　　秦漢之際，“騎都尉”領騎兵，不統兵時爲侍衛武官，疑秦之“騎邦尉”同“騎都尉”。

【簡讀2002】

　　釋讀“騎尉”條。以“騎尉”例，此封泥或可讀爲“邦騎尉印”，同秦簡之“邦司空”。然有“邦尉之印”秦印，此讀法亦有不通處。後世知秦官甚少，釋讀易誤。

【在京2005】

　　此泥曾經出土，《西安》讀爲“騎邦尉印”。《漢表》：“郎中有車、户、騎三將。”“騎尉”或爲“騎將”屬官。《漢表》又有“騎都尉”“屯騎校尉”“越騎校尉”“胡騎校尉”之名。如以發掘出土的“騎尉”封泥看，此封泥或可讀爲“邦騎尉印”，同《睡虎》之“邦司空”。從傳世有“邦尉之印”的秦印看，“騎邦尉”和“邦尉”在職責上當有區別，可能爲一司騎卒一司步卒，它們二者也可能有着統屬關係，可能“邦騎尉”爲“邦尉”屬官。此外，徐州獅子山西漢楚王陵出土有“楚騎尉印”銀質印章。

【圖説2009】

　　《漢書・百官公卿表》：“郎中有車、户、騎三將。”騎將即郎中騎將、騎郎將之簡稱，騎將主騎郎。車、户、騎三將“秩皆比千石”。“騎尉”或爲“騎將”之屬官。筆者認爲與“邦尉”應是騎兵和步兵兩種不同兵種的軍官，分别歸騎將和將軍統轄。

【秦官2018】

　　秦封泥之“騎邦尉”，劉慶柱先生等認爲相當於漢代的“騎都尉”，王輝先生認爲是中央騎兵統帥，郭永秉也傾向“騎邦尉”“並不是各郡内部的官吏，而是秦中央統一負責管理騎士的職官”。我們仍暫將“騎邦尉”認定爲秦郡級職官。

　　第一，文獻所見“校尉”最早見於秦漢之際，如《史記・項羽本紀》：“部署吴中豪傑爲校尉、候、司馬。”《張耳陳餘列傳》：“以張耳陳餘爲左右校尉。”尤其是第一條材料中“校尉”“候”“司馬”並列，“候”和“司馬”均爲郡級，“校尉”似不應例外。秦漢之際的各路反秦義軍都是在各縣或郡起兵，最初在分配或設置軍職最可能按照秦時各郡的職官設置來安排人手，而不大可能按照秦中央各官署機構來布局。

　　第二，里耶秦簡8-461簡文"騎邦尉爲騎□（校？）尉""郡邦尉爲郡尉"和"邦司馬爲郡司馬"三行文字相連，所述職官更名應有内在聯繫。結合秦封泥"邦尉之璽"和"南陽邦尉"可知，邦尉應即郡尉，"騎邦尉"或是統一之前郡尉中掌管騎兵的武官名稱，隸屬於"邦尉"或與"邦尉"平級。

　　第三，里耶秦簡8-649"邦尉、都官軍在縣界中者各□"，嶽麓秦簡《爲吏等狀四種》094"暨自言曰：邦尉下（？）□更（？）成令（？），□誤（？）弗傳邦候"，簡文雖殘斷，但所見"邦尉"或在縣界活動，或與郡之候官"邦候"並舉，其秩級似不至於達到中央職官的級别。

　　此外，里耶秦簡8-528+8-532+8-674"□下書都吏治從人者，大□□□見下校尉主軍□，都吏治從□"簡文所見"校尉"似乎是配合御史大夫委派的"叚（假）御史"在郡縣辦案，其爲秩級屬於郡"校尉"的可能性較大。

　　秦文字資料所見"騎邦尉"應是秦統一之前設置在郡的尉官，與"邦尉"分掌不同兵種或隸屬於郡尉；秦統一後"騎邦尉"改名爲"騎校尉"；漢武帝始所設的各類校尉應是借鑒秦時郡級"校尉"的名稱。

　　代理郡尉者稱"叚（假）尉"，如里耶秦簡J1（9）1-12號簡文均有"洞庭叚（假）尉觶"。又嶽麓秦簡0370："郡尉不存，以守行尉事，泰守不存，令尉爲假守，泰守、尉皆不存，令吏六百石以上及守吏風真官……"簡文規定郡尉不在職時郡守可暫攝其事，而郡尉亦可臨時代理郡守。

　　瑞按：發掘有"騎尉"封泥，張家山漢墓竹簡《二年律令》第440號簡有"中尉、車騎尉"，知騎尉當相連，封泥應讀爲"邦騎尉印"，同秦簡之"邦司空"。邦騎尉，即國騎尉，乃國家的"騎尉"。

三、御史大夫

御史之印

《圖例》P52；《印考》圖156；《秦封》P109；《彙考》P3；《璽印》P449；《大系》P353

【印考1997】

　　印面正方形，田字格，邊長2釐米，印文及邊欄略殘，推測爲"御史之印"四字。戰國時秦、趙、齊、魏等國皆有御史。齊召南《漢書新證》云："御史始於周""御史大夫始於秦"。《周禮·春官》記載："御史、中士八人,下士十有六人""掌邦國都鄙及萬民之治令,以贊冢宰,凡治者受法令焉。掌贊書,凡教從政者。"《史記·張丞相列傳》:"張丞相蒼者,秦時為御史,立柱下方書,明習天下圖書計籍。"《索隱》:"周秦皆有柱下史,謂御史也。故老子為周柱下史。今蒼在秦代亦屬斯職"。因惟居斯職者,以曰秦君側,故在秦代,即為尊官,與丞相並,復改稱"御史大夫"。《漢書·百官公卿表》云:"御史大夫,秦官,位上卿,銀印青綬,掌副丞相。"其地位顯然比周時提高。《史記·秦始皇本紀》記載二十年群臣議帝號時寫到:"丞相綰,御史大夫劫,廷尉斯等皆曰……"有關二世元年的記載也是如此:"丞相臣斯、臣去疾、御史大夫臣德昧死言……"等等。在秦代,由於丞相位高,權重,皇帝不便隨時差使,有時候,有些事便差使御史去辦理,如始皇三十五年,在侯生、盧生逃跑之後,"使御史悉案問諸生";秦二世時,要殺害蒙毅,也是"遣御史曲宮乘傳之代"。御史大夫屬官主要有御史中丞,掌貳大夫,漢代因之。

【秦封2000】

《漢表》:"御史大夫,秦官,位上卿,銀印青綬,掌副丞相。有兩丞,秩千石。一曰中丞,在殿中蘭臺,掌圖籍秘書,外督部刺史,内領侍御史員十五人,受公卿奏事,劾按章。"《官舊》:"御史,員四十五人,皆六百石。其十五人衣絳,給事殿中為侍御史。宿廬在石渠門外。二人尚璽,四人持書給事,二人侍前,中丞一人領。餘三十人留寺,理百官也。"《漢官》:"御史中丞二人,本御史大夫之丞。其一別在殿内,兼典蘭臺秘書。外督部刺史,内領侍御史,受公卿章奏,糾察百寮。""御史,秦官也。案:周有御史,掌邦國都鄙,及萬民之治,令以贊冢宰。"《睡虎·傳食律》:"御史卒人使者,食粺米半斗。"整理組注:"御史,此處疑為監郡的御史。《漢書·高帝紀》注引文穎曰:秦時御史監郡,若今刺史。"

《史記·秦始皇本紀》:"秦初并天下,令丞相、御史曰。"《史記·廉頗藺相如列傳》:"秦御史前書曰,某年月日,秦王與趙王會飲,令趙王鼓瑟。"《商君書·境内》:"將軍……與國正監,與正御史參望之。"《史記·張蒼列傳》:"蒼……好書律曆,秦時為御史,主柱下方書。"《史記·蕭相國世家》:"秦御史監郡者與從事尚辯之,何乃給泗水卒史,事第一。秦御史欲入言徵何。""沛公至咸陽,諸將皆爭走金帛財物之府分之。何獨先入收秦丞相御史律令圖(瑞按,原文寫作"國")書藏之。"

秦《放馬·墓主記》:"敢謁御史。"秦琅邪刻石、泰山刻石:"御史大夫臣德。"秦《睡虎·尉雜》:"歲讎辟律於御史。"漢封泥見:《封泥》《臨淄》"御史大夫"。《封泥》"御史中丞,御史府印,御史大夫章"。《續封》《建德》《齊魯》"齊御史大夫"。漢印見:《徵存》"御史大夫"。

【簡讀2002】

《漢表》:"御史大夫,秦官,位上卿,銀印青綬,掌副丞相。"《史記·張丞相列傳》:"高祖持御史大夫印弄之。"《張家·二年·秩律》"御史大夫……秩各二千石。"

【彙考2007】

《漢書·百官公卿表》:"御史大夫,秦官,位上卿,銀印青綬,掌副丞相。有兩丞,秩千石。一曰中丞,在殿中蘭臺,掌圖籍秘書,外督部刺史,内領侍御史員十五人,受公卿奏事,劾按章。"顏師古注引應劭曰:"侍御史之舉,故稱大夫。"臣瓚曰:"《茂陵書》:御史大夫秩中二千石。"王先謙《漢書補注》:"《始皇紀》二十六年有御史大夫劫。二世元年有御史大夫臣德。秦權、琅邪臺碑、嶧山、泰山等碑皆有御史臣德名結,銜在左右丞相下,秩甚尊。漢列御史大夫於三公,即承秦制。錢大昭曰:'御史大夫亦稱宰相。'"

【分域2009】

據《漢書·百官公卿表》載,御史大夫,秦官,銀印青綬,掌副丞相。御史爲僅次於丞相的高級官吏。

【官名2013】

御史,古官名,見於西周銅器有御史競簋銘。《史記·廉頗藺相如列傳》記載秦、趙澠池之會,各有御史書其事。《周禮·春官·御史》:"掌邦國都鄙及萬民之治令,以贊冢宰。凡治者受法令焉。掌贊書。"御史,又稱柱下史、柱後史,原爲掌宮廷文書檔案、起草法令的秘書。戰國至秦時,御史擢升爲監察百官的大臣,位列三公。

【職地2014】

秦孝公時設御史之職。《商君書·境內》"與國正監,與王御史,參望之"。秦統一後,御史主要職能是督辦刑獄案件,執行律令等。秦末的監郡御史或也參與軍事行動,秦出土文獻中也屢見御史一職。天水放馬灘秦簡《墓主記》有"邸丞赤敢謁御史",秦琅邪刻石、泰山刻石中有"御史大夫臣德"。嶽麓秦簡《三十四年質日》有"騰視事""騰去監府視事""騰會逮監府""監公亡"等語,整理者注:"秦有監郡御史,此監府或爲監郡御史的辦公處。""監公,當爲對監郡御史的尊稱"。與《秦始皇本紀》"分天下爲三十六郡,郡置守、尉、監"相對應。"監府"亦見新出里耶秦簡,可能就是《秦始皇本紀》"郡置守、尉、監"之"尉、監"。秦封泥有"御史之印"和"御史府印"兩種,是御史吏員和御史曹署用印。

【制度2017】

睡虎地秦簡整理小組注釋《傳食律》中"御史、卒人試著",認爲這裏的御史爲監郡的御史,《漢書·高帝紀》注引文穎云:"秦時御史監郡,若今刺史。"今按:張家山漢簡《二年律令·傳食律》簡232—233:"丞相、御史及諸二千石官使人,若遣吏、新爲官及屬尉、佐以上征若遷徙者,及軍吏、縣道有尤急言變事,皆得爲傳食……"秦律"御史"亦應指御史大夫。

【秦官2018】

御史之名商周已出現,但職掌不明。《周禮·春官宗伯》所記御史機構龐大,吏員衆多。春秋戰國時諸國皆有御史。《戰國策》記各國御史多掌國君文書、傳達事務。秦御史之職始見於《商君書》,如《定分》篇云"御史置一法官及吏",職與法律有關。秦昭王時秦御史的職掌似乎是史官性質,《史記·廉頗藺相如列傳》"秦御史前書曰……相如顧召趙御史"。秦統一後御史主要職督辦刑獄案件,執行律令等。如《秦始皇本紀》載"使御史悉案問諸生……始皇聞之,遣御史逐問";《蒙恬列傳》載"遣御史曲宮乘傳之代"。《漢書·曹參列傳》有"(曹參)攻秦監公軍"句,孟康注:"監,御史監郡者。"知秦末監郡御史或參與軍事行動。

秦漢之際御史設置和職能無大變化。漢代文獻對秦御史有追記。《漢官儀》卷上:"御史中丞二人,本御史大夫之丞。……受公卿章奏,糾察百寮。御史,秦官也。……始皇滅楚，以其君冠賜御史。漢興襲秦，因而不改。……柱下史，老耼爲之。秦改爲御史。柱下史一名柱後，史謂冠以鐵爲柱，言其審不撓也。"

　　張家山漢簡《二年律令·秩律》："御史大夫，廷尉，内史，……郡守、尉，……奉常，秩各二千石。御史，丞相、相國長史，秩各千石。"（440—441）御史大夫的秩禄與九卿、郡守一樣，但排在首位，可見御史大夫的地位雖然還没有上升到丞相、相國、太尉的"三公"級别，但九卿之首的地位也顯示出其確實是"位次丞相典正法度，以職相參，總領百官，上下相監臨"（《漢書·朱博傳》）。普通御史秩禄千石，顯然是御史大夫的吏員組成。

　　秦出土文獻中屢見御史，如天水放馬灘秦簡《墓主記》和睡虎地秦簡《秦律十八種》均有"御史"，秦琅邪刻石、泰山刻石均有"御史大夫"。新見秦簡牘有御史大夫、御史、御史丞、叚（假）御史、監御史、治虜御史等名目，所涉事務有核查各郡送交的文書，保管、審查各郡縣地圖，前往郡辦理案件和管理郡縣刑徒等，與文獻基本吻合。嶽麓秦簡《三十四年質日》和里耶秦簡均有"監府"，應即是整理者認爲的監郡御史的官署。

【廣封2019】

　　案《漢書·百官公卿表》："御史大夫，秦官，（應劭曰：'侍御史之率，故稱大夫云。'臣瓚曰：'茂陵書御史大夫秩中二千石。'）位上卿，銀印青綬，掌副丞相。有兩丞，秩千石。一曰中丞，在殿中蘭臺，掌圖籍秘書，外督部刺史，内領侍御史員十五人，受公卿奏事，舉劾按章。"《秦封泥彙考》王先謙《漢書補注》："《始皇紀》二十六年有御史大夫劫。二世元年有御史大夫臣德。秦權、琅邪臺碑、嶧山、泰山等碑皆有御史臣德名結，銜在左右丞相下，秩甚尊。漢列御史大夫三公，即承秦制。錢大昭曰：'御史大夫亦稱宰相。'"

御史府印

1　　　　　　　　　2

1、2.《大系》P353

【職地2014】

　　説見"御史之印"。

　　瑞按：府，《周禮·太宰》"以八灋治官府"，注："百官所居曰府。"疏："官府，在朝廷之官府也。"御史府，乃御史之府。

四、奉　　常

奉□丞印

《發現》圖5；《圖例》P52；《秦封》P110；《璽印》P439；《彙考》P4；《大系》P83

【發現1997】

　　這枚封泥第二字殘，可能爲奉常丞之印。《漢書·百官公卿表》："奉常，秦官，掌宗廟禮儀，有丞。"

【印考1997】

　　印面似爲正方形，田字格，邊長2釐米，邊欄殘缺太多，僅有"奉"與"丞"可識，推測其它二字爲"常"和"印"字，印文應爲"奉常丞印"。《漢書·百官公卿表》云："奉常，秦官，掌宗廟禮儀，有丞。景帝中元六年，更名太常。屬官有太樂、太祝、太醫、太宰、太史、太卜六令丞；又均官、都水兩長丞；又諸廟寢園食官會長丞。"奉常，爲九卿之首；"奉常丞"當是其佐官，"常凡行禮及祭祀小事，總署曹事"（《後漢書·百官志》注）。可見，"小事"當爲有關陵廟禮儀的一切具體事務，又舉廟中非法者，奉常"導贊"大事。"小事"自然由副職曹事。此印當是佐證。

【秦封2000】

　　《漢表》："奉常，秦官，掌宗廟禮儀，有丞……屬官有太樂、太祝、太宰、太史、太卜、太醫六令丞，又均官、都水兩長丞，又諸廟寢園食官令長丞，有雍太宰、太祝令丞，五時各一尉。又博士及諸陵縣皆屬焉。"應劭曰："常，典也，掌典三禮也。"師古曰："太常，王者旌旗也，畫日月焉，王有大事則建以行，禮官主奉持之，故曰奉常也。後改曰太常，尊大之義也。"漢封泥見：《封泥》"奉常丞印"，《再續》"奉常之印"。

【縣考2002】

　　《漢表》云："奉常，秦官，掌宗廟禮儀，有丞。"應劭曰："常，典也，掌典三禮也。"師古曰："太常，王者旌旗也，畫日月焉，王有大事則建以行，禮官主奉持之，故曰奉常也。"《張家·二年·秩律》："奉常，秩各二千石。"

【彙考2007】

　　《秦封》考：因第二字殘，故疑爲"奉常丞印"。《漢書·百官公卿表》："奉常，秦官，掌宗廟禮儀，有丞……屬官有太樂、太祝、太宰、太史、太卜、太醫六令丞，又均官、都水兩長丞,又諸廟寢園食官令長丞,有雍太宰、太祝令丞,五時各一尉。又博士及諸陵縣皆屬焉。"應劭曰:"常,典也,掌典三禮也。"師古曰:"太常,王者旌旗也,畫日月焉,王有大事則建以行,禮官主奉持之,故曰奉常也。後改曰太常,尊大之義也。"

【集證2011】

第三字已殘,疑是"之"字或"常"字,如是後者,當讀爲"奉常丞印"。《漢書·百官公卿表》:"奉常,秦官,掌宗廟禮儀,有丞。景帝中六年更名爲太常。"師古曰:"太常,王者旌旗也,畫日月焉,王有大事則建,以行禮官主奉持之,故曰奉常也。"《通典·職官七》:"周時曰宗伯,爲春官,掌邦禮,秦改曰奉常。""奉丞"爲"奉常丞"之省。《封泥彙編》5·6有漢封泥"奉常丞印",無田字格。

【職地2014】

《通典·職官七》:"今太常者,亦唐虞伯夷爲秩宗兼夔典樂之任也。周時曰宗伯,爲春官,掌邦禮。秦改曰奉常,漢初曰太常,欲令國家盛大常存,故稱太常。"秦封泥和張家山漢簡《二年律令·秩律》均有"奉常"之名,對照班固"景帝中六年更名太常"的記載,可知秦至漢初的名稱應是"奉常",而《通典》所言不確。王輝讀"奉丞□印",說其爲"奉常丞"之省意亦通,可備一説。

【秦官2018】

杜佑《通典·職官七》:"今太常者,……周時曰宗伯,爲春官,掌邦禮。秦改曰奉常,漢初曰太常,欲令國家盛大常存,故稱太常。"封泥中"奉常"因缺文而難定論,但張家山漢簡《二年律令·秩律》有奉常,秩二千石,則《通典》"漢初曰太常"的説法太模糊。據《秩律》"奉常",可知班固"景帝中六年更名太常"的記載可信。秦封泥"奉常丞印"左上角殘,《秦封泥集》和《秦封泥彙考》多讀作"奉常丞印",王輝先生讀作"奉丞□印",云:"'奉丞'爲'奉常丞'之省。"今按,王輝先生的讀法符合田字格秦印最常見的讀法,說其爲"奉常丞"之省意亦通,殆是。秦封泥另有"奉印",或許與此"奉丞□印"有關。

瑞按: 此封泥舊多釋"奉常丞印",但"常"字爲擬補,並不存在,且首字與"奉"字不類,似當釋爲"承",若是,則封泥應釋爲"承丞之印"。

（一）太　　祝

祝印

1　　　　　　　　　2

1.《印集》P2;《彙考》P4;《印風》P164;《大系》P389

2.《發現》圖10;《圖例》P52;《秦封》P110;《書集》P114;《彙考》P5;《璽印》P396

【發現1997】

《漢書・百官公卿表》奉常屬官有太祝令丞,穆公時,蕭史爲太祝。

【印考1997】

印面長方形,長2釐米,寬1釐米。印文豎讀,邊欄完整。祝,即爲"太祝"的省稱,祭祀時,掌讀祝及迎送神。《周禮》春官宗伯之屬,爲祝官之長,掌祈禱福祥,秦時致太祝令丞,爲奉常之屬,歷代多沿置(《通典・職官七》)。《集仙列傳》載:"蕭史爲秦太祝。"

【叢考1998】

此枚爲秦太祝官印。……秦之祝官,蓋因周而來,漢承其舊,景帝中六年更名爲祠祀,武帝太初元年更名爲廟祀。

【秦封2000】

《漢表》:"奉常,秦官,掌宗廟禮儀,有丞。屬官有太樂、太祝、太宰、太史、太卜、太醫六令丞。"《漢舊》:"廟祭,太祝令主席酒。"《後漢・百官志二》:"太祝令一人,六百石。本注曰:凡國祭祀,掌讀祝,及迎送神。丞二人。本注曰:掌祝小神事。"《史記・封禪書》載秦始皇時,"諸祠","皆太祝常主,以歲時奉祠之","漢興,高祖悉召故秦祝官,復置太祝,如其故禮儀"。秦《詛楚》:"宗祝邵鼙"。漢封泥見:《齊魯》《續封》《建德》《封存》"齊太祝印"。漢印見:《徵存》"長沙祝長"。

【考略2001】

"祝"爲官名,負責宗廟祭祀禱告之贊詞。殷代始置,甲骨文中有關於"祝"的記載,西周初期金文也見"大祝",《周禮・春官》有"大祝""小祝"。《漢書・百官公卿表》云:"奉常,秦官,掌宗廟禮儀,有丞。景帝中六年更名太常。""屬官有太樂、太祝、太宰、太史、太卜、太醫六令丞。"《史記・封禪書》:"漢興,高祖悉召故秦祝官,復置太祝,如其故禮儀。"傳世有"齊太祝印"漢代印章。秦太祝有"祝官"若干,"祝印"當爲"祝官"之印。相家巷遺址出土秦封泥還有半通"□祝"(T3③:39)封泥,疑印文應爲"大祝"。

【簡讀2002】

《漢表》:"奉常,秦官,掌宗廟禮儀,有丞。屬官有太樂、太祝、太宰、太史、太卜、太醫六令丞。"《史記・封禪書》:"復置太祝、太宰。"《史記・孝文本紀》:"今祕祝之官移過於下。"《張家・二年・秩律》:"祝長……秩各三百石,有丞、尉二百石"。

【上封2002】

祝官掌祭祀禱祝,《周禮・春官》有"太祝""小祝",《百官表》屬奉常。

【彙考2007】

祝,官名。商周即設,秦漢沿置。掌宗廟祭祀禱告治贊祠。《周禮・春官・宗伯》:"大祝掌六祝之辭,以事鬼神,祈福祥,求永貞。""小祝掌小祭祀將事侯禳禱祠之祝號,以祈福祥,順豐年……佐大祝。"秦時爲奉常屬官,有令丞。景帝中六年,更爲祠祀。

【分域2009】

《通志·氏族略·職官略》云：“商官，與太宰等官爲六太。周官，太祝下大夫三人，上士四人，掌六祝之辭，以祈祥福，秦、漢有太祝令、丞。”該印當爲“太祝令”所用之印。

【集證2011】

《漢書·百官公卿表》奉常屬官有“太祝令、丞”，“雍太祝令、丞”，“景帝中六年更名太祝爲祠祀，武帝太初元年更曰廟祀”。秦有祝官。《石鼓文·吳人》：“□□大祝。”《詛楚文》：“又（有）秦嗣王，敢用吉玉宣璧，使其宗祝邵鼙，布檄告於丕顯大神厥湫……”。《史記·封禪書》：“（秦始皇）禪于梁父，其禮頗采太祝之祀雍上帝所用。……諸此嗣，皆太祝常主，以歲時奉祠之。……郡縣遠方神祠者，民各自奉祠，不領于天子之祝官。”此印單稱“祝”，不知是太祝之省稱，還是其屬官，抑或是郡縣之祝。不過此爲半通印，官階很低，極可能爲太祝屬官。

【官名2013】

簡文中的“祝”，應是大祝的省稱，爲齊王的侍臣，屬中央一級的職官，其職司是執掌祭祀、祝禱，爲君祈福祛疾。石鼓文中所見的大祝應與周官大祝、秦官宗祝的職司相近。“大祝”這一官職名亦見於禽鼎、長由盉、申簋蓋等銅器銘文中。《周禮·春官·大祝》：“掌六祝之辭，以事鬼神示，祈福祥，求永貞。”鄭玄注：“永，長也。貞，正也。求多福歷年，得正命也。”徐寶貴先生認爲：“大祝，亦作泰祝……此石言‘大祝’，乃敘述田獵結束之後，以所獲獵物獻祭于神祖之事。”詛楚文記述秦師征戎伐寇之事，由宗祝以告於神。郭沫若先生釋宗祝爲官名，宗祝當如周官的大祝、小祝。《周禮·春官·小祝》：“掌小祭祀將侯、禳、禱、祠之祝號，以祈福祥，順豐年，逆時雨、寧風旱、彌兵災、遠罪疾。”王輝先生認爲《漢書·百官公卿表》奉常屬官有太祝。秦有祝官，《詛楚文》有“宗祝”。《史記·封禪書》：“（秦始皇）禪于梁父，其禮頗采太祝之祀雍上帝所用……諸此祠皆太祝常主，以歲時奉祠之……”西安北郊出土秦封泥有“祝印”。徐寶貴分析太祝的職責是對的，但也不能絕對肯定。因爲太祝不光祭於時，軍事活動前也“宜乎社，造乎禰”。

【秦官2018】

《石鼓文·吳人》有“□□大祝”，但文句頗殘；張家山漢簡《二年律令·秩律》有大卜、大史和大祝，秩均六百石。又《史記·封禪書》：“（秦始皇）從陰道下，禪于梁父。其禮頗采太祝之祀雍上帝所用，而封藏皆秘之，世不得而記也。……（高祖二年）乃立黑帝祠，命曰北畤。有司進祠，上不親往。悉召故秦祝官，復置太祝、太宰，如其故儀禮。”據此可知，秦時或已設置太祝之職，所謂“故秦祝官”應即太祝之僚屬（即太祝丞），其職責是主祭五畤上帝之禮儀，又主持各種祭祀儀式。秦封泥“祝印”當爲“大祝”屬吏“祝官”用印；或説“祝印”爲“太祝”之省，恐非。《西安相家巷遺址秦封泥的發掘》一文還披露有“□祝”（T3③：39）半通封泥，惜未附圖版，或爲“大祝”之殘。

【廣封2019】

案《周禮·春官宗伯》：“大祝掌六祝之辭，以事鬼神示，祈福祥，求永貞。”又曰：“小祝掌小祭祀，將事侯禳禱祠之，祝號，以祈福祥，順豐年，逆時雨，寧風旱，彌裁兵，逮皋疾。……佐大祝。”又案《漢書·百官公卿表》:“奉常,秦官,掌宗廟禮儀,有丞。景帝中六年更名太常。屬官有太樂、太祝、太宰、太史、太卜、太醫六令丞,又均官、都水兩長丞,又諸廟寢園食官令長丞,有廱太宰、太祝令丞,五畤各一尉。又博士及諸陵縣皆屬焉。景帝中六年更名太祝爲祠祀,武帝太初元年更曰廟祀,初置太卜。”

祠 祝

《新出》P7;《大系》P52

【訂補2014】

　　原釋讀爲“祠祀”,封泥第二字爲“祝”。

【職地2014】

　　“祠祝”或爲太祝統領的衆祝官之一。《史記·封禪書》:“(二年)悉召故秦祝官,復置太祝、太宰”,在長安設置的祠祝可能也是秦的職官名稱。

祠祀

1　　　　　　2　　　　　　3

1.《印集》P4;《彙考》圖版P2;《印風》P164;《大系》P51
2.《彙考》P8;《大系》P51
3.《補讀》圖17;《秦封》P179;《書集》P114;《彙考》P8;《璽印》P391;《大系》P51、P52

【補讀1998】

　　《漢表》詹事屬官有“祠祀長丞”。又《漢表》載奉常屬官太祝,西漢景帝中六年更名爲祠祀,恐與之無干。秦簡《睡黑》記:“爲驚祠祀”。漢印見《徵存》“沛祠祀長”。漢封泥見《續封》《建德》“齊祠祀長”。《滿城》“中山祠祀”。

【秦封2000】

《漢表》：詹事，屬官有"祠祀……長丞"。又《漢表》載奉常屬官太祝，西漢景帝中六年更名爲祠祀，恐與之無干。秦簡《睡黑》記："爲驚祠祀。"漢印見：《徵存》"沛祠祀長，祠官"。漢封泥見：《澂秋》《續封》《建德》《齊魯》"齊祠祀印"，《續封》《建德》"齊祠祀長"，《滿城》"中山祠祀"，《封存》《齊魯》《臨淄》《續封》《建德》"祠官"。

【簡讀2002】

《漢表》："詹事，秦官，……屬官有……祠祀、食官令長丞。"《張家·二年·秩律》："長信祠祀……祠祀……秩各六百石，有丞、尉者半之"。

【彙考2007】

祠祀，官署名。秦置，漢因之。主宮中祭祀，屬詹事。《漢書·百官公卿表》詹事屬官有祠祀令長丞。

【分域2009】

祠祀，官署名，秦置，漢因之。其職責是主管宮中祭祀，屬詹事。《漢書·百官公卿表》載，詹事屬官有祠祀令、長、丞。祠廚當爲主管祭祀時所用供品的長官。秦印有"祠廚"。

【集證2011】

《漢書·百官公卿表》："詹事，秦官……屬官有……祠祀、食官令長丞。"《表》又云："景帝中六年，更名（奉常屬官）太祝爲祠祀。"不過作爲祭祀意義的"祠祀"早已出現。睡虎地秦簡《日書》771："可取婦家（嫁）女葬貍（埋），以祠祀哥（歌）樂吉。"又《史記·孝文本紀》文帝臨終遺詔曰："毋禁取婦、嫁女、祠祀、飲酒食肉者。"太祝秦封泥已有，是宗廟祭祀官，而祠祀則可能是主管其它各種祭祀的，景帝時可能一度改太祝爲祠祀。秦漢時有各種各樣的祠，《漢書·郊祀志》："秦德公立，卜居雍……雍之諸祠自此興，用三百牢於鄜畤……水曰河，祠臨晉，沔祠漢中，湫淵祠朝那，江水祠蜀……（漢）高祖……乃立黑帝祠，名曰北畤……後四歲……令祝立蚩尤之祠於長安，長安置祠祀官，女巫……"又《孝文本紀》："今吾聞祠官祝釐，皆歸福朕躬，不爲百姓，朕甚愧之。"《本紀》之"祠官"應即《郊祀志》之"祠祀官"。《封泥彙編》25·6"齊祠祀印"、26·1"齊祠祀長"，文無界格，與此秦封泥截然不同。

【官名2013】

西安相家巷出現兩枚與宗祠祭祀有關的封泥，"祠祀"和"雍祠丞"都刻有邊欄，應是秦時之物。祠祀，是秦置官署，負責宮中祭祀活動，隸屬于詹事管理。據《漢書·百官公卿表》所載，詹事的屬吏有祠祀令長丞。雍爲秦地名，祠丞爲雍邑祠祀令的佐官。

【職地2014】

"祠祝"或爲太祝統領的衆祝官之一。《百官公卿表》載太后私官有詹事，張家山漢簡中有詹事祠祀長，雖級較低，但單獨設置，應是專門負責太后私人相關祭祀禮儀。秦二十九年漆盒銘文有"太后詹事丞"，可見秦太后亦設"詹事"。比照"詹事祠祀長"的職能，秦封泥"祠祀"或爲太后私官詹事的屬官之一。

又：秦封泥有"大祝"和"祠祀"，王輝先生云："太祝……是宗廟祭祀官，而祠祀則可能是主管其他各種祭祀的，景帝時可能一度改太祝爲祠祀。"秦封泥中的"祠祀"應爲詹事屬官，"祠廚""當是祠祀廚官之印"。西漢南越王墓出土有"廚丞之印"封泥，可能是幾位夫人的廚官用印。張家山漢簡《二年律令·秩律》中有詹事屬官"祠祀"，另獨設"長信祠祀"（秩均六百石），後者職責應是負責長信宮的各類祭祀。《二年律令·秩律》還有"詹事祠祀長"，應是統領詹事屬官中的上述兩類祠祀的官吏（瑞按，《職地2014》所言的"大祝"，乃推測《發掘2000》出土"□祝"爲大祝）。

【秦官2018】

據秦封泥"祠祀"和張家山漢簡中的"祠祀"和"長信祠祀"等，可知"景帝中六年更名太祝爲祠祀"亦有誤。……"祠祝"與"祠祀"，從名稱上看一個側重"祝"，一個側重"祀"，二者職能應該有所區別。"祠祝"或爲太祝統領的衆祝官之一。張家山漢簡中有"詹事祠祀長"，詹事爲太后私官，應是專門負責太后私人相關祭祀禮儀。比照"詹事祠祀長"的職能，秦封泥"祠祀"或爲太后私官詹事的屬官。《二年律令·秩律》中獨立設置"長信祠祀"，且秩級與大祝和祠祀同，蓋因長信祠祀主管呂后長信宮的祭祀和禮儀，《百官公卿表》景帝"更名太祝爲祠祀"應該是將太祝和祠祀合二爲一了。

【廣封2019】

案《漢書·百官公卿表》：詹事，秦官，掌皇后、太子家，有丞。屬官有太子率更、家令丞、僕、中盾、衛率、廚廄長丞，又中長秋、私府、永巷、倉、廄、祠祀、食官令長丞。

（二）大　　宰

大宰

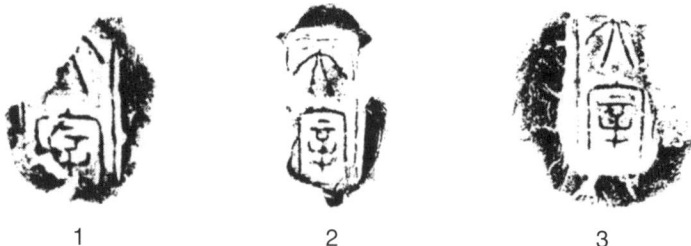

1　　　　　　　　2　　　　　　　　3

1.《新出》P9；《大系》P250
2、3.《新出》P62；《大系》P250

【字典1998】

包山楚簡有"大宰"，官名。《左·隱十一年》："將以求大宰。"注："大宰，官名也。"

【官名2013】

　　泰宰,即太宰,官名。《漢書・百官公卿表》:"奉常,秦官,掌宗廟禮儀……屬官有太樂、太祝、太宰、太史、太卜、太醫六令丞。"執掌宮廷宰工之事,有丞,下轄屠者宰等,祭祀時供應食具即鼎俎等器用。漢史游《急就篇》卷三:"廚宰切割給使令。"顏師古注:"廚,庖屋也。宰,主烹飪者。"

　　《左傳・昭公元年》:"楚靈王即位,薳罷爲令尹,薳啟疆爲大宰。"據此太宰官秩僅次於令尹,其地位應該非常高。《戰國策・楚策二》:"鄭强之走張儀于秦,曰儀之使者,必之楚矣。故謂大宰曰:'公留儀之使者,强請西圖于秦。'"鮑彪注:"太宰,楚官也。"左言東先生認爲"太宰"是楚王室家務總管。上博簡所提到的"大宰"應屬中央職官,可直接勸諫楚王。童書業先生認爲:"太宰之官在西周時蓋甚重要,實掌相職,在春秋初年亦尚重要,而春秋中葉以後此官地位漸降,是蓋王室宮室之地位下降之故"。孔穎達《春秋正義》曰:"楚國仍别有大宰之官,但位任卑耳。"戰國以後,大宰的職司和官品秩與《周禮》中總領百官的家宰相比,差别很大。

　　《左傳・隱公十一年》:"羽父請殺桓公,將以求大宰。"《論語・子罕》:"大宰問于子貢。"春秋戰國時代,除楚之外,魯和三晉的職官系統中都設有"大宰",另在封邑亦設有大宰一職,陳偉先生認爲:"楚國封邑的宰應與春秋采邑之宰和西漢侯國、諸侯王國之相類似,但更接近後者。"大宰在不同時期、國别、區域有省稱、别稱和官位變異等情况,其職司和品秩不易辨析。

　　楚璽中有"宰官之璽"(《璽匯》0142)。《玉篇・宀篇》:"宰,治也,制也。"孫詒讓《周禮正義》指出,大宰、小宰、宰夫都可以省稱宰,膳夫的别稱有宰夫、大宰。宰人即膳夫,戰國時期趙、韓兩國宮中掌膳食的官名。陳偉武師指出:"歷史上'小臣'和'宰'都由王室管理者變成權勢顯赫的大臣,這與'相室'本指家之相,轉指執政大臣何其相似。"李學勤先生認爲:"文獻及古文字材料中大宰、小宰、宰夫、膳夫,以至邑宰等等,雖然複雜,究實也不足怪。因爲'宰'這一名稱,本義即是一種食官,由於古代政權機構形成過程的特點,移用于協助天子掌理政務的要職,其本義的湮没有相當長的過程。"

【秦官2018】

　　《百官公卿表》"廱太宰、太祝令巫",文穎曰:"廱,主熟食官。"如淳曰:"五時在廱,故特置太宰以下諸官。"師古曰:"如說是也。雍,右扶風之縣也。太宰即是具食之官,不當復置饔人也。"又《大戴禮記・保傳》:"古者胎教,……太宰持斗而御户右。"盧辯注:"太宰,膳夫也,冢宰之屬。"可見顏師古"太宰即是具食之官"的解釋應該合乎奉常屬官的性質,而"祠廚"機構似是隸屬於大、泰宰。

　　瑞按:大宰爲周官之名,《周禮》言:"大宰之職,掌建邦之六典,以佐王治邦國:一曰治典,以經邦國,以治官府,以紀萬民;二曰教典,以安邦國,以教官府,以擾萬民;三曰禮典,以和邦國,以統百官,以諧萬民;四曰政典,以平邦國,以正百官,以均萬民;五曰刑典,以詰邦國,以刑百官,以糾萬民;六曰事典,以富邦國,以任百官,以生萬民。"《左傳·成十六年》"子重使大宰伯州犁侍于王後", 注:"大宰, 音泰, 官名, 大者多同, 以意求之。"《左傳·宣十二年》"蒍敖爲宰, 擇楚國之令典", 孔穎達疏:《周禮》六卿, 大宰爲長, 遂以宰爲上卿之號。楚臣令尹爲長, 故從他國論之, 謂令尹爲宰。楚國仍別有大宰之官, 但位任卑耳, 傳稱大宰伯州犁是也。"《戰國策·楚策二》:"强之走張儀于秦, 曰儀之使者, 必之楚矣。故謂大宰曰:'公留儀之使者'。" 至漢爲奉常屬官, 文獻作太宰。《漢書·百官公卿表》:"奉常, 秦官, 掌宗廟禮儀, 有丞。景帝中六年更名太常。屬官有太樂、太祝、太宰、太史、太卜、太醫六令丞。" 張家山漢墓竹簡《二年律令》第462號有 "長信尚浴, 長信謁者, 祠祀, 大宰, 居室, 西織, 東織"。《漢官六種·漢舊儀補遺》"大宰令屠者七十二人, 宰二百人。"

泰宰

《印風》P165;《考釋》圖一:5;《新官》圖3;《印集》P5;
《彙考》P10;《璽印》P398;《大系》P261

【考釋2001】

泰宰即太宰, 爲宗廟禮儀之官。《漢書·百官公卿表》:"奉常, 秦官, 掌宗廟禮儀, 景帝中六年更名太常。屬官有太樂、太祝、太宰、太史、太卜、太醫六令丞。"《史記·封禪書》:"(漢高祖)二年……乃立黑帝時, 有司進祠, 上不親往。悉招故秦祝官, 復置太祝、太宰, 如其故儀。" 可見秦有太宰。太宰即大宰。出現於東周。齊鎛鎛有大宰(《三代》1·68), 魯大宰原父簠有大宰原父(《三代》8·3), 邾有大宰叢子劻(《三代》10·24,《文物》1959年10期32頁, 簠)。宰本家臣, 管理王及諸侯、貴族的家庭事務, 有時也參與一些禮儀活動, 秦時以之爲禮儀官。

【簡讀2002】

《漢表》:"奉常……屬官有……太宰。"《史記·封禪書》:"復置太祝、太宰。"《張家·二年·秩律》"大宰……秩各六百石。"

【新官2002】

《漢書·百官公卿表》記:"奉常, 秦官, 掌宗廟禮儀", 屬官有太宰, 泰宰即太宰。

【分域2009】

泰宰即太宰, 官名。《漢書·百官公卿表》云:"奉常, 秦官, 掌宗廟禮儀……屬官有太樂、太祝、太宰、太史、太卜、太醫六令丞。”泰宰當爲執掌宮廷宰工之事官。

【廣封2019】

案《漢書·百官公卿表》：奉常，秦官，掌宗廟禮儀，有丞。景帝中六年更名太常。屬官有太樂、太祝、太宰、太史、太卜、太醫六令丞，又均官、都水兩長丞，又諸廟寢園食官令長丞，有廱太宰、太祝令丞，五畤各一尉。（文穎曰：“廱，主熟食官。”如淳曰：“五畤在廱，故特置太宰以下諸官。”師古曰：“如説是也。雍，右扶風之縣也。太宰即是具食之官，不當復置饔人也。”）又《後漢書·百官志》：“太宰令一人，六百石。本注曰：掌宰工鼎俎饌具之物。凡國祭祀，掌陳饌具。（《漢官》口：“明堂丞一人，二百石。員吏四十二人，其二人百石，二人斗食，二十三人佐，九人有秩，二入學事，四人守學事。宰二百四十二人，屠者七十三人，衛士一十五人。”）丞一人。”

瑞按：依大、泰二字早晚，“大宰”爲戰國晚期封泥，“泰宰”爲統一後封泥。

宰胥

《補讀》圖33；《秦封》P239；《璽印》P430

【補讀1998】

《儀禮·大射》謂：“宰胥薦脯醢。”爲掌王家宴飲膳食之官吏。

【秦封2000】

此泥第一字清楚，第二字下部似爲月（肉）旁，故暫釋作“宰胥”。《儀禮·大射禮》謂：“宰胥薦脯醢。”爲掌王家宴飲膳食之官吏。

【簡讀2002】

《儀禮·大射禮》：“宰胥薦脯醢。”《燕禮》：“胥薦主人於洗北西面。”注：“胥，膳宰之吏也。”此官職職屬不明。

【官名2013】

説見“大宰”。

【職地2014】

宰胥，周曉陸云：“此泥第一字清楚，第二字下部似爲月（肉）旁，故暫釋作‘宰胥’。《儀禮·大射禮》：‘宰胥薦脯醢’。爲掌王家宴飲膳食之官吏。”殆是。

（三）太　　史

大史

《新選》P109；《大系》P249

【在京2005】

半通。大同太、泰，大史即太史、泰史。

【古璽2013】

在考訂燕璽“大史”時指出，在先秦典籍中，“大史”或“太史”很常見，均用作官名，尚未發現可確指爲複姓者，故璽文中的“大史”當視爲官名爲宜。“大史”也見於商代甲骨文和兩周金文，其地位和具體職掌隨着時代的不同而有所變化。西周時期的大史是史官之長，地位比較崇高，而戰國時期的大史則由下大夫擔任。齊靈公任命左正卿爲大史，可知當時大史的地位頗高。大史地位的下降大概是春秋中晚期以後的事——至少齊國如此。據《周禮》記載，大史職掌的範圍主要包括文書、約劑、禮法、曆法等等。《周禮》的成書年代與“大事（史）”璽相近，故璽文中“大史”的内涵應該與《周禮》所載最爲接近。根據典籍的記載，春秋戰國時期齊、莒、蔡、晋、秦等國均設有“大（太）史”一職。今據古璽材料可證燕國亦設有“大史”，可補典籍之缺。

【官名2013】

《説文》：“史，記事者也。从又持中，中正也。凡史之屬皆从史。”《周禮·春官·小史》：“掌邦國之志，奠繫世，辨昭穆。若有事，則詔王之忌諱。大祭祀，讀禮法，史以書敘昭穆之俎簋。大喪、大賓客、大會同、大軍旅，佐大史，凡國事之用禮法者，掌其小事。卿大夫之喪，賜謚，讀誄。”上古時代，巫史不分，史官的職司除了記録文書以外，還要負責舉行卜筮祭祀之儀式。楚簡中的“大貞”即“大史”，當是“右貞”的長官。《競公瘧》中有記述齊國的史官囂與祝官固，因祝禱祛疾之事，遭到梁丘據等人彈劾的史料。

【秦官2018】

太卜、太史和太祝兼管文化教育的職能在張家山漢簡中有所體現，如《史律》：

"史、卜子年十七歲學。史、卜、祝學童學三歲,學餌將詣大史、大卜、大祝。郡史學童詣其守,皆會八月朔日試之。"(474)又"以祝十四章試祝學童,能誦七千言以上者,乃得爲祝,五更。大祝試祝,善祝、明祠事者,以爲冗祝,冗之。不人史、卜、祝者,罰金四兩,學餌二兩。"(479—480)簡文是太史、太卜和太祝選拔和考核學童的相關規定,其中的"學餌"是秦漢時太史、太卜和太祝負責爲中央和郡縣各級選拔史卜祝類官吏的機構,各級"學餌"機構應統屬奉常之太史、太卜和太祝等統一管轄。里耶秦簡中有秦洞庭郡遷陵縣負責縣學的職官"學餌"的記載,張春龍認爲"學餌"是秦朝和西漢前期"學室"的主管吏員。《説文・人部》:"餌,飲也。"聯繫漢武帝更名左(佐)弋爲佽飛,可知"餌"有佐助之意,則"學餌"即如張家山漢簡所説,是爲朝廷募集史、卜、祝類專門人材的官吏。佐有輔佐、輔助意,"佐學餌印"或可讀爲"學餌佐印",應是某"學餌"的副手用印。

泰史

1. 《相家》P2;《大系》P259
2. 《在京》圖一:3;《璽印》P391;《大系》P259

【在京2005】

　　半通。即太史。本爲周官,《史記・周本紀》:"周太史伯陽讀史記曰:'周亡矣。'"《史記・孝武本紀》:"爲兵禱,則太史奉以指所伐國。"《史記・太史公自序》:"太史公執遷手而泣曰:'余先周室之太史也。自上世嘗顯功名於虞夏,典天官事。今漢興,海内一統,明主賢君忠臣死義之士,余爲太史而弗論載,廢天下之史文,余甚懼焉,汝其念哉!'"《漢表》:"奉常,秦官,掌宗廟禮儀,有丞。景帝中六年更名太常。屬官有太樂、太祝、太宰、太史、太卜、太醫六令丞。"

泰史□□

《相家》P31；《大系》P259

（四）太　　卜

泰卜

無圖，釋讀見《五十例》P312。

【五十例2005】

《禮記·曲禮下》"天子建天官先六太，曰太宰、太宗、太史、太祝、太士、太卜，典司六典"。《左傳·隱公十一年》"滕侯曰：我周之卜正也"，孫詒讓《周禮正義》："杜注云：卜正，卜官之長也。孫疏爲太卜，蓋周初滕侯嘗爲此官。又曰易，《祭義》云：易抱龜南面。鄭注云：易，官名，周易曰太卜。"《周禮·春官·宗伯》有太卜，鄭注云："問龜曰卜，太卜，卜筮官之長。"《戰國策·東周》記趙有太卜，《晏子春秋·外篇》記齊有太卜，《楚辭·卜居》記楚有太卜。《漢書·百官公卿表》（下簡稱《漢表》）奉常屬官，有太卜令丞。

【官名2013】

秦封宗邑瓦書記載了秦封右庶長宗邑及劃定封界一事。參加這次活動的官員除大良造庶長、卿大夫、卑司御、大田佐之外，還有史、卜等。這裏的"卜"，亦應是卜師之類官名之省稱，疑其職司與楚官龜尹相似。晋璽"卜大夫"，原釋文作"上夫〓"，吳振武先生認爲當讀作"上大夫"，施謝捷先生則釋爲"卜大夫"，並指出："所謂'上'字，現在看來是誤合'卜'及'大夫'合文右下合文號'〓'所致。"《古璽彙編》的"政"，有學者認爲當釋爲"卜正"，應爲卜官之長，相當於周官中的"大卜"。《周禮·春官·大卜》："大卜，凡國大貞，卜立君，卜大封，則視高作龜。"

【秦官2018】

"泰卜"封泥未見圖版，若釋文準確可信，則"武帝太初元年更曰廟祀，初置太卜"的説法有誤。

（五）大　　醫

大醫

《在京》圖一：4；《璽印》P391；《大系》P249

【在京2005】

《秦封》録有"泰醫丞印""大醫丞印"。《漢表》："奉常，秦官……屬官有太樂、太祝、太宰、太史、太卜、太醫六令丞。""少府，秦官……屬官有尚書、符節、太醫……。"《張家·二年·秩律》："太醫……秩各三百石，有丞、尉二百石"。

【圖説2009】

説見"泰醫丞印"。

【官名2013】

太醫，古代王室之醫官。據《史記·扁鵲倉公列傳》記載，春秋時期秦國有太醫令李醯。太醫令爲太醫丞之長官，隸屬於少府或奉常官系。

【職地2014】

少府的屬官也有"大/泰醫"。王先謙《漢書補注》引沈欽韓曰"此官先屬太常，後屬少府"。我們認爲太醫這種普遍需要的職官極有可能設置在不同的機構中，或可能如沈欽韓所説，因爲漢初官制尚在不斷變動中。

【秦官2018】

少府的屬官也有"大/泰醫"。王先謙《漢書補注》引沈欽韓"此官先屬太常，後屬少府"，史黨社認爲"太醫應以少府屬官爲是"。徐暢同意《秦漢官制史稿》中"太常之太醫，主治百官之病，少府之太醫主治宮廷之病"的説法，認爲"左右兩府可能分屬於奉常、少府"。我們認爲太醫這種普遍需要的職官極有可能設置在不同的機構中；或可能如沈欽韓所説，漢初官制尚在不斷調整和變動中。右府和左府應是泰醫機構分設的官署用印。值得注意的是，此職官有"大醫"和"泰醫"兩種不同寫法，秦出土文獻中類似的現象還有一些，如大守/泰守、大倉泰倉、大匠/泰匠、大官/泰官和大内/泰内等。歸納現有資料中的類似現象，一般認爲"大"類的時代應在統一之前，"泰"類在統一之後。隨着里耶秦簡8-461號文字釋讀的深入，其中"大【如故】更泰守"的規定也證明了秦統一前後"大""泰"二字用法的不同。

瑞按：大醫，《漢書·外戚傳》“皇后免身後，衍取附子併合大醫大丸以飲皇后。”《唐六典》卷14“太常寺”：“《周禮》有醫師上士、下士。秦少府屬官有大醫令、丞，無員，多至數十人。”後世亦有大醫，如《通典》卷39“職官·後周官品”：“天官；小宗師、小左宮伯、小御正、小膳部、大醫、小醫、小計部等下大夫。”

大醫丞印

　　　　1　　　　　　　　2　　　　　　　3

1、2.《新出》P9；《大系》P250
3.《秦封》P112；《彙考》P6；《璽印》P448；《大系》P249

【秦封2000】
　　太醫之說見“泰醫丞印”。按“泰醫丞印”“太醫丞印”同出於一地，“泰、太”二字之區別或有時代之先後，或表示分屬於奉常、少府？ 待詳考。漢封泥見：《臨淄》“齊太醫丞”。漢印見：《徵存》“太醫丞印”。
【簡讀2002】
　　“泰醫”通“大醫”，釋讀見“泰醫丞印”。
【彙考2007】
　　“太醫丞印”即“泰醫丞印”，太與“泰”相通，兩封泥同出一處，篆法不一，應爲秦時通假字之運用。不過“醫”字已殘，尚不能完全肯定。
【圖說2009】
　　說見“泰醫丞印”。
【分域2009】
　　說見“泰醫丞印”。
【官名2013】
　　說見“大醫”。

泰醫丞印

《選拓》附圖;《初探》P8;《印風》P142;《書法》P34;《書集》P118;
《秦封》P111;《印集》P2;《彙考》P5;《大系》P260

【發現1997】

《漢書・百官公卿表》:奉常"屬官有太樂、太祝、太宰、太史、太卜、太醫六令丞",又少府屬官有太醫。《史記・刺客列傳》記載荊軻刺秦王時,"侍醫夏無且以所奉藥囊提荊軻也"。

【印考1997】

印面爲正方形,田字格,邊長2釐米,邊欄規範,印文清楚。"泰醫",亦稱"太醫",泛指皇帝的醫生,也稱"御醫",掌醫藥,有丞。屬奉常之屬的"太醫丞",主要爲百官治病;屬於少府之屬的"太醫丞"主要爲宮廷治病。故秦時奉常、少府之屬,均設有"太醫",服務的對象均有所不同。

【叢考1998】

泰通大、太。《漢書・百官公卿表》載奉常與少府屬官皆有太醫令丞。按太醫應以少府屬官爲是。秦太醫一職設置是比較早的,春秋中期秦桓公時有醫緩,景公時有醫和,武王時有太醫令李醯。太醫是爲皇室服務的醫官,丞爲令佐。

【秦封2000】

泰醫即太醫,《漢表》:"奉常,秦官,掌宗廟禮儀,有丞……屬官有太樂、太祝、太宰、太史、太卜、太醫六令丞。"另《漢表》:"少府,秦官,掌山海池澤之税,以給供養,有六丞。"屬官有"太醫……令丞"。《後漢・百官志三》:"太醫令一人,六百石。本注曰:掌諸醫。藥丞、方丞各一人。本注曰:藥丞主藥,方丞主藥方。"《漢官》卷上:"太醫令,周官也。"《國策・燕策三》:"是時侍醫夏無且,以其所奉藥囊提軻。"《左傳》載,秦有醫和、醫緩。《史記・扁鵲倉公列傳》記,秦有太醫令李醯。漢封泥見:《臨淄》"齊太醫丞"。漢印見:《徵存》"太醫丞印"。

【簡讀2002】

《漢表》:"奉常,秦官……屬官有太樂、太祝、太宰、太史、太卜、太醫六令丞。""少府,秦官……屬官有尚書、符節、太醫……。"《張家・二年・秩律》:"太醫……秩各三百石,有丞、尉二百石。"

【上封2002】

《百官表》漢少府、奉常屬官皆有太醫令、丞,所掌當各有分工。相家巷封泥另見"泰醫右府""泰醫左府"。

【彙考2007】

　　泰醫丞即太醫丞。官名,戰國秦置。太醫令之佐官。《漢書·百官公卿表》:“奉常,秦官,掌宗廟禮儀,有丞……屬官有太樂、太祝、太宰、太史、太卜、太醫六令丞。”執掌百官及後宮醫療事務。又少府屬官有太醫。《史記·扁鵲倉公列傳》:“秦太醫令李醯,自知伎不如扁鵲也,使人刺殺之。”

【圖説2009】

　　泰,即太,泰醫即太醫。泰、太二字之區別似表示使用時間之先後不同;左、右兩府則可能分屬於奉常、少府。有學者認爲,“太常之太醫,主治百官之病;少府之太醫,則主治宮廷之病”(《秦漢官制史稿》)。太醫丞是太醫令之副手(佐官)。太醫令掌管諸太醫,是“太醫左府”“太醫右府”的主事者。據《漢書》載太醫令、丞之屬官人數計“員醫二百九十三人,員吏十九人”。以此推測,秦代其人數亦不會太少,故以左、右分府。

【分域2009】

　　“泰”,也可以讀做“太”或“大”。古太、大相通。“太醫”爲“奉常”之屬官,據《漢書·百官公卿表》載,奉常屬官有太樂、太祝、太宰、太史、太卜、太醫六令丞。少府屬官亦有太醫。奉常、少府皆有屬官太醫令、丞。可能是因爲人多的緣故,故設左、右兩府。

【集證2011】

　　《漢書·百官公卿表》奉常屬官有“太醫令丞”。《通典·職官七》:“《周官》有醫師,上士,下士,掌醫之政令。秦、兩漢有太醫令丞,亦主醫藥。”秦有太醫令。《史記·扁鵲倉公列傳》:“秦太醫令李醯自知伎不如扁鵲也。”泰、太通用,《吕氏春秋·本味》:“方鼓琴而志在太山。”《列子·湯問》“太”作“泰”。《百官公卿表》少府亦有“太醫令、丞”,王先謙《漢書補注》:“沈欽韓曰:‘太醫令、丞太常已有之,此官先屬太常,後屬少府,班失刊正。’”蓋古時醫、巫兼職,巫行祭祀,故太醫屬奉常,後太醫爲皇家御醫,故改屬少府。至於何時改屬,則不可知。

【廣封2019】

　　“泰醫”即“太醫”。案《漢書·百官公卿表》:“奉常,秦官,掌宗廟禮儀,有丞。景帝中六年更名太常。屬官有太樂、太祝、太宰、太史、太卜、太醫六令丞。”又《史記·扁鵲倉公列傳》:“秦醫令李醯自知伎不如扁鵲也,使人刺殺之。”

□醫□印

《發掘》圖版拾捌,7;《新獲》P289;《大系》P420

【考略2001】

　　相家巷遺址流散秦封泥中有"泰醫丞印"和"大醫丞印"封泥,此"□醫□印"封泥印文當爲"泰醫丞印"或"大醫丞印"。《漢書·百官公卿表》載:"奉常,秦官,掌宗廟禮儀,有丞。景帝中六年更名太常。屬官有太樂、太祝、太宰、太史、太卜、太醫六令丞。"又載:"少府,秦官,掌山海池澤之税,以給供養,有六丞。屬官有尚書、符節、太醫、太官、湯官、導官。"有的學者認爲,"太常之太醫,主治百官之病,少府之太醫,則主治宮廷之病"。沈欽韓《漢書疏證》云:"太醫令丞,太常已有之,疑此官先屬太常,後屬少府,班失刊正。"我們同意這個看法。秦代或先秦時期的巫官職掌預言吉凶、禳禱以除疾病,醫官與巫官均有除疾病之任務,"巫""醫"相通者甚多,故秦之"太醫"與"太卜""太祝"等同爲"奉常"屬官是有一定道理的。

泰醫左府

1　　　　　　　　2

1.《相家》P3;《大系》P261
2.《大系》P261

【簡讀2002】

　　説見"泰醫丞印",由封泥知泰醫設左右府。

【新官2002】

　　見《秦封泥集》一·二·7。由是可見泰醫開左、右府。

【彙考2007】

　　泰醫左府,即太醫左府,官署名。秦奉常(漢更名爲太常)、少府皆有屬官太醫令、丞。據《漢官》載太醫令、丞之屬官人數計"員醫二百九十三人,員吏十九人"。以此推測,秦代其人數亦不會太少,故以左右分府。或爲分管奉常太醫及少府太醫的兩個機構。

【圖説2009】

　　説見"泰醫丞印"。

【分域2009】

　　説見"泰醫丞印"。

【廣封2019】

　　“泰醫左府”即“太醫左府”。案《漢書·百官公卿表》：奉常，秦官，掌宗廟禮儀，有丞。景帝中六年更名太常。屬官有太樂、太祝、太宰、太史、太卜、太醫六令丞。又曰：少府，秦官，掌山海池澤之稅，以給共養，有六丞。屬官有尚書、符節、太醫、太官、湯官、導官、樂府、若盧、考工室、左弋、居室、甘泉居室、左右司空、東織、西織、東園匠十官令丞。《後漢書·百官志》注：“（太醫）員醫二百九十三人，員吏十九人。”可見太醫令丞的屬官人數。因此《秦封泥彙考》中由此推測：“秦代其人數不會太少，故以左、右分府。或爲分管奉常太醫及少府太醫的兩個機構。”

泰醫右府

《印風》P142；《印集》P2；《彙考》P7；《大系》P261

【簡讀2002】

　　說見“泰醫左府”。

【新官2002】

　　說見“泰醫左府”

【彙考2007】

　　說見“泰醫左府”。

【圖説2009】

　　說見“泰醫丞印”。

【分域2009】

　　說見“泰醫丞印”。

【廣封2019】

　　說見“泰醫左府”。

（六）都　　水

都水丞印

1　　　　　　　　　　2

1.《選拓》附圖；《印考》圖158；《印風》P144；《秦封》P112；《印集》P9；《書集》P122；
　《彙考》P18；《璽印》P431；《大系》P71
2.《相家》P3；《大系》P72

【官印1990】
　　在考訂"浙江都水"印時指出，浙江，水名。《史記・秦始皇本紀》："三十七年十月
癸丑，始皇出游……過丹陽，至錢塘。臨浙水，水波惡，乃西百二十里從狹中渡"。王國
維云："浙江即今之錢塘江"。都水，爲管理水利之官。據《漢書・百官公卿表》，西漢中
央官署如太常、司農、少府、水衡都尉以及三輔的屬官中均有都水官。《通典・職官九》：
"秦漢又有都水長丞，主陂池灌溉，保守河渠，自太常、少府及三輔等，皆有其官"。西漢
時期，除中央一些官署及三輔設有都水官外，在郡國亦設有都水官，《百官表》大司農條
云："又郡國諸倉、農監、都水六十五官長丞皆屬焉"。此印爲蛇鈕，年代亦屬漢初，當係
漢初在會稽郡所設都水官署之用印。
【發現1997】
　　《漢書・百官公卿表》奉常屬下有"均官、都水兩長丞"，又水衡都尉屬官有都水長
丞，主爵中尉、治粟內史屬官亦有都水。另《漢書・百官公卿表》如淳曰："律，都水治渠
堤水門。《三輔黃圖》云三輔皆有都水也。"
【印考1997】
　　印面爲正方形，田字格，邊長2釐米，邊欄清楚。《通典・職官九》："秦有都水長丞，
主陂池灌溉，保守河渠。"奉常屬官，少府及三輔等，亦有其官，亦兼收取漁澤之稅，分布
很廣。是爲證。
【秦封2000】
　　《漢表》："奉常，秦官，掌宗廟禮儀，有丞……又均官、都水兩長丞。""治粟內史，秦
官，掌穀貨，有兩丞……又郡國諸倉農監、都水六十五官長丞皆屬焉。""少府，秦官，掌山
海池澤之稅，以給共養，有六丞……又胞人，都水、均官三長丞。""內史，周官，秦因之，掌

治京師……又都水、鐵官兩長丞。”“主爵中尉,秦官,掌列侯……又有都水、鐵官、廄、雍廚四長丞皆屬焉。”《通典·職官九》記:“秦、漢又有都水長丞,主陂池灌溉,保守河渠,自太常、少府及三輔等,皆有其官。”《秦陶》麗邑陶文:“都水”。漢封泥見:《續封》《建德》《封存》《齊魯》《臨淄》“齊都水印”,《鐵雲》“長沙都水”,《續封》《建德》“琅邪都水”。漢印見:《徵存》“都水丞印”。又“浙江都水(疑爲秦印)”。

【考略 2001】

《漢書·百官公卿表》:奉常又有屬官“均官、都水兩長丞”。都水又見於少府和治粟內史屬官之列。根據《後漢書·百官志》載:“有水池及魚利多者置水官,主平水,收漁税。”都水係水官,奉常之都水應負責帝王陵園、陵邑之水利事務。少府因“掌山海池澤之税,以給供善”,其屬官都水更着重於收取與“水”相關的“池澤之税”。至於治粟內史(漢景帝更名大司農)屬官之都水應爲設在郡國之都水,“主平水、收漁税”是其責。相家巷遺址出土的“都水丞印”秦封泥,隸屬之官署,待進一步研究。

【簡讀 2002】

《漢表》奉常、治粟內史、少府、內史、主爵中尉、水衡都尉屬官均有“都水”。如淳曰:“律,都水治渠堤水門。《三輔黃圖》云三輔皆有都水也。”《張家·二年·秩律》:“都水……秩各六百石,有丞、尉者半之”。

【可齋 2003】

在考訂“浙江都水”印時指出,浙江,水名,流經丹陽、會稽兩郡。《漢書·地理志》:“水出丹陽黟縣南蠻中。”《説文解字》:“浙江水東至會稽山陰。”都水爲掌平水、收漁税之官,見《漢書·百官公卿表》。“都水”官秦時已置,相家巷新出秦代封泥有“都水丞印”一,印文風格與此近同。此印歷來斷爲漢初,今據新出封泥文字當訂爲秦物。

【彙考 2007】

都水丞,都水令之佐官,秦置。《漢書·百官公卿表》:奉常、治粟內史、少府屬官均設此職。顏師古注引如淳曰:“律,都水治渠堤水門。《三輔黃圖》云:三輔皆有都水也。”王先謙《漢書補注》:“何焯曰:‘都水屬太常,治都以內之水。’先謙曰:‘都,總也。謂總治水之工,故曰都水,非都以內之水。’”秦官印有“浮水印”半通印。由此封泥可知秦時已有“都水丞”之官吏,以專司水利之責。

【圖説 2009】

《漢書·百官公卿表》:“少府,秦官”,屬官中有都水。《通典·職官九》:“秦漢又有都水長丞。主陂池灌溉,保守河渠,自太常、少府及三輔等,皆有其官。漢武帝以都水官多,乃置左右使者以領之”。《漢書·百官公卿表》:“少府,秦官”,屬官中有都水。奉常、水衡都尉、主爵中尉、治粟內史屬官都有都水。另《漢書·百官公卿表》如淳曰:“律,都水治渠、堤、水門。”《三輔黃圖》云“三輔皆有都水也。”奉常之都水應負責帝王陵園、陵邑之水利事務。秦漢時代中央有“都水”,有的學者認爲這種水利官署東漢時改屬郡國(《秦漢官制史稿》)。漢官印有都水丞印(《徵存》171)、南陽水丞(《徵存》173),漢封泥有齊都水印(《集成》329—332)、長沙都水(《集成》2601)。

【分域2009】

　　"都水"當爲掌管水利設施的官吏,據《漢書・百官公卿表》載,奉常屬官有均官、都水兩長丞;水衡都尉屬官有都水長丞,主爵中尉、治粟内史屬官也有都水。

【集證2011】

　　《漢書・百官公卿表》奉常屬官有"均官、都水兩長丞"。顏師古注引如淳曰:"律,都水治渠堤水門。《三輔黄圖》云三輔皆有都水也。"《漢書補注》何焯曰:"都水屬太常,治都以内之水,故其官曰長。山陵所在,尤以流水爲急,故太常有專責也。"王先謙曰:"都,總也,謂總治水之工,故曰都水,非都以内之水也。"二説以王説爲近。《封泥彙編》37・1有漢"齊都水印"封泥,64・5有"琅邪都水"封泥,上文還提到"浙江都水"及縣邑"都水",皆非都内之官。《百官公卿表》治粟内史、少府、内史、主爵中尉屬官亦有都水。都水既是治水之官,所以與掌穀貨的治粟内史、掌治三輔的内史(管京兆及左馮翊)、主爵中尉(掌治右扶風)皆有關;少府是皇室服務機構,兼管内苑池澤水道,亦與都水有關。漢武帝元鼎二年(前115年),置水衡都尉,治山林池苑,亦有都水。上"長夷涇橋"條引《三輔舊事》云:"秦造横橋,漢承秦制,廣六丈,三百八十步,置都水令以掌之。"可見都水管橋,與交通有關,故附列於此。當然,都水所管灌漑等事,則與交通無關。

【官名2013】

　　都水丞,官名。《漢書・百官公卿表》:"奉常,秦官,掌宗廟禮儀,有長丞……又均官、都水兩長丞。"《漢書・百官公卿表》:"治粟内史,秦官,掌穀貨,有長丞……又郡國諸倉農監、都水六十五官長丞皆屬焉。"《通典・職官九》:"秦、漢又有都水長丞,主陂池灌漑,保守河渠,自太常、少府及三輔等,皆有其官。"據典籍記載,奉常、少府、治粟内史均下轄都水長丞的從屬多變,難以簡單歸屬於某類官系。

【秦水2016】

　　《漢書・百官公卿表》:"奉常,秦宫掌宗廟禮儀,有丞。景帝中六年更名太常。屬官有太樂、太祝、太宰、太史、太卜、太醫六令丞,又均官、都水兩長丞。"如淳注曰:"律,都水治渠堤水門。"都水又見於少府和治粟内史屬官之列。《後漢書・百官志》載:"有水池及魚利多者置水官,主平水、收魚税。"都水係水官,奉常之都水應負責帝王陵園、陵邑之水利事務。少府因"掌山海池澤之税,以給供養",其屬官都水更着重於收取與"水"相關的"池澤之税"。至於治粟内史屬官之都水應設在郡國之都水,"主平水、收魚税"是其責。《通典・職官九》記:"秦、漢又有都水長丞,主陂池灌漑,保守河渠,自太常、少府及三輔等,皆有其官。"

【秦官2018】

　　"都水"一職設置於多個中央機構和各郡,如治粟内史、少府、水衡都尉、内史、主爵中尉等機構都有"都水"。奉常之都水的職責應與"諸廟寢園"即皇家陵園和宗廟所主管的水利事務相同。臨潼劉寨村秦遺址出土陶文也有"都水"。《通典・職官九》:"秦有都水長丞,主陂池灌漑,保守河渠。"由里耶秦簡新見之"洞庭都水""叁川都水"和傳世秦璽印"浙江都水"可知,秦在中央和地方郡縣都設置了"都水",其職責蓋如《漢書》

等所記。

【廣封2019】

案《漢書·百官公卿表》：“奉常，秦官，掌宗廟禮儀，有丞。”屬官有“都水”長丞。（如淳曰：“律，都水治渠堤水門。”）又“治粟內史，秦官，掌穀貨，有兩丞。……又郡國諸倉農監、都水六十五官長丞皆屬焉。”“少府，秦官，掌山海池澤之稅，以給共養，有六丞。……又胞人、都水、均官三長丞。”“內史，周官，秦因之，掌治京師。……屬官有長安市、廚兩令丞，又都水、鐵官兩長丞。”“主爵中尉，秦官，掌列侯。屬官有掌畜令丞。又（有）〔右〕都水、鐵官、廐、雍廚四長丞皆屬焉。”《秦封泥彙考》，王先謙《漢書補注》：“何焯曰：‘都水屬太常，治都以內之水。’先謙曰：‘都，總也。謂總治水之工，故曰都水，非都以內之水。’”又《通典·職官》：“秦漢又有都水長丞，主陂池灌漑，保守河渠，自太常、少府及三輔等，皆有其官。”此其丞之印也。

瑞按：陳曉捷先生認爲陶文中的都水爲內史屬官，內史掌治京師，秦始皇陵陵邑修建亦其職掌（《考古與文物》1996年4期P2）。袁仲一先生認爲都水爲都船的下屬機構（《秦陶文新編》上P81）。

（七）諸廟寢園

泰上寢印

1　2

1.《釋續》圖60；《印風》P143；《印集》P59；《彙考》P127；《大系》P259
2.《新出》P36；《大系》P259

【官印1990】

在考訂“泰上寢左田”印時指出，此印有田字格，印文右起交叉讀，淩即寢字。關於此印的年代及印文的釋讀，目前有不同的意見，陳直云：“《十鍾山房印舉》五卷十四頁有‘泰時寢上’印（舊釋時爲左田二字合文，未確），泰時爲五時之一，《成帝紀》‘永始四年春正月，行幸甘泉郊泰時，神光降集紫殿’是也。雍五時尉印，此僅存者”。裘錫圭云：“漢印有‘泰（太）上淩（寢）田左’印。此印字體很古，有欄格，應爲漢印。印文用秦及西漢早期印常用的對角讀法，‘田左’二字合寫在一格內，前人釋讀多誤。太上寢即高祖之父太上皇之寢。疑‘田左’當讀‘田佐’，相當於秦律的部佐。漢初太上皇寢、園大概只設一官。寢園令長不但要管理寢園，而且還要管理奉事寢園的奉邑民戶，職務與縣令長有相近之處，其下設置田官是合理的。所以不設田嗇夫而設田佐，大概是由於奉邑民戶較少、事較簡的緣故”。趙超云：“我們認爲左田與時形狀不相符，聲類也不相通，無法釋作時字。仍應釋爲左田合文。同形制的田官印章‘趙郡左田’‘公主田印’可作證明。根據該印的字體、形制和特殊讀法，應判定其爲秦代太上皇（秦莊襄王）陵墓左田正官印。《史記·始皇本紀》：二十六年，‘追尊莊襄王爲太上皇’。《集解》：‘漢高祖尊父曰太上皇，亦放此也’。釋爲泰時在時代上也不相符。泰時非五時之一。《史記·封禪書》（秦文公）‘於是作鄜時，用三牲郊祭白帝焉’。‘秦宣公作密時於渭南，祭青帝’。‘秦靈公作吳陽上時，祭黃帝，作下時祭炎帝’。‘（漢高祖）乃立黑帝時，命曰北時’。《括地志輯校》卷一頁三四，岐州雍縣條下云：‘漢有五時，在岐州雍縣南，則鄜時、吳陽上時、下時、密時、北時’。至漢武帝時崇尚泰一，才設置了泰時。《史記·封禪書》（元鼎四年）十一月辛巳朔旦冬至，昧爽，天子始郊拜太一……太史公、祠官寬舒等曰：‘神靈之休，佑福兆祥，宜因此地光域立太時以明應’。田字格印章不會晚至武帝時期。因此不宜釋作‘泰時寢上’。漢高祖亦曾尊其父爲太上皇，但據《漢書·百官公卿表》記載：‘奉常……屬官有……諸廟寢園食官令長丞’。《太平御覽》卷五九九引潘岳《關中記》云：‘（茂陵）守衛令掃除凡五千戶，陵令一人，食官令二人，寢廟令一人，園長一人，園門令史三十二人，候四人’。漢代官印封泥中有孝文廟令，孝景園令，孝惠寢丞，孝昭園令印，霸陵園丞等印。説明《漢書》《太平御覽》記載不誤。以上文獻中並未提及‘左田’‘田’一類官吏。結合印文、形制、讀法考慮，排除了屬於漢代的可能性”。以上所引各家之説，當以趙説爲可信。印文“左田”二字排列在一格之中，“田”字當末字的位置，正符合秦印文交叉讀的順序。故不得如裘説讀爲“田佐”，但亦不能如趙説“左田”爲合文，因兩字之間並無合文的符號。印文“田”字爲官名，加上述秦印中的“廄倉田印”“小廄南田”，漢印中的“西田”“東田”“北田”“都田”等，諸印的“田”字亦係官名。“田”字上所冠的字是用以與其他田官相區別的名號。

【釋續2001】

《史記·秦始皇本紀》：“二十六年……追尊莊襄王爲太上皇。”寢指帝王寢園中的正殿。《漢書·韋玄成傳》：“又園中各有寢、便殿。日祭於寢，月祭於廟，時祭於便殿。”顏師古注：“寢者，陵上正殿。”《後漢書·祭祀志下》：“秦始出寢，起於墓側，漢因而弗改，故陵上稱寢殿。”“泰上寢”應是管理始皇父莊襄王陵寢祭祀事務之機構。傳世有“泰上寢左（佐）田”印（《官印徵存》0015），趙超以爲乃莊襄王寢園佐田官之印，此封泥的出土，證明秦有“泰（太）上寢”，趙氏的説法是可信的。

【簡讀2002】

《史記·秦始皇本紀》：“追尊莊襄王爲太上皇。”《漢書·韋玄成傳》：“又園中各有寢、便殿。日祭於寢，月祭於廟，時祭於便殿。”師古注：“寢者，陵上正殿，若平生露寢矣。”

【可齋 2003】

在考訂"泰上寢左田"印時指出，"泰"即"太"，秦封泥中太廟、太醫、太官多作"泰"。泰上寢爲秦太上皇帝之陵寢。據《史記·秦始皇本紀》，秦始皇廿六年（前221）"追尊莊襄王爲太上皇"，根據此印的文字風格和印面規格，應屬秦始皇廿六年後所制。左田爲田官名，管理太上皇寢公田。秦、漢時田官每分左、右。印文篆法圓活，爲典型的小篆風格。"左田"兩字並置一格，構思巧妙，是當時官印規格定型的表現。

【彙考 2007】

王輝先生考：《史記·秦始皇本紀》："二十六年……追尊莊襄王爲太上皇。"寢指帝王寢園中的正殿。《漢書·韋玄成傳》："又園中各有寢、便殿。日祭於寢，月祭於廟，時祭於便殿。"顏師古注："寢者，陵上正殿。"《後漢書·祭祀志下》："秦始出寢，起於墓側，漢因而弗改，故陵上稱寢殿。""泰上寢"應是始皇父莊襄王陵寢祭祀事務之機構。傳世有"泰上寢左（佐）田"印（《官印徵存》0015），趙超以爲乃莊襄王寢園佐田官之印（趙超：《談談幾方秦代田字格印及有關問題》，《考古與文物》一九八二年第六期），此封泥的出土，證明秦有"泰（太）上寢"，趙氏的説法是可信的。

【分域 2009】

據《史記·秦始皇本紀》載，（二十六年）追尊莊襄王爲太上皇。該印當爲護理莊襄王寢陵的官吏所用之物。"泰上寢（寢）左（佐）田"（《徵存》3.15）。"左田"讀作"佐田"，職官名，也就是田官之副佐。古代寢園"令長"不但要管理寢園，而且還要管理事奉寢園的奉邑民户，職務與縣令長有相近之處，其下設田官是合理的。該印當爲管理秦莊襄王寢園奉邑的田官副佐所用。

【職地 2014】

據《秦始皇本紀》二十六年"追尊莊襄王爲秦泰上皇"，故"泰上寢左田"是管理莊襄王寢廟陵園附近的田官用印。擴大一點説，是管理秦先公陵園周圍田地的官員。文獻中的甸人是管理郊野土地和田地的官吏。《禮記·文王世子》："公族，其有死罪，則磬於甸人；其刑罪，則纖剸，亦告於甸人。"鄭玄注："甸人，掌郊野之官。"睡虎地秦簡《法律答問》中有"甸人"，其職責是"守孝公、獻公冢也。""秦上寢左田"很可能是"甸人"類職官用印。又：傅嘉儀認爲是始皇之父莊襄王陵寢。《史記·秦始皇本紀》"（二十六年）追尊莊襄王爲太上皇"，泰上寢應爲秦始皇之父莊襄王陵寢名稱。

【廣封 2019】

同《彙考 2007》。

瑞按：文獻中多作"寢"，封泥中均作"寢"，下同。

康泰后寢

《新出》P24;《大系》P142

【新官 2002】

秦之寢園制度引人注目,可參見《秦封泥集》一・四・2"上寢",《釋續》60"泰上寢印"。從《史記・秦本紀》等記載看,秦康公居雍高寢,共公景公居雍寢,桓公居雍大(泰、大)寢,躁公居雍受寢,因此,與相關秦印、封泥之記載有一致之處,也有待研究的些微差異。"康泰□寢"少了一個關鍵字,其前冠"康"字,是否指秦康公舊居處。又,帝王山陵寢、園之制的創設,源自秦,尤以始皇陵爲最,這批封泥時代與始皇帝相近,所以"康泰□寢""康園"也可能是康公園、寢的關係。

【五十例 2005】

《史記・秦本紀》,秦繆公卒,太子罃立,是爲康公,康公立十二年卒,子共公立。康大后爲康公之妻,共公之母。寢,《禮記・月令》:"寢廟畢備。"注:"凡廟,前曰廟,後曰寢。"疏:"廟是接神之處,其處尊,故在前,寢,衣冠所藏之處,對廟而卑,故在後。但廟制有東西廂,有序牆,寢制惟室而已。故《釋宮》云:'室有東西廂曰廟,無東西廂有室曰寢。'"

【彙考 2007】

王輝先生考:《爾雅・釋詁》:"康,樂也"。邢昺疏:"康者,安樂也。"泰,安定,康寧。《莊子・庚桑楚》:"宇泰定者,發乎天光。"陸德明《釋文》:"王云:宇,器宇也,謂器宇間泰則静定也。"康泰爲多個近義片語組成的複詞,意味安樂太平。唐王勃《拜南郊頌序》:"天下隸人,知海内之安樂;環中殊域,奉三靈之康泰。"《史記・秦始皇本紀附秦記》:"桓公……雍大寢。太泰一字,不知太寢室康泰寢之省稱。"秦人或以祈求康樂之字名宮。《三輔黃圖》(陳直校證本,陝西人民出版社一九八二年版第三三頁)卷二:"長樂宮,本秦之興樂宮也……《三輔舊事》《宮殿疏》皆曰:興樂宮,秦始皇造,漢修飾之,周曰二十里。"寢指生人所居宮室,或居室。《周禮・天官・宮人》:"宮人掌王之六寢之修。"鄭玄注:"六寢者,路寢一,小寢五……是路寢以治事,小寢以時燕息焉。"《禮記・檀弓》:"師,吾哭諸寢;朋友,吾哭諸寢門之外。"孔穎達疏:"寢室己之所居。"

【職地 2014】

傅嘉儀説"康,安樂也;泰,安定也。寢,亦指宮室或居室。可知秦人多以祈求康樂之意命宮室或居室。"陳曉捷、周曉陸認爲康指秦康公,康大后爲康公之妻,共公之母。今按,以上兩説皆不確。首先"康大后濅"是秦某大后的陵寢,決不是安定、康樂之意;"康"也不應是指秦康公。其次,濅是指陵寢而不是宮室或居室。據上文,我們將"康園"理解秦始皇母康太后陵墓所在之園,則"康泰后濅"應是秦統一之後管理始皇之母康泰(太)后陵寢的機構用印。此爲秦時在陵寢附近設立陵園的實例之一。

【秦官2018】

"康大后濅"和"康泰后濅"是管理太后陵寢的官署印。傅嘉儀説:"康,安樂也;泰,安定也。寢,亦指宮室或居室。可知秦人多以祈求康樂之意命宮室或居室。"陳曉捷、周曉陸《新見秦封泥五十例考略》認爲康指秦康公,康大后爲康公之妻,共公之母。今按,以上兩説皆不確。首先,"康大后寢"是秦某太后的陵寢,絕不是安定、康樂之意;"康"也不是指秦康公。其次,濅是指陵寢而不是宮室或居室。秦封泥有"康園",或即秦始皇母康太后陵墓所在之陵園,則"康泰后濅"應是指秦始皇之母康泰后的陵寢。

天子寢監

《大系》P267

瑞按:封泥殘,然四字隸讀當無疑問。然以"天子"爲印名,此爲首見。據文獻記載,天子爲通名,蔡邕《獨斷》載:"漢天子正號曰皇帝,自稱曰朕,臣民稱之曰陛下。其言曰制詔。史官記事曰上。車馬、衣服、器械、百物曰乘輿。所在曰行在所,所居曰禁中,後曰省中。印曰璽。所至曰幸。所進曰御。"《初學記》卷九《帝王部》載:"皇者,天人之總,美大之稱也。《易緯》曰:帝者,天號也。德配天地,不私公位,稱之曰帝。天子者,繼天治物,改政一統,各得其宜。父天母地以養人,至尊之號也。大君者,君人之盛也。《呂氏春秋》曰:帝者,天下之所適;王者,天下之所往也。《尚書緯》曰:帝者天號,王者人稱;天有五帝以立名,人有三王以正度。天子,爵稱也;皇者,煌煌也。"文獻中"天子"屢見,但如《獨斷》所言"正號曰皇帝,自稱曰朕,臣民稱之曰陛下。其言曰制詔。史官記事曰上",以"天子"之名設官,實難理解。從"上寢""泰上寢"封泥看,若文獻所載不誤,"上"當指在世天子、"泰上"指在世的天子之父。若是,似不當再有"天子寢"。封泥疑僞。

上寢

1　　　　　　　　2　　　　　　　　3

1.《印考》圖159;《書法》P38;《秦封》P200;《印集》P59;《書集》P114;《彙考》P126;
　《璽印》P397;《大系》P209
2.《發現》圖77;《圖例》P55;《秦封》P200;《書集》P114;《彙考》P126;《大系》P208
3.《相家》P2;《大系》P208

【發現1997】
　　《漢書・惠帝紀》"宦官尚食",應劭注:"尚主也。舊有五尚:尚冠、尚帳、尚衣、尚席亦是。"《通典・職官八》:"秦置六尚,謂尚冠、尚衣、尚食、尚沐、尚席、尚書。"（按:"尚書"恐爲"尚帳"之誤。）

【印考1997】
　　印面爲長方形,日字格,長2釐米,寬1釐米,印文清晰,邊欄左側自然留一小空。似感氣息暢通。即寢殿,就是在墓側起"寢"。蔡邕《獨斷》說:"古不墓祭,至秦始皇出'寢'。起之於墓側,漢因之而不改,故今陵上稱寢殿,有起居、衣冠、象生之備,皆古'寢'之意也。""上寢"當是"陵上寢","陵上寢殿"的省稱。

【南北宮1997】
　　"上寢"爲秦始皇之陵寢,封泥的年代上限應不早於信宮的修建即前220年,下限不晚於始皇死即前210年。"上寢"秦末焚於兵火。"上寢"是管理秦始皇陵寢的專設機構。

【叢考1998】
　　寢,當爲陵寢之寢。……把上寢之寢理解爲陵寢應無疑問。先秦時期,寢廟性質一致,故而常連稱,寢即祖廟,祖廟即寢。……戰國晚期以來,寢廟似已有區別。寢應指陵寢,廟指祖廟。……上寢因而應即秦始皇之陵寢。……上寢應是管理秦始皇陵寢的機構。《漢書・百官表》云:奉常"掌宗廟禮儀",其屬官有"諸廟寢園食官令長丞",以此推之,上寢疑亦爲奉常屬官。

【補讀1998】
　　初披露時未釋,此職不應同於諸尚。據《史記・秦本紀》等記載,秦共公景公居雍高寢,秦桓公居雍太寢,秦躁公居雍受寢。依此例,上寢當爲秦都咸陽寢宮之一。秦印見《徵存》"泰上寢左田",爲陵寢。漢封泥見《上海》"高寢丞印"。

【秦封2000】

據《史記·秦本紀》等記載：秦共公景公居雍寢，秦桓公居雍太寢，秦躁公居雍受寢。依此例，上寢當爲秦都咸陽寢宮之一。秦印見：《徵存》"泰上寢左田"，《秦銅》二年寺工壺："二年，寺工師初，丞拑，廩人莽，三斗北寢酋府。"漢封泥見：《上海》"高寢丞印"，《封泥》"孝惠寢丞"，《印典》"齊哀寢丞"。

【簡讀2002】

《獨斷》："上者，尊位所在也。太史令司馬遷記事，當言帝則依違之，但言上，不敢泄瀆言尊號，尊王之意也。"上寢或即爲始皇生前服侍始皇寢居的官職。

【彙考2007】

上，上者，尊位坐在也。寢，即陵寢。上寢爲秦都寢宮之一。《史記·秦本紀》等記載：秦共公景公居雍寢，秦桓公居雍太寢，秦躁公居雍受寢。依此例，上寢當爲秦都咸陽寢宮之一。

【圖說2009】

寢有卧居之所、宗廟中殿、陵園及宮殿之義，在秦則以稱帝王卧息之宮，又引申爲帝王一般生活起居之所。例如：秦共公居雍高寢，桓公居雍太寢，躁公居受寢。上寢蓋爲秦咸陽宮中之皇帝寢宮。

【分域2009】

上指上者，寢即陵寢。

【集證2011】

上與尚通用，馬王堆帛書《老子》甲本《道經》："吉事上左，喪事上右。"今本"上"作"尚"。"上寢"即"尚寢"，其職責是服侍帝、后之寢卧。此官文獻失載。周曉陸後來認爲"上寢當爲秦都咸陽宮之一"，與"泰上寢左田"之"上寢"近，但後者"泰上"二字不能分讀，周説可商。

【研究2012】

"上寢"應釋爲秦始皇寢園用印。始皇稱"上"，屢見於載籍。《史記·秦本紀》："四月，上宿雍。"《秦始皇本紀》：秦始皇死於出巡途中，丞相李斯決定暫時秘不發喪，"獨子胡亥，趙高及所幸宦者五六人知上死"。"上"指秦始皇。始皇二十六年追尊莊襄王爲太上皇，可能正是因爲始皇稱"上"的緣故。

又：傳世秦印中有一枚"泰上寢左田"印（《十鐘山房印舉》）。趙超先生考釋説："根據該印的字體、形制和特殊讀法，應判定其爲秦代太上皇（秦莊襄王）陵墓左田正官印。《史記·始皇本紀》：二十六年，'追尊莊襄王爲太上皇。'"這枚封泥的字形結構與"泰上寢左田"印完全相同，但書法風格不如它那麼古拙，時代應略晚。參照"泰上寢左田"印，"上寢"應釋爲秦始皇寢園用印。始皇稱"上"，屢見於載籍。《史記·秦始皇本紀》："四月，上宿雍。"又，秦始皇死於出巡途中，丞相李斯決定暫時秘不發喪，"獨子胡亥、趙高及所幸宦者五六人知上死"。"上"指秦始皇。始皇二十六年追尊莊襄王爲太上皇．可能正是因爲始皇稱"上"的緣故。始皇葬麗邑，曾起寢於墓側。寢，寢園，是陵中的禮儀建築之一。西漢時帝陵和皇后陵也均設置陵園。所見官印有"孝太后寢""孝文東寢"（封泥）。"上寢"與之相類,是管理始皇陵寢園的主官用印。

【職地2014】

傅嘉儀説"上者,尊位所在也……上浸爲秦都寢宮之一。"周曉陸也認爲是秦都咸陽的寢宮之一。王輝先生認爲"'上寢'即'尚寢',其職責是服侍皇帝、后之寢卧。"上、尚通用無疑問,但秦封泥尚卧、尚冠、尚珮、尚衣、尚浴、尚犬等無一寫作"上";上家馬、上林等也不作"尚",可見秦封泥中尚、上意思有别。另據"孝浸""泰上浸"等可知,"浸"是指陵寢而不是寢宮。故我們認爲"上浸"是國君的陵寢名稱,最有可能是秦始皇指稱自己的陵寢爲"上浸"。"上"可指君主或皇帝,如《尚書・君陳》:"違上所命,從厥攸好。"孔傳:"人之於上,不從其令,從其所好。"《國語・齊語》:"於子之鄉,有不慈於父母……不用上令者,有則以告。"韋昭注:"上,君長也。"文獻中時王常稱"今上",《史記・魏其武安侯列傳》:"孝景崩,今上初即位。""上浸"指秦始皇自己的陵寢,則"泰上浸"就是其父莊襄王陵寢,這也與《史記》秦始皇"追尊莊襄王爲太上皇"的記載相符合;而且,秦始皇把自己的陵寢叫"上浸"與設置麗邑並没有什麽矛盾。

【廣封・2019】

同《彙考2007》。

□寢

《大系》P55

瑞按:王輝曾指出,鳳翔的宫寢也可稱"北寢",北寢應包太寢、高寢、受寢在内,而非某寢之專名(《人文雜誌》1987年3期P83)。《職地2014》解釋北寢曰:秦二年寺工壺(《集成》9673號)和雍工敃壺(《集成》9605號)銘文還有"北浸茜府"。《説文・西部》"茜,禮祭,束茅,加于裸圭,而灌鬯酒,是爲茜。象神歆之也。一曰茜,榼上塞也。从西从艸。《春秋傳》曰:'尔貢包茅不入,王祭不供,無以茜酒。'"秦封泥"□茜□印",秦始皇陵園出土陶盤刻有"麗山茜府",可見"茜府"是管理祭祀"茜(縮)酒"的機構,相當於《周禮・天官》的"酒府"。麗山是秦始皇陵寢所在地,故設有"茜府"。"北浸"是某陵寢所在地,故也設有此機構。王輝先生定二年寺工壺的時代爲秦莊襄王二年,雍工敃壺約與二年寺工壺同時,二者容積都是"三斗",極可能是同時製造的一批器物。雍工敃壺的製造者是雍地的工師敃,製造地也應在雍,其銘文"北浸"極可能是舊都雍地的秦公陵園的總稱。可作爲佐證的有秦封泥“北園”,鳳翔高莊村出土陶文“北園吕氏”“北園王氏”,《詩經·秦風·駟鐵》:“遊於北園,四馬既閑。”這些“北園”的“北”應該就是“北淒”之北。“北淒”或是今天已經鑽探的鳳翔秦公陵園的總稱。因這裏是秦德公遷都雍城後近三百年中十九位國君的陵園所在地,故設有“茜府”來掌管陵園祭祀事務,而二年寺工壺和雍工啟壺就是裝鬯酒的祭器。“北淒”和“北園”是秦時在陵寢附近設立陵園的又一實例。

孝寢

1
2

1.《相家》P2;《大系》P305
2.《在京》圖三:5;《璽印》P397;《大系》P305

【在京2005】

　　《獨斷》:“宗廟之制:古學以爲人君之居,前有朝,後有寢。終則前制廟以象朝,後制寢以象寢。廟以藏主,列昭穆。寢有衣冠、几杖、象生之具,總謂之宮。《月令》曰:先薦寢廟,《詩》云:公侯之宮,《頌》曰:寢廟弈弈,言相連也,是皆其文也。古不墓祭,至秦始皇出寢起之於墓側,漢因而不改。故金陵上稱寢殿,有起居衣冠象生之備,皆古寢之意也。”《漢書·韋玄成傳》:“又園中各有寢、便殿。日祭於寢,月祭於廟,時祭於便殿。”師古注:“寢者,陵上正殿,若平生露寢矣。”《史記·秦始皇本紀》:“成公享國四年,居雍之宮。葬陽。……康公享國十二年。居雍高寢。葬竘社。……共公享國五年,居雍高寢。葬康公南。……桓公享國二十七年。居雍太寢。葬義里丘北。……景公享國四十年。居雍高寢,葬丘里南。”孝寢爲何王之寢不見文獻記載。

【職地2014】

　　周曉陸等説“孝寢爲何王之寢不見文獻記載。”睡虎地秦簡《法律問答》:“何謂‘旬人’?‘旬人’守孝公、獻公冢者也。”可知“旬人”是守護秦孝公、秦獻公陵園的官吏,“孝淒”極可能就是秦孝公的陵寢。

　　瑞按:以“泰上淒”“康泰淒”等例看,孝寢的“主人”爲“孝公”的可能性很大。該封泥有邊欄,無界格,應早於“上淒”,爲戰國封泥。以《法律答問》有守孝公冢的記載看,封泥爲戰國晚期之物的可能性最大。

永陵

《大系》P332

永陵丞印

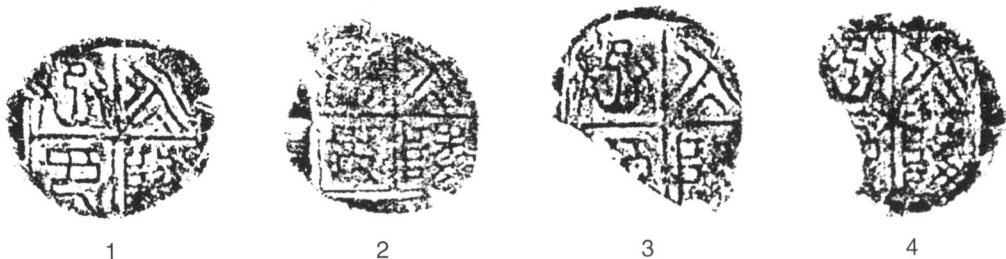

| 1 | 2 | 3 | 4 |

1.《璽印》P404；《新出》P42；《大系》P333
2、3.《新出》P42；《大系》P333
4.《大系》P333

【於京2005】

　　《史記·秦始皇本紀》："悼武王享國四年,葬永陵。"《正義》引《括地志》云:"秦悼武王陵在雍州咸陽縣西十里,俗名周武王陵,非也。"《漢書·哀帝紀》建平二年"七月,以渭城西北原上永陵亭部爲初陵。"永陵在今陝西咸陽市西北。

【職地2014】

　　在附論"西陵丞印"時指出,周曉陸《於京新見秦封泥中的地理内容》一文隸作"永陵"。此封泥首字作🔲。秦封泥"西"字作🔲(西陵丞印)、🔲(西平鄉印)、🔲(西鄉)、🔲(西共丞印)。秦封泥"永巷"之"永"作🔲、🔲、🔲等形。秦封泥另有"永陵丞印","永"字作🔲、🔲,"西"、"永"二字寫法差距較大,《於京》一文隸作"永"是錯誤的,此封泥應爲"西陵丞印"。《漢書·地理志》江夏郡有"西陵",在今湖北省武漢市新洲區一帶;或說"西陵"是秦人故地西縣的陵寢。二者未知孰是,待考。

　　瑞按:首字釋"永"無誤。《相家2004》有"永陽丞印"封泥,從拓本看,此封泥當爲"永陵丞印"。《史記·秦始皇本紀》"悼武王享國四年,葬永陵。"《集解》:徐廣曰:"皇甫謚曰葬畢,今按陵西畢陌。"《索隱》:《系本》作"武烈王"。十九而立,立三年。《本紀》四年。《正義》引《括地志》云:"秦悼武王陵在雍州咸陽縣西十里,俗名周武王陵,非也。"

壽陵丞印

1

2

1.《印風》P149;《新地》圖10;《選釋》圖一:3;《印集》P114;《彙考》P206;《大系》P224
2.《發掘》圖一九:5;《新獲》P287;《璽印》P407;《大系》P224

【新見1996】

　　壽陵,一爲《史記·呂不韋列傳》王政七年"孝文王后曰華陽太后,與孝文王合葬壽陵"。《正義》:秦孝文王陵在雍州萬年縣北二十五里。《關中勝蹟圖志》云在咸寧縣通化門外。此壽陵在今西安不遠,但考訂多混淆莫明。二爲《史記·秦始皇本紀》:"六年,韓、魏、趙、衛、楚共擊秦,取壽陵。"《正義》徐廣曰:"在常山,本趙邑也。"此秦陵在秦屬恒山郡。

【選釋2001】

　　"壽陵"的解釋可能有兩種:一種是縣名,一種是陵邑名。《史記·秦始皇本紀》:"六年,韓、魏、趙、衛、楚共擊秦,取壽陵。秦出兵,五國兵罷。"《正義》:"徐廣云:壽陵在常山。按本趙邑也。"日人瀧川資言《史記會注考證》:"館本考證云:《趙世家》悼襄王'元年(引者按:元爲四之誤),龐煖將趙、楚、魏、燕之銳師攻秦蕞,不拔',此云'取壽陵',所將之師一作衛,一作燕,亦不同。翟灝曰:衛微弱僅存,被秦迫逐、徙居野王,將救亡不暇,何敢攻秦? 蓋燕、楚、趙、魏、韓五國伐秦耳! 此《紀》誤以衛替燕,而《趙世家》誤脫韓也。至取壽陵之説,更非。無論不勝而罷,未嘗取秦寸土;而五國所攻者,乃新豐之蕞,無壽陵也。"此説似有理。不過從情理上説,始皇六年,秦已據有太原、叁川、上黨、河東、河内等郡,五國兵如何能不經抵抗,深入秦腹地,幾近咸陽(新豐在臨潼東北,距咸陽約百里)? 由此而言,其説殆非。蕞地《趙世家》集解引徐廣説,以爲"在新豐",亦無法證明。壽陵又見《莊子·秋水》:"且子獨不聞夫壽陵餘子之學行於邯鄲與?"其爲燕、趙間地名,殆無可疑。由此封泥看,秦恒山郡可能有壽陵地,秦且於此置縣。

　　壽陵的另一種可能解釋是秦孝文王陵邑。《史記·秦本紀》:"昭襄王卒,子孝文王立。"索隱:"五十三而立,立一年卒,葬壽陵。"秦陵邑有禁苑,有市、亭,多置令、丞。如莊襄王葬陽陵,傳世有陽陵虎符,出土封泥有"陽陵禁丞"。秦始皇葬麗山,陵邑名麗,出土有麗山園鍾,出土陶文有"麗市""麗亭"。漢承秦制,漢高祖葬長陵,封泥有"長陵丞印”。《漢書·百官公卿表》：“奉常，秦官，掌宗廟禮儀。……屬官有……諸廟、寢、園食官令長、丞。又博士及諸陵縣皆屬焉。”

【考略2001】

戰國時代“壽陵”有二，一爲秦孝文王陵，另一爲越肅侯陵。秦咸陽城附近出土的“壽陵丞印”秦封泥，其壽陵當爲秦孝文王陵。秦孝文王壽陵在今陝西省西安市東郊。韋述《西京道里記》載：秦莊襄王壽陵“在（長安）通化門東二里”。據《史記·秦本紀》：“莊襄王享國三年，葬芷陽。”壽陵爲孝文王陵，故唐長安城“通化門東二里”之陵應爲孝文王陵——壽陵，可能壽陵置邑，故有“丞”等官吏。

【簡讀2002】

秦縣，“壽陵”有二：一爲孝文王陵，《史記·秦始皇本紀》：“孝文王享國十一年，葬壽陵”。二見《史記·秦始皇本紀》：“六年，韓、魏、趙、衛、楚共擊秦，取壽陵。”《正義》：“徐廣曰：‘在常山。’按：本趙邑也。”

【於京2005】

《史記·秦始皇本紀》：“孝文王享國一年，葬壽陵。”《漢書·元帝紀》：永光四年十月“以渭城壽陵亭部原上爲初陵”。壽陵在今陝西咸陽市西北。

【彙考2007】

王輝先生考：“壽陵”的解釋有兩種可能：一種是縣名，一種是陵邑名。《史記·秦始皇本紀》：“六年，韓、魏、趙、衛、楚共擊秦，取壽陵。秦出兵，五國兵罷。”《正義》云：“徐廣云：在常山。按本趙邑也。”日人瀧川資言《史記會注考證》：“諸本考證云：《趙世家》悼襄王‘元年（引者按：元爲四之誤），龐煖將趙、楚、魏、燕之銳師，攻秦蕞，不拔’，此云‘取壽陵’，所將之師一作衛，一作燕，亦不同。翟灝曰：衛微弱僅存，被秦迫逐，徙居野王，將救亡不暇，何敢攻秦？蓋燕、楚、趙、魏、韓五國伐秦耳！此《紀》誤以衛替燕，而《趙世家》誤脫韓也。至取壽陵之說，更非。無論不勝而罷，未嘗取秦寸土；而五國所攻取者，乃新豐之蕞，無壽陵也。”此說似有理。不過從情理上說，始皇六年，秦已據有太原、叁川、上黨、河東、河內等郡（見拙文：《秦史三題·十二郡》，《陝西歷史博物館館刊》第六輯，陝西人民出版社一九九九年版）。五國兵如何能不經抵抗，深入秦腹地，幾近咸陽（新豐在臨潼東北，距咸陽約百里）？由此而言，其說殆非。蕞地《趙世家》集解引徐廣說，以爲“在新豐”亦無法證明。壽陵又見《莊子·秋水》：“且不獨不聞夫壽陵餘子之學行於邯鄲與？”其爲燕趙間地名，殆無可疑。由此封泥看，秦恒山郡可能有壽陵地，秦且與此置縣。壽陵的另一種可能是秦孝文王陵邑。《史記·秦本紀》：“昭王卒，子孝文王立。”索隱：“五十三年而立，立一年卒，葬壽陵。”秦陵邑有禁苑，有市、亭，多置令、丞。如莊襄王葬陽陵，傳世有陽陵虎符，出土封泥有“陽陵禁丞”（拙著：《秦出土文獻編年》，臺灣新文豐出版公司二〇〇〇年九月版）。秦始皇葬麗山，陵邑名麗，出土有麗山園鍾，出土陶文有“麗市”“麗亭”（同上）。漢承秦制，漢高祖葬長陵，封泥有“長陵丞印”（吳幼潛：《封泥彙編》，上海古籍書店一九八四年影印本）。《漢書·百官公卿表》：“奉常，秦官，掌宗廟禮儀……屬官有……諸廟、寢、園食官令長、丞。又博士及諸陵縣皆屬焉。”

【政區2009】

《史記·秦始皇本紀》："六年，韓、魏、趙、衛、楚共擊秦，取壽陵。秦出兵，五國兵罷。"《正義》引徐廣云："壽陵在常山，按本趙邑也。"然日人瀧川資言《史記會注考證》"館本考證云：《趙世家》悼襄王元年，龐煖將趙、楚、魏、燕之銳師攻秦蕞，不拔。……而五國所攻者，乃新豐之最，無壽陵也。"故王輝考證"始皇六年，秦已據有太原、叄川、上黨、河東、河內等郡，五國兵如何能不經抵抗，深入秦腹地，幾近咸陽？由此而言，其説殆非"。又《莊子·秋水》："且子獨不聞夫壽陵餘子之學行於邯鄲與？"其爲燕、趙之地，殆無可疑。由此封泥看，秦恒山郡應有壽陵地，且於此地置縣，具體地望無考。

【分域2009】

"壽陵"有兩種含義，一是縣名，《史記·秦始皇本紀》云："六年，韓、魏、趙、衛、楚共擊秦，取壽陵。秦出兵，五國兵罷。"另一可能是陵邑名，《史記·秦本紀》云："昭襄王卒，子孝文王立。"《索隱》曰："五十三而立，立一年卒，葬壽陵。"該印可能是秦壽陵縣丞的所用印，也可能是護理昭襄王陵寢的丞所用印。

【職地2014】

《漢書·地理志》無"壽陵"，文獻中的"壽陵"有二。《莊子·秋水》"且子獨不聞夫壽陵餘子之學行於邯鄲乎"，但此壽陵不在關中。又《史記·秦本紀》"孝文王立"，索隱云"立一年卒，葬壽陵"。此壽陵爲孝文王陵寢，應在秦都咸陽附近。秦封泥的"壽陵"應指後者。"壽陵丞印"應是管理孝文王陵寢的官吏用印。

【冀史2016】

説同《政區2009》。

【廣封2019】

案《史記·秦始皇本紀》："六年，韓、魏、趙、衛、楚共擊秦，取壽陵。"注，〔正義〕徐廣云："在常山。"案：本趙邑也。《讀史方輿紀要》："秦始皇六年，楚、趙、魏、韓、衛合從伐秦，取壽陵，胡氏曰：'壽陵在新安、宜陽間。'"《史記·秦本紀》："五十六年秋，昭襄王卒，子孝文王立。"注，〔索隱〕名柱，五十三而立，立一年卒，葬壽陵。子莊襄王。又《秦封泥彙考》，王輝先生考："壽陵"的解釋有兩種可能：一種是縣名，一種是陵邑名。

瑞按：封泥中"壽陵"二字占印面三分之二，無界格，有邊欄，時代較早。以時代言，封泥中壽陵爲孝文王陵的可能性爲大。

司陵丞印

《大系》P230

瑞按：首字略殘，似"司"字。司陵，文獻不載，所指不詳。

（八）廚

廚印

《大系》P51

【官名2013】

在考訂"大廚"等時指出，西周有膳夫、庖正、庖宰、庖人等職官負責王室的膳食。《史記・鄭世家》："子馴怒，使廚人藥殺釐公。"春秋戰國時代各國所設掌膳食的官府官名不同，《孟子・梁惠王上》："庖有肥肉，廄有肥馬。"《説文》："廚，庖屋也。"又曰："庖，廚也。"清王筠《説文句讀・广部》"廚"字下曰："《孟子》始有廚字，是周初名庖，周末名廚也。"楚簡的"廚"，多寫作"脰"。秦陶和封泥中有"麗山□廚""八廚""六廚""□郎廚丞""中廚""私廚""中行羞府""弄狗廚""廚丞"等文字資料。有學者認爲廚丞是佐廚令負責王室膳食的官吏。可推知，廚令應是廚丞的長官，職司疑似《周禮》的庖人，主管食用牲畜的事。

（九）飤　官

飤官丞印

《古封》P269；《秦封》P180

【秦式1998】

録於《續封》《建德》。第一字右留"食"旁，右似爲"人"字殘，約爲"飤"字，即食字，東周金文常見。第二字剩上部，似爲"官"字，即"食官丞印"《漢表》：詹事，屬官有

“食官令長丞”。漢封泥見:《續封》《建德》《封存》《臨淄》《澂秋》“齊食官丞”。

【秦封2000】

　　第一字右存“食”旁,右似爲“人”字殘,約爲“飤”字,即食、飼字,東周金文常見。第二字剩上部,似爲“官”字,即“食官丞印”。《漢表》:詹事,屬官有“食官令長丞”。漢封泥見:《續封》《建德》《封存》《臨淄》《澂秋》“齊食官丞”。

右中飤室

　　　1　　　　　　　2　　　　　　3　　　　　4

1—3.《新出》P86;《大系》P341
4.《大系》P341

【職地2014】

　　將封泥列爲少府“大/泰官”類下職官。

【秦官2018】

　　説見“大官”。

右□飤丞

《大系》P341

【秦官2018】

　　説見“大官”。

　　瑞按:原讀爲“右中飤丞”,封泥右下殘。

甘泉飤官

《大系》P84

瑞按:《漢書·百官公卿表》下有甘泉居室,未載甘泉設食官。然甘泉爲秦宮,《史記·秦始皇本紀》:"秦王乃迎太后於雍而入咸陽,復居甘泉宮。"《集解》徐廣曰:"表云咸陽南宮也。"其設食官自在情理之中。

麗山飤官

    1   2   3   4

1.《彙考》P11;《大系》P154
2.《大系》P154
3.《新出》P24
4.《新出》P24;《大系》P154

【釋續2001】
　　"麗山飤官"陶文多在秦始皇陵附近出土,見於袁仲一先生《秦代陶文》第69—70頁(拓片1466—1470號),多戳印而成。飤官即食官,見《漢書·百官公卿表》,爲奉常屬官。奉常"掌宗廟禮儀",食官爲"諸廟寢園"之官,每陵園一人,"掌望晦時節祭祀"。麗山爲始皇陵園,《史記·秦始皇本紀》:"(二世)元年九月,葬始皇酈山。始皇初即位,穿治酈山……"又臨潼縣博物館藏一鍾,銘"麗山園容十二斗三升……"。"麗山飤官"乃酈山寢園的食官,是主管日常祭祀上食的機構。近年在始皇陵西側內外城垣之間發現飤官遺址。此枚封泥的時代只能在秦二世時,這對西安北郊出土封泥的斷代有着十分重要的意義。
【簡讀2002】
　　麗山爲始皇陵園,《史記·秦始皇本紀》:"葬始皇酈山。始皇初即位,穿治麗山……"《漢表》:"奉常,秦官,掌宗廟禮儀,……屬官有……又諸廟寢園食官令長丞。"

【上封2002】

即《百官表》太常卿下食官令之屬，掌望晦時節祭祀供食。麗山係秦時寢園，與置官性質相符。秦始皇陵封土兩側建築遺址所出瓷器殘片有"麗山飤官"刻銘，書風與之相近。封泥時代下限爲秦末，上限恐亦不能早于滅六國之前。

【彙考2007】

王輝先生考："麗山食官"陶文多在秦始皇陵附近出土，見於袁仲一先生《秦代陶文》第69—70頁(拓片一四六六——一四七〇號)，多戳印而成。官即飤官，見《漢書·百官公卿表》，爲奉常屬官。奉常"掌宗廟禮儀"，食官爲"諸廟寢園"之官，每陵園一人，"掌望晦時節祭祀"，麗山爲始皇陵園，《史記·秦始皇本紀》："(二世元年)九月，葬始皇酈山。始皇初即位，穿治麗山……"又臨潼縣博物館藏一鍾，銘"麗山園容十二斗三升……"。"麗山飤官"乃酈山寢園的食官，是主管日常祭祀上食的機構。近年在始皇陵西側內外城垣之間發現食官遺址。此枚封泥的時代只能是在秦二世時，這對西安北郊出土封泥的斷代有着十分重要的意義。

【圖説2009】

飤官即食官，見《漢書·百官公卿表》，爲奉常屬官。奉常"掌宗廟禮儀"，食官爲"諸廟寢園"之官，每陵園一人，"掌望晦時節祭祀"。麗山爲始皇陵園，《史記·秦始皇本紀》："(二世)元年九月，葬始皇驪山。始皇初即位，穿治麗山……"。食官即進飲食的宮殿。封泥飤官丞印(《泥集》180)，食官之副手。

【分域2009】

麗山即秦始皇的陵寢所在地，飤官即食官，主管日常祭祀和上食。此封泥當爲秦二世時的作品。

【職地2014】

"麗山飤官"封泥應即奉常屬官"諸廟寢園食官令長丞"之一。"食官"出土文獻作"飤官"，飤通食。《後漢書·百官志》："先帝陵，每陵食官令各一人，六百石。本注曰：掌望晦時節祭祀。"食官掌管地望陵邑祭祀事務。秦陶文有"麗山飤官""麗山飤官左""麗山飤官右"等，王輝先生曾指出"(食官)設立當在始皇既葬之後"。據《史記》，始皇十六年置麗邑，此後應該開始營建陵墓，"麗山食官"應是專門設立用以掌管始皇陵園祭祀的官吏。南越國貴族墓葬中出土的文字資料有"食官"，其情形蓋與秦漢同。

又：秦漢時掌管帝王陵邑祭祀事物的也設有食官，即隸屬於奉常的"諸廟寢園食官令長丞"。秦始皇陵食官遺址出土陶文"麗山飤官""麗山飤官左""麗山飤官右"等也印證了《後漢書·百官志》的記載，但此與掌管王之膳食的太官所屬的"食官"及"掌皇后太子家"的詹事食官的形制不同。

又：朱德熙、裘錫圭《戰國銅器銘文中的食官》一文已指出，秦漢掌管飲食的有司大都以"官"爲名，"私官"是指皇后"食官"，也可以指太后或公主"食官"。陳昭容據漢金文"大官""食官"和"私官"時出現的例子，認爲"'食官'指涉範圍較大，在不需要區分的時候，'食官''私官'可以渾言無別。"私官見於漢人著作，掌管後宮膳食。《漢官舊儀》卷上及《漢舊儀》卷上均曰："太官尚食，用黃金釦器。中官、私官尚食，用白銀釦器。"《漢書·張湯傳·附孫延壽傳》:"大官、私官並供其弟,兩宮使者冠蓋不絶,賞賜以千萬數。"
服虔曰:"私官,皇后之官也。"文獻所見"私官"往往與"太(大)官"並列或對舉,"太官"
負責皇帝膳食,相應的"私官"負責後宮嬪妃膳食,二者名稱上有對應關係。至於文獻中
"中官、私官尚食"句,陳昭容未斷讀,"把内官性質的'中官'和'私官'並列,並與'太官'
對照,顯然並不恰當。"王輝先生同意朱德熙和裘錫圭二人認爲"中官"不全是宮中之官
的泛稱,可能與"中私官"相當的看法,進而認爲秦璽印"'西宮中官'與'王后中官'性質
相近,可能是西宮諸妃之食官"。縱觀諸説,陳昭容説更合理,即文獻所見"中官私官"連
讀,"中官"屬"私官"定語,即隸屬於中官的私官。從秦封泥"中官"資料看,中官是一獨
立的職官機構無疑("中官""中官丞印"),中官機構設有"榦官"和"徒府"(中官榦丞、
中官徒府),且秦西宮也設"中官"(西宮中官),可見,私官僅是中官機構所領諸屬官之一。

　　又:麗山爲秦始皇的陵園。《史記·秦始皇本紀》:"始皇初即位,穿治酈山……十六
年……秦置麗邑……三十五年……因徙三萬家麗邑,五萬家雲陽,皆復不事十歲。"秦出土
陶文有"麗山飤官""麗邑"和"麗邑二升半八廚"等。由"麗山園"和"麗邑"異名而實指
相同的情況來看,"麗山園"可能是作爲"陵園"的稱呼,"麗邑"是作爲"陵邑"的稱呼。

【秦官2018】

　　"飤官",傳世文獻作"食官"。《續漢書·百官志二》:"先帝陵,每陵食官令各一人,
六百石。本注曰:掌望晦時節祭祀。"食官掌管帝王陵邑祭祀事務。秦陶文有"麗山飤
官""麗山飤官左""麗山飤官右"等,王輝先生認爲"(食官)設立當在始皇既葬之後"。
"麗山飤官"封泥應即奉常屬官"諸廟寢園食官令長丞"之一。據《史記》,秦於始皇
十六年置麗邑,自此其應該就開始營建陵墓,"麗山飤官"應是二世時設立掌管始皇陵祭
祀的官吏。南越國貴族墓葬中出土的文字資料有"食官",其情形蓋與秦漢同。

　　瑞按:2019年湖北荆州胡家草場M12簡上記"十六年,始爲麗邑,作麗山",封泥
"麗山飤官"之設應晚於是年。

（十）嶧 桃 支

嶧丞

1　　　　　　　2

1.《大系》P358
2.《大系》P431

　　瑞按：《周禮・天官》"凡療瘍，以五毒攻之"，注："止病曰療。攻，治也。五毒，五藥之有毒者。今醫方有五毒之藥，作之，合黃垫，置石膽、丹砂、雄黃、礜石、慈石其中，燒之三日三夜，其煙上著，以雞羽掃取之。以注創，惡肉破，骨則盡出。"《淮南子・説林訓》："蠶食而不飲，二十二日而化；蟬飲而不食，三十日而脱；蜉蝣不食不飲，三日而死；人食礜石而死，蠶食之而不饑；魚食巴菽而死，鼠食之而肥；類不可必推。"《淮南子・墜形訓》"弱土之氣御于白天，白天九百歲生白礜，白礜九百歲生白澒，白澒九百歲生白金，白金千歲生白龍，白龍入藏生白泉，白泉之埃上爲白云，陰陽相薄爲雷，激揚爲電，上者就下，流水就通，而合于白海。"礜之爲藥，可見馬王堆帛書《五十二病方》，如："狂犬傷人，冶礜與橐莫，醮半音（杯）飲之。女子同藥。如靡。""燔礜，冶烏豙（喙）、黎（藜）盧、蜀叔（菽）、庶、蜀椒、桂各一合，並和，以頭脂□裹以布，炙以熨，卷（倦）而休。"《山海經・山經東》"西南三百八十里，曰皋塗之山，薔水出焉，西流注于諸資之水；塗水出焉，南流注於集獲之水。其陽多丹粟，其陰多銀、黃金，其上多桂木。有白石焉，其名曰礜，可以毒鼠。"在唐代文獻中，礜爲貢品。《唐六典・尚書户部》河東道"厥貢麥肙扇、龍鬚席、墨、蠟、石英、麝香、漆、人參"。自注"太原龍骨、甘草、礜石、鋼鐵"。礜丞，當爲秦專職礜石管理之丞。

礜桃支印

1　2　3　4

1.《新出》P45；《大系》P358
2.《新出》P46；《大系》P358
3.《新出》P94；《大系》P359
4.《在京》圖四：20；《璽印》P432；《大系》P358

【在京2005】
　　秦封著録有"左桃支""右桃支"等內容，表明桃支職官分爲左右，但從本封泥看，僅爲一官。其原因可能是時代早晚的不同，即，在一定的時候分爲左右，而在一定時期僅爲一官。

【職地2014】
　　礜即硫砒鐵礦，也稱毒砂，是製砷及亞砷酸的原料，可入藥。《淮南子・説林訓》：“人食礜石而死，蠶食之而不饑。”《太平御覽》卷九九〇引漢桓譚《新論》：“譬若巴豆毒魚，礜石賊鼠，桂害獺，杏核殺猪，天非故爲作也”。桃木古人常用以除災辟邪。“礜桃”類秦印的含義和職掌不甚明晰，或與“祈禳去毒害有關”，還可能與秦始皇爲追求長生不老而大量供養和資助方士煉製丹藥有關。礜桃支分爲左、右曹署，丞亦分左、右，相家巷新出土的此類封泥較多（“左礜桃丞”約30枚），反映出此機構日常奏事頻繁。

　　瑞按：桃支可入藥，馬土堆漢墓帛書《五十二病方》有“頹（癩），以至（夐）蠡蓋其堅（腎），即取桃支（枝）東鄉（向）者，以爲弧；取□母□□□□□□□□□□□上，晦，壹射以三矢，□□飲樂（藥）。其藥曰陰乾黃牛膽。乾即稍□□□□□□□□，飲之。”桃支，見《爾雅》“桃枝，四寸有節”，疏釋曰：“凡竹節間促數者名莽，相去四寸有節者名桃枝，竹其中堅實者名鄰，其中空者名篃。”《山海經·山經東》“又西三百二十里，曰蟠塚之山，漢水出焉，而東南流注于沔；囂水出焉，北流注于湯水。其上多桃枝鈎端。”郭璞云：“鈎端，桃枝屬。”珂案：桃枝，竹名；《爾雅·釋草》：“桃枝四寸有節。”疏：“凡竹相去四寸有節者，名桃枝竹。”文獻中有桃梗，如《風俗通義·祀典》“桃梗，梗者，更也，歲終更始受介祉也”，王利器注：“《宋書·禮志一》：‘舊時，歲旦常設葦茭、桃梗，磔雞於宮及百寺門，以禳惡氣。《漢儀》則仲夏之月設之，有桃卯（當從《續漢書·禮儀志中》作“桃印”），無磔雞。’戴埴《鼠璞》：‘《風俗通》曰：《黃帝書》稱：上古之時，有兄弟二人荼與鬱壘，用度朔上桃樹以制百鬼，于是縣官以臘除飾桃人，垂葦索。《歲時記》：‘桃者，五行之精，壓伏邪氣，制百鬼。’《本草經》曰：‘梟桃在樹不落，殺百鬼。’《山海經》云：‘東海度朔山有大桃樹，蟠屈三千里，其東北曰鬼門，萬鬼出入也。有二神曰神荼，曰鬱壘；黃帝象之，立桃版于户。’《淮南子》曰：‘羿死于桃棓。’注云：‘棓，大杖，以擊煞羿，由是鬼畏桃。今人以桃梗作代歲旦植門以辟鬼。’《後漢·禮儀志》曰：‘代有所尚，周人木德，以桃爲梗，言氣相梗。梗，更也。’《莊子》曰：‘插桃枝於户，童子不畏而鬼畏之。’桃之制鬼，見於傳記者不一，而《六經》亦自可考，《檀弓》曰：‘君臨臣喪，以巫祝桃茢。’傳曰：‘楚人使公視殮，公使巫以桃茢先袚殯。’《周禮·戎右》：‘贊牛弭桃茢。’鄭司農於《喪祝》云：‘喪祝與巫以桃厲執戈在王前。’以桃茢除，雖聖人不廢，例以巫家之說而鄙之，可乎？”

礜桃□□

《新出》P46；《大系》P359

左礜桃支

　　　1　　　　　　　2

1.《青泥》P25;《大系》P398、P399
2.《秦封》P226;《彙考》P246;《大系》P399

【補讀1998】

　　錄於《收藏》,我們曾認爲"左礜桃支"秦印爲"左礜桃丞"的誤剔,現知我們的意見有誤。《説文・石部》:"礜,毒石也。出漢中。"《山海經》:"西山鬱塗之山有白石名礜,可毒鼠。"《睡虎・日書甲》:"鬼恒召人出宮,是是遽鬼毋(無)所居,(呼)其召,以白石投之,則止矣。"《禮記・檀弓》:"君臨臣表,以巫祝桃苅執戈。"《左傳・昭公四年》:"桃弓棘矢,以除其災。"《後漢・禮儀志》:"爲桃印施門户以止惡氣。"《睡虎・日書》:"是□鬼居之,取桃棓。不食,以棘椎桃秉以其心,則不來。"秦印見《徵存》"左礜桃支"。

【秦封2000】

　　《説文・石部》:"礜,毒石也。出漢中。"《山海》:"西山鬱塗之山有白石名礜,可毒鼠。"《睡虎・日書甲》:"鬼恒召人出宮,是是遽鬼毋所居,罔呼其召,以白石投之,則止矣。"《禮記・檀弓》:"君臨臣喪,以巫視桃苅執戈。"《左傳・昭公四年》:"桃弓棘矢,以除其災。"《後漢・禮儀志》:"爲桃印施門户以止惡氣。"《睡虎・日書甲》:"是□鬼居之,取桃棓。""不飲食,以棘椎桃秉以敲其心,則不來。""野獸若六畜逢人而言,是飄風之氣,擊以桃支,釋屨而投之,則已矣。"秦印見:《徵存》"左礜桃支"。從"左、右礜桃丞"封泥見,"左礜桃支"是秦時禳祝之官置之一。

【簡讀2002】

　　釋讀見"左礜桃丞"條。

【上封2002】

　　説見"左礜桃丞"。

【可齋2003】

　　在考訂"左礜桃支"印時指出,相家巷新出秦封泥見有"左礜桃丞",印文書法同此,故時代可從之。礜爲毒石,睡虎地秦簡《日書》載可祛邪;桃支,《甄異傳》:"鬼但畏東南桃支。"《博物志》:"桃根爲印,可以召鬼。"《禮記》也記載以桃支爲避邪物,"王吊則巫祝以桃苅前引,以避不祥"。注曰:"苅者,桃枝作帚業。""左礜桃支""左礜桃丞"皆爲與祛鬼避邪有關的法物及掌事官吏。

【彙考2007】

同《秦封2000》。

【圖説2009】

支通枝。左右礜桃支當爲宮中掌管藥物和擊鬼禳災之官署；"礜桃丞"則爲其屬官，其丞爲巫祝或醫官之類。巫原本和醫結合在一起。巫師既能降神，又能治病，故而有"巫醫"之説。巫醫治病主要是借助於神的魔力，同時也輔以藥物。而藥物許多都是有毒的，吃了能使人進入迷幻狀態，毒藥的這種迷幻作用，在西周時代人們就認識到了。故而有"若藥弗瞑眩，厥（氣閉暈倒）疾不瘳（病癒）"的説法（《尚書・説命》）。所謂"瞑眩"，就是幻覺。而巫覡降神，多半是靠着吃某些藥物而産生的虛幻（趙輝《楚辭文化背景研究》80）。

【分域2009】

古人非常講究趨吉避禍，如楚地花椒是最常用之香料，椒可以佩帶，既可除穢，又可避邪，反映了古人的信仰和習俗。"礜"爲一種毒石，有驅邪之功效，雲夢睡虎地秦簡《日書》有載。上列四印當爲秦負責驅邪祈祥的官吏用印。

【集證2011】

"支"字《官印徵存》隸作"支"，周曉陸則以爲"支"爲"丞"字之誤剔，周氏又以爲此爲"左礜桃丞"封泥之原印。但由下封泥來看，周説非是。

【桃支2011】

"支"在先秦秦漢文獻中有以下幾個意思：（1）分支，分派。《詩・大雅・文王》："文王孫子，本支百世。"毛傳："本，本宗也。支，支子也。"《禮記・曲禮下》："支子不祭，祭必告於宗子。"孔穎達疏："支子，庶子也。"（2）分；分散。《荀子・富國》："其候徼支繚，其境關之政盡察，是亂國也。"楊倞注："支繚，支分繚繞，言委曲巡警也。"（3）付出，供給。《漢書・趙充國傳》："今大司農所轉穀至者，足支萬人一歲食。"（4）支持、維持。《國語・越語下》："其君臣上下，皆知其資財之不足以支長久也。"《戰國策・楚策一》："（楚）地方五千里，帶甲百萬，車千乘，騎萬匹，粟支十年。"推測"左、右礜桃支"可能是"左、右礜桃丞"的分支機構，後代的"支曹"（《舊唐書卷十九上・本紀第十九》"判度支曹"）、"支部"裏保留了這一個意思。"左、右礜桃支"也可能是"左、右礜桃丞"的人事、財物管理專用印章。《史記・秦始皇本紀》已經説了當時在求藥煉藥方面花費很大，這就需要對其財物支用情況進行統一管理，秦朝時速度量衡、文字、車軌都要加以統一管理，何況財物？而且"礜"是毒藥，是煉丹的專用物品，想必要加以特殊保管，哪個人要從庫房裏提取"礜"，可能要以"左、右礜桃支"作爲憑證。另外，由於方術之士和騙子甚多，派遣出去採集礜石和桃枝的人，可能要以"左、右礜桃支"作爲憑證。

【官名2013】

《秦封泥集》收錄了"左礜桃支""左礜桃丞""右礜桃支""右礜桃丞"四枚封泥。《説文》："礜，毒石也。出於漢中。"整理者認爲左礜桃支、右礜桃支是秦時禳祝之官署之一，左礜桃丞、右礜桃丞爲該官署屬吏。《後漢書‧禮儀志》："爲桃印施門户以止惡氣。"按：古代社會以龜甲、蓍草筮卜，用石頭、桃枝驅邪是常見的巫術儀式，借用作爲巫師工具的礜、桃命官設職，也是符合情理的。

【職地2014】

　　説見"礜桃支印"。

【廣封2019】

　　同《彙考2007》。

　　瑞按：劉釗先生1994年在考釋"左礜桃支"印時判斷其時代爲漢初，非官印，認爲應與方術有關，是用來辟邪驅鬼的道家印。指出礜爲有毒礦物，方術家將其當做修道成仙的仙藥。桃支讀作"桃枝"，在古代也用來驅鬼。即，礜和桃枝都是驅鬼之物。認爲古代方術家施法時十分講究方位，"左"應該就是指方位而言（《説漢"左礜桃支"印》，《古文字考釋叢稿》P206）。

左礜桃丞

　　　　　1　　　　　　　　　　　2

1.《青泥》P25；《秦選》P93；《大系》P398
2.《大系》P398

【發現1997】

　　礜爲毒石，桃據云夢睡虎地秦簡《日書》等記有袪邪之功效。所謂左右礜桃丞當與祈禳去毒害有關，此職官漢以後已無記載。

【印考1997】

　　印面均爲正方形，田字格，前者邊長1.8釐米，印文略殘，邊欄寬博，泥封氣息濃郁；後者邊長1.7釐米，印文清晰，邊欄窄細。左下、右下均爲"礜"字（前者指本封泥，後者指"右礜桃丞"封泥）。"礜"，據《説文解字》云："毒石也，出漢中，从石舁聲。""礜桃"一詞，文獻未有記載，很有可能是出産毒石的地名，並有左右之別。天津藝術博物館藏"左礜桃支""右礜桃支"銅印兩枚，與此兩枚封泥甚似，詳細職別，待釋。

【秦封2000】

　　爲左礜桃支之丞。説見"左礜桃支"。

【簡讀2002】

　　《説文·石部》："礜，毒石也。出漢中。"《秦簡·日書甲》："鬼恒召人出宫，……以白石投之，則止矣。""是□鬼居之，取桃棓。"此或即是驅鬼之官職。

【上封2002】

　　秦印亦見"左礜桃支"。《説文解字》："礜，毒石也。"《睡虎地秦墓竹簡·日書》："鬼恒召人出官……以白石投之，則止矣。""白石"即礜石。又《左傳·昭公四年》："桃弓棘矢，以除其災。"《後漢書·禮儀志》載以桃印施門户可止惡氣。同"左礜桃支"係禳災之用，如後之"黄神越章"。"桃丞"爲主事之官，二者各有其用，與省文無關。

【彙考2007】

　　爲左礜桃支之丞。説見"左礜桃支"。

【圖説2009】

　　説見"左礜桃支"。

【分域2009】

　　説見"左礜桃支"。

【集證2011】

　　《説文》："礜，毒石也。出漢中。"《武威漢代醫簡》86簡甲治"☑大風"方所用藥有"雄黄、丹沙、礜石……"，《神農本草經》稱礜石："味辛大熱，主寒熱鼠瘻蝕瘡，死肌風痺，腹中堅，癖邪氣。"桃枝古人以爲可以祛邪。睡虎地秦簡《日書》872反面："是□鬼居之，取桃棓……"周曉陸以爲礜桃"當與祈禳去毒害有關"，或是。由下二條看"左礜桃丞"應爲"左礜桃支丞"之省。

【桃支2011】

　　"左"字應該就是指方位而言。《説文》："礜，毒石也。出漢中。""礜"是毒藥，且只發現漢中，屬地方特産。據秦漢官制推測，"左礜桃丞"和"右礜桃丞"可能是當時特設官職，與地方特産"礜"有關。"左礜桃丞"和"右礜桃丞"的功能除了採集、挑選、管理礜石和桃枝以外，還有管理以"礜"煉藥和以"桃"避邪驅鬼的方術道士。

【官名2013】

　　説見"左礜桃支"。

【職地2014】

　　説見"礜桃支印"。

【廣封2019】

　　説見"左礜桃支"。

右礜桃支

　　1　　　　　　　2　　　　　　　3

1.《印風》P127;《秦封》P226;《印集》P155;《彙考》P246;《璽印》P432;《大系》P340
2.《彙考》P246;《大系》P340
3.《酒餘》P46上;《大系》P340

【續考1998】

　　印面正方形,田字格,邊長2釐米,泥塊完整,印文清楚。“礜”毒石也。《山海經·西山經》:“(皋塗之山)有白石焉,其名曰礜,可以毒鼠。”“桃支”何意,待考。秦封泥中還有“左礜桃丞”和“右礜桃丞”兩枚,與之甚似。從“礜石”的性質推測,這兩組封泥很有可能是秦時專門負責開採和供應礜的管理機構和官員。

【秦封2000】

　　參見“左礜桃支”。

【簡讀2002】

　　釋讀見“左礜桃丞”條。

【彙考2007】

　　說見“左礜桃支”。

【圖說2009】

　　說見“左礜桃支”。

【分域2009】

　　說見“左礜桃支”。

【桃支2011】

　　說見“左礜桃支”。

【官名2013】

　　說見“左礜桃支”。

【職地2014】

　　說見“礜桃支印”。

【廣封2019】

　　說見“左礜桃支”。

右礜桃丞

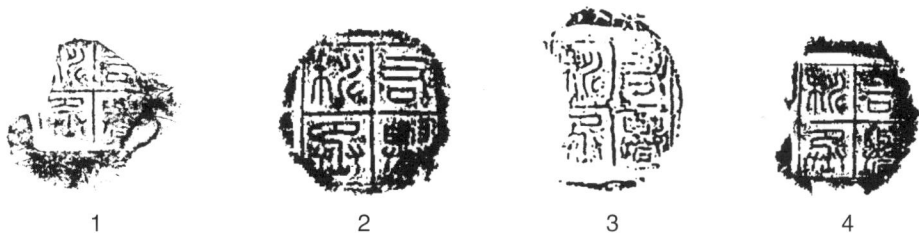

1　　　　　2　　　　　3　　　　　4

1.《發現》圖101;《圖例》圖104;《秦封》P228;《書集》P132;《彙考》P248;《大系》P339
2.《印風》P127;《彙考》P248;《大系》P340
3.《秦封》P228;《璽印》P431;《大系》P340
4.《印集》P156;《彙考》P248;《大系》P340

【發現1997】

　　說見“左礜桃丞”。

【印考1997】

　　說見“左礜桃丞”。

【秦封2000】

　　礜桃支分左右。參見“左礜桃支”,“左礜桃丞”。此爲右礜桃支之丞。

【簡讀2002】

　　釋讀見“左礜桃丞”條。

【彙考2007】

　　礜桃支或分左右。參見“右礜桃支”,“左礜桃丞”。此爲右礜桃支之丞。

【圖說2009】

　　說見“左礜桃支”。

【分域2009】

　　說見“左礜桃支”。

【桃支2011】

　　說見“左礜桃丞”。

【集證2011】

　　“礜桃”分左、右二丞,可見其事繁。

【官名2013】

　　說見“左礜桃支”。

【職地2014】

　　說見“礜桃支印”。

【廣封2019】

説見"左礜桃支"。

□礜桃丞

無圖,釋讀見《發掘2001》。

【考略2001】

相家巷流散秦封泥有"左礜桃支""右礜桃支""左礜桃丞""右礜桃丞"。此"□礜桃丞"可能爲"左礜桃丞"或"右礜桃丞"。"礜"爲有毒的礦石,這種毒石呈白色。《睡虎地秦墓竹簡·日書甲》:"鬼恒召人出宮,是遽鬼毋所居,罔呼其召,以白石投之,則止矣。"此白石當系礜石。古代桃木被用於除災避邪。《風俗通義》載:"縣常以臘除夕飾桃人,垂葦茭,畫虎於門,皆追效於前事,冀以禦凶也。"《睡虎地秦墓竹簡·日書甲》亦載有以"桃支"驅邪之記載。礜石和桃支的功能一樣。"礜桃"爲"礜桃支"省稱,"礜桃支"或"礜桃"又分置左右,二者分工有所側重。"礜桃支"應係禳祝之官署,"礜桃丞"則爲其屬官。

桃中

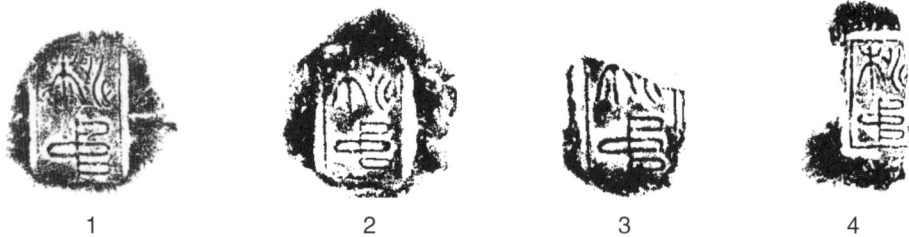

1　　　　2　　　　3　　　　4

1、2.《新選》P109;《大系》P265
3.《酒餘》P41下;《大系》P264
4.《大系》P264

【桃支2011】

《陝璽》有一枚"桃目"印章。"目"有"首領、頭領"的意思,"桃目"可能是管理桃的員工首領。可見,朝廷栽種的桃樹非常多,這一方面可能是因爲桃子可以供皇宮貴族享用,另一方是因爲桃子可以用來祭奠先祖神靈,桃枝可以用來避邪驅鬼。因此,對桃樹的栽種和產品加以專門管理,同時也對與"桃"有關的人員進行專門管理。"左、右礜桃丞""左、右礜桃支"和"桃目"其功能差不多一樣,不過除了管理與"桃"有關的人、事、物以外，還要管理與"礜"有關的人、事、物。

【二十則2015】

秦封泥還有礜桃支印、右礜桃支、右礜桃丞、左礜桃支、左礜桃丞等。礜即硫砒鐵礦，也稱毒砂，是製砷及亞砷酸的原料，可入藥。《淮南子·説林訓》："人食礜石而死，蠶食之而不饑。"《太平御覽》卷九九引漢桓譚《新論》："譬若巴豆毒魚，礜石賊鼠，桂害獺，杏核殺猪，天非故爲作也。"桃木古人常用以除災辟邪。其職掌不甚明晰，或與"祈禳去毒害有關"。礜桃支分爲左、右曹署，丞亦分左、右，可見此機構人員組成複雜，日常事務繁多。"桃中"或與礜桃類性質相同。

【職地2014】

從"桃中"封泥無界格和"中"字的寫法來看，此機構應設立於秦統一之前。桃中、桃目，或與礜桃類性質相同。

（十一）畤　　祠

畤祠丞印

《印風》P152;《釋續》圖42;《印集》P5;《彙考》P10;《璽印》P421;《大系》P332

【釋續2001】

《漢書·地理志》右扶風雍縣條下班氏自注："有五畤。太昊、黄帝以下祠三百三所。"王先謙《補注》:"《郊祀志》:'雍有百有餘廟。'又云:'舊祠二百三所。'此'三百'疑'二百'之誤。"《水經·渭水注》:"雍有五畤，以上祠祀五帝。""雍祠"爲管理雍地諸祠之官署。

【簡讀2002】

《漢志》雍縣下注："有五畤。太昊、黄帝以下祠三百三所。"《史記·封禪書》:"而雍有日、月、參、辰、南北斗、熒惑、太白、歲星、填星、[辰星]、二十八宿、風伯、雨師、四海、九臣、十四臣、諸布、諸嚴、諸逑之屬，百有餘廟。……各以歲時奉祠。""畤祠"或即是管理雍地諸祠之官職。

【彙考2007】

畤即雍，本春秋雍邑。秦德公元年自平陽遷都於此，至靈公都涇陽。後置爲縣。今陝西鳳翔之南。祠丞，乃祠官，即古代掌管祭祀、祠廟的官。《史記·封禪書》:"及秦併天下，令祠官所常奉天地名山大川鬼神，可得而序也。"《漢書·地理志》:"雍有五畤：太昊、黄帝以下祠三百三所。”又按《漢書・郊祀志》秦德公遷都於雍，於是“雍之諸祠自此興”。雍祠丞，即主管雍地祠祀的官吏之一。又王輝先生考：王先謙《補注》：“《郊祀志》：‘雍有百有餘廟。’又云：‘舊祠二百三所’，此‘三百’疑‘二百’之誤。”《水經・渭水注》：“雍有五畤，以上祠祀五帝。”

【分域2009】

　雍，地名，本爲春秋雍邑，其地在今陝西鳳翔南。祠丞即祠官，爲掌管祭祀、祠廟的官吏。《漢書・地理志》云：“雍有五畤，太昊、黄帝以下祠三百三所。”

【職地2014】

　“雍祠丞印”應是“雍祠祀丞印”的省稱，説明秦在舊都雍也設立祠祀，應是雍有先王宗廟之故。

【秦官2018】

　“雝祠丞印”應是“雝祠祀丞印”之省，是秦設在舊都雍的祠祀職官之印，應是雍有先王宗廟的原因。“祠廚”印即祠祀廚官的官署用印。

【廣封2019】

　“雝”即“雍”，案《漢書・郊祀志》：“作陳寶祠後七十一年，秦德公立，卜居雍。子孫飲馬於河，遂都雍。雍之諸祠自此興。（師古曰：“即今之雍縣。”）”《漢書・地理志》：“雍，秦惠公都之。有五畤，太昊、黄帝以下祠三百三所。”雍即秦之舊都城。今在陝西省鳳翔縣。又《史記・封禪書》：“及秦并天下，令祠官所常奉天地名山大川鬼神可得而序也。”《後漢書・百官志》：“祠祀令一人，六百石。本注曰：典中諸小祠祀。丞一人。本注曰：宦者。”則祠丞應爲雍地主管祠祀事務官員的佐吏。又《秦封泥彙考》：王輝先生考，王先謙補注曰《郊祀志》有“雍有百有餘廟”，又云：“舊祠二百三所”；此“三百”疑“二百”之誤。《水經・渭水注》，雍有五畤，以上祠祀五帝。

五、郎 中 令

（一）大　　夫

籧大夫

1　　　　　　　　2　　　　　　　　3　　　　　　　　4

1.《新出》P35;《大系》P242

2.《新出》P35

3.《新出》P35;《大系》P242

4.《新出》P77

【補讀1998】

　　二閒山房收藏。《左傳・襄公七年》:"南遺爲費宰,叔孫昭伯爲隧正。"杜預注:"隧正,主役徒。"《史記・魯周公世家》:"魯人三郊三隧。"《集解》:"王肅曰,邑外曰郊,郊外曰隧。"《左傳・襄公九年》:"今隧正納郊保,奔火所。"杜預注:"隧正,官名也。五縣爲隧,納聚郊野保守三民,使隨火起往救之。"

【秦封2000】

　　《左傳・襄公七年》:"南遺爲費宰,叔孫昭伯爲隧正。"杜預注:"隧正,主役徒。"《史記・魯周公世家》:"魯人三郊三隧。"《集解》:"王肅曰,邑外曰郊,郊外曰隧。"《左傳・襄公九年》:"今隧正納郊保,奔火所。"杜預注:"隧正,官名也。五縣爲隧,納聚郊野保守三民,使隨火起往救之。"

【釋續2001】

　　封泥亦錄於《秦封2000》第236頁,已殘,"夫"下無合文號,"旞"字上部也不很清楚,所以該書隸作"隧夫"。傅氏藏封泥甚清楚,其爲"旞大夫"應該無疑。旞本爲古代導車旗杆上的裝飾物,此讀爲遂。睡虎地秦簡《爲吏之道》:"苟難留民,變民習浴(俗),須(懦)身旞過,興事不時……"整理小組讀"旞"爲遂,並説"此句大意是不敢糾正自己的錯誤"。拙著《古文字通假釋例》第686頁按云:"楊樹達《詞詮》卷六:'遂,副詞,終竟也。'簡當爲此義。"遂之本義爲遠郊,《尚書・費誓》:"魯人三郊三遂,峙乃楨幹。"蔡沈《集傳》:"國外曰郊,郊外曰遂。"《禮記・王制》:"不變,移之遂,如初禮。"鄭玄注:"遠郊之外曰遂。"《周禮・地官》有遂大夫,云:"遂大夫各掌其遂之政令,以歲時稽其夫家之衆寡,……三歲大比,則帥其吏而興甿……",遂大夫爲一遂之長。《周禮》還有遂人、遂師,亦爲遂官。遂大夫不見於西周金文,可能是東周晚期才出現的。至於《遂人》一節説"五鄙爲縣,五縣爲遂",大概是齊國的情形。秦國"遂大夫"僅此一見,其詳已不可深究。

【考略2001】

　　《史記・魯周公世家》:"魯人三郊三隧。"《集解》引王肅注:"邑外曰郊,郊外曰隧。""隧"與"遂"通,故《尚書・費誓》載有"三郊三遂"。《周禮・地官・遂人》:"五家爲鄰、五鄰爲里,四里爲酇,五酇爲鄙,五鄙爲縣,五縣爲遂,皆有地域溝樹之使,各掌其政令刑禁。"京城百里之外、二百里之內分設"六遂"。古有"遂人""遂士""遂大夫"。遂人掌六遂之政令,遂士掌六遂之獄訟,遂大夫爲一遂之行政長官。"遂大夫"與"隧大夫"通,"遂夫"或爲"隧大夫"之省文。

【簡讀2002】

　　《周禮・地官・遂人》:"五家爲鄰、五鄰爲里,四里爲酇,五酇爲鄙,五鄙爲縣,五縣爲遂,皆有地域溝樹之。"《周禮·地官》有"遂大夫":"各掌其遂之政令。……掌其政令、戒禁,聽其治訟。"爲一遂之長官。"遂大夫"或即是"隧大夫"。

【彙考2007】

同《釋續2001》。

【分域2009】

"旞"讀作遂。《周禮·地官》云:"遂大夫各掌其遂之政令,以歲時稽其夫家之衆寡……三歲大比,則帥其吏與甿。"遂大夫爲一遂之長。

【集證2011】

"隧夫"之名文獻未見。隧與遂通用。《戰國策·秦策四》:"而不知千隧之敗也。"《新敘·善謀》隧作遂。《周禮·地官·遂人》:"遂人掌邦之野。"鄭玄注:"郊外曰野。"賈公彥疏:"遂在遠郊百里之外。"《遂人》又云:"(遂人)以土地之圖,經田野,造縣鄙形體之法。五家爲鄰,五鄰爲里,四里爲酇,五酇爲鄙,五鄙爲縣,五縣爲遂,皆有地域溝樹之使,各掌其政令刑禁,以歲時稽其人民……以歲時登其夫家之衆寡,及其六畜車輦,辨其老幼廢疾與其施舍者以頒職作事,以令貢賦,以令師田,以起政役。"《左傳·襄公七年》:"叔仲昭伯爲隧正,欲善季氏。"杜預注:"隧正主徒役。"孔穎達疏:"九年注云:'隧正,官名。五縣爲隧。'則隧正當《周禮》之'遂人'也,掌諸遂之政令,徒役,出諸遂之民,故爲'主役徒'者。"又《襄公九年》:"使華臣具正徒,令隧正納郊保。"楊伯峻注:"隧正,一遂之長,疑即《周禮》之遂人。國都城區之外曰郊,郊外曰隧,隧猶今之遠郊區。""隧夫"應即隧正、隧人。"夫"可能爲嗇夫之省,睡虎地秦簡稱縣、道之長爲"縣、道嗇夫"(《語書》),是其例。西周金文無遂夫,秦在戰國晚期行郡縣制也未見"遂"這一級行政單位。"隧夫"有可能是咸陽遠郊區主管徒役的官員,但文獻及秦簡、陶文皆未見,故其具體職責已難知其詳了。

【官名2013】

遂,爲戰國時期常見的行政區劃單位。據《周禮·地官·遂人》記載:"五家爲鄰,五鄰爲里,五里爲酇,五酇爲遂。"《周禮》所見"遂"的行政長官有遂人,疑爲遂師、遂大夫的屬官。齊璽的遂師應是遂人的長官,掌各遂之政令。《周禮·地官·遂師》:"遂師各掌其遂之政令禁戒。以時登其夫家之衆寡、六畜、車輦、辨其施舍與其可任者。經牧其田野,辨其可食者,周知其數而任之,以徵財征。作役事,則聽其治訟。"賈公彥疏:"以遂師下大夫四人所掌六遂。"《周禮·地官·遂大夫》:"遂大夫各掌其遂之政令。以歲時稽其夫家之衆寡、六畜、車輦、辨其可任者與其可施舍者,以教稼穡,以稽功事,掌其政令戒禁,聽其治訟。"李家浩先生認爲齊璽的"遂"作"□","述"與"遂"在古代可能是一個字的異體。《說文》:"述,循也。從辵,術聲。"曾憲通先生指出,遂與述(術)是一組形相因、義相屬、聲相諧的同源字。吳振武先生認爲楚璽中的"述"當讀爲"遂",是鄉遂制度中"遂"的最高行政區劃。

【廣封2019】

同《彙考2007》。

（二）郎

郎中丞印

1　2

1.《新出》P24;《秦選》P84;《大系》P146
2.《秦封》P113;《彙考》P20

【發現1997】
　　《漢書·百官公卿表》郎中令,秦置九卿之一,"掌宫殿掖門户,有丞。"

【印考1997】
　　印面爲正方形,田字格,邊長1.8釐米,邊欄右寬,印文清楚。《漢書·百官公卿表》:"郎中令,秦官,掌宫殿掖門户,有丞。"《史記·秦始皇本紀》"郎中丞"即爲輔佐官,此印爲證。

【秦封2000】
　　《漢表》:"郎中令,秦官,掌宫殿掖門户,有丞……郎掌守門户,出入車騎,有議郎、中郎、侍郎、郎中。"臣瓚曰:"主郎内諸官,故曰郎中令。"《官舊》:"郎中令主郎中。"《漢官》:"議郎、郎中,秦官也。"《七國》引《韓非》:"秦惠王愛公孫衍,郎中皆曰,兵秋起攻韓,犀首爲將。於是日也,郎中盡知之。"《史記·秦始皇本紀》:"二世皇帝元年,……趙高爲郎中令。"另:趙高密廢二世時,《集解》:"一云郎中令趙成。"漢封泥見:《雙劍》"車郎中令印",《封泥》"吴郎中印",《齊魯》《再續》"齊郎中印",《續封》《建德》《齊魯》《臨淄》《澂秋》《封存》《封拓》"齊郎中丞"。

【考略2001】
　　《漢書·百官公卿表》:"郎中令,秦官,掌宫殿掖門户,有丞。"郎中之官設置已久,據《韓非子·外儲説》記載,春秋時期齊桓公、晋文公有"郎中"之官。《華陽國志》記載,秦昭襄王時有"郎中令"之官。秦代有"三郎",即"郎中""中郎""外郎","郎中令"爲"三郎"之首官,"郎中丞"爲其副貳。

【簡讀2002】
　　《漢表》:"郎中令,秦官,掌宫殿掖門户,有丞。……郎掌守門户,出充車騎,有議郎、中郎、侍郎、郎中。"臣瓚曰:"主郎内諸官,故曰郎中令。"《史記·秦始皇本紀》:"趙高爲郎中令。”《張家·二年·秩律》“漢郎中……秩各二千石。”

【彙考2007】

　　郎中丞,官名,郎中令之佐官。戰國時始置,秦沿之。《漢書·百官公卿表》:“郎中令,秦官,掌宮殿掖門户,有丞。”顏師古注引臣瓚曰:“主郎内諸官,故曰郎中令。”王先謙《漢書補注》:“《始皇紀》(二世二年)趙高爲郎中令……郎掌守門户,出充車騎,有議郎、中郎、侍郎、郎中,皆無員,多至數千人。議郎、郎中秩比六百石,侍郎比四百石,郎中比三百石。”

【分域2009】

　　“郎中令”爲秦九卿之一,總管宮殿内一切事務,丞爲其佐官。《漢書·百官公卿表》云:“郎中令,秦官,掌宮殿掖門户,有丞。”

【集證2011】

　　《漢書·百官公卿表》:“郎中令,秦官,掌宮殿掖門户,有丞。”臣瓚曰:“主郎内諸官,故曰郎中令。”《史記·秦始皇本紀》:“二世皇帝元年,……趙高爲郎中令。”可見郎中丞爲秦官。

【官名2013】

　　郎中,爲王宮宿衛,掌理國君出入巡視之近侍。《史記·刺客列傳》:“秦法,群臣侍殿上者不得持尺寸之兵;諸郎中執兵,皆陳殿下,非有詔召不得上。”郎中丞,郎中之屬官,下置有郎中監、郎中左田等職官。

【職地2014】

　　秦璽印封泥中反映的郎官類名稱可以糾正和補充《百官公卿表》多處。郎中令所屬的郎官有“丞”而不是“皆無員”。太后所居的南宮也設有郎中及丞;“中郎”屬官有“監”,一如張家山漢簡中的御府監、私府監、永巷監等。郎中還有“西田”“左田”等田官。又,“中郎監印”,諸家多讀作“郎中監印”(□□□/□□),蓋爲將“郎中”二字連讀,但秦印中印面作□□/□□式者甚少,而《百官公卿表》郎中令屬官既有“中郎”又有“郎中”。參照“郎中西田”(□□/□□)讀法,“郎中監印”(□□/□□)似應讀作“中郎監印”(□□/□□),則此印可能是郎中令屬官“郎”統屬的“中郎”類職官用印。

【秦官2018】

　　《漢書·百官公卿表》:“郎中令,秦官,掌宮殿掖門户,有丞。……屬官有大夫、郎、謁者,皆秦官。……大夫掌論議,有太中大夫、中大夫、諫大夫,皆無員,多至數十人。……郎掌守門户,出充車騎,有議郎、中郎、侍郎、郎中,皆無員,多至千人。……謁者掌賓贊受事,員七十人,秩比六百石,有僕射,秩比千石。……僕射,秦官,自侍中、尚書、博士、郎皆有。古者重武官,有主射以督課之,軍屯吏、騶、宰、永巷宮人皆有,取其領事之號。”秦漢郎中令有侍衛宮殿門户和殿内侍從皇帝左右兩方面職責,幾乎總領宮内所有事務,故其地位十分重要。《史記·秦始皇本紀》記載趙高與其婿咸陽令閻樂等謀殺二世而立公子嬰時,就曾“使郎中令爲内應”而得以成功,可見郎中令宿衛宮殿、親近國君的職責非常關鍵。郎中令屬官有大夫、郎和謁者三大類。張家山漢簡《二年律令·秩律》有"漢郎中"秩禄二千石，即指有別於郡國的中央機構郎中令所屬的"郎中"。《秩律》有"漢中大夫令"，秩亦二千石，郎中令的屬官"中大夫令"秩級很高，這一方面反映出郎中令地位重要，也反映出漢初的職官設置尚在調整中。《秩律》又有"郎中司馬""僕射""長信謁者""長信謁者令""長秋謁者令"等，《津關令》所見郎中令屬官有"中大夫""中大夫謁者""郎中"等。此外還有"魯郎中"，應是與"漢郎中"相對而言。新見秦文字資料中郎中令及其屬官和官署機構用印有"南宮郎中""郎中西田""謁者丞印""謁者之印"等；但較早公布的秦封泥中還有"郎中丞印""郎中左田"和"南宮郎丞"；傳世秦璽印還有"中郎監印"，可能屬於郎中令屬官用印的還有秦璽印"左田之印"和"右公田印"等。郎中令屬官中的太中大夫、中大夫、諫大夫等不見於秦文字資料，可能秦時"大夫"尚未轉變爲專門的職官名稱，而僅如"五大夫""官大夫"等作爲爵稱使用。不過，參考官制仿秦王朝而建立的南越國官印"南越中大夫"來看，不排除秦時有"大夫"類職官。《漢書·百官公卿表》未載的郎中令屬官可據秦文字資料進一步補充，如由"郎中西田""郎中左田"可知郎中還有"西田""左田"等田官。由"中郎監印"可知"中郎"屬官有"監"，與張家山漢簡中的御府監、私府監、永巷監等名稱類似。

【廣封2019】

　　案《漢書·百官公卿表》："郎中令，秦官，掌宮殿掖門戶，有丞。……郎掌守門戶，出充車騎，有議郎、中郎、侍郎、郎中，皆無員，多至千人。"（臣瓚曰："主郎內諸官，故曰郎中令。"）《史記·秦始皇本紀》："二世皇帝元年，年二十一。趙高爲郎中令，任用事。"此其丞之印也。

郎中左田

1　　　　　　　　　　2

1.《彙考》P22；《大系》P147
2.《發現》圖12；《圖例》P52；《秦封》P115；《書集》P118；《彙考》P22

【發現1997】

　　蓋郎中令屬下的田官。左爲動詞，即佐。

【管窺1997】

封泥表明郎中令所屬有掌田之官，爲《表》文所遺漏。

【印考1997】

印面正方形，田字格，邊長1.8釐米，印文邊欄完整。郎中，爲國君的侍衛。"郎中左田"，似爲皇帝賜給"左署"郎中之"私田"也。《官印徵存》中收録"右公田印"一枚，是爲見證。

【左田1998】

説見"左田之印"。

【秦封2000】

《漢表》：郎中令屬官有郎中。説見"郎中丞印"。《睡虎·田律》："入頃芻稾，以其受田之數。"左田當爲公田，此爲郎中屬下之田。秦印見：《徵存》"泰上寢左田，右公田印，官田臣印，小廄南田，廄田倉印"。漢封泥見：《臨淄》"左田之印"，《封泥》"趙郡左田"。另一説似讀爲"左田郎中"。又一説左田爲田獵官。

【簡讀2002】

郎中釋讀見"郎中丞印"。《穀梁傳·桓四年傳》"春曰田"，《淮南子·本經訓》"焚林而田，竭澤而漁"。"左田"或當爲田獵官。

【上封2002】

郎中爲郎中令屬官，掌宮殿掖門户，《百官表》："郎掌守門户，出充車騎"。"左田"爲公田之官，但與郎中之職掌關係不明。秦印又有"泰上寢左田""官田丞印""小廄南田"。

【彙考2007】

郎中左田，官名，屬郎中令。秦時有"公田""私田"之分。此封泥當指郎中令屬下管理田地的官吏。

【圖説2009】

傳世秦封泥趙郡左田（《集成》2059）。蓋郎中令屬下的郡置公田官。秦時有"公田""私田"之分。此封泥指郎中令下屬管理田地的官署。

【分域2009】

秦時有"公田"和"私田"之分。該印當爲郎中令下管理田地的官吏所用。

【集證2011】

此疑爲郎中令之屬官，唯文獻失載。郎中令爲武職，或亦有田。（以下文字原爲釋讀"泰上寢左田"，《集證2011》將之歸入"田官之印"，見208頁）裘錫圭《嗇夫初探》云："……疑'田左'當讀爲'田佐'，相當於秦律的部佐。漢初太上皇寢、園大概只設一官。寢園令長不但要管寢園，而且還要管理奉事寢園的奉邑民户，職務與縣令長有相近之處，其下設置田官是合理的。所以不設田嗇夫而設田佐，大概是由於奉邑民户較少、事較簡的緣故。"……曹錦炎則以爲"左田"當讀爲"佐田"，爲田官之副佐。

【職地2014】

　　學者讀爲"左田郎中"（▦），釋"左田"爲田獵之官，而秦印印面布局中没有▦式，故此説不可信。里耶秦簡8-63號有"左公田某""公田吏""旬陽左公田"等，可見秦各郡也有"公田"。據此，我們推定以上諸田印中的西、左、右均是爲了標識諸田官的區别，而秦璽印封泥中"成紀右田""泰上寝左田""小廐南田""西田□□""北田""南田""趙郡左田（瑞按，當爲楊氏左田）"等印文中的左、右、南、西北的含義亦應與此相同。

【秦官2018】

　　説見"郎中丞印"。

【廣封2019】

　　案《秦封泥彙考》：郎中左田，官名，屬郎中令。秦時有"公田""私田"之分。此封泥當指郎中令屬下管理田地的官吏。又《漢書・百官公卿表》："郎中令，秦官，掌宫殿掖門户，有丞。……郎掌守門户，出充車騎，有議郎、中郎、侍郎、郎中，皆無員，多至千人。"（臣瓚曰："主郎内諸官，故曰郎中令。"）

郎中西田

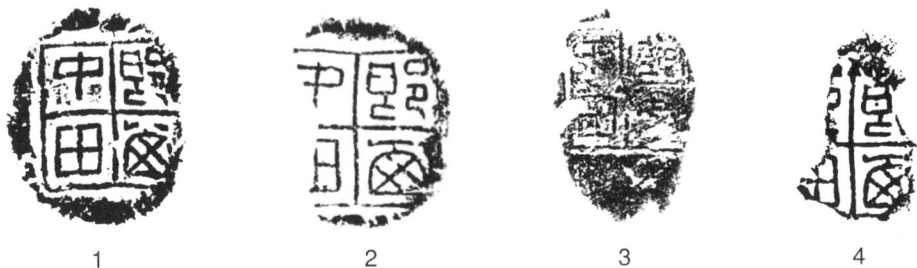

1　　　　　　2　　　　　　3　　　　　　4

1.《在京》圖一：5；《璽印》P435；《大系》P147

2.《新出》P24

3.《新出》P24；《大系》P147

4.《大系》P147

【在京2005】

　　《史記・秦始皇本紀》："趙高爲郎中令。"《張家・二年・秩律》："漢郎中……秩各二千石。"《史記・淮陰侯列傳》："項梁敗，（韓信）又屬項羽，羽以爲郎中。"《史記・儒林列傳》："學官弟子行雖不備，而至於大夫、郎中、掌故以百數。"《漢表》："郎中令，秦官，掌宫殿掖門户，有丞。武帝太初元年更名光禄勳。屬官有大夫、郎、謁者，皆秦官。"田有兩解，一謂耕作，二謂田獵。

【圖説2009】

《史記·秦始皇本紀》:"趙高爲郎中令"《張家·二年·秩律》:"漢郎中……秩各二千石。"《史記·淮陰侯列傳》:"項梁敗。(韓信)又屬項羽,羽以爲郎中。"《漢表》:"郎中令,秦官,掌宫殿掖門户,有丞。武帝太初元年更名光禄勳。屬官有大夫、郎、謁者,皆秦官。"又:秦的田官分爲中央、地方及不同體系三類。如文獻、官印、封泥中所見的大田、左田、官田、公田等皆中央官署;趙郡左田、銍將粟印等皆地方田官印;公主田、廐田及太常寢令之屬的太上寢左田和郎中令下的郎中左田,即不同體系的田官。"它們與工官、廐官、羞官一樣,明顯反映出秦中央諸卿之下自成小系統的傾向,表現了秦百官制度在初創時期一定程度上存在設置交叉、分工細密的特點。也因爲如此,漢代承其體制的同時又必然需要進行'隨時宜,明簡易'的調整。"(孫慰祖《封泥所見秦漢官制與郡國縣邑沿革》)

【秦官2018】

秦璽印有"成紀右田""泰上寢左田""小廐南田"和"右公田印"等,秦封泥有"西田□□""北田"和"南田"等,里耶秦簡8-63有"左公田某""公田吏""旬陽左公田"等,可知秦各郡縣和一些中央機構有管理"公田"的機構,亦知"西田"應是與"南田""北田"等相對而言,且與"左田""右田"一樣,只是爲了區分曹署,並不一定實指方位。"郎中西田"應是郎中令機構所屬的田官。秦封泥還有"大田丞印""旱田之印""右大田丞"等田官類職官和官署用印,但級别和隸屬不能確知。徐暢認爲:"土地在一定行政區劃内按方位設置田官。這一體制,至漢代仍然。漢半通印有西田、東田、北田,當承秦而來。"所論殆是。

（三）謁　　者

謁者之印

1 　　　　　　　　　　2

1.《印考》圖160;《印風》P134;《秦封》P115;《書法》P40;《書集》P115;《彙考》P152;《大系》P325
2.《發現》圖54;《圖例》P54;《秦封》P115;《彙考》P152;《璽印》P441;《大系》P326

【發現1997】

《漢書·百官公卿表》記爲少府屬官,名爲中書謁者。"謁者,掌賓贊受事"。本六國時舊官而秦因之。所謂西方謁者,《史記·秦始皇本紀》:"二世元年,謁者使東方來,以反者聞二世。"西方謁者,蓋聞西方事也。《三輔黃圖》:"內謁者署,在未央宮(瑞按:原作官),屬少府。《續漢書》云:'掌宮中步帳褻物。'"

【印考1997】

印面正方形,田字格,邊長2.2釐米,印文清楚,邊欄寬博。"謁者",戰國時齊、秦、楚等國均設置,掌引見賓客,贊導受事。《漢書·百官公卿表》郎中令"屬官有大夫、郎、謁者"。《宋書·百官志》云:"秦世謁者七十人,漢因之"。《漢舊儀》載,皇帝在道,丞相迎謁,謁者贊稱曰:"皇帝爲丞相下輿立。乃升車。"皇帝見丞相起,謁者贊稱曰:"皇帝爲丞相起立,乃坐。"從文獻記載可知,謁者品德上要"孝廉",而且"威容嚴格","美鬚大音"。此印比同類印均大。

【秦封2000】

《漢表》郎中令屬官有謁者。"謁者掌賓受贊事,員七十人,秩比六百石,有僕射,秩比千石。"應劭曰:"謁,請也,白也。"《漢官》卷上:"謁者僕射,秦官也,僕,主也。古者重武事,每官必有主射以都課之。"《史記·秦始皇本紀》二世元年,"謁者使東方來,以反聞二世。"《七國》引《史記》:"秦昭王使謁者王稽於魏。"《後漢·百官志》引荀綽《晋百官表注》:"昔燕太子使荆軻劫始皇,變起兩檻之間,其後謁者持匕首刺腋。高祖偃武行文,故易之以板。"漢封泥見:《齊魯》《再續》"齊中謁者",《封泥》"中宮謁者"。

【考略2001】

釋"謁□之□",相家巷遺址流散秦封泥有"謁者之印",此封泥"謁□之□"當爲"謁者之印"。《漢書·百官公卿表》載郎中令的"屬官有大夫、郎、謁者,皆秦官"。謁者爲帝王侍從官員,掌賓禮司儀,接待引見賓客,宿衛宮廷,亦有奉命出使之責。

【簡讀2002】

《漢表》:"郎中令,秦官,……屬官有大夫、郎、謁者。……謁者,掌賓贊受事,員七十人,秩比六百石,有僕射,秩比千石。"應劭曰:"謁,請也,白也。"

【彙考2007】

謁者,官名。始於春秋戰國,秦漢沿之。謁者是侍衛皇帝的近臣,充任導引賓客、司儀之職責。亦常作爲使者出巡。《漢書·百官公卿表》:郎中令屬官有"大夫、郎、謁者,皆秦官"。

【分域2009】

謁者,職官名,始置於春秋戰國。其職責主要是侍從皇帝左右,以引導賓客、充任司儀之職。《漢書·百官公卿表》云:"郎中令屬官有大夫、郎、謁者,皆秦官。"《史記·秦始皇本紀》云:"二世元年,謁者使東方來,以反者聞二世。"謁者當爲六國舊官,秦沿襲使用此官職。

【集證2011】

《漢書·百官公卿表》少府屬官有"中書謁者令、丞。"王先謙《漢書補注》云:"中書謁者令見楊惲、王尊《傳》，謁者令見《外戚傳》，……掌凡選署及奏下、尚書、文書衆事。……自武帝游宴後庭，故用宦者，司馬遷被刑徒，爲中書令，即其任也，不言謁者，省文。"謁者的職責是賓贊受事，即爲天子傳達。《百官公卿表》又云："成帝建始四年，更名中書謁者令爲中謁者令。"王先謙《漢書補注》云："《成紀》所謂'罷中書宦官'、續《志》所謂'成帝用士人復故'也。"秦謁者是宦者還是士人不可考。"西方謁者"之名不見於文獻，或爲某宮之謁者。據《漢書·百官公卿表》郎中令屬官亦有"謁者"，郎中令"掌宮廷掖門户"，故謁者或有各種名目與分工。

【官名2013】

謁者，隸秦郎中令管理，屬官有謁者僕射、西方謁者等，疑職司及品秩相當於楚官行大夫。《漢書·百官公卿表》："謁者掌賓受贊事，員七十人，秩比六百石，有僕射，秩比千石。"應劭注："謁，請也，白也。"《七國考》引《史記》："秦昭王使謁者王稽於魏。"

【職地2014】

從《韓非子》《戰國策》等先秦文獻來看，謁者是戰國初以來列國普遍設立職官，主要爲國君和諸侯通報、接待使者和賓客，是應戰國時各國往來頻繁的趨勢而設置。秦封泥有"謁者之印""謁者丞印"，還有"中謁者"類封泥多種。前者應爲郎中令屬官，後者一般被研究秦封泥的學者等同於少府屬官"中書謁者"，故多將與之相關的封泥，如中謁者、中謁者府、西方謁者、西方中謁、西方謁府等歸入少府屬官。

【秦業2016】

職官"謁者"是主管謁見君主之事，起到溝通宮廷内外的作用，在秦官制中是九卿的郎中令屬官。謁者負責爲國君和諸侯通報，接待使者和賓客，是應戰國時各國往來頻繁的趨勢而設置的。至秦和西漢時，謁者的職責爲帝王的侍從官員，掌賓禮司儀，接待引見賓客，宿衛宮廷，亦有爲天子傳達，奉命出使之責。

【秦官2018】

謁者是戰國初以來列國普遍設立的職官，主要爲國君和諸侯通報、接待使者和賓客，是應戰國時各國往來頻繁的趨勢而設置。秦封泥有"謁者之印""謁者丞印"，還有"中謁者"類封泥多種。前者應爲郎中令屬官，後者一般被研究秦封泥的學者等同于少府屬官"中書謁者"，故多將與之相關的封泥如"中謁者""中謁者府""西方謁者""西方中謁""西中謁府"等歸入少府屬官。此外，"僕射"見於睡虎地秦簡和龍崗秦簡，應是郎中令屬官。《二年律令·秩律》還有"郎中司馬"，應是漢初郎中令的屬官，但《百官公卿表》未載，秦時郎中令是否也有司馬類職官亦難以確知。

【廣封2019】

案《漢書·百官公卿表》：郎中令屬官有"謁者"。此其印也。

謁者丞印

《相家》P5;《大系》P325

【職地2014】

　　説見“謁者之印”。

(四) 西方謁者

西方謁者

　　　1　　　　　　　2　　　　　　　3

1.《印風》P134;《上封》P86;《印集》P77;《彙考》P153;《大系》P285
2.《相家》P5
3.《新出》P38;《大系》P286

【發現1997】

　　説見“謁者之印”。

【印考1997】

　　印面似爲長方形,無界格,邊長2.3釐米,寬2釐米。《史記·秦始皇本紀》記載:“二世元年,謁者使東方來,以反者聞二世。”當知始有“東方謁者”之稱,有“東方”必有“西方”。

【秦封2000】

　　《漢表》郎中令屬官有謁者,“掌賓,贊受事”。《史記·秦始皇本紀》:“謁者使東方來,以反者聞二世。”似乎按所告方向事命名謁者之職。一説西方即西房,阿房宮之謂。因爲阿房宮建築在渭南秦宮如章臺、北宮、興樂宮以西之緣故,故“西方謁者”即阿房宮謁者。漢封泥見：《齊魯》《再續》"齊中謁者"，《封泥》"中宮謁者"。

【考略2001】

《漢書·百官公卿表》："謁者，掌賓贊受事。"秦封泥有"中謁者"，漢代文獻記載有"大謁者""河堤謁者"。"中謁者"爲"中宮"屬官，"河堤謁者"大概以其"職務"命名。"西方"或爲掌管西方賓客之謁者。

【簡讀2002】

釋讀見"謁者之印"條。"西方"所指不明。

【彙考2007】

西方謁者，官名，應屬郎中令。《史記·秦始皇本紀》："（二世元年）謁者使東方來，以反者聞二世。"則西方謁者或爲派往西方而返回的使者，又或者秦之謁者有按方向分類之説。

【分域2009】

西方謁者，可能是指秦派往西方的使者。

【集證2011】

説見"謁者之印"。

【職地2014】

説見"謁者之印"。

【秦官2018】

將謁者類封泥相互參照可知，"西中謁府"和"西方中謁"應分別讀作"西（方）中謁（者）府"和"西方中謁（者）"。"西方謁者"或可讀爲"西方（中）謁者"。中謁者和西方中謁者分曹辦事，並有各自的府庫。秦封泥"中謁者"前加"西方"或省稱"西"，又未見與之相對的其他方位詞，其含義難以索解，暫存疑。

【廣封2019】

案《漢書·百官公卿表》："郎中令，秦官，掌宮殿掖門户，有丞。武帝太初元年更名光禄勳。屬官有大夫、郎、謁者，皆秦官。……謁者掌賓贊受事，員七十人，秩比六百石，有僕射，秩比千石。"《史記·秦始皇本紀》："（二世元年）謁者使東方來，以反者聞二世。"《秦封泥彙考》：西方謁者或爲派往西方而返回的使者，又或者秦之謁者有按方向分類之説。

（五）西方中謁

西方中謁

《在京》圖四：11；《璽印》P441；《大系》P286

【在京2005】

《漢表》:"郎中令,秦官,……屬官有大夫、郎、謁者。……謁者,掌賓贊受事,員七十人,秩比六百石,有僕射,秩比千石。"應劭曰:"謁,請也,白也。"《史記·樊酈滕灌列傳》:"沛公立爲漢王,拜(灌)嬰爲郎中,從入漢中,十月,拜爲中謁者。"《漢書·高后紀》記:"八年春,封中謁者張釋卿爲列侯。"注:"孟康曰:'宦者也。'如淳曰:'《百官志》謁者掌賓贊受事。灌嬰爲中謁者,後常以閹人爲之。諸官加中者,多閹人也。"《漢表》少府屬官有"中書謁者""建始四年更名中書謁者爲中謁者令",與此不同。《張家·二年·秩律》:"中謁者……秩各六百石,有丞、尉者半之。""西方中謁"可能爲設置於西之中謁者府。《秦封》錄有"西方謁者"。《新出》有"西中謁府"。

【職地2014】

説見"西方中謁"。

【秦官2018】

説見"西方謁者"。

西中謁府

1　　　　　　　2　　　　　　　3

1.《印風》P135;《印集》P77;《彙考》P153;圖版P38;《大系》P289
2.《彙考》P153;《大系》P289
3.《相家》P5;《大系》P289

【釋續2001】

"西中謁府"殆爲"西方中謁者府"之省。新出秦封泥有"西方謁者",西方或爲某宮之名,只是不能確指。秦漢時很多宮室都有謁者,故掌"宮庭掖門户"之郎中令屬官也有謁者。

【簡讀2002】

"西中謁府"或爲"西方中謁者府"省稱。亦可能爲設置於西之中謁者府。西爲秦舊都,有可能保留原有職官或隨後代機構設置而於其地設置相應職官。

【彙考2007】

　　同《釋續2001》。

【分域2009】

　　西中謁府,官署名。當爲西方中謁者府的省稱。

【職地2014】

　　説見“謁者丞印”。又,“西中謁府”和“西方中謁”應分別讀爲“西(方)中謁(者)府”和“西方中謁(者)”。“西方謁者”或可讀爲“西方(中)謁者”。中謁者和西方謁者分曹辦事,並有各自的府庫。“中謁者”前加“西方”或省稱“西”,又未見與之相對應其他方位詞,其含義難以索解,暫存疑。

【廣封2019】

　　同《釋續2001》。

六、衛　　尉

衛尉之印

《補讀》圖1;《秦封》P116;《璽印》P449;《大系》P277

【補讀1998】

　　《漢表》:“衛尉,秦官,掌宮門衛屯兵,有丞。”師古曰:“《漢舊儀》云衛尉寺在宮内。胡廣云主宮闕之門内衛士,於周垣下爲區廬,區廬者,若今之仗宿屋矣。”《史記·秦始皇本紀》秦始皇九年,有“衛尉竭”。漢瓦當見“衛”字。

【秦封2000】

　　《漢表》:“衛尉,秦官,掌宮門衛屯兵,有丞。”師古曰:“《漢舊》云衛尉寺在宮内。胡廣云:主宮闕之門内衛士,於周垣下爲區廬,區廬者,若今之仗宿屋矣。”《史記·秦始皇本紀》秦始皇九年,有“衛尉竭”。漢瓦當見“衛、屯衛”。

【簡讀2002】

　　《漢表》:“衛尉,秦官,掌宮門衛屯兵,有丞。”師古曰:“《漢舊儀》云衛尉寺在宮内。胡廣云主宮闕之門内衛士,於周垣下爲區廬。區廬者,若今之仗宿屋矣。”《張家山漢墓竹簡·二年律令·秩律》:“衛尉……秩各二千石。”

【集證2011】

1、2兩字不很清楚，周曉陸《補讀》隸定如此。《漢書·百官公卿表》："衛尉，秦官，掌宮門衛屯兵，有丞。"顏師古注："《漢舊儀》云：'衛尉寺在宮內。'"《漢書補注》王先謙曰："《始皇紀》有衛尉竭。"《古封泥集成》66爲漢"衛尉之印章"。

【官名2013】

《説文》："衛，宿衛也。从韋、帀，从行。"商代時已設有"衛"的職官，甲骨文作 、 等形（《甲骨文編》2.28）。陳夢家先生認爲："卜辭'多射、衛'似當讀作多射與衛，都是官名。"《漢書·百官公卿表》："衛尉，秦官，掌宮門衛屯兵，有丞。"漢承秦制，衛尉一職應是領兵掌守宮闕之門的武官，屬官有公車司馬、衛士、旅賁等。

【職地2014】

在考訂"衛邑園"時指出，西安市長安區神禾塬秦大墓出土"衛"字器物殘片，韓偉認爲是指掌管"宮門屯兵"的"衛尉"。我們認爲大墓出土的"衛"可能就是"衛邑園"的"衛"，正如"康園"與"康泰后淩"一樣，"康"是陵寢之名，那麼"衛"也有可能是陵園之名。神禾塬秦大墓陵園規模宏大，南北長550米，東西寬310米，約占地約260畝。陵園有墻，墻上蓋瓦，環繞陵園的兆溝上寬下窄，最寬處可達10米多，呈喇叭形，有夯土臺基和一些建築遺迹，是一座完全建成並使用了較長時間的功能齊全的陵園。雖然墓主尚有爭論，但"天子六駕"和四條墓道的規格已經大致框定墓主身份極高。據悉，該陵園陪葬坑出土文字資料有"中廚""私官""私廚""中車府"和"五十九年"等，其機構和職官多是後宮私官，又據"五十九年"（周報王年號）可知其埋葬年代在秦昭襄王五十一（前256）年後若干年。學者多據文獻記載夏太后葬"杜東"，從而推斷墓主爲孝文王的夫人、莊襄王的生母夏太后。將陵園的規模、形制、等級與出土器物及文字資料進行綜合判斷，我們認爲墓主是一位位比王侯、距秦滅亡有較長時間間隔、與後宮關係密切的秦王朝重要人物，極可能是秦始皇的祖母夏太后。隨着考古發掘的進一步深入和資料積累，大墓主人之謎有望廓清，或許能檢驗"衛邑園"之"衛"是此大墓陵園名稱的判斷是否正確。

【秦官2018】

《漢書·百官公卿表》："衛尉，秦官，掌宮門衛屯兵，有丞。……屬官有公車司馬、衛士、旅賁三令丞。衛士三丞。又諸屯衛候、司馬二十二官皆屬焉。長樂、建章、甘泉衛尉皆掌其宮，職略同，不常置。"衛尉的職責是統轄衛士，警衛宮門之內。張家山漢簡《二年律令·秩律》有"衛〈衛〉尉"（秩千石）、"衛〈衛〉尉候"（秩六百石）、"衛〈衛〉尉司馬"（秩千石）、"公車司馬"（秩八百石）等，名稱和種類與《百官公卿表》略異。新見秦文字資料中所見衛尉及其屬官用印有"衛尉之印""衛士""衛士丞印"；較早公布的秦封泥資料中還有"公車司馬""公車司馬丞""公車右馬"等，也是衛尉的屬官。

（一）公車司馬

公車司馬

　　1　　　　　　2　　　　　　3　　　　　　4

1.《西見》圖二：13；《大系》P95
2.《新出》P64；《大系》P95
3.《在京》圖一：6；《新出》P13；《璽印》P162；《大系》P95
4.《大系》P95

【陝封 1996】

　　考訂漢"公車司馬"時指出，《漢書·百官公卿表》載，衛尉屬官有公車司馬令、丞。公車司馬令簡稱公車令（見《漢書·張釋之傳》），掌管守衛宮殿的南闕門（司馬門）及夜間徼巡宮中。凡吏民上章、四方貢獻及被徵召者，皆由其轉達。《敦煌漢簡校文》有簡文"詣公車司馬，元始五年……"，《居延漢簡釋文》有簡文"□□平明里大女子充，上書一封，'居延丞印'上公車司馬"，尤爲明證。

【秦式 1998】

　　著録於《鐵雲》。《漢表》：衛尉"屬官有公車司馬、衛士、旅賁三令丞。"《漢官》卷上："公車司馬令，周官也。秩六百石，冠一梁，掌殿司馬門，夜徼宮中，天下上事及闕下，凡所徵召，皆總領之。"《睡虎·秦律雜抄》："公車司馬獵律。"漢封泥見：《齊魯》《續封》《建德》《考與》"公車司馬"。

【秦封 2000】

　　《漢表》：衛尉，"屬官有公車司馬、衛士、旅賁三令丞"。師古曰："《漢舊儀》云公車司馬掌殿司馬門，夜徼宮中，天下上事及闕下凡所徵召皆總領之，令秩六百石。"《漢官》卷上："公車司馬令，周官也。秩六百石，冠一梁，掌殿司馬門，夜徼宮中，天下上事及闕下，凡所徵召，皆總領之。"《後漢·百官志二》："公車司馬令一人，六百石。本注曰：掌宮南闕門，凡吏民上章，四方貢獻，及征詣公車者。丞、尉各一人。本注曰：丞選曉諱，掌知非法。尉主闕門兵禁，戒非常。"秦《睡虎·秦律雜抄》："公車司馬獵律。"漢封泥見：《齊魯》《續封》《建德》《考與》"公車司馬"。

【在京 2005】

　　《秦封》録有"公車司馬"，但本泥原印很窄。《漢表》："衛尉，秦官，掌宮門衛屯兵,……屬官有公車司馬、衛士、旅賁三令丞。"師古曰:《漢官儀》云公車司馬掌殿司馬門,夜徼宮中,天下上事及聞下凡徵召皆總領之。"《睡虎·秦律雜抄》中《公車司馬獵律》。《張家·二年·秩律》:"公車司馬……秩各八百石,有丞、尉者半之"。

【西見2005】

有邊欄無界格,四字拉長排列成半通印,新見。已見封泥資料有公車司馬丞。《睡虎地秦簡》中有"公車司馬獵律"。

【圖説2009】

公車司馬機構的主官稱公車司馬令,簡稱公車令,衛尉的屬官。公車司馬是負責帝王安全的皇家衛隊。負責警衛司馬門和夜間宮中巡邏。凡臣民上書和朝廷的徵召,都由公車接待和掌管。公車司馬丞是公車司馬令之佐官。《睡虎地秦墓竹簡·秦律雜抄》有"公車司馬獵律。"規定秦王出獵,公車司馬隨從,負責國王的安全並要捕獲獵物。不完成指標還要受罰。

【官名2013】

公車司馬,是公車司馬令省稱,屬官有公車司馬丞、公車右馬。公車右馬,疑是公車右司馬的省稱。秦簡《秦律雜抄》中有《公車司馬獵律》。《漢官》卷上:"公車司馬令,周官也。秩六百石,冠一梁,掌殿司馬門,夜徼宮中,天下上事及闕下,凡所徵召,皆總領之。"戰國時期齊有司馬守門的制度後,帝王的宮門就開始叫司馬門,並分左、右。

【職地2014】

秦時公車司馬主要職責應如班固所言,主要是"掌宮門衛屯兵"。龍崗秦簡有"入司馬門九(記)"。《史記·項羽本紀》:"(長史欣)至咸陽,留司馬門三日",《集解》:"凡言司馬門者,宮垣之内,兵衛所在,四面皆有司馬,主武事。總言之,外門爲司馬門也。"另外,公車司馬在帶有軍事訓練性質的貴族田獵活動中也有相應的職責,睡虎地秦簡有《公車司馬獵律》。"公車右馬"一職文獻未見,可能是"公車右司馬"之省,蓋"公車右馬"之職也有左右之分。

瑞按:《漢官六種·漢官儀》"公車司馬令,周官也。秩六百石,冠一梁,掌殿司馬門,夜徼宮中,天下上事及闕下,凡所徵召,皆總領之。李郃以公車司馬入爲侍中。"《漢書·百官公卿表》爲衛尉屬官,"衛尉,秦官,掌宮門衛屯兵,有丞。景帝初更名中大夫令,後元年復爲衛尉。屬官有公車司馬、衛士、旅賁三令丞。"顔師古注曰:《漢官儀》云,公車司馬掌殿司馬門,夜徼宮中,天下上事及闕下凡所徵召皆總領之,令秩六百石。旅,眾也。賁與奔同,言爲奔走之任也。"《史記·滑稽列傳》注引《漢儀注》云:"公車司馬掌殿司馬門,夜徼宮,天下上事及闕下,凡所徵召皆總領之。秩六百石。"《後漢書·百官志》"公車司馬令一人,六百石。本注曰:掌宮南闕門,凡吏民上章,四方貢獻,及徵詣公車者。丞、尉各一人。本注曰:丞選曉諱,掌知非法。尉主闕門兵禁,戒非常。"雲夢睡虎地秦簡《秦律雜抄有》有"公車司馬獵律",整理小組認爲,公車司馬爲朝廷的一種衛隊(《睡虎地秦墓竹簡》P86)。所見封泥分兩種,其中圖示所見1、2、3均爲半通式四字印,有邊欄,無界格,極罕見。

公車司馬印

《青泥》P6;《大系》P96

瑞按: 公車司馬,説見"公車司馬"封泥。"公車司馬印",爲"公車司馬"官署之印。

公車司馬<u>丞</u>

1　　　　　2　　　　　3　　　　　4

1.《彙考》P23
2.《彙考》P23;《大系》P96
3、4.《彙考》P23

【發現1997】
　　《漢書・百官公卿表》衛尉"屬官有公車司馬、衛士、旅賁三令丞"。師古引《漢舊儀》云:"公車司馬,掌殿司馬門,夜徼宮中,天下上事及闕下凡所徵召皆總領之。"
【印考1997】
　　印面均爲正方形,橫的"日"字格,前者邊長2.2釐米,後者2釐米,印文清晰,邊欄寬博完整。《漢書・百官公卿表》;"衛尉,秦官,掌宮門,衛屯兵。屬官有公車司馬、衛士令、丞。"顏師古注引《漢官儀》曰:"公車司馬,掌殿司馬門,夜徼宮中,天下上事及闕下,凡所徵召皆領之,令秩六百石。"陝西歷史博物館藏有"公車司馬"封泥一枚。
【秦封2000】
　　爲公車司馬之丞,説見"公車司馬"。
【考略2001】
　　公車司馬,官名。戰國秦置。掌宮中警衛。《睡虎地秦墓竹簡・秦律雜抄》:"公車司馬獵律。"《漢書·百官公卿表》：衛尉"屬官有公車司馬、衛士、旅賁三令丞。"公車司馬亦省稱爲"公車"。《後漢書·和帝紀》注引《前書音義》："公車，署名也。"《三輔黃圖》云："漢未央、長樂、甘泉宮四面皆有公車。""公車""公車司馬"即"公車司馬門"，《漢書·王莽傳（中）》云：王莽"改公車司馬爲王路四門"。《史記·項羽本紀》載："章邯恐，使長史欣請事。至咸陽，留司馬門三日，趙高不見，有不信之心。"《集解》："此言司馬門者，宮垣之內，兵衛所在，四面皆有司馬，主武事。總言之，外門爲司馬門也。"

【簡讀2002】

《漢表》："衛尉，秦官，掌宮門衛屯兵，……屬官有公車司馬、衛士、旅賁三令丞。"師古曰：《漢官儀》云公車司馬掌殿司馬門，夜徼宮中，天下上事及闕下凡徵召皆總領之。"《秦簡·秦律雜抄》有公車司馬獵律。《張家·二年·秩律》："公車司馬……秩各八百石，有丞、尉者半之"。

【彙考2007】

公車司馬丞，官名。公車司馬令之副職。戰國秦置，屬衛尉。《漢書·百官公卿表》："衛尉屬官有公車司馬、衛士、旅賁三令丞。"顏師古注曰：《漢官儀》云：公車司馬掌殿司馬門，夜徼宮中，天下上事及闕下所徵召皆總領之，令秩六百石。"第一品背面繩紋與其他封泥有別。

【分域2009】

"公車司馬丞"爲"衛尉"屬官。據《漢書·百官公卿表》載，衛尉屬官有公車司馬、衛士、旅賁三令丞。該印當爲公車司馬令的屬官"丞"所用之印。

【集證2011】

公車司馬丞爲衛尉屬官，已見上引《百官公卿表》。顏師古曰："《漢舊儀》云：'公車司馬掌殿司馬門，夜徼宮中，天下上事及闕下，凡所徵召，皆總領之。'"《漢書補注》王先謙曰："公車司馬見《王莽傳》，公車令見張釋之、外戚《傳》，公車司馬令見《東方朔傳》，公車丞見儒林、外戚《傳》。"《封泥彙編》10·1有漢"公車司馬"封泥。

【廣封2019】

案《漢書·百官公卿表》："衛尉，秦官，掌宮門衛屯兵，有丞。……屬官有公車司馬、衛士、旅賁三令丞。"（師古曰："《漢官儀》云：公車司馬掌殿司馬門，夜徼宮中，天下上事及闕下凡所徵召皆總領之，令秩六百石。"）此其丞之印也。

公車右馬

《秦封》P118；《上封》P40；《大系》P96

【秦式1998】

　　録於《續封》《建德》。或爲公車司馬之屬職。

【圖説2009】

　　説見"公車司馬"。

【官名2014】

　　公車右馬，疑是公車右司馬的省稱。又，公車，爲秦國管理車輛的機構，下設有司馬之職官。秦封泥中的公車左馬、公車右馬分別是公車左司馬、公車右司馬的省稱。

【職地2014】

　　説見"公車司馬"。

　　瑞按：公車右馬，不見於文獻。公車，見前揭"公車司馬"。從封泥看，"右馬"爲公車屬官。文獻中公車屬官有大誰令，《漢書·五行志》"褒故公車大誰卒"，注引應劭曰："在司馬殿門掌誰呵者也。"服虔曰："衛士之師也，着樊噲冠。"師古曰："大誰者，主問非常之人，云姓名是誰也。而應氏乃以誰譁爲義，云大誰呵，不當厥理。後之學者輒改此書誰字爲讙，違本文矣。大誰本以誰何稱，因用名官，有大誰長。今此卒者，長所領士卒也。"封泥中有"右廄將馬"，若依此例，"公車右馬"，或爲"公車右廄將馬"之省。

（二）衛　　士

衛士

1 2

1.《菁華》P26；《大系》P276
2.《大系》P277

【在京2005】

　　半通。《秦封》録有"衛士丞印"。

【秦官2018】

　　"衛士"和"衛士丞印"應是衛尉屬官衛士令丞用印。

【廣封2019】

　　案《漢書·百官公卿表》："衛尉，秦官，掌宮門衛屯兵，有丞，……屬官有公車司馬、衛士、旅賁三令丞。衛士三丞。"（師古曰:"《漢舊儀》云衛尉寺在宫内。胡廣云主宫闕之門内衛士,於周垣下爲區廬。區廬者,若今之仗宿屋矣。"）

衛士丞印

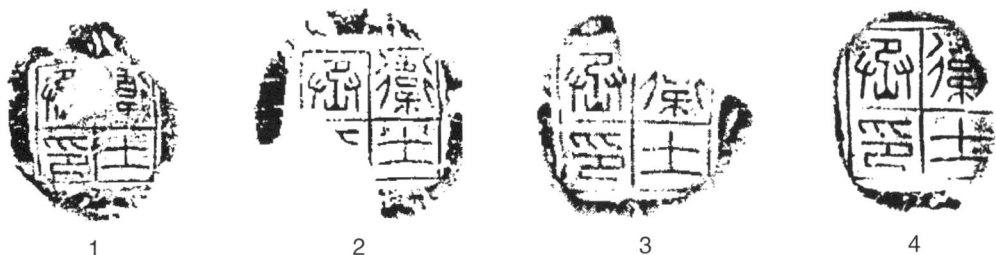

1　　　　　　2　　　　　　3　　　　　　4

1.《印風》P136;《印集》P11;《彙考》P25;《大系》P277
2.《印考》圖162;《選拓》圖13;《秦封》P118;《書集》P115;《彙考》P25;《璽印》
　 P434;《大系》P277
3.《彙考》P25;《大系》P277
4.《大系》P277

【發現1997】
　　爲衛尉屬官。《史記・秦始皇本紀》秦有衛令。二世二年,趙高遣閻樂至望夷宫殿門縛衛令。

【印考1997】
　　印面正方形,田字格,邊長2釐米,左下角殘,缺字似爲"印"字。衛士,《史記・秦本紀》云:"遣閻樂至殿門縛衛令,可參政也。……""衛士令一人,六百石,掌南北宫衛士、丞各一人"。《史記・李斯列傳》:"趙高將弑二世,詐詔衛士。"到了西漢,只有一個衛士令和三個衛士丞,此印當是衛士之佐官。

【秦封2000】
　　《漢表》:衛尉,"屬官有公車司馬、衛士、旅賁三令丞"。漢封泥見:《封泥》"衛士丞印",《齊魯》《再續》"衛士令印",《考與》"衛士校長",《徐博》"楚衛士丞",《續封》《建德》《臨淄》"齊衛士印"。漢瓦當見:"衛"。

【簡讀2002】
　　《漢表》:"衛尉,……屬官有公車司馬、衛士、旅賁三令丞。衛士三丞。"由封泥知秦衛士僅一丞。

【彙考2007】
　　衛士丞,官名,秦置。《漢書・百官公卿表》:"衛尉,秦官,……屬官有公車司馬、衛士、旅賁三令丞。"

【分域 2009】

"衛士丞"爲衛尉之屬官。該印當爲衛士令的屬官丞所用之印。

又：衛士丞,官名,衛士令之佐官。《漢害·百官公卿表》載,衛尉屬官有衛士令、丞。

【集證 2011】

《漢書·百官公卿表》："衛尉,秦官,掌宮門衛屯兵,有丞。……屬官有公車司馬、衛士、旅賁三令丞。"《漢書補注》王先謙曰："衛士令見《藝文志》,亦秦官,省文稱之曰衛令。《李斯傳》趙高將弑二世,'詐詔衛士',而《始皇紀》遣閻樂至殿門縛衛令,可參證也。"《封泥彙編》9·2有漢"衛士丞印"封泥,無界格。

【官名 2013】

衛士丞,衛士令之佐官,執掌宮中警衛,隸屬衛尉管理。據《漢書·百官公卿表》記載衛尉屬官有衛士令、丞。

【秦官 2018】

説見"衛士"。

【廣封 2019】

案《漢書·百官公卿表》："衛尉,秦官,掌宮門衛屯兵,有丞。……屬官有公車司馬、衛士、旅賁三令丞。"此其丞之印也。

七、太　　僕

（一）廄

廄璽

《新出》P67;《青泥》P7;《大系》P130

【官印 1990】

在考訂"廄印"印時指出,廄,養馬機構。秦代中央及地方均設有廄,《漢書·百官公卿表》："太僕秦官,掌輿馬……屬官有大廄"。《史記·夏侯嬰列傳》:夏侯嬰爲"沛廄司御",沛廄即是沛縣之廄。此印爲半通印形式,有日字格,當係秦縣級機構屬下的廄所用之印。

【在京2005】

　　半通。《漢表》:"詹事,秦官。……屬官有……廚廄長丞,又……倉、廄、祠祀、食官令長丞。"《睡虎・秦律雜抄》:"馬勞課殿,貲廄嗇夫一甲。"

【圖説2009】

　　廄,養馬機構。秦代中央及地方均設有廄。《史記・夏侯嬰列傳》:夏侯嬰爲"沛廄司御",沛廄即是沛縣之廄。廄璽可能是中央政府管理縣級廄的機構的用印。廄印半通印當係秦縣級機構屬卜的廄所用之印(王人聰《秦官印考述》)。

【分域2009】

　　釋讀"廄印"(《官璽印》7)時指出,"廄"爲養牛馬機構。秦代中央及地方均設有廄,《漢書・百官公卿表》云:"太僕,秦官,掌輿馬……官有大廄。"該印爲廄官所用之印。

【職地2014】

　　秦時的大/泰廄、中廄、小廄均爲服務於皇帝之廄苑,大、中、小除了用以區分名稱之外,可能還有服務對象的區分,我們無法確定秦時的詹事屬官有自己專屬的"廄"官。張家山漢簡《二年律令・秩律》中有"詹事廄長",可確定爲詹事屬官中掌管車馬之官。

廄丞之印

1　　　　　　　　2　　　　　　　　3

1.《新出》P19;《大系》P129

2.《新出》P19

3.《新出》P19;《大系》P130

【考略2001】

　　《漢書・百官公卿表》:"詹事,秦官,掌皇后、太子家,有丞。屬官有太子率更、家令丞,僕、中盾、衛率、廚廄長丞,又中長秋、私府、永巷、倉、廄、祠祀、食官令長丞。"《睡虎地秦墓竹簡・秦律雜抄》載:"馬勞課殿,貲廄嗇夫一甲。"廄嗇夫應爲"廄丞"之屬官。廄丞爲太子家或皇后（王后）中宮之官署,掌其廄中馬之管理。

【簡讀2002】

《漢表》:"詹事,秦官。……屬官有……廚廄長丞,又……倉、廄、祠祀、食官令長丞。"《秦簡·秦律雜抄》:"馬勞課殿,貲廄嗇夫一甲。"

【圖説2009】

"廄（厩）",《説文解字》曰:"馬舍也"。其實古代的廄,並非專指養馬場所,除養馬外,還養牛、羊、鹿、狗等。

【集證2011】

《官印徵存》云:"《漢書·百官公卿表》:詹事,秦官,屬官有廄。師古注:皇后之官。"不過秦有各種廄,如上所述,則此單稱廄也未必一定爲皇后之官,因爲皇后自有中廄。這兩方均是半通印,其官級別較低,當是較小的廄。

廄左丞印

1   2   3   4

1.《新出》P101;《大系》P131
2.《西見》圖二:24;《新出》P101;《大系》P131
3.《新選》P99;《大系》P131
4.《酒餘》P34上

廄□司□

《大系》P132

□廄□室

《大系》P415

廄事將馬

　　　　1　　　　　　　　2　　　　　　　3

1.《新出》P67;《大系》P130
2、3.《大系》P130

【秦廄2010】

　　秦簡封泥所見秦廄官名,大致分成三類:第一類是出土材料與傳世文獻有記載的相同職司的官名,如大廄、宮廄、中廄、騪丞等;第二類是可以憑藉傳世文獻來推測出土材料中官名的職司,如上家馬、上家馬丞、下家馬、下家馬丞、司馬令史、司馬令史掾;第三類是出土材料與傳世文獻難以辨認職司、有待考查的官名,如中廄馬府、都廄、章廄等。雖然秦廄官名品目繁多,但秦廄苑内部的主要管理者有以下幾種:一是中央各廄設有廄令、丞,丞爲令佐,例如泰廄丞、宮廄丞、中廄丞、左廄丞、家馬丞等;二是中央各廄的將馬是直接管理馬匹的官員,例如章廄將馬、左廄將馬、右廄將馬等;三是地方各廄設有廄嗇夫、皂嗇夫,或設司馬令史、司馬令史掾管理廄苑。

【職地2014】

　　秦時的大/泰廄、中廄、小廄均爲服務于皇帝之廄苑,大、中、小除用以區分名稱外,可能還有服務對象的區分,我們無法確定秦時詹事屬官有自己專屬"廄"官。張家山漢簡《二年律令·秩律》有"詹事廄長",可確定爲詹事屬官中掌管車馬之官。

　　瑞按:廄事雖不見於秦漢文獻,但偶見於《唐律疏議》卷十五,"議曰:廄庫律者,漢制九章,創加廄律。魏以廄事散入諸篇。晋以牧事合之,名爲廄牧律。"將馬早見於秦印,王輝先生指出將爲監督、管理之意,漢代之後用監而不用將(《文博》1990年5期 P245)。趙平安先生也認爲將馬時代較早,屬於戰國,而丞印較晚屬於秦代(《考古與文 物》2001年3期P60)。

廄事□□

《大系》P130

瑞按:封泥殘,左下角殘留筆畫與"廄事將馬"之"馬"似有異,或有不同。

（二）宮　廄

宮廄

　　　　1　　　　　　　　2　　　　　　　　3

1.《印考》圖182;《補讀》圖2:34;《秦封》P186;《印集》P15;《彙考》P32;《璽印》 P394;《大系》P97
2.《新出》P13;《大系》P97
3.《大系》P97

【秦封2000】
　　《睡虎·廄苑律》:"其大廄、中廄、宮廄馬牛也,以其筋、革、角入其賈(價)錢效。"官 廄當爲服務宮苑之牛馬廄。《秦陶》"宮廄"。
【簡讀2002】
　　《左傳·襄公十五年》:"養由基爲宮廄尹"。《秦簡·廄苑律》:"其大廄、中廄、宮廄馬牛也,以其筋、革、角及其賈(價)錢效,其人詣其官。"

【彙考2007】

宮廄,宮廷馬廄名。早在戰國時期的一些諸侯國已設置。《左傳》:"宮廄子晳出奔鄭。"宮廄當爲服務宮苑之牛馬廄。

【圖説2009】

説見"宮廄丞印"。

【分域2009】

"宮廄"爲宮廷馬廄名,爲太僕屬官。雲夢睡虎地秦簡《秦律·廄苑律》載,"大廄、中廄、宮廄,馬牛也。"

【秦廄2010】

睡虎地秦簡《廄苑律》記載有"宮廄"一廄名,應是御用之廄。秦封泥中有"宮廄""宮廄丞印"等官署名和官名。有學者提出,宮廄是掌王子之廄。另有人認爲宮廄是宮廷之廄,不像是掌王子之廄,可能是掌管宮中車馬的機構。在春秋時期的楚國亦設有"宮廄尹"一職,見於《左傳·昭公元年》:"十一月己酉,公子圍至,入問王疾,縊而弑之,遂殺其二子幕及平夏。右尹子幹出奔晋,宮廄尹子晳出奔鄭。"隨縣曾侯乙墓竹簡載:"凡宮廄之馬所入長壘之中五車乘。"

【官名2013】

睡虎地秦簡《廄苑律》記載有"宮廄"一廄名,應是御用之廄。西安相家巷出土的秦封泥中有"宮廄"一枚、"宮廄丞印"十枚。有學者認爲宮廄是掌王子之廄。另有學者認爲宮廄是宮廷之廄,不像是掌王子之廄,可能是掌管宮中車馬的機構。在春秋時期的楚國亦設有"宮廄尹"一職,見於《左傳·昭公元年》:"十一月,己酉,公子圍至,入問王疾,縊而弑之,遂殺其二子幕及平夏。右尹子幹出奔晋,宮廄尹子晳出奔鄭。"隨縣曾侯乙墓竹簡載:"凡宮廄之馬所入長壘之宙(中)五車乘。"另齊國有"南宮左廄",南宮爲齊國宮殿宮廄,一般認爲是宮廷之廄。

【職地2014】

説見"大廄"。"宮廄"除見於前引兩詔石權外,又見於《左傳》和曾侯乙墓出土的竹簡及齊國陶文,可見戰國時期各諸侯國均設"宮廄"。"宮廄"與"章廄"似可歸爲一類,其服務對象可能側重於各個宮殿或離宮別館,或是隸屬於各個宮殿或離宮別館的廄苑。

【楚官2016】

曾侯乙簡文中的"宮廄尹"凡三見: 1. 宮廄尹馭安車; 2. 宮廄尹之騮爲左飛(騑); 3. 司馬兩馬,□尹兩馬,右尹兩馬,左尹乘馬。大夫所□大宰匹馬,大尹兩馬,宮廄尹一馬……。另有"宮廄令"。"宮廄令"當爲"宮廄尹"的下屬職官。"宮廄尹"歷來被看作管理馬匹職官。第一,從字面講,"宮廄尹"是管理"宮廄"的官員,"廄"據《説文》指"馬舍";第二,《周禮·夏官·司馬》有"校人","掌王馬之政","六廄成校,校有左右",即"馬有二百十四匹爲廄,廄有僕夫"。出土文獻有不少"廄"可相互印證。《睡虎地秦墓竹簡》有《廐苑律》，曰"其大廐、中廐、宮廐馬牛也，以其筋、革、角及其賈（價）錢效，其人詣其官"，其大廐、中廐、宮廐當指馬舍。因此將"宮廐尹"看作管理馬匹的職官也合理。不過其爲秦簡，未提"宮廐尹"。楚簡中與"廐"相關材料以包山楚簡爲最，其中包括見於秦簡的大廐、中廐，還有秦簡未見的新大廐、廐尹。四個職官中，"大廐"還見於楚璽。楚璽中還有一璽"□（廐）左馬鉩"（《璽匯》0268），朱德熙讀"□"爲"廐"，"楚國文字裏有時借□爲廐"。"廐佐"當位於廐尹、廐令、大廐等之下。歸納材料可知，楚"廐"職官，出土文獻有"宮廐尹""宮廐令""大廐""新大廐""中廐""廐差（佐）""廐左馬"，傳世文獻有"宮廐尹""中廐尹"。表明"廐"是楚國政府機構，中央、地方皆有設置。包山楚簡"廐尹"前綴地名是地方職官，其餘皆中央職官。包山簡中"廐尹"兩見人名皆同，"大廐""新大廐"分別四見、六見，人名不同。據此推斷，"廐尹"是地方"廐"官之長，設一人，而"大廐""新大廐"雖是中央"廐"官但非中央"廐"官長，設多人。包山簡"中廐"與"大廐""新大廐"類，也非中央"廐"長。秦"廐"除《睡虎地秦墓竹簡·廐苑律》外，秦印有"章廐將馬"（《官印徵存》0023）、"左廐將馬"（《官印徵存》0024、0025）、"右廐將馬"（《官印徵存》0026、0027）、"左中將馬"（疑"左中廐將馬"省，《官印徵存》0028）、"小廐將馬"（《官印徵存》0029）及"中廐"（《考古與文物》1997年第1期44頁圖24）、"中廐將馬"（《考古與文物》1997年第1期44頁圖27）、"中廐丞印"（《古封泥集成》2665）等，表明秦有"廐"官，且多稱爲"廐將馬"。關於"將馬"，王輝有詳細解釋。王先謙補注沈欽韓曰："猶楚宮廐尹之職。"問題是《漢書》"廐將"是秦"廐將馬"還是楚"宮廐尹"，或三者是否就指一官？除楚、秦外，齊國也有"廐"名"左廐""右廐""左里廐""右里廐""司馬廐"等，與楚"廐"名甚遠，朱德熙有詳細考辨。

　　從目前材料看，秦、楚廐及廐屬官頗不同。首先，兩者設立及名稱不同。秦有"廐"及"廐官"，"廐官"未見地方材料，中央設"廐官"稱"將馬"或"丞"，職責爲監管馬匹。楚"廐官"稱"尹""令"或直稱"大廐""新大廐"等，且楚"廐"地方也有設立。其次，楚、秦簡都有"大廐""中廐"，但與秦簡"大廐""中廐"指馬舍不同，包山簡"大廐""中廐"指職官。秦國"章廐將馬"等廐官如王輝所論，可能是管理馬匹職官。楚國的"廐尹""廐令"等廐官不太可能僅是掌管馬匹職官。除廐官外，楚國還有以"馬"爲名的官，如曾侯乙簡"馬尹"也被看作與管理馬匹相關。把"宮廐尹"解釋爲軍事官，而不僅是管理馬匹職官，才能解釋文獻中"宮廐尹"參戰甚至指揮戰爭的記載。古代職掌軍事的職官多與"馬"有關，如"司馬"。"宮廐尹"的情況類似。"廐"本是馬舍，戰馬皆繫於"廐"中，故"廐"演變爲掌管這些馬及車乘的機構。因此，"宮廐尹"是地位較高軍官，爲楚中央"廐"官之長，其屬官"宮廐令""大廐""新大廐""中廐""廐差（佐）"等一系列見於楚簡的職官也當是軍官，而"廐"則是一種軍事機構。"廐"這一機構分設"大廐""新大廐""中廐"等部，據傳世文獻有"中廐尹"，疑"大廐""新大廐""中廐"各部之長皆以尹爲名，即楚國另設"大廐尹""新大廐尹"，由"宮廐尹"統轄。戰國中晚期，"廐"已設於地方，其長名"廐尹"。包山簡有"代陽廐尹"（包61）、"陽廐尹"（包189），代陽、陽疑爲縣，或縣一級地方已設"廐"。

【秦官 2018】

"宮廄"見於《左傳》、曾侯乙墓出土的竹簡及齊國陶文等,可見戰國時期各諸侯國均設置有"宮廄"。"宮廄"與"章廄"似可歸爲一類,其服務對象可能側重於各個宮殿或離宮別館,或是隸屬於各個宮殿或離宮別館的廄苑。"章廄"應是秦之章臺宮所轄之廄。

【廣封 2019】

案《睡虎地秦墓竹簡・廄苑律》:"其大廄、中廄、宮廄、馬牛殹(也),以其筋、革、角及價錢效,其人詣其官。"整理小組注:"大廄、中廄、宮廄,均係秦朝廷廄名。"《左傳》:"宮廄子晳出奔鄭。"《秦封泥彙考》:宮廄當爲服務宮苑之牛馬廄。

宮廄丞印

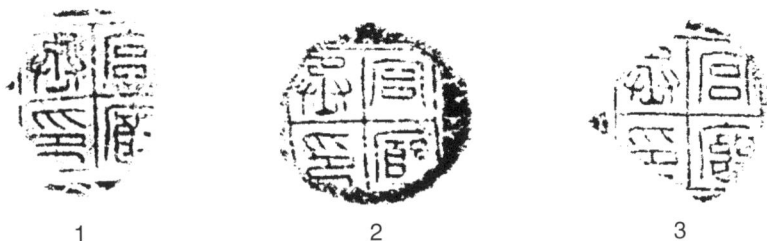

1.《發掘》圖一七:9;《新獲》P290

2、3.《彙考》P32;《大系》P97

【發現 1997】

雲夢睡虎地秦簡《秦律・廄苑律》記:"大廄、中廄、宮廄,馬牛也。"據此可知,亦當屬太僕。

【印考 1997】

印面前者爲長方形,日字格,長2釐米,寬1釐米;後者爲正方形,田字格,邊長2釐米,印文前者左下角略殘,後者清晰,筆畫精勁(瑞按:前者指"宮廄",後者指"宮廄丞印")。宮廄,似爲宮中馬舍。春秋時楚國設置"宮廄尹",掌王宮之馬政。《左傳・襄公十五年》:"養由基爲宮廄尹。"《昭公元年》:"宮廄尹子晳出奔鄭。"秦簡《廄苑律》云:"將牧公馬牛,馬(牛)死者,丞謁死所縣,縣丞診而入之,……其大廄、中廄、宮廄馬牛殹(也),以其筋、革、角,及其賈(價)錢效,其人詣其官……"從文獻記載和考古成果已知,秦時已有大廄、小廄、左廄、右廄、中廄和宮廄。"宮廄丞"爲秦宮中負責馬政的佐官,係太僕之屬。

【秦封 2000】

宮廄丞爲宮廄之丞,説見"宮廄"。

【考略 2001】

《睡虎地秦墓竹簡・廄苑律》:"其大廄、中廄、宮廄馬牛殹(也),以其筋革角及其賈

（價）錢效，其人詣其官。”“宮廄”爲負責王宮或皇宮馬匹牛畜的管理機構。“宮廄”早在春秋時代已出現，《左傳·襄公十五年》：“養由基爲宮廄尹。”“宮廄”有令，曾侯乙墓出土竹簡有“宮廄令”，“宮廄丞”爲“宮廄令”副貳。秦始皇陵東側上焦村馬廄坑76DG36號坑出陶罐肩部有“宮廄”刻文。

【上封2002】

泰廄丞印、中廄將馬、小廄丞印、都廄，相家巷村所出封泥中廄官多見，尚有“廄丞之印”“右廄丞印”“左廄”“章廄”“右廄”“下廄”“中廄馬府”等，可見馬政管理分工非常具體。按《百官表》太廄屬太僕，中廄爲皇后車馬所在，都廄主天子車馬，小廄或爲太廄之屬，各廄又有左右之分。《睡虎地秦墓竹簡·廄苑律》：“其大廄、中廄、宮廄馬牛殹（也），以其筋、革、角及其賈（價）錢效。”這批廄印封泥又可分爲廄府署及主廄馬之職官印兩類，在印形上有方形、半通形之別，表明秦官印的使用已形成一定的分工。

【簡讀2002】

説見“宮廄”條。

【彙考2007】

宮廄丞，官名。宮廄令之佐官，輔佐宮廄令管理宮廷廄苑。宮廄令之設令丞，可有大廄等推之。

【圖説2009】

秦始皇陵東側上焦村36號坑出土的陶罐的肩部刻着“宮廄”二字，“宮”字的兩個口爲方折，近於隸書，“‘廄’字爲篆書(《秦陶》1465，《陶匯》5)，當是宮廄的用器。雲夢睡虎地秦簡《睡虎地秦墓竹簡·廄苑律》：“其大廄、中廄、宮廄馬牛殹（也），以其筋革角及其賈（價）錢效，其人詣其官。”據此可知，亦當屬太僕。“宮廄”早在春秋時代已出現，《左傳·襄公十五年》：“‘養由基爲宮廄尹。’《左傳》中有：“宮廄尹子晳出奔鄭。”於某官名後續一“尹”字，爲楚之慣例。宮廄有令，曾侯乙墓出土竹簡有“宮廄令”，“宮廄丞”爲“宮廄令”副貳。“宮廄”，在戰國時許多大諸侯國都設置。如齊國“南宮左廄”（《山東博物館藏陶文拓本》3743-91）楚國亦置“宮廄”（朱德熙：《戰國文字里所見的廄》，載香港中文大學《古文字學論集初編》）。郭興文以爲“宮廄名稱的來源，源於皇宮”（《秦代馬政考略》）。秦封泥有信宮車府，因此，宮廄可能是爲各宮觀車府供應馬匹的廄苑。

【分域2009】

宮廄丞爲宮廄令的佐官所用之印。或認爲宮廄丞是服務於中央行政機構的馬廄。

【秦廄2010】

説見“宮廄”。

【集證2011】

“宮廄”之名見上引睡虎地秦簡《廄苑律》，此爲其丞之印。

【楚官2016】

説見“宮廄”。

【廣封2019】

案《秦封泥彙考》: 宮廄丞, 官名。宮廄令之佐官, 輔佐宮廄令管理宮廷廄苑。宮廄之設令車, 可由大廄等推之。又案《睡虎地秦墓竹簡·廄苑律》:"其大廄、中廄、宮廄、馬牛殹(也), 以其筋、革、角及賈錢效, 其人詣其官。"整理小組注:"大廄、中廄、宮廄, 均係秦朝廷廄名。"《左傳》:"宮廄子皙出奔鄭。"《秦封泥彙考》: 宮廄當爲服務宮苑之牛馬廄。

附: **官廄丞印**

(即"宮廄丞印"之誤釋)

【秦封2000】

官或爲秦中央行政機構之意, "官廄"爲中央行政機構馬廄。參見"官臣丞印"。秦印見:《徵存》"官田臣印"。

【簡讀2002】

《秦簡·金布律》"不盈十人者, 各與其官長共養、車牛……。"整理組注"官長, 機構中的主管官員。"《秦簡·法律答問》:"辭者不先辭官長、嗇夫。"可(何)謂"官長"? ……命都官曰"長"。"官廄"或即爲都官服務之廄。

【彙考2007】

"官廄"爲中央行政機構馬廄。

【圖說2009】

"官或爲秦中央行政機構之意, 官廄爲中央行政機構馬廄。"官廄應爲中央政府三公九卿諸官吏提供馬匹服務的馬廄。

【秦廄2010】

《説文》:"官, 史事君也。"官廄, 一般認爲是管理中央行政機構的大臣使用馬匹的廄苑。相家巷的秦封泥中有"官廄丞"一枚, 官廄丞應爲官廄令的屬官。

【集證2011】

首字下部稍殘, 周曉陸、路東之隸作"官", 或是。第二字雖殘, 但爲"廄"字可以肯定。三、四兩字幾乎殘盡, 周氏據文例補爲"丞印"。今按"官"即官府, "官廄"乃官府之廄。官與私相封, 官爲公義, 《漢書·蓋寬饒傳》:"五帝官天下, 三王家天下。家以傳子, 官以傳賢。"《史記·孝文本紀》司馬貞《索隱》引此句, 云:"官, 猶公也, 謂不私也。"秦時各縣皆有"公馬牛", 故必有官廄。睡虎地秦簡《廄苑》:"將牧公馬牛, ……今課縣、都官公服牛各一課。"只是文獻未見"官廄"之名。

【官名2013】

《説文》:"官, 史事君也。從宀, 從㠯。"秦封泥中的"官廄", 一般認爲是管理中央行政機構的大臣使用馬匹的廄苑。官廄丞應爲官廄令的屬官。

【職地2014】

"官廄"和"御廄"沒有更多可資對照的資料, 性質尚不能明確, 但似乎應隸屬於以上各類之一。

【秦官2018】

　　"官廄丞印"性質不明,首字或爲"宫"字。

（三）都　　廄

都廄

1　　　　　2　　　　　3　　　　　4

1.《大系》P70

2—4.《新出》P10;《大系》P71

【釋續2001】

　　"都廄"舊以爲指天子之廄。《漢書・惠帝紀》:"(三年)秋七月,都廄災。"《資治通鑑》漢惠帝三年引此文,胡三省注:"都廄,大廄也,屬太僕。"又《三輔黃圖》卷六:"都廄,天子車馬所在。"不過秦有"泰廄",見新出封泥,泰即大;又有"大廄",見臨潼上焦村出土銅洗刻文。都廄、大廄封泥同出,二者似乎仍有差別。胡三省謂都廄屬太僕,也不見於《漢書・百官公卿表》。我懷疑"都廄"之"都"爲"都官"之省文。"都官"秦漢典籍及出土文字習見。睡虎地秦簡《廄苑律》:"今課縣、都官公服牛各一課……";《金布律》:"都官有秩吏及離官嗇夫,養各一人……";《内史雜》:"縣各告都官在其縣者,寫其官之用律。"拙文《"都官"顏注申論》以爲"都官一般指中央官署","部分都官或都官的分支機構設在縣"。中央官署或稱"中都官",其設在縣之分支機構則逕稱"都官"。《惠帝紀》提到"都廄",大概是中央官署之廄,這與皇帝御廄的大廄仍是有差別的。

【考略2001】

　　《三輔黃圖》載:"都廄,天子車馬所在。"《漢書・惠帝紀》:惠帝三年"秋七月,都廄災。"

【簡讀2002】

　　《漢書・惠帝紀》:"秋七月,都廄災。"《三輔黃圖》卷六:"都廄,天子車馬所在。"《秦簡・效律》"及都倉、庫、田、亭嗇夫坐其離官屬於鄉者,如令、丞。"均指縣級機構。《張家・二年・金布律》:"傳馬、使馬、都廄馬日匹一斗半升",同律有"乘輿馬芻二槀一",可知漢初"都廄馬"與指天子所用之"乘輿馬"並不同,"都廄"應尚爲縣級機構。

【彙考2007】

　　同《釋續2001》。

【圖説2009】

　　同《釋續2001》。

【分域2009】

　　秦有宮廄、泰廄等六廄職別，但未見“都廄”之記載。該印當爲中央官署之廄所用。

【秦廄2010】

　　相家巷秦封泥中有“都廄”一枚，“都廄丞印”一枚。《資治通鑑・漢惠帝三年》：“(七月)都廄災。”胡三省注：“都廄，大廄也。屬太僕。”都廄在漢代是大廄之別稱，掌養御馬。都廄丞應爲都廄的屬官。雲夢睡虎地秦簡《金布律》：“都官有秩吏及離官嗇夫，養各一人。”《漢書・宣帝紀》顏師古注：“都官令丞，京師諸署之令丞。”陳直先生認爲“都官”是泛指京師官僚機構的衆官。因此，有人認爲“都廄”應是都官之廄的省稱，爲京師官僚機構提供駕乘的官署。

【官名2013】

　　秦簡《金布律》：“都官有秩吏及離官嗇夫，養各一人……”《漢書・宣帝紀》注：“都官令丞，京師諸署之令丞。”都廄，應是都官之廄的省稱，爲京師官僚機構提供駕乘的官署。都廄丞，應是都廄令得屬官。又，《説文》：“都，有先君之舊宗廟曰都。從邑，者聲。《周禮》：‘距國五百里爲都。’”都，後來專指君王所居住之京城。《釋名・釋州國》：“國城曰都，言國君居，人所都會也。”都廄應是京城之官廄。《資治通鑑・漢惠帝三年》：“(七月)都廄災。”胡三省注：“都廄，大廄也。屬太僕。”都廄在漢代是“大廄”之別稱，掌養御馬。大廄丞，即“太廄丞”。

【職地2014】

　　漢有都廄之設。《漢書・惠帝紀》：“(三年)秋七月，都廄災。”《三輔黄圖》云：“都廄，天子車馬所在。”又張家山漢簡《二年律令・金布律》有“傳馬、使馬、都廄馬日匹叔(菽)一斗半斗”的記載，其中“傳馬”和“使馬”應指傳舍、出使所用之馬，則“都廄馬”亦應爲某種用途之馬。從字面上來看，“都廄馬”意爲“都廄”之馬匹，“都廄”應爲廄苑名稱。推測，或是漢都官機構所用馬匹之廄苑的專稱。

【秦官2018】

　　漢有都廄。《漢書・惠帝紀》：“(三年)秋七月，都廄災。”《三輔黄圖》云：“都廄，天子車馬所在。”又張家山漢簡《二年律令・金布律》：“傳馬、使馬、都廄馬日匹叔(菽)一斗半斗。”從字面上來看，“都廄”應爲廄苑名稱。“都廄”或如《三輔黄圖》所説爲“天子車馬所在”，“都”還有總領之意，“都廄”或是各類廄苑的總機構。另有一種可能，“都廄”或是秦漢“都官”機構所屬廄苑的專稱。

【廣封2019】

　　同《釋續2001》。

都廄丞印

《大系》P71

【秦廄2010】

　　説見“都廄”。

【官名2013】

　　説見“都廄”。

（四）大　　廄

大廄

　　無圖。

【字典1998】

　　包山楚簡有“大廄”，官名。《史記·酷吏·減宣傳》：“徵爲大廄丞。”《漢書·百官公卿表》：“太僕，秦官，掌輿馬，有兩丞，屬官有大廄、未央、家馬三令。”

【圖説2009】

　　“大廄”，戰國時的楚國亦曾設置，見於《湖南省文物圖録》591。據熊鐵基、安作璋《秦代官制史稿》曰：“大廄，當有其特點，其特點就是大。”“大廄”又可稱爲“太廄”。“大”與“太”（或泰）古義相通。泰廄即大廄。與大府、大倉、大官等同義，應爲皇帝專用的御廄。《漢書·百官公卿表》秦九卿之一太僕“掌輿馬，有兩丞。屬官有太（大）廄、未央、家馬三令，各五丞一尉”。大廄也設馬府。大廄馬府秦封泥見《新出》18。

【秦廄2010】

　　大廄，亦作泰廄，太廄。雲夢睡虎地秦簡《廄苑律》記載：“其大廄、中廄、宮廄馬牛殿。”秦簡的大廄、中廄與宮廄並舉，可見大廄應是御用之廄。《漢書·百官公卿表》：“太僕，秦官，掌輿馬，有兩丞。屬官有太廄、未央、家馬三令，各五丞一尉。”據此可知太廄令應爲太僕屬官之一。《周禮》夏官屬官有“太僕”官名，職掌王之服飾及傳遞王的命令，侍從王出入。又有“校人”官名，職掌王馬之政。秦合併“太僕”與“校人”兩職，沿用太僕之官名，列爲九卿之一，職掌駕輿及牧畜之事，地位顯赫。太廄丞爲太廄令的屬官。

西安相家巷出土的秦封泥中有"大廄"三枚。戰國時期的楚國亦設有大廄,長沙沙湖橋古墓中曾經出土了一枚古璽"大廄"。

【官名2013】

戰國時期的楚國亦設有大廄,長沙沙湖橋古墓中曾出土一枚古璽"大廄"。朱德熙和李家浩先生認爲"瓯"當爲廄,並舉楚昭王和曾侯乙墓竹簡的"廄"爲例證之。西安相家巷出土的秦封泥中有"大廄丞"三枚。大廄,亦作泰廄,爲太僕的屬官。秦系文字常以"泰"爲大。《周禮》夏官屬官有"太僕",職掌王之服飾及傳達命令。又有"校人",職掌王馬之政。秦合併兩職沿用太僕之官名,位列九卿之一,職掌駕輿及牧畜之事,地位顯赫。太廄丞爲太廄令得佐吏。

【職地2014】

睡虎地秦簡《廄苑律》:"其大廄、中廄、宮廄馬牛殹(也)……"簡文中大廄、中廄、宮廄並列,同屬秦中央宮廷廄苑,但看不出隸屬關係和服務對象的不同。小廄等名稱未一起出現,或當時尚未設立。秦始皇陵園附近的馬廄坑和珍禽異獸坑出土的陶文有小廄、宮廄、左廄容八斗、中廄、大廄四斗三升等,因出土於始皇陵陪葬坑,故這五廄應是服務皇帝個人的廄苑名稱。新著錄的一件秦兩詔石權(《圖像集成》18926號)有"右大廄"和"宮廄"的銘文,"大廄"和"宮廄"應爲石權的置用之處,仍屬皇帝廄苑(瑞按:《訂補2014》指出此爲銅權)。

【楚官2016】

説見"宮廄"。

【秦官2018】

除太僕屬官有大廄外,《漢書·百官公卿表》載水衡都尉掌上林苑,屬官有"六廄"。睡虎地秦簡《廄苑律》:"將牧公馬牛,馬牛死者,函謁死所縣,縣迺診而入之,……其大廄、中廄、宮廄馬牛殹(也),以其筋、革、角及其賈(價)錢效,其人詣其官。"簡文之大廄、中廄、宮廄並列,但看不出隸屬關係和服務對象的不同。小廄等名稱未一起出現,或當時尚未設立。又秦始皇陵園附近的馬廄坑和珍禽異獸坑出土的陶文有:小廄、宮廄、左廄容八斗,中廄、大廄四斗三升等。秦文字資料中"廄"類職官種類豐富,數量繁多,每類的名稱既有一定規律,又有一些特殊名目,各類之間的統屬關係很難明確。廄類職官在秦統一前後均有設置,其職能可能是統領各類廄,是總機構。傳世秦璽印有"廄倉田印",可知秦時各廄尚有"倉""田"。秦統一之前即設置各種廄苑。統一之後因事務繁多、服務對象多樣而導致廄苑名目增繁,各曹署的服務對象可能有所側重,但國家廄苑與服務於皇帝及其家族成員的廄苑的區分可能並不十分嚴格,並未像漢代那樣分工細密和職責分明。從《漢書·百官公卿表》所見的幾種"廄"官設置情況來看,漢代的"廄"官制度多承襲於秦而有所細化。

左大廄丞

《大系》P394

　　瑞按：釋讀多作“大廄左丞”，新出兩詔權有“右大廄”和“宫廄”銘文。依權銘，當讀作“左大廄丞”。

□大廄丞

《大系》P337

　　瑞按：釋讀多作“大廄□丞”，然新出兩詔權有“右大廄”和“宫廄”銘文。若依權銘和殘字筆畫，當讀“□大廄丞”。

泰廄丞印

　　1　　　　　　2　　　　　　3　　　　　　4

1.《發現》圖18;《圖例》P52;《秦封》P184;《書集》P116;《彙考》P29;《璽印》P429;
　《大系》P257

2.《大系》P257

3.《彙考》P30;《大系》P257

4.《新出》P36;《大系》P257

【發現1997】

《漢書·百官公卿表》秦九卿之一太僕"掌輿馬,有兩丞。屬官有大廄、未央、家馬三令,各五丞一尉"。泰廄即大廄。

【簡讀2002】

《漢表》:"太僕,秦官,掌輿馬,……屬官有大廄、未央、家馬三令,各五丞一尉。""泰廄"即"大廄",由封泥看,秦泰廄僅一丞。《睡虎·廄苑律》:"其大廄、中廄、宮廄馬牛也,以其、革、角及其賈(價)錢效。"

【集證2011】

《漢書·百官公卿表》云:"太僕,秦官,……屬官有大廄、未央、家馬三令,各五丞一尉。"泰廄即大廄,亦即天子御廄。大廄之名,見臨潼上焦村出土銅洗刻文,亦見睡虎地秦簡《廄苑律》。

【秦封2000】

泰廄即太廄、大廄,《周禮·夏官·校人》:"天子十有二閑,馬六種。"泰廄應是其中之一。《漢表》:"太僕,秦官,掌輿馬,有兩丞。屬官有太廄、未央、家馬三令,各五丞一尉。"秦《睡虎·廄苑律》:"其大廄、中廄、官廄馬牛也,以其筋、革、角入其賈錢效。"《秦銅》始皇陵銅洗:"大廄,四斗三升。"漢封泥見:《臨淄》"齊太廄丞"。

【彙考2007】

泰廄即太廄、大廄。春秋楚、戰國秦等國均置。秦漢沿置。《睡虎地秦墓竹簡·廄苑律》:"其大廄、中廄、宮廄、馬牛也,以其筋、革、角及其價錢效,其人詣其官。"《漢書·百官公卿表》:"太僕,秦官,掌輿馬。有兩丞。屬官有大廄、未央、家馬令,各五丞一尉。"王先謙《漢書補注》:"大廄丞見《咸宣傳》……續《志》後漢未央廄令一人,主乘輿及廄中諸馬,舊有六廄,皆六百石。"臨潼上焦村出土銅洗刻文有"大廄四斗三升"之文,既是其證也。

【秦官2018】

秦時的大/泰、申/中、小諸廄中的大、中、小除了用以區分名稱之外,可能還有服務對象的區分,但可能並不像漢代那樣有國家廄苑、天子廄苑、後宮廄苑等嚴格的界限。秦中廄機構規模較大,有令丞、馬府、廷府、馬丞和將馬。"將馬"主管飼養和放牧馬匹事務,各廄均有設置。蓋因各廄馬匹衆多,事務繁忙,故"將馬"又分左右曹署。《史記·李斯列傳》:"公子高欲奔,恐收族,乃上書曰:'先帝無恙時,臣入則賜食,出則乘輿。御府之衣,臣得賜之;中廄之寶馬,臣得賜之。"又"大倉中廄"見於張家山漢簡《二年律令·秩律》,大倉爲國家糧草倉庫,其屬官"中廄"恐不會專爲皇后供給車馬。可見直至漢初,"中廄"仍是皇帝的廄苑,與《漢書》《三輔黃圖》等所記"中廄,皇后車馬所在"的説法不同。

【廣封2019】

案：泰廄即太廄、大廄。《睡虎地秦墓竹簡·廄苑律》：“其大廄、中廄、宮廄、馬牛殹（也），以其筋、革、角及價錢效，其人詣其宮。”整理小組注：“大廄、中廄、宮廄，均係秦朝廷廄名。”《漢書·百官公卿表》有“大廄令”，係太僕屬官。“中廄”見《史記·李斯列傳》。據《漢舊儀》注：漢代大廄爲天子六廄之一，中廄爲皇后車馬所在。《漢書·百官公卿表》：“太僕，秦官，掌輿馬，有兩丞。屬官有大廄、未央、家馬三令，各五丞一尉。”則泰廄丞應爲太廄令之佐吏。又《史記·酷吏列傳》：“減宣者，楊人也。……徵爲大廄丞。”《後漢書·百官志》：“未央廄令一人，六百石。本注曰：主乘輿及廄中諸馬。長樂廄丞一人。”《秦封泥彙考》：臨潼上焦村出土銅洗刻文有“大廄四斗三升”之文。則可爲之證。

瑞按：朱德熙先生指出，“大廄”是宮廷御廄，《漢舊儀》：“天子六廄：未央廄、承華廄、騊駼廄、路軨廄、騎馬廄、大廄。馬皆萬匹。”《漢書·百官公卿表》：“太僕，秦官，掌輿馬。有兩丞。屬官有大廄、未央、家馬三令。各五丞一尉。”雲夢睡虎地秦墓竹簡《廄苑律》：“其大廄、中廄、宮廄馬牛殹（也），以其筋、革、角及其賈（價）錢效。”《漢書·武五子傳》“發中廄車”，顏師古注：“中廄，皇后車馬所在。”秦簡以中廄與大廄並舉，亦可見大廄是御廄。楚國的大廄當是楚王御廄。（《出土文獻研究》第2輯，P245—246）

（五）小　　廄

小廄丞印

1　　　　　　　2　　　　　　　3　　　　　　　4

1.《上封》P48
2.《選拓》附圖；《印風》P138；《秦封》P194；《印集》P19；《書集》P117；《彙考》P42；《璽印》P428；《大系》P304
3.《彙考》P41；《大系》P303
4.《相家》P6；《大系》P304

【發現1997】

亦當爲太僕馬廄之一。一說小馬即所謂“果下馬”，專爲宮中皇太后遊戲所用。

【印考1997】

印面均爲正方形，前者田字格，邊長2釐米，邊欄右側略殘；後者則無界格，右下側殘缺,似爲"小廄將馬",印文交叉讀法(瑞按:前者指"小廄丞印",後者指"小廄將馬")。秦時有"大廄"和"小廄","廄"既爲養馬的房舍,亦作官名。秦始皇陵馬廄坑出土的銅洗口沿上刻有"大廄四斗三升";秦始皇陵上焦村出土的陶盆、罐上有"小廄"的刻文,均爲實證。《官印徵存》中有"小廄將馬"秦印一枚,與封泥"小廄將馬"印相同,均是秦時監督管理輿馬之官。

【秦封2000】

秦之小廄未見記載,是否與"泰(大)廄"相對? 或爲小馬之廄。待考。《秦陶》:"小廄"。秦印有:《徵存》"小廄將馬,小廄南田"。

【考略2001】

秦始皇陵東側上焦村馬廄坑76DG29號坑出土的陶盆和陶罐之上均有"小廄"刻文。發掘者釋其爲"三廄",劉雲輝先生撰文釋之爲"小廄",本文從後説。相家巷遺址流散秦封泥中有"泰廄丞印"封泥,"泰廄"即"太廄""大廄"。76DG64號坑出土的銅洗口緣背面亦有"大廄四斗三升"銘文。根據先秦官制以"大""小"名官者,一般小者爲大者之屬官,如《周禮·春官》之"小史"與"大史""小胥"與"大胥","小祝"與"大祝",均係前者爲後者之屬官。又《周禮·秋官》之"小司寇"與"大司寇","小行人"與"大行人",均係前者爲後者之佐。《周禮·地官》之"小司徒"爲"大司徒"屬官。秦之"小廄"很可能爲"大廄"(即"泰廄")所屬之官署。如若,"小廄"爲王宮或皇宮掌馬之官署,其與大廄之分工待考。

【簡讀2002】

小廄史籍無載,秦陶文有"小廄",印有"小廄將馬""小廄南田"。《考略》認爲"秦之'小廄'很可能爲'大廄'(即'泰廄')所屬之官署。"

【彙考2007】

小廄丞,官名,應爲小廄令之佐官。輔佐小廄令管理小廄馬政。當屬太僕。在秦始皇陵附近馬廄坑遺址出土的刻辭器物殘片、雲夢睡虎地秦簡中,均見有大廄、中廄、小廄。則小廄當是以馬廄規模大小而命名的。

【圖説2009】

小廄丞,官名,應爲小廄令之佐官。輔佐小廄令管理小廄馬政。當屬太僕。雲夢睡虎地秦簡中,均見有大廄、中廄、小廄。則小廄當是以馬廄規模大小而命名的(《新出土秦代封泥印集》19),亦當爲太僕馬廄之一。一説小馬即所謂"果下馬",專爲宮中皇太后遊戲所用。

【分域2009】

小廄丞,官名,爲小廄令的佐官,輔佐管理小廄馬政。

【秦廄2010】

小廄,應是秦國的中央官廄,屬太僕管轄的廄苑。小廄丞爲小廄令的佐官,應爲小廄將馬,小廄南田的長官。秦璽中有一枚"小廄南田"的銅印,此應爲小廄所轄官田的田官之印。因需要有種植糧食飼養馬匹,或供養廄內人員,廄苑亦應分到耕地。裘錫圭先生《嗇夫初探》談到："有欄格的秦至漢初印中有如下兩印：'廄倉田印''小廄南田'，可知當時的廄有自已的田，當爲生產飼料所用。"《秦漢南北朝官印徵存》中將"小廄將馬"誤釋爲"小馬廄將"，將"小廄南田"誤釋爲"小田南廄"。

【集證2011】

此爲秦小廄丞之官印。

【官名2013】

同《秦廄2010》。

【廣封2019】

同《彙考2007》。

小廄將馬

《發現》圖32；《圖例》P53；《秦封》P195；《彙考》P43；《璽印》P428

【官印1990】

説見"章廄將馬"。

【發現1997】

説見"小廄"。

【秦封2000】

小廄之説見"小廄丞印"。《史記·留侯世家》："沛公拜良爲廄將。"或又可讀作："小馬廄將，小廄馬將，小馬將廄"。此當爲掌監、管理小廄馬匹之官吏。秦印見：《徵存》"小廄將馬，右廄將馬，左廄將馬"。

【論要2001】

説見"章廄丞印"。

【簡讀2002】

釋讀見"小廄"。王輝先生認爲"'將馬'之將意爲監督、管理。……漢代以後，這種意義用監不用將。《百官表》太僕屬官有龍馬、閑駒、橐泉等'五監長丞'，陳介祺《陳盦齋手拓印集》收有漢印'未央廄監'，'廄監'與'廄將'同義。張良作'廄將'，正是秦稱將而不稱監的史證。"

【彙考2007】

小廄將馬爲小廄令之屬官，此封泥殘一字，當爲"馬"，即"小廄將馬"。

【圖説 2009】

説見“小廄丞印”。

又：“將馬”之將意爲監督、管理。將馬，當係掌管飼養、牧放廄中馬匹事務的官吏名稱。秦簡《廄苑律》：“將牧公馬牛，馬[牛]死者，亟謁死所縣，縣承診而入之……其大廄、中廄、宮廄馬牛殹（也），以其筋、革、角及賈[價]錢效，其人詣其官”。簡文中的“將牧公馬牛”，意思就是率領牧放公家的馬牛，也即是簡文中所提到的大廄、中廄、宮廄所蒡養的馬牛。主管其事的官吏名稱，簡文雖未提及，但與印文參照，可能就是印文所署的“將馬”。秦代官名與“將”字連稱的還有“將行”“將作少府”（見《漢書·百官公卿表》）、將粟（見秦“銍將粟印”），這些都可作爲釋“將馬”爲官稱的旁證（王人聰《秦官印考述》）。兩種廄印，一稱“將馬”，一稱“丞”（令長丞制），特別是“左廄”“右廄”“章廄”“小廄”，廄名相同官稱各異。不會是偶然的。王氏認爲：“將馬”印的時代應較早，屬於戰國。“丞”印較晚，屬於秦代。

【分域 2009】

説見“小廄丞印”。又，將馬，職官名，主要負責飼養和放牧廄中馬匹事務；雲夢睡虎地秦簡《廄苑律》云：“將牧公馬牛，馬[牛]死者，亟謁死所縣……其大廄、中廄、宮廄，馬牛殹（也），以其筋、革、角及賈（價）效，其人詣其官。”簡文中的“將牧公馬牛”與“將馬”含義相近。“小廄將馬”（《集證》147）。“左廄將馬”（《集證》147）。“右廄將馬”（《官璽印》11）。“左中將馬”（《官璽印》16）……均爲秦廄專門掌管小廄馬匹事務的官吏所用之物。

【秦廄 2010】

説見“小廄丞印”。

【集證 2011】

此封泥捺印時稍有扭曲，從大小與布局、文字風格看，此封泥極有可能爲上印（瑞按：指“小廄將馬”秦印）所捺。夢齋封泥有好幾枚能找到原印，是一個十分有趣的現象，這也進一步證明它們是秦物。（瑞按：下句原爲釋讀“小廄將馬”秦印）小廄之釋見前文，《官印徵存》讀作小馬廄，以爲所養爲果下馬，非是。（瑞按：下節原爲釋讀“章廄將馬”文字）“將馬”之將意爲監督、管理。秦簡《倉律》：“宦者、都官吏、都官人有事上爲將，令縣貸之。”睡虎地秦墓竹簡整理小組注：“將，督送。”又《司空律》：“仗城旦勿將司；其名將司者，將司之。”“葆子以上居贖刑以上到贖死，居於官府，皆勿將司。”整理小組注：“將司，監管。”前舉“銍將粟印”將亦管理義。漢代以後，這種意義用監不用將。《百官表》太僕屬官有龍馬、閑駒、橐泉等“五監長丞”，陳介祺《陳簠齋手拓印集》收有漢印“未央廄監”“廄監”與“廄將”同義。張良作“廄將”，正是秦稱將而不稱監的史證。“將馬”似乎也可以讀作“馬將”，但考慮到秦印多按“右上—左下—左上—右下”的順序讀，且據《通典·職官七》云，後世如北周有典牝、典牡上士、中士，又有典駝、典羊、典牛中士，典亦主管之義，所以仍以讀作“將馬”爲是。

【官名 2013】

説見“小廄”。

瑞按：秦印有"小廐南田"，羅福頤讀作"小田南廐"（《秦漢南北朝官印徵存》P6）。牛濟普從之，認爲"很難判斷識讀順序"（《中原文物》1988年4期P70）。王輝、王人聰先生據出土"小廐"陶文等判斷，其應讀作"小廐南田"（王輝《文博》1990年5期P244，王人聰《古璽印與古文字論集》P55）。秦印有"小廐將馬"，羅福頤讀作"小馬廐將"（《秦漢南北朝官印徵存》P6），王輝、王人聰先生均判斷其當爲"小廐將馬"（王輝《文博》1990年5期P246，王人聰《古璽印與古文字論集》P56）。王人聰先生指出，將馬係掌管飼養、放牧廐中馬匹事物的官吏名稱，認爲秦代官名與將字連稱的，還有將行、將作少府、將粟，可作爲釋將馬爲官稱的旁證。

小廐馬府

《大系》P304

瑞按：此當爲小廐之馬府。小廐、馬府均見前揭。

小廐徒府

《大系》P304

瑞按：徒府，文獻不載。徒，或指被罰服役之人。《過秦論》："甿隸之人，而遷徙之徒也。"，文獻有徒官。《漢書·百官公卿表》宗正"屬官有都司空令丞"下如淳注："律，司空主水及罪人。賈誼曰'輸之司空，編之徒官'。"賈誼之言見《新書》："若夫束縛之，系紲之，輸之司空，編之徒官。"《漢書·賈誼傳》顏師古注"徒官"曰："司寇，主刑罰之官。編，次列也。"

小廄佐駕

《大系》P305

瑞按:原讀"小廄佐駕",封泥殘,從右側殘存筆畫看釋讀或可成立。佐駕不見於文獻,職司不明。

（六）左　　廄

左廄

1　　　　　　　2　　　　　　　3

1.《發掘》圖一六∶9;《新獲》P290;《璽印》P398;《大系》P394
2、3.《大系》P394

【秦封2000】
　　《秦陶》∶"左廄,容八斗。"秦印見∶《徵存》"左廄將馬"。
【考略2001】
　　《官印徵存》輯有"左廄將馬"秦印。秦始皇陵東側上焦村76DG30號坑出土陶盆腹部有"左廄容八斗"陶文。"左廄"應爲"廄"之所屬官署。
【簡讀2002】
　　"左廄"史籍失載,秦陶文有"左廄,容八斗"。
【分域2009】
　　左廄丞、右廄丞,秦職官。"丞"常設左、右。

【秦廄2010】

左廄和右廄應爲秦國中央的十二個廄苑之一，歷代傳世文獻對左廄、右廄没有詳細記録，難以推測其職責範圍。袁仲一先生《論秦的廄苑制度》曾論及秦諸廄名，認爲秦國中央官廄有："大廄、都廄、中廄、小廄、左廄、右廄、宮廄、章廄、御廄、家馬（上家馬、下家馬、涇下家馬）共十二廄苑。"2007年，戰國神禾原秦陵園遺址第二次發掘，出土的馬具上刻有"左廄"等文字。相家巷的秦封泥中有"左廄"一枚，"左廄丞印"三枚，"右廄"一枚，"右廄丞印"五枚。秦璽當中有"左廄將馬"和"右廄將馬"的官名，分别爲左廄令和右廄令的屬官。《官印徵存》中把"左廄將馬"誤釋爲"左馬廄將"，又把"右廄將馬"誤釋爲"右馬廄將"。

【官名2013】

基本同《秦廄2010》。

【職地2014】

蓋因各廄苑管理的馬匹衆多，或服務對象有别，或事務繁多，故有左廄、右廄之分，但其性質仍是皇帝的廄苑。由"小廄南田"和"廄倉田印"可知，諸廄應該都有自己的土地和田倉，可能是各廄私屬的田地。

【秦官2018】

因各廄苑管理的馬匹衆多，或服務對象有别，或事務繁多，故有左廄、右廄之分，但其性質仍是皇帝的廄苑。由傳世秦璽印"小廄南田"和"廄倉田印"可知，諸廄應該都有自己的土地和田倉，可能是供應後宮糧食的私田和田倉。

左廄丞印

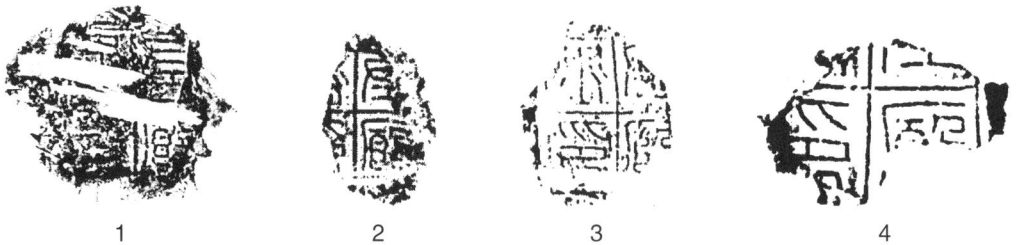

1   2   3   4

1.《秦封》P192；《彙考》P39；《大系》P394
2.《發現》圖28；《秦封》P192；《彙考》P39
3.《秦封》P192；《彙考》P40；《大系》P394
4.《新出》P97；《大系》P395

【發現1997】

秦丞常置左右，此所謂左右廄亦可能爲太僕所管之馬廄。

【秦封2000】

　　此爲左廄之丞,説見“左廄”。

【論要2001】

　　説見“章廄丞印”。

【簡讀2002】

　　釋讀見“左廄”條。

【西見2005】

　　讀“廄左丞印”。有邊欄有界格,後二字有殘損,可識。新見。此印文或可讀爲左廄丞印。發掘品有左廄封泥。已見的關於廄的封泥甚多,有宮廄、都廄、章廄、中廄、小廄、右廄。一方面説明當時馬政的繁複,另方面,也可能這些廄官有時代的先後。注家甚多,不贅。

【彙考2007】

　　左廄丞,官名。輔佐左廄令管理左廄,太僕屬官。秦常以左、右分曹。

【分域2009】

　　説見“左廄”。

【秦廄2010】

　　説見“左廄”。

【集證2011】

　　此爲秦左廄丞之官印。此亦稱“左廄”,益證《官印徵存》所謂上印爲“左馬廄”之誤(瑞按:指該書所録“左廄將馬”)。左廄見上焦村76D·G30號坑出土陶盆腹部部刻文。(瑞按:此句原爲釋讀“左廄將馬”秦印)。

【官名2013】

　　説見“左廄”。

【廣封2019】

　　同《彙考2007》。

左廄將馬

1　　　　　　　　　　　　　2

1、2.《大系》P395

【官印1990】

説見"章廄將馬"。

【秦廄2010】

説見"左廄"。

【集證2011】

左廄見上焦村76D·G30號坑出土陶盆腹部刻文。《官印徵存》讀"左馬廄"爲廄名，並云爲大駕左驂馬之廄，誤，文獻無左驂、右驂分廄飼養的記載。

【官名2013】

説見"左廄"。

（七）中　廄

中廄

1.《選拓》附圖；《印風》P166；《秦封》P187；《書集》P116；《彙考》P34；《大系》P379
2.《彙考》P34；《大系》P379

【發現1997】

中廄或爲太僕所屬，或如《漢舊儀》等所載爲皇后車馬所載。

【宦官1997】

據《漢書·百官公卿表》，皇后宮官詹事的屬官有廄令丞。"皇后稱中宮"，所以此廄又稱中廄。"中廄，皇后車馬所在也"。中廄之名，除見於文獻記載外，又見於雲夢秦簡。"中廄馬府"未見記載。此前見諸著録的秦漢官印有"中馬府"。

【印考1997】

此四枚封泥官印均係正方形，前者無界格，中者僅有十字格，後兩枚均爲田字格，印文清楚，邊欄完整（瑞按：四枚依次指"中廄""中廄馬府""中廄丞印""中廄將馬"）。中廄，古代天子内廄（養馬舍）稱爲中廄。春秋時楚有中廄尹。《左傳·昭公二十七年》："沈尹戌言於子常曰：'夫左尹與中廄尹莫知其罪，而子殺之，以興謗讟言，至於今不已。'"《史記·李斯列傳》，公子高説："先帝無恙時，……中廄之寶馬，臣得賜之。"秦始皇陵馬廄坑出土的陶罐上，兩處刻有"中廄"二字，當知"中廄"爲秦王廄苑的重要組成部分。此四印是秦廄苑中官職最齊全的一組官印，亦爲首次見到。

【秦封2000】

《三輔》：“中廄，皇后車馬所在。”《史記·李斯列傳》：“御府之衣，臣的賜之。中廄之寶馬，臣得賜之。”《漢書·戾太子傳》：“因長御倚華，具白皇后，發中廄車載射士”。秦《睡虎·廄苑律》：“其大廄、中廄、宮廄馬牛也，以其筋、革、角入其賈錢效。”《秦陶》：“中廄”。漢封泥見：《齊魯》《續封》《建德》《臨淄》“齊中廄印”，《續封》《建德》“膠東中廄”，《齊魯》《封泥》《臨淄》《澂秋》《建德》《封存》“齊中廄丞”。

【考略2001】

《漢書·戾太子傳》：“因長御倚華，具白皇后，發中廄車載射士。”顏師古注：“中廄，皇后車馬所在也。”秦始皇陵東側上焦村馬廄坑76DG2號坑出土陶罐腹部有“中廄”刻文。《睡虎地秦墓竹簡·廄苑律》載：“其大廄、中廄、宮廄馬牛殹（也），以其筋革角及其賈（價）錢效。”《漢書·百官公卿表》以大廄爲太僕屬官，掌國王或皇帝輿馬。中廄或爲中太僕屬官，掌王后或皇后車馬。中廄有令、丞、將馬、馬府等官。相家巷遺址流散秦封泥有“中廄丞印”“中廄將馬”“中廄馬府”封泥等。

【簡讀2002】

《史記·李斯列傳》“公子高欲奔，恐收族，乃上書曰：‘先帝無恙時，……中廄之寶馬，臣得賜之。’”《三輔黃圖》卷六：“中廄，皇后車馬所在。”《秦簡·廄苑律》載：“其大廄、中廄、宮廄馬牛也。”《張家·二年·秩律》：“中發弩、枸（勾）指發弩，中司空、輕車；郡發弩、司空、輕車，秩各八百石。”整理組注“中發弩”“中司空”等爲“中央政府所設主角發弩官”“中央政府統轄輕車之官”。故“中廄”或可能爲中央政府所設之廄，與地方廄相對稱。《張家·二年·秩律》：“大倉中廄……秩各八百石，有丞、尉者半之”。可見中廄非爲皇后而設。

【彙考2007】

中廄，官署名。《三輔黃圖》：“中廄，皇后車馬所在。”注引顏師古：“中廄，皇后車馬所在也。”與文相同。《史記·李斯列傳》：“御府之衣，臣得賜之。中廄之寶馬，臣得賜之。”

【圖説2009】

秦封泥所見中廄官職最多，有令、承、將馬、馬府等官，分工亦細。中廄、中廄丞印之“中”字，上下有贅筆，此種書法本於西周金文，至戰國多簡作“中”，偶見中山國、楚文字中仍存之。秦系文字更多地因循西周的因素，保留某些古體是常有的現象，秦成語印中也可見中字帶贅筆的。但漢代已淘汰了此種寫法（孫慰祖《文稿》68）。“中廄”中無界格，且中字有贅筆，此兩枚封泥文字奇古，則應爲戰國時作。……“中廄”見於《史記·李斯列傳》，公子高向胡亥請求賜死以陪葬秦陵時曾説：“先帝無恙時……中廄之寶馬，臣得賜之”。劉雲輝據此認爲中廄是秦始皇御廄無疑。或據《三輔黃圖》云：“皇后車馬所在”。《漢書·戾太子傳》有“具白皇后。發中廄車載射士”（顏師古注：“中廄，皇后車馬所在也”）的記載，皇后既發中廄之車，則中廄屬中太僕毋庸置疑。“中廄”，“中”在《説文解字》中被釋爲“内也”。“中廄”實質就指“内廄”，顏師古注説不誤。

【分域2009】

中廄，官署名。春秋時楚、戰國時秦等國置，漢因之，“中廄”當爲太僕屬官。雲夢睡虎地秦簡《秦律·廄苑律》對“廄”有較詳細的記載。

【詹事2010】

説見“北宮”。

【秦廄2010】

《史記·李斯列傳》記載：“先帝無恙時……中廄之寶馬，臣得賜之。”《三輔黃圖》云：“中廄，皇后車馬所在。”《資治通鑑·漢武帝征和二年》：“發中廄車載射士。”中廄、中廄丞，因中宮而得名，按例，中宮屬皇后之宮，因此它們應屬於皇后體系的廄官名。秦封泥中有中廄丞、中廄馬府、中廄將馬等職官官名，都應是中廄令的屬官，由於傳世文獻没有詳細記録，暫無法瞭解到其具體職司範圍及品秩。中廄將馬的“將”字有供養之意，《詩·小雅》：“王事靡盬，不遑將父。”孔穎達疏：“我堅固王事，所以不暇在家以養父母。”毛傳：“將，養也。”中廄令的屬吏“將馬”一職應與餵養馬匹有關。春秋時期的楚國曾設有掌王宮馬政的“中廄尹”一職。

【集證2011】

中廄爲皇后之廄，説已見前（瑞按：見“中廄馬府”）。

【官名2013】

《三輔黃圖》記載：“中廄，皇后車馬所在。”中宮屬皇后之宮，中廄、中廄丞、中官、中官丞、中車府、中車府丞等應屬皇后體系的官名。《史記·李斯列傳》記載：“先帝無恙時，……中廄之寶馬，臣得賜之。”《資治通鑑·漢武帝征和二年》：“發中廄車載射士。”西安相家巷出土的秦封泥中有中廄丞、中廄馬府、中廄將馬等官名，都應是中廄令的屬官。《廣雅·釋詁一》：“將，養也。”可以推知中廄將馬與飼養馬匹之職事有關。春秋時期的楚國曾設有“中廄尹”一職，掌王宮之馬政。《左傳·昭公二十七年》：“夫左尹與中廄尹，莫知其罪……”

【職地2014】

秦中廄機構規模龐大，有令丞、馬府、廷府、馬丞和將馬等屬官。“將馬”主管飼養和放牧馬匹事務，各廄均有設置。蓋因各廄馬匹衆多，事務繁忙，故將馬又分左右曹署。秦時的大/泰廄，中廄、小廄均爲服務於皇帝的廄苑，大、中小除了用以區分名稱之外，可能還有服務對象的區分。《史記·李斯列傳》：“公子高欲奔，恐收族，乃上書曰：‘先帝（秦始皇）無恙時，臣入則賜食，出則乘輿。御府之衣，臣得賜之；中廄之寶馬，臣得賜之。’”又“大倉中廄”見於張家山漢簡《二年律令·秩律》，大倉爲國家糧草倉庫，其屬官“中廄”恐不是專爲皇后供給車馬。可見，直至漢初“中廄”仍是皇帝的廄苑，與《漢書》《三輔黃圖》等所記“中廄，皇后車馬所在”的説法不同。

又，漢代職官名前加“中”者多表示服務於後宮或任職者身份是宦官。如《百官公卿表》記太僕屬官有“中太僕”掌皇太后輿馬，中長秋屬皇后屬官。又《漢書·高后紀》：“八年春，對中謁者張釋卿屬列侯。（如淳曰：“諸官加中者，多閹人也。”）諸中官、宦者令丞皆賜爵關內侯，食邑。”（師古曰：“諸中官，凡閹人給事于中者皆是也。”）多數研究者據此認爲隸屬於中太僕的馬廄應爲"中廄",但無論是典籍記載還是出土文獻均没有確鑿證據來證實這種晚出説法。甚至有證據顯示"中廄"是皇帝私人廄苑的記載,如《後漢書·宦者列傳·吕强》"時帝多稽私藏……而今中尚方斂諸郡之寶,中御府積天下之繒,西園引司農之贓臧,中廄在聚太僕之馬……"。另外,張家山漢簡《二年律令·秩律》中除"中大僕"外,其他帶有"中"的職官均不表示後宮官吏或該官職是由宦官充任,如中夫_(大夫)令、中發弩、中司空、中司馬、中候等,故我們認爲秦封泥所見"中廄"並不是皇太后、皇后的專屬廄苑,但不排除其爲皇太后、皇后提供馬匹的職責。

【楚官2016】

　　説見"宮廄"。

【廣封2019】

　　案《睡虎地秦墓竹簡·廄苑律》:"其大廄、中廄、宮廄、馬牛殹(也),以其筋、革、角及價錢效,其人詣其官。"整理小組注:"大廄、中廄、宮廄,均係秦朝廷廄名。"《漢書·百官公卿表》有"大廄令",係太僕屬官。"中廄"見《史記·李斯列傳》。據《漢舊儀》注,漢代大廄爲天子六廄之一,中廄爲皇后車馬所在。《漢書·戾太子傳》:"因長御倚華具白皇后,發中廄車載射士。"(師古曰:"中廄,皇后車馬所在也。")《史記·李斯列傳》:"御府之衣,臣得賜之;中廄之寶馬,臣得賜之。"

中廄之印

　　無圖,釋讀見《職地》P128。

中廄丞印

1

2

1.《選拓》附圖;《書集》P116;《彙考》P35;《大系》P379
2.《彙考》P35

【新見1996】

　　説見"中車府丞"。

【發現1997】

　　説見"中廄"。

【宦官1997】

　　説見"中廄"。

【印考1997】

　　説見"中廄"。

【秦封2000】

　　中廄丞爲中廄之丞。説見"中廄"。

【簡讀2002】

　　釋讀見"中廄"條。

【彙考2007】

　　中廄丞,官名。中廄令之佐官。掌皇帝輿馬,屬太僕。《漢書・百官公卿表》:"太僕,秦官,掌輿馬,有兩丞。屬官有大廄、未央、家馬三令丞,各五丞一尉。"《漢書・高惠高后文功臣表》:"以中廄令擊陳豨"。

【分域2009】

　　"中廄丞"爲中廄令的佐官。

【秦廄2010】

　　説見"中廄"。

【集證2011】

　　中廄丞爲中廄將馬之副官。《漢書・百官公卿表》太僕屬官有"龍馬……承華五監長丞"。上文"章廄將馬"條已指出,秦人用"將",漢人用"監",故"將馬"爲廄長官,丞爲副職。

【官名2013】

　　説見"中廄"。

【廣封2019】

　　案《漢書・高惠高后文功臣表》:"以中廄令擊陳豨。"此應爲其丞之印。另詳"中廄"。

中廄馬府

1　　　　　　　　　　2

1.《選拓》附圖;《印風》P133;《秦封》P191;《印集》P18;《書集》P116;《彙考》P39;《重印》P428;《大系》P380

2.《菁華》P27;《大系》P380

【發現1997】

　　説見"中廄"。

【宦官1997】

　　説見"中廄"。

【印考1997】

　　説見"中廄"。

【續考1998】

　　印面正方形,田字格,邊長1.8釐米,印文清晰,左邊欄略殘。"中廄"古代天子的内廄,爲養馬之房舍。秦代的"中廄",是秦王廄苑的重要組成部分,同時發現時還有"中廄丞印""中廄將馬"等。

【秦封2000】

　　《漢表》及封泥有"車府",此殆爲掌皇后馬匹之官署。中廄説見"中廄"。漢印見:《徵存》"馬府"。

【簡讀2002】

　　釋讀見"中廄"條。《秦簡·傳食律》:"及卜、史、司御、寺、府,……"整理組注:"府,掌管府藏的人,見《周禮·天官》。"馬府或即爲管理馬廄用具等府藏之官職。

【彙考2007】

　　《漢官解詁》卷一載:"太僕廄府,皮軒鸞旗。"説明太僕所屬的馬廄設有府。

【分域2009】

　　將馬、馬府均爲中廄令下專門管理馬的官吏。

【秦廄2010】

　　説見"中廄"。

【集證2011】

　　"中廄"當是皇后之廄。皇后食官稱中官,説見上文"西宮中官"條,則皇后之廄宜稱"中廄"。"中廄馬府""中官徒府"性質相似。中廄馬甚多,或須設府以製造、貯藏各種馬具如當盧之類。馬府是供馬所需物品之府,而非藏馬之府,馬養在廄,無須設府以貯之。

【官名2013】

　　説見"中廄"。

【廣封2019】

　　案《秦封泥彙考》:《漢官解詁》卷一載:"太僕廄府,皮軒鸞旗。"説明太僕所屬的馬廄設有府。又案《睡虎地秦墓竹簡·廄苑律》:"其大廄、中廄、宮廄、馬牛殹(也),以其筋、革、角及價錢效,其人詣其宮。"整理小組注:"大廄、中廄、宮廄,均係秦朝廷廄名。"《漢書·百官公卿表》有"大廄令",係太僕屬官。"中廄"見《史記·李斯列傳》。據《漢舊儀》注,漢代大廄爲天子六廄之一,中廄爲皇后車馬所在。《漢書·戾太子傳》:"因長御倚華具白皇后,發中廄車載射士。"(師古曰:"中廄,皇后車馬所在也。")《史記·李斯列傳》:"御府之衣,臣得賜之;中廄之寶馬,臣得賜之。"

中廄將馬

　　1　　　　　　　　2

1.《上封》P29
2.《彙考》P38；《秦封》P190；《大系》P380

【發現1997】
　　説見"中廄"。

【印考1997】
　　説見"中廄"。

【補讀1998】
　　初披露時誤爲"中廄將丞"。秦封泥已見"小廄將馬"。秦印見《徵存》"左廄將馬、右廄將馬、小廄將馬"。

【秦封2000】
　　中廄之説見"中廄"。將爲管理之意。一説讀作"中廄馬將"。秦印見《徵存》"左廄將馬、右廄將馬、小廄將馬"。

【簡讀2002】
　　釋讀見"中廄""小廄將馬"條。

【五十例2005】
　　《三輔黃圖》卷六："中廄，皇后車馬所在。"《史記・李斯列傳》："中廄之寶馬，臣得賜之。"《漢書・戾太子傳》："因長御倚華，具白皇后，發中廄車載射士。"《睡虎地秦簡・廄苑律》："其大廄、中廄、宮廄馬牛也，以其筋革角及入其賈錢效。"《秦封2000》："小廄將馬。"

【彙考2007】
　　將馬，當爲中廄令之屬官。"將"爲管理之意。

【分域2009】
　　説見"中廄馬府"。

【秦廄2010】
　　説見"中廄"。

【集證2011】
　　"馬"字周曉陸初釋"丞"，《補讀1998》已加糾正。

【廣封2019】

　　案《秦封泥彙考》: 將馬,當爲中廄令之屬官。"將"爲管理之意。又案《睡虎地秦墓竹簡・廄苑律》:"其大廄、中廄、宮廄、馬牛殹(也),以其筋、革、角及價錢效,其人詣其宮。"整理小組注:"大廄、中廄、宮廄,均係秦朝廷廄名。"《漢書・百官公卿表》有"大廄令",係太僕屬官。"中廄"見《史記・李斯列傳》。據《漢舊儀》注,漢代大廄爲天子六廄之一,中廄爲皇后車馬所在。《漢書・戾太子傳》:"因長御倚華具白皇后,發中廄車載射士。"(師古曰:"中廄,皇后車馬所在也。")《史記・李斯列傳》:"御府之衣,臣得賜之;中廄之寶馬,臣得賜之。"

附: 中廄將丞

　　《發現》圖27;《圖例》P53;《秦封》P190;《彙考》P38;《璽印》P428;《大系》P380

【圖説2009】

　　中廄將丞(《考與》1997.1.27)是中廄將馬丞的省稱。秦始皇陵東上焦村2號坑出土的陶罐腹部兩處分別刻着"中廄"二字,"中"字爲隸書,"廄"字爲篆書。中廄之名又見於《睡虎地秦墓・廄苑律》。

　　瑞按: 此爲"中廄將馬"之誤釋。

中廄廷府

　　　　1　　　　　　　2　　　　　　　3　　　　　　　4

1.《在京》圖二:18;《璽印》P428;《大系》P381

2—4.《新出》P50

【在京 2005】

《史記·李斯列傳》"公子高欲奔,恐收族,乃上書曰:'先帝無恙時,……中廄之寶馬,臣得賜之.'"《三輔黄圖》卷六:"中廄,皇后車馬所在."《睡虎·廄苑律》載:"其大廄、中廄、宮廄馬牛也."《張家·二年·秩律》:"中發弩、枸(勾)指發弩,中司空、輕車;郡發弩、司空、輕車,秩各八百石."整理組注"中發弩""中司空"等爲"中央政府所設主角發弩官""中央政府統轄輕車之官"."中廄"或可能爲中央政府所設之廄,與地方廄相對稱.《張家·二年·秩律》:"大倉、中廄……秩各八百石,有丞、尉者半之".亦表明中廄當非專爲皇后而設.

【文府 2014】

"中廄"舊説指皇后養馬之廄.《三輔黄圖》卷六:"中廄,皇后車馬所在."睡虎地秦簡《秦律十八種·苑律》:"其大廄、中廄、宮廄馬牛殹,以其筋、革、角及入其賈(價)錢效."整理小組注:"大廄、中廄、宮廄,均係朝廷廄名.……中廄見《史記·李斯列傳》.據《漢舊儀》載,漢代大廄爲天子六廄之一,中廄爲皇后車馬所在."周曉陸則説:"中廄,或可能爲中央政府所設之廄,與地方廄相對稱.《張家·二年·秩律》:'大倉、中廄……秩各八百石,有承、尉者半之.'亦表明中廄當非專爲皇后而設."其説或是.中廄有"馬府",見"中廄馬府"封泥(《考古與文物》1997年第1期44頁圖26)."中廄廷府"則爲中廄之館署.

（八）右　　廄

右廄

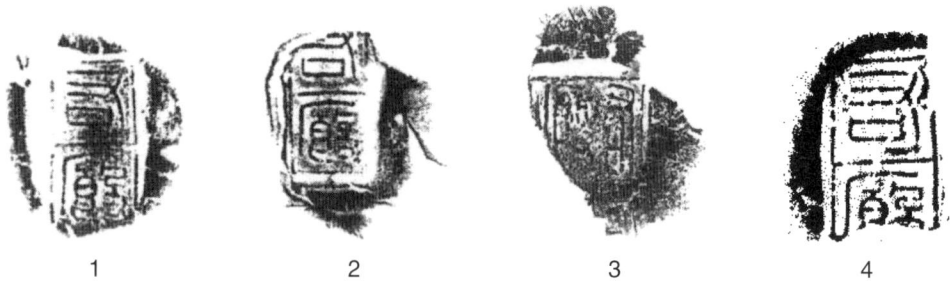

1　　　　　　2　　　　　　3　　　　　　4

1—3.《大系》P337
4.《酒餘》P45下;《大系》P337

【發現 1997】

説見"左廄".

【秦封 2000】

參見"左廄",可知秦有左右廄之設.秦印有:《徵存》:"右廄將馬".

【簡讀2002】

　　"右廄"史籍失載。由封泥知秦設左右廄,其設置或即如設左右丞相一樣。《張家・二年・秩律》:"右廄……秩各六百石,有丞、尉者半之"。

【圖説2009】

　　秦常以左、右分曹。所謂左右廄亦可能爲太僕所管之馬廄。

【分域2009】

　　説見"左廄"。

【秦廄2010】

　　説見"左廄"。

【集證2011】

　　1989年,拙作《秦印探述》推測左、右廄相對,"右廄"當爲秦廄,此封泥之問世,證明拙説不爲無據。

【官名2013】

　　説見"左廄"。

【職地2014】

　　説見"左廄"。

　　瑞按: 目前已見"右廄"封泥分爲兩種,半通者常見,如1、2、4,方形者較罕見。從形制言,方形者或早於半通。秦人善牧,廄類衆多,職官沿續時間較長,從封泥中可多有反映。

右廄丞印

　　　1　　　　　　　　2　　　　　　　　3

1.《選拓》附圖;《印風》P125;《秦封》P193;《印集》P18;《書集》P117;《彙考》P41;
　《璽印》P427;《大系》P338

2.《相家》P5;《大系》P338

3.《大系》P338

【發現1997】

　　説見"左廄"。

【印考1997】

　　印面正方形,田字格,邊長2釐米,印文規範,邊欄下側略殘。"右廄"與"左廄"相對,均爲馬舍。秦陵馬廄坑出土的陶盆上刻有"左廄容八斗"五字,字體小篆。《官印徵存》中亦有"右廄將馬"秦官印一枚。

【秦封2000】

　　右廄丞爲右廄之丞,説見"右廄"。

【論要2001】

　　説見"章廄丞印"。

【考略2001】

　　《官印徵存》輯有"右廄將馬"秦印。秦廄之下似設有"左廄"和"右廄",後世亦沿此制,如西魏、北周至隋初,皇宮之廄下屬左廄和右廄,並分設上士、中士、閑長下士諸屬官。"右廄丞印"當爲秦之右廄副貳。

【簡讀2002】

　　釋讀見"右廄"條。

【彙考2007】

　　説見"左廄丞印"。

【分域2009】

　　説見"左廄"。

【秦廄2010】

　　説見"左廄"。

【集證2011】

　　此爲右廄丞之官印。

【官名2013】

　　説見"左廄"。

【廣封2019】

　　同《彙考2007》。

右廄將馬

《大系》P338

【官印1990】

　　説見"章廄將馬"。

【可齋2003】

在考訂"右廄將馬"印時指出,秦太僕下有大廄令,見《漢書・百官公卿表》。秦封泥中又見"中廄",爲中太僕之屬官,《漢書・戾太子傳》有皇后"發中廄車載射士"之載。《雙劍誃古器物圖録》輯入漢初封泥有"右太僕印",推知秦時有左、右太僕。右廄應是右太僕屬官。"將馬"爲管理廄馬之官。雲夢睡虎地秦墓出土《秦律》簡文中有"將牧公馬牛",與魏晋官印"將兵都尉"文例同。印文鑿刻,具有自然欹側的意趣。

【秦廄2010】

説見"左廄"。

【官名2013】

説見"左廄"。

瑞按:舊有秦印"右廄將馬",羅福頤先生讀爲"右馬廄將",謂右馬廄當是右騑馬之廄(《官印徵存》P5),牛濟普先生從文獻中有"廄將"出發,讀其爲"右馬廄將"(《中原文物》1988年4期P70)。王輝先生從右廄與左廄對讀出發,指出其應讀爲"右廄將馬"(《文博》1990年5期P246)。該枚封泥殘,以"左廄""右廄"及"左廄將馬"例,"右廄將馬"的釋、讀應可成立。

（九）下　　廄

下廄

《補讀》圖19;《秦封》P196;《彙考》P44;《璽印》P397;《大系》P295

【補讀1998】

此廄或與"泰廄",或與"上廄"相對。"下家馬丞"或爲下廄之家馬署。秦封泥已見"上家馬丞"。

【秦封2000】

秦封泥見"上家馬丞","下家馬丞"。下廄可能爲下家馬之廄。

【簡讀2002】

"下廄"史籍失載,先秦官制有上卿、中卿、下卿;上大夫、下大夫。下廄或可與大廄、中廄組合。因相家巷遺址出土封泥延續時代較長,所反映出的官制非固定一時之官制,所以封泥所反映的各種廄名之配合難一一辨析。

【彙考2007】

因秦封泥有"上家馬丞""下家馬丞",故此當爲下家馬廄之省稱。

【官名2013】

　　説見"上家馬丞"。

【職地2014】

　　"下廐"之名,不像大中小、左右易於理解。疑"下廐"或爲"下家馬廐"之省稱,因爲"家馬"本身即是"主供天子私用",理應有獨立的廐苑。以上大、中、小三類,加上左、右兩類和"下(家馬)",總共有"六廐",或就是《漢舊儀》"天子六廐"的雛形。也有學者將大、中、小,左、右,宫、章、官、御,三家馬(上家馬、下家馬和涇陽家馬)等看作12個廐苑名稱,與《周禮》"天子十二閑、馬六種"聯繫,認爲秦廐苑名的數量與《周禮》記述相符,以此"説明秦廐苑制沿襲於前代"。其結論可能並不一定準確。

【秦官2018】

　　"下廐"之名,不像大中小、左右。我們懷疑"下廐"或爲"下家馬廐"之省稱,因爲"家馬"本身即是"主供天子私用",理應有獨立的廐苑。以上大、中、小三類,加上左、右兩類和"下(家馬)",總共有"六廐",或就是《漢舊儀》"天子六廐"的雛形。

下廐丞印

《秦封》P197;《彙考》P45;《大系》P295

【補讀1998】

　　説見"下廐"。

【秦封2000】

　　爲下廐之丞,説見"下廐"。

【簡讀2002】

　　釋讀見"下廐"條。

【彙考2007】

　　下廐丞,即管理下廐的官吏之一。

【分域2009】

　　秦封泥中有"下家馬丞","下廐"可能爲"下家馬廐"的省稱。

【集證2011】

　　第三字已殘,從殘畫看應是"丞"字。周曉陸、路東之《空前的收獲,重大的課題/古陶文明博物館藏秦封泥綜述》隸作"下廐丞印",無説。今按秦有大廐、小廐、左廐、右廄,皆相對而言。中廄爲皇后之廄,章廄爲宮廄之一,皆可解釋。此封泥爲"下廄",依理應有上廄。而竟未見,未審何故。"下廄"之名亦文獻所不載,但此廄地位低下,大概是可以肯定的。

【官名2013】

　　説見"上家馬丞"。

（十）章　廄

章廄

1 　　　　　　　　2 　　　　　　　　3

1.《新獲》P289;《大系》P366
2.《新出》P47;《大系》P366
3.《大系》P366

【考略2001】

　　秦都咸陽渭河以南有"章臺",這是一處朝政建築。因此《史記·蘇秦列傳》記載:"蘇秦説楚威王曰,今欲西面而事秦,則諸侯莫不西面而朝於章臺之下矣。"秦王在章臺舉行過不少政務活動,見於記載的有楚王朝秦王於章臺,秦王坐章臺見藺相如等。章臺之重要由此可見。章臺作爲秦王、秦始皇"渭南"朝政宮室,置"廄"管理其車馬是必須的。漢承秦制,西漢未央宮、長樂宮分別設有"未央廄""長樂廄",不但宮城或宮室置"廄",一些樓觀也設"廄",如都城長安附近的霸昌觀中有"霸昌廄"。從漢代宮觀之廄的名稱看,均爲宮觀之名與廄連稱,如"未央廄""長樂廄""霸昌廄"等。疑"章廄"爲章臺之廄省稱。

【簡讀2002】

　　章廄史籍無載,學者多認爲乃章臺之廄省稱,確否待驗證。

【秦廄2010】

　　官名"章廄"在歷代的職官資料中沒有發現,目前對此官名的推測有兩種不同意見。一部分學者認爲"章"爲秦章臺宮之省稱,"章廄"即章臺宮之廄。另有學者則認爲"章廄"爲飼養章馬之廄;相家巷的秦封泥中有"章廄丞印"十三枚,但未見"章廄"之封泥。秦璽中另有一枚"章廄將馬"。在《官印徵存》中,將"章廄將馬"誤釋爲"龍馬廄"。

【集證2011】

說見"章廄將馬"。

【官名2013】

同《秦廄2010》。

【職地2014】

"章廄"之章,一般認爲就是秦之章臺宮。

章廄丞印

1   2

1.《書法》P35;《彙考》P30;《大系》P367
2.《新出》P47

【發現1997】

秦太僕屬官又有"龍馬、閑駒、橐泉、駒駼、承華五監長丞。"羅福頤據此釋秦"章馬廄將"印爲"龍馬廄將",現在看來所謂章廄或爲裝飾華麗的御馬之廄,當屬太僕;或爲秦章臺之馬廄。

【印考1997】

印面正方形,田字格,邊長2釐米,印文清楚,邊欄寬博,金石氣息濃郁。章廄,似爲章臺之馬廄。"章廄丞"則有可能是秦章臺宮内負責馬政的佐官。《官印徵存》收錄"章廄將馬"秦官印一枚。王輝先生考爲章臺馬廄監督之印。

【秦封2000】

章或爲章臺之省,《史記·蘇秦列傳》:"蘇秦説楚威王曰:'今欲西面而事秦,則諸侯莫不西面而朝於章臺之下矣。'"《廉頗藺相如列傳》:"秦王坐章臺。""章馬"一詞,羅福頤先生曾釋爲"龍馬",不確。西周金文已見"章馬"一詞(見《史頌簋》《大簋》等),或爲佩玉飾的馬,或爲有華彩的馬,章廄疑即飼章馬之廄。一説疑爲章臺之馬廄。秦印見:《徵存》"章廄將馬"。

【論要2001】

左廄、右廄、章廄、小廄都是廄名,左廄、小廄還見於秦始皇陵東側馬廄坑出土的陶文。將馬,王人聰先生考釋説:"當係掌管飼養、牧放廄中馬匹事務的官吏名稱。秦簡

《廄苑律》：'將牧公馬牛，馬［牛］死者，亟謁死所縣，縣亟診而入之……其大廄、中廄、宮廄馬牛（也），以其筋、革、角及賈（價）錢效，其人詣其宮'。簡文中的'將牧公馬牛'，意思就是率領牧放公家的馬牛，也即是簡文中所提到的大廄、中廄、宮廄所豢養的馬牛。主管其事的官吏名稱，簡文雖未提及，但與印文參照，可能就是印文所署的'將馬'。'新出秦封泥中還有另一類廄印，如"左廄丞印""右廄丞印""章廄丞印""小廄丞印""中廄丞印"（古陶文明博物館藏封泥）。施田字格，但不作對角讀。廄的官吏稱丞，可與《漢書·百官公卿表》對照："太僕，秦官，掌輿馬，有兩丞。……屬官有大廄、未央、家馬三令，各五丞一尉。""詹事，秦官，掌皇后、太子家，有丞……屬官有……廚、廄長丞。""主爵都尉，秦官，掌列侯。……又（有）［右］都水、鐵官、廄、廚四長丞皆屬焉。"這證明《漢書·百官公卿表》所述廄的官制也適合秦，廄的負責人稱令、長、丞。兩種廄印，一稱"將馬"，一稱"丞"（令長丞制），特別是"左廄""右廄""章廄""小廄"，廄名相同官稱各異，不會是偶然的。王氏解釋"將馬"時所引《廄苑律》所述爲戰國制度，與"將馬"相類的"左田將騎"印爲戰國齊的遺物，又"將馬"一詞秦漢以後再不見行用，因此，"將馬"印的時代應較早，屬於戰國。"丞"印較晚，屬於秦代。

【考略2001】

"章廄丞印"爲"章廄"屬官之印，《官印徵存》輯有"章廄將馬"秦印。

【簡讀2002】

説見"章廄"。

【彙考2007】

章即章臺省稱。《史記·楚世家》：昭王誘楚懷王"西至咸陽，朝章臺，如藩臣，不與亢禮"。章廄爲飼章臺馬之廄。

【圖説2009】

説見"章廄丞印"。

【分域2009】

"章廄丞"爲太僕屬官，章廄令的佐官，輔佐章廄令管理章廄馬政事務。該印也可能爲秦章臺之馬廄的丞所用。

【秦廄2010】

説見"章廄"。

【集證2011】

此爲章臺廄丞之印。

【官名2013】

説見"章廄"。

【廣封2019】

案：章即章臺。《史記·楚世家》：昭王誘楚懷王"西至咸陽，朝章臺，如蕃臣，不與亢禮"。又《秦封泥彙考》：章廄爲飼章臺馬之廄。則章廄丞即爲在章臺管理飼馬的官員，此爲其印也。

章廄將馬

《大系》P367

【官印1990】

在釋讀"章廄將馬"（讀爲"龍馬將廄"）秦印時指出,以上六印,第一印羅福頤釋印文首字爲"龍",讀印文爲"龍馬廄將"。陳直釋印文首字爲"童",讀印文爲"童馬將廄",並云"印文之將廄,疑與傳文（按指《史記·留侯世家》文）之廄將相似"。今按印文首字羅釋"龍",可信,陳釋"童"不確。羅、陳二氏讀印文爲"龍馬廄將"或"童馬將廄",均不可從。此印與20至24五印,同一形式,有田字格,印文從右上角讀起,作交叉讀,各印應讀爲"龍廄將馬""左廄將馬""右廄將馬""小廄將馬"。這六方印都是廄官所用之印,而非軍官廄將之印。秦漢之際的半通印中有"廄印"及廄印封泥,是廄官有印的明証。《漢書·百官公卿表》:"太僕,秦官,掌輿馬……屬官有大廄、未央、家馬三令……又車府、路軨、騎馬、駿馬四令丞,又龍馬、閑駒、橐泉、駒騄、承華五監長丞",注:"如淳曰:橐泉廄在橐泉宮下,駒騄,野馬也"。據如淳所說,可知龍亦爲廄名,印文之"龍廄"可能即是龍馬廄之省稱。其他各印之"左廄""右廄""小廄"也是廄名。前述1976年秦始皇陵東側馬廄坑出土秦代陶器刻辭,記有秦馬廄名稱如"左廄""小廄",正可與印文互爲印證。將馬,當係掌管飼養、牧放廄中馬匹事務的官吏名稱。秦簡《廄苑律》:"將牧公馬牛,馬【牛】死者,亟謁死所縣,縣丞診而入之……其大廄、中廄、宮廄馬牛殹,以其筋、革、角及賈【價】錢效,其人詣其官"。簡文中的"將牧公馬牛",意思就是率領牧放公家的馬牛,也即是簡文中所提到的大廄、中廄、宮廄所豢養的馬牛。主管其事的官吏名稱,簡文雖未提及,但與印文參照,可能就是印文所署的"將馬"。秦代官名與"將"字連稱的還有"將行""將作少府"（見《漢書·百官公卿表》）、將粟（見下秦"鈐將粟印"）,這些都可作爲釋"將馬"爲官稱的旁證。

【圖說2009】

章爲章臺之省。秦有章臺宮,秦王在章臺舉行過不少政務活動,《史記·蘇秦列傳》:"蘇秦説楚威王曰:今欲西面而事秦,則諸侯莫不西面而朝於章臺之下矣。"《廉頗藺相如列傳》:"秦王坐章臺,見相如。"《資治通鑑》:"秦昭工六年,楚懷王入秦,朝章臺。"至於省稱的原因,大概因爲"章臺廄將馬"5字不便於安排。秦漢宮名省稱之例甚多。

秦有蘄年宫,《秦始皇本紀》:"蘄年宫在雍。"而鳳翔出土有"年宫"2字瓦當,應即"蘄年宫"之省文。可見此爲當時習俗(王輝《秦印探述》《秦文化論叢》第一集)。筆者按:各宫似有車府、馬廄,如信宫車府、章廄將馬等。章廄可能是宫廄的下級(下屬)機構。

【分域2009】

印文第一字舊釋分歧頗多,陳直先生《史記新證》釋作"章馬將廄",或釋爲龍馬將廄。當釋爲"章廄將馬"。秦有章臺宫,官亦爲廄,《漢書·百官公卿表》云:"太僕,秦官,掌御馬,屬官有龍馬、閑駒等五監長丞。"將馬即監督管理之意,該印當爲秦章臺宫負責管理輿馬之官所用。

【秦廄2010】

説見"章廄"。

【集證2011】

在釋讀"章廄將馬"印時指出,此印《官印徵存》釋作"龍馬廄將",陳直《史記新證》111頁釋"童馬將廄",似皆不妥。《官印徵存》釋文當是根據羅福頤先生意見。羅先生有《龍字私議》一文,專門討論該印,言首字與《漢簡》古文龍作𩪃同,《周禮·夏官·司馬》有"馬八尺爲龍",《漢書·百官公卿》云"太僕秦官,掌輿馬",屬官有龍馬、閑駒、橐泉、駒騄、承華五監長丞,因説"於此知漢有龍馬廄,亦沿秦制也"。其實此字作章,與《汗簡》龍字古文根本不同,而與金文頌鼎、頌簋"出入覲章(璋)"之章作𣾃、奢章作曾侯乙鎛"章"作𣑒(《文物》1979年7期)、《古文四聲韻》下平聲陽韻《古老子》章字作𣑒、漢印"廣漢大將軍章"章字作𨮯完全相同,應釋章而不應釋龍。"龍馬"作爲廄名,亦不見於秦簡。陳先生釋爲童字,亦非。《史記·留侯世家》云:"沛公拜良爲廄將。"陳先生説:"印文之將廄,疑與傳文之廄將相似",語在疑似之間。查《留侯世家》,"沛公拜良爲廄將",時值"沛公將數千人,略地下沛";在秦二世二年,"廄將"必爲秦官,而"廄將"實爲"某廄將馬"之簡稱,不應倒爲"將廄"。考察戰國及秦代廄的命名方式:御廄稱大廄,見上焦村馬廄坑出土銅洗口沿刻文及長沙沙湖橋古墓出土的楚國古璽;皇后之廄稱中廄,見上焦村馬廄坑出土陶罐刻文;或以郡邑里等所在地名廄,如齊有"精衞右叚(廄)""司馬聞(門)叚(廄)""左里叚(廄)"(朱德熙《戰國文字中所見有關廄的資料》);或以宫殿之名命名,秦簡《廄苑律》:"其大廄、中廄、宫廄馬牛殹,以其筋、革、角及其賈(價)錢效。"隨縣曾侯乙墓竹簡:"宫廄尹之駒馬爲左飛……""宫廄尹馭安車……"(同前朱德熙文所引)。《漢書·百官公卿表》:"太僕秦官,掌輿馬,屬官有……龍馬、閑駒、橐泉、駒騄、承華五監長丞。"注引如淳曰:"橐泉廄在橐泉宫下。"漢又有未央廄,亦以宫爲廄名;此外,尚有左廄、右廄、小廄等,究竟是獨立的廄名還是泛指以上的某一種或某一部份廄名,目前尚不清楚。到了漢代,亦以馬名爲廄名,如駒騄如淳云爲野馬,《漢官儀》還有果馬廄、此外還有大宛廄,則是馬的産地名廄,王先謙《漢書補注》引沈欽韓曰:"《黃圖》大宛廄在長安城外,疑此之龍馬監也。"沈氏的懷疑是有道理的。《漢書·武帝紀》太初"四年春,貳師將軍廣利斬大宛王首,獲汗血馬來,作西極天馬之歌。"歌見《漢書·禮樂志》,其中有"天馬徠,龍之媒"句,應劭曰:"言天馬者,乃神龍之類，今天馬已來，此龍必至之效也。"可見天馬即龍馬，也指大宛馬。由此得知龍馬廄之稱殆在武帝之後，與此印時代不合。章廄亦"宮廄"一類，章爲章臺之省。秦有章臺宮，《史記·蘇秦列傳》："蘇秦説楚威王曰：今欲西面而事秦，則諸侯莫不西面而朝於章臺之下矣。"又《廉頗藺相如列傳》："秦王坐章臺，見相如。"《資治通鑑》："秦昭王六年，楚懷王入秦，朝章臺。"至於省稱的原因，大概因爲"章臺廄將馬"五字不便於安排。秦漢宮名省稱之例甚多。秦有蘄年宮，《秦始皇本紀》："蘄年宮在雍"。而鳳翔出土有"年宮"二字瓦當，應即"蘄年宮"之省文；漢上林苑有陽禄觀，見《三輔黃圖》，而陳直先生舊藏"上禄"瓦片，陳先生《三輔黃圖校注》"定爲上林苑陽禄館之簡稱"；漢之甘泉苑繁稱爲甘泉上林苑或甘泉上林宮，而《秦漢瓦當文字》有"甘林"瓦，亦甘泉上林之簡稱。可見此爲當時習俗。"將馬"之將意爲監督、管理。秦簡《倉律》："宦者、都官吏、都官人有事上爲將，令縣貨之。"睡虎地秦墓竹簡整理小組注："將，督送。"又《司空律》："仗城旦勿將司；其名將司者，將司之。""葆子以上居贖刑以上到贖死，居於官府，皆勿將司。"整理小組注："將司，監管。"前舉"鈺將粟印"將亦管理義。漢代以後，這種意義用監而不用將。《百官表》太僕屬官有龍馬、閑駒、橐泉等"五監長丞"，陳介祺《陳簠齋手拓印集》收有漢印"未央廄監""廄監"與"廄將"同義。張良作"廄將"，正是秦稱將而不稱監的史證。"將馬"似乎也可以讀作"馬將"，但考慮到秦印多按"右上—左下—左上—右下"的順序讀，且據《通典·職官七》云，後世如北周有典牝、典牡上士、中士，又有典駝、典羊、典牛中士，典亦主管之義，所以仍以讀作"將馬"爲是。王人聰亦讀爲"將馬"，王氏云："此印……有田字格，印文從右上角讀起，作交叉讀，……是廄官所用之印，而非軍官廄將之印。秦漢之際的半通印中有'廄印'及廄印封泥，是廄官有印的明證。"但"章"字則仍從羅先生讀爲龍，不妥。

（十一）家　　馬

家馬

1　　　　　　　2　　　　　　　3

1.《發現》圖19;《秦封》P184;《璽印》P395
2.《大系》P128
3.《圖例》P53;《書集》P115

【發現1997】

太僕屬官,《漢書·百官公卿表》師古曰:"家馬者,主供天子私用,非大祀戎事軍國所須,故謂之家馬也。"

【秦封2000】

《漢表》:"太僕,秦官,掌輿馬,有兩丞。屬官有太廄、未央、家馬三令,各五丞一尉。"師古曰:"家馬者,主供天子私用,非大祀戎事軍國所須,故謂之家馬。"《漢表》又記:"武帝太初元年更名家馬爲挏馬。"應劭曰:"主乳馬,取其汁挏治,味酢可飲,因以名官也。"如淳曰:"主乳馬,以韋草爲夾兜,受數斗,盛馬乳,挏取其上肥,因名曰挏馬。《禮樂志》丞相孔光奏省官七十二人,給大官挏馬酒。"漢封泥見:《封泥》"家馬丞印",《齊魯》《再續》"挏馬農丞"。

【簡讀2002】

《漢表》:"太僕,秦官,掌輿馬,有兩丞。屬官有大廄、未央、家馬三令,各五丞一尉。"師古曰:"家馬者,主供天子私用,非大祀戎事軍國所須,故謂之家馬也。"《張家·二年·秩律》:"家馬……秩各六百石,有丞、尉者半之。"

【圖説2009】

家馬丞,官名,家馬令之佐官。主皇帝私用馬匹,屬太僕。《漢書·百官公卿表》:"太僕,秦官,掌輿馬,有兩丞。屬官有大廄、未央、家馬三令,各五丞一尉。"顏師古注:"家馬者,主供天子私用。非大祀戎事軍國所需,故謂之家馬。"

【分域2009】

"家馬"爲太僕屬官。《漢書·百官公卿表》顏師古注曰:"家馬者,主供天子私有,非大祀戎事軍國所需,故謂之家馬也。"又云:"太僕,秦官,掌輿馬,有兩丞。屬官有大廄、未央、家馬三令,各五丞一尉。"

【秦廄2010】

顏師古認爲:"家馬者,主供天子私用,非大祀戎事軍國所須,故謂之家馬也。"家馬廄管轄有上家馬、下家馬兩廄。涇下家馬廄亦屬中央廄苑管轄,當時有將京師之馬放養於外地廄苑的習慣,由此可知此廄是由中央把家馬廄分置於涇陽地區。上廄應爲上家馬之廄,下廄應爲下家馬之廄。相家巷的秦封泥中有"家馬"一枚,"上家馬"五枚,"下家馬"三枚,"涇下家馬"一枚。上家馬令、丞,下家馬令、丞和涇下家馬令、丞都應是家馬令的屬官。

【秦官2018】

在釋太僕時指出,太僕見於先秦文獻,秦漢時太僕職掌天下車馬,又主馬政。《漢書·百官公卿表》:"太僕,秦官,掌輿馬,有兩丞。屬官有大廄、未央、家馬三令,各五丞一尉。又車府、路軨、騎馬、駿馬四令丞;又龍馬、閑駒、橐泉、騊駼、承華五監長丞;又邊郡六牧師苑令,各三丞;又牧橐、昆蹏令丞皆屬焉。中太僕掌皇太后輿馬,不常置也。"張家山漢簡《二年律令·秩律》中有"大僕",秩級爲二千石,屬官有"車府""家馬""未央廄""右廄"等;"中大僕",秩千石,可能屬於中太僕屬官的還有"大倉中廄""詹事廄長"等。秦封泥有"家馬""下家馬丞"和"涇下家馬",應隸屬於家馬令和家馬五丞。

所謂“下家馬”應是爲了區分曹署,因秦封泥中還有“上家馬丞”,《秦封泥集》疑“下”爲“下廄”之省,恐誤。

上家馬丞

1 　　　　　　　　　　2

1.《印考》圖167;《印風》P145;《秦封》P250;《書集》P115;《彙考》P45;《璽印》P429;《大系》P208
2.《印集》P20;《彙考》P45;《大系》P208

【發現1997】
　　説見“家馬”。

【郡縣1997】
　　西漢時地方郡縣多設有名目繁多之屬官署,一般係中央派出之機構。《漢書·百官表》云:京兆尹“屬官有長安市、廚兩令丞,又都水、鐵官兩長丞”。左內史更名左馮翊,“屬官有廩犧令丞尉。又左都水、鐵官、雲壘、長安四市四長丞皆屬焉”。右扶風“治內史右地,屬官有掌畜令丞。又有右都水、鐵官、廄、雍廚四長丞屬焉”。此乃西漢三輔於丞、尉之外所設置的特種屬官。實際上,這種特殊的屬官在三輔之外的郡、縣也設置。如《漢書·地理志》就多記有郡縣設此種官的記載。如“南陽郡,秦置。……縣三十六:宛,故申伯國。……有工官、鐵官”。“太原郡,秦置。有鹽官,在晋陽。……有家馬官”。又《後漢書》志卷二六《百官》大司農本注:“郡國鹽官、鐵官本屬司農,中興皆屬郡縣。”是西漢時郡縣(國)所置之特種屬官屬中央大司農、太僕諸部,東漢時屬郡縣。封泥“上家馬丞”中的“家馬”,據《漢書·百官志》太僕條云:“秦官,掌輿馬,有兩丞。屬官有大廄、未央、家馬三令,各五丞一尉。”“武帝太初元年更名家馬爲挏馬。”應劭注曰:“主乳馬,取其汁挏治之,味酢可飲,因以名官也。”則“家馬令(官)”爲中央太僕屬官。新發現的秦封泥中有“家馬”印,即爲太僕屬官,太僕之家馬官也設於郡縣,如上引《漢書·地理志》太原郡就有“家馬官”。如此,封泥“上家馬丞”,應爲秦上郡(治今陝西榆林南)之家馬官(令)之佐吏“丞”印。

【印考1997】
　　印面均爲正方形,田字格,邊長2釐米,前後兩者印文清晰,邊欄完整(瑞按:前者指"上家馬丞"，後者指"涇下家馬"）。家馬，太僕的屬官。師古注《百官公卿表》家馬時說："家馬者，主供天子私用，非大祀戎事軍國所須，故謂之家馬也。"《漢書·食貨志》云："景帝始造苑中馬以廣用。""天子（武帝）爲伐胡故，盛養馬，馬之往來長安者數萬匹。"《漢書·地理志》記載："太原郡有家馬官。"以上兩印均没有明確記載，"上家馬丞"似爲上苑中的家馬官，待考。而"涇下家馬"中的"涇下"，似爲地名，指何地？是否指"涇陽"，亦待進一步考證。

【秦封2000】

一說上約指上郡。說見"上郡侯丞"。家馬即爲《漢表》"太僕……秦官'掌輿馬'有兩丞。屬官有大廏、未央、家馬三令，各五丞一尉"中之家馬丞，太僕屬官漢時也設於郡縣。如太原郡就有"家馬官"。由此枚封泥知秦之上郡亦設有"家馬令"。另據"下廏""下廏丞印""下家馬丞"等秦封泥，可能爲"上廏"家馬之丞。漢封泥見：《封泥》"家馬丞印"。

【簡讀2002】

釋讀見"家馬"條。《漢書·地理志》太原郡"有家馬官"。臣瓚曰："漢有家馬廏，一廏萬匹，時以邊表有事，故分來在此。家馬後改曰挏馬也。""上"指不明。

【彙考2007】

家馬丞，官名，家馬令之佐官。主皇帝私用馬匹，屬太僕。《漢書·百官公卿表》："太僕，秦官，掌輿馬，有兩丞。屬官有大廏、未央、家馬三令，各五丞一尉。"顏師古注："家馬者，主供天子私用，非大祀戎事軍國所需，故謂之家馬也。"此封泥中名上家馬丞、下家馬丞者，或以上、下分曹，或爲家馬五丞之一。

【圖說2009】

上、下"家馬"之上、下爲區別字，左右依然。《新出土秦代封泥印集》20或曰上家馬丞爲上郡家馬丞之省。下家馬丞爲下邽家馬丞之省。

【分域2009】

說見"家馬"。

【秦廏2010】

說見"家馬"。

【集證2011】

《漢書·百官公卿表》："太僕，秦官，掌輿馬，有兩丞。屬官有大廏、未央、家馬三令，各五丞一尉。"顏師古注："家馬者，主供天子私用，非大祀、戎事軍國所需，故謂之家馬也。"家馬既有"五丞"，"上家馬丞"當爲其一，"上"爲區別字。

【官名2013】

家馬不是爲了祭祀和征戰所用，而是爲古代君王私用的馬匹。家馬廏管轄有上家馬、下家馬兩廏。涇下家馬廏亦屬中央廏苑管轄，當時有把京師之馬放養於外地廏苑的習慣，由此可知，此廏是由中央把家馬廏分置於涇陽地區。上廏應爲上家馬之廏，下廏應爲下家馬之廏。西安相家巷出土的秦封泥有"家馬"一枚、"上家馬"五枚、"下家馬”三枚、“涇下家馬”一枚。上家馬令、丞,下家馬令、丞和涇下家馬令、丞都應是家馬令的屬官。又,秦封泥所見官名的稱謂隨機構名的減省而變化,失去原來的意義,從而更難以判定其職司和品秩。例如:上家馬丞(上廄家馬丞)、下家馬丞(下廄家馬丞)等。

【職地2014】

　　“上家馬丞”“下家馬丞”應該都屬於“家馬五丞”之一,特加上、下區分。“涇下家馬”蓋爲“涇陽下家馬”之省,亦屬於“家馬五丞”之一;《秦封泥集》疑“下”爲“下廄”之省,恐誤。

　　又:“上官”和“下官”可能是戰國中晚期三晋對“上私官”和“下私官”的省稱,用“上”和“下”區分不同曹署,例同秦封泥中“上家馬”和“下家馬”。

【代馬2017】

　　“上家馬丞”和“下家馬丞”似應爲家馬令五丞中的兩丞。

【廣封2019】

　　同《彙考2007》。

下家馬丞

1　　　　　　　2

1.《秦封》P197;《彙考》P46;《璽印》P429
2.《印集》P20;《彙考》P46;《大系》P295

【補讀1998】

　　説見“下廄”。

【秦封2000】

　　“下”疑或爲“下廄”之省,參見“下廄”。“家馬”,參見“家馬”,又參見“上家馬丞”。

【簡讀2002】

　　釋讀見“家馬”條。“下家馬丞”可與“上家馬丞”相對,“下”指不明。

【圖説2009】

　　説見“上家馬丞”。

【分域2009】

　　說見"家馬"。又："下廄"可能爲"下家馬廄"的省稱。

【秦廄2010】

　　說見"家馬"。

【集證2011】

　　"下家馬丞"與"上家馬丞"相對,爲家馬五丞之一。

【官名2013】

　　說見"上家馬丞"。

【職地2014】

　　說見"上家馬丞"。

【代馬2017】

　　說見"上家馬丞"。

【秦官2018】

　　說見"家馬"。

【廣封2019】

　　同《彙考2007》"上家馬丞"。

（十二）中　　馬

中馬□印

《大系》P381

　　瑞按：文獻中未見中馬之官,然"中馬"尚見於文獻。如《漢書·李廣利傳》"漢軍取其善馬數十匹,中馬以下牝牡三千餘匹,而立宛貴人之故待遇漢使善者名昧蔡以爲宛王"。《九章算術》有"今有武馬一匹,中馬二匹,下馬三匹,皆載四十石至阪,皆不能上。……武馬一匹力引二十二石、七分石之六,中馬一匹力引十七石、七分石之一,下馬一匹力引五石、七分石之五"。《唐六典·太僕寺》"典廄令掌繫飼馬牛,給養雜畜之事;丞爲之貳。凡象一給二丁,細馬一、中馬二、駑馬三、駝、牛、騾各四、驢及純犢各六、羊二十各給一丁……"。

中馬權府

《大系》P381

瑞按：原讀“中權馬府”，以“中馬”可連稱看，此當讀爲“中馬權府”。“權”字拓本模糊，然字左側“木”旁清晰。職官不見於文獻，所指不明。

右中馬丞

《秦封》P173；《璽印》P429；《大系》P341

【官印1990】
在釋讀“左中將馬”秦印時指出，此印之字體、形制與“龍廄將馬”等印相同，亦係秦印。印文右起自上而下順讀，“左中”當是廄名，“將馬”爲官稱，詳前“龍廄將馬”印考釋。

【陝封1996】
據《漢書·百官公卿表》記載，秦漢皆設有五官、左右中郎三將，分掌三署諸郎。平常諸郎執戟守衛殿門，出行充當車騎扈從。“右中”，當爲右中郎將的簡稱。“馬丞”乃掌馬之官，大駕出行車騎扈從甚多，用馬不在少數，各署養馬實屬必然。“右中馬丞”殆是右中郎將署掌管馬匹之官。見於秦漢印章封泥的有“代馬丞印”（《官印徵存》10頁）、“西河馬丞”（同書33頁）、“軍中馬丞”（同書26頁）等。

【秦式1998】
藏於《陝博》，錄於《考與》。《漢表》：中尉，秦官，屬官有“式道左右中候、候丞及左右京輔都尉、尉丞兵卒皆屬焉。”應劭曰：“式道凡三候，車駕出還，式道候持麾至宮門，門乃開”。據此,似爲式道右候之馬丞。又據吳鎮烽先生考釋:據《漢表》的記載,秦漢皆設有五官、左、右中郎三將,分掌三署諸郎。“右中”當爲右中郎將的簡稱。“馬丞”乃掌馬之官。秦印見《徵存》:“代馬丞印”;漢印見《徵存》:“西河馬丞”“軍中馬丞”;漢封泥見《齊魯》《續封》《建德》《澂秋》“齊中右馬”。

【秦封2002】

《漢表》:中尉,秦官,屬官有“式道左右中候,候丞及左右京輔都尉,尉丞兵卒皆屬焉。”應劭曰:“式道凡三候,車駕出還,式道候持麾至宮門,門乃開。”師古曰:“式,表也。”據此,似爲式道右中候之馬丞。又據吳鎮烽先生考釋:據《漢表》記載,秦漢皆設有五官,左中右郎三將,分掌三署諸郎。“右中”當爲中郎將的簡稱。“馬丞”乃掌馬之官。秦印見:《徵存》“代馬丞印”。漢印見:《徵存》“西河馬丞、軍中馬丞”。漢封泥見:《齊魯》《續封》《建德》《澂秋》“齊中右馬”。

【圖説2009】

左中將馬(《徵存》28)、新出右中將馬(《文稿》255)“左中”“右中”當是“左中廄”“右中廄”之省文。陝西博物館藏秦封泥右中馬丞(《考與》1996.6.55)當是右中廄馬府丞之省文。

【集證2011】

吳氏云:“據《漢書·百官公卿表》記載,秦漢皆設有五官、左右中郎三將,分掌三署諸郎……‘右中’,當爲右中郎將的簡稱……‘右中馬丞’殆是右中郎署掌管馬匹之官。”可爲一說。不過“右中”之“中”也可能指皇后之宮,猶前舉“家馬”“上家馬丞”,“主供天子私用”之馬。“上”爲區別字,此與封泥“右”字同,大概管理皇后用馬者也不單一個機構。推測“左中將馬”爲左中廄之將馬,“皇后之中廄也不止一個”,與此同例。

【官名2013】

秦封泥中所見秦廄的官名不少,將馬爲廄嗇夫的屬下,主管飼養馬匹之官吏。左中將馬,疑是左廄將馬與中廄將馬的合稱。亦有學者認爲是“左中廄將馬”的省稱。可備一說。另外,齊璽中的左中庫司馬,應是左庫司馬、中庫司馬的合稱。

【職地2014】

傳世秦封泥有“右中馬丞”,或應讀作“右中廄司馬丞”,可能是中尉屬官。

【秦官2018】

傳世秦璽印有“左中將馬”和“右中將馬”,應是“左中廄將馬”和“右中廄將馬”的省稱。

瑞按:1975年西安六村堡出土“左中”銅印,韓建武、師小群先生指出另有“左中軍司馬”銅印,認爲“左中”爲戰國秦低級官吏所用物(《文博》1997年4期P29)。王輝先生在分析“左中將馬”時指出,左中爲左中廄的省文,爲皇后中廄中的一廄。從封泥讀法多變看,或亦可讀作“中馬右丞”。

（十三）車　府

車府

《續考》圖217；《補讀》圖2；《印風》P164；《秦封》P119；《印集》P12；
《書集》P115；《彙考》P25；《大系》P43

【補讀1998】

　　録於《收藏》。《漢表》太僕屬官有"車府、路軨、騎馬、駿馬四令丞"。伏儼曰："主乘
輿路車，又主凡小車。"漢封泥見《封泥》"車府丞印"。

【續考1998】

　　印面長方形，日字格，長2.1釐米，寬1.1釐米，泥塊完整，印文清楚。《漢書·百官公
卿表》云："太僕，秦官，掌輿馬。……又有車府、路軨、騎馬、駿馬四令、丞。"秦時車府、
路軨主管車；騎馬、駿馬主官馬。《後漢書·百官志》注云：車府令是"主乘輿諸事"。
前文已有"中車府丞"封泥一枚，宦官趙高曾司其職。

【秦封2000】

　　《漢表》：太僕，屬官"又車府、路軨、騎馬、駿馬四令丞"。伏儼曰："主乘輿路車，又
主凡小車。"漢封泥見：《封泥》"車府丞印"。

【簡讀2002】

　　《漢表》云："太僕，秦官，掌輿馬。屬官有……又有車府、路軨、騎馬、駿馬四令丞。"
車府或即爲管理各種車之府藏之官職。

【彙考2007】

　　車府，官署名。主宮中乘輿諸車，屬太僕。《漢書·百官公卿表》："太僕，秦官，掌
輿馬，有兩丞。屬官有……車府、路軨、騎馬、駿馬四令丞。"顏師古注引伏儼曰："王乘
輿路車，又主凡小車。"王先謙《漢書補注》："車府令，秦官。見《始皇紀》，又見《藝文
志》……續《志》後漢令一人，六百石。"

【圖説2009】

　　《漢書·百官公卿表》："太僕，秦官，掌輿馬，有兩丞。屬官有大廄、未央、家馬三
令，各五丞一尉。又車府、路軨、騎馬、駿馬四令丞。"伏儼曰："主乘輿路車，又主凡
小車。"

【分域2009】

"車府"爲官署名,爲太僕屬官。據《漢書・百官公卿表》載,太僕屬官有"車府、路軨、駿馬四令丞"。

【集證2011】

《漢書・百官公卿表》:"太僕,秦官,掌輿馬,……屬官有……車府……令、丞。"《漢書補注》王先謙曰:"車府令,秦官,見《始皇紀》,又見《藝文志》。"信宮在渭水南,爲便於往來咸陽,故亦設車府,保養乘車。

【職地2014】

車府職掌皇帝乘輿之事,因車府機構所設地點或服務對象不同,故有多種車府,如"信宮車府"。秦封泥中中央級別的"車"類職官名目繁多,除"車府"和"車府丞印"外還有車官,車禁之印、車禁丞印、寺車丞印、寺車府印、行車、行車府印、行車官印,中車丞璽中車府丞和信宮車府等。太僕屬官"車府"是總機構,"車官"是車府的令長,至少下轄"寺車""中車""行車"三個分機構。信宮是皇帝別宮,也設有車官。

【新官2018】

説見"車官"。

【廣封2019】

案《漢書・百官公卿表》:"太僕,秦官,掌輿馬,有兩丞。……又車府、路軨、騎馬、駿馬四令丞。"(伏儼曰:"主乘輿路車,又主凡小車。")《秦封泥彙考》:王先謙《漢書補注》:"車府令,秦官。見《始皇紀》,又見《藝文志》。"又《後漢書・百官志》:"車府令一人,六百石。本注曰:主乘輿諸車。丞一人。"

車府丞印

1　　　　　　　　　　2

1.《在京》圖一:16;《璽印》P430;《大系》P43
2.《西見》圖二:8;《新出》P57;《大系》P43

【在京2005】

《漢表》:"太僕,秦官,掌輿馬,有兩丞。屬官有大廄、未央、家馬三令,各五丞一尉。又車府、路軨、騎馬、駿馬四令丞。"伏儼曰:"主乘輿路車,又主凡小車。"《新出2010》有"車府"。

【圖說2009】

　　説見"車府"。

【官名2013】

　　車府丞,爲車府令之佐副,主要負責君王出行巡視所乘輿車輛的管理。

【職地2014】

　　説見"車府"。

【秦官2018】

　　説見"車官"。

車府□内

《大系》P44

　　瑞按:封泥殘,首字是否爲"車"尚可存疑。

車官

　　　1　　　　　　　　2　　　　　　　　3

1.《新出》P7;《大系》P44
2.《在京》圖一:18;《大系》P44
3.《大系》P44

【在京2005】

　　半通。《獨斷》:"天子出,車駕次第謂之鹵簿。有大駕,有小駕,有法駕。大駕則公卿奉引,大將軍參乘,太僕御,屬車八十一乘,各千乘萬騎。……法駕,公卿不在鹵簿中,……屬車三十六乘。北郊明堂則省諸副車。小駕,祠宗廟用之。每出,太僕奉駕,上鹵簿於尚書［侍］中,中常侍、侍御史、主者、郎、令史皆執注以督整諸軍車騎。"天子各種活動用車甚多,"車官"當爲諸管理車輛的職官之一。

【圖説2009】

先秦時期的車因用途和質料的不同,有許多不同的名稱。主要有棧車(車輿是用竹或木條製的車)、輜車(有帷幔的較大的車,多用於載物)、温車(可坐卧的較大的車,上面開有氣窗)、安車(較大的車,速度較慢,可以在車中安坐)、傳車(驛站專用的傳遞消息、法令的輕便快車)。楚國車按用途、性質及使用者的等級、階層可分爲王輿、貴族乘車、兵車、牛車和郵車五種。楚國公卿、封君及一般貴族乘坐的車,又分軒(安車可坐)、輬(卧車)、乘車(立車)、軺車(小型敞車)、兵車。特型兵車又有衝車:致師衝鋒的輕車;巢車:巢車又稱"樓車"和"軿";重車,也就是蘋(屏)車。它是楚國與比方列國通用的輜重車。郵車:楚國的驛傳制度非常健全,郵舍驛站遍及全境,用車必多(宋公文,張君著《楚國風俗志》)。《楚系簡帛文字編》僅合文就收有乘車、畋車、韋車、外車、陥車、卑車、廣車等車名;在車字條中還有甬車、羊車、絷車、政車、轈車、型車、敏車、逌車等車名。名目繁多,必有名異而實同者。《周禮·考工記》中有關於車的製造方法的詳細記載。秦國車種與楚國可能有會意之處,種類也不少,故設機構及職官也多。

【職地2014】

説見"車府"。

【秦官2018】

車府職掌皇帝乘輿馬車之事,因車府機構所設地點或服務對象不同,故有多種車府,如傳世秦封泥"信宫車府"應是秦始皇時所作信宫中設置的車府機構。"車官"似是車府令長,"車府"爲其官署,"車府丞"是其副手。

<h2 style="text-align:center">(十四) 騎　馬</h2>

騎馬

《在京》圖一:12;《璽印》P395;《大系》P195

【在京2005】

半通。爲太僕屬官,《漢表》:"太僕,秦官,掌輿馬,有兩丞。屬官有大廐、未央、家馬三令,各五丞一尉。又車府、路軨、騎馬、駿馬四令丞。"《漢書・嚴朱吾丘主父徐嚴終王賈傳》:"後以安爲騎馬令。""師古曰:主天子之騎馬也。"《秦封2000》録有"騎馬丞印"。

【圖説2009】

　　騎馬爲太僕屬官,《漢書・百官公卿表》:"太僕,秦官,掌輿馬,有兩丞。屬官有大廏、未央、家馬三令,各五丞一尉。又車府、路軨、騎馬、駿馬四令丞。"《漢書・嚴朱吾丘主父徐嚴終王賈傳》:"後以安爲騎馬令。"《漢書・嚴安傳》載:嚴安曾爲"騎馬令",顏師古注:騎馬令,"主天子之騎馬"。

【職地2014】

　　《漢書・嚴安傳》:"後以安爲騎馬令。"師古曰:"主天子之騎馬也。""騎馬"未記有尉,但有"騎尉",可能是"騎馬"之尉用印。

【秦官2018】

　　"騎馬"一職在《漢書・百官公卿表》中與車府、路軨、騎馬、駿馬四令丞並舉,顏師古注引伏儼"主乘輿路車,又主凡小車。軨,今之小馬車曲輿也"的解釋似乎只針對"路軨"而言,"騎馬"令丞的職能並没有進一步解釋。《漢書・嚴安傳》:"後以安爲騎馬令。"顏師古注:"主天子之騎馬也。"此"騎馬"之職能仍不明確。不過從名稱推測,"車府"和"路軨"均與車有關,"騎馬"和"駿馬"均與馬有關。又《漢舊儀》和《漢官舊儀》均言"天子六廏,未央廏、承華廏、駒騄廏、路軨廏、騎馬廏、大廏,馬皆萬匹",明確説"騎馬"是"天子六廏"之一。秦時"騎馬"或是指騎乘之馬,與駕車之馬有所區分;其成爲"天子六廏"的時間應稍晚,至少《百官公卿表》中尚未明確。

騎馬丞印

　　　　1　　　　　　　　　　2

1.《上封》P47
2.《大系》P196

【陝封1996】

　　《漢書・百官公卿表》載太僕屬官有騎馬令丞,職掌御馬。嚴安曾任騎馬令(見《漢書・嚴安傳》)。

【補讀1998】

騎馬爲太僕之屬，參見"車府"。《龍岡》曰："騎作乘輿御騎馬於它馳道。"漢封泥見《封泥》"騎馬丞印"。

【秦封2000】

騎馬爲太僕之屬官，參見"車府"。《龍崗》曰："騎作乘輿御騎馬於它馳道。"漢封泥見:《考與》"騎□丞□"，《封泥》"騎馬丞印"。

【考略2001】

秦置，主皇帝乘馬。《漢書·百官公卿表》：太僕屬官有"車府、路軨、騎馬、駿馬四令丞"。《漢書·嚴安傳》載：嚴安曾爲"騎馬令"，顏師古注：騎馬令，"主天子之騎馬"。《三輔黃圖》云："路軨廄在未央宮中，掌宮中輿馬，亦曰未央廄。""騎馬""駿馬"亦應爲廄名，《漢舊儀》載有"騎馬廄"。《封泥考略》錄有"騎馬丞印"封泥。

【簡讀2002】

《漢表》："太僕，秦官，掌輿馬，有兩丞。屬官有……又車府、路軨、騎馬、駿馬四令丞"。

【彙考2007】

騎馬丞，官名。太僕屬官。《漢書·百官公卿表》："太僕屬官有車府、路軨、騎馬、駿馬四令丞"。王先謙《漢書補注》："路軨廄在未央宮，騎馬廄在長安城外，見《黃圖》。騎馬令見《嚴安傳》。"《漢書·嚴安傳》："後以安爲騎馬令"。顏師古注："主天子之騎馬。"

【分域2009】

騎馬丞，官名。《漢書·百官公卿表》載，太僕屬官有騎馬令、丞，主要負責天子所用馬匹的管理。

【集證2011】

騎馬是供乘騎的馬，與駕車的馬有所不同。《史記·匈奴列傳》："請獻橐他一匹，騎馬二匹，駕二駟。"顏師古曰："駕，可駕車也。""騎馬"與"駕（馬）"連言，足見二者有所不同。騎馬本是匈奴的習慣，至春秋時，秦晉等受匈奴影響，逐漸産生騎兵。《呂氏春秋·不苟》記晉文公伐鄴勝之，將行賞，趙衰曰："君將賞其本乎？賞其末乎？賞其末則騎乘者存……"《韓非子·十過》記秦穆公"起卒乎革車五百乘，疇騎二千，步卒五萬，輔重耳入之於晉"。這雖是戰國末人述前代事，不足盡信；但戰國時，各國騎兵已有相當規模。《史記·趙世家》：記趙武靈王（前325—前299年）"胡服騎射以教百姓"。《史記·張儀列傳》也説秦"車千乘，騎萬匹"。1995年咸陽塔兒坡石油鋼管鋼繩廠 M28057墓出有2件騎馬俑，俑身穿交領左衽短褶，下着短褲，脚蹬長筒靴，其時代約戰國晚期前段，孫德潤《由咸陽騎馬俑談到戰國秦騎兵》推測這就是當時的單個騎兵。封泥的"騎馬"當是管理乘騎之馬的機構，只是此馬乃君主所騎，非兵士所騎。《漢書·百官公卿表》太僕屬官有"騎馬"令丞，《漢書補注》王先謙曰："騎馬廄在長安城外，見《黃圖》，騎馬令見《嚴安傳》。"今按騎馬廄見《三輔黃圖》卷六，陳直校證云："騎馬，疑屬於太僕騎馬令之廄。"此爲騎馬廄丞之印。漢亦有"騎馬丞印"（《封泥彙編》11·1），無界格，"印"字末筆不下垂，文字刻意講求布局，與此封泥風格明顯不同。

【官名2013】

騎馬丞,當爲騎馬令之副佐,主掌君王騎馬獵射之官吏。據《漢書·百官公卿表》記載,太僕屬官有騎馬令、丞。

【秦官2018】

説見"騎馬"。

【廣封2019】

案《漢書·百官公卿表》:"太僕,秦官,掌輿馬,有兩丞。……又車府、路軨、騎馬、駿馬四令丞。"又《漢書·嚴安傳》:"後以安爲騎馬令。"(師古曰:"主天子之騎馬也。")

(十五) 馬　　府

馬府

《在京》圖三:1;《璽印》P395;《大系》P165

【兩漢1993】

在考訂"馬府"印時指出,印爲西漢中晚期,瓦鈕。印面縱2.4、橫1.35釐米。印文一行二字。故宮博物院藏。馬府,掌輿馬之官署。漢代太僕屬官有廄令、丞,牧師苑令、丞,各主畜養馬匹之廄、苑,未見馬府一官。今以"帑府""泉府""兵府"諸印推之,殆屬郡國自置之官。

【在京2005】

半通。《睡虎·傳食律》:"及卜、史、司御、寺、府,……。"整理組注:"掌管府藏的人,見《周禮·天官》。"馬府或爲管理馬廄用具等府藏之官職。《秦封2000》有"中廄馬府"。

【圖説2009】

《睡虎·傳食律》:"及卜、史、司御、寺、府……"整理組注:掌管府藏的人,見《周禮·天官》。《漢官解詁》卷一載:"太僕廄府,皮軒鑾旗。"説明太僕所屬的馬廄設有府。掌管"皮軒鑾旗"等與車馬相關的用器。馬府或爲管理馬廄用具等府藏之官職(《新出土秦代封泥印集》18)。

瑞按:馬府之名,亦見《韓非子·亡徵》"私門之官用,馬府之世,鄉曲之善舉,官職之勞廢,貴私行而賤公功者,可亡也。"

（十六）官　　車

官車府印

1　　　　　　　2

1、2.《大系》P101

　　瑞按：官車，《漢官六種·漢儀》：“車府令設鹵簿駕，公、卿、五營校尉、司隸校尉、河南尹妻皆乘其官車，帶夫本官綬，從其官屬導從皇后。”《史記·傅寬傳》“又戰藍田北，斬車司馬二人”，《集解》張晏注“車司馬”曰：“主官車。”之前因拓片較模糊，學者曾將“宮廐”讀作“官廐”。以“官車”而言，秦或當有“官廐”，尚有待發現。

（十七）中　　車

中車丞璽

《在京》圖一：13；《璽印》P162；《大系》P374

【在京2005】
　　《史記·蒙恬列傳》：“趙高昆弟數人，皆生隱宮，其母被刑戮，世世卑賤。秦王聞高強力，通於獄法，舉以爲中車府令”。《史記·秦始皇本紀》：“書已封，在中車府令趙高行符璽事所，未授使者。”《集解》：“伏儼曰：‘主乘輿路車’。”《秦封2000》錄有“中車府丞”。本泥原印很窄。
【圖説2009】
　　秦太僕屬官中車府令的佐吏，又有“車府、路軨、騎馬、駿馬四令丞”。《史記·秦始

皇本紀》記秦有中車府令。"中車府丞"爲"中車府令"副貳。"中車府"主後宮"乘輿諸
事"。始皇時,嘗以趙高爲之。《史記・秦始皇本紀》:"書已封,在中車府令趙高行符璽
事所,未授使者。"中車府應與中廄一樣,同屬皇后宦官系統。秦時置中車府、中長秋、中
少府,都是隸屬皇后的宮官。與隸屬皇帝的大長秋、少府相區別。中廄或以養馬、馴馬
爲主;中車府或以管車爲主。

【職地2014】

在分析秦車類職官時指出,文獻載趙高爲"中車府令",西安長安神禾塬大墓出土
車馬器銘文有"中車府",既有"中車府"則必有"中車之印"或"中車府印",只是此類
名稱未及出現在秦璽印封泥中。

【秦官2018】

趙高擔任中車府令一職,見於《史記》記載,亦可知秦時的確有"中車"機構,其長
官稱"令"。"中車府丞"之"中"字有寫作"𠁩"者,顯示其時代或在統一之前。結合
"中車丞璽"秦封泥,可知統一之前"中車"機構即已設立。"中車府丞"是中車令之丞用
印。聯繫《漢書・百官公卿表》"掌皇太后輿馬"的是中太僕,秦時或無"中太僕",掌管
後宮車馬事務的或即是"中車"機構。

瑞按:此枚封泥與"公車司馬"封泥中半通式封泥同類,均爲半通四字封泥,時代明
顯較早。

中車府丞

1 　　　　　　　　　2 　　　　　　　　　3

1.《印風》P133;《書法》P35;《印集》P12;《彙考》P26
2.《相家》P8
3.《大系》P375

【新見1996】

《漢書・百官公卿表》太僕條下曰:"秦官,掌輿馬",屬官有大廄令、丞,車府令、丞
等,未言有中廄、中車府。然同書又記:"中太僕掌皇太后輿馬",中太僕的屬官如何,語
焉未詳。我以爲中車府、中廄皆屬中太僕而爲班固《百官表》略而未備者。《史記・秦始

皇本紀》有"中車府令趙高",則秦置中車府甚明確。關於"中",在《漢書·百官公卿表》中還有中長秋、中少府,都屬皇后宮官,以與皇帝之大長秋、少府相別之。《漢書·戾太子傳》有"具白皇后,發中廄車載射士"的記載,皇后既發中廄之車,則中廄屬中太僕毋庸置疑。此兩枚封泥文字奇古,應屬秦時遺物。秦始皇陵馬廄坑出土陶器上見有"中廄""大廄"的刻銘,是秦有中廄之證。"中廄丞印"之"中"字,上下有贅筆,此種書法本於西周金文,至戰國多簡作"中",偶見中山國、楚文字中仍存之。秦系文字更多地因循兩周的因素,保留某些古體是常有的現象,秦私印中也可見中字帶贅筆的。但漢代已淘汰了此種寫法,這是提示封泥時代屬秦的一個重要依據。

【發現1997】

秦太僕屬官又有"車府、路軨、騎馬、駿馬四令丞。"《史記·秦始皇本紀》記秦有中車府令。始皇時,嘗以趙高爲之。

【宦官1997】

據《漢書·百官公卿表》,太僕屬官有車府令丞。秦代宦者趙高曾任"中車府令"。有學者認爲:諸書"均稱秦官爲'車府令',而趙高獨稱'中車府令'者,蓋以高爲中人故也"。意即趙高就任車府令的官職後,因其閹人宦官的身份而在車府令的官名之前加"中"稱作"中車府令"。但是,現據"中車府丞"封泥可知,在太僕屬官車府令丞之外,當另有中車府的機構。中車府應與中廄一樣,同屬皇后宮官系統。中廄,或以管馬爲主;中車府,或以管車爲主。

【印考1997】

印面正方形,田字格,邊長2釐米,印文清晰,邊欄左下角略殘。《漢書·百官公卿表》:"太僕,秦官,掌輿馬。屬官有大廄、未央、家馬、中車府令丞。"《史記·秦始皇本紀》:"中車府令趙高。"《漢書·藝文志》載:"爰歷六章者,車府令趙高所作也。"《集解》引伏儼曰:"中車府令,主乘輿路車。"

【秦封2000】

中車府之丞,說見"車府"。《史記·蒙恬列傳》:"趙高昆弟數人,皆生隱宮,其母被刑僇,世世卑賤。秦王聞高强力,通於獄法,舉以爲中車府令。"漢封泥見:《封泥》"車府丞印、上郡車令、代郡車令"。

【考略2001】

戰國秦置。《漢書·百官公卿表》:"太僕,秦官,掌輿馬,有兩丞。""車府"爲其屬官之一。又有"中太僕掌皇太后輿馬"。中車府當爲中太僕屬官,《史記·蒙恬列傳》載:趙高曾擔任"中車府令"。"中車府丞"爲"中車府令"的副貳,"中車府"主後宮"乘輿諸事"。相家巷遺址還出土了"中車□□"(T3③:134)封泥,其印文可能亦爲"中車府丞"。

【簡讀2002】

《史記·蒙恬列傳》:"趙高昆弟數人,皆生隱宮,其母被刑僇,世世卑賤。秦王聞高强力,通於獄法,舉以爲中車府令"《漢表》:"太僕,秦官,掌輿馬,……中太僕掌皇太后輿馬,不常置也。"中車府職屬不明。

【上封2002】

漢太僕屬官有車府、騎馬令、丞。中車府當屬中太僕。主天子、皇太后輿馬。

【彙考2007】

中車府丞，官名，中車府令之佐官。秦時已置，屬太僕。秦太僕屬官有車府令，乃隨車駕出入的侍從官員。《史記·蒙恬列傳》："秦王聞高强力，通於獄法，舉以爲中車府令"。同書《秦始皇本紀·集解》引伏儼曰："主乘輿諸車。"中車府或與秦之中廄一樣，爲車府下設分支機搆之一，主黄帝乘輿諸車，設有令丞。

【圖説2009】

説見"中車丞璽"。

【分域2009】

"中車府丞"，官名，爲中車府令的佐官，其職責是主管皇帝乘輿諸車。《史記·秦始皇本紀》載，秦有中車府令；秦始皇時，曾以趙高爲此職。

【集證2011】

《史記·秦始皇本紀》："（始皇三十七年）上病益甚，乃爲璽書賜公子扶蘇曰：'與喪會咸陽而葬。'書已封，在中車府令趙高行符璽事所，未授使者。"《集解》伏儼曰："（中車府令）主乘輿路車。"趙高任此職而參與廢立陰謀，足見中車府令是常侍皇帝左右之要職。"車""府"二字與"信宫車府"印幾出一人手筆，亦足證後者爲秦印。

【官名2013】

中車府，是車府下設分支機搆之一，屬官有中車府令、丞。

【職地2014】

説見"車府"。

【秦官2018】

説見"中車丞璽"。

【廣封2019】

案《漢書·百官公卿表》："太僕，秦官，掌輿馬，有兩丞。……又車府、路軨、騎馬、駿馬四令丞。"《史記·蒙恬列傳》："秦王聞高强力，通於獄法，舉以爲中車府令。"又《史記·秦始皇本紀》："在中車府令趙高行符璽事所，未授使者。"（《集解》伏儼曰："主乘輿路車。"）《秦封泥彙考》：中車府或與秦之中廄一樣，爲車府下設分支機構之一，主皇帝乘輿路車，設有令丞。

　　瑞按：嶽麓秦簡033—036號簡所記《亡律》中有"寺車府、少府、中府、中車府、泰官、御府、特庫、私官隸臣，免爲士五、隱官，及隸妾以巧及勞免爲庶人……"等語。魯家亮先生認爲律文或是專門針對少府中一些特殊逃亡情況的補充規定（《嶽麓書院藏秦簡〈亡律〉零拾》《出土文獻與法律史研究（6）》P121—122）。若如是，則中車府當屬少府。然從簡033—036内容看，少府和寺車府、中府、中車府、泰官、御府、特庫、私官等職官爲並列關係，不僅尚難確定是時各職官均屬少府，反而也可被看作判斷其它職官本不屬少府的證據。

（十八）寺　車

寺車丞印

1 　　　　　2

1.《菁華》P31

2.《大系》P235

【發現1997】

　　爲寺從丞下的掌車官吏。

【印考1997】

　　釋讀見下揭"寺工之印"。

【秦封2000】

　　《詩·秦風·東鄰》："未見君子,寺人之令。"傳："寺人,内小臣也。"鄭箋："寺,如字。又音侍,本亦作侍字。寺人,奄人。"《周禮·天官》有寺人,掌王之内人及女官之戒令。寺同侍,當爲寺人。寺車當掌皇室之車輛。

【考略2001】

　　"寺車"爲"寺車府"省文,"寺車丞"爲"寺車府"屬官。

【簡讀2002】

　　《秦簡·傳食律》："及卜、史、司御、寺、府,……。"整理組注："寺,讀爲侍。府,掌管府藏的人,見《周禮·天官》。"《周禮·天官》有寺人,"掌王之内人及女宫之戒令,相道其出入止事而糾之。"注"内人,女御也。女宫,刑女之在宫中者。"寺車或即爲負責爲宫中女御或女宫提供車輛服務之職官。

【彙考2007】

　　寺車丞,官名。或爲主造車輛的官署。丞爲其主管管理之副。或爲寺從帝后車輿出行的官吏。

【圖説2009】

　　説見"寺車府印"。

【分域2009】

　　該印當爲寺從掌車佐官丞的用印。

【集證2011】

　　寺車一職文獻失載。從字面上推測,寺車可能侍從宮廷車乘,與《周禮》春官的巾車、典路、車僕職掌相近。寺車可能是侍從的下屬。也可能是車府的下屬。

【職地2014】

　　説見"車府"。"寺車"應該是在"寺工"機構設立的車輛管理部門。由"中車丞璽"和"中車府丞"看,"中車"機構統一前既已設立,可能主要負責後宮用車的機構。

【秦官2018】

　　"寺車"僅見於秦出土文獻和張家山漢簡。嶽麓秦簡《秦律令(壹)》中出現了3次"寺車府",可與秦封泥"寺車府印"對讀。《二年律令·秩律》有"寺車府",亦可知"寺車府"機構漢初仍有設置。"寺車"之"寺"或讀爲"侍","侍車"或可理解爲侍候、侍命之車,作爲官署名,或與秦王政時期出現的"寺工"機構有關。

【廣封2019】

　　案《秦封泥彙考》: 寺,亦指官舍、官府,秦漢時官署多稱寺。《左傳》:(隱七年)發幣於公卿。注:"詣公府卿寺。"《説文》:"車,輿輪之總名。夏后時奚仲所造。象形。凡車之屬皆从車。"《漢書·惠帝紀》:"七年冬十月,發車騎、材官詣滎陽。"(師古曰:"車,常擬軍興者,若近代之戎車也。")寺車應是管理製造車及與之相關事物的官署。

　　瑞按:前示兩封泥,1筆畫纖弱,2筆畫剛硬,均僅有邊欄無界格,此類封泥在相家巷出土品中甚罕,時代應略早一些(亦不排除偽品的可能)。

寺車府印

　　　　　1　　　　　　　　2　　　　　　　　3

1.《發掘》圖一七:16;《新獲》P288;《璽印》P435;《大系》P236
2.《在京》圖一:17;《新出》P33;《大系》P236
3.《新出》P33;《大系》P236

【考略2001】

　　《漢書·百官公卿表》:太僕屬官有"車府",車府"主乘輿諸事"。"寺"即侍人,掌後宮御車等事物。"寺車府"應掌王后或皇后宮室車輿之官署,其或爲中太僕所轄。

【簡讀2002】

　　釋讀見"寺車丞印"條。"寺車府"當是爲負責寺車用具府藏之機構。《張家·二年・秩律》："寺車府……秩各六百石，有丞、尉者半之"。

【在京2005】

《睡虎・傳食律》："及卜、史、司御、寺、府、……。"整理組注："寺，讀爲侍。府，掌管府藏的人。見《周禮・天官》。"《周禮・天官》有寺人，"掌王之内人及女宫之戒令，相道其出入止事而糾之。"注："内人，女御也。女宫，刑女之在宫中者。"此職官，漢初延置，《張家・二年・秩律》："寺車府……秩各六百石，有丞、尉者半之。"

【圖説2009】

《漢書・百官公卿表》：太僕屬官有"車府"，車府"主乘輿諸事"。"寺"即侍人，掌後宫御車等事物。"寺車府"應掌王后或皇后宫室車輿之官署，其或爲中太僕所轄。《張家・二年秩律》："寺車府……秩各六百石，有丞，尉者半之。""寺車丞"爲"寺車府"屬官。

【官名2013】

寺車丞，爲寺車屬下，與"寺從丞"同屬掌王室事務的内侍之官，職司應與駕馭車輛有關，古籍闕載，可作補遺。

【職地2014】

説見"車府"。又，《二年律令・秩律》有"寺車府"，可與秦封泥對讀，可見"寺車府"一職到漢初仍有設置。

【秦官2018】

説見"寺車丞印"。

　　瑞按：朱紅林先生指出嶽麓秦簡0782+2085+0796"……比寺車府。内官、中官隸臣妾……"、簡1975+0170+2035+2033"寺車府、少府、中府、中車府、泰官、御府、特庫、私官隸臣……"中均有"寺車府"（朱紅林《〈嶽麓書院藏秦簡（肆）〉補注（一）》《出土文獻與法律史研究（6）》P114）。魯家亮先生對此亦有梳理（《嶽麓書院藏秦簡〈亡律〉零拾》《出土文獻與法律史研究（6）》P120—121）。

寺車行印

《大系》P241

　　瑞按：封泥殘，原讀"寺將行印"，從殘存筆畫看，右下字爲橫畫中有豎畫出頭，與"車"字相類，或當爲寺車。

（十九）行

行印

《在京》圖4∶7;《璽印》P394;《大系》P310

【在京2005】

半通。《漢表》:"典客,秦官,掌諸歸義蠻夷,有丞。景帝中六年更命大行令……屬官有行人……武帝太初元年更名行人爲大行令。"《史記·劉敬叔孫通列傳》:"大行設九賓"。《索隱》"韋昭曰:大行人掌賓客之禮,今謂鴻臚也"。《管子·小匡》:"升降[按:當爲"揖"]讓,進退閑習,辯辭之剛柔,臣不如隰朋,請立爲大行。"《史記·孝景本紀》更命"大行爲行人","典客爲大行"。瓚曰:"大行是官名,掌九儀之制,以賓諸侯。""韋昭云:大行,官名,秦時云典客,景帝初改云大行,後更名大鴻臚,武帝因而不改。……復有大行令,故諸侯薨,大鴻臚奏諡,列侯薨,則大行奏諡。"

行府

《大系》P309

【職地2014】

秦封泥中的"行車""行車府印"和"行車官印"之"行"或可理解爲"行府"之省。文獻所見"行府"出現在東漢以後,指在京師外設置的調度軍務的機構。秦封泥所見的諸"行府"應用作出行的本義,可能是指跟隨帝后出行時所設立的辦公機構,即臨時府邸。

瑞按:秦漢簡牘中有"行"官,"行某事"。安作璋、熊鐵基認爲漢代的"行"指官缺未補暫由它官攝行。高震寰認爲"行某官事"者可能要兼顧自己的本職以及所"行"的事,因此除秩次外也可能考慮距離。"行"指有本職,而臨時兼理某官事務。"守""行"是制度内的規定,差别在於"守"重心在所守之官,"行"則兼攝兩職(《試論秦漢簡牘中"守""假""行"》《出土文獻與法律史研究(4)》P73—79)。秦封泥中的"行"類職官,不排除此種情況的可能。

行車

《印風》P167;《釋續》圖58;《印集》P159;《彙考》P251;《大系》P309

【釋續2001】

　　行車爲乘車。《管子·立政》:"五屬大夫,皆以行車朝,出朝不敢就舍,遂行。"行車是管理和製造行車的官署。《古璽彙編》0222"大車之坽(璽)"爲管理大車之官署,性質相近。

【彙考2007】

　　行車爲乘車。《管子·立政》:"五屬大夫,皆以行車朝,出朝不敢就舍,遂行。"行車是管理和製造行車的官署。《古璽彙編》〇二二二"大車之坽(璽)"爲管理大車之官署,性質相近。

【圖説2009】

　　行車爲乘車。《管子·立政》:"五屬大夫皆以行車朝,出朝不敢就舍,遂行。"行車應是管理和製造行車(乘車)的官署。與大車之璽,爲管理大車之官署,性質相近。

【分域2009】

　　行車,官署名。《管子·立政》云:"五屬大夫,皆以行車朝。"該印當爲管理"行車"事務的官署用印。

【職地2014】

　　説見"車府"。"行車"機構職能有三種可能:第一,可能是管理驛站傳送法令文書的車輛機構。第二,"行車"之"行"或與典客屬官"行人"有關,是管理"行人",即外交人員用車的機構,應該也包括中央官員到各郡縣出差所用車輛的管理。第三,行可能指出行、外出,是掌理皇帝和皇室人員外出乘用車輛的機構,如爲皇帝出巡提供所需要的大量車馬,與"中羞行府"和"大后行丞"之"行"的含義相當。

【秦官2018】

　　"行車"一職文獻未見。結合秦封泥"行府""御府行府""中羞行府"和"大后行丞”等推斷,“行車”或是主理出行的車馬機構,是“車府”總機構的分支。“行車”是官署名,“行車官”是令長職官名,“行車府”是曹署名。

【廣封2019】

同《彙考2007》。

行車官印

1 　　　　　　　　　　　　2

1.《在京》圖一:19;《璽印》P430;《大系》P309
2.《相家》P7;《大系》P309

【釋續2001】

《漢書·百官公卿表》無行平官。《説文》:“平,語安舒也。”引申爲齊一。《史記·商君列傳》:“(鞅)平斗桶、權衡、丈尺。”再引申之,標準度量衡器,特別是衡器可稱平。如中國歷史博物館藏東漢“大司農平斛”、四川博物館藏東漢“汶江市平”鐵權,均是。從這個意義上説,“行平官”可能是負責監督各地度量衡統一事務的官員。又《爾雅·釋詁下》:“平,成也。”古時兩國戰後媾和稱行成。《左傳·僖公二十八年》:“鄭伯如楚致其師,爲楚師既敗而懼,使子人九行成於晋。”媾和亦稱平。《左傳·僖公二十四年》:“宋及楚平,宋成公如楚。”《史記·吳太伯世家》:“(吳王)卒許與越平,與盟而罷兵去。”《史記·甘茂列傳》:“(甘茂)拔宜陽,韓襄王使公仲侈入謝,與秦平。”由上所説,似“行平”即行成。“行平官”爲臨時委派的媾和官,如韓之公仲侈是。因其爲臨時委派,故失載。以上兩種可能,未知孰是。

【簡讀2002】

“行平官”史籍失載,其意不明。

【新官2002】

此泥曾釋“行平官印”,仔細辨認後,當讀作“行華官印”。“行”作巡視意。“華”當指華嶽,《史記·封禪書》記:“西嶽,華山也。”“如岱宗之禮”,即“柴,望秩於山川。遂觀東後。東後者,諸侯也。合時月正日,同律度量衡,修五禮,五玉三帛二生一死贄”。又“及秦併天下,令祠官所常奉天地名山大川鬼神可得而序也”“自華以西,名山七……曰華山……”近年發現秦華大山玉簡,也證明了這點。行華官當爲巡視祀華山之官。

【在京2005】

　　此印王輝曾釋爲"行平官印"，筆者曾釋"行華官印"，這枚標本清晰，方知以往所釋皆不確。《獨斷》："天子以天下爲家，自謂所居曰行在所，猶言今雖在京師，行所至耳。"此璽印之"行"或與其同義，"行車官"可能爲天子出行在京師以外時專職負責用車的官員。

【彙考2007】

　　同《釋續2001》。

【分域2009】

　　"行"是指巡視。"華"是指華山，該印當爲負責巡視、祭祀華山之官所用之物。

【職地2014】

　　説見"車府"。

【秦官2018】

　　説見"行車"。

【廣封2019】

　　同《釋續2001》。

　　瑞按：該封泥曾讀作"行平官印""行華官印"，以後來發表封泥拓片看，當以"行車官印"爲是。

行車府印

　　無圖，釋讀見《新官》P264。

【新官2002】

　　"車府"見《秦封泥集》一・二・19。行有二意，一指出行，巡狩，行某官爲隨行之吏；二指大官兼理小官之事，《後漢書・陳俊傳》"拜俊太山太守，行大將軍事"。在秦約爲第一種情況。

【圖説2009】

　　行車即乘車。行車官印（《考與》2005.5）此封泥曾誤釋爲"行平官印""行華官印"，這枚標本清晰，方知以往所釋皆不確。《獨斷》："天子以天下爲家，自謂'所居'曰'行在所'。猶言今雖在京師，行所至耳。"此璽印之"行"或與其同義，"行車官"可能爲天子出行在京師以外時專職負責用車的官員。

【職地2014】

　　説見"車府"。

【秦官2018】

　　説見"行車"。

八、廷　　尉

廷尉

《大系》P269

【續考1998】

　　秦官,九卿之一,秦時中央最高行政長官。《漢書・百官公卿表》:"廷尉,秦官,掌刑辟。有正、左右監。"《史記・李斯列傳》:"秦王乃除逐客令,復李斯官,卒用其計謀,官至廷尉。"此枚封泥的發現,使秦九卿之官全部再現於封泥。

【簡讀2002】

　　《漢表》:"廷尉,秦官,掌刑辟。有正、左右監,秩皆千石"。應劭曰:"聽獄必質諸朝廷,與衆共之,兵獄同制,故稱廷尉。"師古曰:"廷,平也。治獄貴平,故以爲號。"《張家・二年・秩律》:"廷尉……秩各二千石。"

【分域2009】

　　廷尉,秦官名,職掌刑法,爲秦的最高司法長官,位列九卿。

【官名2013】

　　秦廷尉,職掌刑法,爲主管司法之高級官員,位列九卿。《漢書・百官公卿表》:"廷尉,秦官,掌刑辟,有正、左右監,秩皆千石。"秦簡《秦律・尉雜》:"歲讎辟律于御史。"整理者認爲"尉雜"是闡述有關廷尉職司的法律條文,尉是指廷尉,每年都要到上級長官御史處核對刑律。

【秦官2018】

　　《漢書・百官公卿表》:"廷尉,秦官,掌刑辟,有正、左右監,秩皆千石。"張家山漢簡《二年律令・秩律》中廷尉僅次於御史大夫,秩二千石。又《奏讞書》有"廷尉毅、正始、監弘、廷史武等卅人裁(議)當"等語,可與《百官公卿表》所記對照。新見秦文字資料中沒有能確定爲廷尉及其屬官的職官和官署名稱,但較早公布的秦封泥有"廷尉之印",又曹錦炎《古璽通論》說傳世秦印"安民正印"爲廷尉屬官之印,掌獄訟,殆是。

廷尉之印

1　　　　　　　　2

1.《考釋》圖一：4；《書法》P36；《印集》P21；《彙考》P47；《大系》P270
2.《大系》P270

【印考1997】

　　印面爲正方形，田字格，邊長2釐米，右上角殘缺，推測爲"國尉"的"國"字，或爲"太尉"的"太"字。《漢書・百官公卿表》："太尉，秦官，掌武事，金印紫綬"。與掌政務、監察的丞相、御史大夫合稱"三公"，其尊與丞相等。戰國時秦、趙等國曾設"國尉"趙惠文王將軍下設國尉；秦昭襄王時於大良造下也增設國尉。《資治通鑑》周赧王二十年，有"秦尉錯伐魏襄城"的記載；注曰："尉，蓋國尉也。"《史記・廉頗藺相如列傳・趙奢傳》："趙惠文王賜奢號爲馬服君，以許歷爲國尉。"《史記・白起列傳》載：昭王十四年"遷爲國尉"。秦始皇統一全國後，改"國尉"爲"太尉"，掌管全國軍事，但不常設。如始皇二十六年議帝號，二十八年琅玡刻石等，只有丞相、御史大夫，都不見有太尉的銜名；《史記・秦始皇本紀》中，僅有"始皇十年，以尉繚爲國尉"的記載。

【補讀1998】

　　《漢表》："廷尉，秦官，掌刑辟，有正、左右監，秩皆千石。"應劭曰："聽獄必質朝廷，與衆共之，兵獄同制，故稱廷尉。"師古曰："廷，平也。治獄貴平，故以爲號。"《史記・秦始皇本紀》秦始皇二十六年，"廷尉李斯"。《張家・奏讞書》記："二年十月癸酉朔戊寅，廷尉兼謂汧嗇夫。"又有"廷尉殻"。漢封泥見《封泥》"廷尉之印章"。

【秦封2000】

　　《漢表》："廷尉，秦官，掌刑辟，有正、左右監，秩皆千石"。應劭曰："聽獄必質朝廷，與衆共之，兵獄同制，故稱廷尉。"師古曰："廷，平也。治獄貴平，故以爲號。"《史記・秦始皇本紀》秦始皇二十六年，"廷尉李斯"。《張家・奏讞書》一七："二年十月癸酉朔戊寅，廷尉兼渭汧嗇夫。"二一："廷尉殻。"漢封泥見：《續封》《建德》"楚□尉□"，《封泥》"廷尉之印章"，《再續》"齊□尉印"。

【考釋2001】

　　《漢書・百官公卿》："廷尉，秦官，掌刑辟，有正、左右監，秩皆千石。景帝中六年更名大理，武帝建元四年復爲廷尉……"王先謙《漢書補注》："《始皇記》有廷尉斯。周壽昌云：《韓詩外傳》晉文公使李離爲理，《呂氏春秋》齊宏章爲大理，《新序》石奢爲大理。

是各國皆名理或名大理,獨秦稱廷尉也。"

【簡讀2002】

説見"廷尉"。

【集證2011】

首字已殘,推測應是邦、中、廷、衛諸字,因邦尉、中尉、廷尉、衛尉皆秦官。由下條看,所缺一字極可能是"中"字。周曉陸《補讀1998》以爲是"廷"字。

【彙考2007】

廷尉,官名。秦始置,漢沿置。職掌刑法,爲主管司法之最高長官,位列九卿。廷尉也指代廷尉所管理的監獄。《漢書·百官公卿表》:"廷尉,秦官,掌刑辟,有正、左右監,秩皆千石。"注引應劭曰:"聽獄必質諸朝廷,與衆共之,兵獄同制,故稱廷尉。"師古曰:"廷,平也。治獄貴平,故以爲號。"王先謙《漢書補注》:"《始皇紀》有廷尉斯。周壽昌云:'《韓詩外傳》晉文公使李離爲理,《吕氏春秋》齊宏章爲大理……是各國皆名理,或名大理,獨秦稱廷尉也。'"由此封泥可知,廷尉之名從秦始之。

【職地2014】

秦封泥有"廷尉之印",但無廷尉屬官,其秩級和職能殆如《百官公卿表》所言。又曹錦炎《古璽通論》説"安民正印"爲廷尉屬官,掌獄訟,殆是。

【秦官2018】

"國尉之印"封泥首字模糊,暫從原釋文,此封泥應是衛尉機構的長官所用。

【廣封2019】

案《漢書·百官公卿表》:"廷尉,秦官,掌刑辟,有正、左右監,秩皆千石。"(應劭曰:"聽必質諸朝廷,與衆共之,兵獄同制,故稱廷尉。"師古曰:"廷,平也。治獄貴平,故以爲號。")案《秦封泥彙考》,王先謙《漢書補注》:"(始皇紀)有廷尉斯。周壽昌云:'《韓詩外傳》晉文公使李離爲理,《吕氏春秋》齊宏章……是各國皆名理,或名大理,獨秦稱廷尉也。'"

瑞按:早期發表的封泥拓片多殘,致有"邦""中""國"等多種猜測。秦封泥中有邦尉、騎尉、廷尉等多種"尉"類封泥;廷尉所指,當從《漢書·百官公卿表》。

九、典   客

典客

《大系》P62

【職地2014】

秦出土文獻無"典客"及其屬官"行人"和"譯官二令丞"，而秦封泥有"大/泰行"，可能秦時尚未有"典客"之名，"掌諸侯歸義蠻夷"的部分是"大/泰行"，"景帝中六年更名大行令"可能只是恢復秦時舊名。周曉陸認爲"行印"是漢代的"大行"，但秦封泥自有"泰行"，按照秦印中"大—泰"的時代先後關係來看，"大行"和"泰行"分別是統一前後不同的寫法。漢初至吕后時期，沿置秦時"大行"，掌國家內部朝會、迎送、封授等禮儀，其屬官有大行走士、未央走士等。另設"典客"，主管諸侯歸義蠻夷等對外事務，其名稱和職能應該都與秦時的"典達"和"客事"有關。

【秦官2018】

典客掌管國家級朝會、迎送、封授等禮儀，還應該包括各郡邸人員往來接待諸事。《漢書·百官公卿表》："典客，秦官，掌諸侯歸義蠻夷，有丞。景帝中六年更名大行令，武帝太初元年更名大鴻臚。屬官有行人、譯官、別火三令丞及郡邸長丞。武帝太初元年更名行人爲大行令，初置別火。"從張家山漢簡《二年律令·秩律》有"典客"（秩二千石）、"大行走士"和"未央走士"（秩各六百石）來看，此時有"大行"一職，"走士"爲其屬官並在多個機構有設置，可能不是"大行"獨有的屬官種類。秦統一前後至漢武帝時期，掌管"諸侯歸義蠻夷"等國家對內和對外交往事務的職官和機構經歷了較複雜變化，而《漢書·百官公卿表》所記典客及屬官名稱變動也有疏漏。如《史記·孝景本紀》中元六年更名"大行爲行人"，"典客爲大行"。又《漢書·景帝紀》中元二年"大鴻臚"與"大行"同時出現，顏師古注："大鴻臚者，本名典客，後改曰大鴻臚。大行令者，本名行人，即典客之屬官也，後改曰大行令。故事之尊重者遣大鴻臚，而輕賤者遣大行也。據此紀文，則景帝已改典客爲大鴻臚，改行人爲大行矣。而《百官公卿表》乃云景帝中六年更名典客爲大行令，武帝太初元年更名大行令爲大鴻臚，更名行人爲大行令。當是表誤。"除郡邸長丞外，秦出土文獻中暫未見《百官公卿表》所記典客及其他屬官。新見秦文字資料中與典客職能有關職官和機構均見於秦封泥。

典客之印

《大系》P62

典達

1   2   3

1.《印考》圖212;《秦封》P220;《書法》P44;《印集》P157;《彙考》P248;《大系》P62

2.《彙考》P248;《大系》P62

3.《發現》圖104;《圖例》P55;《秦封》P220;《彙考》P249;《大系》P62

【發現1997】

　　《漢書·百官公卿表》記:"典客,秦官,掌諸歸義蠻夷,有丞。""典屬國,秦官,掌蠻夷降者。"典達當爲典客或典屬國之下的小吏。

【印考1997】

　　印面長方形,日字格,長2釐米,寬1釐米,印文樸拙精勁,邊欄寬博完整,泥封味濃郁。典達一名,不見於文獻,是否爲典客典屬國下的從史,當需進一步考證。

【秦封2000】

　　《漢表》:"典客,秦官,掌諸歸義蠻夷,有丞。"《漢官》卷上:"秦置典客,掌諸侯及歸義蠻夷。"《後漢·黃香傳》:"在位多所薦達。"典達之官名未曾見籍載,疑爲典客之屬官,掌引薦。

【簡讀2002】

　　《説文解字》:"達,行不相遇也。"《禮記·內則》"左達五,右達五",達指夾室。典達可能爲管理夾室的官職。《七國考》:"《子華子》云:'子華子違趙,趙簡子不悦。燭過典廣門之左,簡子召而語之以其故。'"《史記·樊噲列傳》:"噲乃排闥直入,大臣隨之。"《正義》:"闥,宮中小門。"典達亦或即是負責宮內小門之官職。然封泥字爲達而非闥。

【彙考2007】

　　典達官職,未見史載。但《周禮·春官》屬官有典同、典命、典祠、典瑞之類。《漢書·百官公卿表》也有典客之職。由此可知,典,乃主其事之意,達,即至,到也。故此可推測典達當爲秦時管理郵傳的機構或職官,也無不可。

【分域2009】

　　典達,官名。或以爲是管理郵傳一類的機構或職官,非是。《漢書·百官公卿表》

云："典客,秦官,掌諸歸義蠻夷,有丞。"又云："典屬國,秦官,掌蠻夷降者。"典達當爲典客或典屬國所屬的小官。

【集證2011】

"典達"之名未見。周曉陸説："典達當爲典客或典屬國之下的小吏。"蓋推測之辭。典爲掌管之義,《周禮》有典婦、典絲、典枲、典同、典庸器諸職官。"達"字不很清楚,也有可能是"遠"字。

【研究2012】

《漢書・文帝紀》:二年"五月,詔曰:'古之治天下,朝有進善之旌,誹謗之木,所以通治道而來諫者也。……'"應劭曰:"旌,幡也。堯設之五達之道,令民進善也。"如淳曰:"欲有進者,立於旌下言之。"服虔曰:"堯作之,橋梁交午柱頭也。"應劭曰:"橋梁邊板,所以書政治之愆失也。至秦去之,今乃復施也。"典達應是"通治道而來諫者"的官。

【官名2013】

典達,未見於古籍記載,職司與屬邦相近。又有學者疑典達爲典客。或是典客之屬官,職掌少數民族歸屬的事務。

【職地2014】

傅嘉儀把"典達"解釋爲"管理郵傳一類的機構及職官",我們認爲"典達"極有可能是"典客"屬官"譯官"在秦時的舊稱。典有掌管、主持之意。《國語・吴語》:"寡人其達王於甬句東。"韋昭注:"達,致也。"典達就是將乙方的話翻譯後傳達給另一方,即掌管翻譯傳達。蓋秦時叫"典達",而漢初改稱"譯官"。典客(掌諸侯歸義蠻夷)和典屬國(掌蠻夷降者)都是職掌蠻夷内附事務的機構,則典達掌管翻譯事務也合乎情理。

【秦官2018】

傅嘉儀認爲"典達"是"管理郵傳一類的機構及職官",此可備一説。我們認爲"典達"極有可能是"典客"屬官"譯官"在秦時的舊稱。典有掌管、主持之意。《廣雅・釋詁三》:"典,主也。"《管子・任法》:"國更立法以典民。"尹知章注:"典,主也。"達有暢通、達到、傳送意。《荀子・君道》:"然後明分職,序事業,材技官能,莫不治理,則公道達而私門塞矣。"《尚書・禹貢》:"浮于濟潔,達於河。"典達或即掌管翻譯傳達,蓋秦時叫"典達"而漢初改稱"譯官"。秦"大/泰行"包括掌諸歸義蠻夷等在内的外交事務,有主管翻譯事務的屬官也合乎情理。

【廣封2019】

同《彙考2007》。

（一）傳　舍

傳舍

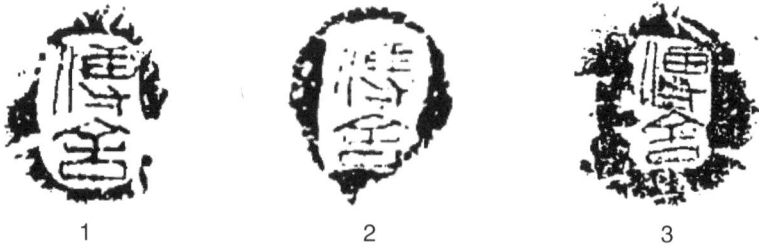

1　　　　　　　2　　　　　　　3

1—3.《秦封》P235

【官印1990】

在考訂"傳舍之印"時指出，傳舍是秦漢郵傳組織系統中供來往使者食宿的組織機構。《漢書·酈食其傳》："沛公至高陽傳舍"，師古曰："傳舍者，人所止息，前人已去，後人復來，轉相傳也。一音張戀反，謂傳置之舍也"。《宣帝紀》："飾廚傳，稱過使客"，注引韋昭曰："廚謂飲食，傳謂傳舍，言修飾意氣，稱過使而已"。《晋書·刑法志》引《魏新律序》："秦世舊有廄置、乘傳、副車、食廚，漢初承秦不改"。傳舍之名，戰國已有，《史記·廉頗藺相如列傳》：秦王"舍相如廣成傳舍"。《史記·孟嘗君列傳》："孟嘗君置傳舍十日"。秦時的傳舍見於文獻記載的除上引"高陽傳舍"之外，還見於《淮陰侯列傳》："漢王出成皋，東渡河，獨與滕公俱，從張耳軍脩武。至，宿傳舍"。傳舍，設有官吏主管，《史記·平原君列傳》："邯鄲傳舍吏子李同説平原郡曰……"傳舍吏即是主管傳舍的官吏。此印有田字格，字體爲秦篆作風，當係秦代郡縣傳舍吏所用的官印。

【兩漢1993】

在考訂"傳舍"印時指出，印爲西漢早期，鼻鈕。印面總2.3、橫1.35釐米。印文一行二字。有界欄。臺北歷史博物館藏。此印"傳"篆作"𫝋"，封泥中所見者亦同。羅振玉《齊魯封泥集存》、馬衡《封泥存真》均釋作"傳"，當是。傳舍，爲漢時縣府所置客觀，兼有督查行入之責。《後漢書·光武紀》："光武乃自稱邯鄲使者，入傳舍。傳舍方進食，從者饑，爭奪之"。《漢書·王莽傳》載："吏民出入，持布錢以副符傳，不持者，廚傳勿舍，關津苛留。"居延漢簡有"居延傳舍嗇夫""顯美傳舍斗食嗇夫"，《積古齋鐘鼎彝器款識》卷九著録《陽泉使者舍熏爐銘》有"洛陽傳舍嗇夫"，由是知傳舍亦以嗇夫主其事。此"傳舍"當是其署印。

【秦式1998】

録於《封存》《齊魯》《封續》《建德》。傳舍或爲官吏行止之舍又兼管驛郵之事。《史記·平原君虞卿列傳》："邯鄲傳舍吏子李同説平原曰……"。《龍崗》："取傳書鄉部稷官,關合符及以傳書閱傳書縣道官";"傳者入門";"詐僞假人符傳及讓人符傳者,皆與闌入門同罪"。

【秦封2000】

傳舍或爲官吏行止之舍,又兼管驛郵之事。《史記·平原君虞卿列傳》:"邯鄲傳舍吏子李同説平原曰……"。《龍崗》記:"取傳書鄉部稷官,關合符及以傳舍閱傳書縣道官。""傳舍入門。""詐僞假人符傳及讓人符傳者,皆與闌入門同罪。"秦印見:《徵存》"傳舍之印"。

【可齋2003】

在考訂"沈登傳送"時指出,沈登,人名。"傳送",爲古時傳達文書物件之職。《説文解字》段玉裁注:"傳,驛也,……文書亦謂之傳。"《秦律十八種》:"行傳書、受書,必書其起及到日月夙暮,以輒相報也。"此印爲現存最早有關古代郵驛制度的實物遺存,當是用於緘封所傳達文書、標誌傳達者的專印。印文鑿刻,細勁而見靈變。新中國郵票有以此印爲主題者。

【分域2009】

"傳舍之印"(《徵存》12.60)。"傳舍"是指爲往來使者及車馬提供飲食休息的驛站機構。秦有傳舍,《戰國策·魏策》云:"令鼻之入秦之傳舍,舍不足以舍之。"《史記·廉頗藺相如列傳》云:"(秦王)舍相如廣成傳舍。"該印當爲秦之傳舍的官署用印。《漢書·酈食其傳》云:"沛公至高陽傳舍。"顏師古注曰:"傳舍者,人所止息,前人已去,後人復來,轉相傳也。"可見,傳舍是秦漢時期郵傳組織系統中爲往來使者供給食宿的機構。

【集證2011】

釋"傳舍之印"。《官印徵存》以爲此是漢初期官印,王人聰則以爲是秦印。王氏云:"此印有田字格,字體爲秦篆作風,當係秦代郡縣傳舍吏所用的官印。"傳舍是供往來使者及車馬飲食休息的驛傳機構,戰國時各國皆有,文獻亦數見。《史記·廉頗藺相如列傳》:"(秦王)舍相如廣成傳舍。"又《平原君列傳》:"邯鄲傳舍吏子李同説平原君曰……"又《漢書·酈食其傳》:"沛公至高陽傳舍。"師古曰:"傳舍者,人所止息,前人已去,後人復來,轉相傳也。一音張戀反,謂傳置之舍也。"鄂君啟節:"見其金節則毋政(徵),毋舍傳食。"《古璽彙編》0203"遴迣之璽",王人聰《古璽考釋》亦言"遴迣"即"傳遽",與傳舍同類。《晉書·刑法志》引《魏新律序》:"秦時舊有廏置、乘傳、副車、食廚,漢初承秦不改。"

【職地2014】

六國有傳舍,傳舍有長,應該是《周禮·秋官·司寇·行夫》"掌邦國傳遞之小事"職責的沿襲,《史記·孟嘗君列傳》:"孟嘗君置傳舍十日。"據文獻記載、秦璽印封泥資料以及里耶秦簡所記政府公文的傳遞情況來看,秦時應已建立了較爲完備的驛傳和郵傳制度。秦璽印有"傳舍"和"傳舍之印",秦封泥也有"傳舍",秦簡有乘傳客、傳舍和"傳車"。先秦時期的"傳舍"應該不會接待普通人,而是專供因公外出的政府官吏或使者及其車馬飲食休息的驛傳機構。秦璽印封泥中"傳舍"的職能與"客事"相關,可能是典客屬官。

【秦官2018】

　　傳世秦璽印有"傳舍"和"傳舍之印";"傳舍"還見於嶽麓秦簡《三十四年質日》和里耶秦簡等出土秦文獻。戰國時各國均有傳舍,傳舍有長,應該是《周禮·秋官司寇·行夫》"掌邦國傳遞之小事"職責的沿襲。《史記·孟嘗君列傳》:"馮驩曰:'聞君好士,以貧身歸於君。'孟嘗君置傳舍十日。孟嘗君問傳舍長曰:'客何所爲?'"秦之傳舍見《廉頗藺相如列傳》:"秦王度之,終不可彊奪,遂許齋五日,舍相如廣成傳。"索隱曰:"廣成是傳舍之名。"據傳世文獻、秦璽印封泥資料以及里耶秦簡所記政府公文的傳遞情況來看,秦時應已建立了較爲完備的驛傳和郵傳制度。如《史記·蒙恬列傳》載二世時要殺害蒙毅,"遣御史曲宮乘傳之代"。秦簡有傳舍、傳車和乘傳客。嶽麓藏秦簡33/0633有"治傳舍";里耶秦簡8-461有"乘傳客爲都史",8-2039有"☐傳舍沉",又8-677載"前日啟陽丞歐段啟陽傳車☐乘及具徒……"。秦之"傳舍"是專供因公外出或使者往來和車馬飲食休息的驛傳機構。睡虎地秦簡《秦律十八種·傳食律》對驛傳機構供給膳食有詳細的分級,是秦傳舍制度的真實反映。

【廣封2019】

　　案《再續封泥考略》:此封泥二字,半通,印文曰"傳舍"。《後漢書·百官志》,十里一亭,五里一郵。此或是亭郵間司傳舍吏之印,姑附於鄉官印封泥後。

(二)大　　行

大行

1　　　　　　　　　　　　　2

1.《新出》P60;《青泥》P8
2.《調查》圖三;《大系》P59

【分域2009】

　　"泰(大)行"爲秦職官,即大行,爲九卿之一的典客之屬官,《左傳·文公十二年》云:"秦行人夜戒晉師。"《周禮·秋官》司寇屬官有大行人。

【職地2014】

　　典客、大行和行人之名漢初曾有多次變動。《史記·孝景本紀》(中元六年)更名"大行爲行人","典客爲大行"。《漢書·景帝紀》:"(中元)二年春二月,令諸侯王薨、列侯初封及之國,大鴻臚奏諡、誄、策。(臣瓚曰"景帝此年已置大鴻臚,而《百官表》云武帝太初元年更以大行爲大鴻臚,與此錯。")列侯薨及諸侯太傅初除之官,大行奏諡、誄、策。(師古曰:"大鴻臚者,本名典客,後改曰大鴻臚。大行令者,本名行人,即典客之屬官也,後改曰大行令。故事之尊重者遣大鴻臚,而輕賤者遣大行也。據此紀文,則景帝已改典客爲大鴻臚,改行人爲大行矣。而《百官公卿表》乃云景帝中六年更名典客爲大行令,武帝太初元年更名大行令爲大鴻臚,更名行人爲大行令,當是表誤。")《景帝紀》中元二年"大鴻臚"與"大行"同時出現,可見《百官公卿表》在記述"典客"名稱流變時有一定的疏漏。從張家山漢簡《二年律令·秩律》有典客(秩二千石)、大行走士、未央走士(秩各六百石)來看,此時有"大行"一職,"走士"爲其屬官,並在多個機構有設置,可能不是"大行"獨有的屬官種類。

【秦官2018】

按照秦文字中"大""泰"的時代先後關係來看,"大行"和"泰行"分別是統一前後不同的寫法。秦時"掌諸侯歸義蠻夷"的部門可能是"大/泰行",而"景帝中六年更名大行令"應是恢復秦時舊名。

瑞按:《史記·禮書》"余至大行禮官,觀三代損益",《索隱》:"大行,秦官,主禮儀。漢景帝改曰大鴻臚。鴻臚,掌九賓之儀也。"《史記·叔孫通傳》"大行設九賓,臚傳。"注引韋昭云"大行人掌賓客之禮,今謂之鴻臚也。九賓,則周禮九儀也,謂公、侯、伯、子、男、孤、卿、大夫、士也"。《史記·孝景本紀》中六年"大行爲行人,奉常爲太常,典客爲大行"。以秦封泥例,統一前用大,而統一後用泰,大行爲統一前職官用名。

泰行

1　　　　　　2　　　　　　3

1.《印考》圖164;《秦封》P122;《印集》P22;《書集》P117;《彙考》P47;《璽印》P391;《大系》P260
2.《發現》圖33;《圖例》P53;《大系》P260
3.《大系》P260

【發現1997】

秦九卿之一典客的屬官。《左傳·文公十二年》:"秦行人夜戒晉師。"又董説《七國考》引《道書注》:"秦昭王時行人張固至楚。"《漢書·百官公卿表》云:"景帝中六年更命大行令,武帝太初元年更名大鴻臚。"《周禮·秋官》司寇屬官有大行人,從此枚封泥可知,至遲到秦統一,秦行人就已改爲泰行(即大行或大行人)。

【管窺1997】

　　《秦會要》卷14《職官上》有"大行"官,云"大行,秦置,主禮儀",徐復《訂補》引《韓非子·説林上》"秦武王令甘茂所欲爲於僕與行事"後指出,"行與僕"爲官名,大行之稱本於此。《史記·禮書》:索隱"大行,秦官,主禮儀。漢景帝改曰大鴻臚"。同書《孝景本紀》索隱引韋昭説:"大行,官名,秦時云典客,景帝初改云大行,後更名大鴻臚,武帝因而不改。"《漢書·百官表》則曰"典客,秦官,掌諸侯歸義蠻夷,有丞。景帝中六年更名大行令,武帝太初元年,更名大鴻臚。屬官有行人、譯官、別火三令丞及郡邸長丞。武帝太初元年更名行人爲大行令"。以上各説多有牴牾之處,尤其《百官表》文,因明顯失誤頗爲學人所譏。不過通過它們,我們可以看出秦漢時期一位卿級禮官由大行至典客再至大鴻臚的變化過程。這裏關鍵是大行改典客的時間。對此未見任何記載,估計當在秦統一後確立三公九卿之時。如爲前者,當在戰國末至秦統一之間;如爲後者,則在漢初改典客爲大行令之後。當然也有第三種可能,秦典客應名爲泰行。不過對於秦代及漢初璽印來説,要做出絕對性判斷誠非易事。因此"泰行"封泥的斷代,實屬於一個哥德巴赫猜想式的難題。

【印考1997】

　　印面爲長方形,日字格,長2釐米,寬1釐米。"泰行"亦即"大行",《説文》:"泰,滑也,从廾从水大聲。"爲古文"泰"字。大行,古代掌接待賓客的官員。《史記·劉敬叔孫通列傳》:"大行設九賓,臚傳。"司馬貞《索隱》引韋昭曰:"掌賓客之禮,今謂之鴻臚"。《周禮·秋官》載司寇的屬官有大行人,掌四方諸侯及其孤卿間的禮儀以及使臣往來等,以親睦諸侯。《管子·小匡》:"升降揖讓,進退閑習,辯辭之剛柔,臣不如隰朋,請立爲大行。"秦置典客,漢景帝中元六年(前114年)更名秦時典客爲大行令,掌少數民族接待、交往和諸侯王入朝迎送等禮儀事務。從文獻記載當知,"大行"似爲"大行令"的省稱,是爲秦時掌管諸侯及歸附少數民族事務的官員。

【叢考1998】

　　泰通大、太。……大行應爲典客屬官,其實就是外交官,主管與周邊少數民族之交往禮儀。大行類職官先秦時期就有。……秦之泰行蓋因周制行人而來。其長官稱大行,佐稱丞。有漢印"大行丞印"可參證。

【秦封2000】

　　泰行即大行,《漢表》:"典客,秦官,掌諸歸義蠻夷,有丞。景帝中六年更命大行令。武帝太初元年更名大鴻臚。屬官有行人、譯官、別火三令丞及郡邸長丞。"《漢官》卷上:"秦置典客,掌諸侯及歸義蠻夷。漢因之。景帝更名大行令。"大行、大行令之職見於《周禮》,又春秋時齊國即有之,《左傳·文公十二年》:"秦行人夜戒晉師。"《七國》引《道書注》:"秦昭王時,行人張固至楚。"據此則戰國秦亦當有"大行”。《史記·孝景本紀》中六年，更命“大行爲行人”，“典客爲大行”。瓚曰：“大行是官名，掌九儀之制，以賓諸侯。”指前一“大行”。韋昭注：“大行，官名，秦時云典客，景帝初改云大行，後更名大鴻臚，武帝因而不改。……復大行令，故諸侯薨，大鴻臚奏諡，列侯薨，則大行奏誄。”指後一“大行”。看來，此職署在馬、班《史》《漢》之際已陷於混淆。漢封泥見：《續封》《建德》《齊魯》《臨淄》“齊大行印”，《齊魯》《再續》“載國大行”，《封泥》“行人令印”，《再續》《澂秋》“大行丞印”。漢印見：《徵存》“大行丞印”。

【簡讀2002】

　　《漢表》：“典客，秦官，掌諸歸義蠻夷，有丞。景帝中六年更命大行令……屬官有行人……武帝太初元年更名行人爲大行令。”《史記·劉敬叔孫通列傳》：“大行設九賓”。《索隱》“韋昭曰：大行人掌賓客之禮，今謂之鴻臚也”《管子·小匡》：“升降揖讓，進退閑習，辯辭之剛柔，臣不如隰朋，請立爲大行。”《史記·孝景本紀》更命“大行爲行人”，“典客爲大行”。瓚曰：“大行是官名，掌九儀之制，以賓諸侯。”“韋昭云：大行，官名，秦時云典客，景帝初改云大行，後更名大鴻臚，武帝因而不改。……復有大行令，故諸侯薨，大鴻臚奏諡，列侯薨，則大行奏誄。”

【彙考2007】

　　泰行，即大行，官名。《管子·小匡》已有此名，一般認爲即《周禮》之“大行人”。秦漢接待賓客的官吏典客，漢景帝中六年更名大行令，簡稱大行。《漢書·百官公卿表》：“典客，秦官，掌諸歸義蠻夷，有丞……屬官有行人、譯官、別火三令丞及郡邸長丞。”

【分域2009】

　　説見“大行”。

【集證2011】

　　《漢書·百官公卿表》：“典客，秦官，……景帝中六年更命大行令。……屬官有行人……武帝太初元年更名行人爲大行令。”依其説，則大行令既是典客的更名，也是其屬官行人的更名。不過“大行”之名古已有之。《漢書補注》沈欽韓曰：“《管子·小匡篇》：‘請立隰朋爲大行。’其名尚矣！”早已指出此點。《周禮·秋官》有大行人，云：“大行人掌大賓之禮及大賓之儀，以親諸侯。”鄭玄注：“大賓，要服以内諸侯；大客，謂其孤卿。”《國語·晋語八》：“秦景公使其弟鍼來求我成，叔向命招行人子員。行人子朱曰：‘朱也在此。’”《左傳·文公十二年》：“秦行人夜誡晋師曰……”由此印看，秦時有大行一職。《封泥彙編》12.2爲漢“大行丞印”封泥，無界格，“泰”作“大”。

【秦官2018】

　　説見“大行”。

【廣封2019】

　　同《彙考2007》。

（三）客　事

客事

　　　　　　　1　　　　　　　　　　2

1.《新出》P70;《大系》P143
2.《大系》P143

【職地2014】
　　"客事"之職文獻未見,但從"客事之璽"來看,顯然秦統一前即已經設立。戰國時期各國客卿衆多,或如陳曉捷所説"當爲戰國時期秦國設立的掌管外來人員的機構",應是典客屬官。

【秦官2018】
　　"客事"之職文獻未見,但從"客事之璽"來看,顯然秦統一前即已設立。戰國時期各國客卿衆多,或如陳曉捷、周曉陸所説"當爲戰國時期秦國設立的掌管外來人員的機構",應是秦時"大/泰行"的屬官。《二年律令・秩律》中"典客"很可能是將秦時"典達"和"客事"兩名合稱而來。

客事之璽

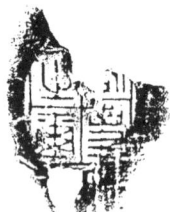

　　　　1　　　　　　　　　2　　　　　　　　　3

1.《選考》圖2;《新出》P70;《大系》P143
2.《大系》P144
3.《大系》P143

【五十例2005】

此有二解。《史記・楚世家》：“秦乃遣客卿通將兵救楚。”《考證》：“戰國之時，用他國之人爲卿曰客卿。通，其名。”《范雎蔡澤列傳》：“(昭王)乃拜范雎爲客卿，與謀兵事。”《李斯列傳》：“秦王拜斯爲客卿。”《商君書・境内》：“故客卿相論盈，就正卿，就爲大庶長。”客事當掌客卿之事。又，《易・需》：“有不速之客三人來。”《史記・秦始皇本紀》，十年，“大索，逐客。李斯上書説，乃止逐客令。”此爲外來之人。客事當爲戰國時期秦國設立的掌管外來人員的機構。

【選考2013】

筆者曾認爲客事有二解：其一爲掌管客卿之事；其二爲掌管外來人員之機構。戰國時任客卿者均爲別國人。《史記》中，《楚世家》載：“秦乃遣客卿通將兵救楚。”《范雎蔡澤列傳》載：“(秦昭王)乃拜范雎爲客卿，謀兵事。”《穰侯列傳》載：“魏冉謝病免相，以客卿壽燭爲相。”《樂毅列傳》：“樂毅往來復通燕，燕、趙以爲客卿。”《李斯列傳》：“秦王拜斯爲客卿。”《資治通鑑》卷二《周紀二》：“儀得見秦王。秦王説之，以爲客卿。”胡三省注：“秦有客卿之官，以待自諸侯來者，其位爲卿而以客禮待之也。”由此可知，客卿在戰國時期的地位是比較高的，因此客事似乎並不具備那麼大的權力。第二種解釋可能並不完備。《睡虎地秦簡・法律答問》中有“邦客”，整理者注：“邦客，指秦國以外的人。”又有“者(諸)侯客”。《漢官儀》卷上載：“尚書四員，武帝置。”其中有“主客尚書，主外國四夷事”。《續漢書・百官志》載：“客曹尚書主外國夷狄事。世祖承遵，後分二千石曹，又分客曹爲南主客曹、北主客曹。”注引蔡質《漢儀》云：“客曹郎主治羌胡事。”可見，兩漢時之主客尚書、客曹當爲秦客事一職的延續。秦時客事一職當掌各國往來之賓客，也可能掌管民族事務。在秦統一以後，其部分職權被屬邦所分領。蔡邕《獨斷》：“璽者印也，印者信也，古者尊卑共之……秦以來天子獨以印稱璽，群臣莫敢用也。”從封泥文中稱“璽”可知，“客事之璽”應爲戰國封泥。

【秦官2018】

説見“客事”。

（四）屬　邦

屬邦之印

1　　　　　2

1.《發掘》圖一六：23；《新獲》P288；《大系》P229
2.《新出》P31；《大系》P229

【秦印1997】

官名"屬邦",曾見於陳介祺舊藏相邦吕不韋戈,不諱"邦"字,顯然早於漢高祖即位。

【字典1998】

秦兵"屬邦"即"屬國"(漢避高祖劉邦諱,改邦爲國)。官名。《漢書‧百官公卿表》:"典屬國,秦官,掌蠻夷降者。武帝元狩三年,昆邪王降,復增屬國,置都尉、丞、候、千人。"

【考略2001】

屬邦之官始置於戰國秦,《睡虎地秦墓竹簡》有"屬邦"之載。漢初避高祖劉邦諱,改屬邦爲屬國或典屬國。屬邦主要職能是主管少數民族事務的機構,或曰"主蠻夷降者"。屬邦有官營手工業機構,如"屬邦工室",並配備了相應官吏,如"屬邦工丞"。相家巷遺址流散秦封泥有"屬邦工室""屬邦工丞"。

【簡讀2002】

《漢表》:"典屬國,秦官,掌蠻夷降者。武帝元狩三年昆邪王降,復增屬國。"屬邦即屬國。《秦簡‧屬邦律》整理組注:"屬邦爲管理少數民族之機構。"

【新官2002】

"屬邦工室、屬邦工丞"見《秦封泥集》一‧二‧93、94。

【彙考2007】

屬邦,官署名。戰國秦置。主少數民族事宜。漢避高祖劉邦諱,改稱典屬國或屬客。《漢書‧百官公卿表》:"典客,秦官。掌諸歸義蠻夷,有丞。景帝中六年更名大行令,武帝太初元年更名大鴻臚。屬官有行人、譯官、別火三令丞及郡邸長丞。"《睡虎地秦墓竹簡》亦有"屬邦"之名稱。由此可見屬邦爲秦時官署,似無疑。

【分域2009】

"屬邦"爲官職名,雲夢睡虎地秦簡《秦律雜抄》中有載。可能與漢代的"典屬國"相類。"屬邦"爲管理少數民族事務的機構,至於這個機構只有中央一個,還是地方也有,目前尚無一致的看法。在釋讀"屬印"時指出,"屬"爲"屬邦"之省。"屬邦"見於十四年屬邦工師戈,其職責是管理少數民族事務。睡虎地秦墓竹簡有《屬邦律》。

【官名2013】

屬邦,戰國時秦國掌理與少數民族邦交事務的官吏,兼督造兵器,屬吏有屬邦工師、屬邦工丞等。漢代因避漢高祖劉邦之諱,改稱爲屬國、典屬國,見於《漢書‧百官公卿表》。

【屬邦2014】

張家山漢簡中有典客,但無典屬國和可確定爲其屬官的職官機構,可見漢初"掌蠻夷降者"的事務應該仍歸"典客",典屬國的設置在吕后二年之後。秦封泥有"典達"和"客事",但無"典客",秦出土文獻屢見"屬邦",時代最早是三十年詔事戈(秦昭王三十年,前277年),可見秦時典達和屬邦並存,可能二者職掌不同。典屬國設立的時間在吕后二年之後至武帝元狩三年之前,而最有可能是景帝中六年至武帝元狩三年之間。至武帝元狩三年,昆邪王降,復增屬國來管理"蠻夷降者","復增"二字極爲重要,説明武帝是在已有典屬國的基礎上又增加了"屬國"。"典屬國"極有可能是把秦時的屬邦和漢初的"典客"

中某些職能整合而成立的新機構——"典屬國"，用來"掌蠻夷降者"。簡言之，典屬國是從典客機構中分置而來，而"典屬國"出現的時間也佐證了這一點。隨着漢武帝對匈奴打擊的持續和力度的加大，內附的蠻夷數量劇增，故武帝又將秦時的"屬邦"機構恢復，以滿足管理的需要。"典屬國"和復增的"屬國（邦）"的職能可能都是負責管理"蠻夷降者"的對外事務，而管理中央政府與地方各郡國相關事務的機構應該是大行令或大鴻臚。

【秦官2018】

《漢書·百官公卿表》："典屬國，秦官，掌蠻夷降者。武帝元狩三年，昆邪王降，復增屬國，置都尉、丞、候、千人。屬官，九譯令。成帝河平元年省併大鴻臚。"張家山漢簡《二年律令·秩律》有"典客"但無"屬國"或"典屬國"。可見，漢初"掌蠻夷降者"的事務應該仍歸"典客"，典屬國的設置應在呂后二年之後。從漢武帝時因昆邪王降而"復增屬國"的記載來看，"屬國"應是爲了適應西北諸多部族大量歸附而重新恢復秦時的"屬邦"而諱稱"屬國"，此後又加含有掌管和主持意義的"典"字而稱"典屬國"。《漢書·百官公卿表》所記"典客"掌"諸侯歸義蠻夷"與"典屬國"掌"蠻夷降者"的職能和各自屬官均有密切聯繫。秦出土文獻有"客事""典達"和"屬邦"，三者職能應涵蓋漢代的"典客"和漢武帝重新設置的"典屬國"的職能。其中"典屬國"蓋與秦時的"屬邦"相當。睡虎地秦簡《秦律十八種》有《屬邦律》，秦兵器銘文屢見"屬邦"，里耶秦簡中屬邦與內史和郡守並列，紹興博物館藏西施山遺址出土的秦戈銘文有"二年屬邦守造"，秦封泥有"屬邦""屬邦之印"和"屬邦工室"。有"屬邦"銘文的秦兵器中最早的是秦昭王三十年的詔事戈，可見屬邦在此之前即已設立。屬邦設有工室且製造兵器的職能已被秦兵器和封泥所證實。屬邦獨立製造兵器的例子有廣州東郊羅崗4號秦代墓出土的王政十四年屬邦工□戈（《集成》11332）和"二年屬邦守造"，但更多的是"武庫受屬邦"，即武庫調撥給屬邦使用的，或者是由"詔事"機構調撥給屬邦使用，可見屬邦並不是秦時鑄造兵器的主要機構。屬邦需要兵器或與其管理少數民族的職能有關。

屬邦工室

1　　　　　　　　　2

1.《觀二》P21
2.《新出》P31；《大系》P228

【發現1997】

雲夢睡虎地秦簡《秦律》有屬邦條,據《漢書‧百官公卿表》漢代有"典屬國,掌蠻夷降者",蓋漢避高祖諱而改稱。

【印考1997】

印面均爲正方形,田字格,邊長2釐米,前者印文清晰,後者略顯模糊,邊欄完整。屬邦,爲戰國時秦所置的管理少數民族的機構。《漢書‧百官公卿表》:"典屬國,秦官,掌蠻夷降者。"《秦律‧屬邦》注:"屬邦爲管理少數民族之機構。"《後漢書‧百官志》注:承秦有典屬國,別主四方夷狄朝貢侍子。

【叢考1998】

屬邦,是主管道等少數民族地區事務的中央機構。……由秦器銘與秦封泥可知,屬邦設有工室,製造兵器。屬邦工室爲職官名,丞爲其佐官。屬邦的職責比《百官表》記載詳細而大。已發現的最早的有關屬邦的記載是五年相邦呂不韋戈(秦王政五年,前242年),較晚如少府矛、屬邦矛約當始皇時期,因而屬邦這一職官的設置最晚也在戰國晚期秦王政五年以前。不過這一時期似乎還可以再往上推。秦設南郡在昭王二十八年(前278年),與之相應必在其下邊遠地區設道,屬邦既是管理道的機構,應與道相應同時而設。所以,屬邦這一中央機構的設置,時間上即應推至秦設南郡即昭王二十八年—秦始皇時期這一範圍。

【秦封2000】

《漢表》:"典屬國,秦官,掌蠻夷降者……屬官九譯令。"屬邦即漢典屬國,西漢因避高祖劉邦諱而改屬邦爲屬國。有工室掌製兵器,有丞。《睡虎》有《屬邦》。《睡虎‧秦律雜抄》:"省殿,貲工師一甲,丞及曹長一盾。"《睡虎‧工律》:"縣及工室聽官爲正衡石贏(累)、斗甬(桶)、升,毋過歲壺(壹)"。整理組注:"工室,管理官營手工業的機構。《封泥彙編》有漢封泥'右工室丞''左工室印'。《漢表》有考工室,屬於少府。"《秦銅》載與詔事有關的屬邦兵器有五年、八年相邦呂不韋戈,有少府並武庫受屬邦兵器有少府矛、十三年少府矛、寺工矛,此外還有十四年屬邦戈,屬邦矛。漢封泥見:《封泥》"□□國印章",《齊魯》《再續》"右工室印",《再續》《澂秋》"右工室丞",《印典》"齊左工丞"。漢印見:《十鐘》"屬印"。

【工室2001】

説見"少府工室"。

【簡讀2002】

釋讀見"屬邦之印""少府工室"。

【上封2002】

《睡虎地秦墓竹簡》有"屬邦"。又秦器銘有"屬邦矛""十四年屬邦戈"。《百官表》:"典屬國,秦官,掌蠻夷降者。武帝元狩三年昆邪王降,復增屬國,置都尉丞、候、千人。""屬國"爲歸附於漢之地,漢有金城、北地、西河等屬國。疑漢之"屬國"爲避劉邦諱而改。三晉璽有"匈奴相邦",相邦即相國。工官封泥又見"咸陽工室丞""邯造工丞""雍丞""櫟陽右工室丞"及"少府工丞""北宮工丞"等,按諸工丞、工室印文前均冠所屬之府及郡縣，“屬邦”亦同例。

【秦工2007】

秦工室是秦國在郡縣和王室普遍設立的專門製造各種器物的手工業作坊。內部由縣嗇夫（縣令）或郡守任命的工室嗇夫管理，工室的製造業務則由負責全國經濟事務的內史進行管理和考核。秦代的工室可簡稱爲工。屬邦工丞、邯鄲工丞、北宮工丞、鐵兵工丞中的“工丞”，應是“工室之丞”的簡稱。除可分爲左右外，銘文中的東工、西工的工亦是工室的簡稱。此外，秦器物上的“私工”的工，也應是工室的簡稱。寺工，也是寺工室的省稱。分爲東西與設爲左右一樣，只是作爲區分的標誌，没有特別的意義，因此，工室分爲東工室和西工室很有可能。行政上，郡縣工室的官吏由郡守或縣令任免，經濟業務上受内史管轄。内史對工室進行經濟統計和經濟管理，而無行政管理職能。

【彙考2007】

屬邦工室，官署名。戰國秦置。爲管理手工業機構。《睡虎地秦墓竹簡·工律》：“縣及工室聽官爲正衡石羸（累）、斗甬（桶）、升。”

【分域2009】

工室，當爲管理手工業的機構。雲夢睡虎地秦簡《工律》云：“縣及工室聽官爲正衡石羸（累）、斗甬（桶）、升。”工丞，當爲屬邦工室令的佐官。

【集證2011】

1962年廣州羅崗秦墓出土的十四年屬邦戈銘：“十四年屬邦工□戠，丞□，［工］□。”拙著《秦銅集釋》指出：“屬邦工□”即“屬邦工室”，“據此戈可知屬邦有時也製造器物。”“屬邦工室”封泥的出土，證明拙説可信，秦時屬邦確有工室。秦屬邦雖有工室，不過屬邦也常接受其它機構製造的器物。河北出土的少府矛一面刻“少府”二字，另一面刻“武庫受（授）屬邦”五字；中國歷史博物館藏的十三年矛刻“十三年少府工簪，武庫受（授）屬邦”。此皆少府所造兵器，先由武庫統一保管，又由武庫授予屬邦。此封泥不諱“邦”字，可見它和同出的其他封泥皆是秦物，不是漢物。

【官名2013】

在釋讀“工師”時指出，工師種類很多，這可能與當時的“物勒工名”“璽之抑埴”等工官制度有關係。《禮記·月令》：“是月也，命工師效工，陳祭器，按度程，毋或作爲淫巧，以蕩上心，必功致爲上。物勒工名，以考其誠，功有不當，必行其罪，以窮其情。”鄭玄注：“工師，工官之長也。”董珊先生認爲齊系題銘“工師”的資料比較豐富多樣。而且春秋晚期的國差罎銘文出現的“工師”，是目前見於先秦銘刻的最早一例“工師”。《孟子·梁惠王下》：“孟子謂齊宣王曰：‘爲巨室必使工師求大木。’”趙岐注：“工師，主工匠之吏。”秦與三晉兵器銘文也有“工師”一職，但“工師”兩字的寫法不同。三晉和齊國的“工師”之“師”一般簡寫作“帀”，而秦繼承西周金文的寫法作繁文“師”。另外，三晉和齊國的“工師”之“工”寫作“攻”，而秦則寫作“工”。三晉的“工師”多用合文，齊的“工師”則爲析書。秦器銘辭“工師”之前的修飾語，除了有東、西之區分外，還常冠以地名，如“漆垣工師”“高奴工師”等，或簡稱“漆工師”“高工師”“高工”等。秦國工師一般歸屬於某類工室,下屬有丞、工更長、工大人、工隸臣、工鬼薪等,三晋的工師則隸屬於庫類機構管理。

【訂補2014】

　　在考釋"二年屬邦守蓐戈"時指出,此戈出土於紹興西施山遺址。郭永秉、廣瀨薰雄文《紹興博物館藏二年屬邦守蓐戈研究——附論所謂秦年二年丞相戈》指出"□"爲蓐字籀文,屬邦守之名。"屬邦工室"是屬邦的工室,是中央機構設置的工室。郭文推測:"在紹興及其附近地區,秦代有一段時期設置過屬邦。……這一地區當時爲百越所居,秦征服此地後,首先設置屬邦,中間經歷種種變遷,最後定名爲會稽郡。"此可備一説,但也並非必然。

【職地2014】

　　目前所見帶"屬邦"銘文的兵器共11件,最早的是秦昭王三十年的詔事戈,可見屬邦在此之前已設立。屬邦設有自己獨立的工室,有製造兵器的職能已被秦兵器和封泥所證實。屬邦獨立製造的兵器目前僅見廣州羅崗4號秦代墓出土的王政十四年屬邦戈,和最近出現的二年屬邦戈,而大多數都是"武庫受屬邦",及武庫調撥給屬邦使用,或者是由"詔事"調撥給屬邦使用。可見屬邦並不是秦時鑄造兵器的主要機構,這或許與屬邦管理少數民族的職能有關。

【廣封2019】

　　同《秦封2000》。

　　瑞按:廣州東郊羅崗秦墓出土始皇十四年銅戈上有"屬邦工【室】"的銘文,"室"字殘,袁仲一先生根據秦代刻銘通例指出其所缺當爲"室"字。指出漢代屬國下已不設工室,不製造兵器,但秦代屬邦下設工室製造兵器當是爲了統一戰爭的需要,以加强軍工業的生產。屬邦工室兵器在廣州的出土,當是參加平定百越的秦軍攜帶而去(《考古與文物》1984年5期P106)。

屬邦工丞

　　　　1　　　　　　　　2　　　　　　　　3　　　　　　　　4

1.《彙考》P55;《大系》P227

2.《新出》P31;《大系》P228

3.《上封》P48

4.《秦封》P183;《彙考》P56

【發現1997】

說見"屬邦工室"。

【印考1997】

說見"屬邦工室"。

【叢考1998】

說見"屬邦工室"。

【秦封2000】

屬邦工丞爲屬邦工室之丞,說見"屬邦工室"。

【簡讀2002】

工丞爲工室之丞佐。

【上封2002】

說見"屬邦工室"。

【秦工2007】

說見"屬邦工室"。

【彙考2007】

屬邦工丞,當爲屬邦工室丞之省稱,官名。說見"屬邦之印"。

【分域2009】

說見"屬邦工室"。

【集證2011】

"屬邦工丞"應爲屬邦工室之丞。屬邦工室有丞,已見上。值得注意的是,在十四年屬邦戈中"工室戠"列在"丞□"之前,可見工室既是機構名,也指該機構的正職(令長),而丞則爲其副手。夢齋封泥類似之例甚多,如"泰倉"與"泰倉之丞"同出,"御府之印"與"御府丞印"同出,"寺從"與"寺從丞印"同出,皆是。

【官名2013】

說見"少府工丞"。

【訂補2014】

說見"屬邦工室"。

【廣封2019】

說見"屬邦工室"。

屬邦□印

無圖,考釋見《發掘》P528。

瑞按:無圖,登記其"有田字格,長3.2、殘寬2.3、厚1.1釐米"。

屬□丞□

《大系》P230

瑞按：封泥下半殘，文字排列與已知其它“屬邦”封泥不同，具體所指有待完整封泥。

屬□室□

《大系》P229

瑞按：封泥殘，文字排列與已知其它“屬邦”封泥均不同，具體所指有待完整封泥。

（五）走　士

走士

1　　　　　　　2　　　　　　3

1.《印風》P167;《印集》P78;《彙考》P154;《大系》P392
2.《大系》P391
3.《新出》P97;《青泥》P24;《大系》P392

【補讀1998】

初披露時已見"走士丞印"，釋未詳。走士一職，史籍失載。其最先見者即漢"齊走士丞"，而無考釋。古陶文明博物館藏秦封泥雖晚於其出土，然其時代却早。……走士，周官，掌養馬，有丞，屬官有走馬。秦及西漢之齊國沿襲不廢。漢封泥見《齊魯》《再續》"齊走士丞"。

【走士1998】

走士爲周官，有丞，屬吏有廄嗇夫、走馬、皂嗇夫，秦代及漢諸侯國沿襲不廢。

【秦封2000】

《張家·奏讞書》："孔曰：'爲走士，未嘗佩鞞刀，盜傷人，毋坐也。"走士一職，史籍失載。過去見者即漢"齊走士丞"封泥，無考釋。從《張家·奏讞書》看，孔爲公士。"孔曰"從側面反映出走士特點應是不佩刀。另外，爲何走馬僕接受士孔的刀鞘（白革鞞），僕爲走馬。走馬即《周禮》中之趣馬。《序官》："趣馬下士皂一人。"鄭玄注："趣馬，趣養馬者也。"《趣馬》："掌贊正良馬，而齊其飲食，簡其六節，掌駕説之頒。"《奏讞書》一七中又有"走馬都魁"，説明此職從周以來至漢代一直沿襲。《奏讞書》的記載表明孔、僕爲上下級關係，孔作爲走士，亦當爲養馬者。根據《雲夢秦簡》中，秦養馬之人絶對不允許佩帶刀劍，恐會傷及馬匹，反映出秦對於馬政的重視。秦始皇陵馬廄坑中圉人不配刀劍，正説明養馬之人不佩刀的特點。因此，孔在説"爲走士，未嘗佩鞞刀"，其原因正於此。走士，周官，掌養馬，有丞，屬官有走馬。秦及漢之齊國沿襲不變。漢封泥見：《上博》《齊魯》《再續》"齊走士丞"。

【簡讀2002】

甲骨文、西周銅器有"走馬"。《張家·奏讞書》："孔曰：爲走士。"陳曉捷先生提出"作爲走士，則當亦爲掌養馬之職"。《張家·二年·秩律》："大行走士、未央走士……秩各六百石，有丞、尉者半之。"表明走士可在很多機構下設置。

【彙考2007】

同《秦封2000》。又：一説走士即徒士。

【圖説2009】

説見"走士丞印"。

【分域2009】

走士，職官名，但不見於文獻。有學者認爲"走士"是秦時養馬之人，恐非。據典籍所載，秦有騎士、徒士、武士、游士。按"走士"當爲士人中的一種，具體待考。

【職地2014】

由張家山漢簡有"典客"和"大行走士"可知，吕后時期已經有了"典客""大行走士"可能是典客屬官，秦封泥中的"走士""走士丞印"也應是秦時大/泰行的屬官。走士與走馬可能僅是名稱上的偶合，二者之間可能没有直接聯繫。走士可能與睡虎地秦簡《封診式》中"宫狡士"和"外狡士"性質相同，是一種行政職務。戰國楚璽有"行士鉥""行士之鉥"和"鄙行士鉥"等，印文中的"行士"一般認爲相當於

《周禮》的"行夫",是負責外交事務的官吏用印。走、行意思相近,秦"走士"與楚之"行士"或即爲文獻所見的"行人",其職責或即是宮廷中王命詔書上傳下達的承擔者。秦簡中的"走"與秦封泥所見的"走士"一在中央任職,一在基層任職,二者可能没有必然聯繫。

【秦官2018】

張家山漢簡有"大行走士",應是典客屬官。以此例之,秦封泥中的"走士""走士丞印"也應是秦時大/泰行的屬官用印。"走士"可能與睡虎地秦簡《封診式》中"宮狡士"和"外狡士"性質相同,是一種行政職務。戰國楚璽有"行士鉩""行士之鉩""郘行士鉩"(《古璽彙編》0165—0167)等,印文中的"行士"一般認爲相當於《周禮》的"行夫",是負責外交事務的官吏。《古封泥集成》收録漢封泥"齊走士丞"兩枚(《古封泥集成》275、276)。走、行意思相近,秦"走士"與楚之"行士"或即爲文獻所見的"行人",其職責或即是宮廷中王命詔令上傳下達的承擔者。

【廣封2019】

同《彙考2007》。

走士丞印

1　　　　　　　　　　　　2

1.《秦封》P225;《璽印》P433;《彙考》P155;《大系》P392
2.《彙考》P155;《大系》P392

【發現1997】

走士,諸文獻未見,秦有騎士、徒士、武士、游士,依例或可是步兵士的丞署。又走有僕意,如"牛馬走",或爲臣僕之士。

【印考1997】

印面正方形,十字格,邊長約1.8釐米,印文、邊欄完整。走士,或爲職官。古時有"走卒",亦即"隸卒"、差役。《漢書·胡建傳》:"貧亡車馬,常步,與走卒起居,所以尉薦走卒,甚得其心。""走士"與"走卒"甚似。由此推知,"走士丞"有可能是古時太僕的屬官。

【秦封2000】

此爲走士之丞印,走士之説見"走士"。

【簡讀2002】

釋讀見"走士"條。

【彙考2007】

此爲走士之丞,爲走士令之副職。説見"走士"。

【圖説2009】

《張家山漢簡·奏讞書》:"孔曰:'爲走士,未嘗佩鞞刀,盜傷人,毋坐也。'"走士一職,史籍失載。過去見者即漢"齊走士丞"封泥,無考釋。從《張家·奏讞書》看,孔爲公士(秦二十級爵中最低的一級)。"孔曰"從側面反映出走士特點應是不佩刀。《奏讞書》的記載表明孔、僕爲上下級關係,孔作爲走士,亦當爲養馬者。根據《雲夢秦簡》中,秦養馬之人絕對不允許佩帶刀劍,恐會傷及馬匹,反映出秦對於馬政的重視。秦始皇陵馬廄坑中圉人不配刀劍,正説明養馬之人不佩刀的特點。因此,孔在説"爲走士,未嘗佩鞞刀",其原因正於此。走士。周官,掌養馬,有丞,屬官有走馬。秦及漢之齊國沿襲不變。漢封泥見:《上博》《齊魯》"齊走士丞"(《泥集》225頁)。

【分域2009】

説見"走士"。

【集證2011】

周曉陸初云:"走士,諸文獻未見,秦有騎士、徒士、武士、游士,依例或可是步兵的丞署。又走有僕意,如'牛馬走',或爲臣僕之士。"後來周氏看法有所改變,《補讀1998》引江陵張家山漢簡《奏讞書》孔曰"爲走士,未嘗佩刀傷人",而《奏讞書》又有"走馬都魁",周氏以爲走士、走馬皆養馬之人,後者即《周禮》之"趣馬","走士"爲其上級。周氏云:《雲夢秦簡》中,對於養馬之人是決不允許佩帶刀劍,恐會傷及馬匹。"今按周氏後説極是。走與趣通。金文有"走馬"(大鼎)、"左右走馬""五邑走馬"(師兌簋)。《詩·大雅·緜》:"來朝走馬。"《玉篇》走部引"走"作"趣"。不過金文中任"走(趣)馬"者如師龢父身份甚高,不大會如《周禮·夏官·序官》所説僅是"下士",所以"走士"是否是"走馬"之上級則很難説。《周禮·夏官·趣馬》:"掌贊正良馬,而齊其飲食,簡其六節,掌駕説之頒,辨四時之居治,以聽馭夫。"《古封泥集成》276有漢"齊走士丞"封泥。

【秦官2018】

説見"走士"。

【廣封2019】

説見"走士"。此其丞之印也。

十、宗　　正

宗正

1

2

1.《選拓》附圖;《印考》圖169;《印風》P137;《秦封》P123;《書法》P36;《印集》P25;
　《書集》P117;《彙考》P57;《璽印》P449;《大系》P390
2.《發現》圖7;《印考》圖169;《秦封》P123;《彙考》P57;《大系》P390

【發現1997】
　　《漢書·百官公卿表》:"宗正,秦官,掌親屬,有丞。"爲九卿之一。
【印考1997】
　　印面爲正方形,無界格,邊長2釐米,邊欄規範,印文篆書清晰。《漢書·百官公
卿表》云:"宗者,秦官,掌親屬。"《後漢書·百官志》的本注說:"掌序録王國嫡庶
之次,及諸宗室親屬遠近。"由此當知,宗正當是管理皇族和外戚事務的官,始於秦,
是從周官小宗伯發展而來。《周禮·春官·小宗伯》云小宗伯"掌三族之別,以辨親
疏"。《玉海》中說:"秦始以宗正列九卿,掌親屬;而宗廟之事屬之奉常。"宗正的主
要屬官有宗正丞、都司空令、內官長丞及公主家令、門尉等。漢平帝元始四年更名
宗伯。
【秦封2000】
　　《漢表》:"宗正,秦官,掌親屬,有丞。"漢封泥見:《封泥》"宗正丞印"。漢瓦當見:
"宗正,宗正官當"。
【簡讀2002】
　　《漢表》云:"宗正,秦官,掌親屬,有丞。"《後漢書·百官志》:"本注曰:掌序録王國
嫡庶之次,及諸宗室親疏遠近,郡國歲因計上宗室名籍。"
【彙考2007】
　　宗正,秦官。秦置,漢沿之。職掌皇族和外戚事務之官。《漢書·百官公卿表》:
"宗正,秦官,掌親屬,有丞。平帝元始四年更名宗伯。屬官有都司空令丞、內官長

丞,又諸公主家令、門尉皆屬焉。”顏師古注引應劭曰:“周成王之時彤伯入爲宗正也。”顏師古曰:“彤伯爲宗伯,不謂之宗正。”王先謙《漢書補注》:“何焯曰:‘案,宗正亦謂之宗伯,王莽緣此以改官名,應説非無本,但是後儒曲説與周官不合,故班氏斷爲秦官。’”

【分域2009】

　　“宗正”爲秦九卿之一,職掌皇室親族之事務。《漢書·百官公卿表》云:“宗正,秦官,掌親屬,有丞。”

【集證2011】

　　此印無界格,“宗”字修長,居右半邊的位置;“正”字下部已殘,從殘畫看,似乎其下還應有一字,如有,當是“印”字。《漢書·百官公卿表》:“宗正,秦官,掌親屬,有丞。”

【官名2013】

　　《漢書·百官公卿表》:“宗正,秦官,掌親屬。”由此可知,宗正爲掌管宗室親族事務的官吏。

【職地2014】

　　秦時已有宗正,負責管理皇室宗親,漢高祖七年就已經“置宗正官”,張家山漢簡《二年律令·秩律》不見宗正,可能是吕后攝政初期與劉姓諸侯王之間矛盾的反映,但旋即設立,仍以劉姓宗族擔任。此後便常置不廢。秦出土文獻未見“諸公主家令、門尉”,《百官公卿表》“掌皇后、太子家”的屬官有“家令丞”,二者名稱雖同但性質有别。秦高陵君鼎銘“十五年高陵君丞”,應是高陵君家丞監造器物。張家山漢簡《二年律令·秩律》:“李公主、申徒公主、榮公主、傳公(主)家丞,秩各三百石”,這些“家丞”都歸宗正管轄。諸家印應該是管理公子、公主封邑和宗室大臣宗邑事務的官吏用印。據秦更修田律木牘中内史匽氏和2件匽氏所造兵器看,匽氏爲人名,則諸家印、丞印中的張氏、相氏、樂氏也應是人名或姓氏。這些人名最可能是封邑所有者的名字,而不大可能是管理封邑官吏的名字。《漢書·地理志》“(美陽)有高泉宫,秦宣太后起也”,“高泉家丞”應是管理秦高泉宫的官吏用印。

【秦官2018】

　　《周禮·春官》有小宗伯,“掌三族之别,以辨親疏”。正義:“掌辨章族姓之事,兼以治宗法。”秦之宗正或與《周禮》之“宗伯”有關。宗正的職責是管理皇族和外戚事務。《漢書·百官公卿表》:“宗正,秦官,掌親屬,有丞。平帝元始四年更名宗伯。屬官有都司空令丞,内官長丞。又諸公主家令、門尉皆屬焉。”張家山漢簡《二年律令·秩律》無宗正和都司空,但有内官和公主家丞。新見秦文字資料有内官、家丞、家印類和相室類,較早公布的秦封泥也有宗正,秦始皇陵出土陶文有“都司空□”,傳世秦印“家璽”“家印”和“家府”或與宗正屬官“諸公主家令”有關。

【廣封2019】

　　案《漢書·百官公卿表》:“宗正,秦官,掌親屬,有丞。平帝元始四年更名宗伯。屬官有都司空令丞,内官長丞。又諸公主家令、門尉皆屬焉。"(應劭曰:"周成王之時彤伯入爲宗正也。"師古曰:"彤伯爲宗伯,不謂之宗正。")《秦封泥彙考》:王先謙《漢書補注》:"何焯曰:'案,宗正亦謂之宗伯,王莽緣此改官名,應説非無本,但是後儒曲説與周官不合,故班氏斷爲秦官。'"

(一)内   官

内官

1   2   3   4

1.《新選》P103;《大系》P171
2.《新出》P26;《大系》P170
3.《大系》P170
4.《大系》P170

【内造1998】

内官屬少府時負責一定的器物製造,但數量和規模都不及寺工,景帝中六年之後屬於大内後的製造功能可能已經消失成爲專門的宮廷官署,擁有了一定的負責宗室事物管理的職能。然後屬於主爵中尉,成爲掌列侯的主爵的職官。至遲在武帝太初元年已脱離主爵成爲宗正屬官。從漢封泥看,漢諸侯國也設内官。

【官名2013】

内官,掌守王宮夜巡持更之官吏。《左傳·宣公十二年》:"内官序當其夜,以待不虞,不可謂無備。"杜預注:"内官,近官。"

【内官2014】

内官主要職能與逮捕罪人、看押囚犯等獄令法事務有關。秦漢時的内官機構應是專門管理皇室宗親及外戚成員的機構,可獨立辦理涉及皇室宗親的案件,有相對獨立的執法權。内官和廷尉分别負責皇室宗親外戚和整個國家的司法事務,除涉及物件有别外,其職能基本相同。

【職地2014】

"内官"一職,班固特别強調"初,内官屬少府,中屬主爵,後屬宗正。"其中變化過程並不清楚,而《後漢書·百官志》未載此官。《秦封泥集》和《秦封泥彙考》等均認爲顏師古"《律令志》主分寸尺丈也"的説法。唯王輝先生云:"秦時内官可能屬少府,其職掌也未必是'分寸尺丈'……秦時内官的職掌已不很清楚。"周雪東據《百官公卿表》所記和漢"陽信家"銅器群有關銘文認爲:内官早期屬少府時負責一些器物的製造,景帝中六年後屬於大内,成爲專門的宮廷官署,而且可能已經擁有了一定的負責宗室事物管理的職能,後不久成爲"掌列侯"的主爵屬官。其屬宗正的時間雖不可確知,但是從宗正"掌親屬"和主爵"掌列侯"兩者職能本身不可避免地產生交叉看,其屬宗正在情理之中。我們這種認識仍然存在偏差,對内官的基本職未能充分揭示。内官見於秦漢出土文獻和史書記載。戰國晚期秦昭宮鼎銘文曰:"廿一年内官右工,昭宮私官,一斗九升,止。"器爲秦始皇二十一年造,"内官右工"應是"内官右工室"之省。出土文獻和典籍記載顯示,秦至漢初内官主要職能與逮捕罪人、看押囚犯以及獄律令法諸事有關;内官機構也設製作皇室用器的工室,可能還參與部分武器的接受或製造事務。内官機構應是專門管理皇室宗親及外戚成員的機構,可獨立辦理涉及皇室宗親的案件,有相對獨立的執法權,但遇到重大案件時,國家的執法機構廷尉也可以參與審理和定罪。在内官機構的任職人員一般均熟悉律令法事,因其服務對象的特殊性,故很容易接近權貴,並升任要職,如趙高。内官和廷尉分別負責皇室宗親和整個國家的司法事務,除對象物件有別外,其職能基本相同。新設立的"左右内官"可能是某種簡稱,或可能是由"掌穀貨"的治粟内史屬官"都内"分置,而掌管皇室宗親司法事務的"内官"僅是表述上的混淆和名稱上的巧合。

【秦官2018】

"内官"和"内官丞印"見於秦封泥和里耶秦簡,新出戰國晚期秦昭宮鼎銘文有"内官右工",應是"内官右工室"之省。秦時内官既製造日用器物,可能還參與兵器的製造,如里耶秦簡8-1457+8-1458:"卅五年正月庚寅朔甲寅,遷陵少内壬付内官☐翰羽二當一者百五十八鏃……"此簡文中的内官接收製作弓箭的翰羽,可見秦時内官或可能參與兵器製造。但更多的資料表明,秦漢内官的主要職能與逮捕罪人、看押囚犯等與獄律令法事務有關。里耶秦簡8-462+8-685:"丞主移捕罪人及徙故囚符左四。符到爲報,署主符、令若丞發。它如律令,敢告主。内官丞印行事。"張家山漢簡《二年律令·具律》:"有罪當府(腐)者,移内官,内官府(腐)之。"(119)前者是内官過問"移捕罪人及徙故囚符"的文書,後者顯示内官可以對某類特殊犯罪物件進行獨立執法。秦漢時中央和地方各級均有像廷尉那樣專門從事案件辦理的機構,而里耶秦簡中涉及的罪人和囚犯身份不明確,但特別寫明"内官丞印行事",在各類文書中極爲少見,顯示出文書的重要性和所涉及物件的特殊性。張家山漢簡中的内官有獨立行刑的權力,但特別強調"移内官,内官府(腐)之",可能就是因爲執法物件有特殊的針對性,可能涉及皇室宗親或外戚成員。出土文獻和典籍記載均顯示秦至漢初内官的主要職能與逮捕罪人、看押囚犯以及獄律令法事有關;内官機構也設有製作皇室用器的工室,可能還參與部分武器的接受或製造事務。内官和廷尉分別負責皇室宗親外戚和整個國家的司法事務,除涉及物件有別外,其職能基本相同。

瑞按：嶽麓秦簡中有"内官、中官隸臣妾……"等語，魯家亮先生指出簡文内官在漢代當爲宗正的屬官，據《百官公卿表》所言最早屬少府。《二年律令·秩律》463號簡也有内官，恰巧緊接在寺官府之後，説明兩者關係密切，整理者指出其爲少府令屬官（《嶽麓書院藏秦簡〈亡律〉零拾》《出土文獻與法律史研究（6）》P121—122）。

内官丞印

1   2   3   4

1.《秦封》P158；《彙考》P92；《璽印》P442；《大系》P171
2.《發現》圖38；《圖例》P53；《秦封》P158；《書集》P117；《彙考》P92
3.《彙考》P91
4.《秦封》P158；《彙考》P92

【陝封1996】

《漢書·百官公卿表》載，宗正屬官有内官長、丞，但未載明職掌，僅云"初屬少府，中屬主爵，後屬宗正。"而同書《律曆志》云："度者，分寸尺丈引也，所以度長短也。……職在内官，廷尉掌之。"注引師古曰："内官，署名也。《百官表》内官長、丞，初屬少府，中屬主爵，後屬宗正。"於此分析，似内官掌管審度，即掌管長度的標準化和技術監督，但同書《東方朔傳》載："隆慮公主子昭平君尚帝女夷安公主，隆慮主病困，以金千斤錢千萬爲昭平君豫贖死罪，上許之。隆慮主卒，昭平君日驕，醉殺主傅，獄繫内官。"這又似乎説明内官是宗正屬下的官獄，或者説内官有繫押皇室親屬犯法者的監獄。上述情形與宗正主皇室親屬的職掌吻合。宗正是漢代朝廷的九卿之一，掌管宗室名籍，分別嫡疏，逐年編纂同姓諸侯五世系譜，宗室犯法當受受以上刑者，須先報宗正，方可執行，諸王犯法，宗正亦多參與審理。《百官公卿表》載宗正屬官有都司空令丞、内官長丞，又有諸公主家令、門尉等。以上事實或可説明，内官在由少府掌管時，其職責主要是主管審度，由主爵掌管或宗正主管時，其職責已有變化，或者職權範圍有所擴大。

【發現1997】

《漢書·百官公卿表》："初，内官屬少府，中屬主爵，後屬宗正。"秦時何屬待考。

【印考1997】

印面爲正方形，無邊框，無界格，邊長1.8釐米，邊欄完整。"内官丞"是秦時宗正屬下掌量器的官。

【内造1998】

説見"内官"。

【秦封2000】

《左傳·宣公十二年》："内官序當其夜，以待不虞，不可謂無備。"注："内官，近官。"疏："其内官親近王者，爲次序以當其夜，若今宿直遞持更也。"《左傳·昭公三年》："不腆先君之適，以備内官。"《漢表》：宗正屬官有"内官長丞"，"初，内官屬少府，中屬主爵，後屬宗正"。師古曰："《律曆志》主分寸尺丈也。"漢封泥見：《徐州》"楚内官丞"，《齊魯》《封存》《續封》《建德》《澂秋》《臨淄》"齊内官丞"，《續封》《建德》《澂秋》《臨淄》"齊内官印"，《考古》"内官丞印"。漢茂陵一號無名塚叢葬坑出土"四年内官造⋯⋯"竹節銅熏爐。

【考略2001】

《漢書·百官公卿表》："初，内官屬少府，中屬主爵，後屬宗正。"《中國歷史大辭典（上）》"内官"條記載"内官，官名，北魏初置"，不確。漢長安城未央宮中央官署遺址出土骨簽有"四年内官第百五"（3：01514）和"六年内官第一"（3：10693）刻文。漢武帝茂陵陪葬坑出土銅熏爐銘文："内者未央尚卧金黄漆竹節熏盧一具，並重十斤十二兩。四年，内官造，五年十月輸。第初三。"内官在先秦爲帝王近侍之臣，秦之内官作爲少府屬官也是一脈相承的。

【簡讀2002】

《漢表》："宗正，秦官⋯屬官有⋯⋯内官長丞⋯⋯初，内官屬少府，中屬主爵，後屬宗正。"《左傳·宣公十二年》："内官序當其夜，以待不虞。"杜預注："内官，近官。"《張家·二年·具律》："有罪當府（腐）者，移内官，内官府（腐）之。"内官漢初掌腐刑。《張家·二年·秩律》："内官⋯⋯秩各六百石，有丞、尉者半之。"

【彙考2007】

内官丞，官名。秦漢時掌管分、寸、尺等尺度標準的機關。長官稱内官長，副職城内官丞。《漢書·百官公卿表》宗正屬官有内官長丞。顏師古注："《律曆志》：主分寸尺丈也"《漢書·眭弘傳》："孟使友人内官長賜上此書。"顏師古曰："内官長丞初屬少府，中屬主爵，後屬宗正。賜者其長之名。"

【分域2009】

内官丞，官名，爲内官長的佐官。《漢書·百官公卿表》云："初，内官屬少府，中屬主爵，後屬宗正。"

【集證2011】

《漢書·百官公卿表》宗正屬官有"内官長、丞"，顏師古曰："《律曆志》：主分寸丈尺也。"《漢書·眭弘傳》："孟使友人内官長賜上此書。"《百官公卿表》又云："初，内官屬少府,中屬主爵,後屬宗正。"秦時内官可能屬少府,其職掌也未必是"分寸丈尺"。内官本指君之近臣,《左傳·宣公十二年》:"内官序當其夜,以待不虞。"杜預注:"内官,近官。"後指宦官,《史記·李斯列傳》:"高固内官之廝役也,幸得以刀筆之文進入秦宫。"秦時内官的職掌已不很清楚。

【内官2014】

説見"内官"。

【秦官2018】

説見"内官"。

【廣封2019】

案《漢書·百官公卿表》:"宗正,秦官,掌親屬,有丞,"屬官有"内官"長丞。"初,内官屬少府,中屬主爵,後屬宗正。"(師古曰,"《律曆志》: 主分寸尺丈也。")此其丞之印也。

(二)君·家

高陵君丞

《大系》P89

【訂補2014】

在考釋"高陵君鼎"時指出,《史記·秦本紀》《索隱》"悝號高陵君,初封於彭,昭襄王弟也"。高陵君爲昭襄王同母弟,又號葉陽君。昭襄王少年即位,母宣太后臨朝專制,舅舅魏冉當政。其時高陵君、魏冉及昭王另一同母弟涇陽君"以太后故,私家重於王室"。後昭襄王聽從范雎之言,"於是廢太后、逐穰候、高陵、華陽、涇陽君於關外"。至昭襄王四十五年,"葉陽君悝出之國,未至而死"。故此鼎只能作於昭襄王十五年。

瑞按:出土有高陵君鼎,吳鎮烽先生指出,高陵君是秦惠王的兒子、昭王同母弟公子悝。據《史記》載,高陵君在昭王四十五年(公元前262)死於就國途。因此銘刻中"十五年"應爲秦昭王十五年,即公元前292年(《第二屆國際中國古文字學研討會論文集》P238)。張懋鎔、肖琦先生指出,高陵君事集中反映在《史記》,記載雖不多,但已勾畫出輪廓。他是秦昭王同母弟。在秦昭王之父武王死後,昭王諸弟爭立,而魏冉將“昭王諸兄弟不善者皆滅之”（《穰侯列傳》），高陵君不在其列，可見一開始即爲掌握大權的宣太后所寵愛，嗣後，“穰侯相，三人者（指華陽君、涇陽君、高陵君）更將，有封邑，以太后故，私家富重於王室”（《范睢蔡澤列傳》）。以至於范睢對秦昭王説：“臣居山東時……聞秦之有太后、穰侯、華陽、高陵、涇陽，不聞其有王也。”“今太后擅行不顧，穰侯出使不報，華陽、涇陽等擊斷無諱，高陵進退不請”（《范睢蔡澤列傳》）。高陵君依仗宣太后，名望與財富都超過秦昭王。證之銅器，非常吻合。本鼎可注意之處乃是高陵君自己擁有銅器鑄造機構。查秦昭王時銅器，能私家監造者，除了太后，就是高陵君了。現在發現的以宣太后名義製造的器物有秦昭王二十九年漆卮。最近王輝同志指出，還有一件上刻太后二字的車書，也是以宣太后名義設立的機構製造的。所認甚是。宣太后、高陵君並未在秦國王廷擔任具體要職，却擁有器物鑄造機構，這是空前絕後的特殊現象，進一步證明了秦昭王時，宣太后、高陵君的擅權專政和秦國君權旁落的真實情形（《考古》1993年3期P270）。

徒我君丞

《大系》P272

【在京2005】

徒我，不見史載。史籍中有相關文字，然與此無關。《詩經》：“我徒我御，我師我旅，我行既集，蓋云歸處”，二者不連讀。《毛詩正義》：“徒行者，御車者，師者，旅者。箋云：步行曰徒。召伯營謝邑，以兵衆行。其士卒有步行者，有御兵車者。”

□我丞印

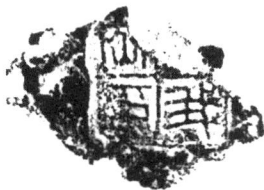

《大系》P272

【川渝2013】

《漢書·地理志》載蜀郡有"徙"縣,疑"徙"爲"徙我"之脱一字,亦可能爲"徙我"疾讀作"徙"。按:秦徙(徙我)縣在今四川雅安市天全縣。此爲秦徙我縣的縣丞用印之遺。

徙我右丞

《精品》P55;《大系》P272

瑞按:封泥殘,左上角字不排除爲"君"字之殘。

高泉家丞

《在京》圖四:2;《璽印》P439;《大系》P92

【歷代1987】

在考訂長沙出土"家丞"印時指出,《長沙出土西漢印章及其有關問題研究》:"明王常《秦漢印統》卷一録有'梁旁家丞'銅印,據《後漢書·百官志》,列侯'……食邑千户以上置家丞、庶子各一人,不滿千户不置家丞'。馬王堆漢墓出土遺物中有軑侯家丞封泥可認。"按:《漢書·百官公卿表》:"徹侯金印紫綬,避武帝諱曰通侯,或曰列侯,改所食國令長名相,又有家丞、門大夫、庶子。"《續漢書·百官志》:列侯"其家臣置家丞、庶子各一人。本注曰:主侍候,使理家事"。此印原著録據共出隨葬品特點,推定其年代爲文武之際。

【在京2005】

《漢志》右扶風美陽,"有高泉宮,秦宣太后起也。"《水經注》卷六:"又有高泉水,出東南近川,西北趣潧交,注澮。"

【訂補2014】

　　在考釋珍秦齋藏"王廿三年家丞禺造,左工丞闌,工老"戈時指出,其爲昭襄王二十三年(公元前284年)。"家丞"的主人最有可能是穰侯魏冉。因爲其家丞禺、左工丞闌之名也見於魏冉監造的十四年、二十年相邦冉戈。紀年前加王的習慣通行於惠文王稱王之初。

【秦官2018】

　　"諸公主家令、門尉"秦出土文獻未見,但秦封君有"家丞",如高陵君鼎"十五年高陵君丞趞",應是高陵君家丞監造的器物,又珍秦齋藏有昭襄王時某封君造王二十三年家丞戈,張家山漢簡《二年律令·秩律》"李公主、申徒公主、榮公主、傅公【主】家丞,秩各三百石"(472),這些"家丞"應歸宗正管轄。據《秦始皇本紀》和《李斯列傳》等記載,秦始皇有"二十餘子"和"十公主",應有相應的職官和官署爲他們服務並施行監管。秦封泥之"高泉家丞""欒氏家印",秦璽印之"相氏家印""尚叔家印"應與之有關。秦武王二年的"更修田律"木牘有内史匽氏,另有兩件匽氏所造的兵器,據此可確認匽氏爲人名,則諸家印、丞印中的相氏、栗氏也應是人名,最可能是封邑所有者的名字。高泉,《水經注》卷六:"又有高泉水,出東南近川,西北趣潧交,注澮。"《漢書·地理志》右扶風美陽縣下:"《禹貢》岐山在西北。中水鄉,周大王所邑。有高泉宫,秦宣太后起也。""高泉家丞"應是管理秦高泉宫的官吏用印。

寧陽

《大系》P183

【縣考2007】

　　安陽本名寧新中,戰國時期爲魏邑。昭襄王五十年(前257年),秦攻取之。《秦本紀》載:"(昭襄王五十年,王齕)攻汾城,即從(張)唐拔寧新中,寧新中更名安陽。"《史記正義》引《括地志》曰:"寧新中,七國時魏邑,秦昭襄王拔魏寧新中,更名安陽城,即今相州外城是也。"是秦昭襄王五十年秦得魏之寧新中後更名爲安陽。既然更名,頗疑秦將寧新中改稱安陽後置縣。《漢志》安陽縣屬汝南郡。

寧陽家丞

《在京》圖三：20；《璽印》P440；《大系》P184

【在京2005】

　　《漢志》："泰山郡，……寧陽，侯國，莽曰寧順。"《水經注》卷二十五："（洸水）又南逕泰山寧陽縣故城西。漢武帝元朔三年，封魯共王子劉恬爲侯國。王莽改之曰寧順也。又南，洙水枝津注之。水首受洙，西南流逕瑕邱城北，又西逕寧陽城南，又西南入□水。"

【悠悠2015】

　　《漢志》泰山郡屬縣寧陽，"侯國、莽曰寧順"。先秦時，"家"常指卿大夫封地，《周禮·秋官》"方士，掌都家"，鄭玄注："家，大夫之采地。"漢代金文常見"某家、某某家"，爲諸侯、后妃、貴戚等有封地的貴族。從此封泥看，秦時部分貴族也有封地。《讀史方輿紀要》卷32"寧陽縣"："府北五十里。西北至濟南府肥城縣九十里，東北至泰安州一百有五里。漢置寧陽縣，屬泰山郡，武帝封魯恭王子恬爲侯邑。後漢屬東平國。""寧陽故城"："縣東北十九里。《志》云：漢縣治此。"《戰國縱橫家書》："天下齊（劑）齊不侍（待）夏，近慮周，周必半歲，上黨寧陽非一舉之事也。然則韓□一年有餘矣。"

【秦官2018】

　　𡨥，今作寧。寧陽是漢泰山郡屬一縣，亦見於馬王堆帛書《戰國縱橫家書·謂起賈章》。相室是戰國時期卿大夫的家臣的通稱。《戰國策·秦策三》應侯曰："梁人有東門吳者，其子死而不憂，其相室曰：'公之愛子也，天下無有，今子死不憂，何也？'"《韓非子·孤憤》："故主失勢而臣得國，主更稱蕃臣，而相室剖符，此人臣之所以橘主便私也。"三晉古璽中有"相室"璽多枚，秦的"相室"可能有借鑒三晉官制的因素。

寧陽相印

　　無圖，釋讀見《在京》P13。

【在京2005】

　　寧陽，地名。《史記·高祖功臣侯者年表》："寧"，《索隱》"《漢表》寧陽屬濟南也"。《漢志》："泰山郡，高帝置，屬兗州。……寧陽，侯國。莽曰寧順。"《讀史方輿紀要》卷三十二"寧陽縣"："府北五十里。西北至濟南府肥城縣九十里，東北至泰安州一百有五

里。漢置寧陽縣,屬泰山郡,武帝封魯恭王子恬爲侯邑。後漢屬東平國。""寧陽故城":
"縣東北十九里。《志》云:漢縣治此。"《戰國縱橫家書》:"天下齊(劑)齊不侍(待)夏,
近慮周,周必半歲,上黨寧陽非一舉之事也。然則韓□一年有餘矣。"

【秦官2018】

　　説見"寧陽家丞"。

寧陽相室

1　　　　　　　　　　　2

1.《新出》P28;《大系》P182
2.《西見》圖二:25;《大系》P183

【西見2005】

　　有邊欄無界格,品相完好,新見。寧陽,漢代侯國。《漢書》卷8《地理志》"泰山郡,
高帝置,屬兗州。縣二十四……寧陽,侯國,莽曰寧順。"《史記·建元已來王子侯者年表
第九》:"寧陽國,魯共王子,元朔三年三月乙卯,節侯劉恢元年。"其地理位置在今山東省
寧陽市南。泰山郡在戰國時是齊國故地,秦國統一六國時最後一個滅齊。統一後實行
郡縣制,並未分封,所以秦代沒有侯國。合理的解釋是,此封泥爲漢初遺物,漢時侯國設
相,應有相室。但問題是,漢初之物爲何與秦封泥同出一處? 是否還有其他未知因素?
現刊布於此,以待方家考證。

【官名2013】

　　春秋時期,世卿世禄制中有"相室"一職,作爲家臣管理家族事務。《韓非子·内儲
説》:"國君好内則太子危,好外則相室危。"戰國時期的"相邦""丞相"的官名,可能源
於"相室"。包山簡的"相",疑是"相室"的省稱。

【職地2014】

　　寧陽見於《戰國縱橫家書·謂起賈章》,漢泰山郡屬縣。"寧陽相室"之"相室"應
是戰國時期卿大夫的家臣的通稱。三晋古璽中有"相室"多枚,秦的"相室"可能有借
鑒三晋官制的因素。

【悠悠2015】

　　説見"寧陽家丞"。

【古分2018】

　　古璽印相室（4561—4563），于豪亮：“‘相室’之名，亦見於古籍，但前人對於‘相室’之注釋多不一致，且不甚準確。《戰國策·秦策一》云：‘梁人有東門吳者，其子死而不憂，其相室曰：公子愛子也天下無有，今子死不憂，何也？’相室下注云：‘室家之相。此女也，男曰家老。’《漢書·五行志·中之下》：‘《記》曰：不當華而華，易大夫；不當實而實，易相室。’師古注：‘相室，猶言相國，謂宰相也。合韻故言相室。相室者，相王室。’《戰國策》已見‘相室’之名；而《漢書·五行志》引《記》以大夫與‘相室’並舉，其時代亦當在戰國之時。故古璽與銅器銘文中之‘相室’，其時代乃與古籍所記之時代相合。惟是《戰國策》高誘注與《漢書》顔師古注均不甚準確。高誘謂‘相室’爲室家之相，其言甚是，然又謂‘此女也’，則似未達一間。師古注則以相國爲言，謂言相室者乃合韻之故，則尤爲謬誤。‘相室’應是家相、室老、家老之異名，蓋‘相室’與家相、室老、家老之涵義完全相同。《周書·祭公解》：‘汝無以家相亂王室，而莫恤其外。’《皇門解》：‘以家相厥室，而恤王國王家，惟德是用。’孔注：‘言陪臣執國命。’則家相、相室是陪臣。《禮記·曲禮》：‘士不名家相、長妾。’家相典與長妾相對，則家相、相室非女人甚明。《儀禮·喪服傳》：‘公卿大夫室老士，貴臣也，其餘皆衆臣也。’注：‘室老，家相也。’公卿大夫皆有家相，亦即均有相室，一部分政治地位較高之士也有相室，則相室故不得以相國或女人釋之。”曹錦炎認爲：“相室，官名，見於文獻。《韓非子·孤憤》：‘故主失勢而臣得國，主更稱蕃臣，而相室剖符，此人臣之所以譎主便私也’；《内儲説》：‘君好内則太子危，好外則相室危’；《八經》：‘下約以侵其上，相室約其廷臣，廷臣約其官屬。’舊注或以爲相室危家臣，或以爲相室即宰相。璽文之‘相室’，當以家臣爲是。”

【秦官2018】

　　説見“寧陽家丞”。

　　瑞按：于豪亮先生指出，相室見於文獻《戰國策》《漢書·五行志》等，顔師古認爲猶言相國，“相室者，相王室”的意見不確，應爲家相、室老、家老的異名。文獻中家相、相室爲陪臣，公卿大夫均有家相即相室，一部分政治地位高的人亦有相室，非相國（《古文字研究（5）》P256）。

欒□家印

　　　1　　　　　　　　　　2

1.《相家》P9
2.《在京》圖三：19;《大系》P162

【在京2005】
　　《史記·高祖功臣侯者年表》:"十一年十二月甲寅,侯樂説元年。"
【秦官2018】
　　説見"高泉家丞"。

　　瑞按:封泥右下字模糊,舊讀爲"氏"。樂氏家不見於史漢文獻,樂氏作爲地名可見《唐會要》卷七一"州縣改置","槁城縣。天祐二年九月。改爲槁平縣。樂城縣。同上年月,改爲樂氏縣"。

十一、治粟内史

(一) 太　倉

大倉

1　　　　　　　　　2

1.《酒餘》P40上;《大系》P243
2.《大系》P243

【分域2009】
　　釋讀"廄田倉印"時指出,"倉"是指倉廩。"廄田倉"則是指貯存廄田所收穫的糧食或相關飼料的專用倉。秦對倉的管理非常嚴格,雲夢睡虎地秦簡《倉律》云:"入禾倉,萬石一積而比黎之爲户。縣嗇夫若丞及倉、鄉相雜以印之,而遺倉嗇夫及離邑倉佐主稟者各一户以氣(餼),自封印,皆輒出,餘之索而更爲發户。"可見,倉廩在封緘時必須有縣的長官、倉鄉的主管人員共同在場執行。該印當是封緘之用印。釋讀"蜀邸倉印"(《徵存》4.22)時指出,"蜀"當是"蜀郡"之省稱。《漢書·地理志》云:"蜀郡,秦置。""邸"爲郡邸,《漢書·百官公卿表》云:"典客,秦官,掌諸歸義蠻夷,有丞。……屬官有行人、譯官、别或三令丞及郡邸長丞。"王先謙《漢書補注》引錢大昭説:"郡國朝宿之舍在京師者名邸。"該印當爲蜀郡邸的倉廩所用印。

【研究2012】

釋讀"廄倉田印"時指出,或以爲"廄倉田"指屬於廄倉所有的官田。印文應作右左上下讀,與"法丘左尉""茝陽少内""杜陽左尉"等印同。應釋爲"廄田倉印"。《尊古齊印存》有一枚秦印,印文曰"小廄南田",表明秦時廄所屬有官田。又《封泥考略》有"田廥"印,中施界格,亦爲秦式。表明官田所屬有廥。廥是儲存草料的房屋,倉是儲存糧食的地方,二者類同。故《天津藝術博物館藏印》有"兼倉廥"印。《漢舊儀》云:帝王親耕後,"大賜三輔二百里孝悌力田三老布帛百穀萬斛爲立籍田倉,置令丞。"表明籍田亦設倉。要之,廄下有田,田有倉廥,"廄田倉印"係指廄下官田所屬倉的官印。

【職地2014】

大倉是存放糧草的國家府庫,秦時的太倉還負責各縣倉的糧草發放事宜,並統一屬内史監管。睡虎地秦簡《廄苑律》:"内史課縣,太倉課都官及受服者",又《倉律》"入禾稼,芻稾,輒爲廥籍,上内史","縣上食者籍及它費大食,皆計偕。都官以計時讎食者籍"。由秦璽印"蜀邸倉印"來看,秦時各郡邸也設有倉,是否統屬太倉則不得而知。"倉史"或爲管理太倉的官吏。睡虎地秦簡《效律》:"某廥禾若干石,倉嗇夫某、佐某、史某、廩人某。"

又:秦璽印有倉、泰倉、倉史、私舍、廄倉田印、蜀邸倉印等,秦封泥有倉、倉印、大倉、大倉丞印、泰舍、泰倉丞印、尚卧倉印、尚浴倉印等,可確認爲詹事屬官的僅半通秦璽印"私倉"一種。從秦印和睡虎地秦簡《倉律》内容看,秦中央各機構及各郡縣都設有倉,並有嚴格的存儲管理制度。大倉/泰倉是國家糧草倉庫,張家山漢簡《二年律令·秩律》有大倉治粟,似爲内史屬官,因當時治粟内史尚未産生。秦璽印"私倉"印,蓋指太后和皇后私府所設倉。張家山漢簡《二年律令·秩律》有長信倉(秩六百石),應是吕后所居長信宮設私倉。

【二十則2015】

秦封泥還有"泰倉",於此"大倉"封泥應該有時代上的差異。因爲秦封泥中的"大倉丞印"與"泰倉丞印""大匠丞印"與"泰匠丞印""大官"與"泰官""大官丞印"與"泰官丞印"以及"大内"與"泰内"等對應出現,而且"大"字類印面均無界格,文字筆畫古拙,略顯潦草,而"泰"字類印面均有界格,端莊工整。故我們認爲"大"字類封泥的時代是秦統一之前,"泰"字類的時代是秦統一之後。

【秦官2018】

"大""泰"文字寫法的不同,説明秦統一之前已經設置管理存放糧草的國家府庫的機構。睡虎地秦簡《廄苑律》:"内史課縣,大(太)倉課都官及受服者。"又《倉律》:"入禾稼、芻稾,輒爲廥籍,上内史。"可見,秦時的太倉負責各縣倉的糧草發放事宜,且隸屬内史監管。

大倉丞印

1　　　　　2　　　　　3　　　　　4

1.《西見》圖二：5

2.《新出》P7；《大系》P243

3、4.《新出》P7

【考略2001】

　　相家巷遺址流散秦封泥有"泰倉丞印"，文獻或作"太倉"。《漢書·百官公卿表》載："治粟内史，秦官，掌穀貨，有兩丞。……屬官有太倉、均輸、平准、都内、籍田五令丞。"

【簡讀2002】

　　《漢表》："治粟内史，秦官，掌穀貨，有兩丞。……屬官有太倉、均輸、平准、都内、籍田五令丞。"《秦簡·廏苑律》："大(太)倉課都官及受服者。"《秦簡·倉律》："縣上食者籍及它費大(太)倉。"《張家·二年·秩律》："大倉中廏……秩各八百石，有丞、尉者半之"。

【秦官2018】

　　説見"大倉"。

泰倉

1　　　　　　2

1.《印集》P30；《彙考》P63；《大系》P253

2.《大系》P253

【兩漢1993】

　　在考訂"泰倉"印時指出，印爲西漢早期，魚鈕。縱2.6、橫1.5、通高1.65釐米。印文一行二字。有界欄。上海博物館藏。泰倉,即太倉。泰、太通,南越王趙眜墓出土太子金印文作"泰子"。《説文通訓定聲》:"大,本亦作泰。"王國亦置太倉,見於封泥中有"齊太倉印"。此印作半通形,爲王國之倉屬官印。

【發現1997】

《漢書・百官公卿表》:"治粟内史,秦官,掌穀貨,有兩丞。""屬官有太倉、均輸、平准、都内、籍田五令丞,斡官、鐵市兩長丞。"泰倉即太倉。

【印考1997】

前者爲長方形,日字格,長2釐米,寬1釐米;後兩枚均爲正方形,田字格,邊長2釐米,印文清晰,邊欄完整(瑞按:前者指"泰倉",後3枚依次爲"泰倉丞印""泰庫丞印""特庫丞印")。泰,太者,大者也。京城儲積糧食的大倉、大庫,歷朝多置。《漢書・百官公卿表》:"治粟内史,秦官,掌穀貨,屬官有太倉、均輸、平准、都内、籍田五令丞。"《通典》卷二六説:"秦官有太倉令、丞,漢因之,屬大司農。"《漢書・高帝紀》載,高祖七年二月,蕭何一入長安,在治未央宫的同時,就設立了太倉,足見其重要。"庫"與"倉"同,均爲掌儲存糧食的建築物,今泛稱"倉庫"。據此當知"太倉丞"與"太庫丞"爲同類官印。均是掌糧食儲存的官吏;"特庫"是否爲特別的大庫,或倉庫,待考。

【秦封2000】

泰倉即太倉、大倉,《漢表》:"治粟内史,秦官,掌穀貨,有兩丞……屬官有太倉、均輸、平准、都内、籍田五令丞。"秦《睡虎・倉律》:"咸陽十萬石一積。""縣上食者籍及它費大(太)倉,與計偕。都官以計時雠食者籍。"《睡虎・廄苑律》:"大(太)倉課都官及受服者。"《秦陶》"咸故倉均"。漢封泥見:《齊魯》《續封》《建德》《封存》《臨淄》"齊太倉印",《齊魯》《封拓》"齊大倉丞",《續封》《建德》"太倉",《封泥》《封存》《澂秋》《續封》《建德》《齊魯》"倉印"。山東、徐州漢畫像石銘見:"人馬皆食大倉飲大湖"。

【考略2001】

"泰倉"又作"太倉""大倉"。《睡虎地秦墓竹簡・廄苑律》載:"大倉課都官及受服者。"同書《倉律》又載:"縣上食者籍及它費大倉,與計偕。"《史記・高祖本紀》載:高祖八年,"蕭何治未央宫,立東闕、北闕、前殿、武庫、太倉。"《漢書・高帝紀》關於同一事情記載,高祖八年二月蕭何立"大倉"。泰倉爲國家糧倉,置於都城或其附近。

【簡讀2002】

釋讀見"大倉丞印"條。"泰倉"即"大倉"。

【彙考2007】

泰倉,即太倉。官署名。秦漢均置。是國家儲存糧食的倉庫。《漢書・百官公卿表》:"治粟内史,秦官,掌穀貨,有兩丞。……屬官有太倉、均輸……斡官、鐵市兩長丞。"王先謙《漢書補注》:"太倉見《律曆志》,太倉令見《刑法志》,續《志》主受郡國傳漕穀,後漢一人,六百石,丞二人。"

【分域2009】

説見"泰倉丞印"。

【集證2011】

《漢書·百官公卿表》治粟内史屬官有"太倉令、丞"。《漢書補注》王先謙曰:"太倉見《律曆志》,太倉令見《刑法志》,續《志》:'主受郡國傳漕穀。'"太倉是京師之倉,《史記·平準書》:"太倉之粟,陳陳相因。"1980—1981年,陝西省考古研究所曾在華陰縣發掘西漢京師倉,出土瓦當有"京師倉當"的文字,此爲漢之太倉。秦咸陽有大倉,即太倉。睡虎地秦簡《廄苑律》:"……内史課縣,大倉課都官及受服者。"内史或説指"掌治京師"的内史,或説指治粟内史。又《倉律》:"縣上食者籍及它費大倉,與計偕。都官以計時讎食者籍。"本條説各縣向太倉上報領取口糧人員的名籍及其它費用,應與每年的賬簿同時繳送;都官應在每年結賬時核對領取口糧的名籍。由此可見太倉不但管儲米穀,還管在各縣倉領取口糧者的名籍,即主管各縣倉。

【官名2013】

太(泰)倉,國家儲存糧食穀物的倉庫。《漢書·百官公卿表》:"治粟内史,泰官,掌穀貨,有兩丞……屬官有太倉、均輸、平準、都内、籍田五令丞,斡官、鐵市兩長丞。"漢承秦制,太(泰)倉亦作官名,爲中央職官内史的屬吏。泰倉丞,泰倉令之佐官。秦簡《倉律》:"入禾稼、芻、稾,輒爲倉籍,上内史。"又規定:"縣上食者籍及它費大倉,與計偕……"泰倉的職責,一方面是要向"掌穀貨"的内史匯報繳納禾稼、芻、稾等實物田賦的情況,另一方面是統計縣上報支出給領取俸禄者的錢、穀數額。

【秦官2018】

説見"大倉"。

【廣封2019】

案《漢書·百官公卿表》:"治粟内史,秦官,掌穀貨,有兩丞。屬官有太倉、均輸、平準、都内、籍田五令丞。斡官、鐵市兩長丞。"《漢書·律曆志》:"職在太倉,大司農掌之。"(師古曰:"米粟之量,故在太倉也。")《漢書·刑法志》,"即位十三年,齊太倉令淳于公有罪當刑,詔獄逮繫長安。"《後漢書·百官志》:"太倉令一人,六百石。本注曰:主受郡國傳漕穀。丞一人。"

泰倉丞印

1　　　　　2　　　　　3

1.《印風》P142;《書法》P37;《印集》P31;《彙考》P65;《大系》P254

2.《上封》P50

3.《大系》P253

【發現1997】

説見"泰倉"。

【印考1997】

説見"泰倉"。

【秦封2000】

此印爲泰倉之丞印。説見"泰倉"。

【簡讀2002】

釋讀見"大倉丞印"條。

【上封2002】

秦治粟内史,漢武帝更名大司農,屬官有"太倉令、丞",主京師積穀之倉。

【彙考2007】

泰倉丞,官名。泰倉令之佐官。輔佐泰倉令管理國家糧食倉庫。

【分域2009】

"泰倉"當即太倉,官署名,是秦漢時期國家存儲穀物糧食的倉庫。《漢書·百官公卿表》云:"治粟内史,秦官,掌穀貨,有兩丞;"又云:"屬官有太倉、均輸、平準、都内、籍田五令丞,斡官、鐵市兩長丞。"泰倉丞當爲泰倉令的佐官。

【集證2011】

睡虎地秦簡《倉律》:"……雜者勿更;更之而不備,令令、丞與賞(償)不備。"本條説的是出倉的事,規定共同出倉的人員中途不要更換;如更換了而出現不足數的情況,要責令倉的令、丞同他們一起賠償。由此條可知秦倉有丞。

【官名2013】

説見"泰倉"。

【秦官2018】

説見"大倉"。

【廣封2019】

案《漢書·百官公卿表》:治粟内史屬官有"太倉"令丞。此其丞之印也。

（二）諸　　田

大田

《大系》P56

【分域2009】

　　釋"公主田印"時指出,"公主"是指帝王、諸侯之女,此處之"公主"當指秦王之女。古代的王室成員一般都可以接受封賞和賜田,該印當爲管理公主封田的田官所用印。

【官名2013】

　　大田,古代農官。《晏子春秋》:"桓公聞甯戚歌,舉以爲大田。"《睡虎地簡・田律》:"禀大田而毋恒籍者,以其致到日禀之,勿深致。"整理者注:"大田,官名,主管農事。"大田,應是掌理全國農牧業及授田事務的官吏,屬吏有大田佐、田嗇夫等。

【職地2014】

　　大田一職見於秦簡,有管理牛馬飼料的職責。睡虎地秦簡《田律》:"乘馬服牛禀,過二月弗禀、弗致者,皆止,勿禀政。禀大田而毋(無)恒籍者,以其致到日禀之,勿深致。"大田的副職爲"大田佐",見於秦封宗邑瓦書。

【辨僞2016】

　　說見"楊氏左田"。

　　瑞按:睡虎地秦簡《田律》"禀大田而無恒籍者,以其致到日禀之,毋深致",整理小組指出,大田,官名,主管農事。于豪亮認爲秦國主管農業的官員最初爲大田,後改稱治粟内史。

大田丞印

1　　　　　　　2　　　　　　　3

1.《新出》P60;《大系》P57
2.《新選》P109;《大系》P56
3.《大系》P57

【職地2014】

　　說見"大田"。

【二十則2015】

　　《彙編》2050號有"右大田丞",可見"大田"機構也分左右曹署,各自有丞;秦惠文王四年的秦封宗邑瓦書有"大田佐",應是大田的副職。從秦簡資料來看,大田機構有管理牛馬飼料的職責,睡虎地秦簡《田律》:"乘馬服牛禀,過二月弗禀、弗致者、皆止，勿稟致。稟大田而毋（無）恒籍者，以其致到日稟之，勿深致。”至於大田與秦封泥和里耶秦簡中的左田、左公田、右公田、西田、南田和北田是否有直接關係，則暫時難以做出判斷。

左田之印

1　　　　　　　　　　2

1.《古封》P346；《秦封》P230；《書集》P125；《彙考》P66；《璽印》P430；《山全》P4；
　《大系》P397
2.《發現》圖102；《圖例》P55；《彙考》P66；《秦封》P230；《大系》P397

【發現1997】
　　秦印有“泰上寢左田”，封泥有“趙郡左田”，此枚“左田之印”不知歸屬何級。
【左田1998】
　　左田可能是田獵之官，隸屬於少府。泰上寢左田，爲始皇之父莊襄王寢中司狩獵祭祀之官。
【秦封2000】
　　秦《睡虎·田律》：“入頃芻稾，以其受田之數。”左田當爲公田。一說“左田”爲田獵之官。戰國印見：《古璽》“左田騎將”。秦印見：《徵存》“泰上寢左田，右公田印，官田臣印，小殹南田，殹田倉印”。秦封泥見：《封泥》“趙郡左田”。
【簡讀2002】
　　釋讀見“郎中左田”。
【彙考2007】
　　《秦封》：秦《睡虎·田律》：“入頃芻稿，以其受田之數。”左田當爲公田。一說“左田”爲田獵之官。
【分域2009】
　　左，地名。左田即左地公田。該印當爲管理公田的職官用印。
【集證2011】
　　此與上“左田”印文字風格同，只是前者爲半通印，官職或者較低。秦時中央和郡縣皆有左田，此印單從印面看不出屬哪一級。

【官名2013】

左田，疑是左公田之省稱，應屬於公田的一種。璽印、封泥文字中所見左田的官名有不少，如郎中左田、泰濅上左田、趙郡左田等。秦官府機構擁有自己耕種的公田，郎中左田、郎中西田都應是郎中令下屬管理田地的官吏。泰濅上左田，當是寢園掌田之官。趙郡左田，屬地方機構設置的田官。齊璽有"左田將騎"，可知齊國也設左田一職，是否與秦國的職掌相同，難以考辨。

【辨偽2016】

說見"楊氏左田"。

【秦官2018】

說見"郎中丞印"。

瑞按：裘錫圭先生在分析左田、左鹽等時指出，左爲佐，佐田、佐鹽爲佐助郡守治田政、鹽政的郡丞一級的官員。"左田"半通封泥爲少吏所用，並非郡國左田，是縣吏印，也可看作都田嗇夫和田佐的異名。但"左田之印"則難確定是郡國左田還是縣邑左田（《雲夢秦簡研究》P250）。《分域2009》在釋"官田臣印"（《徵存》3.14）時指出，官田《周禮・地官・載師》云："以官田、牛田、賞田、牧田任遠郊之地。"鄭玄注："官田，庶人在官者其家所受田也。"官田應是指"公家之所耕田也"，所以要設職官來管理。或認爲"官田臣"是指在官田上勞動的隸臣，即官奴隸。孫詒讓《周禮正義》中認爲，"官田"即"公田"，但秦印中二者並見，二者顯然有別。該印當是管理在官田上勞動的隸臣的官署用印。又，釋"右公田印"時認爲，"公田"當是指"授田"，"授田"既包括"公田"，也可以是荒地，國家不再直接控制這些土地。或以爲這類的土地屬於私田，恐非。但有一點可以肯定：雖然不一定是私田，但已經帶有私有性質。

左大田倉

《大系》P394

瑞按：或亦可讀爲"大田左倉"。

右大田丞

《大系》P337

瑞按：或亦可讀爲“大田右丞”。

右田

《大系》P339

【官印1990】

在考訂“右公田印”印時指出，此印有田字格，印文右起自上至下順讀，字體秦篆。公田，是國家直接掌握的土地，《漢書·食貨志》：“令命家田三輔公田”，韋昭曰：“命謂爵命者，命家謂受爵命一爵爲公士以上，得田公田，優之也”。據云夢秦簡知秦時有公田，《田律》：“百姓居田舍者毋敢□酉（酒）。田嗇夫、部佐謹禁御之，有不從令者有罪”。田嗇夫即是管理公田的官吏。此印當係秦縣管公田官吏所用之官印。

【職地2014】

解釋“右公田印”時指出，其與“左田”相對，也可能是郎中令屬官。“公田”原指井田制下最中間的地塊，秦的公田應指公家之田，即政府控制的國有土地。《漢書·食貨志上》：“令命家田三輔公田。”顏師古注引韋昭曰：“命家，謂受爵命一爵爲公士以上，令得田公田，優之也。”“右公田印”是管理國有土地的官吏用印，可見秦時管理公田的機構亦分曹理事。秦璽印還有“左田公印”，因未發布印面拓本，故印面布局暫不清楚，但據上引里耶秦簡中的“左公田某”“公田吏”“旬陽左公田”等來看，此“左田公印”或可讀“左公田印”。徐暢在綜論秦田官印後説：“由左田、西田、南田及右田又表明（按此句恐有筆誤），其時土地在一定行政區劃内按方位設置田官。這一體制，至漢代仍然，漢半通印有西田、東田、北田，當承秦而來。"所論殆是。

瑞按：天水放馬灘木板地圖注記文字有"右田"（《秦地2014》）。

都田之印

《秦封》P230

【秦式1998】

録於《齊魯》《封存》。《睡虎・效律》："都倉、庫、田、亭嗇夫坐其離官屬於鄉者……。"漢印見《徵存》"都田"。都田爲掌田事之官。

【秦封2000】

秦《睡虎・效律》："都倉、庫、田、亭嗇夫坐其離官屬於鄉者。"都田掌田事。漢印見：《徵存》"都田"。

【官名2013】

右公田、官田臣、公主田、都田，應是掌理某一機構的農政、耕耨公田的官吏。秦孝公時期商鞅變法，廢除井田制。秦簡《田律》："入頃芻稾，以其受田之數。"《官印徵存》曰："由受田，知秦有公田。右公田當是管理公田之官。"官田即公田，即官府之田。官田臣是公田之官。公主田的職司是掌理隸屬公主私官管轄的籍田。都田，應是管理都一級行政區劃的公田。

【職地2014】

都田即爲田官之長或總括公田之事。

【制度2017】

秦封泥中有"都田之印"，西北漢簡中有"都田嗇夫""都田佐"等記載。王勇聯繫睡虎地秦簡中"都倉、庫、田、亭嗇夫"，認爲這些職官屬於都官系統。按《秦律十八種・廐苑律》所記"田嗇夫"，確不好看作縣級主管官員。這處"田嗇夫"是廐苑中的職官，與一般縣中同名官員不同。由於與"都亭嗇夫"並言，很難歸於都官系統。

西田□□

《新地》圖1；《印集》P162；《彙考》P253；《大系》P288

【新地2001】

殆故都西地公田印。參見《集》一·五·17、18，二·一·4、5、6，"左田之印，都田之印，西共丞印，西鹽，西采金印。"

【簡讀2002】

釋讀見"西丞之印"條。"田"或指田官，或指田獵官，疑不能定。

【彙考2007】

未釋。

【分域2009】

西田，當即西地公田之省。

【職地2014】

或與"郎中西田"相關。

【秦官2018】

說見"郎中丞印"。

北田

| 1 | 2 | 3 | 4 |

1、3、4.《大系》P35
2.《新選》P87；《大系》P35

南田

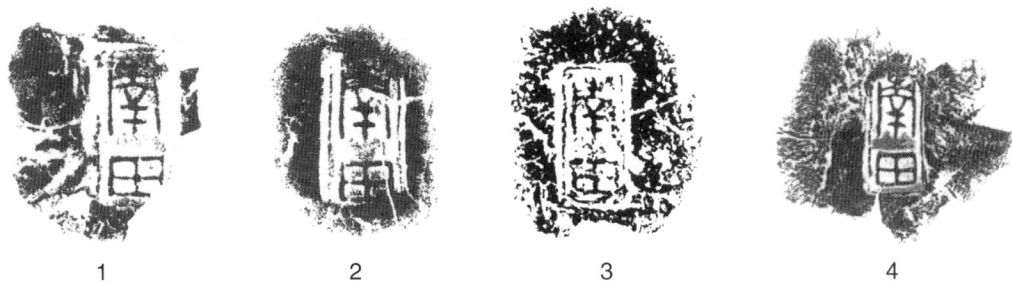

1　　　　　2　　　　　3　　　　　4

1—3.《新選》P103;《大系》P179
4.《大系》P179

【圖説2009】

在釋讀“小廏南田”時指出，秦王朝時印。(《故》229號、《徵存》30)故宮博物院藏。銅質，鼻鈕。小廏爲馬廏名，南田應是供應小廏馬匹飼料的生產基地。印文交叉釋讀。

【分域2009】

在釋讀“小廏南田”時指出，“廏”是指飼養牲畜的廏圈，雲夢睡虎地秦簡《廏苑律》云：“其大廏、中廏、宮廏，馬牛殹(也)。”印文“小廏”也是廏名。或認爲“小廏南田”是指隸屬於小廏的專田，其收穫的禾稼供給小廏所用。該印當爲小廏官田的田官所用。

【二十則2015】

秦璽印中與“田”有關的有：泰上㴑左田、左田、左田之印、右公田印、公主田印、官臣田印、小廏南田、廏田倉印等，另有成紀右田和左田公印；與“田”有關的秦封泥有：郎中西田、郎中左田、西田□□等。里耶秦簡8-63有“公田吏”“左工田某”“公田吏”“旬陽左公田”等，可見秦中央機構郎中令以及掌管陵寢和廏苑的機構均有各自的公田，而且各郡縣也有“公田”。“公田”原指井田制下最中間的地塊，秦的公田應指公家之田，即政府控制的國有土地，《漢書·食貨志上》：“令命家田三輔公田。”顏師古注引韋昭曰：“命家，謂受爵命一爵爲公士以上，令得田公田，優之也。”徐暢在綜論秦官印後説：“由左田、西田、南田及右公田又表明(按此句不通，恐有筆誤)，其時土地在一定行政區劃内按方位設置田官。這一體制，至漢代仍然。漢半通印有西田、東田、北田，當承秦而來。”所論殆是。結合秦漢官田的資料。我們推定以上諸田印中的左、右、南、西、北的含義均是標識諸田官的區別詞。惟此北田、南田封泥因印文未包含所隸屬的機構或所在的郡縣名稱，故不能確知是什麼性質的掌管政府田地的官吏用印。

□□田府

《大系》P430

（三）鐵　　市

鐵市丞印

《補讀》圖6；《秦封》128；《彙考》P58；《璽印》P446；《大系》P268

【補讀1998】

　　《漢表》治粟内史屬官有"斡官，鐵市兩長丞"。《史記·太史公自序》："昌爲秦主鐵官，爲始皇之時。"《漢書·司馬遷傳》："蘄孫昌，爲秦王鐵官。"《睡虎·秦律雜抄》："大官、右府、左府、右采鐵、左采鐵課殿，貲嗇夫一盾。"秦印見《璽印2010》"右冶鐵官"。秦封泥見"鐵兵工丞"。漢封泥見《續封》《建德》"鐵官"。

【秦封2000】

　　同《補讀1998》。

【簡讀2002】

　　《漢表》："治粟内史，秦官……屬官有……斡官、鐵市兩長丞。"《史記·太史公自序》："昌爲秦主鐵官。"《尉繚子·武議》："夫市也者，百貨之官也"。鐵市或即爲負責管理鐵貿易之職官。

【彙考2007】

　　鐵市丞，官名。秦始置。主掌鐵器買賣，並有左、右采鐵官，佐官有丞。《漢書·百官公卿表》："治粟内史……屬官有……斡官、鐵市兩長丞。"

【分域2009】

　　鐵市丞，官名。主要管理鐵器的交易。據《漢書·百官公卿表》載，治粟内史的屬官有鐵市丞。

【集證2011】

《漢書・百官公卿表》:"治粟内史,秦官……屬官有……斡官、鐵市兩長丞,"秦漢的市亭是一種商業管理機構,"鐵市"可能是管理鐵的買賣的。

【職地2014】

睡虎地秦簡《秦律雜抄》:"……右采鐵、左采鐵課殿,貲嗇夫一盾。"整理小組注:"應即《史記・太史公自序》所説'秦主鐵官'。丁冕圃《璽印集存》有'右冶鐵官',秦印"。可見當時對大官、左府、右府和采鐵的官員有嚴格的考核制度,吳榮曾認爲"采鐵是專管礦山開採,而鐵官則是管理冶鐵之官,秦代除采鐵外也應有鐵官"。周家臺30號墓所出秦始皇三十四年的《曆譜簡》屢見"冶鐵官""宿鐵官",可見"鐵官"是國家設立的官署機構,大概也接待朝廷的辦事人員。

【秦官2018】

説見"鐵官丞印"。

□□鐵丞

《大系》P418

十二、少　　府

少府

1　　　　　　　　　2

1.《青泥》P10;《大系》P218

2.《大系》P218

【發現1997】

秦九卿之一。《漢書・百官公卿表》:"掌山海池澤之稅,以給共養。"應劭曰:"山澤之稅,名曰禁錢,以給私養,自別爲藏。少者小也,故稱少府。"顏師古曰:"大司農供軍國之用,少府以養天子也。"秦有"少府章邯"。

【印考1997】

印面爲正方形,日字格,邊長1.8釐米,此印文邊欄完整。少府,古時皇室財政管理機構,戰國時韓國設置,掌管國君私財。《戰國策・韓策一》記蘇秦爲楚合縱説韓王曰:"天下之強弓勁弩,皆自韓出。溪子、少府、時力、距來,皆射六百步之外。"《史記・蘇秦列傳》所載同。韓國銅器《長子盉》銘刻中有"少府"二字。秦時少府掌山海池澤,供養國君,爲九卿中屬官最多的官署。始設"少府卿",歷代多沿其制。《漢書・百官公卿表》云:"少府,秦官,有六丞。屬官有尚書、太醫、太官、樂府、若盧、考工室、左弋、居室、左右司空、東園匠等十六令、丞;又有胞人、都水、均官三長丞;又有上林中十池監;又有御府、永巷、內者、宦者等八官令丞。諸僕射、署長、中黃門皆屬焉。"1980年臨潼上焦村秦始皇陵陪葬墓曾出土銀蟾蜍一件,內刻"少府"二字。

【秦封2000】

《漢表》:"少府,秦官,掌山海池澤之稅,以給供養。有六丞。屬官有尚書、符節、太醫、太官、湯官、導官、樂府、若盧、考工室、左弋、居室、甘泉居室、左右司空、東織、西織、東園匠十六官令丞,又胞人、都水、均官三長丞,又上林中十池監。又中書謁者、黃門、鈎盾、尚方、御府、永巷、內者、宦者八官令丞。諸僕射、署長、中黃門皆屬焉。"應劭曰:少府"名曰禁錢,以給私養,自別爲藏。少者,小也,故稱少府。"師古曰:"大司農供軍國之用,少府以養天子也。"《漢官》卷上:"少府掌山澤陂池之稅,名曰禁錢,以給私養,自別爲藏。少者,小也,故稱少府。"《後漢・百官志三》:"少府,卿一人,中二千石。本注曰:掌中服御諸物,衣服寶貨珍膳之屬。丞一人,比千石。"《史記・秦始皇本紀》:"二年冬,陳涉所遣周章等將西至戲,兵數十萬。二世大驚,與群臣謀曰:'奈何?'少府章邯曰……",《秦銅》秦少府工簪矛:"十三年少府工簪武庫受屬邦。"秦始皇陵銀蟾蜍銘有"少府"。二年少府戈:"少府,二年作。"五年相邦呂不韋戈:"五年,相邦呂不韋造、少府工室冷,丞再,工九,武庫,少府。"少府矛:"少府武庫受屬邦。"漢封泥見:《考與》"將作少府",《封泥》"少府之印章,少府銅丞",《鐵雲》《封泥》"少府丞印",《齊魯》《再續》"少府"。

【考略2001】

《漢書・百官公卿表》:"少府,秦官,掌山海池澤之稅,以給供養,有六丞。"但秦少府掌工官器械製造也是其重要功能,在這方面秦與韓、趙之少府有相近之處。

【簡讀2002】

《漢表》:"少府,秦官,掌山海池澤之稅,以給共養。"應劭曰:"名曰禁錢,以給私養,自別爲藏。少者,小也,故稱少府。"師古曰:"大司農供軍國之用,少府以養天子也。"

《張家·二年·秩律》"少府令……秩各二千石。"

【上封2002】

《百官表》："少府，秦官，掌山海池澤之税，以給共養，有六丞。"然據其屬官，宮廷服務及器用製作亦總於少府。封泥印文二字，與漢不同。秦系封泥又有"少府工丞"《百官表》少府屬官有"考工室""工丞"當即"工室印"之省，漢封泥有"左工室印""右工室丞"。

【彙考2007】

少府，官署名。源出於周官太府，掌山海地之税，以供宮廷之用，爲皇帝的私府，兼管皇帝衣食器用、醫藥娛樂喪葬事宜，位列九卿。《漢書·百官公卿表》："少府，秦官，掌山海池澤之税，以給供養。有六丞。屬官有尚書、符節、太醫、湯官、樂府、若盧、考工室、左弋、居室、甘泉居室、左右司空、東織、西織、東園匠十六官令丞，又胞人、都水、均官三長丞，又上林十池監。又中書謁者、黃門、鉤盾、尚方、御府、永巷、内者、宦者八官令丞。諸僕射、署長、中黃門皆屬焉。"顏師古注引應劭曰："名曰禁錢，以給私養，自別爲藏。少者小也，故稱少府。"師古曰："大司農供軍國之用，少府以養天子也。"

【分域2009】

"少府"，官名，爲秦九卿之一，始置於國時期。《漢書·百官公卿表》云："少府，秦官。掌山海池澤之税，以給共養，有六丞。"應劭曰："山澤之税，名曰禁錢，以給私養，自別爲藏。少者，小也，故稱少府。"

【集證2011】

《漢書·百官公卿表》："少府，秦官，掌山海池澤之税，以給共養"。應劭曰："名曰禁錢，以給私養，自別爲藏。少者小也，故稱少府。"顏師古曰："大司農供軍國之用，少府以養天子也。"王先謙《漢書補注》："《始皇紀》有'少府章邯'。《淮南·氾論》：'秦之時頭會箕斂，輸於少府。'"又曰："少府掌中服御諸物衣服、寶貨、珍膳之屬。"是少府實即掌管宮廷事務的機關，大約相當於清之内務府，秦時爲九卿之一。章邯爲武將，他在二世時任少府職，可能只是一種兼官。但章邯這樣的名將任少府職，足見其地位之高。《封泥彙編》13·1有漢封泥"少府"，無界格。

【寺工2012】

戰國秦漢官僚機構可分爲國家和皇室兩大系統，其職官機構在職能、財政上有區別，皇室事務的主管機構爲少府，内設一些手工作坊，爲皇室製造各類日用品、奢侈品。地方手工業機構承擔爲國家、皇室製作器物的責任，但尚不見爲國家服務的手工業機構爲皇室製作器物的情況。

【官名2013】

少府見於韓、秦、楚銅器銘文，既是官府名，又作官名。據《漢書·百官公卿表》記載："少府，秦官，掌山海池澤之税以給供養，有六丞。"應劭曰："名曰禁錢，以給私養，自別爲藏。少者，小也，故稱少府。"

又，戰國時代韓國始設少府，秦漢沿用。《戰國策·韓策一》:"天下之强弓勁弩，皆自韓出，溪子、少府、時力、距來，皆射六百步之外。"按：韓兵器中有"少府"强弓，疑出自少府工室。另外，上海博物館所藏的韓國銅器長子盂腹銘刻有"少府"。韓國的少府也應是工室之名，職能除了製造兵器之外，還需要製造其他器物，地位不同於戰國後期位高權重的秦少府。楚國亦有"少府"，見於鑄客器。據銘辭之意，少府可能是屬於楚王后宮系的私府。王輝先生指出："秦少府之設，效仿自三晋。""少府"在秦銘中出現較晚，這可能是學習東方國家官府設置的結果。秦國少府官系十分龐大，下屬的府有御府、樂府、太醫左府、太醫右府等，還有各類工室，如少府工室、考工室、屬邦工室、鐵兵工室、弩工室等。少府的主要職能是掌山海物產的稅收、宮室手工業製造，負責君王日常事務等，屬官有少府丞、少府工丞、少府榦丞、尚書令、尚書丞、尚書僕射、尚書、符節令、符節令史、符璽郎、太醫令、太醫丞、太官令、太官丞、廩犧令、廩犧丞、湯官令、湯官丞、導官令、導官丞、樂府令、樂府丞、御府令、御府丞、永巷令、永巷丞、内者令、内者丞、宦者令、宦者丞、中書謁者令、中書謁者丞、胞人長、胞人丞、左右司空等。睡虎地秦簡《秦律雜抄》:"大官、右府、左府、右采鐵、左采鐵課殿，貲嗇夫一盾。"大官、左府、右府、右采鐵、左采鐵都應同屬少府官系，其行政長官應有令、丞或嗇夫。董珊先生根據兵器刻辭推知少府的屬吏還有詔使、寺工及屬邦等。按：秦之少府位列九卿，總理内宮政務，掌治百工之業，屬吏有工官、食官、宦官、醫官、樂官等，與韓、楚所設少府的職司比較，差別很大。

【訂補2014】

在考釋"二年少府戈"（秦莊襄王二年，公元前248年）的時候指出，少府原爲三晋官署機構，《戰國策·韓策》蘇秦謂韓王曰："天下之强弓勁弩，皆自韓出，溪子、少府、時力、距來，皆射六百步外。"説明此時韓的少府已長期製造兵器，秦少府之設，當倣效自三晋。

【職地2014】

張家山漢簡《二年律令·秩律》有少府令，秩二千石。所見少府屬官較多，有些名稱與《百官公卿表》有聯繫，疑似少府屬官，應是吕后當政時特設職官。完全不見於張家山漢簡的有"十二官令丞"中的符節、湯官、導官、若盧、左弋，"三長丞"中的胞人和均官，上林十池監，"七官令丞"中的黃門、鈎盾、尚方等。秦封泥亦有寫作"小府"者，與居延漢簡同。秦時少府與内史中職掌國家財政經濟的部門（漢代稱治粟内史）分别掌管皇室財政和國家財政。再從《百官公卿表》所記各機構職能和屬官分布來看，《百官公卿表》中的將作少府和水衡都尉是由少府分置而來。秦少（小）府全權負責皇室事務，其屬官衆多，人員龐雜。少府掌管王室雜務，相當於國君的私人管家。秦少府還見於數十件帶有"少府"銘文的戈矛和其他器物，據帶有紀年少府器判斷，秦少府機構最早當在莊襄王時，最晚亦於嬴政初年就已經設立，由秦封泥"小府"的文字風格來看，"小府"可能是"少府"設立之前的名稱。秦少府有丞，並設有專門的工室負責製造兵器，同時兼造其他器物。

【秦官2018】

　　秦少府全權負責皇室事務,正如楊寬所説:"秦國所設少府,既是國君所需物資和物品的保藏處所,又是國君徵收特種税收的財政機構,也是供應國君所需物品的手工業作坊的管理機構,更是幫助國君辦事的後勤機構。"新見秦文字資料中的少府及其屬官數量和種類均超乎尋常。秦封泥亦有寫作"小府"者,據文字風格"小府"可能是"少府"設立之前的名稱。少府類秦封泥有"少府丞印""少府幹官""少府幹丞"和"少府工室"。少府總理工室事務,相當於國君的私人管家。秦少府除見於封泥外,還見於數十件帶有"少府"銘文的戈矛和其他器物,其中年代最早的是二年少府戈(秦莊襄王二年),秦少府的設立應不晚於次年。另,五年相邦吕不韋戈有刻銘"少府工室隱丞冉工九"和内部鑄銘"少府",其中"少府工室"與秦封泥所見一致。秦少府設有工室,既製作兵器亦製作皇室所用的貴金屬器物。

【廣封2019】

　　案《漢書·百官公卿表》:"少府,秦官,掌山海池澤之税,以給共養,有六丞。屬官有尚書、符節、太醫、太官、湯官、導官、樂府、若盧、考工室、左弋、居室、甘泉居室、左右司空、東織、西織、東園匠十六官令丞,又胞人、都水、均官三長丞,又上林中十池監,又中書謁者、黄門、鈎盾、尚方、御府、永巷、内者、宦者八官令丞。諸僕射、署長、中黄門皆屬焉。"(應劭曰:"名曰禁錢,以給私養,自別爲藏。少者,小也,故稱少府。"師古曰:"大司農供軍國之用,少府以養天子也。")

少府丞印

1 　　　　　　　2

1.《相家》P10
2.《新出》P75;《大系》P219

　　瑞按:少府,《漢書·百官公卿表》"秦官,掌山海池澤之税,以給共養,有六丞",其六丞在用印和稱謂上如何區別,文獻無載。從封泥看,僅言"少府丞",而無區別,則其言"六丞",當指下設六屬丞的可能性較大。從秦封泥發現看,秦時少府下設機構龐雜,遠超六丞。

（一）尚　　書

尚書

《補讀》圖7；《秦封》P133；《彙考》P96；《璽印》P393；《大系》P214

【補讀1998】

《漢表》少府屬官有“尚書令丞”。《續漢書》：“秦置尚書令。”《通典·職官四》：“秦置尚書丞一人。”《通典》：“秦時少府遣吏四人，在殿中主發書，謂之尚書。尚，主也。秦尚書四人，不分曹名。”《通典·職官八》：“秦置六尚，謂尚冠、尚衣、尚食、尚沐、尚席、尚書。”《國策》記司空馬説趙王：“文信侯相秦，臣事之，爲尚書，習秦事。”

【秦封2000】

首字殘，但尚字下口與右邊一垂仍可見，可知爲“尚書”。《漢表》：少府屬官有“尚書令丞”。《後漢·百官志》：“秦置尚書令。”《通典·職官四》：“秦置尚書丞一人。”《通典》：“秦時少府遣吏四人，在殿中主發書，謂之尚書。尚，主也。秦尚書四人，不分曹名。”《通典·職官八》：“秦置六尚，謂尚冠、尚衣、尚食、尚沐、尚席、尚書。”《國策》記司空馬説趙王：“文信侯相秦，臣事之，爲尚書，習秦事。”漢封泥見：《封泥》“尚書令印”。漢印見：《兩漢》“尚書大夫章，尚書散郎田邑”。

【簡讀2002】

《漢表》：“少府，秦官，……屬官有……尚書”。《戰國策·秦策五》：“司空馬説趙王曰：文信侯相秦，臣事之爲尚書，習秦事。”

【彙考2007】

尚書，官名。戰國時掌文書者稱主書，秦始置尚書，爲少府屬官。掌殿內文書，職位較低。漢沿置。《漢書·百官公卿表》少府屬官有尚書令丞。

【職地2014】

封泥首字殘，拓本文字不清晰，暫從原釋。如確爲尚書，則《百官公卿表》（成帝建始四年）“初置尚書”的説法不確。

【秦官2018】

《漢書·惠帝紀》“宦官尚食比郎中”，注引應劭曰：“尚，主也。舊有五尚，尚冠、尚帳、尚衣、尚席亦如是。"又引如淳曰："主天子物曰尚，主文書曰尚書，又有尚符璽郎也。《漢儀注》省中有五尚，而内官婦人有諸尚也。"《漢舊儀補遺》卷上云："省中有五尚，即尚食、尚冠、尚衣、尚帳、尚席。"《通典·職官志》："秦置六尚，謂尚官、尚衣、尚食、尚沐、尚席、尚書。"秦封泥中諸尚類職官名稱遠比文獻記載的豐富和複雜，計有"尚冠""尚寇（冠）府印"，"尚劍府印"，"尚佩""尚佩府印"，"尚犬""狡士之印""狡士將犬"，"尚書"，"尚帷中御""帷居工印"，"尚卧""尚卧倉印"，"尚衣府印""尚浴""尚浴倉印""尚浴府印""尚浴上府""尚浴寺般""尚浴右般"（傳世秦璽印還有"南宫尚浴"）等。秦璽印封泥中所見諸尚類官職豐富而複雜，已大大超出文獻記載的"六尚"範圍。諸尚官各自有獨立的府、倉等機構，有些尚官分工細密，分置多個曹署。此外，從"尚浴""尚犬"等封泥存在着有無界格的區別來看，此類機構可能統一前即已設立。據秦封泥"尚書"，可知《漢書·百官公卿表》成帝建始四年"初置尚書"的説法不確。《風過耳堂秦印輯録》著録一枚田字格瓦鈕印"寧秦□書"，或與"書府"有關。狡士見於睡虎地秦簡《法律答問》："可（何）謂'宫狡士''外狡士'？皆主王犬者殹（也）。"與"將馬"主管馬匹事務一樣，"將犬"乃主管君王獵犬之官。"尚帷中御"，《秦封泥彙考》解釋爲宫廷侍御之官，中指後宫，殆是。"帷居工印"封泥，可能與"尚帷"有關。

瑞按：尚書爲少府屬官，内事天子，主文書，《漢書·惠帝紀》注應劭曰："宦官，閽寺也。尚，主也。舊有五尚。尚冠、尚帳、尚衣、尚席亦是。"如淳曰："主天子物曰尚，主文書曰尚書，又有尚符璽郎也。《漢儀注》省中有五尚，而内官婦人有諸尚也。"又有中尚書，《漢書·佞幸傳》："石顯字君房，濟南人；弘恭，沛人也。皆少坐法腐刑，爲中黄門，以選爲中尚書。"尚書職低而事繁雜密，《漢書·宣元六王傳》："宇謂中謁者信等曰：漢大臣議天子少弱，未能治天下，以爲我知文法，建欲使我輔佐天子。我見尚書晨夜極苦，使我爲之，不能也。"《漢書·翟方進傳》："時慶有章劾，自道：'事以贖論，今尚書持我事來，當於此決。前我爲尚書時，嘗有所奏事，忽忘之，留月餘。'方進於是舉劾慶曰：'案慶奉使刺舉大臣，故爲尚書，知機事周密壹統，明主躬親不解。慶有罪未伏誅，無恐懼心，豫自設不坐之比。又暴揚尚書事，言遲疾無所在，虧損聖德之聰明，奉詔不謹，皆不敬，臣謹以劾。'慶坐免官。"《後漢書·百官志》"治書，比六百石。本注曰：治書本尚書更名"，後漢設"尚書令一人，千石。本注曰：承秦所置，武帝用宦者，更爲中書謁者令。成帝用士人，復故。掌凡選署及奏下尚書曹文書衆事"。設"尚書僕射一人，六百石。本注曰：署尚書事，令不在則奏下衆事"。設"尚書六人，六百石。本注曰：成帝初置尚書四人，分爲四曹：常侍曹尚書主公卿事；二千石曹尚書主郡國二千石事；民曹尚書主凡吏上書事；客曹尚書主外國夷狄事。世祖承遵，後分二千石曹，又分客曹爲南主客曹、北主客曹，凡六曹。左右丞各一人，四百石。本注曰：掌録文書期會。左丞主吏民章報及騶伯史。右丞假署印綬，及紙筆墨諸財用庫藏。侍郎三十六人，四百石。本注曰：一曹有六人，主作文書起草。令史十八人，二百石。本注曰：曹有三，主書。後增劇曹三人，合二十一人。"

書府

1　　　　　　　　2

1.《相家》P25;《大系》P225
2.《在京》圖五∶1;《璽印》P393;《大系》P225

【新官2002】
　　約爲"尚書"之屬,參見《秦封泥集》一·二·36。《漢書·郊祀志》∶"史書而臧(藏)之府"。注∶"府,臧書之處。"《雲夢睡虎地秦簡·秦律十八種》一九七∶"毋敢以火入臧府、書府中。"

【在京2005】
　　半通。《史記·太史公自序》《索隱》∶"言正本藏之書府,副本留京師也,穆天子傳云'天子北征,至於玉之山,河平無險,四徹中繩,先王所謂策府'。郭璞云'古帝王藏策之府'"。

【分域2009】
　　書府,官署名,雲夢睡虎地秦簡《秦律十八種》云∶"毋敢以火入藏府、書府中。""書府"當是管理書籍的機構。

【職地2014】
　　睡虎地秦簡《秦律十八種·内史雜》有"毋敢以火入藏府、書府中"等内容,可見秦時宮中有專門用來存放書籍的府庫。《風過耳堂秦印輯録》著録一枚田字格瓦鈕印"寧秦□書",或與"書府"有關。

（二）太　　官

大官

1　　　　　2　　　　　3　　　　　4

1、3.《新出》P8;《大系》P245
2.《新出》P8;《大系》P244
4.《新出》P8

【字典1998】

隨縣簡"大官"，讀"太官"。《漢書・百官公卿表》："少府屬官有太醫、太官。"注："太官，主膳食。"

【在京2005】

半通。《漢表》："少府，秦官，……屬官有……太官。"師古曰："太官主膳食。"《睡虎・秦律雜抄》："大（太）官、右府、左府、右采鐵、左采鐵課殿，貲嗇夫一盾。"《漢書・張湯傳》："大官私官並供其第。"《張家・二年・秩律》："大官……秩各六百石，有丞、尉者半之。"

【圖説2009】

説見"泰官"。

【官名2013】

泰官，當爲秦宮廷掌御膳的官吏。戰國時期各國都設有食官，朱德熙與裘錫圭兩位先生，從銘文"㠯（官）"的字形入手，考釋出一系列食官名，如"上官""中官""下官""私官""左官""右官"等。秦有太官、麗山食官掌飲食，另外還有少府的屬官湯官、導官。楚有集胆、集胆尹、集腏、集既、集□、集醹、集廚（包山簡194）、廚尹（包山簡61）、大廚尹（簡139）、哉食、上官、中（私）官、下官、私官、左官、右官等。齊國有公朱等，與太官相對稱爲私官。

【訂補2014】

在考釋秦昭襄王八年（公元前299年）"八年相邦薛君、丞相殳漆豆"時指出，大官是掌管秦王膳食的機構，大或作泰、太。大官、泰官，秦漢器銘、封泥、竹簡多見。漆豆是昭襄王食官之器，故由相邦、丞相共同監造。相邦、丞相同時出現，證明相邦、丞相爲二職，相邦尊於丞相。

【職地2014】

大/泰官職掌君王膳食，戰國至兩漢均有設置。秦時"大官"總理王之飲食事務，但也是一個領有多種屬官的機構，下設斡官、飤室、府庫等。大官除了令丞外還有斡官、飤室和府庫，"左中""右中"之意，應是秦漢時某些特定官制用以區分曹署之用。據"飤⬚官⬚丞印"封泥，可知應有"飤官之印"。飤官應是"大官"機構中的主要職能部門。

【秦官2018】

大/泰官職掌君王膳食，戰國至兩漢均有設置。秦之大官見於睡虎地秦簡，如《秦律雜抄》："大官右府、（大官）左府、右采鐵、左采鐵課殿，貲嗇夫一盾。"又秦大官盉，器底刻有"大官四升"銘文。秦封泥中大/泰官資料有：大官、大官丞印、泰官、泰官庫印、大官斡丞、大官飤室、大官左中、右中飤室等。2010年11月陝西西安市臨潼區秦東陵昭襄王陵盜掘出土"八年相邦薛君"漆豆，其足底烙印銘文"大官"，此漆豆可確認爲秦昭襄王八年所造，可見秦統一之前的確稱"大官"而不是"泰官"。嶽麓秦簡《爲獄等狀四種》158有"大官隸臣"，可見秦時"大官"是一個領有多種屬官曹署的機構，還有"隸臣"身份的人爲其服役。大官除令丞外，還有斡官、飤室和府庫。"左中""右中"之義，可據相關出土文字資料加以推定。珍秦齋藏秦信宮疊腹刻銘"古西共左，今左般；信宮左般"，河北高莊漢墓銅執爐鑒刻銘文"常食中般"，安徽巢湖北山頭一號墓出土漆器上有"甘泉右盤"針刻銘文，又秦封泥有"尚浴寺般""尚浴右般""私官左般""私官右般"和"弄右般印"等。將以上資料對照可知，左、中、右般之分應是秦漢時某些特定官職用以區分曹署之用，而"大官左中"應爲"大官左（般）中（飤室）"，"右中飤室"應爲"（大官）右（般）中飤室"。

瑞按：王輝先生指出，大官或作太官。《後漢書·皇后紀上》記和熹鄧太后"咸大官、尊者、尚方、内者服御珍膳靡麗難成之物"。李賢注：《漢官儀》曰：'大官，主膳羞也。'"《漢書·百官公卿表》："少府，秦官……屬官有……太官七丞。"《通典·職官七》："秦爲大官令丞，屬少府，兩漢因之。"秦有太官，又有私官，猶戰國府既有大府，又有私府。太官、私官皆主膳羞，唯服務對象略異。（《秦銅器銘文編年集釋》P172）何琳儀先生指出，隨縣簡"大官"，讀"太官"。《漢書·百官公卿表》："少府屬官有太醫、太官。"注："太官，主膳食。"大宮盂"大官"，讀"太官"。（《戰國古文字典》P310）在漢景帝陽陵陪葬坑中出土"大官之印"銅印（《漢陽陵》2001年）《訂補2014》收録秦王政十九年（前228年）漆盒，有銘文"大官十九年，□□左徹侯，一斗二斗。今甘泉右般□□□□"。認爲此乃秦王政十九年器，後流落在外，漢人又加刻"今甘泉右般……"諸字。由此器知，秦設大官甚早。從秦漢銘刻、封泥等職，後所書之"太官"當寫作"大官"。

大官丞印

1　　　　　　　　2　　　　　　　　3

1.《發掘》圖一七：13；《新獲》P289；《大系》P245
2.《陝封》（上）圖二：20、（下）圖一：9；《秦封》P134；《大系》P245
3.《西見》圖二：19

【陝封1996】

《漢書·百官公卿表》載：少府屬官有大官令，七丞。秦代始設，掌管宮廷膳食、酒果等。《漢舊儀》云："太官尚食，用黄金釦器……，太官主飲酒，皆令丞治，湯官奴婢各三千人，置酒，皆緹褠、蔽膝、緑幘。"封泥的大官丞即少府屬官太官丞，輔佐太官令掌管宮廷膳食、酒果等，陳直先生認爲"大官丞印"不稱某丞，似大官僅有一丞，與《百官公卿表》太官令有七丞不同，或爲漢初制度（見《漢書新證》）。此印正是田字格，筆畫纖細古樸，可證陳説不誤。

【秦式1998】

收藏於陝博，録於《考與》《漢表》。少府屬官有“太官令丞”。師古曰：“太官主膳食”。《漢官》卷上：“太官令，兩梁冠，秩千石，丞四人”。《史記·秦本紀》記秦武王舉鼎前：“力士任鄙、烏獲、孟説皆至大官。《漢書·東方朔傳》：“久之，伏日，詔賜從官肉。大官丞日晏不來，朔獨拔劍割肉……大官奏之。”《睡虎·秦律雜抄》：“大（太）官、右府、左府、右采鐵、左采鐵課最，貲嗇大一盾。”《秦銅》咸陽博物館藏秦銅盉：“大四斤大官四升。”漢封泥見：《臨淄》“太官之印”。《封泥》“太官長丞”。《封泥》《澂秋》“太官丞印”《封泥》《齊魯》“齊太官丞”。《南越》“泰官”。《考與》“太官丞印”。漢印見：《徵存》：“大官監丞”。

【秦封2000】

大官即太官、泰官，《漢表》：少府屬官有“太官令丞”。師古曰：“太官主膳食。”《漢官》卷上：“太官令，兩梁冠，秩千石，丞四人。”“太官，主膳食也。”“太官果丞官別在外，掌果瓜菜茹。”“太官右監丞，秩比六百石。”《後漢·百官志三》：“太官令一人，六百石。本注曰：掌御飲食。左丞、甘丞、湯官丞、果丞各一人。本注曰：左丞主飲食。甘丞主膳具。湯官丞主酒。果丞主果。”《史記·秦本紀》記秦武王舉鼎前：“力士任鄙、烏獲、孟説皆至大官。”《漢書·東方朔傳》：“久之，伏日，詔賜從官肉。大官丞日晏不來，朔獨拔劍割肉……大官奏之。”秦《睡虎·秦律雜抄》：“大（太官）、右府、左府、右采鐵、左采鐵課殿，貲嗇夫一盾。”《秦銅》咸陽博物館藏秦銅盉：“樛大四斤大官四升。”漢封泥見：《臨淄》“太官之印”，《封泥》“太官長丞”，《封泥》《澂秋》“太官丞印”，《封泥》《齊魯》“齊太官丞”，《南越》“泰官”，《考與》“太官丞印”。漢印見：《徵存》“大官監丞”。

【考略2001】

“大官”同“太官”“泰官”。相家巷遺址流散秦封泥有“泰官丞印”“泰官庫印”封泥。古代文獻多作“太官”，《漢書·百官公卿表》載：“太官七丞。”同書《霍光傳》載：“詔太官上乘輿食如故。”《張安世傳》載：“太官獻丞陳湯。”《成帝紀》載：永始元年“太官凌室火”。個別也作“大官”，如《漢書·東方朔傳》載：“大官丞日宴不來。”秦漢遺物多作大官或泰官，如秦銅盉銘爲“樛大四斤大官四升”，秦簡中亦書“大官”。山東濟南洛莊漢墓陪葬坑出土“呂大官印”封泥；西漢齊王墓器物坑出土的有銘刻銅器46件、銀器6件，其中20件銅器和1件銀盤之上有“大官”銘文；滿城漢墓出土的蟠龍紋壺和乳丁紋壺上的“楚大官”與“大官”銘文；南越王墓出土“泰官”封泥15件；鄭韓故城遺址出土戰國時代兵器銘文有“大官冢子”。從已發現的考古資料可以看出，相家巷遺址出土秦封泥（包括此地出土及流散封泥），以“泰官”封泥爲絕大多數，“大官”封泥甚少。而在一些集録的封泥著作中，漢代封泥多爲“大官”，“泰官”甚少，如《齊魯封泥集存》有“齊大官印”，《封泥考略》有“大官長丞”“大官丞印”等封泥。個別偏遠地區，時代較早的墓葬中出土有爲數不少的“泰官”封泥（如西漢南越王墓），這恰恰反映了秦代制度其影響仍發揮着重要作用。

【簡讀2002】

《漢表》："少府，秦官，……屬官有……太官。" 師古曰："太官主膳食。"《秦簡・秦律雜抄》："大（太）官、右府、左府、右采鐵、左采鐵課殿，貲嗇夫一盾。"《張家・二年・秩律》："大官……秩各六百石，有丞、尉者半之"。

【西見2005】

有邊欄有界格。中科院漢城工作隊曾出土過4枚相同者，陝博也藏有一枚。與此封泥相對應的有泰官丞印，印制相同，皆有十字界格。太官，戰國秦置，掌宮廷膳食，屬少府。睡虎地秦簡之秦律雜抄中已有太官記載。

【彙考2007】

大官，即太官，亦作泰官。官署名，戰國秦置，秦漢沿置。掌宮廷膳食，有令、丞，屬少府。《睡虎地秦墓竹簡・秦律雜抄》有"大官"記載。

【圖說2009】

説見"泰官"。

【分域2009】

大官即太官，也作泰官，官署名。主管宮廷膳食，有令、丞。雲夢睡虎地秦簡《秦律雜抄》中有"大官"一職。

【秦官2018】

説見"大官"。

【廣封2019】

案：大官，即太官、泰官。《漢書・百官公卿表》："少府，秦官，掌山海池澤之税，以給共養，有六丞"，屬官有"太宮"令丞。此其丞之印也。

大官 府 □

《大系》P246

瑞按：封泥殘，舊讀"大官府丞"，下側二字均殘，從殘存筆畫看，其右側字作"府""庫""廚"等的可能性均較大，但左下字作"丞"尚難確定。

大官廷□

《大系》P247

大官庫印

《大系》P246

大官榦丞

《在京》圖二：2；《璽印》P449；《大系》P246

【在京 2005】

　　"大官"釋讀見"大官"。"榦"，釋見"榦官"。

【圖説 2009】

　　説見"泰官"。

【秦官 2018】

　　説見"大官"。

大官廚□

1　　　　　　　　　　2

1.《大系》P246
2.《大系》P51

□官右廚

《大系》P247

大官茜印

《大系》P247

【字典1998】
　　秦金"茜府"，疑讀"酒府"。見《周禮·春官·漿人》。
【訂補2014】
　　莊襄王二年（公元前248年）寺工壺、莊襄王器雍工敀壺等均有銘文"北寢茜府"。

指出茜府又見於秦始皇陵出土陶盤,其大約相當於《周禮·天官》的酒府,"是專爲祭祀先祖而釀製醇酒佳釀的機構"。在考釋三十三年信宮茜府漆盤時指出,其銘文"卅三年工師爲信宮茜,私官四升半,今西共□,今東宮",出土於巢湖市北山頭一號漢墓。器原爲秦信宮茜府器。"私官"2字以下爲後刻,器後移至皇后或皇太后宮,加刻"私官"。又後移至太子處,加刻"東宮"。查史可證,在西漢武帝以前,高、惠、景三帝在位均不到十九年,全洪文《南越王墓出土秦代"西供"銀洗及相關問題》(《文物》2012年第2期)定此爲秦始皇三十三年器,極是。

　　瑞按:茜,《説文解字·十四下》:"茜禮,祭束茅加於祼圭,而灌鬯酒,是爲茜,象神歆之也。"王輝先生指出,秦始皇帝陵園吳中村出土"麗山茜府"陶盤,"茜府"當爲《周禮·天官》的酒府(《秦銅器銘文編年集釋》P76)。張家山漢墓竹簡《二年律令·秩律》第486號有"疇尸、茜御、杜主樂皆五更,屬大祝。"整理小組認爲,茜御應爲執行此種儀式的人。

□茜□印

《印集》P169;《彙考》P258;《大系》P421

【彙考2007】
　　咸陽博物館藏二年寺工師初壺、雍工敃壺圈足刻"茜府"二字,又秦始皇陵園吳中村土壙出土陶盤刻"麗山茜府"。

【官名2013】
　　二年寺工銅壺和雍工敃銅壺都有"茜府"的刻銘。《説文·西部》:"茜,禮祭,束茅,加於祼圭,而灌鬯酒,是爲茜,象神歆之也。从酉、从艸。"黃盛璋先生認爲這兩器是貢品,入秦前已刻銘文。有學者認爲是秦商鞅變法之前的器物。茜府的職司應與祭祀和供酒有關。王輝先生則推測兩器爲秦莊襄王二年之物,"茜府"大約相當於《周禮》中的酒府,並引《春秋傳》"爾貢包茅不入,王祭不供,無以茜酒"爲證。此説極是。

大官飤室

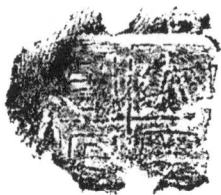   

　　1　　　　　　2　　　　　　3　　　　　　4

1—3.《新出》P59;《大系》P246
4.《新選》P108;《大系》P246

【職地2014】

　　説見"大官"。

【秦官2018】

　　説見"大官"。

大官繪府

《胡家溝》P101

　　瑞按:舊讀"大府繪官",從發掘遺址爲府庫類建築的情況及前述大官類封泥看,似當讀"大官繪府"。

大官左中

　　　1　　　　　　　　　2

1.《新出》P59;《大系》P248
2.《大系》P247

【職地2014】

　　説見“大官”。

【秦官2018】

　　説見“大官”。

大官右中

1　　　　　　　　　　　　2

1、2.《大系》P247

【職地2014】

　　説見“大官”。

【秦官2018】

　　説見“大官”。

泰官

1　　　　　　　　　　　　2

1.《印風》P165;《新官》圖10;《印集》P34;《彙考》P72;《大系》P254

2.《相家》P17;《大系》P254

【簡讀2002】

　　釋讀見“大官丞印”條。“泰官”即“大官”。

【彙考2007】

　　泰官,即太官,亦作大官,官署名。戰國秦置,秦漢沿之,掌宮廷膳食,由令丞主之,屬少府。《睡虎地秦墓竹簡・秦律雜抄》有“大官”記載。

【圖説2009】

　　大官少府屬官，"掌御飲食。左丞（主膳羞）、甘丞（主膳具）、湯官丞、果丞各一人。"雲夢睡虎地秦簡《秦律雜抄》有"大官"。大官即泰官、太官。傳世漢封泥有太官長丞、太官丞印五品、湯官令印、湯官左丞、湯官飲監章（《珍秦·秦》）、齊太官丞等等。南越王墓出土泰官，大官丞印職司應當相同。新出土和傳世秦封泥，以"泰官"封泥爲絶大多數，"大官"封泥甚少。而在一些集録的封泥著作中，漢代封泥多爲"大官"，"泰官"甚少，如《齊魯封泥集存》有"齊大官丞"，《封泥考略》有"大官長丞""大官丞印"等封泥。知"泰官"封泥早於"大官"封泥。

【分域2009】

　　説見"泰官丞印"。

【職地2014】

　　説見"大官"。

【秦官2018】

　　説見"大官"。

【廣封2019】

　　案：泰官，即太官、大官。《漢書·百官公卿表》："少府，秦官，掌山海池澤之税，以給共養，有六丞"，屬官有"太官"令丞。

　　瑞按： 嶽麓秦簡033—036號簡所記《亡律》中有"寺車府、少府、中府、中車府、泰官、御府、特庫、私官隸臣，免爲士五、隱官，及隸妾以巧及勞免爲庶人……"等語。魯家亮先生認爲律文或是專門針對少府中一些特殊逃亡情況的補充規定（《嶽麓書院藏秦簡〈亡律〉零拾》《出土文獻與法律史研究（6）》P121—122）。若如是，則泰官屬少府。然從033—036內容看，少府和寺車府、中府、中車府、泰官、御府、特庫、私官等職官爲並列關係，不僅尚難確定是時各職官均屬少府，反而也可被看作判斷其他職官本不屬少府的證據。然從《漢書·百官公卿表》看，泰官在漢屬少府，又與前述認識相悖，或許期間隸屬還有變化也未可知。今排列暫從《漢書·百官公卿表》。

泰官丞印

1　　　　　　　　　　2

1.《新出》P35;《青泥》P12;《大系》P255
2.《秦封》P134;《彙考》P72;《璽印》P448

【發現1997】

據《漢書·百官公卿表》少府 “屬官有尚書、符節、太醫、太官、湯官、導官、樂府、若盧、考工室、左弋、居室、甘泉居室、左右司空、東織、西織、東園匠十六官令丞。又胞人、都水、均官三長丞。又上林中十池監。又中書謁者、黃門、鈎盾、尚方、御府、永巷、内者、宦者八官令丞。” 師古曰：“太官主膳食”。雲夢睡虎地秦簡《秦律雜抄》有 “大官”。泰官即太官、大官。

【印考1997】

印面正方形，田字格，邊長2釐米，邊欄寬博，印文清晰，泥封氣息濃郁，是爲秦封泥官印中的佳構。“泰官” 亦即 “太官” “大（瑞按：原寫爲 “火”）官”。掌御飲食。《漢書·百官公卿表》載少府設大官，師古注曰：“大官主膳食”。《張安世傳》有 “太官獻丞陳湯”，蘇林曰：“獻丞，主貢獻物也。”《封泥考略》中曾收録 “大官丞印” “大官長丞” 兩枚，是爲證。

【叢考1998】

泰亦作大、太。泰官，《漢書·百官公卿表》載爲少府屬官，有令及丞。顏師古注云：“太官主膳食。” 安作璋、熊鐵基認爲 “主要是管理烹調”，是專爲皇室服務的烹調之官。就秦文字資料而言，泰官的職責不止於此。……在主膳食之外，泰官還管一部分爲皇室服務的手工業如采鹽等。

【秦封2000】

泰官即大官，亦即太官。說見 “大官丞印”。

【簡讀2002】

釋讀見 “大官丞印” 條。

【新官2002】

“泰官丞印” 見《秦封泥集》一·二·380

【彙考2007】

泰官丞，官名。說見 “泰官”。

【圖説2009】

説見 “泰官”。

【分域2009】

泰官即太官，爲少府屬官，《漢書·百官公卿表》顏師古注曰：“太官主膳食。” 雲夢睡虎地秦簡《秦律雜抄》中有 “大官”。“泰官” 當即太官、大官。太官丞爲太官的佐官。

【集證2011】

泰與太、大通用，故 “泰官” 即大官、太官。《漢書·百官公卿表》少府屬官有 “太官令、丞”，顏師古曰：“太官主膳食。”《漢書補注》王先謙曰：“太官令，續《志》云 ‘掌御飲食’。……太官見霍光、召信臣、谷永《傳》，太官丞見《東方朔傳》，太官獻丞見《張延年傳》。”《東方朔傳》：“詔賜從官肉。大官丞日晏不來。朔獨拔劍割肉，謂其同官曰：‘伏日當早歸。’ 即懷肉去之。大官奏入。……” 又睡虎地秦簡《法律答問》：“大官、右府、左府、右采鐵、左采鐵課殿，貲嗇夫一盾。”《封泥彙編》13·4有漢“大官丞印”封泥，“泰”作“大”。

【秦官2018】

說見“大官”。

【廣封2019】

案：泰官，即太官、大官。《漢書·百官公卿表》：少府屬官有“太官”令丞。此其丞之印也。

泰官庫印

1　　　　　　2　　　　　　3　　　　　　4

1.《印考》圖187；《補讀》圖8；《印風》P143；《秦封》P135；《印集》P35；《書集》P119；《彙考》P73；《璽印》P449；《大系》P256
2.《發現》圖103；《圖例》P55；《秦封》P135；《彙考》P74
3.《大系》P256
4.《彙考》P74；《大系》P256

【印考1997】

說見“泰倉”。

【補讀1998】

此印我們曾誤讀爲“泰庫令（官）印”。《史記·平準書》“都鄙倉庾皆滿，而府庫餘貨財。”《説文·广部》：“庫，兵車藏也。”《禮記·曲禮下》：“在府言府，在庫言庫。”注：“庫，謂車馬兵甲之處也。”《史記·秦始皇本紀》：“沛公道入咸陽，封宮室府庫。”《睡虎·效律》：“都倉、庫、田、亭嗇夫。”漢印見《徵存》“庫印”。

【秦封2000】

泰官之説見“大官丞印”。《史記·秦始皇本紀》：“沛公道入咸陽，封宮室府庫。”《史記·平準書》“都鄙倉庾皆滿，而府庫餘貨財。”《説文·广部》：“庫，兵車藏也。”《禮記·曲禮下》：“在府言府，在庫言庫。”注：“庫，謂車馬兵甲之處也。”《列子·楊朱》：“行年六十，氣幹將衰，棄其家事，都散其庫藏珍寶車服妾媵，一年之中盡焉。”秦《睡虎·效律》：“都倉、庫、田、亭嗇夫坐其離官屬於鄉者。”秦北庫鋪首“北庫”。漢印見：《徵存》

“庫印”。漢封泥見:《臨淄》《續封》《建德》《齊魯》“庫印。”

【簡讀2002】

　　釋讀見“大官丞印”條。《説文·广部》:“庫,兵車藏也。”《秦簡·秦律雜抄》:“不完善(繕),丞、庫嗇夫、吏貲二甲。”整理組注:“庫,指收藏兵器的武庫。”泰官庫或即指泰官所屬負責收藏泰官用具之庫。

【彙考2007】

　　《秦封》考:《史記·秦始皇本紀》:“沛公道入咸陽,封宮室府庫。”《史記·平準書》:“都鄙倉庾皆滿,而府庫餘貨財。”《説文·广部》:“庫,兵車藏也。”《禮記·曲禮》下:“在府言府,在庫言庫。”注:“庫,謂車馬兵甲之處也。”《列子·楊朱》:“行年六十,氣幹將衰,棄其家事,都散其庫藏珍寶車服妾媵,一年之中後焉。”秦《睡虎·效律》:“都倉、庫、田、亭嗇夫坐其離官屬於鄉者。”秦北庫鋪首:“北庫”。

【分域2009】

　　該印當爲負責管理宮廷膳食原料的倉庫之官所用。

【集證2011】

　　上文“泰官丞印”條指出泰官“掌御飲食”。皇帝膳食所需品物繁多,故需設庫貯藏。此條周曉陸初釋“泰庫令印”,後已加糾正。

【廣封2019】

　　同《彙考2007》。

（三）太　　樂

樂府

　　　　1　　　　　　　　　2　　　　　　　　　3

1.《續考》圖216;《印風》P165;《書法》P34;《印集》P6;《彙考》P12;《大系》P359
2.《大系》P359
3.《相家》P12;《大系》P359

【續考1998】

　　印面長方形,日字格,長2.4釐米,寬1.3釐米,印文明晰,泥封呈圓形。《漢書·百官公卿表》載少府屬官有“樂府令、丞,掌宮廷郊廟樂章”。前文已收錄“樂府丞印”“左樂

丞印”“左樂雍鐘”“外樂”各一枚。

【秦封2000】

《漢表》：少府屬官有“樂府令丞”。《通典・職官七》記：秦少府屬官，並有樂府令丞。《史記・樂書》：“高祖過沛詩《三侯之章》，令小兒歌之。高祖崩，令沛得以四時歌舞宗廟。孝惠、孝文、孝景無所更增，於樂府習常肄舊而已。”《漢書・禮樂志》：“孝惠二年，使樂府令夏侯寬備其簫管。”“（武帝）乃立樂府，采詩夜誦。”《秦銅》秦始皇陵樂府鍾“樂府”。華縣始皇詔銅權肩部“左樂”，“樂”。秦封泥有：《齊魯》《再續》“樂府鍾官”。漢封泥見：《齊魯》《再續》《澂秋》《臨淄》“齊樂府印”，《封泥》“左樂之印”，《再續》“樂印”。樂府之屬，有始置於秦、漢兩説，今以權、鍾銘等可知，其始於秦無疑，屬少府。

【簡讀2002】

《漢表》“少府，秦官。……屬官有……樂府……樂府三丞”。《張家・二年・秩律》：“樂府……秩各六百石，有丞、尉者半之。”

【上封2002】

樂府《百官表》曰：少府，秦官。屬官有樂府令、丞。秦封泥見存樂府官多種，如“樂府鍾官”“左樂丞印”“外樂”“雍左樂鐘”。又太常屬官有太樂令，掌祭祀、大饗用樂。兩者各有分工。據“左樂丞”可知樂府丞有二員。“雍左樂”當是秦雍都寢陵或諸祠主樂之官，鍾官主鼓鑄。雍爲秦立時祭天之地，遷都咸陽後，宗廟重器仍留雍都，故專置樂府（或大樂）之官。新出封泥又有“雍祠丞印”。

【彙考2007】

樂府，掌管音樂的官署。秦以前即有此職。《詩・周頌・有瞽》：“有瞽有瞽，在周之庭。”瞽，樂官也。府，亦指官署的通稱。《周禮・天官・大宰》：“以八灋治官府。”注：“百官所居曰府。”《漢書・百官公卿表》少府屬官有樂府令丞。《漢書・禮樂志》：“（武帝）乃立樂府，采詩夜誦，有趙、代、秦、楚之謳。”顏師古注：“始置之也。樂府之名蓋起於此，哀帝時罷之。”但從此封泥“樂府”和近年來出土的秦始皇陵樂府鍾“樂府”，及華縣始皇詔銅權肩部“左樂”“樂”，可知樂府之署，秦時已有，必無疑。

【圖説2009】

“樂府”秦已有之，時隸少府，漢承秦制。據《漢書・百官公卿表》秦少府屬下有樂府，樂府有令、丞之設，掌宮廷聲色之娛。“樂府丞”爲樂府屬官。“左樂”“右樂”“外樂”以及“樂府”都是秦國掌樂事的官署，職能可能有所分工，但都隸屬於少府。

【官名2013】

據《漢書・百官公卿表》記載，少府的屬官有樂府令丞。漢承秦制，秦樂府分左右，主理采詩調律、四時宗廟祭祀之禮樂、軍功宴饗之歌舞等。樂府令的屬吏有樂府丞、樂府鍾官、左樂丞、右樂丞等。

【訂補2014】

在考訂“樂府鍾”時指出，此鐘1976年出土於始皇陵封土西北一地面建築遺址内，距該處不遠出“麗山飤官”陶片多件。飤官袁仲一認爲主要是“掌管日常祭祀”，可見樂府的設立是爲了儲藏樂器,以供陵寢祭祀奏樂之用。鐘既出於始皇陵,則其時代只能是始皇末年或二世時,且最大可能是二世時,因爲始皇既葬之後,才談得到祭祀。《漢書·禮樂志》:"至武帝定郊祀之禮,……乃立樂府,采詩夜誦。"顏師古曰:"始置之也,樂府之名,蓋起於此。"樂府鐘的出土,證明秦代已有樂府這一機構,顏師古的説法純屬臆斷。寇效信、袁仲一對此已有討論,近出秦封泥有"樂府""樂府丞印",更加證明了這一點。

【職地2014】

"樂府"封泥出土之前,"樂府"見於1976年秦始皇陵封土附近出土的錯金銘文"樂府"鐘和《二年律令·秩律》,還有長安區神禾原秦大墓出土的編磬"北宫樂府"。這些"樂府"出現的時間均早於《漢書·郊祀志》記載"(漢武帝)乃立樂府"的説法。我們推測,漢武帝時所立樂府或許只是將秦時樂府職能細化後新設置的一個音樂機構。蓋秦時當宗廟祭祀之樂與皇帝娛樂之樂的機構分工並不十分嚴格,抑或秦樂府並無"采歌詩"職能,而漢武帝特析置一樂府機構,專司其中一職。今由神禾原大墓出土編磬上所刻"北宫樂府"銘文,知皇帝所居之北宫設有"樂府"機構,應是供皇帝娛樂所用,與奉常屬官太樂性質不同。南越王墓出土編鐘也有"文帝九年樂府工造"銘文。周天游認爲"秦'樂府'鐘的'樂府'二字,當指太樂令管理的樂器庫和樂人教習之所",以及樂府丞爲秦奉常屬官太樂令下屬的説法不妥。因爲秦樂府顯然是一個複雜而獨立的官署機構。

【秦官2018】

除隸屬於奉常的"左樂""左樂丞印""左樂雔鐘"和"寺樂左瑟"等職官和官署用印外,其他與"樂府"有關的新見資料有"樂府""樂官""樂師丞印""外樂""外樂丞印",以及西安神禾原秦大墓出土的石磬刻銘"北宫樂府"。此外,較早公布的秦封泥還有"樂府丞印"和"樂府鐘官"。《漢書·郊祀志》記載"(漢武帝)乃立樂府",但早在1976年秦始皇陵封土附近曾出土有錯金銘文"樂府"鐘,新出"北宫樂府"石磬刻銘,這些都可以説明"樂府"機構早在秦時即已設立。今由"北宫樂府"銘文可知皇帝所居之北宫設有"樂府"機構,應是專供皇帝娛樂所用,與奉常屬官太樂性質不同。南越王墓出土編鐘也有"文帝九年樂府工造"銘文。周天游先生認爲"秦'樂府'鐘的'樂府'二字,當指太樂令管理的樂器庫和樂人教習之所",以及樂府丞爲秦奉常屬官太樂令下屬的説法恐不妥。

【廣封2019】

案《詩·周頌·有瞽》:"有瞽有瞽,在周之廷。"瞽就是指樂官。又《周禮·天官·冢宰》:"以八法治官府。"注:百官所居曰府。則府是對官署的稱呼。《漢書·百官公卿表》:少府屬官有"樂府令丞"。《漢書·禮樂志》:"(武帝)乃立樂府,采詩夜誦,有趙、代、秦、楚之謳。"(師古曰:"始置之也。樂府之名蓋起於此,哀帝時罷之。")《秦封泥彙考》:但從此封泥"樂府"和近年來出土的秦始皇樂府鐘"樂府",及華縣始皇詔銅權肩部"左樂""樂",可知樂府之署,秦時已有,必無疑。

樂府丞印

　　　1　　　　　　　　2　　　　　　　　3　　　　　　　　4

1.《大系》P360
2、3.《彙考》P13
4.《秦封》P137;《彙考》P13;《大系》P360

【發現1997】

　　據《漢書·百官公卿表》秦少府屬下有樂府。《史記》《漢書》等記載,樂府爲漢始設。70年代在秦始皇陵曾出土樂府嵌金銅編鐘,可知秦確設有樂府。左樂丞是爲樂府三長丞之一。左樂雍鐘是指左樂之下的司鐘者,雍鐘形容鐘聲雍雍穆穆,故稱雍鐘。

【樂府1997】

　　秦“樂府”鐘出土於秦始皇陵寢之地,同時出土的尚有“麗山飤官”陶器殘片多件。秦宗廟陵寢的祭祀之事,屬奉常職責範圍,祭祀之時,上食有寢園食官,奏樂自然是太樂令管理的屬吏,與少府及其屬官無涉。所以秦樂府鐘的“樂府”二字,當指太樂令管理的樂器庫和樂人教習之所。從《史記·樂書》“高祖過沛,詩《三侯之章》,令小兒歌之。高祖崩,令沛得以四時歌舞宗廟。孝惠、孝文、孝景無所增更,於樂府習常肆舊而已”看,《史記》所言“樂府”由主持宗廟禮儀的“禮官”執掌,沛中小兒相和歌舞是用於宗廟祭禮的雅樂,漢初樂府也由太樂令管理。陳直先生於《漢封泥考略》一文中考證漢“齊樂府印”時指出“少府屬官有樂府令丞。太常屬官有太樂令丞。‘樂府’疑即‘太樂’之初名”,看來由於太樂令管理作爲樂器庫和樂人教習場所的“樂府”,因此秦時也被稱作“樂府令”。漢惠帝時夏侯寬被稱“樂府令”是沿用秦時別稱。據此推測,秦時少府未設樂府,其所用樂器均取自太常樂府,或保管一些經常使用的太常樂府樂器。其功能也限於內廷和苑囿服務,不涉及大型祭祀和採風。直至武帝時,信用方士,擴大郊祀,既通過采風瞭解民情,又滿足聲色之娛,於是在少府設立樂府,增加職能。因此“樂府丞”“左樂丞”和“雍樂左鐘”均爲秦太樂令屬官無疑。

【印考1997】

　　前三枚印面均爲正方形,前者無界格,邊長1.8釐米;中者田字格,邊長1.9釐米;後者亦爲田字格,邊長2釐米,印文交叉讀法(瑞按:前者指本封泥,中、後爲“左樂丞印”“左樂雍鐘”);“外樂”一印則爲長方形,長2釐米,寬1釐米,寬博的邊欄,給人以渾穆的感覺。《漢書・百官公卿表》載少府屬官有"樂府令、丞"，掌宮廷郊廟樂章。《通典・職官七》中亦説："秦漢奉常屬官有大樂令及丞，又少府屬官並有樂府令、丞"。少府單獨立署，顯然是供皇帝私用和宮廷享用的。懷寧柯氏藏"樂府"封泥一品，當爲樂府令署公用之章。1976年春，袁仲一先生在秦始皇陵西側的農民取土的斷崖中，發現一件錯金銀的"秦代樂府鐘"，上有"樂府"銘文。秦時有左、右樂府，"左樂丞印"當是秦左樂府的輔佐官；"左樂雍鐘"似爲左樂府中的樂官名；"外樂"一印何指，有待進一步考釋。

【秦封2000】

　　爲樂府之丞印，説見"樂府"。

【考略2001】

　　《漢書・百官公卿表》：少府，秦官，屬官有樂府令丞。秦始皇陵園遺址中曾出土有"樂府"銘文的銅鐘，可證"樂府"秦已有之，時隸少府，漢承秦制。相家巷遺址流散秦封泥有"樂府""樂府丞印""樂府鐘官"等。"樂府丞"爲樂府屬官，係樂府令副貳。

【簡讀2002】

　　釋讀見"樂府"條。

【彙考2007】

　　樂府丞，官名。樂府令之佐官。説見"樂府"。

【圖説2009】

　　説見"樂府"。

【集證2011】

　　《漢書・禮樂志》："至武帝定郊祀之禮，……乃立樂府，采詩夜誦。"前人多據此以爲漢武始立樂府。如顔師古注解以上引文即説："始置之也，樂府之名，蓋起於此。"這種看法其實是不對的。1976年，秦始皇陵封土西北約110米的飲官遺址内，發現秦代編鐘一枚，耳側有銘文"樂府"二字。寇效信《秦漢樂府考略——由秦始皇陵出土的秦樂府編鐘談起》據此指出："早在秦代，就有樂府了。""所謂'乃立'，絶非始立，而是設立、擴充的意思。"漢初承秦制，樂府一職繼續設立。《史記・樂書》云："高祖過沛詩三侯之章，令小兒歌之。高祖崩，令沛得以四時歌舞宗廟。孝惠、孝文、孝景無所增更，於樂府習常肄舊而已。"此封泥之出土，進一步證明秦代確有樂府這一機構，負責貯藏樂器及奏樂。周天游《秦樂府新議》以爲秦及漢初的樂府不屬少府，而由奉常屬官大樂令執掌。因爲"樂府"鐘出於始皇陵，與陵寢祭祀有關，屬奉常職責範圍；《史記・樂書》所言"樂府"亦由禮官所執掌，沛中小兒之歌舞亦用於宗廟祭禮。周氏所説似有理。拙著《秦銅集釋》也曾指出："在飲官遺址附近設立樂府，極可能是爲了貯藏樂器，以供陵寢祭祀時奏樂之用。"不過秦少府屬樂府是否不管祭祀，史無明文；奉常屬官大樂令又未提到樂府，所以我們仍將之暫歸少府。

【研究2012】

　　新出秦封泥中有"樂府丞印"和"左樂丞印"。"左樂丞"是"左樂府丞"的省略。與之相對，應該有"右樂府丞"。"樂府萃""左樂府丞""右樂府丞"之間的關係近似"丞相""左丞相""右丞相"。表明秦樂府令有多個副手。《百官公卿表》説武帝時樂府有三丞,或是秦的舊制。總之,秦樂府應爲奉常屬官,樂府令手下可能有三丞。

【官名 2013】

說見 "樂府"。

【秦官 2018】

說見 "樂府"。

【廣封 2019】

案《漢書・百官公卿表》:少府屬官有 "樂府令丞"。此爲其丞之印也。《詩・周頌・有瞽》:"有瞽有瞽,在周之廷。" 瞽就是指樂官。又《周禮・天官冢宰》:"以八法治官府。" 注:百官所居曰府。則府是對官署的稱呼。《漢書・百官公卿表》:少府屬官有 "樂府令丞"。《漢書・禮樂志》:"(武帝)乃立樂府,采詩夜誦,有趙、代、秦、楚之謳。"(師古曰:"始置之也。樂府之名蓋起於此,哀帝時罷之。")《秦封泥彙考》:但從此封泥 "樂府" 和近年來出土的秦始皇樂府鐘 "樂府",及華縣始皇詔銅權肩部 "左樂" "樂",可知樂府之署,秦時已有,必無疑。

瑞按:相家巷遺址流散秦封泥中無 "樂府鐘官",《考略 2001》誤,此封泥爲歷史上的著録品種。

樂官

1　　　　　　　　　2

1.《新出》P46;《青泥》P5;《大系》P361
2.《在京》圖一:9;《大系》P361

【在京 2005】

半通。《漢表》"少府,秦官。……屬官有……樂府……樂府三丞"。《張家・二年・秩律》:"樂府……秩各六百石,有丞、尉者半之。" 疑其爲樂府之屬官。《漢書・律曆志》:"漢興,北平侯張蒼首律曆事,孝武帝時樂官考正。""漢興,制氏以雅樂聲律,世在樂官,頗能紀其鏗鏘鼓舞,而不能言其義。"

【圖説 2009】

《漢書・百官公卿表》"少府。秦官……屬官有……樂府三丞"《張家・二年・秩律》："樂府秩各六百石，有丞，尉者半之。" 疑其爲樂府之屬官。《漢書・律曆志》："漢興，北平侯張蒼首律曆事，孝武帝時樂官考正。""漢興，制氏以雅樂聲律，世在樂官，頗能紀其鏗鏘鼓舞，而不能言其義。"

【秦官2018】

　　說見"樂府"。

樂官丞印

《大系》P361

　　瑞按：樂官，舊以爲樂人通稱，以封泥言，則與大樂有別。文獻所見樂官，如《漢書・禮樂志》"樂官師瞽抱其器而奔散，或適諸侯，或入河海"，《漢書・律曆志》"漢興，北平侯張蒼首律曆事，孝武帝時樂官考正。" 從《漢書・百官公卿表》注引應劭曰 "《禮樂志》丞相孔光奏省樂官七十二人" 看，漢樂官人數衆多，因此當如《漢書・禮樂志》"漢興，樂家有制氏，以雅樂聲律世世在大樂官，但能紀其鏗鏘鼓舞，而不能言其義。高祖時，叔孫通因秦樂人制宗廟樂" 所顯示者，樂官或爲大樂所屬。

樂官鐘府

《古封》P21；《秦封》P138；《彙考》P13；《璽印》P441；《山全》P180；《大系》P360

【秦式1998】

　　録於《齊魯》《再續》。《漢表》：少府屬官有樂府。《漢表》："水衡都尉，武帝元鼎二年初置，掌上林苑，有五丞，屬官有上林、均輸、御羞、禁圃、輯濯、鍾官、技巧、六廄、辨銅九令丞"。如淳曰："鐘官，主鑄錢官也"。此封泥可知樂府之下可能設獨立於少府之鐘官、而鐘官亦爲秦置。

【秦封2000】

《漢表》：少府屬官有樂府。参見一・二・40"樂府"。《漢表》："水衡都尉，武帝元鼎二年初置，掌上林苑，有五丞。屬官有上林、均輸、御羞、禁圃、輯濯、鍾官、技巧、六廐、辯銅九令丞。"如淳曰："鍾官，主鑄錢官也。"以此封泥可知，樂府屬少府無疑，而鐘官亦爲秦置。一説可讀作"鐘官樂府"，爲鐘官之下署。漢封泥見：《齊魯》"鐘官火丞"。

【上封2002】

説見"樂府"。

【圖説2009】

説見"左樂"。

【官名2013】

説見"樂府"。

【職地2014】

"樂府鐘官"的讀法使印面布局顯得怪異，参考"樂官"封泥，或可讀"樂官鐘府"，是存放鐘等樂器之處。或参照"左樂雕鐘"的讀法，或可讀作"樂府官鐘"。秦封泥中與"樂"有關的還有"樂師丞印"和"外樂"等，前者應是樂工長之丞。

【秦官2018】

説見"樂府"。又，参考秦封泥"樂官"，"樂府鐘官"或可讀作"樂官鐘府"，是存放鐘等樂器的府庫。

樂□司□

《大系》P361

樂師丞印

無圖，釋讀見《新官》P264。

【新官2002】

《周禮・春官・樂師》："樂師，掌國學之政。以教國子小舞。"在秦時，樂師與樂府、太樂之關係待考。

【圖説2009】

《周禮·春官·樂師》:"樂師,掌國學之政。以教國子小舞。"在秦時,樂師應是樂府的演奏技術職官。樂師丞印應是樂府管理樂師機構的副職。

【職地2014】

説見"樂府"。

【秦官2018】

説見"樂府"。

外樂

1 　　　　　　　　　2

1.《印考》圖183;《印風》P167;《秦封》P140;《印集》P8;《書集》P120;《彙考》P17;
　《璽印》P396
2.《相家》P2

【印考1997】

説見"樂府丞印"。

【補讀1998】

"外樂"之職未見《史》《漢》,或與所謂"内樂"相對。秦之音樂有宮寢、宗廟、祠祀之樂,有宮廷、宴饗、韶武之樂,前者或爲"内樂",後者或即"外樂"。又秦有奉常屬之"大樂令丞"或掌"内樂",而少府屬之"樂府"司"外樂"。漢封泥見《再續》"樂印"。

【秦封2000】

"外樂"之職未見《史》《漢》,或與所謂"内樂"相對。《張家·奏讞書》所記秦王政初年"黥城旦講乞鞫"案中,有"故樂人……踐十一月更,外樂,月不盡一日下總咸陽"。秦之音樂有宮寢、宗廟、祠祀之樂,又有宮廷、宴饗、韶武之樂,前者或爲"内樂",後者或即"外樂"。又秦有奉常屬之"大樂令丞",參見"奉常丞印""左樂丞印";又有少府屬之"樂府",參見"樂府",前者或司"内樂",後者或司"外樂"。漢封泥見:《再續》"樂印"。

【考略2001】

"外樂"係秦之官署,爲"樂府"或"太樂"之屬官。

【簡讀2002】

史籍無載。《張家·奏讞書》:"故樂人……踐十一月更,外樂,月不盡一日下總咸陽"。《張家·二年·秩律》:"外樂……秩各八百石,有丞、尉者半之"。外樂官秩高於樂府。

【上封2002】

説見"樂府"。

【彙考2007】

同《秦封2000》。

【圖説2009】

秦之音樂有宮廷、宴饗、韶武、宗廟祠祀之樂。外樂可能隸屬奉常,掌管郊廟樂章,或司對外接待任務。秦先置外樂、樂府,它們當分屬太常和少府。後改爲左樂和右樂,互有分工。

【分域2009】

"外樂"文獻無載,但從相關資料可知,秦時的音樂非常複雜,有宮廷、宴席之樂,也有宗廟、祭祀之樂。可能也用"內"與"外"來區分。

【集證2011】

"外樂"含義不明。或如"左樂","外"爲區別字,指樂府的分支機構,主管宮外音樂事務。

【職地2014】

"外樂"傳世文獻未見記載。睡虎地秦簡《封診式》:"何謂'宮狡士''外宮狡士'?皆主王犬者也。"狡士管理秦王獵犬,宮、外可能是爲區分曹署或標示主管區域有別。秦封泥中廄印繁多,其區別詞除大、中、小、左、右,還有"宮廄"等,而文獻先秦文獻還有"外廄",指宮外的馬廄。綜合以上各例中"外"的含義,我們認爲宮即指宮內,外似指宮外。"外樂"可能泛稱王宮之外的音樂機構。張家山漢簡中外樂的秩級高於樂府,《二年律令·秩律》:"外樂……秩各八百石……樂府、寺車府、內官……秩各六百石"。又《奏讞書》(王政元年)有"故樂人……踐十一月更外樂"。因簡文也未能提供更多信息,故此外樂的隸屬和職掌均不甚明瞭。

【秦官2018】

説見"樂府"。

【廣封2019】

同《秦封2000》。

外樂丞印

《大系》P274

【秦官2018】

　　説見"樂府"。

左樂

1　　　　　　　　2

1.《相家》P12;《大系》P399
2.《在京》圖一:8;《璽印》P394;《大系》P399

【在京2005】

　　半通。《秦封2000》録有"左樂丞印"。

【圖説2009】

　　説見"左樂丞印"。

【通論2016】

　　陝西華縣出土一鈞權,近鈕處刻一"樂"字,另一面下刻"左樂"2字。左樂已見秦封泥,是樂府的分支機構,權之置用地。

【秦官2018】

　　説見"樂府"。

　　又:秦奉常太樂的屬官。除此外,秦封泥中與"樂"有關的職官和機構還有"樂

府""樂府丞印""樂官""樂府鐘官""樂師丞印""外樂"等。周天游認爲"'樂府
丞''左樂丞''雕左樂鐘'均爲秦太樂令屬官無疑",但班固明言樂府是少府屬官,周氏
説恐有誤。我們認爲秦封泥"樂"類職官應分:奉常掌宗廟禮儀,其屬官"太樂"應該是
掌管有關宗廟和陵寢祭祀類嚴肅音樂的樂官;少府屬官"樂府"是供皇帝個人娛樂的音
樂機構,二者職掌内容近似但性質不同。

左樂丞印

　　　　1　　　　　　　　2　　　　　　　　3

1.《書法》P34;《印風》P126;《書集》P120;《印集》P7;《彙考》P15;《大系》P400
2.《彙考》P15
3.《相家》P12;《大系》P400

【發現1997】
　　説見"樂府丞印"。

【樂府1997】
　　封泥中既言有"左樂丞",則必有"右樂丞",加上"樂府丞"就是三丞。而《漢
書・百官公卿表》所載,秦少府只有樂府丞一員,至漢武帝時才擴充爲三丞。所以封泥
中的"樂府丞"也當是"太樂丞"的別稱,左、右樂丞爲其同級臣僚。

【印考1997】
　　説見"樂府丞印"。

【秦封2000】
　　《漢表》:少府屬官有樂府令丞。武帝太初元年更爲樂府三丞。參見"樂府"。《秦
銅》華縣秦始皇詔銅權肩"樂、左樂"。漢封泥見:《封泥》"左樂之印"。據之可知,秦時
樂府約有三丞。一説左通佐,爲樂府之佐官。一説秦"奉常"系統有"太樂令丞"(參見
《漢表》《通典》)此"左樂丞印"可能爲"太樂令丞"之屬。

【考略2001】
　　據《漢書・百官公卿表》載:"樂府三丞"之設屬武帝太初元年以後的事情。
但"左樂丞印"封泥的出土,説明"樂府三丞"可能秦已有之。傳世有"左樂之印"
封泥。

【簡讀2002】

釋讀見"樂府"條。左樂或即是樂府所屬之機構。

【上封2002】

說見"樂府"。

【彙考2007】

左樂丞,官名。《漢書·百官公卿表》少府屬官有樂府令丞。武帝太初元年更爲樂府三丞。說見"樂府"。《秦封2000》考:一說秦"奉常"系統有"太樂令丞"(參見《漢表》《通典》)。此"左樂丞印"可能爲"太樂令丞"之一。秦時樂府約有三丞。一說左通佐,爲樂府之佐官。

【圖說2009】

左樂丞當是左樂府之佐官。還應另有右樂、右樂丞印。

【分域2009】

說見"樂府"。

【集證2011】

《漢書·百官公卿表》少府屬官有"樂府"令丞,有說"武帝太初元年後""樂府三丞"。周天游據此認爲"左、右樂丞"爲樂府丞的同級臣僚,亦大樂令屬官。但"樂府令丞"之"丞"也有可能不止一個,只是班氏不能確指其數。也可能其時樂器過多,故樂府又分設左右二府。1991年華縣發現的兩詔銅鈞權在未刻詔文的一面下沿處刻"左樂"二字,即爲左樂府所使用之物。

【官名2013】

說見"樂府"。

【秦官2018】

說見"樂府"。

【廣封2019】

案《漢書·百官公卿表》:少府屬官有"樂府令丞"。又曰"武帝太初元年更樂府三丞"。《詩·周頌·有瞽》:"有瞽有瞽,在周之廷。"瞽就是指樂官。又《周禮·天官冢宰》:"以八法治官府。"注:百官所居曰府。則府是對官署的稱呼。《漢書·百官公卿表》:少府屬官有"樂府令丞"。《漢書·禮樂志》,"(武帝)乃立樂府,采詩夜誦,有趙、代、秦、楚之謳。"(師古曰:"始置之也。樂府之名蓋起於此,哀帝時罷之。")《秦封泥彙考》:但從此封泥"樂府"和近年來出土的秦始皇樂府鐘"樂府",及華縣始皇詔銅權肩部"左樂""樂",可知樂府之署,秦時已有,必無疑。《秦封泥集》考:一說"奉常"系統有"太樂令丞"(參見《漢表》《通典》)。此"左樂丞印"可能爲"太樂令丞"之一。秦時樂府約有三丞。一說"左"通"佐",爲樂府之佐官。又《秦封泥彙考》,王輝先生考:"左樂"見一九九一年陝西華縣出土的兩詔鈞權(《文博》一九九二年第一期)。可能爲左樂府之省。

雍左樂鐘

《發現》圖47;《圖例》P53;《印風》P127;《秦封》P248;《書集》P120;
《彙考》P18;《璽印》P441;《大系》P401

【發現1997】

説見"樂府丞印"。

【樂府1997】

是秦始皇爲在雍五疇祭祀天地及五帝時專設的樂官。鐘是太樂必備的樂器。《漢書・律曆志》曰:"自黄鐘始而左旋,八八爲伍。其法皆用銅。職在太樂,太常掌之。"同時,與之相關爲奉常屬官的還有雍太宰、太祝令丞和五時各一尉。漢時沿用秦制,雖少府所屬樂府令丞也掌祭祀之事,但從未主持過雍五時的祭祀禮儀。

【印考1997】

説見"樂府丞印"。

【補讀1998】

初讀時作"左樂雍鐘",不確。此印應指雍地左樂之署下轄的鐘官。

【秦封2000】

雍地之説見"雒丞之印"。左樂之説見"左樂丞印"。此印應括雍地左樂之署下轄的鐘官。參見"樂府鐘官"。當爲雍祠時之樂官之一。一説讀作"左樂雍鐘",爲左樂下置司鐘者,雍鐘形容鐘聲雍雍穆穆。

【論要2001】

雍作![字形],字從邑,承甲骨文和西周金文而來,和秦公鐘、秦公鎛結構相同而更爲整飭。比高莊墓![字形]、《説文》小篆![字形]這類從邑的寫法略早。鐘,相當於西周金文的"鐘"和《周禮》的"鐘師",是一種較古老的官稱,秦漢時代已經不用了。只可能屬於戰國時期。《再續封泥考略》有"樂府鐘官",其鐘官與"雍鐘左樂"之鐘爲同一官稱,秦漢時已經不用,其應屬戰國。

【簡讀2002】

釋讀見"左府丞印"條。雍左樂鐘或是雍地設置的左樂所屬司鍾。

【上封2002】

説見"樂府"。

【彙考2007】

　　雝即雍,雍地説見"雍祠丞印"。左樂之説見"左樂丞印"。由此可見此印應爲雍地左樂署下的鐘官。又《秦封2000》考:"當爲雍祠時之樂官之一。"一説讀作"左樂雍鐘",爲左樂下置司鐘者,雍鐘形容鐘聲"雍雍穆穆"。

【圖説2009】

　　左樂雍鐘(《考與》1997.1)周曉陸説爲雝左樂鐘,雍地左樂之署下轄的鐘官。孫慰祖説爲秦專在雍都五時祭祀天地的左樂鐘官。"雍左樂"當是秦雍都寢陵或諸祠主樂之官,鍾官主鼓鑄。雍爲秦立時祭天之地,遷都咸陽後,宗廟重器仍留雍都,故專置樂府(或太樂)之官(《中國古代封泥》50)。筆者以爲是左樂設在雍地的主管鑄鐘之官。

【分域2009】

　　釋爲"左樂雍鐘"。雝即雍,地名,其地在今陝西鳳翔南。《漢書・百官公卿表》載,秦少府屬下有樂府,二十世紀七十年代,秦始皇陵曾出土"樂府嵌金銅編鐘",可知秦確設有樂府。"左樂丞"爲樂府的佐官。左樂雍鐘和雍左樂丞印爲雍地左樂屬下的鐘者。

【集證2011】

　　周曉陸讀"左樂雍鐘",云"左樂雍鐘是指左樂之下的司鐘者,雍鐘形容鐘聲雍雍穆穆,故稱雍鐘。"周天游讀"雍樂左鐘",云:"所謂'雍樂左鐘'是秦始皇爲在雍祭祀天地及五帝時專設的樂官。"今按雖然古人於聲音多言"雍雍",但並無"雍鐘"之名,故周天游讀雍爲地名可信。然"左樂"已見上文,無須倒置。其實雍爲舊都,很多官名同於咸陽中央機構,如二地皆有太祝即是。周氏《補讀1998》已改讀。

【研究2012】

　　這件封泥或讀爲"左樂雍鐘",或讀爲"雍樂左鐘",皆不確,應釋爲"雍鐘左樂"。雍乃地名。《史記・秦本紀》:"德公元年,初居雍城大鄭宫。以中三百牢祠鄜時。卜居雍。"德公元年爲公元前677年,此後到獻公二年(前383年)遷都櫟陽的二百多年間,雍城一直是秦國的政治、經濟、文化中心。鐘爲官名。西周金文師嫠簋:"命汝嗣嗣乃祖考舊官小輔暨鼓鐘。"大克鼎:"易汝史、小臣、霝龠、鼓、鐘。"鼓、鐘相當於《周禮》的鼓人和鐘師。《周禮・春官・宗伯》:"鐘師,掌金奏。凡樂事,以鐘鼓奏九夏:《王夏》《肆夏》《昭夏》《納夏》《章夏》《齊夏》《族夏》《祴夏》《驁夏》。凡祭祀、饗食,奏燕樂。凡射,王,奏《騶虞》;諸侯,奏《貍首》;卿大夫,奏《采蘋》;士,奏《采蘩》。掌鼜,鼓縵樂。"封泥"鐘"和金文"鐘"、《周禮》"鐘師"當相同。反映了秦繼承周官的一面。

　　和周代"鐘"又稱"鐘師"一樣,秦"鐘"或稱"鐘官"。這可由"樂府鐘官"封泥得到證明。該封泥最早爲羅振玉《齊魯封泥集存》和周明泰《再續封泥考略》所著錄,周氏作過簡單的考釋:"右封泥四字,印文曰'樂府鐘官'。按《漢書・百官公卿表》少府屬官有樂府令丞,'綏和二年,哀帝省樂府'。此樂府之屬也。"這段文字並沒有明説封泥的時代。但在讀書卷一的"目"裏,它被置於"漢朝官印封泥"下,當做漢代文物看待。後來的一些著錄書,也承襲了這一做法,顯然是不對的。

　　該封泥左邊略有殘缺,印文不很清晰,但是,印面爲田字格,印文爲"樂府鐘官"並採用對角讀法,都可以肯定。拿它與新出秦封泥對照,還發現印面的大小、印文間架結構、書寫風格都如出一轍。説明該封泥具有明顯的秦式特徵,應爲秦的遺物。

"樂府鐘官"封泥還透露另一信息,即"鐘官"是樂府的屬官。我們知道,漢代的"鍾官"掌管鑄錢事務,有令丞,隸屬於水衡都尉。性質和秦是大不相同的。這也可以從另一側面説明"樂府鐘官"封泥應屬於秦。

"雍鐘左樂"的"左樂"隸屬於"鐘官"。鐘官職掌很寬,設有屬官。左通佐,與"左田之印"(古陶文明博物館藏封泥)、"郎中左田"(古陶文明博物館藏封泥)、"泰上寢左田"(《十鐘山房印舉》)用法相同。

雍長期作爲秦都. 爲先王宗廟和諸時所在,經常舉行各種祭祀,設置"鐘官"當屬自然。

據《漢書·百官公卿表》,奉常爲"秦官,掌宗朝禮儀",屬官有"太樂、太祝、太宰、太史、太卜、太醫六令丞",又有"廱太宰、太祝令丞"。古注或把廱解釋爲雍,認爲廱太宰、太祝令丞是雍地特設之官,是正確的。以此推之,"雍鐘左樂"也應是奉常的屬官。

前已談到,秦鐘官隸屬於樂府。《漢書·百官公卿表》説樂府屬少府屬官,而少府"掌山海池澤之税,以給共養",其職能與奉常不同,所述可能是漢代的制度。

1976年,秦始皇陵封土西北約110米處的建築遺址裏出土過一枚秦"樂府"鐘,該鐘的出土破除了漢武帝始立樂府的舊説。"雍鐘左樂""樂府鐘官"封泥進一步證實了這一結論,表明秦確已設立樂府。

"樂府"鐘所出爲秦始皇宗廟陵寢之地,同時出土尚有"驪山飤官"等陶器殘片,鐘顯然是用於宗廟陵寢的祭祀。因此,鐘上的樂府也應是奉常的屬官。

【秦官2018】

説見"樂府"。

【廣封2019】

"雝"即"雍",案《漢書·郊祀志》:"作陳寶祠後七十一年,秦德公立,卜居雍。子孫飲馬於河,遂都雍。雍之諸祠自此興。(師古曰:'即今之雍縣。')"《漢書·地理志》:"雍,秦惠公都之。有五時,太昊、黃帝以下祠三百三所。"雍即秦之舊都城。今在陝西省鳳翔縣。案《漢書·百官公卿表》:少府屬官有"樂府令丞"。又曰:"武帝太初元年更樂府三丞。"《詩·周頌·有瞽》:"有瞽有瞽,在周之廷。"瞽就是指樂官。又《周禮·天官·冢宰》:"以八法治官府。"注:百官所居曰府。則府是對官署的稱呼。《漢書·百官公卿表》:少府屬官有"樂府令丞"。《漢書·禮樂志》:"(武帝)乃立樂府,采詩夜誦,有趙、代、秦、楚之謳。"(師古曰:"始置之也。樂府之名蓋起於此,哀帝時罷之。")《秦封泥彙考》:但從此封泥"樂府"和近年來出土的秦始皇樂府鐘"樂府",及華縣始皇詔銅權肩部"左樂""樂",可知樂府之署,秦時已有,必無疑。一説"左"通"佐",爲樂府之佐官。又《秦封泥彙考》:王輝先生考,"左樂"見一九九一年陝西華縣出土的兩詔鈞權(《文博》一九九二年第一期)。可能爲左樂府之省。《秦封泥彙考》:"此印應爲雍地左樂署下的鐘官。"又《秦封泥集》考:"當爲雍祠時之樂官之一。一説讀作'左樂雝鐘',爲左樂下置司鐘者,雝鐘形容鐘聲'雍雍穆穆'。"

左樂寺瑟

《釋續》圖12;《印鳳》P139;《印集》P8;《彙考》P17、《彙考》圖版P5;《大系》P240

【釋續2001】

　　"左樂"見新出秦封泥,又見1991年陝西華縣出土的兩詔鈞權,可能爲左樂府之省。戰國秦有瑟。《吕氏春秋·仲夏記》:"是月也,命樂師修鞀、鞞、鼓,均琴、瑟、管、簫……"《史記·廉頗藺相如列傳》記秦昭王與趙王會於澠池,秦王飲酒酣,曰:"寡人竊聞趙王好音,請奏瑟……"。"寺"似當讀爲侍。

【簡讀2002】

　　釋讀見"左府丞印"條。此爲左樂所屬司瑟之官職。

【彙考2007】

　　同《釋續2001》。

【圖説2009】

　　《詩經》已有瑟的記載,瑟爲早期的古代彈撥樂器。在湖南長沙瀏陽橋春秋墓中出土過瑟,已經專家鑒定認爲是所見最早的瑟,瑟體是用整木研成的長方形板式共鳴箱。信陽長臺關2號戰國中期前段墓就出土二件(《信陽楚墓》92),……至今已在楚國境内出土春秋戰國時代的古瑟二十件左右。1972年在長沙馬王堆一號墓出土西漢早期木瑟,保存完好。瑟是按五聲音階進行調弦,並早在春秋戰國時期音樂的音律史上使用了民族五聲調式,即宫、商、角、徵、羽。戰國秦有瑟。《吕氏春秋·仲夏紀》:"是月也,命樂師修鞀、鞞、鼓,均琴、瑟、管、簫……,"《史記·廉頗藺相如列傳》記秦昭王與趙王會於繩池,秦王飲酒酣,曰:"寡人竊聞趙王好音,請奏瑟……",《楚辭·九歌》曰:"……絚瑟兮交鼓,蕭鐘兮瑶簴,鳴箎兮吹竽,思靈保兮賢姱。翾飛兮翠曾,展詩兮會舞,應律兮合節。靈之來兮蔽日。"充分表現出當時管弦齊鳴翩翩起舞的場面,反映出我國古代音樂演奏及歌舞的水準。證實了"瑟"爲其中重要樂器,故設一專職掌管。"寺"似當讀爲侍或持。

【分域2009】

　　讀爲"寺樂左瑟"(《印集》8)。"寺樂"可能爲侍樂,即在日常生活中侍奉天子之樂。左瑟可能爲寺樂之下的侍瑟者。

【秦官2018】

　　由"左樂雎鐘"知秦在舊都"雎"設有"左樂"機構,則"寺樂左瑟"(或可讀作"左樂寺瑟" 或 "寺瑟左樂")、"左樂" "左樂丞印" 一類是奉常屬官用印, "樂府" "樂府丞印" "樂府鐘官" 是少府屬官用印。

【廣封2019】

案《吕氏春秋・仲夏紀》:"是月也, 命樂師修鞀鞞鼓, 均琴瑟管簫。"《史記・廉頗藺相如列傳》:"秦王飲酒酣, 曰:'寡人竊聞趙王好音, 請奏瑟。' 趙王鼓瑟。" 則戰國秦有瑟。又《秦封泥彙考》:"寺" 似當讀 "侍"。

（四）若盧（奴盧）

奴盧之印

《補讀》圖30;《選考》圖4;《秦封》P233;《書集》P130;
《彙考》P166;《璽印》P433;《大系》P185

【補讀1998】

印義不明, 又有 "奴盧府印"。或爲蓄監奴隸之機構。或爲與軍衛有關的機構, 如《漢表》有衛尉, 胡廣云:"主宫闕之内衛士, 於周垣下爲區盧, 區盧者, 若今之仗宿屋矣。"《漢表》少府屬官有若盧令丞, 如淳曰:"若盧, 官名也, 藏兵器。《品令》曰若盧郎中十二人, 主弩射。《漢儀注》有若盧獄令, 主治庫兵將相大臣。"《史記・秦始皇本紀》:"周盧設率甚謹。"《集解》:"《西京賦》曰 '徼道外周, 十盧内傅。' 薛綜曰:'士傅宫外, 内爲盧舍, 晝則巡行非常, 夜則警備不虞。' " 一説或可讀爲 "盧奴之印", 爲秦縣名。《漢志》中山國有盧奴縣。《水經注・滱水》:"水南盧奴縣之故城。" "或云黑水曰盧, 不流曰奴。" 盧奴縣秦約屬恒山郡, 今在河北省定縣。

【秦封2000】

同《補讀1998》。

【簡讀2002】

"奴盧" 史籍失載, 確指不明。

【彙考2007】

同《秦封2000》。

【集證2011】

此印義不明。周曉陸説或有兩種可能, "或爲蓄監奴隸之機構";"一説或可讀爲 '盧奴之印', 爲秦縣名。" 前一種解釋文獻無據, 後一種説法雖合理, 但秦印未見右下角字作第一字讀者,所以目前只能闕疑。

【再考2012】

清華簡《繫年》中"奴虘之戎",周人常以戎所居之地名或姓氏來區分不同的戎族,如九州之戎、伊洛之戎、陸渾之戎、燕京之戎、太原之戎、姜氏之戎、義渠之戎等。由此看來,"奴之戎"很可能指的是此戎族所在的地域。《繫年》中的"奴虘"即秦封泥中的"奴盧",是不見於文獻記載的地名,其應爲位於周都西北方向、常沿着涇河河谷奔襲、嚴重威脅周都安全的玁狁的一部分。據《繫年》,奴虘之戎周初即有,很可能就是商代的盧方。據趙永復、王青研究,《漢書·地理志》所記安定、北地郡的盧水,就是東漢時見於記載的盧水胡的最早居地,即盧水胡得名源於安定郡的盧水流域。

【選考2013】

《秦封泥集》亦著録有此封泥,考釋云:"或爲蓄監奴隸之機構。或爲與軍衛有關的機構。……一説或可讀爲'盧奴之印',爲秦縣名。"筆者認爲奴是奴隸或罪人的稱呼。《周禮·秋官·司厲》:"其奴,男子入於罪隸,女子入於舂槀。"《睡虎地秦簡·秦律十八種》中有"人奴妾繫城旦舂"及"人奴妾居贖貲責於城旦"的記載。盧,爲良犬。《詩·齊風·盧令》:"盧令令,其人美且仁。"傳:"盧,田犬也;令令,犬領下環聲。"《説苑·善説》:"臣聞周氏之曾,韓氏之盧,天下疾狗也,見兔而指屬,則無失兔矣。"將奴盧二字合起來解釋,就是奴隸和狗,即掌管奴隸和狗的機構。但此處的奴隸並非一般的奴隸,而是精通馴狗之術的奴隸。秦漢時有牽狗逐兔的愛好。《史記·李斯列傳》載,李斯臨刑前,對其中子云"吾欲與若復牽黃犬俱出上蔡東門逐狡兔,其可得乎?"便是最好的注脚。李斯身爲丞相尚有此癖,而皇帝也不能免俗,同傳便載秦二世"舊遊弋獵"於上林苑中。皇帝弋獵時,良犬自是必不可少的。牽狗的人便是奴盧府中的奴隸了。因此奴盧府當是田獵之機構。在秦封泥中,還可見到"狡士丞印"封泥。此職在戰國時期已經存在。《睡虎地秦簡·法律答問》:"何爲'宮狡士''外狡士'? 皆主王犬者殹。"狡士的職責是掌管獵犬,而奴盧則是負責牽獵犬的人,兩者相輔相成,不可或缺。

【冀史2016】

《漢志》中山國屬縣盧奴,應劭曰:"盧水出右北平,東入河。"《水經·滱水注》:"水南盧奴縣之故城。"從此封泥看,盧奴縣原名奴盧,或許盧、奴二字音同,漢時改,其地在今河北定縣。

【奴盧2016】

王偉看到清華簡《繫年》中的記載,指出《繫年》之"奴虘"就是秦封泥中的"奴盧","約在今涇河尚有的茹河、蒲河流域。奴盧之戎是生活在這一區域的一支古戎族"。我們覺得,奴盧作爲官署名稱的可能性更大一些,秦封泥的"奴盧"就是漢代的"若盧"。奴的古音在魚部泥紐,若的古音在鐸部日紐,魚、鐸二部是陰入對轉,泥、日二紐也關係密切。奴與若的古音應當十分接近。今本《老子》第十五章(傅奕本)"豫兮若沙冬涉川","若"在郭店楚簡《老子》甲本作"奴",在馬王堆帛書甲本、乙本《老子》

做“若”,北京大學藏漢簡本《老子》作“如”。可見“若”可以與“奴”“如”通假,將“奴盧”讀作古書的“若盧”是很合適的。相家巷秦封泥中的“奴盧”是指官署,應當讀爲“若盧”。

【廣封2019】

同《秦封2000》。

奴 盧丞印

《印風》P144;《新地》圖29;《印集》P87;《彙考》P167;《大系》P185

【彙考2007】

王輝先生考:首字當爲奴字。相家巷封泥有“奴盧之印”(《秦封2000》二三三頁)。“奴盧府印”盧或讀爲盧,盧本田間寄居小屋。《説文》:“盧,寄也。秋冬去,春夏居。”引申指簡陋居室。《集韻·魚韻》:“盧,粗屋總名。”唐劉禹錫《陋室銘》:“南陽諸葛廬,西蜀子雲亭。”秦漢時家奴、僕從多居廬,或稱廬兒。《漢書·鮑宣傳》:“蒼頭廬兒,皆用致富。”顔師古注引孟康曰:“漢名奴爲蒼頭,非純黑,以別良人也。諸於殿中者所居爲廬。蒼頭侍從,因呼爲廬兒。”又引臣瓚曰:“《漢舊儀》官如給書計,從侍中已下,爲蒼頭青幘。”王先謙《補注》:“官本注如作奴,是。《通鑑》引同。”“奴盧之印”爲管理殿中官奴侍兒廬舍官之印。

【政區2009】

秦末灌嬰曾征戰至此。《史記·樊酈滕灌列傳》:“(灌嬰)降曲逆、盧奴、上曲陽、安國、安平。”《漢志》中山國屬縣盧奴,應劭曰:“盧水出右北平,東入河。”《水經·滱水注》:“盧奴城内西北隅有水,淵而不流,南北百步,東西百餘步,水色正黑,俗名曰黑水池。或云,水黑曰盧,不流曰奴,故此城藉水以取名矣。”從此封泥看,盧奴縣原名奴盧,或許盧、奴二字音同,漢時改,其故址地望在今河北省定縣。

【分域2009】

“盧”當讀作廬。廬本是粗屋總名,秦漢時家奴、僕從多居廬,俗稱廬兒。有學者認爲該印當爲管理殿中官奴、侍兒廬舍機構之用印,是可信的。

【廣封2019】

同《彙考2007》。

又:但根據前文推測,這裏説的應該是“(奴)盧丞印”而不是“奴盧之印”。

奴盧府印

《新官》圖39;《印集》P86;《印風》P132;《彙考》P167;《大系》P185

【簡讀2002】

奴盧設府,知奴盧爲機構名,奴盧府爲司奴盧機構用具府藏之官職。

【新官2002】

參見《秦封泥集》一・五・22"奴盧之印"。

【彙考2007】

此謂奴盧之府印。説見"□盧丞印"。

【分域2009】

説見"奴盧丞印"。

【廣封2019】

同《彙考2007》"奴盧丞印"。

瑞按:奴盧,文獻失載。從奴盧設府看,其可能爲職官名。劉樂賢先生言其爲"若盧",可從。

(五)少 府 工 室

少府工室

1　　　　　　　2　　　　　　　3

1.《發掘》圖一六:14;《新獲》P287;《大系》P221

2.《新出》P31

3.《新出》P30;《大系》P221

【管窺1997】

秦器銘中有少府工室,論者多以漢少府屬官考工室當之。新發現少府工丞封泥,再度證實秦少府屬官有工室這樣的機構,其主管爲少府工室(或令或長),輔官爲少府工丞。

【續考1998】

印面正方形,田字格,邊長2釐米,邊欄完整,印文清晰。"工室"爲"考工室"的省稱,其職掌,臣瓚説是"主作器械",前考文已收録"少府工丞"一枚,當爲秦少府工室之輔佐官,"少府工室"的發現,使秦中央少府管理手工業的正、副職官員均再現於秦封泥。

【秦封2000】

《漢表》記:少府,有六丞。六丞屬官有"考工室",考工室在秦時稱爲"工室"或"少府工室"。參見"少府","少府工室"。《秦銅》五年相邦吕不韋戈:"五年,相邦吕不韋造,少府工室阾,丞再,工九,武庫,少府。"

【考略2001】

(釋"少府工官"):學者一般認爲秦的工官稱爲"工室",相家巷遺址流散秦封泥中有"咸陽工室丞""雍工室丞""櫟陽右工室丞"等封泥,中央官署有"少府工室""屬邦工室"等封泥。還有個別特殊的工室,如"弩工室印"封泥。"工官"之名,過去一般認爲是西漢時代設在地方,隸屬中央的官署,東漢時代由郡國管轄,如蜀郡、廣漢、泰山奉高、濟南東平陵、南陽宛、潁川陽翟、河南、河內、懷縣等郡縣所置工官。"少府工官"封泥説明,"工官"之名的官署並非僅置於地方郡縣,也不只限於漢代,秦已有"工官"之名,而且首先出現於少府屬官之中,而秦時地方則多稱"工室",只是到了漢代地方郡縣才多稱工官。

【考略2001】

(釋"少府工室"):前已述及,秦中央官署、地方郡縣設有"工室"。《睡虎地秦墓竹簡·工律》:"縣及工室聽官爲正衡石羸(累)、斗用(桶)、升、毋過歲壺(壹)。"入漢,"工室"之名仍被沿用,漢長安城未央宮中央官署遺址出土骨簽3:12460,其文爲:

　　　　五年右工室工陋更主
　　　　丞乙伏談工渭造
　　　　第九十三

又,《再續封泥考略》輯有"左工室印""右工室丞"漢代封泥。漢代工室之名多用於設在中央的工官系統,而地方上稱"工室"者目前還未發現。《漢書·百官公卿表》載少府爲秦官。少府屬官之中有"考工室",此或爲秦之"工室",秦時多見"少府工室",出土遺物多有這方面佐證,除大量秦封泥資料之外,如五年相邦吕不韋戈銘有"五年,相邦吕不韋造,少府工室阾,丞再,工九。武庫。少府。"

【工室2001】

工室是秦特有的製造機構,設置早且一脈相傳,可能最早設置於都西時,之後在首都或舊都設置工室。少府爲直屬於天子的機構,專門供應天子所需,少府工室的設置反映了其直屬中央的形制。雲夢秦簡中縣與工室並列，説明在地方設置的工室並不轄於縣，可能會有自己的管理管道。秦始皇時期，由於統一戰争的需要，以生産武器爲主要職能的工室的設置突破原來限制，不僅在過去有製造職能的機構下設置工室，如屬邦工室，而且在某些郡縣設置工室，還在對軍事上應用較多的器物設置專門的工室，如弩工室等。工室的最高長官爲令或長，之下設丞，一般設一丞，但如櫟陽設左右丞，其下設工。工室的消失時間在漢代，其時間大體在武帝太初元年或略早。

【簡讀2002】

《睡虎地秦墓竹簡·工律》："縣及工室聽官爲正衡石累、斗桶、升，毋過歲壹"。整理組注："工室，管理官營手工業的機構。"

【秦工2007】

説見"屬邦工室"。

【彙考2007】

少府工室，官署名，主少府器物製作，戰國秦已置。《漢書·百官公卿表》：少府"掌山海池澤之税，以給供養"，其屬官有考工室，注引臣瓚曰："主作器物"。秦在戰國時即設工室機構，主管手工業。山西太原所出"五年相邦吕不韋戈"上有"少府工室阹"之銘文。

【分域2009】

官署名，《漢書·百官公卿表》載，少府屬官有考工室，秦時稱爲工室。該印當爲少府屬下主管器物製造的官署用印。

【工官2010】

工室爲少府屬官，地方上有直屬機構，職掌官營手工業，同時職掌校正衡器，並還有鑄造衡器的可能。

【集證2011】

"少府工室"亦見太原揀選的五年相邦吕不韋戈，戈内正面刻銘："五年相邦吕不韋造，少府工室阹，丞冉，工九，武庫。"内背面刻"少府"二字。張頷《揀選古文物秦漢二器考釋》已指出戈銘"工室"即《百官公卿表》之少府屬官"考工室"。由戈及封泥可知，秦稱"工室"，漢代始稱考工室。《漢書補注》王先謙曰："考工見《田蚡傳》考工令。續《志》云：'主作兵器弓弩、刀鎧之屬，成則傳執金吾，入武庫，及主織綬諸雜工。'後漢一人，六百石，左、右丞各一人，轉屬太僕。"由五年相邦吕不韋戈知秦時少府工室亦造兵器，不過此類兵器大概是供宫廷儀仗之用。《封泥彙編》15·2·3有"左工室印""右工室印"，無界格，可能是東漢之印；其時工室分左、右，故"左、右丞各一人"。

【官名2013】

少府工師應是直接受少府管理，爲中央專設工官機構的工師。戰國時代"璽之抑埴"之風盛行，不管官府的傳遞文書，還是民間的書信往來，都離不開璽印、封泥。爲了適應方形印面款識的需要和鑄刻的文字不宜過多的特點，璽印、封泥中的秦國官名出現不少簡稱現象。如："少府工師丞"省稱爲"少府工丞"；"屬邦工師丞"省稱爲"屬邦工丞"；"寺工師丞"省稱爲"寺工丞"；"鐵兵工師丞"省稱爲"鐵兵工丞"；等等。楚與晋的工官也有類似情況,如:"攻尹佐"省稱爲"攻尹";"少攻尹佐"省稱爲"少攻尹";等等。

【廣封2019】

案《漢書·百官公卿表》,"少府,秦官,掌山海池澤之税,以給共養,有六丞。屬官有……考工室。"《秦封泥彙考》:少府工丞當爲少府工室之丞。《秦封泥彙考》:秦在戰國時即設工室機構,主管手工業。山西太原所出"五年相邦呂不韋戈"上有"少府工室"之銘文。

瑞按:王輝先生1987年指出工室當爲考工室省稱(《中國考古學研究論集》P44)。

少府工丞

1 2

1.《彙考》P68
2.《大系》P220

【新見1996】

少府之工丞應即"工室丞"之省文。

【發現1997】

爲秦少府工官及幹膺官。

【管窺1997】

説見"少府工室"。

【印考1997】

印面均爲正方形,前者無界格,邊長1.5釐米,邊欄左側寬博;後者田字格,邊長2釐米,印文清晰(瑞按:前者指本封泥,後者指"北宮工丞")。工,古時的工官,《國語·周語上》:"工協革。"《注》云:"工,百工之官;革,更也,更制度者合其數。"秦漢時爲掌造工藝之官,《史記·平准書》:"召工官治車諸器,皆仰給大農。"《漢書·貢禹傳》:"三工官官費五千萬,東西織亦然。"師古曰:"三工官,謂少府之屬官,考工室也,右工室也,東園匠也。""工丞"一職文獻雖没有明確記載,但從以上史料可以推知,很可能爲工官之輔佐,分別是"少府"及"北宮"主造作兵器日用物品以及各種金銀漆器等。如秦國兵器的製造,常由工師、工丞、士上造、工大人等主造,相邦、郡守等監造。山西太原出土的"五年相邦呂不韋戈",銘文有"少府工室阝",戈内背面鑄"少府"二字,是爲佐證。

【秦封2000】

《漢表》少府,有六丞。六丞屬官有"考工室",在秦時稱爲"工室",少府工丞當爲少府工室之丞。參見"少府","少府工室"。《秦銅》少府工簭矛:"十三年少府工簭武庫受屬邦。"五年相邦吕不韋戈:"五年,相邦吕不韋造、少府工室阽,丞再,工九,武庫,少府。"

【考略2001】

我們注意到,相家巷遺址流散秦封泥中有"咸陽工室丞""雍工室丞""櫟陽右工室丞",是否像過去人們認爲"少府工丞"爲"少府工室"之丞,還有必要進一步研究。"少府工官"封泥的發現,或可説明"少府工丞"也有可能爲"少府工官"之丞的省文。

【簡讀2002】

"工丞"爲"工室丞"省。

【秦工2007】

説見"屬邦工室"。

【彙考2007】

《漢書·百官公卿表》:少府,有六丞。六丞屬官有"考工室",在秦時稱爲"工室",少府工丞當爲少府工室之丞。説見"少府工室"。

【分域2009】

該印當爲"少府工室丞"的省稱,爲少府工室令的佐官所用之物。

【工官2010】

説見"少府工室"。

【集證2011】

"工丞"由上條可知爲"工室丞"之省。少府工丞爲少府工室令之副職。

【廣封2019】

案《漢書·百官公卿表》,"少府,秦官,掌山海池澤之税,以給共養,有六丞。屬官有……考工室。"《秦封泥彙考》:少府工丞當爲少府工室之丞。《秦封泥彙考》:秦在戰國時即設工室機構,主管手工業。山西太原所出"五年相邦吕不韋戈"上有"少府工室"之銘文。

（六）少 府 榦 官

少府榦官

1　　　　　　　　　　2

1.《新官》圖7;《大系》P220

2.《大系》P220

【窺管1997】

封泥的發現表明少府屬官有斡類職官,補《表》之缺,豐富了對斡官的認識。

【新官2002】

"少府斡丞"見《秦封泥集》一·二·35。看來官、丞有一些區別。

【職地2014】

秦少府有"少府斡官"和"少府斡丞",印證了《百官公卿表》"治粟內史"條下"初,斡官屬少府,中屬主爵,後屬大司農"的說法。顏師古引如淳曰:"斡(斡),主也,主均輸之事,所謂斡(斡)鹽鐵而榷酒酤也。"從秦少府的皇家私官的性質和職掌範圍來看,"北宮斡官"應該屬少府斡官範圍。

【秦官2018】

說見"斡官"。又:秦少府有"少府斡官"和"少府斡(官)丞",印證了《漢書·百官公卿表》"治粟內史"條下"初,斡官屬少府,中屬主爵,後屬大司農"的說法。

少府斡丞

1

2

1.《印風》P137;《印集》P33;《書集》P121;《彙考》P70;《大系》P219
2.《上封》P51

【發現1997】

說見"少府工丞"。

【印考1997】

印面正方形,田字格,前者邊長2釐米,後者邊長1.8釐米。文字清晰,邊欄完整(瑞按,前指本封泥,後指"北宮斡丞")。"斡"或作"斡",秦漢時掌管均輸及財貨榷酤之官,"榷酤"專賣之意也。"斡官"初屬少府,後屬主爵、大司農。"斡丞"一職,諸文獻沒有明確記載,但從其職掌推測,"少府斡丞"與"北宮斡丞"當是秦時少府及北宮掌均輸及財貨專賣的佐官。

【叢考1998】

斡官就是管理鹽鐵酒等財貨的官吏。

【秦封2000】

少府榦丞爲少府六丞之一。參見"少府"。又參見"榦廥都丞"。

【簡讀2002】

《漢表》："治粟内史,秦官,……屬官有……榦官……初,榦官屬少府,中屬主爵,後屬大司農。"如淳曰:"榦音莞,或作幹。幹,主也,主均輸之事,所謂榦鹽鐵而榷酒酤也。"晋灼曰:"此竹箭幹之官長也,均輸自有令。"師古曰:"如説近是也。縱作幹讀,當以幹持財貨之事耳,非謂箭幹也。"封泥證少府確初設榦官。

【上封2002】

榦丞當"榦官丞"之省,《百官表》:"初,榦官屬少府,中屬主爵,後屬大司農。"注引如淳曰:"榦,主也,主均輸之事,所謂榦鹽鐵而榷酒酤也。"漢印有"榦官泉丞",(印文均作"榦"。傳本疑誤字)以此例之,"榦官"當與泉貨有關。秦榦丞屬少府,可證《百官表》所記。

【彙考2007】

少府榦臣,官名。少府内主築墙修整材料的官吏,當爲少府六丞之一。

【分域2009】

少府榦丞,官名。是少府内掌管建築材料的官吏,爲少府六丞之一。

【集證2011】

《漢書·百官公卿表》少府屬官無榦丞,而治粟内史屬官有"榦官長、丞"。如淳曰:"榦音筦,或作幹。幹,主也,主均輸之事,所謂'榦鹽鐵而榷酒酤'也。"晋灼曰:"此竹箭幹之官長也,均輸自有令。"顔師古曰:"如説近是也。縱作幹,讀當以幹持財貨之事耳,非謂箭幹也。"《百官公卿表》少府屬官有"均官長、丞",《漢書補注》王先謙曰:"均官見《谷永傳》。"又引沈欽韓云:"王莽於長安及五都立五均官,五穀、布帛、絲綿之物均官用本價取之。此少府均官蓋本主市賈者。"治粟内史之榦官與少府之均官職責相近,但又不完全相同,也可能秦時少府有榦官,爲宫廷選購所需之物,漢改稱均官,又稍擴大其職權範圍。《百官公卿表》云:"初,榦官屬少府,中屬主爵,後屬大司農。"可見少府最初是有榦官的。

【職地2014】

説見"少府榦官"。

【秦官2018】

説見"少府榦官"。

【廣封2019】

同《彙考2007》。

（七）斡　官

斡官

1　　　　　　　　　　　　2

1.《新出》P11;《青泥》P9;《大系》P85
2.《在京》圖二：1;《大系》P85

【在京2005】

　　半通。《漢表》:"治粟内史,秦官,掌穀貨,有兩丞。……屬官有太倉、均輸、平准、都内、籍田五令丞,斡官、鐵市兩長丞。……初,斡官屬少府,中屬主爵,後屬大司農。"如淳曰:"斡,主也。主均輸之事,所謂斡鹽鐵而榷酒沽也。"晋灼曰:"此竹箭幹之長官也。均輸自有令。"師古曰:"如説近是也。縱作幹讀,當以斡持財貨之事耳,非謂箭幹也。"

【職地2014】

　　秦璽印封泥無"均官"和"均輸"名稱,考慮到班固注引如淳説斡官"主均輸之事",我們推測秦可能只有斡官,最晚在吕后二年已經更名或增設"均官"和"均輸",因爲張家山漢簡《二年律令》有"均輸律"。王輝先生也認爲:治粟内史之斡官與少府之均官職責相近,可能秦時少府有斡官,漢改稱均官。

【秦官2018】

　　秦出土文獻中斡官類資料豐富而複雜,中央和地方的多個機構都有設置,但暫未見"均官"和"均輸"的名稱,考慮到班固注引如淳説斡官"主均輸之事,所謂斡〈斡〉鹽鐵而榷酒酤也"。我們可以推測秦只有斡官,至少在吕后二年已經設立更名或增設"均官"和"均輸",因爲張家山漢簡《二年律令》有"均輸律"。王輝先生也認爲,治粟内史之斡官與少府之均官職責相近,可能秦時少府有斡官,漢改稱均官。據秦印"江胡斡官""穎川斡丞"可知,秦時郡亦設置"斡官",而據里耶秦簡中"一斡官居宜陽、新城（成）"可知,秦時縣亦設置"斡官",不僅如此,郡縣所設的斡官且不止一個,還有左、中、右之分。嶽麓秦簡1349上記載:"右斡官、中斡官、左斡官人有貨弗能人……"可見"斡官"是一個從朝廷到郡縣普遍設置的一個官署名。

　　又:治粟内史和少府等中央機構均設有斡官,秦在郡縣亦設有斡官機構,如里耶秦簡8-1831:"一斡官居宜陽、新城（成）,名曰'右斡官'。爲其丞劾（刻）印章曰'右斡官丞',次曰'斡都'。"見於秦璽印封泥的郡斡官有"江胡斡官"和"穎川斡丞",與秦簡反映的情况可相對應。因資料所限，目前所見的地方行政區域的斡官是中央級斡官派駐郡縣的分支機搆抑或是各郡縣職官體系内本有的機構，暫時無法考知。

瑞按：《漢書·百官公卿表》注引如淳曰：“斡音筦，或作幹。斡，主也，主均輸之事，所謂斡鹽鐵而榷酒酤也。”晉灼曰：“此竹箭幹之官長也。均輸自有令。”師古曰：“如説近是也。縱作幹讀，當以幹持財貨之事耳，非謂箭幹也。”從封泥看，其字從人從木，晉灼之言爲是，其職當與“主均輸之事”無關。

斡□丞印

《大系》P86

左斡官丞

《大系》P394

瑞按：里耶秦簡8-1831“一斡官居宜陽、新城。名曰‘右斡官’。爲其丞刻印章曰‘右斡官丞’，次‘斡都廥丞’”，知舊讀有誤。此爲“左斡官”，“右斡官”設宜陽、新城，“左斡官”設於何處，尚待新資料證明。用方位言，宜陽、新城均在關中的東方，爲“右斡官”，則“左斡官”，有可能位於關中的西方。

都材廥印

《西見》圖二：12；《大系》P68

【在京2005】

《説文・廣部》廥："芻稾之藏也。"秦封泥有"都材廥丞"。

【西見2005】

説見"杜印"。

【職地2014】

讀爲"杜都廥印",指出杜爲秦武公所置縣,秦封泥有"杜丞之印",漢代更名杜陵。秦時在杜縣設有廥倉,應屬於"廥才(在)都邑"(睡虎地秦簡《倉律》)者。

瑞按:以"榦都廥丞"封泥讀法看,此封泥亦可讀爲"材都廥印"。

榦都廥丞

1　　　　　2　　　　　3　　　　　4

1.《印風》P137;《彙考》P71;《大系》P85
2、3.《彙考》P71;《大系》P85
4.《新出》P11;《大系》P85

【發現1997】

《漢書・百官公卿表》:治粟内史屬有"榦官",注引如淳曰:"榦音筦,或作幹。幹,主也,主均輸之事,所謂榦鹽鐵而榷酒酤也。"晋灼曰:"此竹箭榦之官長也。均輸自有令。"師古曰:"如説近是也。縱作榦讀,當以榦財貨之事耳,非謂箭榦也。"

【研究2012】

此封泥釋"榦廥都丞"不確,應釋"都廥榦丞"。榦丞又見於同出"少府榦丞"封泥(古陶文明博物館藏),是榦官丞的省稱。《漢書・百官公卿表》治粟内史屬下有"榦官",注引如淳曰:"榦音筦,或作幹。幹,主也,主均輸之事,所謂榦鹽鐵而榷酒酤也。"《十六金符齊印存》有"泉榦官丞"印。"都廥"與定陶鼎"定陶都倉"中的"都倉"相類。都有總的意思。"都廥榦丞"爲設在都廥的榦官丞印。廥,《説文・廣部》:"芻稾之藏也。"意即儲存牲畜乾草的房屋,俗稱草料庫。

【叢考1998】

榦官就是管理鹽鐵酒等財貨的官吏。……榦廥都丞亦應屬少府,但據云夢秦簡其屬内史。丞爲令之佐官。

【印考1997】

　　（瑞按，釋"榦都廥丞"）印面爲正方形，田字格，邊長2釐米。邊欄左上角略殘，推測爲"廥"字。《説文》曰："廥，稾之藏，从广會聲。"古印中有"榦昌縣徒丞"一枚，推知"榦都"有可能爲縣名，或地名。"廥丞"，"廥"，堆放柴草的房舍，亦指儲存的柴草。《十鐘山房印舉選》中有"廥印"一枚是爲證。此印當是榦都負責儲存柴草的佐官。

【秦封2000】

　　榦或作幹、幹。《漢表》：治粟内史屬官有"榦官"。有長丞，"初榦官屬少府，中屬主爵，後屬大司農。"如淳曰："榦音筭或作幹。幹，主也，主均輸之事。所謂榦鹽鐵而榷酒酤也。"晋灼曰："此竹箭榦之官長也。均輸自有令。"師古："如説近是也，縱作幹讀，當以榦持財貨之事耳，非謂箭榦也。"《説文·广部》："廥，芻稾之藏也。"段玉裁注："《天官書》：'其南衆星曰廥積。'"如淳《漢書》注曰："芻稾積爲榦也。"《史記正義》曰："芻稾六星在天苑西，主積稾草者。"《睡虎·效律》："入禾……籍之曰：'禾若干石，倉嗇夫某，佐某，稟人某。'"秦封泥見：《封泥》"田廥"。漢印見：《徵存》"榦官泉丞，廥印，兼倉廥"。榦廥，當主芻稾，爲治粟内史或少府屬官。

【簡讀2002】

　　釋讀見"少府榦丞"。《説文·广部》廥："芻蒿之藏也。"

【彙考2007】

　　同《秦封2000》。

【分域2009】

　　釋爲"榦廥都丞"。榦是指築墻時立在兩頭之木。廥是指堆積秖草的房舍。"榦廥都丞"當爲負責管理設在都邑儲藏建築木料倉庫的官吏之一，爲治粟内史或少府屬官。

【集證2011】

　　《漢書·百官公卿表》治粟内史有"榦官鐵市兩長丞"，如淳曰："榦音筭，或作幹，幹，主也，主均輸之事，所謂'榦鹽鐵而榷酒酤'也。"榦官初屬少府，中屬主爵，後屬大司農（治粟内史），故封泥有"少府榦丞"，已見上24條考釋。《説文》："榦，築墻端木也，从木，倝聲。"段玉裁注："榦俗作幹。"榦字見睡虎地秦簡，作"𣜩"，漢碑作"𣜩"（北海相景君銘）、"幹"（武榮碑），封泥作幹，足證其爲秦物。廥本指儲存糧草之倉。《説文》："廥，芻藁之藏也。"《廣雅·釋宮》："廥，倉也。"《管子·度地》："虛牢獄，實廥倉。"睡虎地秦簡《倉律》："禾、芻稾積索出日，上贏不備縣廷。出之未索而已備者，言縣廷，廷令長吏雜封其廥，與出之，輒上數廷；其少，欲一縣之，可殹。廥才（在）都邑，當□□□□□□□者與雜出之。"秦時所需糧草甚多，故縣及都邑皆有廥。都，總也。《漢書·西域傳》"都護之起，自吉置矣。"顔師古曰："都猶總也，言總護南北之道。""榦廥都丞"即治粟内史屬下主管諸廥的丞，然文獻失載。

【官名2013】

　　趙平安先生認爲"都廥"與"定都倉"中的"都倉"相類似，都有總的意思。"都廥榦丞"爲設在廥的榦官丞印。王偉先生釋此印，讀作"榦都廥丞"，認爲榦都廥、材廥、都材廥、材官可能都與管理木材有關。木材需要專門的"廥"來存儲保管,也合乎情理。按:廥作爲存放草料或木材的場所,與倉毗鄰,職能與倉、廩應相當,其職官也可能隸屬於倉嗇夫管理。

【職地2014】

斡官本主均輸之事,"斡都廥"可能是主管糧草發放事務的機構。秦在杜縣也設有廥,這與睡虎地秦簡《秦律十八種·倉律》中所説的"言縣廷,廷令廷吏雜對其廥……廥在都邑"的情況吻合。睡虎地秦簡《秦律雜抄》:"工擇斡,斡可用而久以爲不可用,貲二甲。·工久斡曰不可用,負久者,久者謁用之,而貲工曰不可者二甲。"可見秦時對"斡"使用有專人管理,而斡都廥、材廥、都材斡和材官可能都與管理木材有關。木材需要專門的"廥"來存儲保管,也合乎情理。

【秦官2018】

《説文·广部》:"廥,芻槀之藏。"睡虎地秦簡"廥""廥籍"數十見,而當真屬"糧草",是重要的戰略物資,有專門的倉庫存放並有專人看管。斡官本主均輸之事,"斡都廥"可能是主管糧草發放事務的機構。杜爲秦武公所置縣,秦封泥有"杜廥之印",漢代更名杜陵。秦時在杜縣也設有廥倉,這與睡虎地秦簡《秦律十八種·倉律》中所説的"言縣廷,廷令廷吏雜封其唐……在都邑"(29—30)的情況吻合。

【廣封2019】

同《秦封2000》。

瑞按:舊讀多爲"斡廥都丞",里耶秦簡8-1831"一斡官居宜陽、新城。名曰'右斡官'。爲其丞刻印章曰'右斡官丞',次'斡都廥丞'",知舊讀有誤。

(八)寺　工

寺工

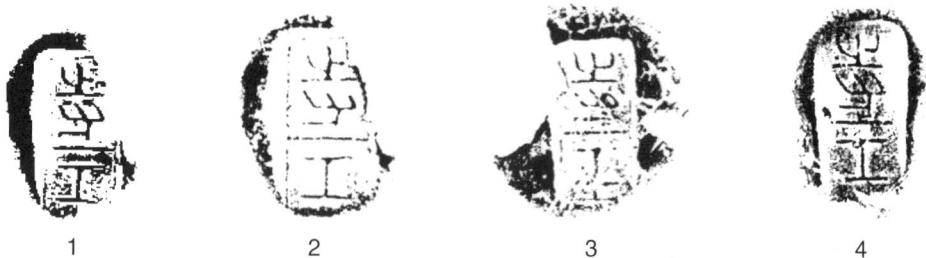

| 1 | 2 | 3 | 4 |

1.《在京》圖一:14;《璽印》P394
2.《新出》P34;《大系》P238
3.《新出》P77;《大系》P238
4.《大系》P238

【管窺1997】

一般認爲寺通侍，取侍御宮廷之意，寺工是爲宮廷服務的工官官署。有研究者認爲寺工銘文下連文表示寺工裏工師的職稱。新發現寺工之印、寺工丞印，寺工的主管爲令或長、輔官爲丞。過去銘文中的問題就可以得到合理解釋。

【在京2005】

半通。《秦封2000》錄有“寺工丞印。”

【圖說2009】

寺工一名典籍無載。一般認爲“寺”通作“侍”，取侍御宮廷之意，寺工是爲宮廷服務的工官官署名稱。《說文》：“寺，廷也，有法度者也。”林義光《文源》認爲金文寺从又从之，本義爲持。又象手形。手之所之，爲持也。《鄭公𨫒鐘器》是持，《石鼓》秀弓持射，持，皆作寺。是知“寺工”就是操持手工業及其工藝的機構。寺工是宮廷官署，工室爲政府官署，職能相同而體系有別。寺工一詞見於秦國兵器上者十七件，見於其它器物上者四件。寺工是秦中央兵器的主要製造者。寺工並兼營車馬器的製作，可見其所管理的生產作坊不是一個而是多個，生產的規模和組織是很大的。

【工官2010】

寺工爲中央直屬工官，掌兵器、車馬器等銅器製品製造，不掌磚瓦器製造。

【寺工2012】

寺工主要從事兵器生產，到漢代猶存，張家山漢簡《二年律令》載其秩二百石，是隸屬於皇室的手工業機構。寺工坐落在上林之中。從漢代銘文銅器看，直到西漢晚期的元、成年間寺工還隸屬於少府。黃盛璋認爲寺工爲文獻中寺互之訛，但從文獻看，互爲枑，爲行馬，寺互爲宮殿外京師內各國家官署的門禁，將寺互看成爲寺工之訛尚難確定。寺工之寺爲“侍”，是侍候帝王、爲之服務的手工業機構。寺工、供工都是置辦皇室所需器物的手工業機構，供工的名稱可能正是爲了應和已有的寺工之名。

【官名2013】

寺工機構大約在秦莊襄王時代已出現，一直沿用到漢代。有學者把寺工跟趙、周的“得工”相聯繫，黃盛璋先生則認爲“寺工”相當於韓國工官機構的“寺庫”，作爲職官的寺工，見於《漢書·百官公卿表》的中尉屬官“寺互”，該官“初屬少府，中尉主爵，後屬中尉”。董珊先生認同黃盛璋先生的說法，還指出秦陶文中有不少跟寺工有關的內容。按：隸屬於少府的寺工，原是秦國宮廷作坊的工官，後來兼有監督製造兵器之大權，地位應與郡守、詔事相當。

【訂補2014】

在考釋“二年寺工壺”時指出，《秦銅》云：“迄今所見秦器刻銘之寺工，凡明記年代的大抵皆屬秦始皇……不過我們以此壺的年代卻當屬莊襄王，不當屬始皇。第一，此壺以外的所有刻寺工的秦漢器物，都只稱寺工，不稱寺工師，而昭王以前的器物均有工師，‘寺工師’的刻銘兼有‘寺工’與‘工師’，體現了昭王及始皇兩個時代的刻銘特點，可見它是昭王至始皇過渡時期的器物。第二，從二年寺工戈、三年、四年、五年呂不韋戈我們知道,始皇二年至五年寺工工師名讐,不名初,而秦之寺工在同時期有兩位工師的先例沒有出現過。第三,秦王政初即位時,年十三歲,'年少,委國事大臣',所以在始皇二年之前,秦的制度、機構不會有大的變動,其變動恐多在莊襄王時。莊襄王據《史記·秦本紀》索隱所説,乃'三十二而立',他曾爲質於趙,深受三晉制度、文化的影響,他即位之後,又重用在趙時的老朋友吕不韋爲相,企圖有一番作爲,他在位時效仿三晉,對秦制度作一些變更,是合乎情理的……河南新鄭所出韓國兵器銘文提到'㕙'庫,黄盛璋説'㕙'可能當釋寺。'寺庫有工師、有冶,而三晉之冶,秦皆叫工,秦之寺工四有可能由韓之寺庫變來的。'他的推測當有一定道理。"寺工師"應是"寺工工師"的省文。

【職地2014】

　　寺工,《漢書》誤作"寺互"。帶"寺工"銘文的秦銅器約有三十多件,最早的是秦莊襄王二年的寺工壺,秦封泥"寺工丞璽"也印證了寺工機構在統一前即已設立。秦陶文也有"寺水""寺工某"和"寺某"等格式,均爲寺工機構兼造磚瓦的證據。"寺工"是秦始皇時期負責鑄造兵器的主要機構之一,也兼造一些皇室用器。秦寺工的機構有"工師"則必有工室,或"寺工"之"工"即是"工室"的省稱。"寺工"的含義是指朝廷設立的製造兵器和國君或皇帝所用器物的工官機構,與漢代銅器所見"寺工"的性質相同,只是漢代寺工多製造生活用具,而秦寺工以鑄造兵器爲主。《百官公卿表》云:"初,寺互〈工〉屬少府,中屬主爵,後屬中尉。"因少府可以監造兵器,而寺工初由少府管轄,劃歸中尉後,寺工鑄造兵器的權力並沒有取消,甚至在嬴政即位之後的寺工機構可以獨立監造兵器。寺工與相邦共同監造兵器。寺工大概是嬴政即位後(親政前)從少府中分出,隸屬於負責京師治安和保衛國君安全的中尉後,地位得到提升,甚至與權傾朝野的相邦吕不韋共同監造兵器,或者這正是嬴政親政之前逐步削弱相邦權力,加強軍權的一個措施。

　　又:秦莊襄王二年寺工壺是"寺工"最早的出處,25枚"寺工丞璽"也印證了寺工機構早在統一之前即已設立。寺工除大量製造兵器外,還製造車馬器、日常用器。秦王政十年之前的兵器銘文表明,寺工除獨立製造兵器外,在秦王政三至七年間還與相邦吕不韋共同監造兵器。吕不韋死後的王政十年,又有寺工機構獨立製造的兵器出現。這前後變化顯示:寺工機構地位的飆升是嬴政即位後出現的,似乎也暗示着寺工是嬴政用來牽制相邦吕不韋,同時加強君權專制的道具。

【秦官2018】

　　見於《漢書》和《續漢書》的"寺互",應即習見於秦銅器銘文和璽印封泥的"寺工"。帶"寺工"銘文的秦銅器約有三十多件,是秦始皇時期負責鑄造兵器的主要機構之一,也兼造一些王室用器。秦陶文也有寺水,"寺工某"和"寺某"等格式,是寺工機構兼造磚瓦的證據。"寺工"爲"寺工師"或"寺工室"的省稱。我們基本同意陳直將"寺工"解爲"官寺之工"的看法,認爲秦"寺工"的含義是指朝廷設立的製造兵器和國君或皇帝所用器物的工官機構,與漢代銅器所見"寺工"的性質相同,只是漢代寺工多製造生活用具而秦寺工以鑄造兵器爲主。

瑞按：陳直先生認爲寺工係官工（《考古》1963年2期P83）。無戈先生認爲寺工如武帝時之考工。寺工，也是工之寺，百工之官署。寺工、考工皆爲秦漢時中央所設管理百工的官署。器物中凡一器一刻"寺工"者，疑爲官署名。一器刻兩"寺工"者，正文中"寺工"疑爲官名，另一"寺工"疑爲官署名，即官營造器的標記（《人文雜誌》1983年3期P122）。陳平先生指出，秦兵器銘中兩刻"寺工"者，其正文中之官名"寺工"，有的在"丞"之前，沒有"丞"的就在"工"前。這實是銘中省去"丞"，仍應理解在"丞"之前。在與"寺工"諸器年代大致相近的秦兵刻銘中的官名，還有"工師"和"詔事"在銘文中的位置正好與"寺工"相同，也處於"丞"的前面。……秦兵器銘文中之"詔事"與"寺工"如此相像，兩者不但同爲史書所無，而且它們在秦兵銘文中的位置、鑄刻情況也都相同。這表明"寺工"與"詔事"，在秦的地位，只能應都與同在"丞"前的工師相仿，是負責主造兵器的官署或官名。在漢代，其地位只能除與無戈同志文中提及的"寺工"相似外，與漢代其它銅器刻銘中的主造官如"供工"也相差不多。"寺工"除負責主造兵、盾之外，漢代還兼管銅鐙之類的生活起居用器。在戰國晚期至秦代，秦官造兵器一般要標刻其監造或主造的官署、工官職稱、姓名。秦亡，制度爲漢所承。在秦工官中與"寺工"字眼酷似，關係密切者還有"寺水"。從"寺水"銘文多印於磚瓦看，它應爲主造磚瓦的官署或官名。……從"寺工"與"寺水"並存於秦分析，這兩者應都從屬於同一個上級機構——寺，因分工不同而平行並列的官署（《人文雜誌》1983年2期P122—123）。黃盛璋先生指出，寺工和考工一樣皆爲官府，並有令有丞，既有考工，亦當有寺工，不應遺漏，倘後來改爲他名，亦應有交代，今《百官表》有考工而無寺工，其中必有舛訛，《百官表》記"中尉，秦官……屬官有中壘、寺互、武庫、都船四令丞"，"初，寺互屬少府，中屬主爵，後屬中尉"，"寺互"即"寺工"之訛。一則"寺互"義無可釋，"互"字必誤；二則隸書"工"字或寫成"互"，漢碑、漢印常見，後代仍如此，與"互"字相差極微，"寺工"錯成"寺互"極易；三則寺互漢初仍屬少府，漢制自秦，上林原屬少府，所以上林寺工亦屬少府，與考工同屬，也很合情理。……秦寺工所見以兵器銘刻最多，但與少府之工有別。《百官表》武庫與寺互（工）皆屬中尉，而"中尉，秦官，掌徼巡京師"，與武事有關，故武庫、寺互（工）、都船皆屬之，此點還可看到寺互（工）來自秦寺工之行迹。……秦漢雖皆有寺工，但由於後來發展，制度仍有些不同。漢寺工有令，有丞，而秦寺工有工師、有丞，不見有令，其以寺工爲主造，此寺工是令或工師，抑或即稱爲寺工皆有可能，但今不能決。迄今所見秦器刻銘中的寺工，凡明記年代的大抵屬秦始皇，未記年代而與秦始皇紀年之寺工兵器同出於秦俑坑，大致皆屬同時寺工所造，但皆在秦統一六國以前即戰國晚期，此時秦已設寺工。秦在西方，秦法制及文字和三晉最爲接近，但三晉不見寺工，然有導工，亦分左右。導工應即考工、寺工之屬，但不名寺工。秦之寺工似有可能由韓寺庫變來（《考古》1983年9期P832）。王學理先生認爲，"寺工"之銘及兵器和軍械，爲他物所少見，這關涉鑄造兵器的許可權問題。有說"寺"爲地名，但古籍無"寺"地記載。實際刻銘中的"寺工"都是同兵器、軍用車馬器發生關聯。如以"寺"地"工"某解釋，有不通之嫌。《說文解字》："寺，廷也。"《說文通訓定聲》引《三倉》"寺，官舍也"。《漢書·元帝紀》師古注："凡府廷所在皆謂之寺。”所以,以“寺”命名的官署就像太僕寺、大理寺、鴻臚寺等等即是。單書“寺工”者,指的是設立於京師專門從事軍工生產的官署,也可作爲中央官營作坊“百工”(官工)的統稱;“寺工□”中的“寺工”即官營作坊的工匠某人。《漢書·百官公卿表》:“少府,秦官。”屬於管手工業生產和“掌山海池澤之稅”的政府機構。“寺工”在秦屬少府,在漢則是少府屬官上林的官工之寺,故漢器多爲“上林寺工”所造。“寺工”在秦漢兩代是通有的(《考古與文物》1983年4期P76—77)。袁仲一先生認爲,寺工一名不見於文獻記載,其來源,寺通作侍,取意侍御宮廷之意。秦代侍御宮廷者多稱作宮某或寺某。如主王犬者稱爲宮狡士,宮中主巡查者稱爲宮均人;爲宮廷及陵園建築燒造磚瓦的機構有宮水、寺水等。寺工是爲宮廷製作器械的官署名。咸陽曾出土始皇二年寺工初壺,寺工師是官職名,全稱應是寺工工師某。已發現的帶有寺工銘文的器物中,刻寺工師某者僅一例,其餘都是寺工某,如寺工豐、寺工周、寺工獻等。這些都是簡稱,全稱應是寺工工師周、寺工工師獻等。寺工製作的産品多爲宮廷御用物,似爲少府屬官,和少府工室當爲並列的兩個主作器械的官署機構(《考古與文物》1984年5期P106)。王輝先生1987年指出,寺工或説即中尉屬官寺互(互爲工之譌文),漢初屬少府,寺當作侍,爲侍御宮廷之意,亦當爲製造器械之官署(《中國考古學研究論集》P354)。又,2001年指出,新出秦封泥“寺工之印”“寺工丞印”,寺工屢見於秦銅器銘文,如二年寺工壺:“二年寺工初,丞拙……”,十六年寺工鈹:“十六年寺工敏,工黑。寺工。”(《秦銅》73、97頁)《漢書·百官公卿表》中尉屬官有“寺互”,云:“初寺互屬少府,中屬主爵,後屬中尉。”黃盛璋先生以爲“寺互”爲寺工譌,或是。(《四川大學考古專業創建四十周年暨馮漢驥教授百年誕辰紀念文集》P304)。陳曉捷先生在考證“寺工毋死”陶文時指出,寺工不見於史籍,以前僅在兵器、日用銅器和一些車馬器上發現“寺工”刻銘或朱書題記。敦煌漢簡有“盾一完,神爵元年寺工造”。寺工最早見於始皇二年戈和壺上,説明寺工似始置於秦始皇時期,“職責主要是製造兵器,另外兼做車馬器和部分生活用銅器”。黃盛璋先生認爲寺互爲寺工之誤,其説甚是。寺工爲少府屬官,其職責除主持兵器、車馬器和部分生活用銅器製造外,還掌管燒造磚瓦,“寺工”陶文的發現説明了這一問題。此類陶文在咸陽和阿房宮遺址未曾發現,在此應爲專門所設。“毋死”爲陶工名。秦丞相馮去疾、漢將軍霍去病之名與此相類(《考古與文物》1996年4期P1)(以上諸説參見《集釋2018》)。

寺工之印

《印考》圖177;《印風》P139;《印集》P50;《彙考》P106;《大系》P240

【發現1997】

《漢書·百官公卿表》中尉屬官有寺互,並記"初寺互屬少府,中屬主爵,後屬中尉"。據研究,寺互爲寺工之筆誤。

【管窺1997】

說見"寺工"。

【印考1997】

印面均爲正方形,前兩枚田字格,邊長2釐米;後者無界格,略小,邊欄右下側寬博。印文尚清晰(瑞按:該條釋讀"寺工之印""寺工丞印"和"寺車丞印")。"寺工"一職,不見於文獻記載,從出土的大量秦代器物知,此官署名始於秦始皇時代,主製造兵器,兼作車馬器和部分生活用的銅器。最早的器物,見於始皇二年(公元前245年)的戈和壺上。秦陵兵馬俑一號坑出土的兵器戈,上有"寺工"鑄款,其銘文還包括年代、監造者相邦名,主造者寺工"工師"與丞名、工名。袁仲一先生認爲:寺工的產品多爲宮廷御用物,似爲少府屬官。寺工製作的器物發現較多,尤其在秦始皇陵園範圍內。說明寺工是秦中央兵器的主要製造者。"寺車"與"寺車丞"一職,不見於文獻,然與"寺工"相近,推知有可能是秦少府内爲宮廷製作車馬器的專門官署和官吏。

【叢考1998】

寺工不見於史籍,但秦器銘屢見。……從秦器銘來看,其最遲在秦始皇二年(前245年,從黃盛璋、袁仲一說)就已設立。寺工主要職責是製造兵器、車馬器(寺工車桼、寺工馬絡飾),還兼燒秦始皇陵邑磚瓦,製造雜器。袁仲一先生說:"是當時爲宮廷製作兵器、車馬器等的主要官置機構。"關於寺工所屬,《漢書·百官表》載中尉屬官有"寺互"令丞,並載"初,寺互屬少府,中屬主爵,後屬中尉",黃盛璋說"寺互"爲寺工之訛,按黃說是。黃並說"初"指漢初,那麼秦時寺工屬少府無疑。寺工屬下有工師,並有丞。秦封泥中寺工爲其長官,佐官爲寺工丞。

【秦封2000】

《漢表》中尉屬官有"中壘、寺互、武庫、都船四令丞"。"初,寺互屬少府,中屬主爵,後屬中尉"。寺互當爲寺工之誤寫。《秦銅》三年相邦呂不韋戈、寺工矛、寺工初壺、十五年寺工鈹、二十一年寺工獻車桼,均有"寺工"銘。《考與》麗邑陶文"寺工毋死"。寺工掌兵器、車馬器、日用銅器,及磚瓦製造,有丞、工師。

【簡讀2002】

《漢表》:"中尉,秦官,……屬官有中壘、寺互、武庫、都船四令丞……初寺互屬少府,中屬主爵,後屬中尉。"黃盛璋先生《寺工新考》指出"寺互"爲"寺工"之訛。《張家·二年·秩律》:"寺工……秩各六百石,有丞、尉者半之。"

【秦工2007】

說見"屬邦工室"。

【彙考2007】

寺工,官署名。即主管兵器、車馬器、日用銅器等製造的機構。寺,亦指官舍、官府,秦漢時官署多稱寺。《左傳》：“(隱七年)發幣於公卿。”注：“詣公府卿寺。”工，即精密、精巧也。《説文解字》：“工，巧飾也。”故寺工當爲秦時設置的專管營造製作諸事的官署，有令丞。寺工官職，雖未見史載，但近年來考古發掘的寺工矛、寺工初師壺、十五年寺工鈹等均有“寺工”銘文，是其證也。

【圖説2009】

　　説見“寺工丞璽”。

【工官2010】

　　説見“寺工”。

【集證2011】

　　寺工之名不見於文獻，但出土銅器銘文屢見，如二年寺工壺銘：“二年寺工師初，丞拊，……”三年相邦吕不韋戟銘：“三年相邦吕不韋造，寺工詟，丞義，工寫(戈内正面)寺工，左(戈内背面)寺工(矛骹)。”十六年寺工鈹：“十六年寺工敏造，工黑，寺工。”諸器上限爲莊襄王二年(前248年)，大多數爲始皇時，可見是較晚設立的職官。《漢書·百官公卿表》中尉屬官有“寺互令丞”，云：“初寺互屬少府，中屬主爵，後屬中尉。”“寺互”出土器物未見，黄盛璋《寺工新考》説“寺互”爲“寺工”之訛，可能有道理。寺工既然初屬少府，又製造器物，當是工官。《漢書·外戚傳》顔注云：“寺者，掖庭之官舍。”可能寺工是宫内的工官，但它與“宫司空”的分工有何不同，今已不能確知。

【廣封2019】

　　同《彙考2007》。

寺工丞璽

1

2

1.《新出》P34；《青泥》P16；《大系》P238
2.《大系》P238

【考略2001】

　　相家巷遺址流散秦封泥有“寺工丞印”“寺工之印”。“寺工”戰國秦置，主造兵械等器物。秦銅兵器多見“寺工”刻銘，如秦“二年寺工壺”“十六年寺工鈹”“二十一年寺工車軎”“寺工矛”等，漢代的漢長安城未央宫中央官署遺址出土骨簽3：24677刻文

“二千七十囗寺工第八十五囗”，傳世有漢代“寺工”半通印和“寺工”銘竟寧元年銅雁足燈。蔡邕《獨斷》云：“璽者印也，印者信也。古者尊卑共之。”“秦以來天子獨以印稱璽，群臣莫敢用也。”據此推斷，“寺工丞璽”封泥應爲戰國時代秦國遺物。在封泥時代上“寺工丞印”晚於“寺工丞璽”。

【簡讀2002】

釋讀見“寺工之印”條。《獨斷》：“璽者，印也；……古者尊卑共之。……秦以來天子獨以印稱璽，又獨以玉，群臣莫敢用也。”“寺工丞璽”早於“寺工丞印”。

【在京2005】

《秦封》録有“寺工丞印”。

【圖説2009】

戰國秦封泥。寺工之印（《泥風》139）、寺工丞印（《泥風》139，《泥集》168）秦封泥。寺工（陳41），秦半通印。寺工（《考與》2005.5）半通秦封泥。這些都是領導冶鑄工業的官署，或是其職能之一。

【職地2014】

説見“寺工”。

【秦官2018】

“寺工丞璽”説明寺工機構在統一前即已設立。

【廣封2019】

同《彙考2007》“寺工之印”。

瑞按：封泥中“寺工”二字文字狹小，而“丞璽”寬大，有邊欄無界格，且用“璽”字，時代明顯偏早。

寺工丞印

　　　　1　　　　　　　　2

1.《相家》P18；《大系》P239
2.《秦封》P168；《彙考》P107；《璽印》P442；《大系》P239

【發現1997】

説見“寺工之印”。

【管窺 1997】

　　說見 "寺工"。

【印考 1997】

　　說見 "寺車丞印"。

【叢考 1998】

　　說見 "寺工之印"。

【秦封 2000】

　　寺工丞爲寺工之丞。說見 "寺工之印"。

【簡讀 2002】

　　釋讀見 "寺工之印" 條。

【上封 2002】

　　說見 "武庫丞印"。

【秦工 2007】

　　說見 "屬邦工室"。

【彙考 2007】

　　寺工丞,當爲寺工主管官吏之副。

【圖說 2009】

　　說見 "寺工丞璽"。

【分域 2009】

　　寺工,官署名,是管理兵器、車馬器、日用銅器等製造的機構。最近幾十年,地下出土不少帶有 "寺工" 銘文的秦代銅器。

【集證 2011】

　　說見 "寺工之印"。

【廣封 2019】

　　說見 "寺工丞璽"。

寺工中監

《大系》P240

　　瑞按: 寺工中監不見於文獻。《漢書・昭帝紀》"栘中監蘇武前使匈奴,留單于庭十九歲乃還”，蘇林曰：“枑音移，廄名也。”應劭曰：“枑，地名。監，其官也，掌鞍馬鷹犬射獵之具。”如淳曰：“枑，爾雅‘唐棣，枑也’。枑園之中有馬廄也。”師古曰：“蘇音如説是。”《漢書·常惠傳》“自奮應募，隨枑中監蘇武使匈奴”，師古曰：“枑中，廄名也，音移。解在《昭紀》。”《漢書·蘇武傳》“武字子卿，少以父任，兄弟並爲郎，稍遷至枑中廄監”。《論衡》“見武官名曰枑中監”注：今《漢書》武傳“監”上有“廄”字，按《昭帝紀》《常惠傳》並云“枑中監蘇武”，《新序·節士篇》云“孝武皇帝時，以武爲枑中監”，並無“廄”字，與此合，蓋古本《漢書》如是。從張家山漢簡《二年律令·秩律》有“光〈永〉巷監，長信宦者中監”看，中監當爲官名，與秦封泥合。以此推知，蘇武所職或當爲“枑廄中監”，與秦封泥之“寺工中監”《秩律》之“宦者中監”合。《唐六典·太僕寺》“諸牧監掌群牧孳課之事。凡馬五千匹爲上監，三千匹已上爲中監，已下爲下監”，此中監乃監分上中下之中，與封泥之中監有别。

以封泥形制言，其爲戰國晚期物。

（九）寺　　從

寺從

1　　　　　　　　　　　　2

1.《書法》P38;《印集》P52;《彙考》P110;《大系》P236
2.《印集》P52;《大系》P236

【發現1997】
《左傳·隱公七年》“發幣於公卿”，杜注：“詣公府卿寺。”疏：“自漢以來，三公所居謂之府，九卿所居謂之寺。”寺從當即寺人、宦官。《詩·秦風·車鄰》：“未見君子，寺人之令。”傳：“寺人，内小臣也。”鄭箋：“寺，如字。又音侍，本亦作侍字。寺人，奄人。”《周禮·天官》有寺人，掌王之内人及女官之戒令。亦即侍從。《文選·兩都賦序》：“故言語侍從之臣。”

【宦官1997】
説見“居室寺從”。

【印考1997】
印面前者爲長方形，日字格，長2釐米，寬1釐米；後者爲正方形，田字格，邊長2釐米，印文清楚，邊欄完整（瑞按：前者指本封泥，後者指“寺從丞印”）。寺，與“侍”相通，“寺從”爲隨從皇帝的近臣。《周禮·天官》有寺人，掌王之内及女官之戒令。《文選·兩都賦序》:"故言語侍從之臣,若司馬相如……朝夕論思,日月獻納。"《官印徵存》收錄"寺從市府"秦官印一枚。

【叢考1998】

寺從其意爲跟隨、聽從,寺從是爲宮廷服務的宦官機構。秦有寺工、寺水,屬少府,寺從亦應爲少府屬官。另據"寺從市府",以及秦封泥"居室寺從"推測之,其機構規模一定不小。寺從爲其長官,丞爲其佐官。

【秦封2000】

《詩經·秦風·東鄰》:"未見君子,寺人之令。"傳:"寺人,内小臣也。"鄭箋:"寺,如字。又音侍,本亦作侍字。寺人,奄人。"《周禮·天官》有寺人,掌王之内人及女官之戒令。《文選·兩都賦序》:"故言語侍從之臣。"寺從當爲宦者,侍從有丞、市府。掌内侍。又居室亦有寺從,參見"居室寺從"。秦印見:《徵存》"寺從市府"。

【簡讀2002】

釋讀見"寺車丞印""居室寺從"條。

【彙考2007】

王輝先生考:"寺從"官署名。《周禮·天官》冢宰屬員有"寺人",掌王之内人及女官戒令,爲宮中侍御小臣。春秋戰國時寺人掌宮内侍、御車、守藏等事物。"寺從"應即寺人。"從"與"比"本一字,後分化二字,《説文》:"從,相聽也,从二人。""從"即"从",有相從或隨行之意。"寺"即"侍"。

【集證2011】

寺與侍通,侍從應指宦者。《詩·大雅·瞻卬》:"匪教匪誨,時維婦寺。"毛傳:"寺,近也。"孔穎達疏:"寺即侍也。"北魏楊衒之《洛陽伽藍記·昭儀尼寺》:"太后臨朝,閹寺專寵。"清顧炎武《日知録·寺》:"三代以上,凡言寺者皆奄豎之名。"西周官名有寺。裘衛鼎銘:"乃令參(三)有……内史友寺芻,……"張亞初、劉雨《西周金文官制研究》云:"裘衛鼎'内史友寺芻'之寺芻,寺爲職官名,芻爲該職官之人的名,寺爲内史之僚友,内史是宮廷内隨王左右的史官,與後世的内小臣有相近之處。所以寺這一職官與後世的閹官寺人可能有關。……但裘衛鼎之寺人芻却參預了裁決訴訟案件的活動,這似乎表明,在西周寺人的活動並不完全局限於宮内。"古亦稱帝王隨從爲侍從。《漢書·史丹傳》:"自元帝爲太子時,丹以父高任中庶子,侍從十餘年。"漢趙曄《吴越春秋·勾踐陰謀外傳》:"錡爲侍從,聽人主也。"侍從一職不見於《百官公卿表》,由上引文看,大概是宮内閹官侍從人主左右者。

【官名2013】

秦封泥之寺從的職司應與楚官"寺人"相近,有學者認爲"寺從,當爲宦者,寺從有丞、市府。"古音"寺"通"侍",寺從及侍從。

【職地2014】

秦封泥有大量"寺從"類職官用印。嶽麓秦簡158號有:"可(何)故爲寺從公僕……降爲隸臣,輸寺從……"。可見"寺從"是獨立的機構,但與"居室寺從"之間的隸屬關係則難以斷定。寺從一職不見於《百官公卿表》,王輝先生認爲寺通侍,侍從應指宦官，"宮內閣宦官侍從人主左右者"，此可備一説。但封泥中另有寺工、寺車、寺樂、寺司空等品類，印文中的"寺"與寺從之"寺"含義應該有所區別。

又：寺從，傳世文獻未見，出土文獻僅見於秦璽印封泥和嶽麓秦簡，含義不詳。"寺從"有丞，有市府，居室也設有寺從，從"寺從丞印"封泥多達70多次的出現頻率看，該機構奏事頻繁，應是秦中央一個事務繁忙並親近皇帝的機構。

【秦官2018】

"寺從"一職不見於《漢書·百官公卿表》，王輝先生認爲寺通侍，侍從應指宦者，"宮內閣宦官侍從人主左右者"，此可備一説。秦封泥有大量"寺從"類職官用印，僅文字清晰完整者如"寺從""寺從丞印"，傳世秦璽印還有"寺從市府"，可見"寺從"可能是獨立的機構，與"居室寺從"之間的隸屬關係則難以斷定。嶽麓秦簡《爲獄等狀四種》158："降爲隸臣，輸寺從……可（何）故爲寺從公算（算）？"可知秦時"寺從"機構還接納"隸臣"一類的刑徒在其官署服役。

【廣封2019】

案《秦封泥彙考》，王輝先生考："寺從"官署名。《周禮·天官》冢宰屬員有"寺人"，掌王之內人及女官戒令，爲宮中侍御小臣。春秋戰國時寺人掌宮內侍、御車、守藏等事物。"寺從"應即寺人。

寺從丞印

1　　2

1.《印風》P139；《彙考》P111；《大系》P237
2.《秦封》P171；《彙考》P113

【新見1996】

"寺從"亦無可確考。北京故宮藏有"寺從市府"秦印，羅福頤説"寺從當是宦者"，所據或以爲寺從、侍從可通。但秦時已有宦者丞，寺從又爲宦者並置"丞"，於情理欠安。又市府乃主市井交易官署，以宮內近侍之官而掌市府，猶難自圓其説。今以"寺從市府"與"寺從丞印"相參酌，寺從似爲地名。見諸封泥而爲漢志闕佚之秦縣甚多，如岐、安臺、橘、西共、廬丘等皆是。如此説不謬，則縣置市府，正合其制。期待有偶然的希望發現新的實物資料來進一步證明"寺從"的性質。這批封泥文字多朝官、宮內官，是十分珍貴的實物史料。

【發現1997】

説見"寺從"。

【宦官1997】

説見"居室寺從"。

【印考1997】

説見"寺從"。

【叢考1998】

説見"寺從"。

【秦封2000】

此爲寺從之丞印。寺從之説見"寺從"。

【考略2001】

相家巷遺址流散秦封泥有"寺從""居室寺從","寺從丞"應爲"寺從"官署之屬官,"寺"通"侍"。《周禮·天官·寺人》:"寺人掌王之内人及女官之戒令。"寺人也稱内小臣,即"宦者"。《説文解字》"從"從"辵"從"從","從"爲"相聽也"。故《文選·兩都賦序》有"言語侍從之臣"的記載。"寺從"之官在不少部門也有設置,如"居室寺從"。

【簡讀2002】

釋讀見"寺從"條。

【上封2002】

《周禮·天官·寺人》:寺人掌王之内人及女官之戒令。亦屬宦者。"寺"或通"侍"。1995年見新出"寺從丞印",因此與秦印"寺從市府"推證或爲地名。近年刊新出"居室寺從""寺工丞印""寺車丞印"可證"寺從丞"爲領宫中侍從之官。"寺車"亦當掌車輿之事,"丞"其官名。有人認爲其中存在省文,非是。

【彙考2007】

寺從丞,官名。寺從令之副職,應爲管理寺從之官吏。詳見"寺從"之説。

【分域2009】

"寺從",不見文獻記載。《詩經·秦風·東鄰》云:"未見君子,寺人之令。"傳曰:"寺人,内小臣也。"鄭箋曰:"寺,如字。又音侍,本亦作侍字。寺人,奄人。"《周禮·天官》中亦有寺人,爲冢宰屬員;寺從當即寺人。或認爲"寺從"爲宦者。

【集證2011】

此爲侍從官署丞之印。

【廣封2019】

案《秦封泥彙考》,王輝先生考:"寺從"官署名。《周禮·天官》冢宰屬員有"寺人",掌王之内人及女官戒令,爲宫中侍御小臣。春秋戰國時寺人掌宫内侍、御車、守藏等事物。"寺從"應即寺人。此應爲其丞之印。

瑞按:故宫藏"寺從市府"印,《集證2011》指爲秦印。《分域2009》認爲"市當爲購買之意,《廣雅・釋詁三》云：市,買也。該印可能爲宫中負責宦者購買事務的機構所用。"

（十）諸　　工

材官

1 　　　　　　　2

1.《在京》圖二：10;《大系》P41
2.《大系》P41

【在京2005】

　　半通。《史記・孝文本紀》："匈奴去,發中尉材官屬衛將軍軍長安。"《史記・韓長孺列傳》："當是時,漢伏兵車騎材官三十餘萬,……太中大夫李息爲材官將軍。""衛尉安國爲材官將軍,屯於漁陽。"《史記・大宛列傳》："乃案言伐宛尤不便者鄧光等,郝囚徒材官。"《史記・張丞相列傳》："(申屠嘉)以材官蹶張從高帝擊項籍,遷爲隊率。"《史記・衛將軍驃騎列傳》："(李息)至武帝立八歲,爲材官將軍。"《漢書・高帝紀》："蕭何發關中老弱未傅者悉詣軍",如淳曰："《漢儀注》云民年二十三爲正,一歲爲衛士,一歲爲材官騎士,習射御騎馳戰陳。""上乃發上郡、北地、隴西車騎,巴蜀材官及中尉卒三萬人爲皇太子衛,軍霸上。"應劭曰："材官,有材力者。"張晏曰："材官、騎士習射御騎馳戰陳,常以八月,太守、都尉、令、長、丞會都試,課殿最。水處則習船,邊郡將萬騎後障塞。光武時省。"

【圖說2009】

　　《史記・孝文本紀》有中尉材官。《史記・韓長孺列傳》："漢伏兵車騎材官三十餘萬,……太中大夫李息爲材官將軍。""衛尉安國爲材官將軍,屯於漁陽。"《漢書・高帝紀》："上乃發上郡、北地、隴西車騎,巴蜀材官及中尉卒三萬人爲皇太子衛,軍霸上。"應劭曰："材官,有材力者。"《史記・秦始皇本紀》記："(二世)如始皇計,盡徵其材士五萬人,爲屯衛咸陽,令教射"。《漢書・刑法志》曰："漢興,天下既定,蹠秦而置材官於郡國,……"說明秦時郡國置有材官。文獻言材官動輒數萬,甚至數十萬,材官半通秦封泥應是訓練材官、材士的官署,並表明戰國晚期已有材官的設置。材官是發射蹶張的勇力之士。

【職地2014】

　　文獻所見"材官"的時代均爲漢初以後,如《史記・韓長孺列傳》和銀雀山漢簡等。《漢書・高帝紀》："上乃發上郡、北地、隴西車騎,巴蜀材官及中尉卒三萬人爲皇太子衛,軍霸上。"可見,材官常作爲一種預備性質的軍事力量被中央徵召。《史記・孝文本紀》："匈奴去,發中尉材官屬衛將軍軍長安。"可見漢時材官或屬中尉管轄。嶽麓秦簡《爲吏治官及黔首》1539號簡中"發弩材官"可與此封泥互"印證",也説明材官秦時已有,而且很可能屬中尉管轄。

【秦官2018】

以往文獻所見材官均在漢代,如《史記·韓長孺列傳》:"當是時,漢伏兵車騎、材官三十餘萬,匿馬邑旁谷中。"銀雀山漢簡《守法守令等十三篇·王兵》:"是故將者,審地刑(形),選材官,量蓄積,撰勇士。"據《史記·孝文本紀》:"匈奴去,發中尉材官屬衛將軍軍長安。"可見材官或是中尉屬官。見於嶽麓秦簡《爲吏治官及黔首》的"發弩材官"可與秦封泥"材官"相印證,也説明秦設有材官機構,很可能是中尉所轄。

瑞按:嶽麓秦簡《爲吏治官及黔首》"發弩材官",整理者注:"材官,地方預備兵兵種。《史記·韓長孺列傳》'當是時,漢伏兵車騎、材官三十餘萬,匿馬匹旁谷中'。也可能指武卒或供差遣的低級武職。《史記·張丞相列傳》:'申屠丞相嘉者,梁人,以材官蹶張從高帝擊項羽,遷爲隊率。'亦可能爲職官名和官署名。參見嶽麓秦簡0669簡'·縣輸從反者、收人材官,多毋衣履,毋以蔽'"(《嶽麓書院藏秦簡(一——三)釋文修訂本》P42)。

又:前揭封泥有"材都廥印"(亦讀"都材廥印")。

材官□丞

《大系》P41

瑞按:封泥殘,舊讀"材官□府",從殘存筆畫看,左下似爲"丞"字。

左材官丞

《大系》P393

瑞按:或可讀爲"材官左丞",然以陰御弄、陽御弄等封泥讀法,以"左材官"爲優。

金府

《大系》P128

瑞按：金府，所指不詳。《太平御覽》卷191：“《拾遺録》曰：太上皇以寶劍賜高祖。及吕后，藏於瑤庫。守者見白氣從户中出如龍蛇，吕后更瑤庫名曰靈金藏。及諸吕擅權，白氣亦滅。惠帝即位，以此貯禁兵，名曰靈金府。”《三輔黄圖》卷6有靈金内府，“靈金内府，太上皇微時佩一刀，長三尺，上有銘字難識，傳云殷高宗伐鬼方時所作也。上皇游豐沛山中，寓居窮谷，有人冶鑄，上皇息其旁，問曰鑄何器，工者笑曰：‘爲天子鑄劍，慎勿言。’曰：‘得公佩劍雜而治之，即成神器，可克定天下。昴星精爲輔佐，木衰火盛，此爲異兆。’上皇解匕首投爐中，劍成，殺三牲以釁祭之。工問何時得此，上皇曰：‘秦昭襄王時，余行陌上，一野人授余，云是殷時靈物。’工即持劍授上皇，上皇以賜高祖。高祖佩之斬白蛇是也。及定天下，藏於寶庫，守藏者見白氣如雲出户，狀若龍蛇。吕后改庫曰靈金藏。惠帝即位，以此庫貯禁兵器，名曰靈金内府。”

金府左工

無圖，釋讀見《五十例》P312。

【五十例2005】

《周禮·秋官·序官》：“職金上士二人。”又《職金》：“掌凡金、玉、錫、石、丹、青之戒令，……掌受士之金罰貨罰，入於司兵，……凡國有大故而用金石，則掌其令。”金府當掌金屬加工製作，其所屬爲金工。《禮記·曲禮下》：“天子之六工曰：土工、金工、石工、木工、獸工、草工，典制六材。”鄭玄注：“此亦殷時制也。周則皆屬司空……金工、築、冶、鳧、栗、鍛、桃也。”《國語·越語下》：“王命金工以良金寫范蠡之狀而朝禮之。”

【秦官2018】

説見“采司空印”。

瑞按：山東淄博齊王墓隨葬坑出土銀盤上有“左工”銘文，《訂補2014》指出其爲戰國秦刻銘。

弩工室印

1　　　　　　　　　　2

1.《印集》P27;《彙考》P60;《大系》P185
2.《印風》P141;《秦封》P234;《彙考》P60;《璽印》P433、P446;《大系》P186

【秦封2000】

　　從印文內容而言,當爲製造弓弩武器之機構,然而其統屬待考。或爲少府"左弋"之屬下。參見"少府","左弋丞印","發弩"。

【工室2001】

　　説見"少府工室"。

【簡讀2002】

　　釋讀見"少府工室"條。以印文言,當爲製造弩之機構。

【秦工2007】

　　説見"屬邦工室"。

【彙考2007】

　　官署名。應屬少府。秦在戰國時已設立各級工室,主管手工業。由於秦多年征戰,其軍事工業必然極爲發達。弩工室當爲直屬中央的主箭弩掣作的機構。秦官印中有"發弩"半通印。

【分域2009】

　　該印爲秦工官印,是專門負責製造箭弩的機構用印。

【工官2010】

　　説見"少府工室"。

【職地2014】

　　《秦封泥集》認爲"弩工室印"或爲少府"佐弋"之屬下的説法似可信從。

【廣封2019】

　　案《秦封泥彙考》:弩工室,官署名。應屬少府。秦在戰國時已設立各級工室,主管手工業。由於秦多年征戰,其軍事工業必然極爲發達,弩工室當爲直屬中央的主箭弩製作的機構。又《史記·秦始皇本紀》:"令匠作機弩矢,有所穿近者輒射之。"則這裏做機弩矢的匠應該就是屬弩工室的。《官印徵存》中秦官印有"發弩"半通印。

邦都工丞

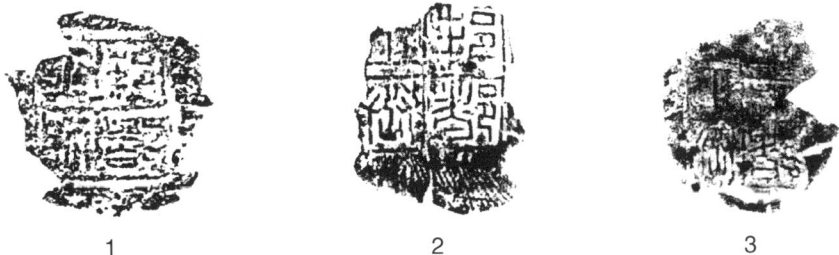

1　　　　　　　2　　　　　　　3

1.《新出》P56;《大系》P28
2.《西見》圖二：23;《大系》P28
3.《大系》P28

【西見2005】

　　有邊欄有界格,新見。工字第一筆殘缺。"邦"字在先秦古文中主要有二義：諸侯的封國,國家。邦都,即國都。邦都工丞或爲邦都工室丞之省。已見的屬於中央工室的有少府工室、屬邦工室封泥。值得注意的是此封泥"丞"字的寫法,左右部首居上,已同中間筆畫平齊。

鐵兵工室

1　　　　　　　2　　　　　　　3

1.《新出》P37
2、3.《大系》P268

【新官2002】

　　參見"鐵兵工丞"(《秦封泥集》一·五·23)。

【彙考2007】

　　戰國秦已設鐵官,主冶鐵。兵,指兵器。鐵兵工室,應爲主造鐵兵器的官署。

【圖説2009】

　　秦的中央政府和地方都設有工室,工室是管理手工業的官署,工師是工室領導的技術人才。戰國秦已設鐵官,主冶鐵。兵,指兵器。鐵兵工室,應爲主管鑄造鐵兵器的官署,反映了秦代的軍用手工業發展。“鐵兵工丞”,亦即“鐵兵工室丞”之省稱。爲鐵兵工室主管官吏之副。戰國時已有冶鐵部門,並置“鐵官”。漢武帝時實行鹽鐵官管,專掌鐵器的生産和買賣。戰國時曾置“鐵官”,主管冶鐵。秦因之。“司馬靳孫昌,曾爲秦主鐵官,當始皇之時。”(《史記·太史公序》)《睡虎地·秦律雜抄》:“大(太)官、右府、左府、右采鐵、左采鐵課殿,貲嗇夫一盾。”鐵市丞印(《秦封泥集》128),《漢官表》:治粟内史屬官有“幹官、鐵市兩長丞。”是知,還應有“鐵市之印”,專掌鐵器的買賣。

【職地2014】

　　秦時設有專門製作鐵質兵器的工室,蓋因鐵器比青銅更爲珍貴,故專門設立獨立的工官機構。

【秦官2018】

　　説見“鐵官丞印”。

鐵兵工丞

1 　　　　　　　　2

1.《相家》P18;《大系》P267
2.《大系》P267

【印考1997】

　　印面正方形,田字格,邊長2釐米,邊欄左側大部分殘缺,推測上爲“工”字,下爲“丞”字。戰國時秦置“鐵官”,主管冶鐵。《漢書·司馬遷傳》:司馬靳孫昌“爲秦主(瑞按:原寫爲“王”)鐵官”。漢武帝時實行鹽鐵官營,專掌鐵器的生産和買賣,有令、長、丞。“鐵兵”當是“鐵兵器”的省稱;“工”工師的省稱,此印是爲秦時主鐵兵器製造的佐官。

【補讀1998】

　　初披露時讀“鐵□工□”,現據《秦封2000》讀出。《史記·太史公自序》:“靳孫昌,昌爲秦主鐵官,當始皇之時。"《睡虎·秦律雜抄》:"大(太)官、右府、左府、右采鐵、左采鐵課殿,貲嗇夫一盾"。此爲冶鑄鐵質兵器之職署。秦印見《璽印2010》"右冶鐵官"。漢封泥見《續封》《建德》"鐵官",《齊魯》《再續》"兵府"。

【秦封2000】

《史記·太史公自序》:"昌爲秦王鐵官,當始皇之時。"《睡虎·秦律雜抄》:"大(太)官、右府、左府、右采鐵、左采鐵課殿,貲嗇夫一盾"。參見"鐵市丞印"。秦印見:《璽印2010》"右冶鐵官"。漢封泥見:《續封》《建德》"鐵官",《臨淄》"采鐵",《建德》《齊魯》《封存》《澂秋》《臨淄》"齊鐵官印",《齊魯》《臨淄》《續封》《建德》"齊鐵官丞",《續封》《建德》《齊魯》"臨菑鐵丞",《齊魯》《再續》"兵府"。

【簡讀2002】

釋讀爲"鐵市丞印"。鐵兵工丞或爲負責以鐵制兵器之工官。

【秦工2007】

說見"屬邦工室"。

【彙考2007】

三、四字殘,疑爲"工丞"。即"鐵兵工丞",亦即"鐵兵工室丞"之省稱。爲鐵兵工室主管管理之職。

【圖説2009】

說見"鐵兵工室"。

【集證2011】

《説文》:"鐵,黑金也,从金,載聲。銕,鐵或省。"睡虎地秦簡《秦律雜抄》:"大官、右府、左府、右采鐵、左采鐵課殿,貲嗇夫一盾。"簡文"鐵"字雖爲隸體,但結構同於正篆,此封泥則用省體,可能是較晚的寫法。秦人用鐵甚早,春秋早期已有金柄鐵劍,見於寶雞益門墓。鳳翔南指揮秦景公墓出有鐵鏟、鐵斧等。戰國中期以後,鐵製兵器已漸多,考古所見有劍、削、矛、殳、鏃、戟等。睡虎地秦簡《司空》:"城旦舂毁瓦器,鐵器……輒治(笞)之。"可見其時鐵器已多。《史記·貨殖列傳》提到秦時孔氏、卓氏皆"用冶鐵富"。"鐵兵工丞"當是製造鐵兵器的職司。

【職地2014】

說見"鐵兵工室"。

【秦官2018】

說見"鐵官丞印"。

瑞按:依"邯鄲造工"與"邯造工丞"例,"鐵兵工丞"有可能爲"鐵兵工室丞"之省。

鐵兵□丞

《補讀》圖31;《印考》圖181;《秦封》P233;《印集》P26;
《書集》P124;《彙考》P59;《璽印》P446;《大系》P267

瑞按：封泥殘，左上殘存筆畫應非"工"字。

鐵官丞印

《在京》圖四：6;《璽印》P446;《大系》P268

【在京2005】

《史記·平準書》："郡不出鐵者，置小鐵官，便屬在所縣。"《集解》："鄧展曰：'鑄故鐵。'"《史記·太史公自序》："靳孫昌，昌爲秦主鐵官，當始皇之時。"《漢書·食貨志》："在位諸儒多言鹽鐵官及北假田官、常平倉可罷。""初，大農幹鹽鐵官布多，置水衡，欲以主鹽鐵。"

【圖説2009】

説見"鐵兵工室"。

【秦官2018】

文獻和出土資料均證明秦有鐵官。《史記·太史公自序》："靳孫昌，昌爲秦主鐵官，當始皇之時。"睡虎地秦簡《秦律雜抄》有右采鐵和左采鐵，秦封泥有"鐵市丞印""鐵官丞印""鐵兵工室"和"鐵兵工丞"，里耶秦簡"鐵官"三見。可知秦時已設置鐵官、開採鐵礦並專設專門的工室製造鐵器，還設有專門管理"鐵市"的機構。從秦簡牘資料反映的情況來看，鐵官應是設置在地方但直屬於中央的管理機構。

左弋

《大系》P404

瑞按：封泥殘，似爲半通。

佐弋之印

1　　　　　　　2

1.《大系》P403
2.《大系》P404

【職地 2014】

　　左有佐助之意，用同佐。《史記·秦始皇本紀》有"佐弋竭"，秦都咸陽出土的筒瓦上有戳印陶文"弋左"兩件，文字豎排。袁仲一認爲"左弋下亦設有製陶作坊爲宫殿建築燒造磚瓦"。漢瓦當亦有"佐弋"。據秦封泥和上舉陶文資料來看，秦時有"左"和"佐"兩種寫法。秦北宫設有"佐弋"一職，應爲"佐弋"系統的屬官。據秦封泥"白水之苑""白水苑丞"，可知秦璽印"白水弋丞"應是在"白水苑"設立的射弋之官用印，蓋附屬於少府系統。焦南峰認爲秦始皇陵園 K0007 陪葬坑是"作爲外藏系統的一部分，代表或象徵的是少府屬下的左弋外池"。

【秦官 2018】

　　説見"佐弋丞印"。

佐弋丞印

1

2

1.《印風》P141;《彙考》P74;《大系》P403
2.《秦封》P140;《彙考》P74;《璽印》P434;《大系》P403

【發現1997】

據《漢書·百官公卿表》爲少府屬官。顏師古曾認爲佐弋是地名,不確。《史記·秦始皇本紀》曾記秦有佐弋竭。

【窺管1997】

從封泥看,證明了《表》文"左弋"的"左"爲簡寫之誤,《史記·秦始皇本紀》作"左弋"是對的。

【印考1997】

印面均爲正方形,田字格,邊長2釐米,印文邊欄完整(瑞按:指本封泥和"北宮弋丞")。"佐弋"亦即"左弋",掌弋射。《韓非子·外儲説左上》:"衛人有佐弋者,鳥至,因先以其庱之,鳥驚而不射也"。當知,佐弋六國時已有之。秦少府有"左弋令、丞"之屬。《史記·秦始皇本紀》有左弋竭,並説:"始皇九年,……佐弋竭等二十人皆梟首。"《居延漢簡釋文》有"左弋弩力六百廿"的記載,且運輸至邊郡。此兩印當是少府及北宮掌助弋射的佐官。

【叢考1998】

左弋,《漢書·百官公卿表》少府屬官有左弋,武帝太初元年改名佽飛。左弋即佐弋,左佐字同。王先謙《漢書補注》云:"佐謂助弋射之事,因以名官。"佐弋即助弋射之官,有令丞。漢城遺址多出土有"佐弋"瓦當,居延漢簡有"左弋弩六百廿"等文,漢代佐弋還兼造弓弩。……左弋丞印爲左弋副佐左弋丞之官印。

【秦封2000】

佐弋即左弋。《漢表》:少府屬官有左弋令丞,武帝太初元年改名佽飛,"掌弋射"。《史記·秦始皇本紀》記"左弋竭"。漢瓦當有:"佐弋"。

【簡讀2002】

《漢表》:"少府,秦官,……屬官有……左弋……武帝太初元年更名……左弋爲佽飛。……佽飛掌弋射。"師古曰:"左弋,地名。"不確。《韓非子·外儲説左上》:"衛人有佐弋者,鳥至,因先以其裷麾之,鳥驚而不射也。”

【彙考2007】

　　佐弋,即左弋。官名。秦始皇置,掌弋射。丞乃令之佐官。《漢書·百官公卿表》:“少府,秦官……屬官有……左弋……十二官令丞。”王先謙《漢書補注》:“左弋,即佐弋。《始皇紀》有‘佐弋竭’。左、佐字同,謂佐助弋射之事,因以名官。”

【圖說2009】

　　秦封泥,丞爲佐弋官署之副職。《漢書·百官公卿表》,秦時少府屬官有佐弋。《史記·秦始皇本紀》載有“佐弋竭”。佐弋掌弋射,而弋射多在苑囿舉行。《居延漢簡釋文》有“左弋弩力六百廿”的記載,可知左弋除掌助射一弋之外,還兼造一部分弓弩,且運輸至邊郡。秦咸陽宮遺址出土的秦瓦之上有“左弋”(《秦陶》1131),“弋”(《陶匯》5.454)等陶文,“弋”爲“左弋”之省文(《文物》1976.11)。漢有“佐弋”瓦當(傅嘉儀《秦漢瓦當》3例)應爲佐弋官署所用之瓦。

【分域2009】

　　佐弋即左弋,爲少府之屬官。《漢書·百官公卿表》載,少府屬官有左弋令、丞。

【集證2011】

　　《百官公卿表》有“左弋令、丞”,顔師古曰:“左弋,地名。”顔説顯然不對。《漢書補注》王先謙曰:“左弋即佐弋,《始皇紀》有‘佐弋竭’。左、佐字同,謂佐助弋射之事,因以名官。”由此印看,王説甚是。《百官公卿表》又云:“武帝太初元年,更名……左弋爲佽飛。……佽飛掌弋射,有九丞兩尉。”《漢書補注》王先謙曰:“‘佽飛’見《宣紀》,瓚注:‘在上林中,結矰繳弋鳧雁,歲萬頭,以供宗廟。’又見《趙充國傳》。”可知漢武帝時之佽飛即秦之佐弋,職掌弋射。秦文字已有佐字,睡虎地秦簡《效律》有“官佐史”,《秦律雜抄》有“吏臣及佐”。左讀爲佐,虢季子白盤:“王(賜)乘馬,是用左王。”“佐王”即輔佐王。但秦時已稱“佐弋”,《公卿表》反稱“左弋”,卻容易產生誤會,顔注即其例。

【官名2013】

　　秦官佐弋爲王之近侍,隸屬少府的管理,隨王狩獵時佐射之官。《史記·秦始皇本紀》:“衛尉竭、内史肆、佐弋竭、中大夫令齊等二十人皆梟首。”佐弋與衛尉、内史、中大夫令同列,地位亦應顯赫。

【秦官2018】

　　左同佐,有佐助之義。秦印封泥有“佐弋之印”“佐弋丞印”和“北宮弋丞”,傳世璽印還有“白水弋丞”,嶽麓秦簡中有“佐弋隸臣”,《史記·秦始皇本紀》有“佐弋竭”。秦都咸陽出土的筒瓦上有戳印陶文“弋左”兩件,文字豎排,袁仲一認爲“左弋下亦設有製陶作坊爲宮殿建築燒造磚瓦”。秦時北宮設有“佐弋”一職,應爲“佐弋”系統的屬官。

【廣封2019】

　　同《彙考2007》。

（十一）居　　室

居室丞印

　　　　1　　　　　　　　2　　　　　　　　3

1、2.《彙考》P75
3.《新出》P68

【兩漢1993】

　　西漢中期，封泥。印文二行四字。有界欄。《雙劍誃古器物圖録》著録。居室丞，主獄官吏。據《漢書·百官公卿表》，少府屬官有居室、甘泉居室令丞。《漢書·衛青傳》："青嘗從人至甘泉居室，有一鉗徒相青曰：'貴人也，官至封侯。'"張晏曰："居室，甘泉中徒所居也。"鉗徒、徒皆謂刑徒，居室即爲其囚所。《漢書·灌夫傳》："劾灌夫罵坐不敬，繫居室。"又，同書《蘇武傳》："陵始降時，忽忽如狂，自痛負漢。加以老母繫保宮，子卿不欲降，何以過陵。"師古曰：《百官公卿表》云：少府屬官有居室，武帝太初元年（公元前一〇四年）更名保宮。"秦漢時多以刑徒服宮室力役，居室令丞即爲管理徒隸居所之職官。東漢省。

【陝封1996】

　　居室是拘禁犯罪官吏的監獄，設有令、丞掌管，《史記·魏其武安侯傳》附灌夫："劾灌夫罵坐不敬，繫居室。"注引如淳曰："居室爲保宮，今守宮也。"《衛將軍驃騎列傳》："青嘗從入至甘泉居室。"正義云："居室，署名，武帝改曰保宮。"《漢書·百官公卿表》載，少府屬官有居室令、丞。武帝太初元年（前104年）更名保宮。這兩品封泥的時代應在太初元年以前。

【發現1997】

　　少府屬官，當爲帝后寢室之宦官。

【印考1997】

　　印面均爲正方形，田字格，前者邊長2釐米，邊欄寬博；後者邊長1.5釐米，印文與邊欄渾然一體（瑞按：前者指本封泥，後者指"居室寺從"）。《漢書·百官公卿表》：秦少府"屬官有居室、甘泉居室令、丞"。主管宮中居室，並置獄，亦即拘禁罪犯的機構。《史記·魏其武安侯列傳附灌夫》："（田蚡）劾灌夫罵坐不敬，繫居室。"《封泥考略》中有"居室丞印"封泥一品,是爲證。"居室寺從"當是少府居室中服務的官員。

【秦封2000】

《漢表》:少府屬官有居室令丞、甘泉居室令丞。《史記·魏其武安侯列傳·附灌夫》記田蚡"劾灌夫罵坐不敬,繫居室。"居室丞當主宫中居室、置繫獄事。《秦陶》咸陽瓦"□臺居室"。漢封泥見:《齊魯》《再續》"齊居室印",《封泥》《鐵雲》《考與》"居室丞印"。

【考略2001】

《漢書·百官公卿表》載,居室爲少府屬官,設令、丞。過去一般認爲"居室"爲西漢時代的少府屬官。秦"居室丞印""居室寺從"封泥的出土,證明秦官已有"居室"。關於居室職能,學術界一般認爲其主宫中之獄(居室獄)。其實負責宫内建築也是"居室"的重要職責之一。漢長安城未央宫前殿B區遺址、椒房殿遺址和少府遺址均出土有"居室"或"居"字陶文的板瓦、筒瓦,可作爲其掌宫内宫殿建築的佐證。

【簡讀2002】

《漢表》:"少府,秦官,……屬官有……居室、甘泉居室令……武帝太初元年更名……居室爲保宫,甘泉居室爲昆臺。"《漢書·蘇武傳》:"加之老母繫葆宫",保宫即居室,時爲拘禁將士家屬之所。《張家·二年·秩律》:"居室……秩各六百石,有丞、尉者半之。"

【上封2002】

《百官表》屬少府,主宫中徒獄。漢承之,館藏有漢"居室丞印"封泥。

【彙考2007】

居室丞,官名。秦漢少府屬官。主居室獄,或謂掌宫内房屋之官。佐官有丞。漢武帝太初元年更名爲保宫。《漢書·百官公卿表》:"少府,秦官……屬官有……居室……武帝太初元年更名……居室爲保宫。"《漢書·魏其武安侯列傳》:"(武安侯田蚡)劾灌夫罵坐不敬,繫居室。"

【分域2009】

居室,宫中監獄名,屬少府。《漢書·百官公卿表》載,少府屬官有居室及甘泉居室令、丞。

【集證2011】

《漢書·百官公卿表》:"少府,……屬官有……居室、甘泉居室……令、丞。武帝太初元年,更名……居室爲保宫,甘泉居室爲昆臺……"居室或爲拘禁犯罪官吏之處。《漢書·灌夫傳》"劾灌夫罵坐不敬,繫居室。"《蘇武傳》:"陵始降時,忽忽如狂,自痛負漢,加以老母繫保宫,子卿不欲降,何以過陵?"又司馬遷《報任少卿書》:"季布爲朱家鉗奴,灌夫受辱於居室。"不過居室的職責不應屬此,從字面看,居室最初可能與管理住宅有關。《禮記·曲禮下》:"君子將營宫室,宗廟爲先,廄庫爲次,居室爲後。"居室與廟、庫並列,指住宅。秦時居室當是宫室管理之官。《周禮·天官冢宰》有官正一職,"掌王宫之戒令糾禁";又有宫人,"掌王府六寢之修",秦漢時居室的職責應該相近。因其長"戒令糾禁",故有時拘禁有罪者。《封泥彙編》14·3有漢"居室丞印"封泥,無界格。

【官名2013】

《漢書·百官公卿表》:"少府,秦官。……屬官有……居室、甘泉居室。"居室丞當主宮中居室,置繫獄事。居室寺從,應是居室令、丞的寺從。

【職地2014】

《秦漢官制史稿》中據《漢書》兩見"繫居室",認爲居室"當時管理宮内房屋的機構。或者宮内建築,亦由此官負責"。《秦文字集證》和《秦封泥彙考》基本同意此說。至於《漢書·灌夫傳》《蘇武傳》中顯示居室爲拘禁犯罪官吏的記述,王輝先生據《周禮·天官冢宰》屬官"宮正"有"掌王宮之戒令糾禁"的職責,認爲居室的主要職責還是"宮室管理之官",只是"有時拘禁有罪者"。此說較爲合理。秦都咸陽二號宮殿遺址出土"□臺居室"陶文一件,秦始皇陵出土板瓦和筒瓦上有"居室"陶文2件。袁仲一認爲"這説明居室亦爲宮廷的宮殿建築和陵園建築燒造磚瓦,這爲人們以往所不知,可補史之闕"。從《百官公卿表》中居室和甘泉居室並列來看,居室在一些離宮中也有設置。秦封泥中"居室丞印"一種多達140餘枚,是單品封泥中出現頻率最高的,可見此機構奏事之頻繁。這些居室丞印均爲相家巷出土,或可能與出土地性質有關。

【秦官2018】

居室見於先秦文獻、睡虎地秦簡和嶽麓秦簡,本指居所,秦漢時也是官署名稱,如"甘泉居室"。《秦漢官制史稿》認爲居室"當是管理宮内房屋的機構。或者宮内建築,亦由此官負責",王輝先生認爲居室的主要職責還是"宮室管理之官",只是"有時拘禁有罪者"。秦陶文有"□臺居室"和"居室",袁仲一認爲:"這説明居室亦爲宮廷的宮殿建築和陵園建築燒造磚瓦,這爲人們以往所不知,可補史之闕。"秦封泥有"居室丞印""安居室丞""安臺居室""居室寺從"和"寺從"。從《漢書·百官公卿表》中居室和甘泉居室並列來看,在一些離宮,如甘泉宮中也有設置。安臺爲秦宮室或重要建築名稱,見於秦封泥"安臺之印""安臺丞印"和"安臺左壓"等。秦封泥"安臺居室"與文獻"甘泉居室"的情形類似,是設在安臺的居室機構,而"安居室丞"應是"安(臺)居室丞"之省稱。

居室寺從

1   2

1.《印風》P138;《印集》P37;《彙考》P79;《大系》P133

2.《秦封》P143;《彙考》P79

【發現1997】

說見"居室丞印"。

【宦官1997】

"寺"通"侍"字,"寺從"應即爲侍從。侍從多作爲一種泛稱,作爲一種機構或職官名稱則未見史籍記載。上述封泥之"寺從",無疑並非泛稱,而是一種機構和職官的名稱。先秦時代"寺人"曾是一種常見的宦官官職名稱,後亦將寺人作爲閹人宦官的泛稱。未知此處封泥之"寺從",是否與寺人職官的發展演化有關。故宮博物館藏有"寺從市府"秦印,羅福頤先生認爲:"寺從當是宦者。"由上述封泥可知,寺從不僅是一個單獨的機構,而且在一些其它機構(如居室)中也有寺從職官設置。

【印考1997】

說見"居室丞印"。

【補讀1998】

因原稿請人抄寫誤奪,加之校對不謹,因此在《考古與文物》的釋文中出現可笑的謬誤。《新發》的意見是正確的。《漢表》載少府屬官有"居室、甘泉居室令丞",武帝太初元年更名保宮。居室爲拘禁犯罪官吏的監獄,《史記・魏其武安侯列傳》附灌夫:"(田蚡)劾灌夫坐不敬,繫居室。"注引如淳曰:"居室爲保宮,今守宮也。"

【叢考1998】

《漢書・百官公卿表》載少府屬官有"居室、甘泉居室令丞",武帝太初元年更名保宮。居室有人以爲拘禁犯罪官吏的監獄,安作璋等以爲是宮內管理房屋的機構,周曉陸以爲是帝后寢室之宦官,皆非。按《百官表》及《史記・魏其武安侯列傳》附灌夫注引如淳之說,皆以居室,保宮爲一保官,保或作葆,見於《墨子》城守諸篇,已證其爲秦人制度,居延漢簡凡九見,又《漢書・蘇武傳》李陵言"加之老母繫葆宮",足證保宮即前方將士家屬質居之所。……另據《墨子》城守諸篇,《百官表》以爲武帝時期更名曰居室爲保宮,也是不妥的。此前秦早已有保宮之名。寺從,《徵存》0008有"寺從市府",寺從是宮中職官,屬少府,"居室寺從"應同之。"居室寺從"與"寺從丞"的關係還可進一步探討,二者或許是正副職的關係。

【秦封2000】

說見"居室丞印"。"居室寺從"當爲居室之屬官。《詩經・秦風・東鄰》:"未見君子,寺人之令。"毛傳:"寺人,內小臣也。"鄭箋:"寺,如字。又音侍,本亦作侍字。寺人,閹人。"《周禮・天官》有寺人,掌王之內人及女官之戒令。《文選・兩都賦序》:"故言語侍從之臣。"寺從當爲宦者,寺通侍。

【簡讀2002】

釋讀見"居室丞印"條。故宮藏"寺從市府"秦印,羅福頤先生以爲:"寺從當是宦者。"

【彙考2007】

"居室寺從"應爲居室之屬官。《釋文》:"寺,如字。又音侍,本或作侍字。"寺從,也指隨侍的人。班固《文選・兩都賦・序》:"故言語侍從之臣,若司馬相如……朝夕論思,日月納獻。"又見《漢書·霍皇后傳》:"皇后鞏駕,侍從甚盛。"

【分域2009】

寺即侍,該印爲居室的侍從所用。

【集證2011】

居室爲少府屬官,其職責是管理宮室,說見上54印考釋(瑞按:指"居室丞印")。居室而有侍從,足見侍從是閹官,侍從主人起居。

【官名2013】

說見"居室丞印"。

【秦官2018】

說見"居室丞印"。

【廣封2019】

同《彙考2007》。

居室倉印

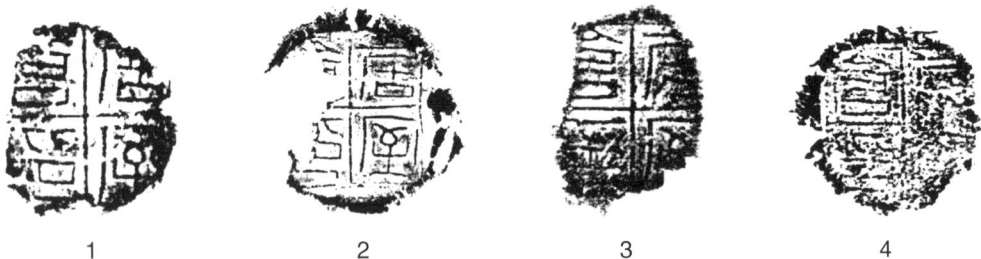

1—4.《大系》P132

瑞按:居室單獨設倉不見於文獻。以陶文言,居室尚負責建築材料生產,倉、廥之設,應與此有一定關係。

居室廥印

《大系》P132

瑞按:說見"居室倉印"。

居室司空

《大系》P133

　　瑞按：秦漢宫殿建築所出筒瓦、板瓦上偶有"居室"陶文,學者指出此與居室爲拘禁犯罪官吏的監獄有關。從封泥看,居室下設司空,之前出土"居室"陶文的生産當由"居室司空"所司完成。

居室左般

《大系》P134

(十二) 諸 居 室

甘泉居□

《大系》P84

　　瑞按：《漢書·百官公卿表》少府屬官有"甘泉居室"。《漢書·衛青傳》"青嘗從人至甘泉居室",注引張晏曰："居室,甘泉中徒所居也。"

西室居室

《大系》P288

瑞按：西室，不見秦漢文獻。以"甘泉居室"言，"西室"當與宮名有關。然以"室"名宮，文獻未載，或可與"椒房"之以"房"爲名相似。當然亦不排除"西室"爲省稱的可能。

（十三）司　　空

司空

1　　　　　　　　　2

1.《菁華》P62
2.《大系》P230

【體系2010】

　　《秩律》明確說司空屬郡。前考"泰山司空"（《集成》347）封泥與"南海司空"銅印（《徵存》21）認爲"秦漢皆無其縣，印文非郡無以歸之"可以互證。"琅邪司丞"之"司丞"又爲司空丞之省。西漢初郡國司空見有"齊司空長"（《集成》348）、"楚宮司丞"（《集成》2599）。秦封泥中以"琅邪"領屬之職官還有琅邪司馬（《集成》736）、琅邪候印（《集成》739）、琅邪發弩（《集成》2045）及其都水、鹽丞等一組。琅邪雖同時有縣，但上揭諸官形成的體系，顯然不是縣署所能有，故它們的共同歸屬亦得以確定。

【官名2013】

　　古音"工"與"空"相通，楚官司工，即秦之司空，爲少府屬官，主掌土木建造之工事，築城池以防守外敵侵擾。秦的地方行政機構也常設有司空一職，如聞陽司空（《徵存》020）、南海司空（《徵存》021）、泰山司空（《徵存》218）等。

　　瑞按：《春秋左氏傳・文十六年》"以至於堯，堯不能舉。舜臣堯，舉八愷，使主后土"注"后土，地官。禹作司空，平水土，即主地之官。"《周禮・考工記》疏：鄭司農云："象冬所立官也。是官名司空者，冬閉藏萬物，天子立司空，使掌邦事，亦所以富立家，使民無空者也。"《周禮・司救》"凡民之有衺惡者，三讓三罰，而士加明刑，耻諸嘉石，役諸司空。"疏"云役諸司空，使事官作之也者，以其司空主事故也。"《漢書・百官公卿表》"禹作司空，平水土"，"天官冢宰，地官司徒，春官宗伯，夏官司馬，秋官司寇，冬官司空，是爲六卿"，"或説司馬主天，司徒主人，司空主土，是爲三公"。顔師古曰："冢宰掌邦治，司徒掌邦教，宗伯掌邦禮，司馬掌邦政，司寇掌邦禁，司空掌邦土也。"宗正屬官有"都司空令丞"，注引如淳曰："律，司空主水及罪人。賈誼曰'輸之司空，編之徒官'。"而據《漢書・伍被傳》都司空又分左右。少府屬官有"左右司空"。水衡都尉屬官有"水司空"，而成帝綏和元年更御史大夫爲大司空。此外文獻中還有軍司空，見《漢書・杜周傳》"以延年三公子，吏材有餘，補軍司空。"注引蘇林曰："主獄官也。"如淳曰："律，營軍司空、軍中司空各二人。"《漢書・馮奉世傳》："前將軍韓增奏以爲軍司空令。"此外據《漢書・地理志》京兆屬縣有船司空。

　　又，嶽麓秦簡有"四司空共令、四司空卒令"之秦令名，還有"少府均輸、四司空，得及自出者"的簡文，魯家亮先生認爲四司空應是左司空、右司空、宮司空，但第四個司空尚難確定。其注意到《亡律》30號簡"它官徒輸宮司空、泰匠、左司空、右司空者"的內容，認爲這四者並列，或許就是四司空。但也注意到泰匠即大匠，與工師同，與司空關係如何尚不甚明白。認爲從270"泰匠有貲贖責（債）弗能入，輒移宮司空，除都膚"的內容看，泰匠和宮司空關係密切。因此結合嶽麓簡看，秦的泰匠似也可視爲司空官的一種，泰匠後來演變爲"大匠宮司空"的源頭可追溯到秦。秦時泰匠、宮司空、左司空、右司空統稱爲四司空（《嶽麓書院藏秦簡〈亡律〉零拾》《出土文獻與法律史研究(6)》P123—126）。

司空之印

1　　　　　　2

1.《新出》P77；《大系》P230

2.《大系》P230

【秦官2018】

　　説見"左司空印"。

司空丞印

　　無圖,釋讀見《職地》P166。

　　瑞按:此封泥爲《職地2014》P588引,言爲日本觀峰館藏,未見圖像。

（十四）宮 司 空

宮司空印

　　　　1　　　　　　　　　　　2

1.《秦封》P124;《彙考》P163
2.《秦封》P124;《彙考》P163

【歷代1987】

　　在考訂"宮丞之印"印時指出,宮丞官名,亦見於傳世文獻,《再續封泥考略》卷一著録有"洛陽宮丞"。《漢書·百官公卿表》載,少府屬官有鈎盾令丞,師古注:"鈎盾令一人,六百石。本注曰:宦者,典諸近池苑囿遊觀之處。丞、永安丞各一人,三百石。本注曰:宦者。永安,北宮東北别小宮名,有園、觀。"永安宮爲小宮,有丞主之,則此"宮丞之印"之宮丞,其職掌亦應與之相類,當係長沙國中掌管宮廷之官吏。

【發現1997】

　　秦九卿之一宗正"屬官有都司空令丞,内官長丞"。如淳曰:"律,司空主水及罪人。"賈誼曰:"輸之司空,編之徒官。"此宮司空是否確爲宗正屬官待考。

【印考1997】

　　印面均爲正方形,田字格,前者邊長1.8釐米;中者邊長1.5釐米;後者邊長2釐米,且邊欄寬博,印文規整(瑞按:中者指本封泥,前、後者指"左司空丞""宮司空丞")。左、右司空令、丞,是秦代少府屬官,爲掌管水利和工程建設的官員。秦官印中有"右司空印"一枚。"宮司空丞"推知有可能爲秦時專門負責宮殿建設的佐官。《齊魯封泥集存》及《官印徵存》收録有"宮司空印"和"宮司空丞之印"各一枚。

【秦封2000】

《漢表》：宗正“屬官有都司空令丞”。如淳曰：“律，司空主水及罪人。賈誼曰：輸之司空，編之徒官。”秦《睡虎·徭律》：“司空將功及主堵者有罪。”漢封泥見：《齊魯》《再續》《澂秋》“齊宮司空”，《齊魯》《再續》《考與》“宮司空丞”，《印典》“洛陽宮丞、齊宮司丞”。漢印見：《徵存》“宮司空，宮司空丞之印”。漢瓦當見：“都司空瓦”。茂陵霍去病墓前石刻文字有“司空”。

【考略2001】

“司空”相傳商代已置，爲天子“五官”之一，西周爲“三公”之一，《周禮》中其列“六卿”。司空掌宮邑營建、道路修築、平整水土等土木工程。戰國時代王室、諸侯國及邑、縣每置。司空有主民事工程，也有掌軍事工程者。故有“縣司空”“軍司空”。《漢書·百官公卿表》載：少府、水衡都尉、宗正等屬官分別有“左右司空”“水司空”“都司空”。疑秦“宮司空”主王室或皇室宮室和陵寢相關的土木工程及罪人。秦漢都城、帝王陵寢遺址出土陶器、磚上多見“宮”字爲首的陶文。但我們注意到，秦以“宮”字爲首的陶文多見於秦始皇陵兵馬俑坑的陶俑和秦始皇陵園建築遺址的磚瓦之上。有人認爲此“宮”爲“宮水”之省文。秦咸陽城遺址極少發現“宮”字類陶文，其宮室建築的磚瓦陶文多爲“左、右司空”類陶文，這種情況在秦始皇陵園建築遺址的磚瓦陶文中也大量存在。西漢初期都城及陵寢建築遺址中均出土“宮”和“大”字爲首的陶文，但“左右司空類陶文較少”。“大”爲“大匠”省稱，“宮”則爲“宮司空”省文，漢代封泥、印章均有“宮司空”，如“齊宮司空”“宮司空丞”封泥，“楚宮司空”“宮司空”“宮司空丞之印”印章等。

【簡讀2002】

《漢表》：“宗正，秦官，……屬官有都司空令丞，内官長丞。”如淳曰：“律，司空主水及罪人。賈誼曰：‘輸之司空，編之徒官。’”《秦簡》有“司空”律。

【彙考2007】

宮司空，官署名。主役使刑徒及水土工程的官署。《漢書·百官公卿表》宗正屬官有都司空令丞。顏師古注引如淳曰：“律，司空主水及罪人。”

【分域2009】

宮司空，官署名。《漢書·百官公卿表》載，九卿之一的“宗正”屬官有“都司空令丞、内官長丞”。“宮司空”可能爲獨立於九卿之外，專管宮廷事務的司空之屬官。

【集證2011】

説見“宮司空丞”。

【秦官2018】

説見“左司空印”。

【廣封2019】

同《彙考2007》。

宮司空丞

1　　　　　　　　2　　　　　　　　3

1.《彙考》P164
2.《大系》P98
3.《彙考》P164

【陝封1996】

　　司空,在西周是主管工程營建之官,金文寫作司工。它和司土、司馬合稱三有司,是中央執政大臣之一。春秋戰國時期,工程多用刑徒,所以司空亦兼管刑徒,到了秦代,司空逐漸演變成主管刑徒的職官。《漢書·百官公卿表》宗正屬官有都司空令、丞,少府屬官有左右司空令、丞,水衡都尉有水司空令、丞,但未見宮司空令、丞。宮司空丞封泥除本品外,《齊魯封泥集存》收錄一品,《官印徵存》收錄"宮司空"印和"宮司空丞之印"各一品。漢承秦制,西漢的司空也是主管刑徒的。《漢書·百官公卿表》注引如淳曰:"律,司空主水及罪人。賈誼曰:輸之司空,編之徒官。"又同書《公孫劉田王楊蔡陳鄭傳》載;(陳咸)"起家復爲南陽太守,所居以殺伐立威,豪猾吏及大姓犯法,輒論輸府,以律程作司空"。注引師古曰:"司空,主行役之官。"我以爲所謂"司空主水及罪人"當是水司空的職責,因爲水司空屬水衡都尉。水衡都尉掌治上林苑,主都水。水司空管理的刑徒必多從事上林苑中水利工程的勞作;左右司空屬少府,少府供養皇室,主管皇家膳食、起居、織造、鑄器和修建陵墓等,從始皇陵出土的磚瓦文字及茂陵霍去病墓石雕上刻有"左司空"署名看,左右司空的刑徒主要從事皇家陵墓工程的勞作;都司空的刑徒主要爲國都修建工程燒造磚瓦,陳直先生在其《漢書新證》中考證説,西漢都司空令主要是督造磚瓦,署中徒隸衆多,故便於燒製。並舉漢長安城門、未央大殿等遺址出土的"都建平三年""都元始五年""元延元年都司空瓦""居攝二年都司空"瓦,"始建國四年保城都司空"瓦、"天鳳四年保城都司空造官瓦"等文字瓦片以作證明。"宮司空"《百官公卿表》未載,僅見於封泥印章,依上分析其職責當是管理宮中從事工程勞作的刑徒。漢代諸侯王國的官制與中央相同,《齊魯封泥集存》收錄的"齊宮司空"封泥,應是齊國管理宮室修建工程刑徒的官署遺物。

【發現1997】

　　説見"宮司空印"。

【印考1997】

説見"宮司空印"。

【秦封2000】

宮司空丞爲宮司空之丞。説見"宮司空印"。

【考略2001】

"宮司空丞"爲"宮司空"屬官,係"宮司空令"副貳。

【簡讀2002】

釋讀見"宮司空印"條。

【上封2002】

《百官表》少府、宗正屬官有"司空令、丞""都司空"。"官司空"漢亦沿置,見封泥"宮司空丞""齊宮司空""楚宮司主","宮司空"當屬掌宮室工程及罪人之官。

【彙考2007】

説見"宮司空印"。

【圖説2009】

有田字格及無田字格兩式。宗正屬官有都司空令丞,"律,司空主水及罪人。"秦磚瓦壓印印迹中多見大水(《秦陶》84)、左水(《陶匯》5.242—248、《秦陶》689、750)、右水(《秦陶》666)、宮水(《秦陶》894)、寺水(《陶匯》5.249)等機構名。大水爲中央主水利機構,下設左、右水負責全國水利工程。宮水、寺水則爲負責宮廷用水、排水設施,苑囿的池沼湖泊工程的機構。因始皇陵園之需,受中央官府的指令,也參與製陶,燒造磚瓦等建築材料。《秦代陶文》收帶宮水印迹的陶文86件,寺水類印迹陶文47件,大水類印迹50件,左、右水類印迹陶文93件,形式多樣。

【分域2009】

説見"宮司空印"。

【集證2011】

秦宮有廄(見下"宮廄丞印"),北宮有"工丞"("北宮工丞"),則此"宮司空""宮司空丞"應即秦宮之司空令、丞。《封泥彙編》14·6有漢"宮司空丞"封泥,無界格。(以下文字見釋讀"聞陽司空")司空爲掌管水土工程之官。《後漢書·百官志》:"司空公一人。本注曰:'掌水土事。凡營城起邑、浚溝洫、修墳防之事,則議其利,建其功。'"

【秦官2018】

説見"左司空印"。

【廣封2019】

説見《彙考2007》"宮司空印"。

（十五）左右司空

左司空印

1　　　　　　2　　　　　　3

1.《秦封》P146;《彙考》P80;《璽印》P445;《大系》P396
2、3.《新出》P52;《大系》P396

【新見1996】

　　左司空,少府屬官,主造陶瓦。秦陶文中常見左司、左司空等印記,但印章及封泥中過去未發現左、右司空令丞之官。從兩者形制上的不同可以認識,後者是製瓦的專用戳記,前者乃正式頒行的官印所抑,故使用範圍有限。屬於少府的官印封泥,蕭氏另有"御府主印",《古封泥集成》錄有近世出土的齊、楚、長沙、廬江等諸侯王御府,屬於朝廷的御府丞封泥,這是首次發現。

【秦封2000】

　　《漢表》:少府屬官有"左、右司空令丞"。《秦陶》"左司空,左司"。漢印見:《兩漢》"左司空"。茂陵霍去病墓前石刻文字有"左司空"。

【考略2001】

　　《漢書·百官公卿表》載,少府屬官有左右司空,各置令丞。秦始皇陵園、秦咸陽城遺址、阿房宮和林光宮遺址等出土有"左司空"類陶文122件、36種;"右司空"陶文73件、31種。大多見於板瓦或筒瓦之上,其中有29件陶文爲"左司空"、7件陶文爲"右司空"均與人名相連,其餘左、右司空類陶文則爲其省稱或官署省稱與人名相連。值得注意的是,左、右司空類陶文僅見於建築材料板瓦或筒瓦和極個別的磚上,墓内陶器、秦始皇陵陪葬坑的秦俑之上則没有這類陶文。西漢時代宮殿及其他皇室建築使用的磚瓦已多由"大匠"和"宮司空"負責生產,左右司空的產品不占主導地位,這從西漢時代都城長安皇室建築遺址出土的陶文資料可以反映出來。

【簡讀2002】

　　《漢表》"少府,秦官……屬官有……左右司空"。

【彙考2007】

　　左司空,官署名。周置。春秋各國多設置,秦漢因之。職掌土木建造工程。秦漢屬少府。《漢書·百官公卿表》少府屬官有左、右司空令丞。同書注引如淳曰："律，司空主水及罪人。"

【圖説2009】

"右司空"爲少府之屬官。"司空"，傳世的秦詔版、秦虎符、秦權量上的文字與之相似。"印"字末筆向右下斜出，爲秦印的一個特點。《漢書·百官公卿表》載，少府屬官有左右司空，各置令丞。秦始皇陵園、秦咸陽城遺址、阿房宫和林光宫遺址等出土有"左司空"類陶文122件、36種；"右司空"陶文73件、31種。大多見於板瓦或筒瓦之上。其中有29件陶文爲"左司空"、7件陶文爲"右司空"均與人名相連，其餘左、右司空類陶文則爲其省稱或官署省稱與人名相連。值得注意的是，左、右司空類陶文僅見於建築材料板瓦或筒瓦和極個別的磚上，墓内陶器、秦始皇陵陪葬坑的秦俑之上則没有這類陶文（《秦代陶文》袁仲一《概説》）。

【分域2009】

司空，官名，周代就有此官，春秋戰國時期，各國均沿置，掌管土木工程建造。秦之司空，爲少府屬官，且分左、右。左司空丞當屬左司空令的佐官。

【職地2014】

張家山漢簡《二年律令·秩律》有"中司空"和"郡司空"，秩級同爲八百石，但其隸屬關係不明。睡虎地秦簡《秦律十八種·徭律》："未卒堵壞，司空將功及君子主堵者有罪……度功必令司空與匠度之，毋獨令匠。"從簡文來看，"司空"負責土木工程類的建築事務，與文獻記載一致。從秦陶文資料來看，左右司空也負責燒造磚瓦等建築材料。《秦陶文新編》著録了秦都咸陽和秦始皇陵園等地出土，由左右司空機構燒造的磚瓦上戳印的陶文數百件，格式完整者有"左司空某""右司空某"，或簡化爲"左司某""左司"或"左司某"，還有簡化作"左某""右某"；同出陶文還有"宫某""左宫""右宫""北司"等，應分别爲宫司空某、左宫司空、右宫司空和北宫司空之省稱。另有左水、右水，袁仲一認爲"可能是左司空下屬的專門主管爲陵園燒造磚瓦而設的一個官署機構名"。我們認爲左右可能是指左右司空，水爲"都水"之省。同樣地，秦陶文中的"宫水""大水"和"寺水"也應分别是"宫司空都水""大匠都水"和"寺司空都水"的省稱。因爲都水是秦漢時期，中央多個機構及三輔、郡國均普遍設置的一個機構，而且建造秦始皇陵園需要大量磚瓦，故都城咸陽的各個相關部門均爲陵園建造供應磚瓦等建築材料。

【秦官2018】

"司空"主要負責上木工程類的建築事務，從秦陶文資料來看，左右司空也負責燒造大量的磚瓦等建築材料。因爲司空是一個普遍設立的機構，秦璽印封泥和陶文中有種類繁多的各級司空，其中可能隸屬於少府的有"司空之印""司空丞印""宫司空印""宫司空丞"和"右司空印"等。秦在中央各機構和郡縣各級均設有司空。中央各機構所設司空見於秦璽印封泥和陶文，各郡縣所設司空主要見於秦璽印封泥和里耶秦簡等資料。秦封泥中的司空類職官重複率極高，如"宫司空印"（13枚）、"宫司空丞"（89枚）、"左司空印"（22枚）、"左司空丞"（56枚），反映出左右司空及宫司空掌管宫内外，包括秦始皇陵園等各種土木磚瓦工程的建設，事務相當繁忙。

【廣封2019】

　　案《漢書·百官公卿表》，"少府，秦官，掌山海池澤之稅，以給共養，有六丞"，屬官有"左右司空"令丞。(如淳曰："律，司空主水及罪人。")

　　瑞按：秦陶文多有"左司某"者，陳直先生指出左司爲左司空之省，漢代簡稱爲左空，漢霍去病墓石刻有左司空，秦漢時代左司空主要製造磚瓦兼管石刻(《摹盧叢著七種》P369、435)。劉慶柱、李毓芳先生1983年指出左司爲左司空省文，秦咸陽遺址左司空省爲左空(《古文字論集(1)》P75)。袁仲一先生指出陶文中"左某"中的左亦爲左司空(《秦代陶文》P39)。

左司空丞

1

2

1.《印風》P126;《書法》P37;《書集》P119;《彙考》P80;《大系》P395
2.《彙考》P80;《大系》P395

【發現1997】

　　秦少府屬官。

【印考1997】

　　説見"宮司空印"。

【秦封2000】

　　《漢表》：少府屬官有"左、右司空令丞"。參見"左司空印"。《秦陶》"左司空、左司"。漢封泥見：《臨淄》《澂秋》《封存》《續封》《建德》《齊魯》《封拓》"司空之印"，《齊魯》《再續》"泰山司空"，《齊魯》《再續》"司空長"，《澂秋》《封存》《封泥》《臨淄》《齊魯》《建德》"司空"。漢印見：《兩漢》"左司空"。茂陵霍去病墓前石刻文字有"左司空"。

【考略2001】

　　"左司空丞"爲"左司空"屬官，爲"左司空令"副貳。

【簡讀2002】

　　釋讀見"左司空印"條。

【上封2002】

　　屬少府。《百官表》有"左右司空令、丞"，秦陶文見"左司空"瓦，漢霍去病墓石刻有"左司空"篆銘。左右司空職掌當主陶瓦。

【彙考2007】

左司空丞,官名,左司空令之佐官。説見"左司空印"。

【圖説2009】

秦少府屬官,爲"左司空令"副貳。右司空嬰(《陶旅》5.231—235)、左司空(5.236—238)陶文印迹。左司(《陶匯》5.303),左司空省文。但此類官職。今依秦始皇陵"麗山飤官"建築遺址已有左、右"司空"瓦文出土。秦始皇陵出土陶文有"左司高瓦"(《秦代陶文》560、564),"左司"爲"左司空"之省文,"左司""左空""右空"多見瓦文,當與製陶業有關。

【分域2009】

説見"左司空印"。

【集證2011】

《漢書·百官公卿表》少府屬官有"左、右司空令、丞"。

【秦官2018】

説見"左司空印"。

【廣封2019】

案《漢書·百官公卿表》:少府屬官有"左右司空"令丞。此其丞之印也。

右司空丞

1　　　　　2　　　　　3　　　　　4

1.《補讀》圖10;《秦封》P146;《彙考》P83;《璽印》P445;《大系》P338

2.《古封》P25;《秦封》P146;《彙考》P83;《大系》P339

3、4.《新出》P86;《大系》P339

【官印1990】

在考訂"右司空印"印時指出,《漢書·百官公卿表》:"少府,秦官",屬官有左、右司空。秦始皇陵園範圍内出土秦代中央官署所造的筒瓦及板瓦上,印有"左司空系""右司空尚""右司空嬰""右司空系""右司空御"等戳記,其字體風格與此二印相同,據此可定此二印當時秦代少府屬官右司空所用的官印。

【補讀1998】

《漢表》少府屬官有左、右司空令丞。《秦陶》見"右司空、右空"。秦印見《徵存》"右司空丞"。漢瓦當見"右空"。

【秦封2000】

《漢表》："少府屬官有左、右司空令丞"。《秦陶》見"右司空，右空，右"。《徵存》録秦印"右司空丞"。茂陵霍去病墓前石刻文字有"司空"。漢瓦當見"右空"。

【簡讀2002】

釋讀見"左司空印"條。漢瓦當有"右空"。

【彙考2007】

説見"左司空印"。

【分域2009】

右司空，職官名，《漢書·百官公卿表》云："少府，秦官，掌山海池澤之税，以給共養，有六丞。"其屬官有左、右司空。司空掌管土木工程，由於工程多用刑徒，後來逐漸成爲主管刑徒之官名。"右司空印"（《徵存》4.18）、"右司空丞"（《印集》178）兩印爲少府屬下之右司空令和佐官所用。

【集證2011】

首字周曉陸隸作"右"，字已殘，也可能是"左"字。（以下文字爲釋讀"右司空印"）古璽皆稱司工，《璽匯》0080、0081有"司工"，0085爲"平陰都司工"，而秦簡皆稱司空，見《徭律》《司空》。亦簡稱司或空。秦始皇陵出土陶文有"右司空係"（《秦代陶文》615—620），"右司空嬰"（《秦代陶文》628），其字體風格與此二印同。秦陶文又有"左司空"（《秦陶》521）。又有"左司高瓦"（《秦代陶文》560、564），"左司"爲"左司空"之省文；另《季木藏陶》《金石萃編》《關中秦漢陶録》輯有漢"右空"陶文瓦片或文字瓦當。"左司""左空""右空"多見瓦文，當與製陶業有關。

【職地2014】

説見"左司空印"。

【秦官2018】

説見"左司空印"。

右□空印

《新選》P117;《大系》P339

瑞按：原釋讀爲"右司空印"，封泥殘，右下字不存，是否爲"司"尚待綴合。

（十六）諸　司　空

采司空印

《發現》圖60；《圖例》P54；《秦封》P162；《璽印》P445；《大系》P41

【發現1997】

少府屬官，雲夢睡虎地秦簡《秦律雜抄》："采山重殿，貲嗇夫一甲。"又"大官、右府、左府、右采鐵、左采鐵課殿，貲嗇夫一甲。"

【秦封2000】

《睡虎・秦律雜抄》："采山重殿，貲嗇夫一甲。""大（太官）、右府、左府、右采鐵、左采鐵課殿，貲嗇夫一甲。"《周禮・地官・卝人》："掌金玉錫石之地，而爲之厲禁以守之。"采丞主採礦，同與卝人。漢封泥見：《臨淄》"齊采鐵印，采鐵"。《文物》"楚采銅丞"，《續封》《建德》《封泥》"采銅"。

【簡讀2002】

《秦簡・秦律雜抄》："大官、右府、左府、右采鐵、左采鐵課殿，貲嗇夫一甲。"趙平安先生認爲采是采邑，采司空"職責是管理采邑的工匠勞役"。

【圖說2009】

《睡虎・秦律雜抄》："大官、右府、左府、右采鐵、左采鐵課殿，貲嗇夫一甲。"《周禮・地官・卝人》："掌金工錫石之地，而爲守之。"采司空（工）應與礦人相同掌金玉錫石等礦產的開採。戰國採礦官署有西采金印、隍采金印、隍采金丞（見《金幣篇》），采青丞印（見《染織篇》），采珠（《考與》2005.5，未附圖版）。

【秦漢2010】

在考訂"采金府印"時指出，"采金"亦見於張家山漢簡《二年律令・金布律》簡438。相家巷出土秦封泥有"采赤金丞""西采金印""隍采金印""隍采金丞"等。

【集證2011】

"采司空"之名文獻失載，但睡虎地秦簡《秦律雜抄》有"采山""采鐵"的機構，性質應該相近。簡云："采山重殿，貲嗇夫一甲，佐一盾。……大官、右府、左府、右采鐵、左采鐵課殿，貲嗇夫一盾。"整理小組注釋說："采山，即採礦，《文選・吳都賦》：'采山鑄鐵。'"又云:"右采鐵、左采鐵,應即《史記·太史公自序》所説'秦主鐵官'。丁冕圃《璽印集英》有'右冶鐵官'秦印。西漢封泥有'臨菑采鐵',是郡國的鐵官,參看《漢書新證》卷一。"《漢書·百官公卿表》治粟内史屬官有"斡官鐵市兩長丞",云:"初斡官屬少府,中屬主爵,後屬大司農。"采司空是否司采鐵不明,故其屬少府還是屬治粟内史亦不明,但其主採集貨物,則可肯定,故置於此。

【研究2012】

周曉陸等先生"采司空"印同采山、采鐵諸官對應,實際二者性質並不相同。采是大夫封邑。《禮記·禮運》説:"故天子有田以處其子孫,諸侯有國以處其子孫,大夫有采以處其子孫。是謂制度。"采設司徒、司馬、司空三有司。西周金文裘衛盉、五祀裘衛鼎將三有司並提。單獨出現時,最多的是司馬,其次是司徒,司空很少出現。封泥的發現,正可解決這種疑惑,表明秦繼承西周傳統,確實在采設司空,職責是管理采邑的工匠勞役。秦屢有封君食邑的記載,可參考馬非百先生的《秦集史·封爵表》和侯志義先生的《采邑考》。西漢也有采邑,王莽托古改制,采地也置司空,如"東光采空丞"(《官印徵存》)即"東光采司空丞",爲東光采司空的副官印。

【職地2014】

秦設有主管開採各種礦石的機構,睡虎地秦簡《秦律雜抄》:"采山重殿,貲嗇夫一甲……佐一盾……大官、右府、左府、右采鐵、左采鐵課殿,貲嗇夫一盾。"秦璽印封泥與此相關的還有采金府印、采赤金丞、西采金印、鄔采金印、鄔采金丞、采銀、采銀丞印、采珠和采青丞印等。采司空應爲掌管開採各種礦產資源的機構。秦開採業分工較細,門類衆多,有采司空一類的機構專門管理。其中尤以采金最爲發達,有專門的"采金府"機構專門管理,能區分出含金量最早的"赤金",鄔可能是主要的金礦區,設有管理采金的官吏。有製造金器的專門機構"金府",應是供應皇室奢侈品的製造機構。"西采"之"西"一般認爲是秦人故地隴西西縣。甘肅禮縣大堡子山和圓頂山秦人墓地出土了大量黃金製品可以佐證秦人注重黃金開採、嗜好黃金製品的習慣。

【秦官2018】

秦封泥有"采司空印",應爲掌管開採各種礦產資源的機構之印,與此相關的還有"采司空印""采珠""采銀""采銀丞印""采赤金丞""采青丞印""鄔采金印""鄔采金丞""西采金印"和"金府左工"等,秦璽印有"采金府印"。亦可見秦開採業分工較細,門類衆多,其中尤以采金最爲發達,有"采金府"機構專門管理,能區分出含金量高的"赤金"。鄔可能是主要的金礦區,設有管理采金的官吏。專門製造金器的機構"金府"還有"左工(室)",亦應有"右工(室)",應是供應皇室奢侈品的製造機構。"西采"之"西"應指隴西西縣。近年來甘肅禮縣大堡子山和圓頂山秦人墓地出土了大量黃金製品可以佐證秦人注重黃金開採、嗜好黃金製品。

行司空丞

《大系》P310

瑞按："行司空" 不見於文獻，晋璽有 "右行"，爲複姓。《後漢書·皇后紀》"使光禄大夫持節行司空事奉璽綬"，當與此無涉。

寺司空府

《大系》P240

【在京2005】

《睡虎·傳食律》："及卜、史、司御、寺、府，……。" 整理組注："寺，讀爲侍。府，掌管府藏的人，見《周禮·天官》。"《漢表》："宗正，秦官，……屬官有都司空令丞，内官長丞。" 如淳曰："律，司空主水及罪人。賈誼曰：'輸之司空，編之徒官。'"《漢表》"少府，秦官……屬官有……左右司空"。《睡虎》有 "司空" 律。《張家·二年·秩律》："大匠官司空……秩各六百石，有丞、尉者半之。"《張家·二年·秩律》："中發弩、枸（勾）指發弩、中司空、輕車；郡發弩、司空、輕車，秩各八百石。"《睡虎》有 "邦司空"。秦封泥有宫司空、左司空、右司空、采司空。

船司空丞

《於京》圖23；《璽印》P413；《大系》P51

【於京2005】

《漢書·地理志》："船司空,莽曰船利。"服虔曰："縣名。"師古曰："本主船之官,遂以爲縣。"《水經注》卷三："河水歷船司空與渭水會。《漢書·地理志》：舊京兆尹之屬縣也。"《水經注》卷一九："水會即船司空所在矣。《地理志》曰：'渭水東至船司空入河。'服虔曰：縣名,都官。《三輔黃圖》有船庫官,後改爲縣。王莽之船利者也。"船司空在秦屬內史。案,《史記·秦本記》,秦昭王五十年："初作河橋"《正義》："此橋在同州臨晉縣東,渡河至蒲州,今蒲津橋也。"河橋爲浮橋,繫船而成,故置船庫官,則船司空應在陝西大荔縣以東黃河故道中。

【政區2009】

秦始皇陵北魚池秦遺址採集板瓦有"船司空□"印文。《漢志》京兆尹屬縣"船司空,莽曰船利"。服虔曰："縣名。"師古曰："本主船之官,遂以爲縣。"即此地因主船之事設縣。《水經·河水注》："河水歷船司空與渭水會。《漢書·地理志》：舊京兆尹之屬縣也。"《水經·渭水注》："水會即船司空所在矣。《地理志》曰：'渭水東至船司空入河。'服虔曰：縣名,都官。《三輔黃圖》有船庫官,後改爲縣。王莽之船利者也。"傳統上認爲船司空設縣在西漢,今秦文物證之,船司空置縣實始於秦。據《圖集》,秦船司空故址在今陝西潼關正北。

【戰國2013】

同《政區2009》。

【船官2014】

《史記》《漢書》等傳世文獻中多次出現的"船司空",或與當時管理船只的職官有關。《史記·淮陰侯列傳》有"陳船"。《索隱》引劉氏云："陳船,地名,在舊關之西,今之朝邑是也。"案：京兆有船司空縣,不名"陳船"。歷代學者對"船司空"有不同認識：第一種觀點認爲"船司空"爲"主船之官",如洪邁、俞正燮等。第二觀點認爲"船司空"爲縣名。如服虔曰：船司空,爲"縣名",但是對縣名來源之說不一。有的認爲"船司空"由官名轉化爲縣名,如顏師古等。師古曰："本主船之官,遂以爲縣"。有的學者認爲"船司空"是因造船基地而置縣。船司空以造船基地而置縣,可以説明其生產規模。秦封泥有"船司空丞",秦始皇陵陶文有"船司空"。此外秦封泥還有"都船丞印""陽都船丞""陰都船丞"等。《漢書》卷一九上《百官公卿表上》記載,中尉是秦官。其屬官有中壘、寺互、武庫、都船四令丞。其中都船、武庫有三丞,中壘兩尉。都船,如淳解釋爲:"都船獄令,治水官也。""都船"屬官設陰陽,"陽都船丞"和"陰都船丞",當爲"都船"之屬官。相家巷遺址中發掘出土的"陽都船丞","陰都船丞",證實了"都船"設"三丞"之記載;但"都船"另外一丞,待考。

【職地2014】

由秦封泥"船司空丞"可推知應還有"船司空印"。《漢書·地理志》有"船司空"。服虔曰:"縣名。"師古曰:"本主船之官,遂以爲縣。"顏師古所說"本主船之官"是秦時事,"遂以爲縣"是漢時事,即"船司空"在秦時可能僅僅只是官署機構和職官名稱,尚未轉變爲地名。"船司空"之"船"或與秦文字所見之"都船"有關。

瑞按:從秦封泥中諸多司空發現的情況看,《職地2014》言船司空爲縣是漢時事有一定道理,但其言與都船有關,爲中尉下屬之説,尚不能確定。

㡭左司空

《大系》P401

瑞按:原釋爲"左㡭司空",封泥殘,右下字是"㡭"與"㡭郎苑丞"封泥之"㡭"相似。從"㡭郎苑丞"的情況看,封泥似應讀爲"㡭左司空"。

□右司空

《大系》P421

瑞按:首字殘。以秦封泥讀法多樣的情況看,或還有其他讀法的可能。

□司空璽

《大系》P56

瑞按：此封泥原釋"大司空璽"，首字殘，是否讀"大"尚可存疑。

（十七）左 右 織

左織縵丞

1　　　　　　　　　　　2

1.《印風》P127；《印集》P41；《彙考》P87；《大系》P402
2.《大系》P402

【秦封2000】
　　此泥印文第二字殘，當爲"織"字。"左織、右織"說見"右織"。此爲"左織"屬下之"縵丞"，文獻未見載。《左傳・成公五年》記："召爲之不舉，降服，乘縵。"孔穎達疏："乘縵，車無文。"《周禮・春官・巾車》記："服車五乘，孤乘夏篆，卿乘夏縵。"董仲舒《春秋繁露・度制》記："庶人衣縵。"或爲治無紋之繒帛官署，或爲治車縵之官署。秦封泥見："蜀左織官"。

【簡讀2002】
　　釋讀見"右織"條。"縵丞"史籍未載。《管子・霸形》："令諸侯以縵帛鹿皮報。"縵爲無文采的帛。此或即是左織下治縵之官署。

【彙考2007】
　　第二次殘，似爲"織"。左織縵丞，官名，爲織室下屬管理。縵，《說文解字》："繒無文也。"即無文采的帛。

【圖說2009】
　　說見"右織"。

【工官 2010】

説見“右織”。縵爲無花紋的絲織品。

【職地 2014】

《漢書·宣帝紀》中有東織室令史張赦，顔師古注引應劭曰：“舊時有東西織室，織作文繡郊廟之服。”《三輔黄圖》卷三“未央宫”條云：“織室在未央宫。又有東西織室，織作文秀郊廟之服，有令史。”戰國古璽亦有“織室”，爲掌管宫廷紡織事務的官署。張家山漢簡《二年律令·秩律》有西織和東織，與居室、樂府等少府屬官同爲六百石。秦封泥的“左右織”在漢初的張家山漢簡中就已經改稱東織和西織，可見《百官公卿表》所記“東西織”是漢代的情況。《説文·糸部》：“縵，繒無文也。从糸，曼聲。《漢律》曰：‘賜衣者縵表白裏。’”秦時左右織應該有所分工，或左織專司織縵。秦封泥另有“蜀左織官”，戰國時蜀地絲織業發達，秦在蜀設置織官，或可能隸屬少府之“左織”機構。傳世秦封泥有“涷布之丞”，《周禮·冬官·考工記》：“幌氏涷絲以涗水漚其絲七日”。孫詒讓正義：“凡治絲帛通謂之涷。”《秦封泥集》認爲涷布當掌治衣，此“涷布之丞”或爲左右織之屬官。

【秦官 2018】

説見“右織”。

【廣封 2019】

案《秦封泥彙考》：第二字殘。似爲“織”。左織縵丞，官名，爲織室下屬官吏。《説文》：“縵，繒無文也。”

瑞按：漢景帝陽陵東側外藏坑出土印章，李鵬輝指出原讀“東織寢官”之印應讀“東織染官”，爲織類職官的新發現（《談西漢的“東織染官”》《考古與文物》2019年2期 P85）。

右織

《印風》P164；《秦封》P151；《考釋》圖一：13；《印集》P40；
《彙考》P86；《璽印》P399；《大系》P341

【續考 1998】

《漢書·百官公卿表》：“少府，秦官。屬官有東織、西織。”職掌“文繡郊廟之服”。

從新發現的秦封泥分析，“織室”不僅有東西之分，似乎還有左右之别。有關“織室”的職掌，《漢舊儀》云：“凡蠶絲絮，織室以作祭服，祭服者冕服也，天地宗廟群神五時之服，皇帝得以作縷縫衣，皇后得以作巾絮而已。”從以上記載知，織室似爲專作祭服的。“蜀左織官”説明秦曾在蜀郡設立專門製作祭服的機構及官員。

【秦封2000】

《漢表》記：少府屬官有“東織、字織”，在秦時當稱爲“左織、右織”。秦陶文見：《關中》“左織二”。

【考釋2001】

“織”應爲織室之省。戰國時楚有織室。《璽匯》213“戠室之璽”。又《湖南璽印集》24頁8圖“中戠室璽”。爲掌管宫庭紡織副業官吏所用之印。楚璽“戠”字做“”，與秦封泥織字右旁作“”不同。《漢書・百官公卿表》少府屬官有“東織、西織”。王先謙《補注》：“東、西織見《禹貢傳》，東織令史見《宣紀》。”《三輔黄圖》卷三未央宫條云：“織室在未央宫。又有東西織室，織作文繡郊廟之服，有令史。陳直按：‘《漢書・百官公卿表》少府屬官有東織、西織令丞。河平元年省東織，更名西織爲織室。’又《漢書・外戚薄姬傳》：‘漢王入織室，見薄姬。’西安漢城遺址内出‘織室令印’蓋河平以後之物。”由楚璽及此封泥看，則戰國已有織室一職，且秦已分左右。漢承之不改，不但設於中央，甚至侯國也已設立。

【簡讀2002】

《漢表》：“少府，秦官……屬官有……東織、西織。”《漢舊儀》：“凡蠶絲絮，織室以作祭服。”由封泥知，秦織室分設左右。《張家・二年・秩律》：“東織、西織……秩各六百石，有丞、尉者半之。”

【彙考2007】

《漢書・百官公卿表》：“少府……屬官有……東織、西織……河平元年省東織，更名西織爲織室。”王先謙《漢書補注》：“《禹貢傳》稱東西織室，是織室爲總名，省東織，故止稱織室耳。”《三輔黄圖》：“織室在未央宫。又有東西織室，織作文繡郊廟之服，有令史。”《漢舊儀》：“凡蠶絲絮，織室以作祭服，祭服者，冕服也。天地宗廟群神五時之服，皇帝得以作縫縷衣，皇后得以作巾絮而已……故舊有東西織室作治。”《漢書・惠帝紀》：“秋七月乙亥，凌室災；丙子，織室災。”顔師古注曰：“主織作繒帛之處。”由此封泥推測，秦時織室亦有左右之分。

【圖説2009】

“織”應爲織室之省。秦設右織室、左織室，爲中央官署少府之屬。無花紋圖案的繒帛稱“縵”，可見織室的副手還有分工管理之責。蜀即蜀郡，秦滅古蜀國置，治所成都，蜀郡絲織業發達，設左、右織官管理，此爲地方官署。《漢書・百官公卿表》少府屬官有“東織、西織”。王先謙《補注》：“東、西織見《禹貢傳》，東織令史見《宣紀》。”《三輔黄圖》卷三未央宫條云：“織室在未央宫。又有東西織室，織作文繡郊廟之服，有令史。”陳直按：“《漢書・百官公卿表》少府屬官有東織、西織令丞，河平元年省東織，更名西織爲織室。西安漢城遺址内出‘織室令印’，蓋河平以後之物。”由楚璽及此封泥看，則戰國已有織室一職，且秦已分左右。漢承之不改，不但設於中央，甚至侯國也已設立。

【分域2009】

右織，官署名，掌管宮廷織染、繡作，屬少府。《漢書·百官公卿表》載，少府屬官有東織、西織官令丞。

【工官2010】

左織、右織爲職掌織造布帛等的職官。

【職地2014】

説見“左織縵丞”。

【秦官2018】

戰國古璽有“織室”，爲掌管宮廷紡織事務的官署。織室亦見於秦漢文獻。《史記·外戚世家》：“漢使曹參等擊虜魏王豹，以其國爲郡，而薄姬輸織室。豹已死，漢王入織室，見薄姬有色，詔内後宮，歲餘不得幸。”《漢書·宣帝紀》：“東織室令史張赦”，顏師古引應劭注曰：“舊時有東西織室，織作文繡郊廟之服。”又《惠帝紀》“（秋七月）丙子，織室災”，顏師古注：“主織作繒帛之處。”《三輔黃圖》卷三“未央宮”條云：“織室在未央宮。又有東西織室，織作文秀郊廟之服，有令史。”張家山漢簡《二年律令·秩律》有西織、東織和居室，三者秩級相同均爲六百石，這與《漢書·百官公卿表》中將三者均列爲“十（二）〔六〕官令承”的記載大致吻合。秦封泥有“右織”“左織縵丞”和“蜀左織官”。《説文·系部》：“縵，繒無文也。从系，曼聲。《漢律》曰：‘賜衣者縵表白裏。’”秦時左右織應該有所分工，或左織專司織縵。戰國時蜀地絲織業發達，秦在蜀設置織官，或可能隸屬於少府之“左織”機構。秦封泥又有所謂“東織”，但第二字全殘，暫存疑。

【廣封2019】

案《漢書·百官公卿表》：“少府，秦官，掌山海池澤之税，以給共養，有六丞”，屬官有“東織”“西織”令丞，“河平元年省東織，更名西織爲織室”。《漢書·惠帝紀》：“秋七月乙亥，未央宮凌室災；丙子，織室災。”（師古曰：“主織作繒帛之處。”）《秦封泥彙考》由此封泥推測：時織室亦有左右之分。

右□縵丞

無圖，釋讀見《續考1998》。

【簡讀2002】

釋讀見“左織縵丞”條。以上例，當爲“右織縵丞”，爲右織下治縵之官職。

涷布之丞

《秦封》P236;《山全》P170、P202;《濟博》P20;《大系》P156

【秦式1998】

　　録於《齊魯》《再續》。《周禮·冬官·㡛氏》:"㡛氏涷絲。" 孫詒讓《正義》: "凡治絲帛通謂之涷"。《華嚴經》引《珠叢》云:"'煮絲熟曰練。'練亦涷借字。"《禮記·禮運》:"涷其麻絲,以爲布帛。"《孟子·滕文公上》:"許子必織布然後衣乎?"涷布當掌治衣。

【秦封2000】

　　《周禮·冬官·㡛氏》:"㡛氏涷絲。" 孫詒讓《正義》:"凡治絲治帛同謂之涷。"《華嚴》引《珠叢》云:"'煮絲令熟曰練'。練亦涷借字。"《禮記·禮運》:"治其麻絲,以爲布帛。"《孟子·滕文公上》:"許子必織布然後衣乎?"涷布當掌治衣。

【職地2014】

　　説見 "左織縵丞"。

（十八）東 園 匠

東園大匠

1　　　　　　　　　　　　2

1.《新出》P10;《青泥》P18;《大系》P66
2.《在京》圖二:9;《璽印》P439;《大系》P66

【在京2005】

《漢表》：“少府，秦官，……屬官有尚書、符節、太醫、太官、湯官、導官、樂府、若盧、考工室、左弋、居室、甘泉居室、左右司空、東織、西織、東園匠十六官令丞。”師古曰：“東園匠，主做陵内器物者也。”“將作少府，秦官，掌治宮室，有兩丞、左右中候。景帝中六年更名將作大匠。屬官有石庫、東園主章、左右前後中校七令丞。”師古曰：“今所謂木鐘者，蓋章聲之轉耳。東園主章掌大材，以供東園大匠也。”

【職地2014】

東園匠，《百官公卿表》顏師古曰：“主作陵内器物者也。”秦始皇陵園採集的陶文有“東園”和“東園□”各1件。此“東園”是少府屬官“東園匠”，還是將作少府（景帝中六年更名將作大匠）屬官“東園主章”（顏師古曰：“東園主章掌大材，以供東園大匠也。”）不可遽定。但在秦始皇陵園西側内外城垣間的建築遺址採集到的刻劃陶文“東園”，從側面印證了秦代“東園”機構“主作陵内器物”的職能和作用。張家山漢簡《二年律令·秩律》有大匠官司空和東園主章，秩均六百石。漢代東園機構製作的器物有稱爲東園秘器者，如《漢書·董賢傳》：“及至東園秘器，珠襦玉柙，豫以賜賢，無不備具。”由秦都咸陽宮遺址和秦始皇陵園及其附近各遺址出土的近百例“大匠”類陶文可知，大匠機構的職能正如《後漢書·百官志》“將作大匠”本注所説，爲“掌修作宗廟、路寢、宮室、陵園木土之功”，而秦封泥“東園大匠”應即《百官公卿表》所記的“東園匠”。隸屬於少府屬官“大匠”，其職能應是“主作陵内器物”。因秦封泥已有“大匠”“泰匠”和“東園大匠”，可知二者秦時已產生，應是少府屬官，掌管宗廟、寢宮和陵園的木土工程建築事宜。吕后二年時“大匠”（官司空）和“東園主章”兩機構並存。此“東園主章”可能來源於秦時的“東園大匠”，致使改變了名稱並提升了秩級。此後至景帝中六年之前，上述兩機構從少府剝離出來，被整合爲“將作少府”。至景帝中六年又將“將作少府”改名爲“將作大匠”，“東園主章”又成爲其屬官。由《百官公卿表》顏師古注曰“東園主章掌大材，以供東園大匠也”，可知此前已有“東園大匠”的名稱，這個名稱很可能來源於秦時的“東園大匠”。

【秦官2018】

東園匠，《漢書·百官公卿表》顏師古注：“主作陵内器物者也。”秦始皇陵園採集的陶文有“東園”和“東園□”，似可印證秦代“東園”機構“主作陵内器物”的職能和作用。又，“東園大匠”應是“大匠”的並列抑或分支機構，其職能應是“主作陵内器物”，職能比“大匠”稍單一。

瑞按：袁仲一先生在分析秦殘陶文“東園”時，指出其下當爲“主章”二字，認爲這一方面説明秦始皇時已有東園主章一官，另一方面説明將作大匠掌管了秦始皇陵的修建工程（《考古與文物》1982年4期P95）。

東園□□

《釋續》圖8;《印集》P75;《彙考》P151;《大系》P66

【釋續2001】

　　秦昭襄王、孝文王、莊襄王、悼太子、宣太后皆葬芷陽,其地在咸陽之東,秦時謂之東陵。《三輔黃圖》卷一:"廣陵人邵平,爲秦東陵侯,秦破爲布衣,種瓜清明門(引者按:即漢長安東出南頭第二門)外,瓜美,故時人謂之東陵瓜。"園爲陵寢之園。蔡邕《獨斷》:"古不墓祭,諸陵皆有園寢,秦所爲也。"始皇陵寢稱"麗山園",亦可爲證。《漢書‧百官公卿表》少府屬官有東園匠令丞,顏師古注:"東園匠,主作陵內器物者也。"東園匠最先可能是主管東陵寢園器物製作的機構,到始皇時,東陵已完工,又主管麗山陵園器物的製作。末二字不知是否爲"匠丞"二字。

【簡讀2002】

　　《漢表》:"將作少府,秦官,……屬官有……東園主章。"師古曰:"東園主章掌大材,以供東園大匠也。""少府,秦官,……屬官有……東園匠。"師古曰:"東園匠,主作陵內器物者也。"《張家‧二年‧秩律》:"東園主章……秩各六百石,有丞、尉者半之。"

【彙考2007】

　　同《釋續2001》。

(十九)上　　林

上林丞印

　　　1　　　　　　　　　　2

1.《彙考》P105;《大系》P209

2.《相家》P16

【發現1997】

《漢書·百官公卿表》:"水衡都尉,武帝元鼎二年初置,掌上林苑,有五丞。屬官有上林、均輸、御羞、禁圃、輯濯、鐘官、技巧、六廄、辨銅九官令丞。""初,御羞、上林、衡官及鑄鐵皆屬少府。"《漢書·百官公卿表》記載少府屬官"又上林中十池監"。

【印考1997】

印面正方形,田字格,邊長2釐米,右側印文受擠壓,稍有内縮之感,邊欄完整。上林,古宮苑名。《史記·秦始皇本紀》記載:秦始皇三十五年(公元前212年)營建朝宮於渭南上林苑中,阿房宫即前殿。《史記·蕭相國世家》蕭相請曰:"上林中多空地,願令民得以田苑中。"到了西漢初年,上林苑發展爲著名的皇家園林,升歸少府管轄。漢武帝擴大其規模,管理上專門由"水衡都尉"負責。《漢書·百官公卿表》云:"水衡都尉,武帝元鼎二年初置,掌上林苑,有五丞。"《封泥考略》有"上林丞印"一枚,吉林博物館藏有"上林郎池"秦官印一枚。

【秦封2000】

《漢表》:"水衡都尉,武帝元鼎二年置,掌上林苑,有五丞。""初,御羞、上林、衡官及鑄鐵皆屬少府。"《後漢·百官志三》:"上林苑令一人,六百石。本注曰:主苑中禽獸。頗有民居,皆主之。捕得其獸送太官。丞、尉各一人。"《史記·李斯列傳》:"於是乃入上林齋戒,日遊弋獵。"《三輔》:"漢上林苑,即秦之舊苑也。"秦印見:《徵存》"上林郎池"。漢封泥有:《封泥》"上林丞印,上林尉印"。漢印見:《徵存》"上林尉印"。漢瓦當見:"上林,甘泉上林"。

【簡讀2002】

《漢表》:"水衡都尉,……屬官有上林……初,御羞、上林、衡官及鑄鐵皆屬少府。"

【彙考2007】

秦上林苑不知始建於何時,但知秦昭王時已有五苑,上林苑應是其中之一。《三輔黃圖》:"漢上林苑,即秦之舊苑也。"《史記·秦始皇本紀》:"諸廟及章臺、上林皆在渭南。"《史記·李斯列傳》:"於是乃入上林齋戒,日遊弋獵。"秦及漢初時爲少府屬官,漢武帝時轉爲水衡屬官。《漢書·百官公卿表》:"水衡都尉……掌上林……屬官有上林……上林有八丞十二尉……"故此可知上林丞即爲管理苑中禽獸之吏。

【圖説2009】

傳世又有"上林郎池"(《徵》48)秦官印,鼻鈕,銅質。《三輔黃圖》卷四:"漢上林苑,即秦之舊苑也。"此印當爲上林郎池池監的用印。上林苑屬秦内史。"秦之上林其邊際所抵,難以詳究矣"。漢代揚雄曾寫了一篇有名的《上林賦》,説在上林苑中有大雁、鷺鷥、麒麟、駱駝、獅子等鳥獸。

【分域2009】

上林,秦宮苑名,《史記·秦始皇本紀》云:"乃營作朝宮渭南上林苑中。"上林苑始建於秦,設官專門管理,爲少府屬官,《史記·秦始皇本紀》云:"諸廟及章臺、上林皆在渭南。"其地在今西安市西。《漢書·百官公卿表》云:"水衡都尉,武帝元鼎二年初置,掌上林苑,有五丞;屬官有上林、均輸……九官令丞。"

【集證2011】

此爲秦上林苑丞之官印。《封泥彙編》19·4爲漢"上林丞印"封泥,無界格。

【職地2014】

少府屬官"上林中十池監",《百官公卿表》顏師古注曰:"《三輔黃圖》云上林中池上籞五所,而此云十池監,未詳其數。""池監"見於文獻者僅有《漢書·外戚許皇后傳》"安池監"。張家山漢簡《二年律令·秩律》"上林騎"或可能爲上林苑所屬職官。據《三輔黃圖》上林苑中有初池、麋池、牛首池、蒯池、積草池、東陂池、西陂池、當路池、犬臺池、郎池等,實際可能不止此數。"上林丞印"應是"上林郎池"之丞,池印、池室之印應是上林十池主管官吏用印。

【秦官2018】

少府屬官"上林中十池監",師古曰:"《三輔黃圖》云上林中池上籞五所,而此云十池監,未詳其數。""池監"見於文獻者僅有《漢書·外戚許皇后傳》"安池監"。據《三輔黃圖》,上林苑中有初池、麋池、牛首池、蒯池、積草池、東陂池、西陂池、當路池、犬臺池、郎池等,實際可能不止此數。其中的"郎池"可與秦璽印"上林郎池"相印證。秦封泥有"上林丞印""上林禁印""池室之印""晦池之印"和"禁苑右監"等,傳世秦印有"斾郎廚丞"。綜合來看,秦時上林苑設有池室、廚、監等機構。因有"右監",故應還有左監機構。

【廣封2019】

案《漢書·百官公卿表》:"水衡都尉,武帝元鼎二年初置,掌上林苑,有五丞。屬官有上林、均輸、御羞、禁圃、輯濯、鐘官、技巧、六廄、辯銅九官令丞。……初,御羞、上林、衡官及鑄錢皆屬少府。"《史記·秦始皇本紀》:"諸廟及章臺、上林皆在渭南。"此應爲其丞之印。

上林禁印

《在京》圖三:10;《璽印》P436;《新出》P29;《青泥》P19;《大系》P210

【在京2005】

《漢表》:"水衡都尉,……屬官有上林……初,御羞、上林、衡官及鑄鐵皆屬少府。"

《史記・秦始皇本紀》："諸廟及章臺、上林皆在渭南。"錢穆《史記地名考》："今長安縣西,及盩厔、鄠縣界。"《水經注》卷十九:"潦水北注甘水而亂流入於渭。即上林故地也。《東方朔傳》稱:武帝建元中微行,北至池陽,西至黃山,南獵長楊,東遊宜春,夜漏十刻乃出,與侍中、常侍武騎、待詔及隴西、北地良家子能騎射者,期諸殿下,故有期門之號。旦明入山下,馳射鹿豕狐兔,手格熊羆。上大歡樂之。上乃使大中大夫虞邱壽王與待詔能用算者,舉籍;阿城以南,盩厔以東,宜春以西;提封頃畝及其賈直,屬之南山,以爲上林苑。東方朔諫,秦起阿房而天下亂,因陳泰階六符之事。上乃拜大中大夫,給事中,賜黃金百斤。卒起上林苑。故相如請爲天子游獵之賦,稱烏有先生、亡是公而奏《上林》也。"《元和郡縣志・關內道一・京兆府・長安縣》:"上林苑,在縣西北一十四里。周匝二百四十(步)〔里〕,相如所賦也",秦漢時上林均爲禁苑所在。《秦封》錄有"上林丞印"。

【圖説2009】

説見"上林丞印"。

【職地2014】

"上林苑"之名《史記》《漢書》習見,在漢長安城南。《長安志》引《關中記》云:"上林苑門十二,中有苑三十六,宮十二,觀二十五……";秦璽印有"上林郎池",封泥有"上林丞印"。今西安市南郊。

【秦官2018】

説見"上林丞印"。

上□苑□

《大系》P211

【在京2005】

此封泥第二字雖殘,然其上部清晰,非林字,故非"上林苑"。

【職地2014】

或即上林苑。

上林丞□

《秦封》P167;《彙考》P105

池室之印

1　2

1.《釋續》圖11;《印風》P131
2.《相家》P18;《大系》P49

【釋續2001】

　　傳世有"池印""上林郎池","池"字與此封泥絕相似。《漢書·百官公卿表》:"少府,秦官,掌山海地澤之稅,以給供養。"屬官有"上林中十池監"。"池室"之"室"殆工室之省。新出封泥有"少府工室",又有"少府工丞","工丞"即工室丞之省。工室可省作工,也可省作室,池室應爲諸池製作器物,上林有"十池",所用器物必多,故需設專職以司其事。秦漢又有"居室","爲拘禁犯罪官吏之處"。"池室"之"室"也不排除爲"居室"之省,但居室多與宮相連,不大與池相連,故這種可能性是不大的。

【簡讀2002】

　　《漢表》:"少府,秦官,掌山海池澤之稅,以給共養。……屬官有……上林中十池監。""池室"之"室"或"工室"省,見"少府工室"條。

【彙考2007】

　　王輝先生考:傳世有"池印""上林郎池"(王輝:《秦文字集證》,第一六〇頁)。"池"

字與此封泥絶相似。《漢書·百官公卿表》:"少府,秦官,掌山海山澤之税,以給供養。"屬官有"上林中十池監"。"池室"之"室"殆工室之省。新出封泥有"少府工室",又有"少府工丞","工丞"即工室丞之省。工室可省作工,也可省作室,池室應爲諸池製作器物,上林有"十池",所用器物必多,故需設專職以司其事。秦漢又有"居室","禁犯罪官吏之處","池室"之"室"也不排除爲"居室"之省,但居室多與宫相連,不大與池相連,故這種可能性是不大的。

【圖説2009】

《漢書·百官公卿表》:"少府。秦官,掌山海池澤之税,以給供養。"屬官有"上林中十池監"。"池室"之"室"殆工室之省。新出封泥有"少府工室",又有"少府工丞","工丞"即工室丞之省。池室應爲諸池製作器物之工室,上林有"十池",所用器物必多,故需設專職以司其事。

【分域2009】

據《漢書·百官公卿表》載,少府屬官有上林中十池監。池室之"室",爲工室之省稱。該印可能爲管理池所用器物的工室用印。又,池印,應爲少府之屬官池監所用之物。

【集證2011】

(以下文字爲釋讀"池印")王人聰以爲此印爲半通印形式,有横界格,字體秦篆,當屬秦少府屬官池監所用的官印。《漢書·百官公卿表》:"少府,秦官,掌山海池澤之税,以給供養。"屬官有"上林中十池監"。(以下文字屬釋讀"上林郎池")曹錦炎以此爲秦印。上林,秦宫苑名。《史記·秦始皇本紀》:"(三十五年)乃營作朝宫渭南上林苑中。"郎池,上林苑中之池名,見《三輔黄圖》。今按《漢書·百官公卿表》少府屬官有"上林十池監",郎池應爲十池之一。

【秦水2016】

《漢書·百官公卿表》少府屬官有"上林中十池監",或與此相關。秦印《徵存》有:"上林郎池"。

【職地2014】

説見"上林丞印"。

【秦官2018】

説見"上林丞印"。

【廣封2019】

同《彙考2007》。

禁苑右監

《璽印》P437;《發掘》圖版一六：10;《新獲》P287;《大系》P128;《擷珍》圖 2

【考略2001】

　　禁苑爲帝王苑圃。《史記·平準書》:"是時禁苑有白鹿而少府多銀錫。"《文選·西京賦》"上林禁苑,跨谷彌阜。"《三輔黃圖》:"漢上林苑,即秦之舊苑也。"《史記·秦始皇本紀》:"營作朝宮渭南上林苑中。"張衡所説的"上林禁苑"即秦之"上林苑",其時或稱"禁苑"。禁苑置"監",分設左、右。

【簡讀2002】

　　《史記·平準書》:"是時禁苑有白鹿而少府多銀錫。"由封泥知禁苑置左右監。

【圖説2009】

　　禁苑爲帝王苑圃。《史記·平準書》:"是時禁苑有自鹿而少府多銀錫。"《史記·秦始皇本紀》:"營作朝宮渭南上林苑中。"張衡所説的"上林禁苑"即秦之"上林苑",其時或稱"禁苑"。禁苑置"監",分設左、右。

【官名2013】

　　廷尉屬下有左、右監官。郎中監與禁苑右監,可能是設在郎中和禁苑官系的監察之官,檢舉不法之事,分別是郎中令、禁苑嗇夫之屬吏。

【職地2014】

　　秦時各禁苑設有廚、監等機構。從"禁苑右監"看,似應還有"左監"機構。從諸多禁苑有"禁丞"和"苑丞"來看,除廚、監等外,禁苑長官還有佐官。又,還有可能就是《漢舊儀補遺》和《漢官舊儀補遺》所説的"苑監",屬於邊郡養馬機構的職官。又:睡虎地秦簡《秦律十八種·徭律》:"縣葆禁苑、公馬牛苑,與徒以塹垣離散及補繕之,輒以效苑吏,苑吏循之。"《龍崗秦簡》52號簡有"禁苑在關外□"等記載。由此可知,秦時的苑圃有牆垣並設有官吏管理,其中的"廄苑"一類應是國家的養馬場,與以娛樂爲主要功能的禁苑不同;不光都城咸陽附近有苑圃,在"關外"也有很多。

【秦官2018】

　　説見"上林丞印"。

　　瑞按:陳偉武先生等指出,"禁字僅見於秦系文字"(《集釋2018》P75)。雲夢睡虎地出土秦簡的《秦律十八種》有"廄苑律",雲夢龍崗出土秦簡雖無禁苑律名,然其内容均與禁苑有關,律文中多處直言"禁苑",如"禁苑吏、苑人及黔首有事禁中……",等等。

（二十）永　　巷

永巷

1 2

1.《選拓》附圖;《秦封》P149;《書法》P37;《書集》P124;《彙考》P83;《璽印》P392;《大系》P333
2.《新出》P86;《大系》P334

【發現1997】

秦少府屬下有永巷。

【宦官1997】

據《漢書・百官公卿表》,少府係秦官,其屬官有永巷令丞,漢武帝時將永巷更名爲掖庭。《後漢書・百官志》云,東漢時永巷掖庭分爲二官,永巷"典官婢侍使",掖庭掌"後宮貴人采女事",兩者的令丞均由宦官擔任,同爲少府屬官。秦及西漢時期的永巷,無疑也是宦官主領的機構。據顏師古注,永巷的本義是:"永,長也,本謂宮中之長巷也。"《三輔黃圖》中也有相同的記載。這就是說,永巷係指宮中之長巷,同時又是一個宦官機構的名稱。既然永巷的本義是指"宮中之長巷",因各宮均可有長巷,所以設置永巷宦官機構的場所不一定只有一處。《漢書・百官公卿表》中,除少府屬官有永巷令丞之外,皇后宮官詹事的屬官中亦有永巷令丞。此前見諸著録的漢代官印有"長信永巷""楚永巷丞",可知皇太后宮及諸侯王宮同樣設有永巷機構。作爲"宮中之長巷"意義上的永巷,秦史文獻資料中已見記載。《史記・范雎列傳》云,范雎"乃得見於離宮,詳(佯)爲不知永巷而入其中,王來而宦者怒,逐之"。此即指秦離宮之中的長巷。作爲宦官機構意義上的永巷,以往史書雖多認爲秦已設置,但此前並無發現具體實例。上述"永巷""永巷丞印"封泥的發現,適足印證秦時確有此官。

【印考1997】

印面前者爲長方形,長1.8釐米,寬0.9釐米;後者爲正方形,田字格,印文清楚(瑞按:前者爲本封泥,後者爲"永巷丞印")。"永巷"宮中官署,置獄,以幽禁有罪的宮女。《史記・范雎蔡澤列傳》:"詳爲不知永巷,而入其中。"《正義》曰:"永巷本是宮中長巷,爲後宮的官署。"《漢書・百官公卿表》:"秦少府屬下均置永巷令、丞,以宦者充任。掌宮女及後宮事務,有宮人獄。"

【秦封2000】

《漢表》：少府屬官有“永巷令丞”。《漢表》：“詹事，秦官，掌皇后、太子家，有丞，……屬官有……永巷……令長丞。”《漢官》卷上：“(永巷)令一人，宦者爲之，秩六百石，掌官婢侍使。”《三輔》：“永巷，永，長也。宮中之長巷，幽閉宮女之有罪者。”《通志·職官四》：“永巷即漢之掖庭。置令掌宮人簿帳，公桑養蠶及女工等事。”《史記·范睢列傳》記，范睢見秦昭王，“佯爲不知永巷而入其中”。《正義》謂“是宮中獄名非是，如果是獄，豈可任意闖入”。《史記·呂太后本紀》：“呂后最怨戚夫人及其子趙王，乃令永巷囚戚夫人。”漢封泥見：《續封》《建德》“楚永巷丞”，《臨淄》《考與》“長信永巷”，《上海》“永巷丞印”，《臨淄》《再續》“齊永巷印”，《兩漢》“永巷丞印”。漢印見：《兩漢》“楚永巷印”。

【簡讀2002】

《漢表》：少府、詹事屬官均有“永巷”。《史記·范睢蔡澤列傳》：“於是范睢内得見於離宮，詳爲不知永巷而入其中。”《正義》：“永巷，宮中獄也。”《張家·二年·秩律》：“長信永巷……秩各六百石，有丞、尉者半之。”

【彙考2007】

永巷，本謂宮中之長巷。亦引申指後宮。並置有獄，係幽閉宮女之處，實即宮中的監獄。因各宮均有永巷，故《漢書·百官公卿表》少府、詹事屬官皆有永巷令丞。《漢書·高后紀》：“四年夏，少帝自知非皇后子，出怨言，皇后幽之永巷。”顔師古注引如淳曰：“《列女傳》：周宣姜后脱簪珥，待罪永巷，後改爲掖庭。”顔師古注：“永，長也。本謂之長巷也。”

【分域2009】

永巷，官署名，爲宮中囚禁有罪宮人的地方，周代已設此官。據《漢書·百官公卿表》載，少府、詹事屬官均永巷令、丞。

【永巷2010】

永巷，本指宮中的長巷，後作爲後宮官署名。《漢書·百官公卿表》：“少府，秦官掌山海池澤之税，以給共養，有六丞，屬官有……，又……永巷、内者、宦者八官令丞……皆屬焉。”知“永巷”官署秦置，其職官設令、丞，和秦封泥印文合。據史籍記載。永巷置獄，幽禁有罪宮女，《史記·呂后記》：“呂后最怨戚夫人及其子趙王，乃令永巷囚戚夫人”可證。據《漢書·百官公卿表》：“(漢)武帝太初元年更名……永巷爲掖廷。”另據《三輔黄圖·雜録》武帝時於掖廷設獄，號“掖廷(庭)獄”，則“永巷”名廢當在漢武世。又《魏都賦》“永巷壺術”注“永巷，掖庭之别名”，亦可爲證。新版《辭源》以“永巷”爲漢宮所有。其實《漢書》早已載明爲秦官，今更有秦封泥“永巷”“永巷丞印”證明，足見“永巷”官署乃漢襲秦制非漢之始有。

【集證2011】

此印已殘，“巷”上肯定爲“永”字。《漢書·百官公卿表》詹事屬官亦有永巷令丞，爲皇后、太子之官署，其地位當較少府署官低，或用半通印。

【官名2013】

《三輔黄圖》：“永巷，永，長也。宮中之長巷，幽閉宮女之有罪者。”永巷，爲宮中牢獄名。永巷令、丞，疑是掌宮中刑獄之官。《史記·吕太后本紀》："吕后最怨戚夫人及其子趙王，乃令永巷囚戚夫人。"據《漢書·百官公卿表》載，少府、詹事屬官均有永巷令、丞。

【職地2014】

永巷原爲宮中長巷，是設有管理官婢侍使的官署，武帝太初元年更名爲掖庭。秦漢少府和詹事屬官均有永巷，二者因服務的物件有別，故分別隸屬不同機構。張家山漢簡《二年律令·秩律》有長信永巷、永巷詹事丞。另有"未央永巷，永巷監……長信永巷，永巷監"，可知漢初在未央宮、長信宮等處都設有永巷，永巷還設有監。"永巷詹事丞"應是詹事丞中專門負責永巷事務的官員。南越國有"景巷令印"魚鈕印，"景巷"即秦漢之"永巷"。

【秦官2018】

《漢官儀》卷上："永巷令一人，宦者爲之，秩六百石，掌宮婢侍使。"永巷原爲宮中長巷，設有管理官婢侍使的官署，武帝太初元年更名爲掖廷。《史記·范雎蔡澤列傳》："於是范雎乃得見於離宮，詳爲不知永巷而入其中。"《史記·吕太后本紀》："吕后最怨戚夫人及其子趙王，乃令永巷囚戚夫人而召趙王。"《漢書·廣川惠王劉越傳》："使其大婢爲僕射，主永巷。"秦漢少府和詹事屬官均有永巷，二者因服務的物件有別，故分別隸屬不同機構。張家山漢簡《二年律令·秩律》有"長信永巷""永巷詹事丞""未央永巷"，"永巷監""長信永巷""永巷監"；可知漢初在未央宮、長信宮等處都設有永巷，永巷還設有監。秦封泥僅有"永巷"和"永巷丞印"。

【廣封2019】

案《漢書·百官公卿表》："少府，秦官，掌山海池澤之稅，以給共養，有六丞"，屬官有"永巷"令丞。又"詹事，秦官，掌皇后、太子家，有丞。"屬官有"永巷"令丞。《漢書·高后紀》："四年夏，少帝自知非皇后子，出怨言，皇太后幽之永巷。"如淳曰："列女傳周宣姜后脫簪珥，待罪永巷，後改爲掖庭。"師古曰："永，長也。本謂宮中之長巷也。"

永巷丞印

| 1 | 2 | 3 |

1.《秦封》P149；《印集》P39；《書集》P124；《彙考》P84；《璽印》P444；《大系》P334
2.《相家》P15；《大系》P334
3.《彙考》P84

【發現1997】

説見“永巷”。

【宦官1997】

説見“永巷”。

【印考1997】

説見“永巷”。

【秦封2000】

永巷丞爲永巷之丞。説見“永巷”。

【考略2001】

《漢書·百官公卿表》：少府屬官有“永巷令丞”。詹事（中少府）屬官亦有“永巷令丞”。二者職能應相近，均爲掌后妃宫女及宫中獄事。但物件不同，前者爲帝室，後者爲後宫。永巷管理宫獄是其職能之一，但不是主要的。“掌宫人簿帳、公桑養蠶及女工等事”，是永巷更爲經常性的工作。

【簡讀2002】

説見“永巷”條。

【彙考2007】

永巷丞，官名，永巷令之佐官。説見“永巷”。

【分域2009】

説見“永巷”。

【永巷2010】

説見“永巷”。

【集證2011】

《漢書·百官公卿表》：少府屬官有“永巷令、丞”。永巷本是宫中長巷，引申之爲宫中署名。《史記·范睢蔡澤列傳》：“於是范睢乃得見於離宫，詳（佯）爲不知永巷而入其中。”《爾雅·釋宫》：“宫中衖謂之壼。”邢昺疏引王肅曰：“今後宫稱永巷，是宫内道名也。”又《史記·吕太后本紀》：“吕后最怨戚夫人及其子趙王，乃令永巷囚戚夫人，而召趙王。”《漢書·廣川惠王劉越傳》：“使其大婢爲僕射，主永巷。”“巷”字作“𧗘”，比較特殊。巷字《説文》作，云：“里中道也，从共，言在邑中所共。𨜁，篆文从邑省。”段玉裁注：“里中之道曰巷，古文作。《爾雅》作衖。……道在邑之中，人所共由。胡絳切。共亦聲也。……爲小篆，則知爲古文、籀文也。先古籀後篆者，亦上部之例。今作巷。”《爾雅·釋宫》：“衖門謂之閎。”郭璞注：“閎，衖頭門。”陸德明《釋文》：“衖，道也。《聲類》猶以爲巷字。”巷極可能是一形聲字，从、邑或行得義，以共爲聲。巷字睡虎地秦簡《封診式·穴盗》“垣北即巷殹”作“𧗘”，从邑省，共聲；《漢印文字徵》“楚永巷丞”、陝西歷史博物館藏“長信永巷”封泥作“𧗘”，與睡簡同；漢魯峻碑“休神家衖”做“衖”。此印“巷”字不與睡簡漢篆同，而與漢碑同，又“衖”中“共”字作“𦱃”，亦字書所不見，但由漢印“永巷丞”的例子看，其爲巷字應無疑問，大概是衖字的異體，且時代可能爲戰國晚期,早於睡虎地簡。後漢時永巷令"典官婢侍使",秦時也當是管理宮女的。

【官名2013】

　　説見"永巷"。

【職地2014】

　　説見"永巷"。

【秦官2018】

　　説見"永巷"。

【廣封2019】

　　案《漢書·百官公卿表》:少府、詹事均有屬官"永巷"令丞。此其丞之印也。

(二十一) 内　　者

内者

1　　　　　　　　2　　　　　　　　3

1.《印考》圖178;《秦封》P150;《印集》P39;《彙考》P85;《大系》P173

2.《相家》P17

3.《秦封》P150;《彙考》P85

【發現1997】

　　少府屬官。

【宦官1997】

　　據《漢書·百官公卿表》,少府屬官有内者令丞。有關西漢内者的職掌及設置情況,曾有學者依據文獻及文物資料進行過考證。然而,秦是否設有内者,則史無明文。此次"内者"封泥的發現,説明内者機構確係西漢由秦承襲沿置。

【印考1997】

　　印面爲長方形,無界格,長1.7釐米,寬1釐米。《後漢書·百官志》:"内者令一人,掌中布張諸褻物,設左右丞各一人。"《後漢書·皇后注》引應劭《漢官儀》:"内者主帷帳。"《金石索》金索有"甘泉内者鐙";《漢金文録》有"内者樂卧行鐙";又載:"温卧内者未央尚御府乘輿金行燭盤。"據此可知,内者主各種器物。藍田曾出土"將行内者"陶器一件；70年代陝西寶雞陳倉鄉漢墓出土"中宮內者"銅雁足燈一件。

【秦封2000】

《漢表》：少府屬官有"內者令丞"。《後漢·百官志三》："內者令一人，六百石。本注曰：掌宮中布張諸褻物。左右丞各一人。"

【簡讀2002】

《漢表》："少府，秦官，……屬官有……內者。"《張家·二年·秩律》："內者……秩各六百石，有丞、尉者半之。"

【彙考2007】

內者，亦稱內謁者。《三輔黃圖》："內謁者署，在未央宮，屬少府。"《漢書·百官公卿表》少府屬官有內者令丞。《漢書·宣帝紀》："內謁者令郭穰夜至郡邸獄，吉閉門，使者不得入。"顏師古注："《百官表》云：'內者署屬少府。'《續漢書》云：'掌宮中布張諸褻物。'丁孚《漢官》云：'令秩千石，蓋當時權爲比使。'"

【分域2009】

內者，官署名，少府屬官，爲掌管宮內臥具帷帳的機構。

【集證2011】

《漢書·百官公卿表》少府屬官有"內者令、丞"，《漢書補注》王先謙曰："內者令見劉屈氂、孝宣許皇后、王莽《傳》……續《志》：'內者令掌中布張諸褻物。'"《王莽傳中》："莽曰：'予以二月建寅之節行巡狩之禮，太官齎糒乾肉，內者行張坐臥，所過毋得有所給。'"

【寺工2012】

內者爲秦漢時期的內廷官署名，掌管宮中帷帳等用物，職掌內廷起居設備。爲內者製作器物的機構除內官、寺工外，還有考工、供工。

【官名2013】

內者，掌宮中布張諸褻物。《漢書·百官公卿表》："少府屬官有內者令丞。"《後漢書·百官志》："內者令一人，六百石。"

【職地2014】

張家山漢簡《二年律令·秩律》有內者。內者掌管宮中帷帳和其他器物的擺設與布置。《後漢書·百官志三·少府》："內者令一人，六百石。本注曰：掌宮中布張諸褻物。"《金石索》《漢金文錄》等均著錄刻有"內者"銘文的漢代器物，寶雞出土"中宮內者"雁足銅燈，秦陶文"內者"見於藍田出土"將行內者"，可見秦時皇后私官中的將行也有屬官內者。

【秦官2018】

《漢官儀》卷上："內者，署名，令一人，秩六百石，屬少府。"內者掌管宮中帷帳和其他器物的擺設和布置。《漢書·王莽傳》："莽曰：'予以二月建寅之節行巡狩之禮，太官齎糒乾肉，內者行張坐臥，所過毋得有所給。'"顏師古注曰："張坐臥，謂帷帳茵席也。"《續漢書·百官志三》："（少府）內者令一人，六百石。本注曰：掌〔宮〕中布張諸（衣）〔褻〕物。""內者"銘文的漢代器物屢見著錄。秦封泥有"內者"和"內者府印"，秦陶文還有"將行内者"。《漢書·百官公卿表》:"將行,秦官。"顏師古引應劭曰:"皇后卿也。"可見,秦時皇后私官將行的屬官也有内者。内者有貯藏宫中用具的府庫。

内者府印

1　　　　　　　　　2　　　　　　　　　3

1.《印風》P132;《印集》P40;《彙考》P86;《大系》P173
2.《上封》P52
3.《彙考》P86;《大系》P173

【秦封2000】
　　内者府爲内者之府置。《史記·秦始皇本紀》記:"沛公道入咸陽,封宫室府庫。"内者府庫爲諸府之一。説見"内者"。

【簡讀2002】
　　釋讀見"内者"條。内者府或即爲負責内者官署府藏之官職。

【上封2002】
　　内者屬少府。當掌宫中器用及近侍,此其府署印。同出又有"内官丞印",《百官表》曰:"初,内官屬少府,中屬主爵,後屬宗正。"茂陵陪葬墓陪葬坑出土熏爐有"内者未央尚卧金黄漆節熏爐一具……内官造",兩者皆屬宫内官。内官又主宿直,《左傳·宣公十二年》:"内官序當其夜,以待不虞。"《史記·孝景本紀》又謂:"置左右内官,屬大内"。另有"泰内",主京師府藏。《睡虎地秦墓竹簡·金布律》:"都官輸大内。"大内有令丞,例見"大内丞印"。

【彙考2007】
　　内者府,官署名。説見"内者"説。

【分域2009】
　　説見"内者"。

【集證2011】
　　"内者府"當是貯藏宫中坐卧用具及所需衣物的機構。

【職地2014】
　　説見"内者"。内者有貯藏宫中用具的府庫。

【秦官2018】
　　説見"内者"。

大内

1　　　　　　　2

1.《新出》P59;《青泥》P10;《大系》P55
2.《在京》圖二:6;《大系》P55

【在京2005】

　　半通。《史記·孝景本紀》:"以大内爲兩千石,置左右内官,屬大内。"《集解》:"韋昭曰:大内,京師府藏。"《索隱》:"主天子之私財曰小内,小内即屬大内也。"《睡虎·金布律》:"都官輸大内,内受買(賣)之,盡七月而龗(畢)。都官遠大内者輸縣,縣受買(賣)之。""已稟衣,有餘褐十以上,輸大内,與計偕。"

【分域2009】

　　説見"泰内"。

【大少内2010】

　　秦少内主管縣的財政的收入與支出,但没有充分的證據説明秦時中央政府中也設有少内。漢代縣少内的職責與秦相同,但在中央少府内也設少内以管理王室財産。秦的大内與漢大内都是國家國庫。秦少内與大内有業務上的往來,但在行政管理上服從縣長官的領導。

【職地2014】

　　秦大内見於封泥和睡虎地秦簡。《秦律十八種·金布律》:"縣、都官以七月糞公器不可繕者,有久(記)識者靡徹之。其金及鐵器入以爲銅。都官輸大内,内受買(賣)之,盡七月畢。都官遠大内者輸縣,縣受買(賣)之。糞其有物不可以須時,求先買(賣),以書時謁其狀内史。"又"受(授)衣者……已稟衣,有餘褐十以上,輸大内,與計偕。都官有用□□□□其官,隸臣妾、舂城旦毋用,在咸陽者致其衣大内,在它縣者致衣從事之縣。縣、大内皆聽其官致,以律稟衣。"可見秦時大内是國家存儲錢財、物資官署機構,設在都城咸陽,與掌管糧草的太倉同由内史統轄。因大内有發放衣物的職責,故秦印"右褐府印"可能是大内的附屬機構。漢代的大内主"京師府藏",職能與秦大内雷同,但典籍多改稱都内。《二年律令·秩律》無"大内""都内"而有"内官"(秩六百石)。《二年律令·秩律》所見"内官"或爲宗正屬官,也可能吕后當政時廢"大内"而代之以"内官",與宗正屬官"内官"不同。置景帝中六年特別擢升"大内爲二千石",與内史同級;而據其官秩級别來看,應該掌管的是天下錢穀。漢景帝在擢升大内秩級的同時,又把吕后時的"内官"分置左右,"屬大内"。大内爲二千石官可能持續的時間並不長,故《百官公卿表》沒有記錄。此後,"都内"頻繁見於《漢書》各處,或是大内廢二千石官之後對大内和少内機構的總稱,其改稱應在景帝中六年之後,漢時"都内"相當於秦時"大内"。睡虎地秦簡所見大内涉及的事務僅爲秦時大内職責中的一小部分,作爲"掌穀貨"的治粟内史的屬官,秦大内必然與漢大内職能沒有本質區別。

【秦官2018】

　　秦"大内"亦見於睡虎地秦簡,《秦律十八種・金布律》:"其金及鐵器入以爲銅。都官輸大内,……都官遠大内者輸縣,縣受買(賣)之。糞其有物不可以須時,求先買(賣),以書時謁其狀内史。"秦時大内是國家存儲錢財、物資的官署機構,設在都城咸陽,與掌管糧草的太倉同由内史統轄。因大内有發放衣物的職責,故傳世秦印"右褐府印"也可能是大内的附屬機構。

　　瑞按: 大内,一爲職官名,見《史記・孝景本紀》景帝中六年三月,"以大内爲二千石,置左右内官,屬大内。"注《集解》韋昭曰:"大内,京師府藏。"《漢書・外戚恩澤侯表》濟陽侯下注引韋昭,"天子錢藏中都内,又曰大内"。《漢書・嚴助傳》"越人名爲藩臣,貢酎之奉,不輸大内"注引應劭曰,"大内,都内也,國家寶藏也。"師古曰:"《百官公卿表》云治粟屬官有都内令丞也。"二爲卧室,見《漢書・陳湯傳》"單于下騎,傳戰大内。……單于男女百餘人走入大内",顏師古指出:"大内,單于之内室也。言且戰且行而入内室。"雲夢睡虎地秦簡《日書》有大内、小内,劉樂賢先生亦指出,此處之内指内室、卧室,大内指大卧室(《睡虎地秦簡日書研究》P127)。此封泥當爲職官名。

大内丞印

　　　　　1　　　　　　　　　2　　　　　　　　　3

1.《在京》圖二:7;《璽印》P444;《大系》P56

2.《新出》P59;《大系》P56

3.《發掘》圖一六:8;《新獲》P287;《大系》P55

【考略2001】

　　大内爲朝廷主藏財物之機構。《睡虎地秦墓竹簡・金布律》:"都官輸大内,内受買(賣)之,盡七月而畢。都官遠大内者輸縣,縣受買(賣)之。""大内丞"爲大内屬官。大内同"泰内",相家巷遺址流散秦封泥有"泰内丞印"。

【考略2001】

　　大内爲戰國秦置,主管京師物資收藏。《睡虎地秦墓竹簡·金布律》載:"都官輸大内","都官遠大内者輸縣"。漢承秦制,《史記·孝景本紀》"以大内爲二千石,置左右内官,屬大内。"裴駰《集解》引韋昭曰:"大内,京師府藏。"相家巷遺址流散秦封泥有"泰内丞印",泰、大互通。

【簡讀2002】

　　《秦簡·金布律》:"都官輸大内,内受買(賣)之,盡七月而觿(畢)。都官遠大内者輸縣,縣受買(賣)之。""已稟衣,有餘褐十以上,輸大内,與計偕。"《史記·孝景本紀》:"以大内爲二千石,置左右内官,屬大内。"《集解》"韋昭曰:大内,京師府藏。"

【在京2005】

　　説見"大内"。

【分域2009】

　　説見"泰内"。

【官名2013】

　　説見"内史之印"。

【秦官2018】

　　説見"大内"。

【廣封2019】

　　案:大内,即泰内。案《秦封泥彙考》"泰内":泰内,即大内,官署名。戰國秦置。秦漢沿置。設於京師的物資府庫。《睡虎地秦墓竹簡·金布律》:"都官輸大内,内受賣之,盡七月二觿。"可見其還有出售變賣舊物資之職能。同條"糞其有物不可以須時,求先買(賣),以書時謁其狀内史",可知其屬於内史管轄。此處所指内史當爲治粟内史之省稱。又《漢書·嚴助傳》注,應劭曰:"大内,都内也,國家寶藏也。"師古曰,《百官公卿表》云:治粟屬官有都内令丞也。"《漢書·百官公卿表》:"治粟内史,秦官,掌穀貨,有兩丞。屬官有太倉、均輸、平准、都内、籍田五令丞。"則大内應爲治粟屬官都内令丞所管理的府庫。此其丞之印也。

泰内

1　　　　　　　2

1.《彙考》P58;《大系》P258
2.《大系》P258

【新官2002】

"泰内丞印"見《秦封泥集》一·二·29。

【在京2005】

半通。《秦封》録有"泰内丞印"。

【彙考2007】

泰内,即大内,官署名。戰國秦置。秦漢沿置。設於京師的物資府庫。《睡虎地秦墓竹簡·金布律》:"都官輸大内,内受買之,盡七月而畢。"可見其還有出售變賣物資的職能。同條"糞其有物不可以須時,求先買(賣),以書時謁其狀内史",可知其屬内史所轄。此處所指内史當爲治粟内史之省稱。

【分域2009】

泰内即大内,秦官署名,一般是指設立於京師的物資府庫。大内丞當爲大内令的佐官。

【秦官2018】

説見"大内"。

【廣封2019】

説見"大内丞印"。

泰内丞印

《印集》P26;《彙考》P58

【補讀1998】

《漢表》記:"治粟内史,秦官,掌穀貨。屬官有太倉、均輸、平準、都内、籍田五令丞。"《史記·孝景本紀》記中元六年更名"治粟内史爲大農,以大内爲二(瑞按,原作三)千石,置左右内官,屬大内。"《集解》引韋昭曰:"大内,京師府藏。"又《索隱》:"主天子之私財物曰少内,少内屬大内也。"漢武帝時大内改稱都内。《睡虎·金布律》:"都官輸大内,内受買之,盡七月而畢。都官遠大内者輸縣,縣受買之。""已稟衣,有餘褐十以上,輸大内,與計偕。""在咸陽者致其衣大内,在它縣者致衣從事之縣。縣、大内皆聽其官致,以律稟衣。"

【秦封2000】

泰内即太内、大内,《漢表》記:治粟内史,秦官,掌穀貨。"屬官有太倉、均輸、平準、都内、籍田五令丞。"《史記·孝景本紀》記中元六年更命"治粟内史爲大農,以大内爲二千石,置左右内官,屬大内。"《集解》引韋昭曰:"大内,京師府藏。"又注引《索隱》:

"主天子之私財物曰少内,少内屬大内也。"漢武帝時大内改稱都内。秦《睡虎・金布律》:"官輸大内,内受買之,盡七月而畢。都官遠大内者輸縣,縣受買之。""已稟衣,有餘褐十以上,輸大内,與計偕。""在咸陽者致其衣大内,在它縣者致從衣從事之縣。縣、大内皆聽其官致,以律稟衣。"秦印見:《徵存》"少内"。

【簡讀2002】

　　"泰内"即"大内",釋讀見"大内丞印"。

【彙考2007】

　　泰内丞,官名。説見"泰内"。

【分域2009】

　　説見"泰内"。

【集證2011】

　　睡虎地秦簡《金布律》"縣、都官以七月糞公器不可繕者⋯⋯都官輸大内,内受買(賣)之,盡七月而畢。都官遠大内者輸縣,縣受買(賣)之。"《史記・孝景本紀》:"中六年⋯⋯更命⋯⋯治粟内史爲大農,以大内爲二千石,置左右内官,屬大内。"《集解》韋昭曰:"大内,京師府藏。"《索隱》:"天子之私財曰小内,小内屬大内也。"大内還主管向服役者發放衣物,《金布律》:"有餘褐十以上,輸大内,與計偕⋯⋯在咸陽者致其衣大内,在它縣者致衣從事之縣。縣、大内皆聽其官致,以律稟衣。"

【秦官2018】

　　説見"大内"。

【廣封2019】

　　《漢書・嚴助傳》注,應劭曰:"大内,都内也,國家寶藏也。"師古曰:"《百官公卿表》云:治粟屬官有都内令丞也。"此其丞之印也。

少内

1　　　　　　　　　2

1.《大系》P222
2.《陝北》P110

【官印1990】

　　在考訂"苣陽少内"秦印時指出,印文苣陽之苣字,原篆作，與1982年秦苣陽遺址所出陶罐殘片上模印篆文苣字構型及書法風格相同。苣,《説文》云:"蠒也,从艸,臣聲",古音屬之部。芷,從艸,止聲,古音亦屬之部,二字音同,例得相通。《史記・司馬相如列傳》:"芷若射干",張揖云:"芷,白芷也。本草云:'一名蒚。'"即是其證,故蒚陽即是芷陽。《漢書・地理志》:"霸陵,故芷陽,文帝更名"。《補注》:"先謙曰:秦宣太后悼太子葬此,見《秦紀》,亦作蒚陽,見《始皇紀》"。《史記・秦始皇本紀》:"莊襄王享國三年,葬蒚陽",是知蒚(芷)陽縣爲秦置,屬内史。少内,係掌管金錢出入的財政機構。《周禮・天官冢宰・敍官》:"職内"條,鄭注云:"職内,主入也。若今泉之所入,謂之少内。"秦漢時期,縣一級地方政府亦設少内之官,秦簡《法律答問》:"府中公金錢私貸用之,與盜同法。何謂府中? 唯縣少内爲府中,其他不爲。"《金布律》:"縣、都官坐效、計以負賞(償)者,已論,嗇夫即以其直(值)錢分負其官長及冗吏,而人與參辨卷,以效少内,少内以收責之。"由以上所引秦簡資料參證,可知此印係秦代蒚(芷)陽縣屬下少内之官所用的印。

【兩漢1993】

在考訂"少内"印時指出,印爲西漢早期,鼻鈕。印面縱橫各2.3釐米。印文二字。有界欄。天津藝術博物館藏。少内,掌幣泉出納之官署。《周禮・天官・職内》注:"職内主入也,若今之泉所入謂之少内。"疏:"漢之少内亦主泉之所入。案王氏《漢官解》云:小官嗇夫各擅其職,謂倉、庫、少内嗇夫之屬。各自擅其條理所職主。由此言之,少内藏聚似之少府,但官卑職碎,以少爲名。"此爲少内之署印。

【分域2009】

"少内"爲主管財政收入的機構,《周禮・天官・序官》"職内"鄭玄注曰:"職内主入也,若今之泉所入謂少内。"秦也設有"少内"一職。雲夢秦簡《法律答問》載,"府中公金錢私貸用之,與盜同法。何謂府中? 唯縣少内爲府中,其它不爲。"

【大少内2010】

說見"大内"。

【集證2011】

"少内"印學者或定爲漢初印,然該印格與"蒚陽少内"印"少内"二字風格相同,後者羅福頤定爲秦印,前者似不應例外。王人聰指出印文蒚字與1982年秦蒚陽遺址所出陶罐殘片上模印篆文"蒚"字構形與書法風格相同(張海雲:《芷陽遺址調查簡報》,《文博》1985年3期),亦認其爲秦印。

【官名2013】

說見"内史之印"。

【職地2014】

《漢書・百官公卿表》失載。秦漢皆有少内,然秦之少内不見於史籍記載。從文獻看,少内是戰國至秦漢時期普遍設置的管理錢財的機構,其所涉事務多與錢財收付有關。漢代少内所掌管的錢財或即所謂的"帝室財政"。漢景帝中六年置"左右内官"應就是大内和少内合稱,在此基礎上逐漸形成大司農主管"中央財政"和少府主管的"帝室財政"的格局。就漢代財政的二元格局來看,漢少内應是少府屬官。或者漢少内機構的隸屬前後經歷了變化,因從《漢書・魏相丙吉傳》師古注"少内,掖庭主府藏之官也"看,漢武帝時少内已從景帝時與"大内"並列或統屬於大内改爲隸屬少府屬官永巷,其改制時間在武帝太初元年更名永巷爲掖庭後。秦少内見於秦簡和璽印封泥。睡虎地秦簡所見少内涉及事務均與金錢收付有關。從《秦律十八種・金布律》可知,都官及其下屬的賠款要送交少内,可見此少内是隸屬中央的機構,而縣級地方政府也設有少内。嶽麓秦簡《學爲僞書案》有"胡陽少内",其案屬於詐騙錢財類。里耶秦簡中少内數十見,多與公家器物和金錢的交付有關。里耶秦簡的少内配合遷陵縣丞處理中央御史詢問"幫值"的文書,内容是有關金布錢財的運送發送。從相關秦簡的簡文看,秦時少内涉及的事務主要是收儲公家金錢和交付各類物資,包括各類器物、錦繪、家畜,甚至還有製作弓箭所用的均需物資"翰羽"。楊寬認爲戰國秦時少内即少府,現在看來觀點明顯有誤,少内只是少府諸多屬官之一,或因其主管財政和物資而成爲少府的核心組成部分。秦簡資料顯示秦少内與大内職能幾乎相同,均掌管國家錢財和各類國有物資,但二者名稱上的不同顯示其職能和領屬關係上肯定有所區別。認爲,秦時大内和少内職能的側重點和領屬不同,即大内是中央機構,只設立在都城咸陽,隸屬於内史,掌管的是整個國家主要財政收支和各類物資的交付。少内也是中央機構,在都城咸陽和地方各縣均有設置,主要管理京畿各縣和地方各縣中一些特殊名目的資金和物資的收儲。秦少内的收入來源和支付對象均與大内有所區別,其收入應該主要是作爲皇帝私財來管理和使用,故很可能隸屬於少府機構。

【二十則 2015】

少内,《漢書・百官公卿表》失載;秦漢皆有少内,然秦之少内僅見於秦簡和璽印封泥,而不見於史籍記載。睡虎地秦簡所見少内涉及的事務均與金錢收付有關。《秦律十八種・金布律》:"縣、都官坐效,計以負償者,已論,嗇夫即以其值錢分負其官長及冗吏,而人與參辯券,以效少内,少内以收責之。其人贏者,亦官與辯券,入之。其償毋敢逾歲,逾歲而弗入及不如令者,皆以律論之。"《法律問答》:"府中公金錢私貸用之,與盜同法。・何謂'府中'？・唯縣少内爲'府中',其他不爲。"《封診式》:"令少内某、佐某以市正價賈丙丞某前,丙中人,價若干錢。"由簡文可知,都官及其下屬的賠款要交送少内,可見此少内是隸屬中央的機構,而縣級地方政府也設有少内。里耶秦簡中"少内"數十見,多於公家器物和金錢的交付有關。張慧珍利用秦璽印和秦簡資料並綜合各家説法後認爲:"秦'少内'分設於中央及縣一級行政區域,負責收取賠償及買賣關係下所得的錢財,是掌理國家級縣級官用金錢收入與支出之機構。掌理中央或縣級官用金錢的機構。"今按,此説基本正確,但秦少内在主管金錢的同時還兼管各類物資的職能則應該加以補充。據已有關於漢代大内和少内的認識,以及秦璽印封泥所見職官命名和設置的特點,再考慮到直到漢代時"國家財政"和"帝室財政"的界限也還不十分嚴格的狀況,我們認爲秦時大内和少内職能的側重點和領屬應該有所區別,即大内是中央機構,只設立在都城咸陽,隸屬於由内史分置的治栗内史,掌管的是整個國家主要財政收支和各類物資的交付;少内也是設於都城咸陽的中央機構,主要管理京畿各縣和地方各縣中一些特殊名目的資金和各類物資的收儲。如所見縣和都官群吏所賠償的錢款(睡虎地秦簡《金布律》)、各類刑徒的貲贖罰金(前引里耶秦簡諸條)、政府與私人之間奴隸買賣的收支等(睡虎地秦簡《封診式》),

其所涉事務也肯定有與大內重合之處。秦少內的收入來源和支出現象均與大內有所區別，其收入應該主要是作爲皇帝私財來管理和使用的，故很可能隸屬於少府機構。

【秦官2018】

《漢書·百官公卿表》未見"少內"之職，秦之少內亦不見於典籍，但少內習見於《晏子春秋·外篇》《淮南子·時則訓》《漢書·魏相丙吉傳》和漢唐人的注疏等。據《周禮·天官·職內》鄭玄注："職內，主入也。若今之泉所入，謂之少內。"賈公彥疏："漢之少內亦主泉所入。"總之，少內是戰國至秦漢時期普遍設置的管理錢財的機構，其所涉事務多與錢財收付有關。秦少內見於秦簡和璽印封泥。由《秦律十八種·金布律》相關簡文可知，都官及其下屬的賠款要送交少內，可見此少內是隸屬中央的機構，而縣級地方政府也設有少內。這與嶽麓秦簡所見"胡陽少內"、里耶秦簡所見"遷陵少內"和秦封泥"高陵少內"的情況一致。里耶秦簡中"少內"數十見，其多與公家器物和金錢的交付有關。里耶秦簡中與"少內"有關的名稱有"少內守""少內主"和"叚(假)少內"等，是探討秦職官制度的新資料。新出秦封泥僅見"少內"和"高陵少內"，傳世秦印還有"少內"和"茝陽少內"。"少內"印無法斷定其級別，或爲設於某縣的少內。茝陽、高陵均是秦縣，茝陽文獻或作"芷陽"。

瑞按：少內，有兩種含義，一爲職官名，《史記·孝景本紀》注《索隱》謂，主天子之私財物曰少內。少內屬大內也。《漢書·魏相丙吉傳》有"少內嗇夫"。《漢官六種·漢官解詁》："少官嗇夫，各擅其職。謂倉庫少內嗇夫之屬，各自擅其條理所職主。"睡虎地秦簡秦律中有"少內"，整理小組認爲其可能是朝廷管理錢財的機構，指出秦簡有縣少內，見於《法律答問》和《封診式》，秦印有"少內"。王輝先生在研究"少內"印時指出，大內是京師府藏，少內與之相對，當是次一級的府藏。並據秦簡指出，少內有朝廷和地方兩種。之前見到的"芷陽少內"爲縣少內（《文博》1990年5期P241）。二指臥室，如雲夢睡虎地秦簡日書有大內、小內，劉樂賢先生即已指出，內指內室、臥室，小內指小臥室（《睡虎地秦簡日書研究》P127）。此封泥爲職官名。

（二十二）宦　　者

宦者

1　　　　　　2

1.《印集》P42；《彙考》P87；《大系》P118

2.《大系》P118

【彙考2007】

宦者，官署名。戰國始置，秦漢沿之。《漢書·百官公卿表》少府屬官有宦者。王先謙《漢書補注》：“續《志》黄門令、宦者主省中諸宦者……宦者令丞見下七官，本作八是。”

【分域2009】

“宦”本是指宦官，特設官以管理。宦者，官署名，少府屬官，負責管理各宮宦者事務。宦者丞，爲宦者令的佐官。《史記·廉頗藺相如列傳》云：“藺相如爲趙宦者令繆賢舍人。”

【官名2013】

秦簡《倉律》：“宦者、都官吏、都官人有事上爲將，令縣貸之，輒移其稟縣，稟縣以減其稟。已稟者，移居縣責之。”整理者注：“宦官，閹人，見於《史記·秦始皇本紀》。《文選·宦者傳論》五臣注：‘周以爲閹人，今謂之宦者，官比郎中。’有事上，爲朝廷辦事。將，督送。”北宮、高章均設宦者令、丞，宦丞當爲宦者丞之省稱。

【職地2014】

在討論秦璽印封泥中秦宦官資料後指出，秦時宦官分布於少府、詹事和中官等中央機構中，基本偏重於爲皇帝和皇室成員服務。主要設置在皇帝及皇室成員活動的後宮及内宮，即各宮室、禁苑、園囿，如高章宦者、北宮宦者等。從張家山漢簡《二年律令·秩律》有宦者、未央宦者、宦者監僕射、長信宦者中監等看，秦時宦官名目必定與其相當。從北宮、高章等宮室獨立設宦者看，分布於各機構的宦官各有專職，但秩級似不高。從宦者類封泥的重複率看，宦者丞印（114枚）、高章宦者（81枚）、北宮宦者（19枚），遠超秦封泥其他品類，可見秦宦官親近皇帝、職掌事物繁雜，奏事頻繁。

又：宦者既是宦官一類人的泛稱，又是管理宦者的機構名臣，是宮廷中侍奉皇帝及其家屬的特殊人員。皇后的私官詹事也有宦者，少府屬官的宦者是宮内侍奉皇帝的近侍，詹事屬官的宦者是服務於皇后及皇帝近親的後宮私官。張家山漢簡《二年律令·秩律》有宦者（秩六百石）、未央宦者、（未央）宦者監僕射、長信宦者中監。

【秦官2018】

宦本謂爲人奴僕、婢妾。《國語·越語下》：“越王令大夫種守於國，與范蠡人宦於吳。”韋昭注：“宦，爲臣隸也。”《左傳》宣公二年：“宦三年矣，未知母之存否？”宦者是内廷執役的奴僕，是宮中侍奉皇帝及其家族的特殊人員。宦者既是一種身份，又是管理宦者的機構名稱。睡虎地秦簡《秦律十八種·倉律》有宦者爲朝廷外出辦事而令所到縣墊發口糧，《傳食律》“宦奄如不更”的規定説明，宦者外出的飯食待遇與爵位是不更的同等。不更爲秦爵第四級，低於大夫。可見，秦時宦者不僅待命宮内，還可外出郡縣辦事，但宦者的秩級較低。張家山漢簡有“宦者”“未央宦者”“（未央）宦者監僕射”“長信宦者中監”等。新見秦文字資料中，嶽麓秦簡中有“宦皇帝”“冗宦”等，宦者類封泥有“宦者”“宦者丞印”“北宮宦丞”“宦走”“宦走丞印”“北宮宦丞”“高章宦者”和“高章宦丞”等。

【廣封2019】

案《漢書·百官公卿表》：“少府，秦官，掌山海池澤之税，以給共養，有六丞”，屬官有“宦者”令丞。

宦者丞印

1　　　　　　　　2　　　　　　　　3

1.《彙考》P88
2.《長安》P35
3.《初探》P8;《印風》P132;《彙考》P88

【兩漢1993】

　　西漢早期。封泥。印文二行四字。有界欄。《封泥考略》著録。宦者,爲宮中侍奉之宦官,服宮内雜役。《後漢書·宦者列傳》:"宦人之在王朝者,其來舊矣。"《通典》及《史記》載,戰國已有宦者令,藺相如爲趙宦者令繆賢者舍人。宦者令爲宦官之長。《漢書·百官公卿表》曰少府屬官有"宦者官令丞""宦者七丞",可見其時宮中任用宦官人數之衆。各宮宦者因宮名不同而別,《封泥考略》《續封泥考略》有"長信宦者""北宮宦者"封泥。宦者令丞執事之所稱"宦者署",《漢書·蘇武傳》:"宣帝即時召武侍詔宦者署",師古注曰:《百官公卿表》少府屬官有宦者令丞。以其署親近,故令於此詔也。"又《後漢書·宦者列傳》:"中興之初,宦者悉用閹人,不復雜調他士。"宦者近侍左右,漸掌朝中實職。東漢雖省"宦者令丞",但由宦者擔任之職却益多。《後漢書·百官志》所載中常侍、中黃門、小黃門、黃門令、黃門署長、中黃門冗從僕射、掖庭令、永巷令、御府令、鈎盾令等少府屬官,悉由宦者充之。此爲宦者令之丞印。此封泥文字承秦篆風格,沿用"田"字界欄,時代爲西漢早期。

【發現1997】

　　少府屬官。

【宦官1997】

　　宦者係當時對閹人宦官的一種泛稱,同時又是一個宦官機構的名稱。據《漢書·百官公卿表》少府屬官有宦者令丞,漢武帝太初元年調整少府機構時,進一步明確了宦者令下有七丞。作爲宦官泛稱的"宦者",屢見於有關秦國或秦代的史籍之中。例如,戰國秦昭王時期,范睢求見秦王時佯作不知而闖入永巷,招致宦者發怒,范睢與"宦者爭言"。又如,《史記·秦始皇本紀》記載:始皇死於出巡途中,丞相李斯決定暫時秘不發喪,"獨子胡亥、趙高及所幸宦者五六人知上死"。上述幾處"宦者",均是泛稱閹人宦官。至於作爲宦官機構的宦者,雖然見諸於漢代及戰國時趙國的有關記載,秦則無明確的實例。曾有學者指出:"戰國及漢有宦者令官,秦容亦有之,但各書未顯言秦設此官"。此次"宦者丞印"封泥的發現,顯然可以彌補"各書未顯言"的缺憾。"宦者丞印"封泥,此前亦見著録。《封泥考略》卷一録有"宦者丞印"封泥。恩師陳直先生指出:《漢書·百官公卿表》載宦者令有七丞,"此封泥僅有一丞,爲武帝太初以前官制",所見十分確當。此次新發現的"宦者丞印"封泥,在年代上更要早於《封泥考略》所録的"宦者丞印"封泥。

【印考1997】

印面均爲正方形,田字格,邊長1.8釐米;"高章宦者"一印稍大,邊長2釐米,邊欄完整(瑞按:此條釋"宦者丞印""北宮宦丞""高章宦者"和"高章宦丞")。"宦者"亦稱"宦官""中官""内官""内臣""内侍""太監""内監"等,周代即有。《周禮》有宮正、宮伯、内宰、閽人、寺人。戰國時趙設宦者令,爲古時宮廷内侍奉皇帝及家屬的特殊官員。《史記·廉頗藺相如列傳》:"藺相如……爲趙宦者令繆賢舍人。"秦漢時少府均設宦者令、丞,各宮皆有宦者。《漢書·蘇武傳》"待詔宦者署",注云:"師古曰:《百官公卿表》少府屬官有宦者令丞,以其署親近,故令於此待詔也。""北宮宦丞"當是侍奉王后的宦官,《續封泥考略》收録"北宮宦者"一枚,是爲見證。"高章"一名,有可能是秦時除南、北宮之外的一個主要宮殿名,否則是不會專門設有"宦者"及"宦丞"的。

【秦封2000】

《漢表》少府屬有"宦者令丞"。《後漢書·百官志三》:"中常侍,千石。本注曰:'宦者,無員。後增秩比二千石。掌侍左右,從入内宮,贊導内衆事,顧問應對給事。'"《通典》謂:戰國時宦者令,秦少府屬官,其制由來已久。秦政治中多有宦者,如監突、景監、嫪毐、韓談等。《史記·李斯列傳》記:"始皇東巡,有所幸宦者五六人。"等記載頗多。秦《睡虎·倉律》:"宦者,都官吏,都官人有事上爲將,令縣貸之。"漢封泥見:《封存》《澂秋》《臨淄》《齊魯》《續封》《建德》"齊宦者丞",《續封》《建德》"齊宦者長"。漢印見:《微存》"宦者丞印"。

【考略2001】

《漢書·百官公卿表》載,少府屬官有"宦者令丞",其掌宮中宦者。

【簡讀2002】

《漢表》:"少府,秦官,……屬官有……宦者"。《史記·秦始皇本紀》"百官奏事如故,宦者輒從輼凉車中可其奏。"《秦簡·傳食律》:"宦閹如不更"。《張家·二年·秩律》:"宦者……秩各六百石,有丞、尉者半之。"

【新官2002】

"宦者丞印"見《秦封泥集》一·二·59。

【彙考2007】

宦者丞,官名,宦者令之佐官。戰國時已置宦者令,掌各宮宦者。《史記·廉頗藺相如列傳》云藺相如爲趙宦者令繆賢舍人。

【分域2009】

說見“宦者”。

【集證2011】

《漢書·百官公卿表》少府屬有“宦者令、丞”。王先謙《漢書補注》:“宦者署見東方朔、劉歆、蘇武、翼奉《傳》。宦者另見《東平王宇傳》。宦者丞見《外戚傳》。”《封泥彙編》18·3有“長信宦丞”,爲長信宮之宦者丞。

【廣封2019】

案《封泥考略》,《漢書·百官公卿表》: 少府屬官有“宦者”令丞。此其丞之印也。

宦者監印

《大系》P119

瑞按: 張家山漢簡《二年律令·秩律》有“宦者監僕射”。

（二十三）宦　　走

宦走

1　　　　　　　　2

1.《相家》P32;《大系》P120
2.《大系》P120

【分域2009】

宦即宦者。走,謙爲趨走之僕。宦走當爲宦者中負責管理牲畜的官吏。

宦走丞印

1　　　　　　　　　　2

1.《彙考》P91
2.《彙考》P91、《彙考》圖版P22

【補讀1998】

宦當爲宦者。《漢表》少府屬官有宦者令丞。走或爲"牛馬走"（見《史記·太史公自序》）之意，爲驅使之臣僕；或爲"走馬"即"趣馬"之意，爲宦官中管馬之人；或爲宦官而膺"走士"身份者。

【秦封2000】

宦當爲宦者，宦官。走或爲"牛馬走"（見《史記·太史公自序（瑞按，原文作"述"）》）之意，爲驅使之臣僕；或爲"走馬"即"趣馬"之意，爲宦官中管馬之人；或爲宦官而膺"走士"身份者，參見"宦者丞印""走士丞印"。

【簡讀2002】

走指"走士"，釋讀見"走士"條。《漢書·蘇武傳》："宦騎與黃門駙馬爭"，師古曰："宦騎，宦者而爲騎也。"宦走當爲宦者而爲走士者。

【彙考2007】

同《秦封2000》。

【分域2009】

説見"宦走"。

【集證2011】

第二字周曉陸釋"走"，但字左旁、下部已殘，無法深究。

【官名2013】

宦走，應爲宦者之下屬。有學者認爲是宦官中管理馬匹的官吏，或爲宦者而膺"走士"身份者。

【廣封2019】

同《秦封2000》。

（二十四）御　　府

御府

《發掘》

【歷代1987】

　　在考訂長沙出土"御府長印"印時指出,《長沙出土西漢印章及其有關問題研究》:"墨書漢隸體,尚未鐫刻。據《漢書·百官公卿表》,少府官有御府令丞,顔注:'御府主天子衣服也'。《後漢書·百官志》:'御府令一人,六百石。丞一人。'注:'宦者,典中官婢作中衣服及補浣之屬。'此當爲長沙御府管理宮廷衣服的長官"。按:上引文所考甚是,但對於王國之御府長官稱長,漢朝御府長官稱令,這點區別,則未言及。《史記·倉公列傳》:"齊中御府長信病",是齊國御府長官稱長,與此印可以互爲印證。又如漢朝水衡屬官鍾官之長官稱令,《漢書·百官公卿表》:"屬官有上林、均輸……鍾官……九官令丞",而王國之鍾官則稱長,《齊魯封泥集存》著録有"齊鍾官長"封泥。漢朝奉常屬官太祝令(景帝中六年,更名太祝爲祠祀)、少府屬官宦者、太僕屬官大廄、宗正屬官都司空,據《百官表》長官均稱令,而王國則均稱長,如《續封泥考略》及《再續封泥考略》著録有"齊祠祀長""齊宦者長""葘川廄長""齊司空長"封泥。由以上資料,可知漢初王國官屬,雖同制中朝,但官名稱亦有區別。此印原著録同出遺物的特點,推定其年代爲文景之際。據《漢書·百官公卿表》:"景帝中五年,令諸侯王不得復治國,天子爲置吏。改丞相曰相,省御史大夫、廷尉、少府、宗正、博士官、大夫、謁者、郎諸官長丞,皆損其員。"則此印當係景帝中五年省官之前之物。

【考略2001】

　　《漢書·百官公卿表》載,御府爲少府屬官。顔師古注:"御府主天子衣服。"《通典·職官八》:秦御府令丞,"掌供御服"。御府職能的上述解釋,當源於《後漢書·百官志(三)》本注曰:御府"典宮婢作中衣服及補浣之屬"。我們認爲秦和西漢時代,御府職掌不限於"主天子衣服",更重要的職責還應是少府中掌宮廷金錢,這可從文獻記載得到佐證。《史記·平準書》:"縣官不給,天子乃……出御府禁藏以贍之。"又《漢書·賈山傳》載：“發御府金，賜大臣宗族。”作爲皇室的“府”，它還掌管着宮廷的刀劍、玉器、采繒等。

【簡讀2002】

《漢表》：“少府，秦官，……屬官有……御府”，師古注：“御府主天子衣服也”。《史記·李斯列傳》：“公子高欲奔，恐收族，乃上書曰：‘先帝無恙時，……御府之衣，臣得賜之。’”《史記·平準書》：“天子……出御府禁藏以贍之。”《張家·二年·秩律》：“御府……秩各六百石，有丞、尉者半之”。

【上封2002】

漢少府屬官有御府，師古注：“御府主天子衣服。”又《史記·平準書》“出御府禁藏以贍之”。

【職地2014】

《秦漢官制史稿》“御府是少府的物資和金錢庫，掌管金錢出納，同時也管衣服和其他珍物的出納。”御府掌管金錢、刀劍、玉器、采繒衣服等職能在《史記》《漢書》中均能得到印證。張家山漢簡《二年律令·秩律》有御府和御府鹽（監），與中謁者、居室、樂府等其他少府屬官秩級相同，均爲六百石。秦御府機構龐大，有令、丞，有官署機構公用印，也有主管官吏自用印。

【秦官2018】

《漢書·百官公卿表》顏師古注：“（御府）主天子衣物也。”實際上，御府的職掌不僅僅限於製作、儲藏衣物。御府掌管金錢、刀劍、玉器、采繒衣服等職能在《史記》《漢書》中均能得到印證。蔡邕《獨斷》：“天子所進曰御。御者，進也。凡衣服加於身，飲食入於口，妃妾接於寢，皆曰御。”御府主管皇帝御用物品，是一個管理金錢，並製作和儲藏金帛、乘輿、器服等物品的府庫。《秦漢官制史稿》指出：“可以説御府是少府的金錢庫，掌管金錢出納，同時也管衣服和其他珍物的出納。”秦封泥所見御府類職官種類較多，主要有“御府”“御府之印”“御府丞印”“御廷府印”，“御兵”“御府工室”“御府金府”“御府器府”“御府瑟府”“御府帑府”“御府行府”“御殿丞印”，“御羞”“御羞丞印”“御羞行府”“御羞陰園”，“御弄”“御弄尚虎”“陽御弄印”“陰御弄印”“弄右般印”等。此外，傳世秦璽印還有“御府丞印”和“弄狗廚印”。

瑞按：御府，文獻中秦御府掌衣服，《史記·李斯列傳》“御府之衣，臣得賜之”，《漢書·百官公卿表》爲少府屬官，顏師古曰：“御府主天子衣服也。”然秦御府尚有其他職掌，如《史記·秦始皇本紀》：“人持璧遮使者曰：‘爲吾遺滈池君。’……使御府視璧，乃二十八年行渡江所沈璧也。”其職衣服事至後漢猶存，如《後漢書·百官三》“御府令一人，六百石。本注曰：宦者。典官婢作中衣服及補浣之屬。丞、織室丞各一人。本注曰：宦者。”《後漢書·宦者列傳》“今中尚方斂諸郡之寶，中御府積天下之繒，西園引司農之藏，中廄聚太僕之馬”，《後漢書·董卓列傳》“徙御府金帛乘輿器服”，《後漢書·皇后紀》“及太后崩，乃策書加貴人王赤綬，安車一駟，永巷宮人二百，御府雜帛二萬匹,大司農黃金千斤,錢二千萬"。此外,嶽麓秦簡033—036號簡所記《亡律》中有"寺車府、少府、中府、中車府、泰官、御府、特庫、私官隸臣,免爲士五、隱官,及隸妾以巧及勞免爲庶人……"等語。魯家亮認爲律文或是專門針對少府中一些特殊逃亡情況的補充規定(《嶽麓書院藏秦簡〈亡律〉零拾》《出土文獻與法律史研究(6)》P121—122)。若如是,則御府屬少府。然從033—036內容看,少府和寺車府、中府、中車府、泰官、御府、特庫、私官等職官爲並列關係,不僅尚難確定是時各職官均屬少府,反而也可被看作判斷其他職官本不屬少府的證據。然從《漢書・百官公卿表》看,御府在漢屬少府,又與前述認識相悖,或許期間隸屬還有變化也未可知。今排列暫從《漢書・百官公卿表》。

御府之印

1　　　　　　　　2

1.《上封》P72
2.《印風》P128;《書集》P121;《彙考》P122

【發現1997】
　　《漢書・百官公卿表》云秦有御府令丞,掌供御服,而屬少府。《史記・秦始皇本紀》"三十六年,使者從關東夜過華陰平舒道。有人持璧遮使者曰:'爲吾遺滈池君。'……使者奉璧具以聞,……使御府視璧,乃二十八年行渡江所沉璧也。"又《李斯列傳》:"公子高上書曰:'御府之衣,臣得賜之。'"

【宦官1997】
　　漢代少府屬官有御府令丞。據《後漢書・百官志》本注,御府令丞均由宦官擔任。秦御府亦數見於史籍記載。據《通典・職官八》:"秦漢有御府令丞,掌供御服,而屬少府。後漢又掌宦者,典官婢,作中衣服。"根據其它文獻資料,御府的實際職掌並不僅限於此,而是還包括金錢、珍物等方面的管理。

【印考1997】
　　印面爲正方形,田字格,邊長2釐米,邊欄完整,印文清晰(瑞按:該條釋本封泥及"御府丞印")。《漢書・百官公卿表注》師古曰:"御府,主天子衣物也。"《通典・職官八》:"秦有御府令、丞,掌供御服。"《史記・秦本紀》:"……使者奉璧以聞始皇……使御府視璧,乃二十八年行渡江所沉璧也。"又《史記·孝文本紀》後六年:"群臣如張武等,受賂遺金錢,覺。上乃發御府金錢賜之,以愧其心。"當知,御府亦管金錢。《古官印集存》收錄有"御府丞印"一枚,尤爲明證。

【秦封2000】

《漢表》:少府屬官有御府令丞。師古曰:"御府主天子衣服也。"《後漢書·百官志三》"御府令一人,六百石。本注曰:宦者,典官婢作中衣服及補浣之屬。丞、織室丞各一人。本注曰:宦者。"《通典·職官八》:"秦有御府令丞,掌供御服,而屬少府。"《史記·秦始皇本紀》:"三十六年,使者從關東夜過華陰平舒道。有人持璧遮使者……使御府視璧。"《史記·李斯列傳》:"公子高上書曰:'御府之衣,臣得賜之。'"秦印見:《古官》"御府丞印"。漢封泥見:《續封》《建德》《封拓》《齊魯》《封存》《澂秋》《臨淄》"齊御府印",《臨淄》"菑川御府",《再續》《澂秋》《齊魯》"齊御府丞",《再續》《澂秋》《封泥》"廬江御丞",《滿城》"中山御丞"。

【簡讀2002】

釋讀見"御府"條。

【彙考2007】

御府,官署名。秦置,漢沿之。爲皇宫内收藏皇帝金錢財寶及衣物的機構。《史記·李斯列傳》:"御府之衣,臣得賜之。"《漢書·百官公卿表》少府屬官有御府令丞。顔師古注:"御府主天子衣服也。"王先謙《漢書補注》:"續《志》御府令、宦者、典官婢作中衣及補浣之屬。"《漢書·霍光傳》:"發御府金錢、刀劍、玉器、采繒,賞賜所與遊戲者與從官。"

【集證2011】

此爲御府官署及令之印。

【分域2009】

《漢書·百官公卿表》載,秦有御府令丞,少府屬官。《史記·秦始皇本紀》云:"三十六年,使者從關東夜過華陰平舒道……使者奉璧具以聞……使御府視璧,乃二十八年行渡江所沉璧也。"《史記·李斯列傳》云:"御府之衣,臣得賜之。"《通典·職官(八)》云:"秦有御府令丞,而屬少府。"御府當爲管理御用服裝的機構。

【秦官2018】

説見"御府"。

【廣封2019】

案《漢書·百官公卿表》:"少府,秦官,掌山海池澤之税,以給共養,有六丞。"屬官有御府令丞。(師古曰:"御府主天子衣服也。")又《漢書·高帝紀》:"遣宗正德至曾孫尚冠里舍,洗沐,賜御府衣。"則此其印也。

御府丞印

1 　　　　　　　　　　2

1.《相家》P14
2.《秦封》P147;《彙考》P123;《璽印》P443

【官印1990】

　　在考釋"御府丞印"印時指出,《考古與文物》1982年6期載趙超:《試談幾方秦代的田字格印及有關問題》一文云:此印"印文由右向左橫讀。丞、印二字具有秦印文特徵。《漢書·百官公卿表》:'少府,屬官有……尚方、御府、永巷、内者、宦官七官令丞',均係承襲秦制。御府爲管理御用服裝的機構。《史記·李斯列傳》:'(公子高)乃上書曰:御府之衣,臣得賜之。中廄之寶馬,臣得賜之'。《通典·職官八》:'秦有御府令丞,供御府,而屬少府,均與此印相合'"。

【發現1997】

　　説見"御府之印"。

【宦官1997】

　　説見"御府之印"。

【印考1997】

　　説見"御府之印"。

【秦封2000】

　　御府丞爲御府之丞。説見"御府之印"。

【考略2001】

　　《通典·職官八》:"秦有御府令丞。""御府丞"爲"御府令"副貳。

【簡讀2002】

　　釋讀見"御府"條。

【彙考2007】

　　御府丞,官名。御府令之佐官。御府丞爲御府之丞。

【分域2009】

　　説見"御府之印"。

【集證2011】

趙超説“丞”字左、右兩“𠂤”形大小，高低相等，印字下部象人屈膝形，都具有秦文字的特點，而漢印“丞”字右側“𠂤”較左側“𠂤”大而且高，“印”字作“𠂤”，屈膝形已消失，趙氏據此定爲秦印，始是。《漢書·百官公卿表》少府“屬官有……御府令、丞”，顏師古注：“御府，主天子衣服也。”《通典·職官八》：“秦有御府令丞，掌供御服，而屬少府。”《史記·李斯列傳》：“御府之衣，臣得賜之。中廐之寶馬，臣得賜之。”秦有御府，《史記·秦始皇本紀》：“（始皇）三十六年，……秋，使者從關東夜過華陰平舒道。有人持璧遮使者曰：‘爲吾遺滈池君。’……使者奉璧具以聞，始皇……使御府視璧，乃二十八年行渡江所沉璧也。”（下文爲解釋“御府丞印”封泥文字）此與上印文字風格絶相似，但上印“府”字在左上角，此在右下角，看來非一印，而是同一職官在不同時期所造的二印。

【官名2013】

御府丞，佐御府令掌理君王服飾之官吏，疑職司與“尚衣”“尚珮”“尚冠”相類似。《史記·李斯列傳》：“公子高上書曰：‘御府之衣，臣得賜之。’”

【秦官2018】

説見“御府”。

【廣封2019】

説見“御府之印”。則此其印也。

御府廷印

1　　　　　　　　　2　　　　　　　　　3

1.《在京》圖一：20；《璽印》P443；《大系》P353
2.《大系》P353
3.《新泥》P71

【新泥1999】

封泥中“府”爲官署通名，故釋讀應爲“御廷府”，又據印文不省“印”字，知其中官署名未簡縮。“御廷”不見記載。據《漢書·百官公卿表》載少府屬官有掖廷，武帝太初元年由永巷所改。御，亦謂侍妃，婦官，《周禮·天官·内宰》"以婦職之法教九御"，鄭玄注："九御，女御也，九九而御於王，因以號焉。"《國語周語上》"王御不參一族"，注："御，女官也。"掖又謂後宮，其有婦官曰女御長，《漢官儀》："掖庭，後宮所處。"《漢官舊儀》："婕妤以下皆居掖庭，置令、丞、廬監，宦者，女御長如侍中。"又曰："掖庭令畫漏未盡八刻，廬監以茵次上婕妤以下至後庭，訪白録所録，所推當御見……女御長入，扶以出。"據此則宮中置婦官有女御，先秦已然，至漢掖庭亦有女御長，主侍御。又御、掖王力分在鐸、魚部，江有誥、孔廣森並爲魚部；段氏《六書音韻表》屬第五部，兩字陰入對轉，可通假。則御、掖音皆近，殆漢表之掖庭，即由"御廷"所改，以别於同屬少府之御府。……文帝六年，"減諸服御，損郎吏員"，七年，"婦夫人以下至少使"(《漢書·文帝紀》)，後宮自然隨之裁簡。掖庭省并，或即在此時。故班氏所謂武帝更名，實乃復名掖庭而已。

【在京2005】

文獻中有御府，《漢表》："少府，秦官，……屬官有……御府"，師古注："御府主天子衣服也。"《張家·二年·秩律》："御府……秩各六百石，有丞，尉者半之"。《釋名》："御，語也，尊者將有所欲，先語之，亦言職卑者所勒御，如御牛馬然也。"《獨斷》："御者，進也。凡衣服加於身，飲食入於口，妃妾接於寢，皆曰御"。依此，"御廷府"可能是專爲天子所設"廷府"。文獻中有廷府，但非職官，《漢書·東方朔傳》注，師古曰："言鬼神尚幽□，故以松柏之樹爲廷府。"

【文府2014】

"御廷府"可能爲"御府廷府"之省。《漢書·百官公卿表》："少府，秦官。……屬官有……御府。"顔師古注："御府主天子衣服也。"王先謙補注："《續志》：御府令宦者，典官婢作中衣服及補浣之屬。"不過，御府似乎並非單純製作儲藏衣物，而是製作、儲藏各種器物，以供君王所用。御本指帝王所用或與之有關的事物。《春秋·桓公十四年》："秋八月壬申，御廩災。"杜預注："御廩，公所親耕以奉粢盛之倉也。"《荀子·大略》："天子御珽，諸侯御荼。"楊倞注："御、服皆器用之名，尊者謂之御。"《尚書·顧命》："御王册命。"蔡忱集傳引蘇氏曰："凡王所臨、所服用皆曰御。"御府是一個很大的機構，其下又設各種名目的府，"廷府"即其館署。

【職地2014】

讀爲"御廷府印"，"御府廷"可能爲"御府廷府"之省，"廷府"即其日常辦事之館署。考慮到秦璽印"御府丞印"，則或可讀作"御府廷印"。"廷"和"廷府"均見於睡虎地秦簡，如《内史雜》"令令史徇其廷府"，《秦律十八種·倉律》"禾、芻槀積索出日，上輒不備縣廷……言縣廷，廷令長史雜其廥，與出之，輒上數廷……"，又《徭律》"縣毋敢擅壞更公舍官府及廷"等。簡文中"廷"和"廷府"是政府機構辦公所在地的稱呼，可知此印是御府機構的公用印。

【秦官2018】

説見"御府"。秦御府機構龐大，有令、丞，有主管官吏和官署印。"御廷府"可能爲

"御府廷府"之省,"廷府"即其日常辦事之館署。"廷"和"廷府"均見於睡虎地秦簡,是對政府機構辦公所在地的稱呼,可知此印是御府機構的公用印。

御府工室

1 　　　　　　　　2

1.《印風》P128;《上封》P27;《大系》P345
2.《新出》P44;《大系》P345

【簡讀2002】

釋讀見"御府""少府工室"條。

【新官2002】

"御府之印"見《秦封泥集》一·二·51。御府也設工室,參見"少府工室"《秦封泥集》一·二·33。

【秦工2007】

說見"屬邦工室"。

【職地2014】

御府有製造器物的工室、可能主要是天子日常所需玩好器物,與少府工室可造兵器的職能不同。秦時的御府工室蓋相當於漢代的"尚方"機構。《百官公卿表》"尚方"顏師古曰"尚方主作禁器物",即負責製造皇帝御用鏤鑲金銀珠玉等貴重物品,包括"刀劍諸好器物"。

又:秦御府有金府、器府、瑟府和帑府等府庫,則秦御府設立工室,製造天子日常所需玩好器物亦在情理之中。御府工室或隸屬於少府,與少府工室各有分工。

【秦官2018】

說見"御府"。御府有製造器物的工室,可能主要是天子日常所需玩好器物,與少府工室可造兵器不同。

御府行府

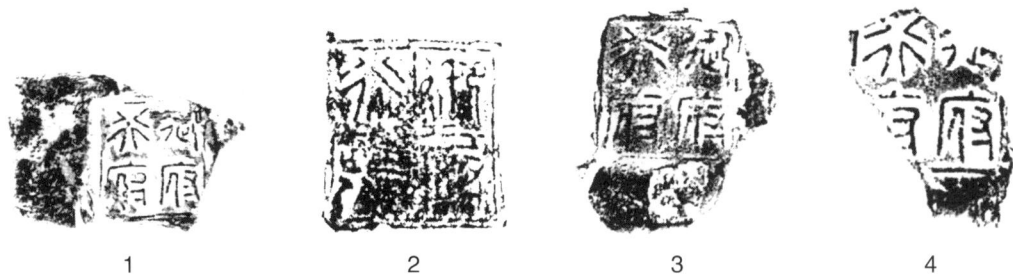

1 2 3 4

1.《新出》P91;《青泥》P15
2—4.《新出》P91;《大系》P348

【文府2014】

"行府" 文獻未見。秦封泥有 "泰行"(《考古與文物》1997年第1期45頁圖33),"泰行" 即 "大行"。《封泥彙編》有漢 "大行丞印" 封泥。《周禮·天官·大行人》云:"大行人掌大賓之禮及大客之儀,以親諸侯。"《左傳·文公十二年》:"秦行人夜戒晉師曰:……" 行人或爲禮賓之官,或爲使者,其職責與御府無關,"行府" 非行人之府。"行府" 應是 "行羞府" 或 "羞行府" 之省稱。秦封泥有 "中羞丞印"(《考古與文物》1997年第1期46頁圖64),又有 "中行羞府" 印(《官印徵存》0005,故宫博物院藏)、"中行羞府" 封泥(《考古與文物》1998年第2期51頁圖16)。又有 "御羞行府" 封泥(《泥匯》2236)。《漢書·百官公卿表》水衡都尉屬官有 "御羞令丞",顏師古注引如淳曰:"御羞,地名也,在藍田,其土肥沃,多出御物可進者。……羞者,珍羞所出。"《秦文字集證》説:"(御羞、中羞)秦代的職掌不盡可知。秦代這兩種機構皆屬少府,從字面上理解,二者皆職掌宫廷膳食所需珍羞之物的供應。" "行羞" "羞行" 之 "行" 爲薦用義。《周禮·天官·庖人》:"庖人掌共六畜六禽,辨其名物。凡其死生鱻薧之物,以共王之膳,與其薦羞之物,及后、世子之膳羞,共祭祀之好羞,共喪紀之庶羞,賓客之禽獻。……凡用禽獻,春行羔豚,膳膏香;夏行腒鱐,膳膏臊;秋行犢麛,膳膏腥;冬行鱻羽,膳膏羶。" 鄭玄注:"薦,亦進也。備品物曰薦,致滋味乃爲羞。" 賈公彦疏:"言行者,義與用同。春用羔豚者,草物始生,羔豚食而肥。……" "行羞" "薦羞" 意近,皆進獻珍羞之謂。御府設 "行(羞)府",備辦宫廷膳食所需珍羞。

【秦官2018】

説見 "御府"。

御府金府

1　　　　　　2　　　　　　3　　　　　　4

1、2.《新出》P88；《大系》P345

3.《大系》P345

4.《新出》P88

【文府2014】

金可指銅。睡虎地秦簡《秦律十八種·金布》：“其金及鐵器人以爲銅。”整理小組注：“金，此處意爲銅。入以爲銅，意當爲上繳回爐作爲金屬原料。”可指黃金，龍崗秦簡145：“購金一兩。”亦可指貨幣。《戰國策·秦策一》：“以季子之位尊而多金。”《秦律十八種·司空》：“官有金錢者自爲買脂、膠、毋（無）金錢者乃月爲言脂、膠。”睡虎地秦簡有“金布律”，整理小組注：“金布律，關於貨幣、財物方面的法律。漢代有金布律，或稱金布令，《漢書·蕭望之傳》注：‘金布者，令篇名也，其上有府庫金錢布帛之事，因以名篇。’《晉書·刑法志》：‘金布律有毀傷亡失縣官財物，……金布律有罰贖人責以黃金爲價’”。

又：應是“金府左工”的上級主管機構，秦設有專門製造金器的金府，工師較多，分左右曹。這可由甘肅禮縣、秦始皇陵等處的秦高級墓葬出土的大量金器及錯金器物佐證。秦璽印中還有革工、漆工，説明秦器物製造的專業化程度比較高。

【職地2014】

秦封泥“御府金府”應是“金府左工”的上級主管機構。秦設有專門製造金器的“金府”，且工師較多，分左右曹。御府中的“金府”應是製造御用黃金器物的機構。

【秦官2018】

説見“御府”。御府下設有各種名目的府庫，王輝先生指出，秦時“金府”所藏重點應是金錢，亦即銅錢，“帑府”所藏重點應是布帛，猶如秦簡《金布律》稱“金、布”，二者既有共同點，又有區別。

御府器府

| 1 | 2 | 3 | 4 |

1、2.《新出》P89
3、4.《新出》P90

【文府2014】

《説文》：“器，皿也。”最初主要指飲食器皿。《爾雅·釋器第六》陸德明釋文：“器，皿也，飲食之器也。”《漢書·司馬相如傳》：“滌器於市中。”顏師古注：“器，食器也。”秦陶文習稱陶器曰器，如《秦文字集證》196·45“咸亭完里丹器”，《秦印文字彙編》400“咸亭當柳壽器”，皆指某里人名某製作之陶器皿。又泛指各種器具。《説文》“器”字下段玉裁注：“器乃凡器統稱。”睡虎地秦簡《秦律十八種·工律》：“毋擅叚（假）公器，者（諸）擅叚（假）公器者有罪。”《法律答問》：“舍公官（館），旞火燔其舍，雖有公器，勿責。”《工律》：“爲器同物者，其小大、短長、廣一亦必等。”又有各種器。睡虎地秦簡《秦律十八種·司空律》：“城旦舂毁瓦器、鐵器、木器，……輒治（笞）之。”睡簡《日書》甲68正：“裹以桼（漆）器。”“御府器府”爲御府儲藏宮廷器具之府，其中主藏應是食器，此外恐也會藏一些玩弄之器。《史記·秦始皇本紀》：“三十六年，使者從關東夜過華陰平舒道，有人持璧遮使者，曰：‘爲吾遺滈池君。’……使者奉璧具以聞，始皇……使御府視璧，乃二十八年行渡江所沉璧也。”此璧（玉器）殆亦御府器府舊藏，二十八年始皇“乃西南渡淮水，之衡山”渡江時所沉，故使“御府”令察看，因是舊物，故御府令得以判定。

【秦官2018】

説見“御府”。“御府器府”爲御府儲藏宮廷器具之府，其中主藏應是食器，此外恐也會藏一些玩弄之器。

御府瑟府

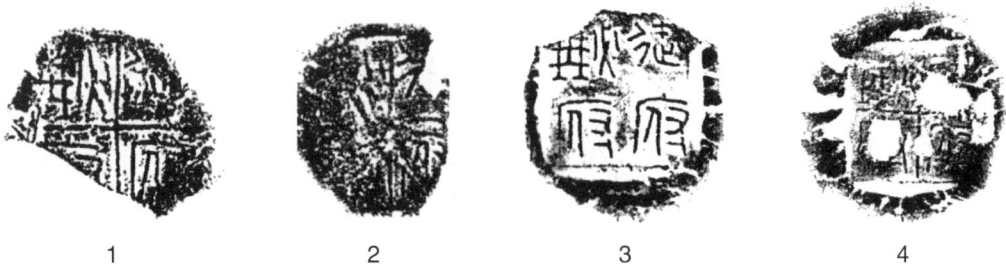

| 1 | 2 | 3 | 4 |

1、2.《新選》P118;《大系》P346
3.《大系》P346
4.《新出》P90;《大系》P346

【文府2014】

　　《説文》:"瑟,庖犧所作弦樂也。"瑟爲樂器之一種。"瑟府"從字面上説,應爲藏瑟之府。秦少府屬官有樂府令、承,秦封泥有"樂府"(《集證2011》圖版138)、"樂府丞印"(同上),樂府儲藏各種樂器,而御府特設"瑟府",特別强調藏瑟者,也不是没有原因的。瑟是雅樂器,常用於宗廟祭祀及燕飲奏樂。《吕氏春秋·適音》:"清廟之瑟,朱弦而疏越,一唱而三歎,有進乎音者矣。"《史記·樂書》:"然後鐘磬竽瑟以和之,干戚旄羽以舞之,此所以祭先王之廟也。"《漢書·禮樂志》載漢武帝郊祀歌十九章,其第八章《天地》:"九歌畢奏斐然殊,鳴琴竽瑟會軒朱。"顔師古注:"軒朱即朱軒也,言總合音樂會於軒檻之前。"漢哀帝時郊祭樂工有"張瑟員八人"。《詩·小雅·鹿鳴》:"我有嘉賓,鼓瑟吹笙。吹笙鼓簧,承筐是將。"朱熹集傳:"瑟、笙,燕禮所用之樂也。"孔穎達疏:"文王既有酒食,亦有誠篤誠實之心發於中,召其臣下,而共行饗燕之禮以致之。王既有誠懇以召臣下,臣下被召,莫不皆來。我有嘉善之賓,則爲之鼓其瑟而吹其笙。吹笙之時,鼓其笙中之簧以樂之,又奉筐筐盛幣帛於是而行與之。由此燕食以享之,瑟笙以樂之,幣帛以將之,故嘉賓皆愛好。"據孔疏,則王者燕禮賓客,既奏雅樂,又賜幣帛,如此,御府之同時設立金府、帛府、瑟府,就是完全必要的。"瑟府"所儲藏者,可能也不僅是瑟一種樂器,而是包括笙、竽、琴等在内的一組雅樂器。鳳翔南指揮村秦公一號大墓出土一件小漆筒,其上墨書"寂(紫)之寺(持)簧"4字。拙文《秦文字釋讀訂補(八篇)》説此爲秦景公生前祭天所用物,簧即笙。秦景公的時代爲春秋中晚期之交,其時還没有"御府"這一機構,但宫廷儲藏笙、瑟一類樂器,則是肯定的。

【秦官2018】

　　説見"御府"。樂府儲藏各種樂器,而御府特設"瑟府",特別强調藏瑟者,也不是没有原因的。瑟是雅樂器,常用於宗廟祭祀及燕飲奏樂。"瑟府"所儲藏者,可能也不僅是瑟一種樂器,而是包括笙、竽、琴等在内的一組雅樂器。

御府帑府

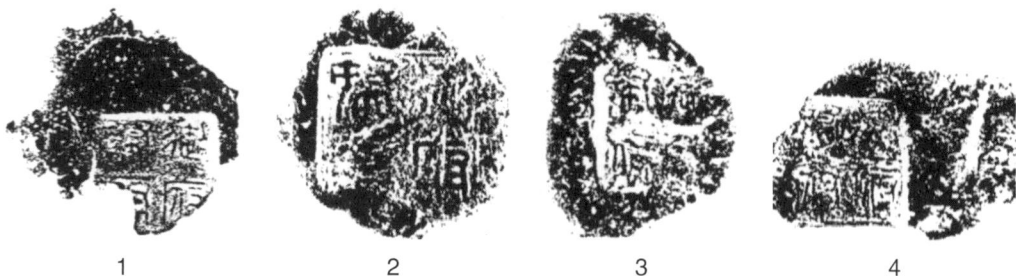

| 1 | 2 | 3 | 4 |

1—4.《新出》P90

【文府2014】

《説文》:"帑,金幣所藏也。"段玉裁注:"此與府、庫、廥等一律。"《玉篇》:"帑,金布所藏之府。"亦指庫藏金帛。《韓非子·亡徵》:"羈旅僑士,重帑在外,上間謀計,下與民事者,可亡也。"金、帑皆可指金錢、貨幣,則"金府""帑府"的職能是否重疊?但二者既然同設於御府,則這種可能性必定很小。我推測:秦時"金府"所藏重點應是金錢,亦即銅錢,"帑府"所藏重點應是布帛,猶如秦簡《金布律》稱"金、布",二者既有共同點,又有區別。布本指布帛,爲紡織品,因其是重要的生活必需品,在商品活動中可以交換,後來也成爲貨幣。《詩·衛風·氓》:"抱布貿絲。"毛傳:"布,幣也。"再後來,則帑引申指金幣,金幣所藏,與金的區別已不明顯了。

【秦官2018】

説見"御府"。御府下設有各種名目的府庫,王輝先生指出,秦時"金府"所藏重點應是金錢,亦即銅錢,"帑府"所藏重點應是布帛,猶如秦簡《金布律》稱"金、布",二者既有共同點,又有區別。

御府□□

《大系》P347

瑞按:封泥殘,原讀"御府室府","室"字尚可存疑,從殘存筆畫看左下字也似非"府"字。

御府縵府

《大系》P345

　　瑞按：御府，説見"御府"。縵，見睡虎地出土秦簡《法律答問》文："毋敢履錦履。履〔錦〕履之狀可（何）如？律所謂者，以絲雜織履，履有文，乃爲錦履，以錦縵履不爲，然而行事比焉。"整理者指出：縵讀爲鞔，《吕氏春秋・召類》注："鞔，履也，作履之工（腔）也。"《説文》段注："履腔，如今人言鞋幫也。"孫曉春、陳維禮先生指出：當如字讀。《説文》"縵，繒無文也"，"漢律：賜衣者縵表白裏"，這是秦漢時期一項重要的法律規定，即没有官爵的庶民百姓不得穿有花紋的絲織衣服。從這段簡文來看，錦履是指用雜色絲織成的有花紋的履，"以錦縵履不爲"，用無花紋的錦做的鞋，不算作錦履（《〈睡虎地秦簡〉譯注商兌》，《史學集刊》1985年2期P72）。今按：縵，平紋織物，無花紋，與錦不同。秦封又有"左織縵丞"。

御府果□

《大系》P345

御府燗府

　　無圖，釋讀見《選考》P17。

【選考2013】

　　《漢書・百官公卿表》："少府，秦官，掌山海池澤之税，以給共養。"屬官有御府令丞。

《續漢書·百官志三》："御府令一人,六百石。本注曰:宦者。典官婢作中衣服及補浣之屬。"《通典·職官八》："秦漢有御府令丞,掌供御服,而屬少府。"然《史記》中《秦始皇本紀》載,始皇三十六年(前211)"使御府視璧"。《李斯列傳》："公子高欲奔,恐收族,乃上書曰:'先帝無恙時,臣人則賜食,出則乘輿。御府之衣,臣得賜之;中廐之寶馬,臣得賜之。'"《孝文本紀》："張武等受賂遺金錢,覺,上乃發御府金錢賜之。"《平準書》："而胡降者皆衣食縣官,縣官不給,天子乃損膳,解乘輿馴,出御府禁藏以贍之。"可知秦及西漢時御府職屬不僅僅是"供御服",還掌管皇帝私人的財貨。煣,《廣韻》:"舉火也。"按《周禮》有司爟、司烜。《序官》:"司爟下士一人。"《司爟》:"掌行火之政令,四時變國火,以救時疾。"此爲被除不祥之火。《呂氏春秋·本味》:"湯得伊尹,祓之於廟,爝以爟火。"高誘注:"火者,所以祓除其不祥,置火於桔皋,爝以照之。"又《周禮》中有《序官》:"司烜氏下士六人。"鄭玄注:"烜,火也。"孫詒讓《正義》:"此官掌火禁兼掌墳燭庭燎。"《司烜氏》:"掌以夫遂取明火於日,以鑒取明水於月,以供祭祀之明燭共明水。"鄭玄注:"夫遂,陽遂也。"賈公彥疏:"取火於日,故名陽遂,取火於木爲木遂者也。"煣府當與司爟或司烜爲一類。

御府園印

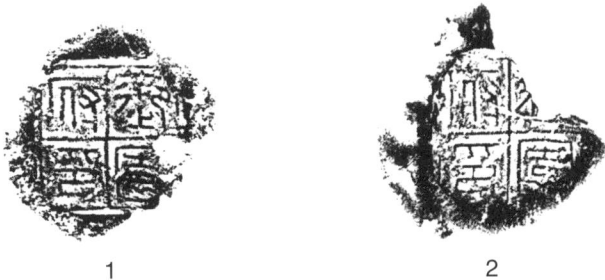

1　　　　　　2

1、2.《大系》P357

　瑞按:原讀"御園府印",若以"御府"連稱,則可讀"御府園印"。

(二十五) 御　　羞

御羞

1　　　　　2　　　　　3

1.《新獲》P289;《大系》P354
2.《在京》圖二:11;《璽印》P392;《新出》P45;《大系》P354
3.《大系》P354

【考略2001】

　　《漢書·百官公卿表》:"初,御羞、上林、衡官及鑄錢皆屬少府。"武帝元鼎二年(前115年)置水衡都尉後,御羞改屬其轄。"御羞"即"御饈","羞"即"饈"通。"御羞"掌帝王膳饈之原料,實際是設在中央王室或皇室的"饈府",《善齋吉金録》卷中有秦之"中行饈府"印,故稱爲"御羞"。西漢時代個别郡置有"羞官",爲中央貢獻珍饈,如《漢書·地理志》載交趾郡有"羞官",南海郡有"圃羞官",有可能是沿襲秦制。如淳、師古注《漢書》,均謂"御羞"係地名,不確。也有學者認爲漢初之御羞官署"可能是太官、湯官的前身",但相家巷遺址出土的秦封泥中"御羞""御羞丞印"與"泰官丞印""大官丞印"同時存在,説明"御羞"與"太官"没有先後繼承關係。它們之間的分工是,御羞掌帝王膳饈之原料,太官掌帝王膳饈之烹調,湯官則負責酒水。"御羞"置令丞,相家巷遺址流散秦封泥有"御羞丞印"。

【簡讀2002】

　　《漢表》:"水衡都尉,……屬官有……御羞……御羞兩丞……初,御羞、上林、衡官及鑄錢皆屬少府。"如淳曰:"御羞,地名也,在藍田,其土肥沃,多出御物可進者,《楊雄傳》謂之御宿。《三輔黄圖》御羞、宜春皆苑名也。"師古曰:"御宿,則今長安城南御宿川也,不在藍田。羞、宿聲相近,故或云御羞,或云御宿耳。宿者,珍羞所出,宿者,止宿之義。"羞即饈,御羞爲膳食之官職。

【在京2005】

　　半通。《秦封》録有"御羞丞印"。

【圖説2009】

　　御羞初屬少府,後屬水衡,有兩丞。"御羞"掌帝王膳饈之原料,實際是設在中央王室或皇室的"饈府"。御羞掌帝王膳饈之原料,太官掌帝王膳饈之烹調,湯官則負責酒水(安作璋《秦漢官制史稿》)。

【官名2013】

　　《周禮·天官·膳夫》:"掌王之食飲膳羞,以養王及后、世子。凡王之饋,食用六穀,膳用六牲,飲用六清,羞用百有二十品,珍用八物,醬用百有二十甕。王日一舉,鼎十有二,物皆有俎。以樂侑食,膳夫授祭,品嘗食,王乃食。卒食,以樂徹於造。"

【職地2014】

　　除去秦封泥外,御羞還見於戰國晚期三十三年銀盤。關於御羞,有解爲地名的説法,今則一般認爲羞即饈。《百官公卿表》"水衡都尉,武帝元鼎二年初置……屬官有……御羞……初,御羞……屬少府"。羞之本義爲動詞,義爲進獻。由於少府屬官有專門掌管飲食的"大官/泰官",故我們認爲秦封泥"御羞"爲御府中掌管各種進獻事務以及所進獻物品之事,不僅限於食物。因進獻之物爲數衆多,故有專門"御羞行府"府庫,用於存放各種進獻之物。御羞和中羞機構均設有"行府",兩"行府"的功能應該相同,其區別在於服務對象一爲皇帝一爲後宫。"御府行府"和"中羞行府"應是"行府"的分支機搆,而王輝先生認爲"行府應是行羞府或羞行府之省稱"的説法就不一定準確了。

【秦官2018】

　　説見"御府"。又,御羞舊釋爲地名,《漢書·百官公卿表》水衡都尉屬官"御羞"條下,顏師古注引如淳曰:"御羞,地名也。"今人據同類秦封泥認爲"羞"即"饈",《秦封泥集》認爲是"掌飲食之官",殆是。羞有進獻義。《禮記·月令》:"(仲夏之月)羞以含桃,先薦寢廟。"引申指精美的食物,今作"饈"。《左傳》僖公十七年:"雍巫有寵於衛共姬,因寺人貂以薦羞於公。"《楚辭·離騷》:"折瓊枝以爲羞兮,精瓊靡以爲粻。"少府屬官有專門掌管飲食的大/泰官,與"御羞"職能應有所區分。我們認爲"御羞"掌管貢納和進獻事務,所進獻物品應不限於食物,可能還包括各種珍饈之物品。

御羞丞印

1.《初探》圖7;《印集》P48;《彙考》P100;《大系》P355
2.《印風》P128;《彙考》P100;《大系》P355

【發現1997】

　　説見"中羞丞印"。

【印考1997】

　　説見"中羞府印"。

【秦封2000】

　　《漢表》:水衡都尉屬官有"御羞令丞"。"初,御羞、上林、衡官及鑄錢皆屬少府。"如淳曰:"御羞,地名也,在藍田,其土肥沃,多出御物可進者,《揚雄傳》謂之御宿。《三輔黄圖》御羞、宜春皆苑名也。"師古曰:"御宿,今長安城南御宿川也,不在藍田。羞、宿聲相近,故或云御羞,或云御宿耳。羞者,珍羞所出;宿者,止宿之義。"御羞應爲掌飲食之官。漢封泥見:《封泥》"御羞丞印"。

【簡讀2002】

　　釋讀見"御羞"條。由封泥知,秦御羞一丞。

【上封2002】

御羞初屬少府，掌御膳饈。漢郡縣亦見有置"羞官"者，見《地理志》交趾、南海郡注。

【彙考2007】

御羞丞，即御饈丞，官名，應爲御饈令（長）之佐官。主帝王膳食之原料。

【圖説2009】

説見"御羞"。

【分域2009】

《漢書・百官公卿表》顏師古注引如淳曰："御羞，地名也，在藍田，其土肥沃，多出御物可進者，《揚雄傳》謂之御宿。"顏師古曰："御宿，則在今長安南御宿川也，不在藍田。羞、宿聲相近，故或云御羞，或云御宿。"按"羞"當讀做饈，如果不誤，上兩方印當爲掌管天子、後宮膳食事務的官吏或官署用印。

【秦官2018】

説見"御府"。

【廣封2019】

案《漢書・百官公卿表》："水衡都尉，武帝元鼎二年初置，掌上林苑，有五丞。屬官有上林、均輸、御羞、禁圃、輯濯、鐘官、技巧、六廄、辯銅九官令丞。……初，御羞、上林、衡官及鑄錢皆屬少府。"（如淳曰："御羞，地名也，在藍田，其土肥沃，多出御物可進者，揚雄傳謂之御宿。《三輔黃圖》御羞、宜春皆苑名也。"師古曰："御宿，則今長安城南御宿川也，不在藍田。羞、宿聲相近，故或云御羞，或云御宿耳。羞者，珍羞所出；宿者，止宿之義。"）又《漢書新證》："御羞，直按，顏師古解御羞爲御宿地名，恐未確，御羞即御饈省文，所管爲帝王膳饈之原料，太官、湯官所管爲帝王之烹調。《善齋吉金録》卷中，二頁，有秦'中行羞府'印，所掌亦爲御饈事宜。《地理志》注交趾郡有羞官，南海郡有圃羞官，皆饈字省作羞之明證。"此應爲其丞之印。

御羞行府

| 1 | 2 | 3 | 4 |

1、2.《新出》P94；《大系》P356

3、4.《大系》P355

【文府2014】

說見"御府行府"。

【職地2014】

說見"御府"。

【秦官2018】

說見"御府"。因進獻之物爲數衆多,故有專門存放物品的府庫"御羞行府"。御羞機構有令丞,有"行府"和"陰園"。"御羞行府"或是外出時負責膳食的機構;"陰園"未見於文獻記載,職能不詳。

御羞北田

《大系》P354

瑞按:御羞,見《漢書·百官公卿表》,初屬少府,後屬水衡都尉,今西安市長安區尚有"御羞"地名,位於漢上林苑內,與其後屬水衡,而水衡負責上林有關。御羞下設田官,不見於文獻,當與御羞生產,"專供"天子有關。"北田"之名與"南田"相對,具體差異,是僅有方位之別,亦或還有種植物的差異,已不可考。

御羞南田

《大系》P355

瑞按:說見"御羞北田"。

御羞市府

《大系》P355

瑞按：以"市"之字面意，或爲御羞從外購買物資貯存之所。

陰御羞園

1

2

1.《新出》P94;《青泥》P14;《大系》P356
2.《新出》P94;《大系》P356

【職地2014】
　　御羞是爲皇家提供珍饈的機構，"御羞陰園"應不是具體的園名，最可能是御羞機構所管轄京畿諸園的職能部門。

【秦官2018】
　　説見"御府"。因進獻之物爲數衆多，故有專門存放物品的府庫"御羞行府"。御羞機構有令丞，有"行府"和"陰園"。"御羞行府"或是外出時負責膳食的機構；"陰園"未見於文獻記載，職能不詳。

　　瑞按：以"御羞"連稱，按"陽御弄""陰御弄"例，當可讀爲"陰御羞園"。

（二十六）御　　廄

御廄

無圖，釋讀見《秦廄2010》。

【秦廄2010】

御廄，有學者認爲是皇室御用之廄，職司與大廄、中廄、宮廄具體有什麼差異，目前尚未定論。相家巷的秦封泥中有"御廄"一枚，"御廄丞印"一枚。

【職地2014】

説見"官廄丞印"。"御廄"應指御府之廄，可見秦御府有獨立的廄苑。

【秦官2018】

"御廄"没有更多可資對照的材料，或爲御府所屬之廄。又："御廄"應指御府之廄，是爲御府獨立設置的廄苑。

御廄丞印

《圖例》圖111；《秦封》P195；《彙考》P44；《璽印》P429；《大系》P351

【秦封2000】

蔡邕《獨斷》曰："御者，進也。凡衣服加於身，飲食入於口，妃妾接於寢，皆曰御。"御廄約爲服務於皇室後宮之馬廄。

【簡讀2002】

《獨斷》："御者，進也。凡衣服加於身，飲食入於口，妃妾接於寢，皆曰御。"御本指駕御，《左傳・襄公二十三年》："孟氏之御驂豐點"，《正義》"驂是掌馬之官，蓋兼掌御事，謂之御驂。"御廄或即爲供天子御之馬廄。

【彙考2007】

同《秦封2000》。

【圖説2009】

蔡邕《獨斷》："御者，進也。凡衣服加於身，飲食入於口，妃妾接於寢，皆曰御。"御廄應爲服務於皇帝（皇室後宮）之馬廄。

【分域2009】

"御"是指與皇帝有關的事務。御廄當指專門爲皇室管理馬匹的機構。

【集證2011】

第一、二字模糊不清,路東之《秦封泥圖例》隸作"御廄"。今按第二字似爲"廄"字。第一字則無法肯定。秦有"御府""御羞府",依理可有"御廄",但文獻及此前出土物皆未見,此印又已殘,故不能據此印遽定"御廄"之有無。

【官名2013】

御廄,應爲王室御用之廄,職司與大廄、中廄、宮廄具有何差異,目前尚未能定。西安相家巷出土的秦封泥中有"御廄"一枚、"御廄丞印"一枚。

【秦官2018】

說見"御府"。

(二十七) 御　　弄

御弄

1　　　　2　　　　3　　　　4

1、2.《新出》P45;《大系》P351

3、4.《新出》P92;《大系》P351

【五十例2005】

半通。《小爾雅·廣言》:"御,侍也。"《尚書·五子之歌》:"厥弟五人,御其母以從。"孔傳:"御,侍也。"《商君書·更法》:"公孫鞅、甘龍、杜摯三大夫御於君。"《戰國策·齊策》:"於是舍之上舍,令長子御,旦暮進食。"弄,《左傳·僖公九年》:"夷吾弱不好弄。"注:"弄,戲也。"《漢書·昭帝紀》:"上耕於鉤盾弄田。"師古曰:"弄田,謂宴游之田。"御弄殆爲服侍皇帝遊戲之機構。此職有陰、陽兩部,猶漢之有左右。《考略2001》有秦封泥"陰御弄印""陽御弄印"。

【職地2014】

現據"御弄"封泥可知,此類封泥中"御弄"應連讀作"陽御弄印""陰御弄印"。"御弄"機構以陰陽來區分曹署雖較爲少見,但在秦封泥中並非孤例,如"陰都船丞"和"陽都船丞"。御,御府;弄,把玩、遊戲。"御弄"爲掌管御府中供皇帝遊戲娛樂的物品和寵物的機構。《説文》："弄,玩也。"《漢書》《三輔黃圖》及《史記》等文獻有"弄田"和"弄臣"等。蔡邕《獨斷》曰："御者,進也,凡衣服加於身,飲食入於口,妃妾接於寢,皆曰御。至於器物製作,亦皆以御言之。""御弄"就是專門管理皇帝玩樂物品的機構,包括狗、虎等供皇帝把玩欣賞和娛樂的寵物,有些寵物,如"弄狗"等還設有專廚餵養。

【御弄2017】

秦有"御弄"封泥,無界格。對"御"的注解,《廣雅詁林》："御於君所,注:御猶侍也。"又"凡天子所止謂之御。"御與王或帝密切相關。"弄",《説文解字》："弄,玩也。"許慎東漢人,離秦未遠,解釋當接近事實。"弄"是"玩"明白無誤。"御弄"是專門官職,即管理苑囿内供秦王或帝狩獵、捕捉的珍禽異獸,"弄"是官職設立的目的。陰、陽與御弄結合,即專供秦王或帝玩樂而設置,所指與苑囿内動物不謀而合,既表示了左、右差異,又代表不同類型禽獸,秦設置職官非隨意所爲可知。陰、陽御弄,主要就所養禽獸類别而言。御弄的上級機構,指向直接爲秦王或帝生活服務的少府。少府之下有少府丞爲副貳,佐助少府管理。下設"御府""御羞"等機構滿足皇帝各類生活需求,秦王或帝外出狩獵、遊玩、鬥獸觀賞亦屬此類。"御弄"同於"御府""御羞",負責秦王或帝狩獵、遊玩的珍禽異獸管理。御弄之下分設陰、陽御弄,分管不同類型珍禽異獸,構成苑囿管理的中央機構。根據御弄職責,下設陰、陽管理不同品類珍禽異獸。御弄之下,以上林令和上林丞爲主,從事苑囿具體管理,屬官有上林尉,主管禽獸簿。虎、豹、麋等圈都有對應的廚存在,應有"弄虎廚""弄豹廚""弄麋廚"等官職從事異獸養護工作。老虎、豹子爲陽性,屬陽御弄所轄;鹿、麋鹿爲陰性,屬陰御弄所轄。秦代苑囿管理,分設"中央"和"地方"兩大管理系統。中央由少府總轄,有丞輔佐。屬官有御弄,掌管苑囿内珍禽異獸,下設陰御弄、陽御弄,是管理苑囿珍禽異獸的中央機構。

【秦官2018】

"御弄"類秦封泥内容特别,諸家理解各不相同。周曉陸等讀爲"弄陰御印""弄陽御印",認爲"陰陽或指東周至秦代陰陽家、陰陽術數家之謂,……蓋指爲皇帝御弄陰陽者"。傅嘉儀認爲"此或爲專司皇帝宫廷之事的陰陽家"。徐暢《寓石齋璽印考》文讀作"弄陰御印""弄陽御印",説:"係宫廷中掌管生育事務的官署,負責王族生殖繁衍、傳宗接代的大事。'弄陰御'專事女性生殖系統疾病,同時'掌王之陰事、陰令',即群妃見御之事。'弄陽御'則負責王族男性疾病事務,猶如今日醫院中的男性科。"陳曉捷等認爲"殆爲服侍皇帝遊戲之機構"。王輝先生認爲"以上文'弄狗'來看,或亦宫廷服務機構"。現據"御弄"封泥,可知此類封泥中"御弄"應連讀作"陽御弄印""陰御弄印"。"御弄"機構以陰陽來區分曹署雖較爲少見,但在秦封泥中并非孤例,如"陰都船丞"和"陽都船丞"。御指皇帝御用,弄有把玩、遊戲義。《説文·升部》："弄,玩也。"《漢書》《三輔黃圖》及《史記》等文獻有"弄田""弄臣"。蔡邕《獨斷》曰："御者,進也。凡衣服加於身,飲食入於口,妃妾接於寢,皆曰御。至於器物製作,亦皆以御言之。"御弄"就是專門管理皇帝玩樂物品的機構,包括狗(弄狗廚印)、虎(御弄尚虎)等供皇帝把玩欣賞和娛樂的寵物,有些寵物,如"弄狗"等還設有專廚餵養。

御弄府印

《大系》P352

瑞按:以"府"字意言,當指"御弄"所用物品之"府"。

御弄尚虎

1　　　　　　　　　　2

1.《菁華》P153
2.《大系》P352

【選釋2001】

尚通掌,主持,掌管。《廣雅·釋詁三》:"尚,主也。"王念孫《疏證》:"尚之言掌也。"《呂氏春秋·驕恣》:"遽召掌書曰:書之。"《新序·刺奢》掌作尚。《小爾雅·廣言》:"御,侍也。""弄虎"猶"弄狗",指秦王珍愛之虎。傳世秦印有"弄狗廚印",王人聰以爲"弄狗"爲珍愛之犬,爲狗監官署之名稱。秦宮廷有養虎以供玩賞之風習。《長安志》三引《漢宮殿疏》:"秦故虎圈,周匝三十五步,長二十步,西去長安十五里。"又《水經注·渭水》:"今霸水又北逕秦虎圈東。《列士傳》曰:秦昭王會魏王,魏王不行,使朱亥奉璧一雙，秦王大怒，置朱亥虎圈中，亥瞋目視虎，眥裂血出濺虎，虎不敢動。即是處也。”秦封泥又有“虎□之□”，補全或當作“虎圈之印”，猶封泥之有“麋圈”。“尚御弄虎”乃掌管侍養秦王珍愛之虎的官員。

【簡讀2002】

《秦簡·秦律雜抄·公車司馬獵律》：“射虎車二乘爲曹……虎欲犯，徒出射之，弗得，貲一甲。”王輝先生認爲此“乃掌管侍養秦王珍愛之虎的官員”。

【新官2002】

（釋爲“御弄尚虚”）由《秦封泥集》一·五·15、16“弄陰御印、弄陽御印（又讀御弄陰印、御弄陽印）”，可考慮本泥仍爲陰陽家之遺，“虚”爲陰陽家用語，《史記·龜策列傳》：“舊辰不全，故有孤虚。”裴駰集解：“甲乙謂之日，子丑謂之辰。《六甲孤虚法》：甲子旬中無戌亥，戌亥即爲孤，辰巳即爲虚。……”《雲夢睡虎地秦簡·日書乙種》四五一記：“虚日，不可以臧蓋，臧蓋，他人必發之。毋可有爲也。用得，必復出。”又疑殘字爲“虡”，《説文》：“虡，鐘鼓之柎也。鐻，虡或从金，豦聲。虡，篆文虡省。”秦始皇銷兵鑄虡故事在鄠邑，今陝西户縣。

【彙考2007】

王輝先生考：秦印通例，是從右上角讀起，此封泥“尚”字居左上角，似不合通例。不過從左上角讀起亦非孤例，如新出封泥“左丞相印”，（《秦文字集證》圖版133·4），即如此。尚通掌，主持，長官。《廣雅·釋詁》：“尚，主也。”王念孫《疏證》：“尚之言掌也。”《吕氏春秋·驕恣》：“遽召掌書曰：書之。”《新序·刺奢》：“掌作尚。”《小爾雅·廣言》：“御，侍也。”“弄虎”猶“弄狗”，指秦王珍愛之虎。傳世秦印有“弄狗廚印”，王人聰以爲，“弄狗”爲珍愛之犬，爲狗監官署之名稱（王人聰、葉其峰：《秦漢魏晉南北朝官印研究·秦官印考述》，第二頁。又王人聰：《釋元用元弄》，《考古與文物》一九九六年第三期）。秦宫廷有養虎以供玩賞之風習。《長安志》卷三引《漢宫殿疏》：“秦故虎圈，周匝三十五步，長二十步，西去長安十五里。”（轉引自《秦會要訂補》（徐復訂補）四〇六頁，中華書局一九五九年版。）又《水經注·渭水》：“今霸水又北徑秦虎圈東。《列士傳》曰：秦昭王會魏王，魏王不行，使朱亥奉璧一雙，秦王大怒，置朱亥虎圈中，亥瞋目視虎，眥裂血出濺虎，虎不敢動。即是處也。”秦封泥有“虎□之□”，補全或當作“虎圈之印”，猶封泥之有“麋圈”（《秦文字集證》圖版一四九—二五九）。“尚御弄虎”乃掌管侍養秦王珍愛之虎的官員。

【分域2009】

“尚”是掌管、主持的意思。“弄虎”與“弄狗”含義相近，都是宫廷豢養的用以賞玩的動物。該印當爲負責掌管秦王用來賞玩之虎的官吏用印。

【圖説2009】

尚通掌，主持，掌管。秦在首都除把“獸圈”作爲皇家的動物園之外（《水經·渭水注》），還專門有飼養老虎的“虎圈”（《長安志》引《漢宫殿疏》）。“弄虎”指秦王珍愛之虎。秦宫廷有養虎以供玩賞之風習。《長安志》三引《漢宫殿疏》：“秦故虎圈，周匝三十五步（秦以六尺爲步），長二十步，西去長安十五里。"虎單字璽（《蕭·秦》103）、虎紋圖像璽（《蕭·古印》154）邊款銘虎字，印面飾虎紋。傳世虎紋圖像璽（《湘》537）等等，都是表現虎威猛的印作。殷周墓出土大量的虎形紋、器，如殷墟西北岡出三個虎形掛飾、安陽武官村大墓虎紋大石磬、洛陽北窑龐家溝西周玉虎、寶雞鬥雞臺西周虎尊（美國弗利爾美術館藏）、三星堆青銅虎形器、金虎、周原青銅器虎紋飾（《周原尋寶記》422）等等，都是非常精美逼真的藝術作品。

【集證2011】

釋"虎□之□"，此封泥二、四兩字已殘，不知是苑囿印還是地名印。《三輔黃圖》卷六有"秦獸圈"，引《列士傳》云："秦王怒，使置（朱）亥於獸圈中。"又《太平御覽》卷197，及《長安志》引《漢宮殿疏》云："秦故虎圈，周匝三十五步，去長安十五里。"漢亦有虎圈，見《漢書·張釋之傳》。封泥補全或當作"虎圈之印"。又春秋戰國間有地名虎牢，《左傳·襄公二年》："孟獻子請城虎牢以逼鄭。"漢改成皋縣。第二字也可能是"牢"字。這兩種可能性中，以第一種可能性大。

【官名2013】

秦禁苑中有虎圈養虎，以供王室之玩賞。尚御弄虎，掌管侍養秦王珍愛之虎的官員。

【職地2014】

御弄尚虎，原多讀"尚御弄虎"，今據"御弄""陽御弄印"和"陰御弄印"改釋。御弄尚虎，可能與御府職掌有關。又：《長安志》卷三引《漢宮殿疏》"秦故虎圈，周匝三十五步，長二十步，西去長安十五里。"《長安史迹叢刊·三秦記輯注》云虎圈觀、郎池觀並在上林苑中。

【御弄2015】

此封泥曾釋"尚御弄虎"，《新出封泥彙編》中收錄多品，釋"御弄尚虎"更加合理和通順。"御弄"，即"御弄"封泥中的"御弄"，在此指的是上一級的官署，"尚虎"是"御弄"下的一個機構，指的是其具體的職掌。尚，通掌，主持、掌管之意。《廣雅·釋詁三》："尚，主也。"王念孫疏證："尚之言掌也。"《吕氏春秋·驕恣》："遽召掌書曰：書之。"《新序·刺奢》中"掌"作"尚"。秦官中屢見"尚"字，如尚書、尚浴、尚冠、尚劍、尚衣、尚卧等，其中的尚字均可作"主管""負責"解。因此，"御弄尚虎"當是御弄的屬官，其職掌是專門負責照顧帝王的愛虎。

【御弄2017】

説見"御弄"。"尚虎"主管苑囿内養虎，供秦王或帝狩獵、遊玩，職能同於"御弄"，且負責工作更加具體，屬"地方"機構無疑。御弄尚虎是陽御弄下負責老虎管理的職官。以此類推，上林苑内蓄養大量豹子、麋鹿等，則當有"御弄尚豹""御弄尚麋"等相應官職。因"尚虎"是專門從事老虎管理的職官，從屬於苑囿明確無誤。秦有御弄尚虎從事虎圈管理，漢代有虎圈嗇夫，秦御弄尚虎很可能是漢虎圈嗇夫的前身。

【秦官2018】

"御弄尚虎"，原多讀作"尚御弄虎"，現據"御弄""陽御弄印"和"陰御弄印"等

改釋。"御弄尚虎"蓋與《史記・張釋之馮唐列傳》"虎圈嗇夫"相當。"弄右般印"應
爲"御弄右般印"之省,以"般"作爲區分曹署見於"私官左般""私官右般""尚浴右
般""尚浴寺般"等。

【廣封2019】

同《彙考2007》。

陰御弄印

《印考》圖210;《補讀》圖28;《印風》P140;《秦封》P229;《三則》圖1;
《印集》P79;《書集》P126;《彙考》P156;《璽印》P431;《大系》P329

【印考1997】

印面正方形,田字格,邊長2釐米,印文下部略殘,右下字應爲"御"字,印文應讀
"陰御弄印"。陰御,或地名;"弄",似指小巷、胡同;待考。

【補讀1998】

初披露時誤讀爲"弄陶□□"。弄,動詞,《文源》:"象兩手持玉形。"陰陽或指東周
至秦代陰陽家、陰陽術數家之謂。《史記・太史公自序》:"嘗竊觀陰陽之術,大祥而衆
忌諱,使人拘而多所畏,然其序四時之大順,不可失也。""夫陰陽四時、八位、十二度、
二十四節各有教令,順之者昌,逆之者不死則亡。""律居陰而治陽,曆居陽而治陰,律屬
更相治,間不容翻忽。"《睡虎・日書》中言及陰陽很多,例《日書》甲:"正陽,是謂滋昌,
小事果成,大事有慶,它無大小盡吉。""危陽,是謂不成行。""陰,是謂乍陰乍陽,先尊而
後有慶。"等等。御,蔡邕《獨斷》謂:"御者,進也。凡衣服加於身,飲食入於口,妃妾接
於寢,皆曰御。"此封泥所謂,蓋指爲皇帝御弄陰陽者。

【秦封2000】

《漢書・昭帝紀》:"上耕於鈎盾弄田。"《三輔》:"弄田,在未央宮。弄田者,燕游
之田,天子所戲弄耳。"《史記・申屠嘉傳》:"此吾弄臣。"《漢書・金日磾傳》:"爲帝弄
兒。"《漢書・元后傳》:"太后弄兒病。"《鹽鐵》:"目視弄優者。"又見:"弄陽御印"秦
封泥。陰陽或指東周至秦代陰陽家、陰陽術數家之謂。《史記・太史公自序》:"嘗竊
觀陰陽之術,大祥而衆忌諱,使人拘而多所畏,然其序四時之大順,不可失也。""夫陰
陽四時、八位、十二度、二十四節各有教令,順之者昌,逆之者不死則亡。""律居陰而
治陽,曆居陽而治陰,律曆更相治,間不容翻忽。"《睡虎・日書》中言及陰陽很多,例

《日書·甲種》:"正陽,是謂滋昌,小事果成,大事有慶,它無大小盡吉。""危陽,是謂不成行。""陰,是謂乍陰乍陽,先辱而後有慶。"等等。御,蔡邕《獨斷》謂:"御者,進也。凡衣服加於身,飲食入於口,妃妾接於寢,皆曰御。"此封泥所謂,蓋指爲皇帝御弄陰陽者。又,該封泥可讀作"陰御弄印,御弄陰印"等。《漢印》"弄狗廚丞"(實爲秦印)。

【簡讀2002】

《三輔黃圖》:"弄田,在未央宫。弄田者,燕戲之田,天子所戲弄耳。"《漢書·昭帝紀》:"上耕於鈎盾弄田。"《漢書·金日磾傳》:"爲帝弄兒。"《漢書·元后傳》:"太后弄兒病。""御"釋讀見"御廄丞印"條。是官史籍失載,或即是爲皇帝提供弄者的官職,陰陽之稱同職官分爲左右的分法。

【彙考2007】

同《秦封2000》。

【圖説2009】

讀爲弄陰御印。古謂生男曰"弄璋",生女曰"弄瓦",印文的"弄",應即生兒育女之意。印文的陽、陰係指男女生殖器官。"弄陰""弄陽"應即房事。"御"指宫中女官侍御帝王。"弄陰御""弄陽御"係宫廷中掌管生育事務的官署,負責王族生殖繁衍,傳宗接代的大事。"弄陰御"專事女性生殖系統疾病,同時"掌王之陰事、陰令"。(《周禮·天官·内小臣》)即"群妃御見之事"。"弄陽御"則負責王族男性疾病事務,猶如今日醫院中的男性科。

【分域2009】

印文舊讀作"陽弄御印"和"陰弄御印"。按最好讀作弄陽御印和弄陰御印。秦代陰陽五行之説盛行,以上兩印可能爲秦負責陰陽五行的官吏所用之物。

【集證2011】

周曉陸初釋"弄陶丞印",後改釋。此與上印"弄""印"二字極相似(瑞按:指"弄狗廚印"),益可證上印爲秦印。"弄陰"文獻未見,不明其職司,以上文"弄狗"來看,或亦宫庭服務機構。姑附於此,以待後考。

【御弄2015】

應讀作"陰御弄印"與"陽御弄印",職掌可能是負責爲帝王保管、照看、提供各種珍愛之物。御有侍奉之意,秦時的中央職官有御史、御府、御羞,都是直接爲君王服務的,此處的"御"字也可理解爲爲君王服務之意。弄,《説文》曰:"弄,玩也"。《史記·申屠嘉傳》有"此吾弄臣",《漢書·元后傳》有:"太后弄兒病",《鹽鐵論》有"目視弄優者",《漢書·金日》有"爲帝弄兒",《漢書·昭帝紀》元年"上耕於鈎盾弄田。"《三輔黃圖》中對"弄"字進行了解釋:"弄田,在未央宫,弄田者,燕游之田,天子所戲弄耳。""陰御弄印"和"陽御弄印"外,秦封泥還有"御弄尚虎",傳世有"弄狗廚印",弄並非爲一種比較隨意、爲了個人的興趣而進行的娱樂和消遣,而應釋爲"珍惜""珍愛"之意。封泥中"陰""陽"並没有實際意義,只是區分二者的符號,如秦官中左右、上下、大小、東西一樣。即，"御"釋爲爲帝王服務或進奉某種物品，"弄"釋爲寶物。二者的職掌是負責爲君主提供各種珍愛之物。當御弄一職一人擔任時稱爲御弄，兩人擔任時分設陰御弄和陽御弄。從帶"弄"字銘文青銅器看，包括各種日常用品、祭祀用品、宴享用品。另外，秦印和封泥中還有"御弄尚虎"和"弄狗廚印"，因此，秦時的"弄"應還包括帝王豢養的珍禽異獸。而"御弄尚虎"和"弄狗廚"可能就是"御弄""陰御弄"和"陽御弄"三者的屬官。同時，由於御弄、陰御弄和陽御弄都是爲帝王的日常生活服務，因此，三者極有可能是少府的屬官。

【御弄2017】

說見"御弄"。

【秦官2018】

說見"御府"。

【廣封2019】

前同《彙考2007》。對于"陰御弄印"和"陽御弄印"還有其他的解釋：其中的"陰"和"陽"并沒有實際意義，祇是區分二者的符號，如秦宮中分左右，上下、大小、東西一樣；"御"釋爲爲帝王服務或進奉某種物品之意；"弄"釋爲寶物。二者的職掌是負責爲君主提供各種珍愛之物。結合"御弄"封泥，同時參照丞相與都船的情況，可以推測，當御弄一職由一人擔任時，稱之爲御弄，當兩人擔任時，則分設陰御弄和陽御弄。（陳治國："陰御弄印"與"陽御弄印"封泥考釋，《考古與文物》二○一五年第三期。）

瑞按：從《御弄2015》，釋讀爲"陰御弄印"。

陽御弄印

1　　　　　　　　　　2

1.《菁華》P34;《精品》P45
2.《新出》P84

【補讀1998】

說見"御弄陰印"。

【秦封2000】

參見“弄陰御印”。

【三則2000】

《説文》:“弄,玩也。”引申之,做事曰弄。唐李白《送王屋山人魏萬還王屋》:“十三弄文史……”陰陽本是一種哲學觀念,故可借指很多互相對立的事物。如天爲陽;地爲陰;晝爲陽,夜爲陰;暑爲陽、寒爲陰;男爲陽,女爲陰;君爲陽,臣爲陰。印文陰、陽而可弄,大概不會指以上這些,而指日月、星辰、時日等與天文、星相等有關的事。《史記·日者列傳》:“司馬季主閒坐,弟子三四人侍,方辨天地之道、日月之運、陰陽吉凶之本,……”睡虎地秦簡有甲、乙兩種《日書》,是講求、選擇時日陰陽吉凶之書。書中甲種《除》一節提到選擇“陽日”“陰日”“外陽日”“外陰日”之事,如:“陽日,百事順成,邦郡得年,小夫四成。以蔡(祭),上下群神鄉(饗)之,乃盈志。”“陰日,利以家室、祭祀、家(嫁)子,取(娶)婦、入材,大吉。以見君上,數達,毋(無)咎。”“外陽日,利以建野外,可以田獵。”“外陰日,不可以行作,之四方野外,必耦(遇)寇盜,見兵。”《稷長》也記選擇各月“正陽”“危陽”及“陽日”之事,如:“正月二月……醜戌正陽,寅酉危陽……已未陰。”《日書》乙的《秦》一節也有類似内容。御,義爲侍奉。《小爾雅·廣言》:“御,侍也。”《商君書·更法》:“孝公平畫,公孫鞅、甘龍、杜摯三大夫御於君。”《戰國策·齊策》:“於是舍之上舍,令長子御,旦暮進食。”古書中屢次提到古人致力推求陰陽的事。《漢書·藝文志》五行家有《泰一陰陽》《黄帝陰陽》《黄帝諸子論陰陽》《陰陽五行時令》等,大概都是戰國秦漢間人的作品。又陰陽家有《鄒子》《鄒子終始》,乃戰國時齊人鄒衍推求陰陽之作。《藝文志》云:“陰陽家者流,蓋出於羲和之官,敬順昊天、曆象、日月、星辰,敬授民時,此其所長也。及拘者爲之,則牽於禁忌,泥於小數,舍人事而任鬼神。”又云:“五行者,五常之形氣也。……其法亦起五德終始,推其極則無不至。而小數家因此以爲吉凶,而行於世,寖以相亂。”秦人篤信陰陽五行之説。《史記·秦始皇本紀》:“始皇推終始五德之傳,以爲周得火德,秦代周德,從所不勝。方今水德之始,改年始朝賀,皆自十月朔,衣服、旄、旌節、旗皆上黑。……”漢代及其以後,風習依然,國家甚或設職以司其事。《後漢書·張衡傳》:“衡善機巧,尤致思於天文、陰陽、曆算。……安帝雅聞衡善術學,公車特徵,拜郎中,再遷爲太史令。遂乃研核陰陽,妙盡琁機之正。……”又韓愈《順宗實録》:“景(丙,唐人避高祖李淵父昞諱改)午,罷翰林、陰陽、星卜、醫相、覆碁諸侍詔三十二人。”封泥的“弄陰”“弄陽”大概相當於《張衡傳》的“研覆陰陽”。而“弄陰御”“弄陽御”大概與唐時的“陰陽侍詔”職司相近。秦封泥的出土,使我們知道此類職官淵源有自,至遲在戰國秦時已設立了。

【考略2001】

古代宫廷有“弄臣”“弄兒”等。如《漢書·申屠嘉傳》:“上度丞相已困通,使使持節召通,而謝丞相:‘此吾弄臣,君釋之。’”《漢書·金日磾傳》:“日磾子二人皆愛,爲帝弄兒,常在旁側。”弄者,戲也。古人也有稱樂曲爲“弄”者。“御”當爲侍御之臣,《國語·吳語》:“一介嫡男,奉盤匜,以隨諸御。”韋昭注:“御,近臣宦御之屬。”先秦、秦漢帝王之官多有以“御”名官者,如“御人”“御士”“御事”“御史”“御妻”“御戎”等。陽、陰猶如左、右,"御弄"分陽、陰,疑"陽御弄印"爲帝王"近臣宦御"之印。

【簡讀2002】

釋讀見"陰御弄印"條。

【彙考2007】

説見"陰御弄印"。

【圖説2009】

讀爲弄陽御印。説見"陰御弄印"。

【分域2009】

説見"陰御弄印"。

【集證2011】

"陽"字不清楚,周曉陸隸作"陽"。此與上印屬同一性質,職司應相近。

【御弄2015】

説見"陰御弄印"。

【御弄2017】

説見"御弄"。

【秦官2018】

説見"御府"。

【廣封2019】

説見"陰御弄印"。

瑞按:從《御弄2015》,釋讀爲"陽御弄印"。

弄右般印

1　　　　　　2　　　　　　3　　　　　　4

1—3.《新出》P73;《大系》P184

4.《大系》P185

【左右般2013】

"弄右般"是最近剛剛發現的秦封泥。除此之外,秦封泥中還有陰御弄印、陽御弄印、御弄尚虎、御弄，傳世封泥有"弄狗廚印"。筆者認爲"弄"是一種職官，職責是爲帝王提供各種珍愛之物，其中包括各種珍禽異獸。"弄右般"的職掌，可與"弄狗廚印"比較。"弄狗"是"弄"的下屬，負責管理帝王的愛犬。"弄狗廚"是"弄狗"下屬，專門負責"弄狗"這一機構中所有人員的飲食。推測"弄右般"可能是"弄"的屬下負責飲食的一種官員。

【職地2014】

秦封泥"弄右般印"應爲"御弄右般"用印，以"般"作爲區分曹署還見於私官左般、私官右般、尚浴右般、尚浴寺般等。據"弄右般印"可知，御弄機構不僅以陰陽來區分曹署，可能還有"弄左般"和"弄右般"。

【秦官2018】

據"弄右般印"可知，御弄機構不僅以陰陽來區分曹署，可能還有"左般"和"右般"。

瑞按：弄當爲御弄省稱，全稱當爲"御弄右般印"。

弄□府印

《大系》P185

（二十八）諸　　御

御兵

無圖，釋文見《在京》P14。

【在京2005】

《釋名》："御，語也，尊者將有所欲，先語之，亦言職卑者所勒御，如御牛馬然也。"《獨斷》："御者，進也。凡衣服加於身，飲食入於口，妃妾接於寢，皆曰御"。御兵，作爲職官，不見於史籍。然作爲片語則早見。《史記·天官書》："天棓五星在女牀東北，天子先驅，所以御兵也。占：星不具，國兵起也。"《古文辭類纂》："御將者，天子之事也；御兵者，將之職也。……故御兵者，人臣之事，不可以累天子也。"但均與此似乎無關。

【職地2014】

從名稱上推斷可能是掌管皇帝御用兵器者，因無法核對圖版，故暫存疑。

【秦官2018】

　　説見"御府"。"御兵"是管理兵器的機構。

御行

《大系》P353

御鬃

《大系》P357

御藥

《大系》P357

御□子印

《大系》P358

（二十九）諸　尚

尚冠

1.  　　　　2

1.《新官》圖14;《印集》P46;《彙考》P97;《新出》P29;《大系》P211
2.《大系》P212

【彙考2007】

　　尚冠,官署名。戰國時已置,掌侍君主冠冕,屬少府。詳見"尚衣府印"。

　　瑞按：尚冠爲文獻中五尚之一。《漢書·惠帝紀》注應劭曰:"尚,主也。舊有五尚。尚冠、尚帳、尚衣、尚席亦是。"如淳曰:"主天子物曰尚,主文書曰尚書,又有尚符璽郎也。《漢儀注》省中有五尚,而内官婦人有諸尚也。"《漢官六種·漢舊儀》:"省中有五尚,即尚食、尚冠、尚衣、尚帳、尚席",孫星衍輯案:"省中五尚不見於《百官公卿表》,疑屬大長秋"。漢有地名"尚冠里",爲漢宣帝少時所居,顏師古指出其爲"長安中里名"。《漢書·百官公卿表》顏師古注:"《三輔黃圖》云京兆在尚冠前街東入。"

【分域2009】

　　印文"寇"爲冠之訛。雲夢睡虎地秦簡《日書·乙》云:"甲乙夢被黑衣裘,衣寇(冠)。"尚冠,官署名,少府屬官,戰國時已有此官,其職責是掌侍君主冠冕。

【官名2013】

　　説見"尚浴"。

【秦官2018】

　　説見“尚書”。

【廣封2019】

　　案《漢書・百官公卿表》,“少府,秦官,掌山海池澤之税,以給共養,有六丞。”屬官有“尚方”令丞。(師古曰:“尚方主作禁器物。”)則尚冠及諸尚可爲尚方之屬。《漢書・惠帝紀》:“宦官尚食比郎中。”(應劭曰:“宦官,閽寺也。尚,主也。舊有五尚。尚冠、尚帳、尚衣、尚席亦是。”如淳曰:“主天子物曰尚,主文書曰尚書,又有尚符璽郎也。”《漢儀注》:“省中有五尚,而内官婦人有諸尚也。”)《通典・職官》:《漢儀注》曰:“省中有五尚,即尚食、尚冠、尚衣、尚帳、尚席。”或云:“秦置六尚,謂尚冠、尚衣、尚食、尚沐、尚席、尚書,若今殿中之任。”

尚冠府印

1　　　　　　2

1.《印集》P46;《彙考》P97;《大系》P212

2.《酒餘》P38下;《大系》P212

【新官2002】

　　“尚寇府印”當爲“尚冠府印”,例見《雲夢睡虎地秦簡・日書》八四一、九一〇、九二〇、一〇二〇等“寇帶”當爲“冠帶”,九八六“始寇”當爲“始冠”。尚冠,見《通典・職官八》:“秦置六尚,謂尚冠、尚衣、尚食、尚沐、尚席、尚書。”據陳直先生在《漢書新證》中介紹,相家巷一帶還出土過“永樂尚冠”封泥,應當也爲秦遺物。

【彙考2007】

　　《日書乙・夢》:“甲乙夢被黑裘,衣寇(冠)。”寇爲冠之訛。

【分域2009】

　　説見“尚冠”。

【秦官2018】

　　説見“尚書”。

【廣封2019】

　　案《秦封泥彙考》,《日書乙・夢》:“甲乙夢被黑裘,衣寇(冠)。”“寇”爲“冠”之訛。尚冠府應爲官署名。案《漢書・百官公卿表》,“少府,秦官,掌山海池澤之税,以給共養,有六丞。"屬官有"尚方"令丞。(師古曰:"尚方主作禁器物。")則尚冠及諸尚可爲尚方之屬。《漢書·惠帝紀》:"宦官尚食比郎中。"(應劭曰:"宦官,閹寺也。尚,主也。舊有五尚。尚冠、尚帳、尚衣、尚席亦是。"如淳曰:"主天子物曰尚,主文書曰尚書,又有尚符璽郎也。"《漢儀注》:"省中有五尚,而内官婦人有諸尚也。")《通典·職官》:《漢儀注》曰:"省中有五尚,即尚食、尚冠、尚衣、尚帳、尚席。"或云:"秦置六尚,謂尚冠、尚衣、尚食、尚沐、尚席、尚書,若今殿中之任。"

尚佩

《發現》圖78;《圖例》P55;《補讀》圖13;《秦封》P161;
《彙考》P99;《璽印》P392;《大系》P212

【發現1997】
說見"上寢"。

【宦官1997】
據有關文獻記載:"秦置六尚,謂尚冠、尚衣、尚食、尚沐、尚席、尚書。"另據《漢儀注》云:"省中有五尚:即尚食、尚冠、尚衣、尚帳、尚席。"見諸文物者,還有在此類官名前加宮名的實例,如"永樂尚冠"封泥、"南宮尚浴"印、"未央尚浴府"燭盤等。陳直先生曾推測省中五尚"疑屬於大長秋"。此類職官的職掌當與其官名字面上的意義相符,但是否完全由閹人宦官擔任此類官職則難以斷定。

【印考1997】
釋讀見下揭"尚浴"。

【補讀1998】
初次披露時誤讀爲"尚衣",細辨爲"尚佩"。尚佩爲諸尚之一,參見"尚衣府印"。佩當爲皇帝繫於衣帶裝飾物。《詩經·秦風·渭陽》:"何以贈之,瓊瑰玉佩。"《左傳·定公三年》:"蔡昭侯爲兩佩與兩裘,以如楚,獻一佩一裘於昭王。"杜預注:"佩,佩玉也。"《楚辭·離騷》"又欲充夫佩幃。"王逸注:"幃,盛香之囊。"《史記·秦始皇本紀》:"子嬰度次得嗣,冠玉冠,佩華紱。"

【秦封2000】
尚佩爲諸尚之一,參見"尚衣府印"。佩當爲皇帝繫於衣帶的裝飾物。《詩經·秦風·渭陽》:"何以贈之,瓊瑰玉佩。"《左傳·定公三年》:"蔡昭侯爲兩佩與兩裘,以如楚,獻一佩一裘於昭王。"杜預注:"佩,佩玉也。"《楚辭·離騷》"椒又欲充夫佩幃。"王逸注:"幃,盛香之囊。"《史記·秦始皇本紀》:"子嬰度次得嗣,冠玉冠,佩華紱。"

【簡讀2002】

釋讀見"尚衣府印"條。尚佩或即是負責天子佩物之官職。

【集證2011】

此封泥已殘,第二字不很清楚。周曉陸初釋"衣",後又改釋爲"佩"。周氏云:"佩當爲皇帝繫於衣帶的裝飾物。"不過上文提到的諸尚無"尚佩",字又不清,姑存疑。

【官名2013】

説見"尚浴"。

【秦官2018】

説見"尚書"。

尚佩府印

　　　　1　　　　　　　2　　　　　　　3　　　　　　　4

1.《大系》P213
2.《釋續》圖1;《彙考》P99;《大系》P213
3、4.《新出》P29;《大系》P213

【釋續2001】

《通典·職官八》:"《漢儀注》曰:省中有五尚,即尚食、尚冠、尚衣、尚帳、尚席。或云秦置六尚,謂尚冠、尚衣、尚食、尚沐、尚席、尚書,若今殿中之任。"所説秦六尚無尚佩一職。《説文》:"佩,大帶佩也。从人,从凡,从巾。佩必有巾,巾謂之飾。"佩爲帶上所繫飾物,多爲玉質。《詩·鄭風·子衿》:"青青子佩,悠悠我思。"毛傳:"佩,佩玉也。"《禮記·玉藻》:"君子在車,則聞鸞和之聲,行則鳴佩玉。"除此之外,尚有刀、巾、觿之類。尚佩爲宮庭侍從服御之官,所需佩飾甚多,故設府以貯藏之。

【簡讀2002】

釋讀見"尚佩"條。尚佩府或即是負責天子佩物府藏之官職。

【彙考2007】

王輝先生考:《秦封》一六一頁有"尚佩"半通印。又一六〇頁有"尚衣府印",皆同類。餘同《釋續2001》。

【分域2009】

尚佩府,官署名,當是負責管理天子佩帶、裝飾之物的機構。

【秦官2018】

説見"尚書"。

【廣封2019】

《秦封泥彙考》,王輝先生考:《秦封泥集》一六一頁有"尚佩"半通印。又一六〇頁有"尚衣府印",皆同類。《詩經·鄭風·有女同車》:"有女同車,顏如舜華。將翱將翔,佩玉瓊琚。"《説文》:"佩,大帶佩也……佩必有巾,巾謂之飾。"《禮記·內則》:"子事父母,鷄初鳴,咸盥、漱、櫛、縰、笄、總,拂髦、冠、緌、纓、端、韠、紳,摺笏,左右佩用。左佩紛帨、刀、礪、小觿、金燧,右佩玦、捍、管、遰、大觿、木燧,偪,屨着綦。"《通典·職官》,《漢儀注》曰:"省中有五尚,即尚食、尚冠、尚衣、尚帳、尚席。"或云:"秦置六尚,謂尚冠、尚衣、尚食、尚沐、尚席、尚書,若今殿中之任。"雖並未提及"尚佩",但據此封泥應有管理天子佩飾的機構。此即爲其印也。

尚衣府印

《補讀》圖12;《秦封》P159;《彙考》P96;《璽印》P432;《大系》P215

【補讀1998】

《漢表》少府屬官有"尚方令丞"。師古曰:"尚方主作禁器物。""尚衣"及諸尚約爲尚方之屬。《漢書·惠帝紀》:"宦官尚食比郎中。"應劭注:"尚,主也。舊有五尚:尚冠、尚帳、尚衣、尚席亦是。"《宋書·百官志》:"漢初有尚冠、尚衣、尚食、尚浴、尚席、尚書,謂之六尚。"《通典·職官八》:"秦置六尚,謂尚冠、尚衣、尚食、尚沐、尚席、尚書。"

【秦封2000】

同《補讀1998》。

【簡讀2002】

《漢書·惠帝紀》:"宦官尚食比郎中。"應劭注:"尚,主也。舊有五尚:尚冠、尚帳、尚衣、尚席亦是。"如淳曰："主天子物曰尚，主文書曰尚書，又有尚符璽郎也。《漢儀注》省中有五尚，而内官婦人有諸尚也。"尚衣府或即是負責天子衣物府藏之官職。《張家·二年·秩律》："長信掌衣……秩各六百石，有丞、尉者半之。"掌衣即尚衣。

【彙考2007】

《漢書·百官公卿表》少府屬官有尚方令丞。顏師古注曰："尚方主作禁器物。"《漢書·惠帝紀》："宦官尚食比郎中。"注引如淳曰："主天子物曰尚。"應劭注："尚，主也。舊有五尚：尚冠、尚帳、尚衣、尚席亦是。"《通典·職官八》："《漢儀注》：省中有五尚，即尚食、尚冠、尚衣、尚帳、尚席。或云秦置六尚，謂尚冠、尚衣、尚食、尚沐、尚席、尚書，若今殿中之任。"

【集證2011】

"尚衣"已見上文。（瑞按：此指下文"尚浴"下文字）

【官名2013】

説見"尚浴"。

【秦官2018】

説見"尚書"。

尚劍

《大系》P212

【秦官2018】

説見"尚書"。

瑞按：尚劍不見於文獻。《漢書·惠帝紀》注應劭曰："尚，主也。舊有五尚。尚冠、尚帳、尚衣、尚席亦是。"如淳曰："主天子物曰尚，主文書曰尚書，又有尚符璽郎也。《漢儀注》省中有五尚，而内官婦人有諸尚也。"《漢官六種·漢舊儀》："省中有五尚，即尚食、尚冠、尚衣、尚帳、尚席。"孫星衍輯案："省中五尚不見於《百官公卿表》，疑屬大長秋。"以字面看，尚劍當爲天子掌劍的職官。天子佩劍，見《史記·刺客列傳》，當荆軻刺秦王之時，"秦王方環柱走，卒惶急，不知所爲，左右乃曰：'王負劍！'負劍，遂拔以擊荆軻，斷其左股。"

□劍府印

《選釋》圖1：10；《印集》P85；《彙考》P162；《璽印》P433；《大系》P212

【選釋2001】

　　第三字已殘，但從殘畫看，其爲府字無疑。第二字右旁似爲刀，應是劍字。"劍"字見睡虎地秦簡《日書》861反"良劍"，從刀，僉聲，六國文字多作僉、鐱，與秦不同（見何琳儀《戰國古文字典》，中華書局一九九八年版）。"府"字同於秦少府矛"少府"、二年寺工壺"茜府"及"修武府"耳杯，六國文字多作賡，亦不同。"劍府"之名不見於文獻，但戰國時的府多有製造和貯藏的功能。如"茜府"爲造酒機構；中山腦鼎"腦所佶鼎"、包山楚簡"先佶迅尹"、《古璽彙編》2550"佶賡"之"佶"讀爲造。如然，則"劍府"即製造、貯藏良劍之機構。秦人喜帶劍，《史記·秦始皇本紀》："（秦王政九年四月）已酉，王冠帶劍。"《六國年表》："（秦簡公）六年，初令吏帶劍。"《貨殖列傳》："游閑公子，飾冠劍，連車騎，亦爲富貴容也。"《淮陰侯列傳》："（韓信）始爲布衣時，貧無行。……淮陰屠中少年有侮信者，曰：'若雖長大，好帶刀劍，中情怯耳。'……及項梁渡淮，信仗劍從之。"秦上至王，下至吏、民皆帶劍，故設專職以司其事。

【簡讀2002】

　　"劍府"史籍失載，王輝先生認爲"秦上至王、下至吏、民皆帶劍，故設專職以司其事"。

【新官2002】

　　從尚劍、尚佩、尚浴、尚帷、尚臥等封泥看，秦實不只"六尚"，某尚可能也有稱謂區別。《史記·秦始皇本紀》記秦王政九年"王冠，帶劍"，又秦簡公六年"初令吏帶劍"，又秦王政時，"群臣侍殿上者不得持尺寸之兵；諸郎中執兵皆陳殿下，非有詔召不得上"，由是可見秦對劍具管理之重。

【彙考2007】

　　同《選釋2001》。

　　瑞按：首字殘，舊多讀爲"尚"。

尚浴

1 　 2

1.《發現》圖79;《圖例》P55;《秦封》P160;《書集》P124;《彙考》P98
2.《印風》P164;《彙考》P98;《璽印》P392;《大系》P215

【發現1997】

說見"上寢"。

【宦官1997】

據有關文獻記載:"秦置六尚,謂尚冠、尚衣、尚食、尚沐、尚席、尚書。"另據《漢儀注》云:"省中有五尚,即尚食、尚冠、尚衣、尚帳、尚席。"見諸文物者,還有在此類官名前加宮名的實例,如"永樂尚冠"封泥、"南宮尚浴"印、"未央尚浴府"燭盤等。陳直先生曾推測省中五尚"疑屬於大長秋"。此類職官的職掌當與其宮名字面上的意義相符,但是否完全由閹人宦官擔任此類官職則難以斷定。

【印考1997】

印面前者爲長方形,日字格,長2釐米,寬1釐米;後者爲正方形,十字格,邊長1.7釐米,印文清晰,邊欄完整(瑞按:前者指上條"尚佩",釋讀時爲"尚衣";後者依次爲"尚浴""尚浴府印")。尚浴,亦即"掌浴",戰國時置,秦置六尚,又有尚沐、尚席等,均爲少府内宮廷的御官,掌管沐浴等内廷近侍之事。從《通志·職官四》載知"尚御府"爲秦宮中掌管沐浴的機構。

【秦封2000】

尚浴同尚沐。諸尚之說參見"尚衣府印"。秦印有:《徵存》"南宮尚浴"。漢印有:《徵存》"尚浴"。漢長信宮燈"長信尚浴"。漢陽信銅温酒樽"陽信尚卧尚從"。

【簡讀2002】

釋讀見"尚衣府印"條。《韓非子·外儲説下》:"僖侯浴,湯中有礫,僖侯曰:尚浴免則有當代者乎?"《張家·二年·秩律》:"長信尚浴……秩各六百石,有丞、尉者半之。"

【上封2002】

尚浴,主盥沐之官,《百官表》未見諸尚,當併職少府屬官。《宋書·百官志》曰漢初有六尚。《通典·職官八》注曰:秦置六尚。《漢書·周亞夫傳》有"尚席",《漢書·惠帝紀》有"尚食",注引如淳曰:"主天子物曰尚。"今見於秦封泥另有"尚衣""尚佩""尚臥”“尚帷”“尚寇”,各名與記載略見出入。

【彙考2007】

尚浴,官署名。春秋戰國已置,掌王沐浴,秦沿之,屬少府。《通典》云秦六尚中有尚沐,以此封泥推之,應爲尚浴。《韓非子·内儲説》下:“僖侯浴,湯中有礫,僖侯曰:尚浴免則有當代者乎?”漢官印中亦有“尚浴”半通印,唯“浴”字篆法有異。

【分域2009】

尚浴,官署名。《漢書·惠帝紀》云:“宦官尚食。”應劭注曰:“尚,主也。舊有五尚:尚冠、尚帳、尚衣、尚沐、尚席。”《通典·職官八》云:“秦置六尚,謂尚冠、尚衣、尚食、尚沐、尚席、尚書。”上列諸印爲主管王室穿衣和沐浴的官員用印。

【集證2011】

《漢書·惠帝紀》:“宦官尚食。”應劭注:“尚,主也。舊有五尚:尚冠、尚帳、尚衣、尚席亦是。”《通典·職官八》:“《漢儀注》曰:省中有五尚,即尚食、尚冠、尚帳、尚衣、尚席。或云秦置六尚,謂尚冠、尚衣、尚食、尚沐、尚席、尚書。若今殿中之任。”《宋書·百官志》:“秦世少府遣吏四人在殿中主發書,故謂之尚書。漢初有尚冠、尚衣、尚食、尚浴、尚席、尚書,謂之六尚。戰國時已有尚冠、尚衣之屬矣。秦時有尚書令、尚書僕射、尚書丞,至漢初並隸少府。”王人聰以爲由印文與《宋志》參證,可知《漢儀注》所記“尚沐”就是“尚浴”。考古所見秦咸陽宮有浴室。陝西省考古研究所等在咸陽窰店發掘的秦都咸陽一號建築基址二層八室有水池、壁爐,陝西中醫學院張厚墉推測就是一個浴室,水池可供兩、三人同時洗澡。(此節文字本爲釋讀“南宮尚浴”印)

【官名2013】

尚浴、尚食、尚衣、尚冠、尚帷、尚珮的職司分別是掌沐浴、掌御膳、掌御服、掌王冠冕、掌宴席帳幔、掌王出行佩飾。《通典·職官志》:“秦置六尚,謂尚冠、尚衣、尚食、尚沐、尚席、尚書。”封泥所見除了掌秦王起居飲食之“六尚”之外,作爲秦王近侍的官名還有“尚臥”“尚書”等。宮廷侍御之“六尚”隸屬少府管理,職官有令丞,屬下左右寺般等官吏。有學者認爲“右般”是官名,隸屬食官管理之官吏。王偉先生則認爲“左般”“右般”是曹署之分左右而非職官名稱,蓋因後宮私官衆多,分爲左右兩曹理事。

【職地2014】

從“尚浴”“尚犬”等封泥存在着有無界格的區別來看,此類機構可能統一前即已設立。諸尚官各自有獨立的府、倉等機構,有些尚官分工細密,分爲多個曹署。“南宮尚浴”應是掌管太后所居南宮洗浴事宜的官員用印,屬於尚官系統,

【秦水2016】

封泥是秦尚浴官之印。“尚浴”之官戰國時代已有。《韓非·内儲説下》云:“僖侯浴,湯中有礫,僖侯曰:尚浴免,則有當代者乎?”《宋書·百官志》載:“漢初有尚冠、尚衣、尚食、尚浴、尚席、尚書,謂之六尚。”這與《通典·職官八》所記載的秦之“六尚”基本相同,只是《宋書》以“尚浴”替換了“尚沐”。出土秦漢印章、銅器銘文多有“尚浴”,如秦印“南宮尚浴”、長信宮燈銘“長信尚浴”等,説明秦漢各宮殿也設有尚浴官。

【秦官 2018】

　　説見“尚書”。

【廣封 2019】

　　案《通典・職官》,《漢儀注》曰:“省中有五尚,即尚食、尚冠、尚衣、尚帳、尚席。”或云,“秦置六尚,謂尚冠、尚衣、尚食、尚沐、尚席、尚書,若今殿中之任。”此“尚沐”應爲“尚浴”。《韓非子・内儲説》:僖侯浴,湯中有礫。僖侯曰:“尚浴免,則有當代者乎?”

尚浴府印

1　　　　　　　　　　　　　　　2

1.《上封》P55
2.《大系》P217

【發現 1997】

　　説見“上寢”。

【宦官 1997】

　　説見“尚浴”。

【印考 1997】

　　説見“尚浴”。

【秦封 2000】

　　此爲尚浴之府。説見“尚浴”。

【簡讀 2002】

　　釋讀見“尚浴”條。尚浴府或即是負責天子浴洗之物府藏的官職。

【上封 2002】

　　説見“尚浴”。

【彙考 2007】

　　尚浴府,官署名。主天子沐浴之機構。由此封泥或可推斷六尚設府。應屬少府。

【分域 2009】

　　説見“尚浴”。

【集證 2011】

　　尚浴府疑屬南宮，亦即甘泉宮，"南宮尚浴"即"南宮尚浴府"之省，而"尚浴"又爲"尚浴府"之省文。

【秦官 2018】

　　説見"尚書"。

【廣封 2019】

　　案《漢書新證》：直按《漢金文録》卷三，二十七頁，有温卧内者尚浴府金行燭盤，疑爲未央宫内者温室所用。又按《小校經閣金文》卷十一，一〇二頁，有未央尚浴府燭盤，則爲未央宮尚浴府所用。則尚浴府應爲管理天子沐浴的機構。

尚浴上府

　　　1　　　　　　　2　　　　　　3

1.《新選》P106；《大系》P217
2、3.《大系》P217

【秦官 2018】

　　説見"尚書"。

尚浴寺般

《在京》圖二：14；《聖印》P432；《大系》P217

【在京 2005】

　　"尚浴"見"尚浴右般"，"寺"見"寺車府印"。般當爲左或右般之簡稱。

【秦水2016】

　　此封泥爲秦代尚浴官之屬官印。與封泥"尚浴右般"一樣，秦漢的尚浴官也有屬官
"寺般"。

【詹事2010】

　　説見"私官左般"。

【左右般2013】

　　秦封泥中還有"尚浴右般"和"尚浴寺般"，"尚浴"是負責君王洗浴的機構，如將封
泥中的"般"釋與飲食相關，也能對二者職掌很好解釋。據現代生理學解釋，在用熱水
洗浴時，由於人體溫度升高，皮下血流速度加快，人體出汗增多，能量消耗較大，人就會
産生疲勞感和饑餓感，因此，洗浴後就需要適當的進食以補充能量，恢復體力，而在尚浴
這機構中設置一個專門負責在君王洗浴後提供飲食的職官也非常合乎情理。

【官名2013】

　　説見"尚浴"。

【秦官2018】

　　説見"尚書"。

尚浴 右 般

《新出》P29;《大系》P217

【在京2005】

　　尚釋見"尚卧倉印"。《韓非子・外儲説下》："僖侯浴，湯中有礫，僖侯曰：尚浴免則
有當代者乎?"《張家・二年・秩律》："長信尚浴……秩各六百石，有丞，尉者半之。"《秦
封》有"尚浴""尚浴府印"。李學勤先生《齊王墓器物坑銘文試析》認爲"右般"是食
官屬官。

【詹事2010】

　　説見"私官左般"。

【左右般2013】

　　説見"私官左般"。

【官名2013】

　　説見"尚浴"。

【秦水2016】

　　此封泥爲秦代尚浴官之屬官印。李學勤《齊王墓器物坑銘文試析》一文認爲“右般”是食官屬官。從此封泥來看秦漢的尚浴官也有屬官“右般”。

【秦官2018】

　　説見“尚書”。

尚浴倉印

《大系》P216

尚浴高□

《大系》P217

尚帷中御

　　　1　　　　　　　　　2

1.《釋續》圖3;《印風》P161;《印集》P44;《彙考》P95;《璽印》P433;《大系》P214

2.《大系》P214

【釋續2001】

　　第二字右半已殘,但其爲帷字無疑。帷、幕、帳爲同類物。《周禮·天官·幕人》:"掌帷、幕、幄、帟、綬之事。"鄭玄注:"在旁曰帷,在上曰幕。"《玉篇》巾部:"帳,帷也。"《文選·班固〈東都賦〉》:"供帳置乎雲龍之庭。"李善注引張晏曰:"帳,帷帳也。"由此而論,尚帷應即《漢儀注》提到的"尚帳",亦即《周禮》的幕人。尚帷爲宮庭侍御之官,故稱中御。中,後宮也。

【簡讀2002】

　　釋讀見"尚衣府印"條。帷帳同類。《周禮·天官·幕人》:"掌帷幕幄帟綬之事。"注:"在旁曰帷,在上曰幕。"《玉篇》:"帳,帷也。"尚帷即"尚帳"。尚帷爲負責天子起居時帷幕布置之官職。中御所指不明。

【彙考2007】

　　同《釋續2001》。

【官名2013】

　　説見"尚浴"。

【職地2014】

　　《秦封泥彙考》説"尚帷中御"爲宮廷侍御之官,中指後宮。殆是。

【廣封2019】

　　同《彙考2007》。

尚卧

 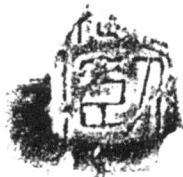  

1　　　　　　2　　　　　　3　　　　　　4

1.《秦封》P162;《彙考》P100;《璽印》P393;《大系》P214
2.《新出》P75;《大系》P215
3.《大系》P214
4.《新出》P29;《大系》P214

【秦封2000】

　　"尚卧"爲諸尚之一,參見"尚衣府印"。尚卧或與尚席有關。又《通典·職官八》記尚舍局奉御:"《周禮》有掌舍,掌行所解止之處,帷幕幄帟之事"。漢陽信銅温酒樽

“陽信尚卧尚從”。

【簡讀2002】

釋讀見“尚衣府印”條。以字面意言,尚卧爲負責天子睡卧之官職。

【彙考2007】

尚卧見《通典·職官》:“秦置六尚詔尚冠、尚衣、尚食、尚沐、尚席、尚書。”又《通典·職官八》記:尚舍局奉御“《周禮》有掌舍,掌行所解止之處,帷幕幄帟之事。”漢陽信温酒樽“陽信尚卧尚從”(《文物》一九八二年第九期)。《秦封》:“尚卧或與尚席有關”。

【分域2009】

“尚卧”可能爲掌管宫室起居的官署。

【秦官2018】

説見“尚書”。

【廣封2019】

案《説文》:“卧,休也。”或是與管理天子休息相關。《通典·職官》:秦置六尚,“尚冠、尚衣、尚食、尚沐、尚席、尚書”。《秦封泥集》:“尚卧或與尚席有關”。《秦封泥彙考》:漢陽信温酒樽“陽信尚卧尚從”。

尚卧倉印

1

2

1.《續釋》圖2;《印風》P161;《印集》P31;《彙考》P65;《大系》P215
2.《在京》圖二:12;《璽印》P432;《大系》P215

【釋續2001】

《秦封》162頁有“尚卧”半通印,周曉陸考釋以爲:“尚卧或與尚席有關。”今按《正字通》巾部:“席,坐卧所籍也。”席與坐、卧相關,但並不相等。秦漢之時,王或諸侯經常出行,卧息於行宫,故尚卧有倉。

【簡讀2002】

釋讀見“尚卧”條。尚卧倉或即是負責天子睡卧用具倉儲之官職。

【在京2005】

《漢書·惠帝紀》:“宦官尚食比郎中。”應劭注:“尚,主也。舊有五尚:尚冠、尚帳、尚衣、尚席亦是。”如淳曰：“主天子物曰尚，主文書曰尚書，又有尚符璽郎也。《漢儀注》省中有五尚，而内官婦人有諸尚也。”以字面意言，尚卧爲負責天子睡卧之官職。尚卧倉或即是負責天子卧具倉儲之官職。

【彙考2007】

同《釋續2001》。

【分域2009】

該印可能爲尚卧之倉署所用之物。

【廣封2019】

案《秦封泥集》：“尚卧或與尚席有關。”《秦封泥彙考》：今按《正字通》巾部，“席，坐卧所藉也。”席與坐、卧相關，但並不相等。秦漢之時，王或諸侯經常出行，卧息於行宫，故尚卧有倉。

尚卧倉印

1

2

1.《續釋》圖2；《印風》P161；《印集》P31；《彙考》P65；《大系》P215

2.《在京》圖二：12；《璽印》P432；《大系》P215

尚犬

1

2

1.《新出》P29；《青泥》P16；《大系》P214

2.《在京》圖二：16；《璽印》P396；《大系》P214

【在京2005】

　　半通。"尚"釋見上,《睡虎·法律答問》:"可(何)謂'宮狡士''外狡士'? 皆主王犬者(也)。"尚犬或當爲主管王者用犬的官員,宮狡士與其有一定的統屬關係。

【職地2014】

　　説見"尚浴"。從存在着有無界格的區别來看,此類機構可能統一前即已設立。

【秦官2018】

　　説見"尚書"。

(三十) 諸　　采

左采金印

《大系》P397

　　瑞按: 舊讀"左田金印",從文字看,當爲"左采金印"。

采赤金丞

　　無圖,釋文見《五十例》P312。

【五十例2005】

　　《漢書·食貨志》:"金有三等,黄金爲上,白金爲中,赤金爲下。"孟康曰:"白金,銀也;赤金,丹陽銅也。"《山海經·南山經》:"(陽之山)其陽多赤金。"又《西山經》:"(女床之山)其陽多赤銅。"采赤金丞掌銅礦開採。

【職地2014】

　　説見"采司空印"。

【秦官2018】

　　説見"采司空印"。

采銀

《在京》圖四：12；《璽印》P394；《大系》P41

【在京2005】

半通。《睡虎·秦律雜抄》：“大官、右府、左府、右采鐵、左采鐵課殿，貲嗇夫一甲。”采銀封泥從字面看當爲主司開採銀礦的職官。

【圖説2009】

采銀封泥從字面看當爲主司開採銀礦的職官《漢書·食貨志》：“貢禹言：鑄錢采銅，一歲十萬人不耕，民坐盜鑄陷刑者多。富人藏錢滿室，猶無厭足。民心動摇，棄本逐末，耕者不能半，奸邪不可禁，原起於錢。疾其末者絶其本，宜罷采珠、玉、金、銀鑄錢之官，毋復以爲幣……”。

【職地2014】

説見“采司空印”。

【秦官2018】

説見“采司空印”。

采銀丞印

無圖，釋文見《五十例2005》。

【五十例2005】

《説文·金部》：“銀，白金也。”《史記·平準書》：“金有三等，黄金爲上，白金爲中，赤金爲下。”《漢書·食貨志》：“朱提銀重八兩爲一流，直一千五百八十。”《漢書·地理志》，犍爲郡朱提“山出銀”，益州郡律高縣賁古出銀，采銀丞掌銀礦開採。

【職地2014】

説見“采司空印”。

【秦官2018】

説見“采司空印”。

左采銀丞

《山房》2·4

瑞按：封泥殘，從殘存筆畫看，"采"字或可成立。此封泥之"采銀"分左右，與前呈"采銀"半通封泥不同，當有時代差異。

采珠

《大系》P41

【選考2013】

　　《説文·玉部》："珠，蚌中陰精。"《史記·貨殖列傳》載，江南出珠璣。又"番禺亦其一都會也，珠璣、犀、玳瑁、果、布之湊"。《漢書·食貨志四下》載漢元帝時貢禹言："宜罷采珠、玉、金、銀、鑄錢之官。"又西漢合浦郡有私人采珠者。《漢書·趙尹韓張兩王傳》載，王章"妻子皆徙合浦。大將軍鳳薨後，弟成都侯商復爲大將軍輔政，自上還章妻子故郡。其家屬皆完具，采珠致産數百萬。"今由此封泥可知，秦時政府有專門機構負責珍珠的採集。采珠，《太平御覽》卷八〇三《珠》引三國吳人萬震《南州異物志》云："合浦有民善遊采珠。兒年十餘歲，便教入水求珠。官禁民采珠，巧盜者蹲水底，剖蚌得好珠，吞之而出。"又引晋人徐衷《南方草物狀》云："凡采珠常三月，用五牲祈禱。若祠祭有失，則風攪海水，或有大魚在蚌左右。自蚌珠長三寸半，在漲海中。其一寸五分，有光色，一旁小形似覆釜爲第一。璫珠凡三品，其一寸三分，雖有光色，形不員止爲第二。滑珠凡三品。"又引南朝宋人沈懷遠《南越志》云："珠有九品。大五分以上至一寸八分，分爲八品。有光彩,一邊小平似覆釜者名璫珠。璫珠之次爲走珠,走珠之次爲滑珠,滑珠之次爲螺砢珠,螺砢珠之次爲官兩珠,官兩珠之次爲稅珠,稅珠之次爲蒼符珠。"而最詳盡記載采珠,則爲明代宋應星《天工開物》,此書卷下《珠玉第十八》對於明代的珍珠採集有詳細的記述,這對瞭解早期采珠有一定作用。

【在京2005】

《睡虎·秦律雜抄》:"大官、右府、左府、右采鐵、左采鐵課殿,貲嗇夫一甲。"《漢書·食貨志》:貢禹言:"鑄錢采銅,一歲十萬人不耕,民坐盜鑄陷刑者多。富人藏錢滿室,猶無厭足。民心動搖,棄本逐末,耕者不能半,奸邪不可禁,原起於錢。疾其末者絕其本,宜罷采珠、玉、金、銀鑄錢之官,毋復以爲幣,……"。

【職地2014】

說見"采司空印"。

【秦官2018】

說見"采司空印"。

采青丞印

1　　　　　　　　　　2

1.《選釋》圖一:1;《新官》P271圖17;《印集》P29;《彙考》P63;《大系》P41

2.《新出》P7;《大系》P41

【選釋2001】

采,摘取。《說文》:"采,捋取也。"段玉裁注:"《大雅》曰:'捋采其劉。'《周南·芣苢》傳曰:'采,取也。'又曰:'捋,取也。'是采、捋同訓也。……此俗字手采作採,五采作彩,皆非古也。"青,爲青色礦物顏料。古代金、錫、丹、青都由國家開採、收藏,有官員主持其事。《周禮·地官·卝人》:"卝人掌金、玉、錫、石之地,而爲之屬禁以守之。若以時取之,則物其地圖而授之,巡其禁令。"卝即礦字,"金、玉、錫、石"之"石"指礦石,其中當有作顏料的青礦石。《周禮·秋官·職金》:"職金掌凡金、玉、錫、石、丹、青之戒令。受其入征者,辨其物之媺惡,與其數量,楬而璽之。入其金、錫於爲兵器之府,入其玉、石、丹、青於守藏之府。"鄭玄注:"青,空青也。"空青即孔雀石,又名楊梅青,産於川、贛等地,隨同銅礦生成,球形,中空,可作繪畫顏料。采青礦《周禮》有兩種職官主司其事,足見不是小事。《職金》孔穎達疏:"此數種同出於山,故職金總主其戒令。若然,《地官·廿人》已主,又《職金》主之者,彼官主其取,此官主其藏,故二官共主之也。”秦人也重視采青之事。李斯《諫逐客書》:“必秦國之所生然後可,則是……江南金、錫不爲用,西蜀丹、青不爲采。”“采青丞”乃主管采青礦石之副官,其名雖不見於《漢書·百官公卿表》,但從《周禮》來看,其爲戰國秦職官應無問題。

【簡讀2002】

青指青色礦物顏料,王輝先生認爲“‘采青丞’乃主管采青礦石之副官”。

【新官2002】

秦漢印、封泥,“采”,常作採礦之意,睡虎地秦簡有左、右采鐵,參見“采司空印”《秦封泥集》一·二·69。故采青,或爲采青玉,如《詩·齊風·著》“充耳以素乎而”,毛傳:“青,青玉”。或爲採取青色染料,《吕氏春秋·季夏紀》:“是月也,命婦官染采,黼黻文章,必以法故,無或差忒,黑黄蒼赤,莫不質良,勿敢僞詐,以給郊廟祭祀之服,以爲旗章,以别貴賤等級之度。”或爲採礦物青色料,如孔廣居《説文疑疑》謂:“丹,青類也,故青从丹,生聲。”

【彙考2007】

同《選釋2001》。

【分域2009】

“青”爲青色的礦物顏料。古代金、錫、丹、青等都由國家統一開採、收藏,有官員專主其事。《周禮·秋官·職金》云:“職金掌凡金、玉、錫、丹、青之戒令;受其入徵者,辨其物之媺惡,與其數量,楬而璽之;入其金、錫於爲兵器之府,入其玉、石、丹、青於守藏之府。”“采青丞”當爲秦掌管采青礦石“采青令”的佐官。

【官名2013】

從秦國工官職官系統來看,采司空其屬於少府直接管轄機構的官名。秦封泥中的西采金、采赤金丞、采銀丞都應是采司空的屬官,主要職司是採集礦物供庫府等機構製造器物所用。這種工官名唯秦國獨有,鮮見於其他各系,可能是戰國晚期至秦之間出現的。

【川渝2013】

《周禮·秋官》:“職金掌凡金、玉、錫、石、丹、青之戒令。……入其玉、石、丹、青於守藏之府。”青爲當時用於工藝品製作的礦石原料,一説爲銅礦孔雀石之屬,“采青丞”爲掌管採掘青料的職官。據秦相李斯在《諫逐客書》中所云:“江南金錫不爲用,西蜀丹青不爲采”,秦時采青,當在成都平原以西的今四川山地。此爲秦采青丞用印之遺。

【職地2014】

説見“采司空印”。

【秦官2018】

説見“采司空印”。

【廣封2019】

同《選釋2001》。

（三十一）詔　事

詔事之印

1　　　　　　　　　　2

1.《大系》P370
2.《發現》圖68;《圖例》P54;《秦封》P219;《彙考》P115;《璽印》P434;《大系》P370

【發現1997】

《史記·秦始皇本紀》二十六年,丞相綰等議上尊號曰:"王爲'泰皇',命爲'制',令爲'詔'。"詔事一詞本於《周禮·秋官·掌訝》"詔相其事,而掌其治令。"對戰國秦及秦代出土的若干詔事的銅器,有研究者曾讀爲"詔吏",據此封泥看應當爲"詔事"。

【管窺1997】

秦篆"事""吏"形似難分,一些著作如袁仲一《秦文字類編》將二字作爲一字處理,故器銘"詔事"每每被釋讀做"詔吏"。據封泥可知,戈銘的詔吏實應爲詔事。

【印考1997】

印面均爲正方形,田字格,邊長爲2釐米,前者印文清晰,筆畫精勁,邊欄完整;後者邊欄寬博,右下角略殘(瑞按:前者爲本封泥,後者爲"詔事丞印")。"詔"下一字應爲"事"。有關"詔事"一職,文獻記載甚少。從目前出土的戰國秦及秦始皇時代的青銅兵器中,發現有"詔吏矛""詔吏鼎""詔吏戈",並有"詔吏圖""吏丞向""詔吏"刻辭,有研究者釋爲"詔事",有研究者釋爲"詔吏"。

【秦封2000】

《周禮·秋官·掌訝》:"詔相其事,而掌其治令。"《史記·秦始皇本紀》:"命爲'制',令爲'詔'。"《秦銅》所録有關詔事銅器有三十三年詔事戈、三年詔事鼎,詔事矛,另與屬邦有關的詔事兵器有五年、八年相邦呂不韋戈,等等。李學勤先生據以上出土之銅器銘文釋"詔吏"爲詔事。詔事掌兵器、銅器製造,有丞。

【簡讀2002】

《史記·秦始皇本紀》"命爲'制',令爲'詔'"。秦銅器有三十三年詔事戈等兵器。《張家·二年·秩律》:"詔事……秩各六百石,有丞、尉者半之。"

【彙考2007】

同《秦封2000》。

【分域2009】

詔事，官職名，《周禮·秋官·掌訝》云："詔相其事，而掌其治令。"詔事當爲負責朝廷發布政令的官吏。

【工官2010】

詔事爲器物的監造者之一，從在其前常出現相邦的情況看，其爲中央職官。從在兵器銘文、銅鼎銘文及封泥中多見的情況看，李學勤先生言其職責要廣泛一些的意見正確。

【集證2011】

詔事之名文獻失載，然出土器銘多見，如三十三年詔事戈、三年詔事鼎，五年相邦吕不韋戈、八年相邦吕不韋戈皆有之。"事"字袁仲一釋"吏"，拙著《秦銅集釋》從之。袁氏釋"吏"的主要根據是二十九年太后漆盒銘有"吏丞向"，袁氏説"向"爲人名，"吏丞"爲職名，若釋事，"事丞向"則無法解釋。現在我們知道，所謂"吏丞向"之"吏"字實應與上文連讀爲"廿九年大后詹事丞向"，説見本書二十九年漆盒考釋一節，故此字從衆改釋爲"事"。八年相邦吕不韋戈："八年相邦吕不韋造，詔事圖，丞蕺，工夷。"可見詔事有丞。

【官名2013】

自1978年，在陝西寶雞發現八年相邦吕不韋戈之後，兵器銘文的詔事，作爲官名或官署名及其職司，學術界一直討論不休。袁仲一先生認爲始皇五年和八年的相邦吕不韋造戈刻辭中的"詔吏"，應釋作"詔事"。李仲操先生認爲："戈銘'詔事'二字，前人釋'詔使'是正確的。……'詔事'用於兵器，又緊接'相邦吕不韋造'一句之後，其意當是：奉詔使用。或爲：宣詔王命而使用的意思。"張占民先生根據"詔事"和"寺工"在兵器銘文中所在的位置當推斷"詔事"爲官署，主持鑄各種銅器。並指出李氏一文誤認爲"圖承"爲職官名，其實"承"才是負責人，圖是"詔事"者之名。陳偉武師指出："所謂'詔事'原來應指'幫助相邦治事'，轉指'幫助相邦治事之人'，成了一種職官名。"西安北郊相家巷所出土秦封泥有"詔事之印"和"詔事丞印"兩種，張家山漢簡所見《二年律令》文中的《秩律》有"詔事"，跟詹事屬官和其他宫中屬官並列爲六百石之官。由此可見，詔事確爲官名，非官署名，且地位不低。兵器刻辭上的詔事和屬邦、寺工等，都是監造製造兵器的官吏，但不是其最主要的職責。《説文》："詔，告也。從言，從召，召亦聲。"《爾雅·釋詁下》："詔，導也。"郭璞注："詔，教導也。"《周禮·天官·大宰》："以八柄詔王，馭群臣。"鄭玄注："詔，助也。"按：詔事的具體職司，應是詔議國事、佐理政務。

【職地2014】

"詔事"作爲職官機構名稱僅見於秦文字資料和漢初的張家山漢簡《二年律令·秩律》，是秦始置的職官機構。其名稱與《周禮·夏官·司士》所見"以德詔爵，以功詔禄，以能詔事"中用爲申請授予職事之義恐無關係。從上列各器物銘文内容來看，秦詔事機構最晚在昭襄王三十年左右就已經設立，並有獨立監造兵器的權利，至秦王政時期，詔事仍可在相邦監造下繼續鑄造兵器，但地位似乎有所降低。從三件相邦吕不韋戈和十二年丞相啟顛戈均有鑄款"詔事"和刻款"屬邦"銘文來看，"詔事"機構應是批量製作兵器，屬邦機構所用部分兵器也是由詔事調撥。詔事至少是秦昭襄王中期就已經設立的具有獨立鑄造兵器的中央工官機構。從張家山漢簡《二年律令·秩律》有"詔事"，與詹事屬官和其他宮中屬官並列爲秩六百石來看，詔事機構自昭襄王時設立，一直沿置到漢初。從呂后之後的文獻中無"詔事"來看，應是景帝時合併或廢除了該機構。

【集釋2018】

　　黄盛璋（轉引自董珊《戰國題銘與工官制度》）又認爲詔事相當於《漢書·百官公卿表》中少府的屬官"若盧"。《里耶秦簡》（一）8-461號木方記錄了秦"書同文字"政策的一些具體規定，其中有"吏如故，更事"一條。陳侃理（《里耶秦方與"書同文字"》，《文物》2014.9頁76—81）指出"吏如故，更事"是指秦統一六國前用"吏"字兼表"吏"和"事"，而統一後則用"吏"字標識"吏"，"事"字表示"事"。出土秦文獻"詔吏"或又作"詔事"。這個機構在秦銅銘文中均寫作"詔吏"，共有8件，均爲戰國晚期器。其中有2件年代略有爭議：一件是英國牛津大學亞士摩蘭博物館藏三十三年詔事戈（《商周青銅器銘文暨圖像集成》16822），"三十三年"有昭襄王三十三年和秦始皇三十三年兩說；另一件是澳門珍秦齋藏三十年詔事戈（《商周青銅器銘文暨圖像集成》17135），最初發表這件材料的編者認爲"三十年"是昭襄王三十年，王輝和王偉則認爲有昭襄王三十年和始皇三十年兩種可能，又認爲前者可能性較大。這兩件戈銘"詔事"之"事"都寫作"吏"，把三十三年、三十年看作是昭襄王紀年是合適的。《秦封泥集》著錄了2枚"詔事之印"，著錄了10枚"詔事丞印"，其中"事"字寫法能看清的有7例，均寫作"事"。這個機構名舊多讀爲"詔事"，袁仲一讀爲"詔吏"。儘管學者對這個詞的具體意義以及該機構的具體職能仍有爭議，但從出土秦文獻或用"吏"爲"事"而罕用"事"爲"吏"的情況來看，讀爲"詔事"應該是正確的。同時根據同文字方的規定，帶有"詔事"的秦封泥很可能都是秦代封泥。

詔事丞印

1　　　　　　　　　2

1.《發現》圖69；《圖例》P54；《秦封》P219；《書集》P124；《彙考》P116；《璽印》P434；《大系》P369
2.《印集》P53；《彙考》P116；《大系》P369

【發現1997】

　　説見“詔事之印”。

【印考1997】

　　説見“詔事之印”。

【秦封2000】

　　説見“詔事之印”。

【簡讀2002】

　　釋讀見“詔事之印”條。

【彙考2007】

　　説見“詔事之印”。

【工官2010】

　　説見“詔事之印”。

【集證2011】

　　説見“詔事之印”。

【官名2013】

　　説見“詔事之印”。

【廣封2019】

　　同《彙考2007》。

詔□丞□

《秦封》P220；《彙考》P116

【考略2001】

　　相家巷流散秦封泥有“詔吏丞印”和“詔吏之印”，此“詔□丞□”當爲“詔吏丞印”。“詔”爲上告於下，《周禮·春官·大宗伯》：“詔相王之大禮。”秦始皇稱帝后，詔成爲了皇帝專用的命令文書之一。《史記·秦始皇本紀》載：“命爲‘制’，令爲‘詔’。”“詔吏”在戰國秦已出現，如“三年詔吏鼎”。“詔吏”之“吏”，諸家或釋“事”，袁仲一先生首釋爲“吏”，王輝先生從其説，本文從“詔吏”説。“詔吏”是詔命任用的官吏，職掌較廣。

（三十二）狡　　士

狡士

《大系》P127

【官名2013】

　　秦封泥中有"狡士之印""弄狗廚丞"等與苑囿職官有關的資料。狡士分爲"宮狡士"和"外狡士"兩種。秦簡《法律問答》："可（何）謂'宮狡士''外狡士'？皆主王犬者（也）。"《説文》："狡，少狗也。从犬，交聲。匈奴地有狡犬，巨口而身黑。"宮狡士負責飼養宮中狡犬，隨王出行狩獵，職司與苑嗇夫相近。疑狡士將犬、弄狗廚丞爲狡士屬官。

【秦官2018】

　　説見"尚書"。

狡士之印

《釋續》圖15；《印風》P162；《書法》P38；《印集》P54；《彙考》P117；《大系》P127

【釋續2001】

　　《説文》："狡，少狗也。从犬、交聲。匈奴地有狡犬，巨口而黑身。"段玉裁注："《淮南子·俶真訓》：'狡狗之死也，割之有濡。'高注：'狡，少也。'引申爲狂也，滑也，疾也，健也。……《周書·王會解》：'匈奴以狡犬。'狡犬者，巨身四尺果。顔注《急就篇》曰：'狡犬，匈奴中大犬也，巨口而赤身。'"睡虎地秦墓竹簡《法律答問》："可（何）謂'宮狡士’‘外狡士’？皆主王犬者也。”狡士當是主管王之獵犬的官。

【簡讀2002】

《史記·司馬相如列傳》：“蜀人楊得意爲狗監。”《集解》：“郭璞曰：主獵犬也。”《説文》：“狡，少狗也。……匈奴地有狡犬，巨口而黑身。”《秦簡·法律答問》：“可（何）謂‘宮狡士’‘外狡士’？皆主王犬者也。”狡士當是主管王用獵犬之官職。

【彙考2007】

同《釋續2001》。

【圖説2009】

《説文》：“狩，犬田也。从犬，守聲。”《玉篇·犬部》：“獵，犬取獸也。”朱芳圃《殷周文字釋叢》：“獸（獸）即狩之初文，从單从犬，會意。”“犬田謂用犬田獵……（單）爲獵具，所以捕禽獸，犬知禽獸之迹。故守必以犬，兩者爲田獵必具之條件。”《説文》：“狡，少狗也。从犬，交聲。匈奴地有狡犬，巨口而黑身。”睡虎地秦墓竹簡《法律答問》：“可（何）謂‘宮狡士’，‘外狡士’？皆主主犬者也。”狡士當是主管秦王之獵犬之官。尚犬（《考與》2005.5）秦封泥，也是管犬之官，分工不同，可能掌内宮之犬。

【分域2009】

狡士，官職名，負青管理宮中犬政事務，又分宮狡士、外狡士等。雲夢睡虎地秦簡《法律答問》云：“可（何）謂宮狡士、外狡士？皆主王犬者（也）。”

【集證2011】

睡虎地秦簡《封診式》：“可（何）謂‘宮狡士’‘外狡士’？皆主王犬者殹。”整理小組引《説文》“匈奴地有狡犬，巨口而黑身”，因説“宮狡士”“外狡士”是“管理秦王的狗的人”。……“狡士”管理王犬，則“罕士”可能是管理秦王田獵所用網畢之人。

【職地2014】

説見“狡士將犬”。

【秦官2018】

説見“尚書”。

【廣封2019】

同《釋續2001》。

狡士將犬

無圖，釋文見《五十例》P313。

【五十例2005】

《雲夢秦簡·法律答問》：“可（何）謂‘宮狡士’‘外狡士’？皆主王犬者殹（也）。”整理組注：“狡，一種產於匈奴地區的大犬。”將犬，《史記·李斯列傳》：“斯出獄，與其中子俱執，顧謂其中子曰：‘吾欲與若復牽黃犬俱出上蔡東門逐狡兔，豈可得乎？’”《蕭相國世家》：“高帝曰：‘諸君知獵乎？’曰：‘知之。’‘知獵狗乎？’曰：‘知之。’高帝曰：‘夫獵,追殺獸兔者狗也,而發蹤指示獸處者人也.'"此爲掌管獵犬以資田獵之職。《新集》有秦封泥"狡士之印"。

【職地2014】

狡士見於睡虎地秦簡,與"將馬"主管馬匹事務一樣,"將犬"乃主管君王獵犬之官。

(三十三) 畫　　室

畫室府印

《大系》P116

瑞按:畫室,《後漢書·百官志》少府屬官有"黃門署長、畫室署長、玉堂署長各一人。丙署長七人。皆四百石,黃綬。本注曰:宦者。各主中宮別處。"《初學記》卷20"《漢官儀》曰:侍中秩千石,黃門有畫室署。畫室署長一人,玉堂署長一人。蔡質《漢官》曰:尚書奏事於明光殿,省中皆胡粉塗壁,其邊以丹漆地。故尚書郎含雞舌香,伏其下奏事;黃門侍郎對揖而跪受。"《漢書·霍光傳》"明旦,光聞之,止畫室中不入。"如淳曰:"近臣所止計畫之室也,或曰雕畫之室。"師古曰:"雕畫是也。"從封泥看,秦已設畫室。據《後漢書·百官志》等,其當爲少府屬官。

(三十四) 郡　　邸

郡邸長印

《彙考》P53

【職地2014】

郡邸長用印未見,或"郡名+邸印"者爲某郡邸的長官,如南陽邸印、參川邸印。郡邸丞用印有郡右邸印、郡左邸印,可知各郡設立在京師的辦事機構也分左右兩曹。郡邸用印中有參川、河内、漢中、南陽、巫黔、蜀等六郡名,由此可以印證秦曾設立了此六郡。由"蜀邸倉印"可知,秦時各郡在京師的官邸也有自己的倉庫。"漢中底印"爲漢中郡之郡邸用印,底、邸相通。《爾雅·釋器》"邸謂之柢",郭璞注:"根、柢皆物之邸,邸即底,通語也。"《説文·邑部》"邸,屬國舍。从邑氐聲。"朱駿聲《説文通訓定聲》云"邸叚借爲底。"據《史記·楚世家》《樗里子甘茂列傳》和《水經注·沔水》等記載,漢中郡爲秦惠文王時設立。此封泥中"邸"寫作"底",可能就是漢中郡設立較早的反映。

又:郡邸是各郡設立在京師的辦事機構,《百官公卿表》隸屬典客,是中央機構而非郡官體系。

郡左邸印

1　　　　　　　　　　2

1.《發現》圖34;《圖例》圖36
2.《秦封》P155;《彙考》P48;《璽印》P427

【新見1996】

　　説見"郡右邸印"。

【發現1997】

　　《漢書·百官公卿表》典客"屬官有行人、譯官、別火三令丞及郡邸長丞"。又記"初,置郡國邸屬少府,中屬中尉,後屬大鴻臚"。師古曰:"主諸郡之邸在京師者也。"秦時郡左右邸屬典客或少府不清,似屬前者爲宜。

【郡縣1997】

　　此兩方封泥與秦郡有關,且屬同一性質之印,故一併論之(瑞按:指本封泥與"郡右邸印")。按西漢時諸郡在京師皆有邸,每歲上計史到京師則居之。《漢書》卷六四《朱買臣傳》云"上拜買臣會稽太守。……初買臣免待詔,常從會稽守邸者寄居飯食。拜爲太守,買臣衣故衣,懷其印綬,步歸郡邸。直上計時,會稽吏方相與群飲,不視買臣。買臣入室中,守邸與共食……少見其綬,守邸怪之……坐中驚駭,白守丞。相推排陳列中庭拜謁。"則本郡人也可到郡邸就食寄居,守邸吏爲郡邸官員。同書《百官表》:"典客……武帝太初元年更名大鴻臚。屬官有行人、譯官、別火三令丞及郡邸長、丞。……初,置郡國邸屬少府,中屬少尉,後屬大鴻臚。"而漢"郡邸長印"封泥也有發現(見吳式芬等《封泥考略》第29頁上,1990年中國書店版)。從封泥看,西漢之郡邸之制也應承之於秦;所謂"郡左邸""郡右邸"印,或係秦於京師總設諸郡在京之邸,分爲左、右,而統一管理耶?

【印考1997】

印面均爲正方形,田字格,邊長爲2釐米,印文清晰,邊欄完整,寬博(瑞按:前者指本封泥,後者指"郡右邸印")。《漢書·百官公卿表》云:"初置郡國邸屬少府,中屬中尉,後屬鴻臚。"《漢書補注》引錢大昭曰:"郡國朝宿之舍,在京師者名邸。"《漢書·朱買臣傳》記述了會稽郡邸的情況,邸中除了住有郡國上計掾史、守丞之外,只有守邸。故有"郡左邸"和"郡右邸"之分。並置"郡邸長丞",師古曰:"主諸郡之邸在京師者也。"《官印徵存》中收錄"蜀邸倉印"秦官印一枚,是爲見證。此兩印當是典客之屬。

【秦封2000】

郡邸分左右,爲典客,大行之屬職。參見"泰行"。《漢表》典客屬郡邸長丞,初,置郡國邸屬少府,中屬中尉,後屬大鴻臚。師古曰:"主諸郡之邸在京師者也。"《史記·孝文本紀》:"代王謝曰:'至代邸而議之。'""奉天子法駕迎於代邸。"漢封泥見:《文研》"淮南邸印",《兩漢》"郡邸丞印"。漢印見:《兩漢》"郡邸丞印"。

【考略2001】

《漢書·百官公卿表》:"典客,秦官,……屬官有行人、譯官、別火三令丞及郡邸長丞。"師古曰:"主諸郡之邸在京師者也。"《漢書補注》引錢大昭曰:"郡國朝宿之舍,在京師者名邸。"《封泥考略》卷一輯錄"郡邸長印",孫慰祖《兩漢官印匯考》輯錄"郡邸丞印"。

【簡讀2002】

《漢表》:"典客,秦官,……屬官有……郡邸長丞。……初,置郡國邸屬少府,中屬中尉,後屬大鴻臚。"師古曰:"主諸郡之邸在京師也。"

【上封2002】

當屬諸郡在京朝宿者之邸舍。漢置郡邸長、丞,《百官表》屬典客。西漢封泥有"郡邸長印""淮南邸印"。秦時分置左右,與漢不同。又相家巷遺址發掘封泥有"南陽邸丞",可知秦於諸郡亦有邸,則漢代郡國置邸制度亦本於此。

【彙考2007】

郡邸,諸郡設於京師之會館,供朝宿之用。郡邸分左右,爲典客、大行之屬職。《漢書·百官公卿表》:典客屬官有"行人、譯官、別火三令丞及郡邸長丞"。顏師古注曰:"主諸郡之邸在京師者也。"王先謙《漢書補注》:"錢大昭曰:'郡國朝宿之舍,在京師者名邸。'"

【分域2009】

郡邸爲諸郡設立在京師供地方官朝見皇帝時居住的會館,並且分左、右。據《漢書·百官公卿表》載,典客"屬官有行人、譯官、別火三令丞及郡邸長丞"。

【集證2011】

《漢書·百官公卿表》典客屬官有"郡邸長丞"。顏師古曰:"主諸郡之邸在京師者也。”《漢書補注》錢大昭曰：“郡國朝宿之舍在京師者名邸。《文紀》：‘至邸而議之。’”《百官公卿表》又云：“武帝太初元年，更名（典客爲）大鴻臚。……初，置郡國邸，屬少府，中屬中尉，後屬大鴻臚。”《説文》：“邸，屬國舍。”《史記・范雎列傳》：“（范雎）敝衣閑步之邸，見須賈。”張守節《正義》引劉云：“（邸）諸國客館。”邸本爲諸郡及諸侯國爲朝見而設置在京城的住所，大約相當於清代的各省會館，今天的各省駐京辦事處，郡邸則爲其管理機構。郡邸初屬少府，因爲很多遠郡有少數民族，所以後來又歸大鴻臚（典客）。又因其事繁，分爲郡左邸、郡右邸。

【邸丞2013】

　　郡邸之丞，不僅見於史籍，亦見於秦官印文字。《百官表》大鴻臚下有郡邸長丞，師古注曰：“主諸郡之邸在京師者。”秦封泥中出現郡左邸印、郡右邸印兩種未冠郡名的邸，似乎與師古所説一致；但同時又有河内邸丞、南陽邸丞，後一類冠某郡之名，兩者之間的關係尚待研究。天水放馬灘出土《墓主記》中的“赤”就是郡邸之丞。

【職地2014】

　　説見：“郡邸長印”。

【廣封2019】

　　案《漢書・百官公卿表》：“典客，秦官，掌諸歸義蠻夷，有丞。……屬官有行人、譯官、別火三令丞及郡邸長丞。”（師古曰；“主諸郡之邸在京師者也。”）王先謙《漢書補注》：“錢大昭曰：‘郡國朝宿之舍，在京師者名邸。’”《秦封泥彙考》：郡邸分左右，爲典客、大行之屬職。

郡右邸印

1　　　　　　　2　　　　　　　3

1.《新出》P21
2.《彙考》P50；《大系》P140
3.《彙考》P50

【新見1996】

　　蕭氏另存“郡左邸印”一枚。郡邸而分左右，爲史所未詳。《百官表》載典客掌諸侯及歸義蠻夷，説及屬官有郡邸長、丞，吳式芬、陳介祺《封泥考略》著録“郡邸長印”封泥,可證。郡邸係諸郡國在京師朝宿之舍。"郡邸長印"文字爲西漢可徵知郡邸分置左右是早期之前。這一體制,約與少府之考工室在漢初也曾作左、右工室一樣。兩枚封泥末字作"印"而未出現令、長、王等實質性的官號,故當是官署之印而非職官印。它們只能讀爲"右邸""左邸"。

【發現1997】

　　說見"郡左邸印"。

【叢考1998】

　　說見"郡左邸印"。

【秦封2000】

　　說見"郡左邸印"。

【考略2001】

　　說見"郡左邸印"。

【簡讀2002】

　　釋讀見"郡左邸印"條。

【上封2002】

　　說見"郡左邸印"。

【彙考2007】

　　說見"郡左邸印"。

【分域2009】

　　說見"郡左邸印"。

【集證2011】

　　此爲典客屬官郡右邸之官印。

【職地2014】

　　說見:"郡邸長印"。

【廣封2019】

　　說見"郡左邸印"。

將行

《大系》P127

【古璽2010】

傳世古璽有"南宫將行"，又有"咎郎將行"。咎郎爲趙國縣名，與皇后無涉。將行除見於《漢書》外，還見於戰國文獻《韓非子·内儲説上·七術》"將行去樂池""使公爲將行"，據文義可知"將行"之"將"爲率領之意，"行"爲隊列、行陣之義，將行是一種率領隊列行陣的職官。南宫將行、咎郎將行都有明顯的晉系文字特點，與《韓非子》所載中山樂池使趙之年代、國別俱近，璽文中"將行"與《韓非子》所載同義，有別於秦"將行"。

【職地2014】

秦陶文有"將行内者"（《陶文圖録》2033頁）。張家山漢簡《二年律令·秩律》有"長秋中謁者""長秋謁者令"等名稱，可見"長秋"是秦滅之後至吕后二年間出現的，景帝中六年將"將行"更名爲"大長秋"只是在吕后時已有的"長秋"名稱前加了"大"字，"長秋"之名並非始於漢景帝。由"將行内者"可知，秦時"職掌奉宣中宫命"的"將行"也設有"内者"，其職責不外乎是負責後宫之中帷帳等物品擺放事務。秦時的"將行"可能並不是皇帝妃嬪的專屬職官，與《二年律令·秩律》中爲太后服務的"詹事將行"的性質應該相同。

又，長秋在秦時的舊名或是否設置還不能確知，但由秦陶文"將行内者"可知秦時有"將行"。吕后時張家山漢簡已有"詹事將行""長秋中謁者"、和"長秋謁者令"等名稱，"將行"和"長秋"並存。景帝把"將行"改爲"大長秋"（或是把長秋改爲大長秋，而把將行廢除，其職責合併歸入大長秋），負責有關皇帝的事務，又在詹事中另立"中長秋"負責皇后相關事務，正如太僕負責皇帝車馬而"中太僕"掌管皇后車馬一樣。秦出土文獻無"長秋"，南越國官吏墓出土陶甕上有"長秋居室"戳印，《二年律令·秩律》有長秋中謁者、長秋謁者令等名稱，可見長秋是秦滅亡之後才出現的職官名稱，南越國的長秋是模仿吕后時期的漢朝職官設置。

又："將行"不見於秦璽印封泥，但秦陶文有"將行内者"，可見秦時有"將行"之名。秦出土文獻無"長秋"，南越國官吏墓出土"長秋居室"，張家山漢簡《二年律令·秩律》有"長秋中謁者""長秋謁者令"等名，可見"長秋"是秦滅亡之後至吕后二年間出現，景帝中六年將"將行"更名爲"大長秋"只是在吕后時已有"長秋"名前加"大"，"長秋"並非始於景帝。少府屬官有"内者"，掌管宫中卧具帷帳以及其他器物的擺設和布置。由"將行内者"可知，秦時"職掌奉宣中宫命"的"將行"也設"内者"，其職責不外乎負責後宫之中帷帳等物品擺放事宜。秦"將行"可能並非皇帝妃嬪的專屬職官，與《二年律令·秩律》中爲太后服務的"詹事將行"性質應該相同。"將行"見於三晉古璽，如《古璽彙編》0093號"南宫將行"和珍秦齋藏"咎郎將行"。秦之將行或是傚效三晉而設置。

瑞按：《漢書·百官公卿表》有"將行，秦官，景帝中六年更名大長秋，或用中人，或用士人"，應劭曰："皇后卿也。"《後漢書·孝順孝沖孝質帝紀》注謂，"前書曰：'長秋，皇后官，本秦官將行也，景帝更名大長秋。或用中人，或用士人。秩二千石。'中興常用宦者。"

十三、中　尉

中尉

《印風》P165；《新官》圖20；《彙考》P159；《大系》P382

【官印1990】

在考訂"邦候"印時指出，此印印文不諱邦字，亦當係秦至高帝時物。《漢書・百官公卿表》"中尉，秦官，掌徼循京師"，屬官有"候"。邦候未見文獻記載，以秦簡有邦司空例，秦亦應有邦候之官。

【兩漢1993】

西漢早期，鼻鈕。印面從二・四、橫一・六釐米。印文一行兩字，有界欄。故宮博物院藏。邦候一職，未見於漢表、志。此印之"邦"，當爲城邦。據《漢書・百官公卿表》："城門校尉掌京城門屯兵，有司馬、十二城門候。"師古曰："門各有候，蕭望之署小苑東門候，亦其比也。"見於《訒庵集古印存》有"邦司馬印"，可相參證。此當爲護衛城門之候印。《漢書》所記城門司馬、城門候或爲比高祖劉邦諱而改名。據此，其時代當爲西漢初年。

【簡讀2002】

《漢表》："中尉，秦官，掌徼循京師，有兩丞、候、千人。"如淳曰："所謂遊徼，徼循禁備盜賊也。"師古曰："徼謂遮繞也。"《張家・二年・秩律》"中尉……秩各二千石。"

【分域2009】

中尉，職官名。戰國時期趙國曾設此官，主爲國家舉薦人才。秦時爲武職，掌管京師的治安。《漢書・百官公卿表》云："中尉，秦官，掌徼循京師，有兩丞、候、司馬、千人。"在釋"邦候"印時指出，邦候爲指朝廷之候。《漢書・百官公卿表》云："中尉，秦官，掌徼循京師，有兩丞、候、司馬、千人。"顏師古注曰："候及司馬及千人皆官名也。"

【官名2013】

中尉，官名。戰國時趙國曾設此職，爲舉薦人才之官。據《史記・趙世家》記載趙烈侯官荀欣爲中尉，"選練舉賢，任官使能"。另一種可能是，中尉爲三晉掌武事的中都尉之省稱，秦沿襲之。秦之中尉爲武職，掌京師治安，位列九卿。《漢書・百官公卿表》："中尉，秦官，掌徼循京師，有兩丞、候、司馬、千人……屬官有中壘、寺互、武庫、都船四令丞。"

【職地2014】

典屬國官亦有候、千人；將作少府屬官也有左右中候。可以看出，中尉及其屬官或本身就是武官，設有製造和保存兵器的部門，這與中尉掌管徼循京師，防備盜賊的職能完全相合。

【秦官2018】

《漢書·百官公卿表》："中尉，秦官，掌徼循京師。有兩丞、候、司馬、千人。……屬官有中壘、寺互〈工〉、武庫、都船四令丞。都船、武庫有三丞，中壘有兩尉。又式道左右中候、候丞及左右京輔都尉、尉承兵卒皆屬焉。初寺互〈工〉屬少府，中屬主爵，後屬中尉。"按，典屬國官亦有候、千人。將作少府屬官也有左右中候。可以看出，中尉及其屬官或本身就是軍中之官，或是製造和保存兵器的部門，這與中尉掌管激循京師，防備盜賊的職能相合。張家山漢簡《二年律令·秩律》載中尉及其屬官有"中尉""中候""中司馬""騎千人""寺工""武庫"等。《漢書·百官公卿表》所記中尉屬官多見於新出土秦封泥，如"中尉""中尉之印"，"寺工""寺工丞璽""寺工丞印"，"武庫""武庫丞印"，"都船""都船丞印""陽都船印""陽都船丞""陰都船丞""材官"等。另外，嶽麓秦簡《爲吏治官及黔首》13/1539有"發弩材官"。

中尉之印

1　2　3

1.《選拓》附圖；《印考》圖186；《印風》P136；《秦封》P172；《印集》P83；《書集》
　P125；《彙考》P159；《璽印》P449；《大系》P381
2.《相家》P18；《大系》P382
3.《大系》P381

【印考1997】

印面正方形，田字格，邊長2釐米，印文邊欄基本完整。《漢書·百官公卿表》："中尉，秦官，掌徼循京師。"注引如淳曰："所謂遊徼，徼循禁備盜賊也。"《史記·淮南王傳》就直稱"備盜賊中尉臣福"。《華陽國志》有"秦中尉田真黃"的記載，此印當是佐證。

【秦封2000】

《漢表》："中尉秦官，掌徼循京師，有兩丞、候、司馬、千人……屬官有中壘、寺互、武庫、都船四令丞。都船、武庫有三丞，中壘兩尉、又式道左右中候，候丞及左右京輔都尉，尉丞兵卒皆屬焉。"如淳曰:"所謂遊徼,徼循禁備盜賊也。"師古曰:"徼謂遮繞也。"秦又有主爵中尉,《漢表》:"主爵中尉,秦官,掌列侯。"《華陽》記,秦惠王時有中尉田真黄。漢封泥見:《齊魯》《再續》"中尉、中尉之印",《臨淄》《封泥》《建德》《澂秋》"齊中尉印",《續封》《建德》"淮南中尉,葘川中尉,齊中尉丞,楚中尉丞",《封泥》"城陽中尉"。

【簡讀2002】

說見"中尉"。

【上封2002】

據《百官表》中尉掌徼循京師,禁捕盜賊。《華陽國志》有秦中尉田真黄。又趙烈侯官荀欣屬中尉,可知中尉一官戰國已有。武帝太初元年更名執金吾。

【新官2002】

"中尉之印"見《秦封泥集》一·二·81。

【彙考2007】

中尉,官署名。戰國時趙國曾設爲舉薦人才之官。秦漢時爲武職,掌京師治安。《漢書·百官公卿表》:"中尉,秦官。掌徼循京師,有兩丞、候、司馬、千人"顏師古注引如淳曰:"所謂遊徼,徼循禁備盜賊也。"王先謙《漢書補注》:"續《志》:掌宮外戒,司非常水火之事,月三繞行宮外,及主兵器。"

【分域2009】

說見"中尉"。

【集證2011】

《漢書·百官公卿表》:"中尉,秦官,掌徼循京師……"顏師古注引如淳曰:"所謂遊徼,徼循禁備盜賊也。"《古封泥集成》140爲漢"中尉之印"。

【廣封2019】

案《漢書·百官公卿表》:"中尉,秦官,掌徼循京師,有兩丞、候、司馬、千人。"(如淳曰:"所謂游徼,徼循禁備盜賊也。")此其印也。

(一) 司　馬

司馬

　　1　　　　　　　　2　　　　　　　　3

1.《新選》P107;《大系》P230

2、3.《大系》P230

【官印1990】

在考訂"中司馬印"印時指出,《史記·季布傳》:"季布弟季心……嘗爲中司馬,中尉郅都不敢不加禮",《集解》:"如淳曰:中尉之司馬"。據《史記》《漢書·百官公卿表》:"中尉,秦官,掌徼循京師,有兩丞、候、司馬、千人。武帝太初元年更名執金吾。"《百官表》既云太初元年中尉已更名爲執金吾,則其屬官司馬,自不能稱"中司馬"。此印文署"中司馬",可知其年代應在武帝太初元年更名之前。司馬官秩爲千石,傳世西漢司馬官印其鈕式皆爲鼻鈕,此印作魚鈕,爲漢初之鈕式。

【官名2013】

司馬一職見西周金文。司馬亦稱司武。《左傳·襄公六年》:"司武桎於朝,難以勝矣。"杜預注:"司武,司馬也。"張亞初和劉雨兩位先生指出:"司馬是參有嗣之一,司徒、司馬、司空,職位較爲重要,所以秦漢以後就以此爲三公之位。在《周禮》中,司馬是六卿之一,地位就很重要。"根據楚簡,楚國中央職官的左、右司馬,下面還設有左令與右令等武官。根據古璽,戰國時期三晉的司馬亦分左右,可以從相關的傳世文獻中得到印證。《戰國策·趙策一》載張孟談告趙襄子曰:"左司馬見使於國家,安社稷不避其死,以成其忠。"出土的秦系文字資料中有"中司馬"一職。《漢書·百官公卿表》:"中尉,秦官,掌徼循京師,有兩丞、候、司馬、千人。"據此可知中司馬,爲中央職官系的中尉之屬下。

【二十則2015】

司馬是秦漢中央機構和郡縣普遍設立的職官,如秦封泥有公車司馬、琅邪司馬、東晦司馬,秦璽印有高陵司馬。秦璽印封泥所見司馬類印文中或含有中央機構名稱或是郡縣名稱,此封泥僅有"司馬"二字,其級別難以判定,但很可能級別較低,或爲縣級司馬。

【職地2014】

列入奉常屬官下,謂秦封泥"司馬"僅一見,或是"諸屯衛候、司馬二十二官之一"。

瑞按:從封泥文字排列及封泥大小看,不排除封泥可能爲私印的可能。

軍假司馬

《古封》P10;《印風》P130;《秦封》P119;《書集》P125;《大系》P140

【兩漢1993】

西漢早期,封泥。印文二行四字。有界欄。上海博物館藏。"假司馬",武官名。《漢書·趙充國傳》:"武帝時,以假司馬從二師將軍擊匈奴,大爲虜所圍。"又《後漢書·班超傳》:"奉車都尉竇固出擊匈奴,以超爲假司馬",超到鄯善,殺匈奴使節。帝壯超節,"以超爲軍司馬,令遂前功";又云"平陵人徐幹素與超同志,上疏願奮身佐超。五年,遂以幹爲假司馬"。八年,拜超爲將兵長史,"以徐幹爲郡司馬"。知是漢代軍中遷升先爲"假司馬",後以功爲"軍司馬"。

【秦式1998】

録於《續封》《建德》。《漢表》:衛尉屬官,"又諸屯衛侯、司馬二十二官皆屬焉"。《睡虎·效律》:"司馬令史掾苑計,計其劾,司馬令史坐之。"假即代理,《史記·項羽本紀》:誅宋義之後"共立羽爲假上將軍"。《秦始皇本紀》:"十六年九月,發卒受地韓南陽假守騰。"秦印見:《徵存》"邦司馬印",漢印見:《徵存》"軍假司馬"。

【秦封2002】

《漢表》:衛尉屬官,"又諸屯衛侯、司馬二十二官皆屬焉"。《史記·項羽本紀》:"項王曰:'此沛公左司馬曹無傷言之'。"《史記·曹相國世家》:"擊秦司馬巳。"《睡虎·秦律雜抄》:"驀馬五尺八寸以上,不勝任,奔執(縶)不如令,縣司馬貲二甲。"《睡虎·效律》:"司馬令史掾苑計,計其劾,司馬令史坐之。"整理組注:"司馬令史,疑即縣司馬,掌管軍馬。"假即代理。《史記·秦始皇本紀》:"十六年九月,發卒受地韓南陽假守騰。"《史記·項羽本紀》:誅宋義之後,"共立羽爲假上將軍"。秦印見:《徵存》"邦司馬印"。漢印見:《兩漢》"軍假司馬、軍假馬印"。

【圖説2009】

《史記·曹相國世家》記曹參虜秦司馬及御史各一人。軍假司馬就是軍中飼養馬匹的職官。另有縣司馬,應爲地方負責飼馬者,爲軍隊輸送軍馬。假者,攝事也。《史記·秦始皇本紀》:'"十六年九月,發卒受地韓南陽,假守騰。"所謂假,就是借,也即代理。秦封泥御兵,《説文》:"御,使馬也。"《漢書·衛青霍去病傳附荀彘》:"荀彘,太原廣武人,以御見。"顔師古注:"以善御得見……御謂御車也。"御即駕御車馬,兵應是兵車或車兵。御兵是管理駕御兵車馬的將官。周曉陸見告,此封泥爲北京某收藏家的藏品,故報告未附圖。

【分域2009】

秦有司馬,雲夢睡虎地秦簡《效律》有司馬令史,該印當爲軍中代理司馬的官吏所用。

【集證2011】

此印爲田字格,馬字作馬,接近於戰秦文字如《詛楚文》"亞駝"駝字馬旁,及《秦代陶文》1491始皇陵76DM11號墓2號罐"馬"字刻文,應爲秦印。睡虎地秦墓竹簡《效律》:"司馬令史掾苑計,計有劾,司馬令史坐之,如令史坐官計然。"整理小組注:"司馬令史,疑即《秦律雜抄》'馬五尺八寸以上'條的縣司馬,掌管軍馬。"《秦律雜抄》:"驀馬五尺八寸以上,不勝任,奔摯(縶)不如令,縣司馬貲二甲,令、丞各一甲。先賦驀馬,馬備,乃粼(遴)從軍者,到軍課之,馬殿,令丞二甲;司馬貲二甲,法(廢)。"簡文司馬主要負責養馬。假者,攝事也。《史記·秦始皇本紀》:"十六年九月,發卒受地韓南陽,假守騰。"所謂假,就是借,也即代理。《十鐘山房印舉》2·31—32收有"軍假司馬"印30枚,但字體粗壯,講求結構布局,一睹便知爲漢中期以後印,與此封泥顯然有別。然由此亦可知漢承秦制,軍假司馬漢時已成固定官職。

【官名2013】

《吕氏春秋·審分》:"假乃理事也。"高誘注:"假,攝也。"《史記·項羽本紀》:"乃相與共立羽爲假上將軍。"張守節正義:"未得懷王命也。假,攝也。"軍假司馬,應是軍中攝理司馬之職。

【廣封2019】

案《續封泥考略》,《續漢書·百官志》:"將軍,不常置。"本注曰:掌征伐背叛。比公者四:第一大將軍,次驃騎將軍,次車騎將軍,次衛將軍。其領軍皆有部曲。大將軍營五部,部校尉一人,軍司馬一人。其不置校尉部,但軍司馬一人。又有軍假司馬、假候,皆有副二。此其印也。

(二) 武 庫

武庫

《新官》圖21;《印集》P83;《彙考》P160;《大系》P281

【新官2002】

"武庫丞印"見《秦封泥集》一·二·83。

【彙考2007】

武庫,古庫名。爲貯藏武器之庫。其職官有"武庫令、丞"。《漢書·百官公卿表》:中尉屬官有武庫。《漢書·毋將龍傳》:"武庫兵器天下公用。"《三輔黃圖》:"武庫,在未央宫,蕭何造,以藏兵器。"

【分域2009】

武庫,官署名,是存儲武器的倉庫,中尉之屬官。《漢書·百官公卿表》云:"中尉,秦官,掌徼循京師……官有中壘、寺互、武庫、都船四令丞。都船、武庫有三丞。"武庫丞當爲管理武庫的佐官。

【官名2013】

武庫是三晋和秦常設貯藏兵器之機構,武庫丞是該庫嗇夫(令)之佐官。

【職地2014】

武庫屢見於三晋和秦兵器銘文。目前所見秦武庫的資料,其設立最早當在秦昭王時期。秦封泥有武庫、武庫丞印和恒山武庫,前者爲中央之武庫,後者例同上郡武庫,是在地位重要的郡設立的武庫。從秦兵器銘刻來看,秦武庫只是保存武器的機構,負責兵器鑄造的是各個工室,從多件刻有“武庫受屬邦”兵器看,秦武庫還有調配武器的職能。

【秦官2018】

“武庫”屢見於三晋和秦兵器銘文,秦封泥有“武庫”“武庫丞印”和“恒山武庫”,前者爲中央武庫,後者例同秦兵器所見之“上郡武庫”,是在地位重要的郡設立的地方武庫。從秦兵器刻銘來看,秦武庫只是保存武器的機構,負責兵器鑄造的是各個工室,如咸陽工室、少府工室等。從多件刻有“武庫受屬邦”的兵器來看,秦武庫還有調配武器的職能。

【廣封2019】

案《漢書・百官公卿表》:中尉“屬官有中壘、寺互、武庫、都船四令丞。都船、武庫有三丞,中壘兩尉。”《漢書・高帝紀》:“蕭何治未央宮,立東闕、北闕、前殿、武庫、大倉。”《通典・職官》:“武庫令、丞:於周官司甲、司弓矢等下大夫,司戈盾等中士、下士,蓋其任也。兩漢曰武庫令,屬執金吾。後漢又有考工令、丞,屬太僕,主造兵器,成,付武庫令。”則武庫爲放置兵器之庫。

武庫丞印

1　　　　　　　　　　　2

1.《上封》P56
2.《發現》圖65;《圖例》P54;《秦封》P173;《書集》P125;《彙考》P161;《璽印》P434;《大系》P282

【發現1997】

《漢書・百官公卿表》:“中尉,秦官,掌徼循京師,……屬官有中壘、寺互、武庫、都船四令丞。都船、武庫有三丞。”

【印考1997】

印面均爲正方形,田字格,邊長2釐米。武庫,爲掌管兵器的官署,《漢書・百官公卿表》:“中尉,屬官有中壘、寺互、武庫、都船四令丞。”《後漢書・百官志》本注所説,武庫令“主兵”;《漢書・魏相傳》説:“武庫精兵所聚。”秦武庫的主要職能是保管兵器,一般不鑄兵器,兵器的來源皆爲他處專造,遼寧寬甸出土的“元年丞相斯戈”,内背刻有“武庫”,下刻“石邑”。《金石索》收錄“武庫中丞”印一枚,是爲證。都船,爲主管水庫的官,兼燒造磚瓦。《漢書》注引如淳曰:"都船獄令,治水官也。"秦始皇陵及其附近遺址出土的印陶中,有"都船""都船工疕""都船兵"數枚。

【叢考1998】

武庫爲機構名。武庫丞爲武庫令之佐官。秦武庫之設,史無記載,但秦器銘"武庫"器甚多。

【秦封2000】

《漢表》:中尉屬官有"武庫令丞"。《後漢·百官志四》:"武庫令一人,六百石。本注曰:主兵器。丞一人。"據《秦銅》等載,銘記少府武庫的秦兵器有□□年丞相觸戈、五年相邦吕不韋戈、少府矛、十三年少府矛、寺工矛等;銘記地方(主要爲上郡)武庫的秦兵器有十八年上郡戈、二十五年上郡守厝戈、二十六年戈、二年上郡守冰戈、上郡銅矛、廣衍銅矛等。秦印見:《徵存》"修武庫印"。漢封泥見:《續封》《建德》"齊武庫印"、《續封》《臨淄》《齊魯》《封存》《澂秋》"齊武庫丞",《封泥》"洛陽武庫",《鐵雲》"武庫丞印"。漢印見:《兩漢》"楚武庫印"。《徵存》"軍武庫印,武庫中丞"。

【簡讀2002】

《漢表》:"中尉,秦官,……屬官有……武庫……。都船、武庫有三丞。"由封泥知秦武庫僅一丞。《張家·二年·秩律》:"武庫……秩各六百石,有丞、尉者半之"。

【上封2002】

秦屬中尉。主兵器。秦上郡戈、吕不韋戈等均見"武庫"刻銘。同屬中尉者又有"寺工丞印",秦兵器亦多見"寺工"銘文。《百官表》中尉下"寺互"爲"寺工"之誤。

【彙考2007】

武庫丞,官名,武庫令之佐官。說見"武庫"。

【分域2009】

說見"武庫"。

【集證2011】

《漢書·百官公卿表》中尉屬官有"武庫令、丞",《漢書補注》王先謙曰:"武庫見毋將隆、董賢《傳》;又洛陽亦有武庫令,見《魏相傳》。"秦有武庫,見五年相邦吕不韋戈(山西揀選者)、河北出土的少府矛、十三年少府矛、北京揀選的寺工矛。又有上郡武庫,見於内蒙古准格爾旗出土的廣衍矛、河北出土的十八年上郡戈、二十五年上郡守趙戈、二年上郡守冰戈、湖南出土的上郡矛。武庫儲藏兵器,上郡戰事頻仍,所需兵器甚多,故亦設立。

【廣封2019】

說見"武庫"。此其丞之印也。

武□丞□

無圖,釋讀見《發掘2001》。

【考略2001】

　　相家巷遺址流散秦封泥有"武庫丞印"封泥,此"武□丞□"當爲"武庫丞印"。《漢書·百官公卿表》:"中尉,秦官,……屬官有中壘、寺互、武庫、都船四令丞。都船、武庫有三丞,中壘兩尉。"傳統認爲武庫爲西漢初年所置,秦封泥"武庫丞印"的出土,説明秦時已有武庫。至於武庫"三丞"之説是秦制還是漢制或秦漢通制,還有待研究。從出土的秦兵器銘文可知,武庫之設戰國時期已出現,如秦昭襄王十八年上郡戈、秦王政五年呂不韋戈等均有關於"武庫"刻銘。武庫出現伊始,就有中央武庫與地方武庫,前者器銘爲"武庫",後者器銘多爲地名加武庫。如"廣衍銅矛"(時代約爲昭襄王十二年),器銘"上武",其爲"上郡武庫"省文;又如昭襄王十八年"上郡戈",器銘"上郡武庫"。秦王政五年相邦呂不韋戈、少府矛、秦二世元年丞相李斯戈等器銘均爲"武庫",其前未見地名。西漢時代承襲秦制,中央和地方均設武庫,前者只稱"武庫",後者多與地名相連,如《漢書·魏相傳》有"洛陽武庫令",又如《漢金文録》有"洛陽武庫鐘""上常武庫戈"等,出土遺物有"雒陽武庫熏爐"等。

(三) 都　　船

都船

1　　　　　　　2　　　　　　　3

1.《新官》圖22 ;《印集》P13;《彙考》P28;《書法》P35;《書法》P35;《大系》P69

2.《相家》P19

3.《大系》P69

【新官2002】

　　"都船丞印",見《秦封泥集》一·二·84。

【彙考2007】

　　都船,官署名。主水庫,兼役使刑徒燒造磚瓦,屬中尉。《漢書·百官公卿表》:中尉屬官有"都船令丞"。注引如淳曰:"都船獄令,主治水官也。"

【分域2009】

　　據記載,都船,官署名,爲中尉之屬官,掌管水庫、役使刑徒燒造磚瓦等事務。如淳曰:"都船獄令,治水官也。""都船丞"爲都船令之佐官。

【圖説 2009】

《漢書·百官公卿表》："中尉，秦官，屬官有都船、武庫，有三丞。"陽都船丞、陰都船丞和都船丞可證"都船有三丞"。如淳曰："都船獄令，治水官也。"筆者按：獄令管刑徒，行船須治理河道。故都船獄令專管刑徒爲造船、開挖河道服徭役。都船屬官或設陰、陽，猶秦漢之官設左、右。陶文有都船，則知都船不僅造船、治水，一也參與製陶。

【職地 2014】

《秦漢官制史稿》認爲其是"主管水牢的官"，但從臨潼劉寨村秦遺址和秦始皇陵附近出土"都船某"和"都某"格式的數十件秦陶文看，都船也兼燒造磚瓦。都船燒造磚瓦的職責或許與秦時大規模修築宮殿和陵園的情況有關。都船有丞，且以陰陽來區別曹署，與"陰御弄印"和"陽御弄印"的讀法可以互證。

【秦地 2017】

北京大學藏秦水陸里程簡册有"都船"，都船爲船官。辛德勇懷疑簡册所記"都船"，"乃爲秦廷都船官署設在南郡的造船機構"，其説當是。都船的位置，據簡册里程，約當在今八嶺山鎮西北某處。

【秦官 2018】

秦都船機構有令丞，且以陰、陽來區別曹署，與"陰御弄印"和"陽御弄印"的讀法可以互證。《漢書·百官公卿表》顏師古注引如淳曰："都船獄令，治水官也。"但從臨潼劉寨村秦遺址和秦始皇陵附近出土"都船某"和"都某"格式的數十件秦陶文來看，都船也兼燒造磚瓦。

【廣封 2019】

案《漢書·百官公卿表》："中尉，秦官，掌徼循京師……屬官有中壘、寺互、武庫、都船四令丞。"（如淳曰："都船獄令，治水官也。"）

瑞按：秦始皇陵出土都船陶文後，袁仲一先生據此認爲之前將"都"判斷爲都司空簡稱的意見不確（《秦代陶文》P44），陳曉捷先生指出都船在掌治水外還兼管燒造磚瓦（《考古與文物》1996年4期P2）。

都船丞印

| 1 | 2 | 3 |

1、2.《秦封》P174；《彙考》P29

3.《發現》圖66；《圖例》P54；《秦封》P174；《彙考》P29

【發現1997】

中尉之屬官,如淳曰:"都船獄令,治水官也。"

【印考1997】

釋讀見下揭"武庫丞印"。

【秦封2000】

《漢表》:中尉屬官有"都船令丞"。如淳曰:"都船獄令,主治水官,"《秦陶》"都船工疵,都船"。《考與》"都船兵"。漢封泥見:《封泥》"都船丞印"。漢印見:《徵存》"都船丞印"。依陶文,則都船非僅治水,亦掌治陶。

【簡讀2002】

《漢表》:"中尉,秦官,……屬官有……都船四令丞,都船、武庫有三丞。"注:"如淳曰:都船獄令,治水官也。"《漢書·王嘉傳》:"廷尉收嘉丞相新甫侯印綬,縛嘉載至都船詔獄。"由封泥知秦都船僅一丞。

【彙考2007】

都船丞,官名,都船令之佐官。按《漢書·百官公卿表》都船令有一令三丞,此當爲其中之一。

【圖説2009】

説見"都船"。

【分域2009】

説見"都船"。

【集證2011】

《漢書·百官公卿表》中尉屬官有"都船令、丞",又云"都船、武庫有三丞。"顏師古注引如淳曰:"《漢儀注》有寺互、都船獄令,治水官也。"《漢書·王嘉傳》:"廷尉收嘉丞相、新甫侯印綬,縛嘉載至都船詔獄。"《秦代陶文》拓片1007瓦文"都船"、1011瓦文"都船工疵"。從文獻及出土陶文看不出都船是"治水官"。袁仲一認爲陶文有"都船",乃因都船兼管燒製陶器。不過中尉既掌管徼循京師以備盜賊,水火,故船爲當用之物,秦咸陽跨渭水,其時亦宜行船。從字面推測,都船應職掌修造及管理巡行檢查都城治安所需之船隻,也兼管都城附近河道,而製陶乃其餘事。《封泥彙編》16·3、4爲漢"都船丞印"封泥,無界格。

【官名2013】

《漢書·百官公卿表》記載,中尉屬官有"都船令丞"。都船丞,疑主治水之官。有學者認爲:"依陶文,則都船非僅治水,亦掌治陶。"

【船官2014】

説見"船司空丞"。

【秦水2016】

秦都船官之丞。《漢書·百官公卿表》:"中尉,秦官,掌徼循京師……武帝太初元年更名執金吾。屬官有中壘、寺互、武庫、都船四令丞。"顏師古注引如淳曰:"都船獄令,治水官也。"漢武帝更名中尉爲"執金吾",其職掌基本相同。《後漢書・百官志》本注曰:"(都船)掌宮外戒司非常水火之事,月三繞行宮外,及主兵器。"都船實際上負責京師的非常"水火"之事。《漢書・薛宣傳》記載薛宣曾爲"都船獄吏"。可見都船也設有都船獄,都船獄或爲水牢。都船水官或設陰、陽兩丞,此猶秦漢之官設左、右一樣。

【廣封2019】

　　案《漢書・百官公卿表》:"中尉,秦官,掌徼循京師……屬官有中壘、寺互、武庫、都船四令丞。"(如淳曰:"都船獄令,治水官也。")此當爲其印也。

陰都船丞

1

2

1.《新選》P116
2.《發掘》圖17;《璽印》P431

【考略2001】

　　"陰都船丞"亦爲"都船"官署屬官之印,當爲都船三丞之一。

【簡讀2002】

　　釋讀見"陽都船印"條。

【上封2002】

　　同出有"陽都船丞"。《百官表》中尉下有"都船令、丞",師古注:"都船獄令,治水官也。"漢封泥有"都船丞印",疑秦時都船官以陰陽表其分職。另有"陽御弄印""陰御弄印"同例,不煩曲説。

【圖説2009】

　　説見"都船"。

【船官2014】

　　説見"船司空丞"。

【秦水2016】

　　"陰都船丞"亦爲"都船"屬官官署之印。該封泥與封泥"都船丞印""陽都船丞"合稱爲都船三丞,印證了文獻記載的正確。

陽都船印

1
2

1.《精品》P43;《大系》P319
2.《發掘》圖版七:6

【考略 2001】

　　《漢書·百官公卿表》:都船爲中尉屬官。"中尉,秦官,掌徼循京師。"漢武帝更名中尉爲"執金吾",其執掌基本相同。《後漢書·百官志》本注曰:"掌宫外司非常水火之事,月三繞行宫外,及主兵器。"都船應爲負責京師"非常水火之事"之非常"水"事。因此《漢書·百官公卿表》顏師古注引如淳曰:"都船獄令,治水官也。"《漢書·薛宣傳》記載薛宣曾爲"都船獄吏"。可見都船設都船獄,都船獄或爲水牢。都船屬官或設陰、陽,此猶秦漢之官設左、右,陽都船當爲都船所屬官署。

【簡讀 2002】

　　《漢表》:"中尉,秦官,掌徼循京師,……屬官有……都船。"如淳曰:"都船獄令,治水官也。"劉慶柱、李毓芳先生認爲都船屬官分設陰、陽,"此猶秦漢之官設左、右,陽都船當爲都船所屬官署。"

【圖説 2009】

　　説見"都船"。

陽都船丞

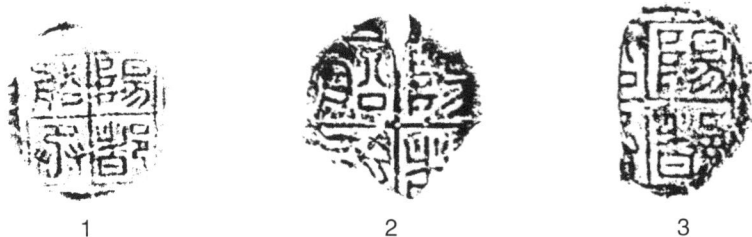

1
2
3

1.《發掘》圖一七:11;《璽印》P431;《大系》P319
2、3.《新出》P42;《大系》P319

【考略2001】

　　“陽都船丞”爲“都船”官署屬官之印。《漢書·百官公卿表》：“都船、武庫有三丞。”相家巷遺址流散秦封泥有“都船丞印”，這次相家巷遺址考古發掘出土了“陽都船丞”和“陰都船丞”秦封泥，證實了都船設“三丞”之記載。

【簡讀2002】

　　釋讀見“陽都船印”條。

【圖説2009】

　　説見“都船”。

【船官2014】

　　説見“船司空丞”。

【秦水2016】

　　“陽都船丞”爲“都船”官署屬官之印。《漢書·百官公卿表》：“都船、武庫有三丞。”“陽都船丞”應是都船所設的“三丞”之一。

（四）左 右 尉

左尉

　　　　1　　　　　　　　2　　　　　　　　3

1.《新出》P97；《大系》P397
2.《大系》P397
3.《大系》P397

【官名2013】

　　秦系文字所見有關尉類武職官名的資料十分豐富。秦國的郡縣中一般設有尉官，並分左、右。例如曲陽、原都、高陵、樂陰等地的左、右尉，掌理地方軍事防御與治安執法。

【職地2014】

　　秦璽印封泥均有“左尉”半通印，可能也是縣級的“左尉”。

十四、將作少府

大匠

1　　　　　　　　　　2

1.《西見》圖二：9;《新出》P59;《青泥》P22;《大系》P54
2.《新出》P59;《大系》P54

【大匠 1998】

諸多秦遺址出土"大匠"陶文,漢代遺址中出土大匠陶文多在漢代早期,表明大匠本秦官,漢初更名,景帝中六年後更名爲將作少府,漢武帝太初元年改爲將作大匠。

【西見 2005】

太匠半通印,新見。太匠丞印爲全通,均有邊欄,無界格。中科院考古所漢長安城工作隊於2000年夏天,在相家巷遺址的發掘中出土有太匠丞印封泥,從發表的報告看,印文模糊不清。這次新見者品相完好,印文清晰。從印文風格看,這兩枚封泥具有典型意義。與已見的確認爲秦代封泥的泰匠丞印比較,"泰"字作"太",匠字的"匚"部作西周金文和古璽印式樣,"丞印"二字與前述幾枚寫法相同。關於"太匠"的職掌,學界仍有不同看法,有學者解釋:"太匠,戰國置,木工的官長"。也有的據考古發掘中,與太匠相關的遺物多爲磚瓦而認爲是掌磚瓦建材的燒造。《後漢書》卷27《百官志四》:"將作大匠一人,二千石。本注曰:承秦,曰將作少府,景帝改爲將作大匠。掌修作宗廟、路寢、宮室、陵園木土之功,並樹桐梓之類列於道側。丞一人,六百石。"所以,"太匠"一職主要是掌土木營造之功,兼管磚瓦燒造。

【工官 2010】

大匠一詞僅見於磚瓦和封泥,而以磚瓦爲最。大匠磚瓦大量發現於秦始皇陵遺址、阿房宮遺址等,大匠應爲職掌製造皇室用磚瓦的職官,爲中央設立的工官,或爲將作少府屬官。

【職地 2014】

大匠是少府中職掌陵園宮室有關的土木工程和建築的部門。秦陶文和封泥中的大匠和東園大匠,可證明大匠在統一之前就已經存在,是少府中職掌陵園宮室有關的土木工程和建築的部門。主章和東園主章應來源於秦時的大匠和東園大匠，負責各種大小木料。秦無將作少府，將作少府機構是吕后二年之後至景帝中六年之前，整合了秦時少府和中尉部分屬官和職能後新組建的一個機構。由於秦時少府屬官左右司空、大/泰匠和東園大匠三者與漢代的將作少府，都有掌管宫室和陵園的土木工程建築等基本雷同的職能。又"東園大匠"與"東園主章"有連帶關係，所以我們認爲"將作少府"是從少府機構中抽調"左右司空""大/泰匠"和"東園大匠"，又從中尉機構分置"左右中候"，將以上四個部門的職能整合後新組建的一個機構，以專司"掌治宫室"之職。蓋因其組成主體是由少府抽調而來，故名"將作少府"。兩漢史籍所見"將作"職責多爲營陵地、穿復土、穿塚、起墳塋之事。因張家山漢簡《二年律令·秩律》中有"少府"和"大匠（宫司空）"而無"將作少府"，故推測"將作少府"的組建在吕后二年之後至景帝中六年之前。將作少府的大部分屬官和主要職能來源於秦時的少府，二者在名稱的聯繫就是直接的佐證。"將作少府"極可能是由秦少府之一和中尉之一部分整合而成的新機構。

【秦官2018】

從秦都咸陽宫殿遺址和秦始皇陵園等地出土的近百例"大匠"類陶文可知，大匠機構的職能正如《續漢書·百官志四》"將作大匠"本注所説，爲"掌修作宗廟、路寢、宫室、陵園木土之功"，而新出秦封泥"東園大匠"應即《百官公卿表》所記的"東園匠"，隸屬於少府屬官"大匠"，其職能應是"主作陵内器物"。又，秦封泥還有"大匠""泰匠"和"大匠丞印"。《漢書·百官公卿表》："將作少府，秦官，掌治宫室，有兩承、左右中候。景帝中六年更名將作大匠。屬官有石庫、東園主章、左右前後中校七令丞，又主章長丞。"顏師古注："東園主章掌大材，以供東園大匠也。"張家山漢簡《二年律令·秩律》有"中候""校長"和"東園主章"。將作少府屬官主要見於新出土秦封泥，如"大匠""大匠丞印""泰匠""泰匠丞印"；此外，秦陶文還有"大匠"和"右校"。始見於漢代文獻的將作少府與少府名稱上相似，屬官名稱、種類和職能大體相同，且張家山漢簡《二年律令·秩律》中有少府但並没有出現將作少府。種種迹象表明，將作少府機構是吕后二年之後至景帝中六年之前，整合了秦時少府和中尉部分屬官和職能後新組建的一個機構。因爲秦時少府屬官左右司空、大/泰匠和東園（大）匠三者與漢代的將作少府（屬官有東園主章）都有掌管宫室和陵園的土木工程建築等基本職能；又"東園大匠"與"東園主章"有連帶關係（顏師古注："東園主章掌大材，以供東園大匠也。"），所以我們認爲"將作少府"是從少府機構中抽調"左右司空""大/泰匠"和"東園大匠"，又從中尉機構分置"左右中候"，將以上四個部門的職能整合後新組建的一個機構，以專司"掌治宫室"之職。因其主體是由少府析置，故名"將作少府"。因"將作少府"遠遠没有少府那樣多的屬官和繁複的職能，故"景帝中六年更名將作大匠"也只是恢復舊名，使"掌治宫室"的職能與其"將作大匠"的名稱相符而已。漢代的將作少府屬官中，"中候"和"左右前後中校"應沿襲自秦少府；"石庫"和"主章長丞"應爲新設置職官；"東園主章"應來自見於秦封泥的"東園大匠"而名稱有所更改。"大匠"和"泰匠"封泥表明，大匠機構在秦統一前後均有設置，是秦少府中職掌陵園宫室有關的土木工程和建築的部門。由秦都咸陽宫殿遺址和秦始皇陵園及其附近各遺址出土的近百例"大匠"類陶文可知,秦大匠機構的職能正如《續漢書・百官志四》"將作大匠"本注所説,爲"掌修作宗廟、路寢、宮室、陵園木土之功"。

瑞按:《漢書・百官公卿表》有將作大匠,以秦封泥發現看,確如《職地2014》所言,漢之將作少府設立較晚,故在此將大匠列爲少府屬官,而不單列一"將作少府"。文獻中將作大匠屬官有左、右校,《職地2014》認爲秦都咸陽一、三號宮殿建築出土板瓦和陶盆上的"右校"陶文,應是"左右校"所轄刑徒燒造磚瓦的標記。從左右司空的情況看,這裏的"右"當然有可能爲右司空的省稱,其説尚可存疑。

大匠丞印

　　　　1　　　　　　　　　　2　　　　　　　　　　3

1.《發掘》圖一六:20;《新獲》P287;《大系》P54
2.《新出》P8;《大系》P54
3.《新出》P8

【陝封1996】
　　"大匠"是將作大匠的省稱,大匠丞是將作大匠的輔佐,協助將作大匠管理國家營建宮室、宗廟、陵墓等土木工程。《漢書・百官公卿表》載:將作少府,景帝中元六年(前144年)改名將作大匠,有兩丞。這幾品封泥爲景帝中元六年以後之物,稱"丞"而不分左右,當是先爲兩丞後改設一丞。

【考略2001】
　　《漢書・百官公卿表》:"將作少府,秦官,掌治宮室,有兩丞、左右中候。景帝中六年更名將作大匠。"長期以來人們認爲"大匠"出現於西漢時代。但是一系列的考古新資料説明,"大匠"要比漢景帝更名將作少府爲將作大匠出現的時代早。目前不僅在漢長安城的西漢初期(早於漢景帝時期)的窰址和遺址中發現有"大匠"戳印的磚瓦,而且在秦遺址中也出土了有"大""大匠"文字的磚瓦。有的學者解釋:"大匠,戰國置,木工的官長。"我們認爲,大匠不是木工的官長。據《漢書・百官公卿表》記載,木工長官應爲"東園主章"。"武帝太初元年更名東園主章爲木工。"師古注引如淳曰:"章謂大材也。舊將作大匠主材吏名章椽。"前已述及,將作大匠之名晚於"大匠"出現時代,因此更不能說後者是前者的"省稱"。與"大匠"相關的遺物均爲磚瓦,這更説明其性質與"木工"長官無關,而應爲掌磚瓦建築材料之燒造。秦有"大匠"或"大"字陶文遺物,主要見於秦始皇陵園建築遺址,在秦阿房宮遺址和陝西淳化的秦林光宮遺址也有少量發現,秦咸陽城遺址尚未發現這類陶文。西漢時代的"大匠""大"字陶文遺物,不但帝陵陵園建築遺址有所發現,在都城長安的重要宮室建築遺址發現更多,延續時間更長。"大匠""大"字陶文均發現在磚瓦之上,這一現象説明,秦漢兩代"大匠"掌磚瓦燒造之功能未變。

【簡讀2002】

《漢表》:"將作少府,秦官,掌治宮室……。景帝中六年更名將作大匠。"《張家·二年·秩律》:"大匠官司空……秩各六百石,有丞、尉者半之"。

【在京2005】

《秦封》録有"大匠丞印"。但此泥上"匠"字左側半環如"曲"字。

【圖説2009】

無田字格,此泥上"匠"字左側半環如"曲"字,應時代較早,是戰國晚期物。

瑞按:張家山漢墓竹簡《二年律令》第462號有"大匠、官司空,長秋中謁者,長信尚浴"。大匠陶文不見於秦漢櫟陽城遺址,在秦咸陽遺址、秦阿房宮遺址、秦始皇帝陵遺址、漢長安城遺址、甘泉宮遺址等都有發現,並見於陝西省灃西新城東馬坊遺址。以秦之遺址言,東馬坊遺址最早而阿房宮遺址最晚(秦始皇陵開始營建的時間早於阿房宮,但持續時間比阿房宮要長),表明大匠應是秦人在遷都咸陽之後開始出現的負責營建的職官,到漢代繼續存在。在秦封泥中還有"泰匠",應爲秦始皇統一後進行大規模更名的產物,但從建築遺址看,"大匠"陶文一直延續,表明秦統一後的更名活動並不徹底。

泰 匠

《在京》圖一:11;《璽印》P391;《大系》P256

【在京2005】

半通。《秦封2000》録有"泰匠丞印",此泥上"匠"字左側半環如"曲"字。

【圖説2009】

泰(大)匠應是土木工程的職司。

【職地2014】

　　秦始皇陵園出土陶文"泰沈"11件,王輝先生認爲即大沈亦即大匠沈,袁仲一亦同此説。此"泰沈"陶文可印證秦統一後將大改爲泰,但陶文中大量大匠的情況説明,這種文字上的改變在官署機構的用印中得以徹底變更,並没有强制要求燒造磚瓦的工匠們改換用在磚瓦上戳印標記所用的印章文字。

　　瑞按:封泥殘。依稀可辨爲日字格,"匠"字上文字,從殘存筆畫看,原釋讀"泰匠"無誤。

泰匠丞印

1　　　　　　　　2

1.《印集》P51;《彙考》P108;《大系》P256
2.《彙考》P109

【發現1997】

　　《漢書·百官公卿表》記:"將作少府,秦官,掌治宮室,……景帝中六年更名將作大匠。"

【印考1997】

　　印面正方形,田字格,邊長2釐米,印文清晰,邊欄規範。泰匠,大匠也。《漢書·百官公卿表上》:"將作少府,秦官,掌治宮室,有兩丞。景帝中元六年更名將作大匠"。大匠爲將作大匠的省文,掌營造宮室,城廓、陵邑等事,《後漢書·百官志》:"掌修作宗廟、路寢、陵園土木之功,並樹桐梓之類列於道側"。秦始皇陵遺址出土的印陶有"大匠"數枚,是爲見證。從文獻知,"大匠丞"亦管陵園的綠化。

【窺管1997】

　　論者一般都把"大匠"解釋爲"將作大匠"的省稱。這種認識,對漢來説,基本上正確,但對秦來説,就很不合適了。《漢書·百官表》載:"將作少府,秦官,掌治宮室,有兩丞、左右中候。景帝中六年更名將作大匠。"很明顯,秦及西漢景帝中六年之前,二千石級中央掌治宮室之官,名爲"將作少府"而非"將作大匠"。1957年7月,中國科學院考古研究所在西安漢城遺址發現"將作少府"封泥,陳直先生定爲"景帝中六年以前之物",足證《百官表》關於"將作少府"記載不誤。這裏,必須解決的關鍵問題是,在阿房宮遺址發現的繩紋瓦片上的“大匠”戳記,究竟是什麽時代。陳直先生斷定其係西漢中期之物。准此,則所有問題就豁然貫通了。《封泥考略》有“大匠丞印”封泥一方,與新發現封泥內容完全相同。筆者頗疑“泰匠丞印”是否屬於秦物。

【秦封2000】

泰匠即大匠,《漢表》:“將作少府,秦官,掌治宮室,有兩丞、左右中候。景帝中六年更名將作大匠。”《後漢書・百官志四》:“將作大匠一人,二千石。本注曰:承秦,曰將作少府,景帝改爲將作大匠。掌修作宗廟、路寢、宮室、陵園木土之功,並樹桐梓之類列於道側。丞一人,六百石。”《儀補》:“將作大匠,改作少府。景帝中六年更名。”《秦陶》“大”“大匠”,《考與》“大匠”,據此知秦已稱大匠。漢封泥有:《古封1994》《封泥》《齊魯》“大匠丞印”,《齊魯》《澂秋》《續封》《建德》“齊大匠丞”,《臨淄》“大匠”,《封泥》“□作□匠”,《考與》“將作大匠章”。

【考略2001】

“泰匠丞印”或作“大匠丞印”。見諸考古發現的秦陶文大多爲“大匠”,極少見“泰匠”者。這大概也是陶文書刻者與印章使用上的區別,前者更簡便,後者更正規,頗似我們現在的印鑒文字與日常文字之不同,當然秦封泥中也有文爲“大匠”者,但其與前者相比數量相差甚多。

【簡讀2002】

釋讀見“大匠丞印”條。“泰匠”即“大匠”。

【彙考2007】

泰匠,即大匠。秦官,漢沿之。《漢書・百官公卿表》:“將作少府,秦官,掌治宮室,有兩丞、左右中候。景帝中六年更名將作大匠。”王先謙《漢書補注》:“案,即《周禮・匠人》之職。《功臣表》:‘(梧齊侯)陽城延以軍匠從起,後爲少府。’此將作少府即沿秦官。”秦始皇陵磚瓦印文有大匠,簡稱“大”或“將”,故“大匠”之稱,秦已有之。

【圖説2009】

説見“泰匠”。

【分域2009】

泰將即太匠,爲少府屬官,《漢書・百官公卿表》云:“將作少府,秦官,掌治宮室……景帝中六年更名將作大匠。”

【工官2010】

説見“大匠”。

【集證2011】

《漢書・百官公卿表》:“將作少府,秦官,掌治宮室,有兩丞、左右中候。景帝中六年更名將作大匠。”依其説,則大匠之名漢景帝中六年(前144年)以後始有。但《秦代陶文》拓片783、785瓦文有“大匠”,足見秦代已有大匠一職,漢初可能改爲將作少府,景帝中六年又改將作大匠,而非其時始有大匠之名。匠名古已有之。《周禮・考工記・匠人》:“匠人建國,水地以縣……匠人營國,方九里,旁三門。”是營建宮室城郭溝洫之官。睡虎地秦簡《徭律》:"度攻(功)必令司空與匠度之,毋獨令匠。"簡文説估算工程量,必須由司空和匠人一起估算,不得單令匠人估算,可見匠人主持工程,陶文有大匠,當與始皇陵之修建有關。《封泥彙編》17·1有漢"大匠丞印"封泥,"泰"作"大",無界格。

【官名2013】

　　秦封泥所見的中央職官較多,有關工官類的官名如"泰匠丞""少府工丞""北宫工丞"等。泰匠,秦官名,亦稱太匠,或大匠。"大匠"可以讀爲"大將",大匠爲古官,秦稱"將作少府",景帝六年中更名"將作大匠",屬官有石庫、東園主章,分管石材、木材,主管工徒勞動力。《後漢書·百官志》言其執掌"修作宗廟、路寢、宮室、陵園土木之功,並樹桐梓之類列於道側"。由此可見,作爲佐官的大匠丞主要職責是協助大匠修築宮殿、規劃園林,屬於中央一級的工官。

【廣封2019】

　　案:泰即大,《漢書·百官公卿表》:"將作少府,秦官,掌治宮室,有兩丞、左右中候。景帝中六年更名將作大匠。"《漢書新證》:直按,棗園村阿房宫遺址曾出土有"大匠"瓦片,係西漢中期之物(見《關中秦漢陶録·續録》)。是將作大匠,可以簡稱爲大匠。案《秦封泥彙考》,王先謙《漢書補注》:"案,即《周禮·匠人》之職。《功臣表》:'(梧齊侯)陽城延以軍匠從起,後爲少府。'此將作少府即沿秦官。"《秦封泥彙考》:秦始皇陵磚瓦印文有大匠,簡稱"大"或"將",故"大匠"之名,秦已有之。

十五、詹　　事

(一)大　　后

大后丞印

　　　1　　　　　　　　　2　　　　　　　　　3

1.《大系》P248
2.《新選》P108;《大系》P248
3.《新選》P108;《大系》P248

【訂補2014】

在考釋十七年大后漆盒時指出，銘文"十七年大后詹事丞□，工師高歓，工季"，龍朝彬指出"大后"爲昭襄王母宣太后，而非孝文王華陽后。華陽后在莊襄王即位後爲華陽太后，卒於始皇十七年。但始皇時華陽太后已失勢，雖爲楚人，不可能贈器於噩邑大夫（同出有"噩邑大夫"銅印），其說是。由此文可知至遲在昭王十七年已設詹事。在考釋"大后車嗇"（秦昭王四十二年，公元前265年）時指出，其"公大后"銘文中，太后如裘錫圭、李學勤言，爲宣太后，薨於昭襄王四十二年前。公字又見六年漢中守戈，義不明。

【職地2014】

將"大后丞印"釋太后佐官、副職不合理，總理太后事務的"詹事"各屬官已經全面覆蓋太后日常生活的各個方面，"大后丞印"似乎也不是詹事屬官。認爲"大后丞"或爲太后"家丞"省。秦封泥中有大行/泰行、行印、行府、行車等種類，"行府"類又有御府行府、御羞行府、中羞行府等。"行車"類又有行車府印、行車官印等。因此，"大后將行"最有可能爲"大后行（府）丞"的省稱，是跟隨太后出行的服務機構。戰國時期太后、皇后均有印璽。《史記·秦始皇本紀》"長信侯毐作亂而覺，矯王御璽及太后璽，以發縣卒及衛卒、官騎、戎翟君公、舍人，將欲攻蘄年宮爲亂"。《古璽彙編》1068收錄一枚趙國太后用印，漢皇后用印有"皇后之璽"。秦漢出土文字資料所見"丞"類職官甚多，均爲機構主管官吏的佐官。"丞"本爲古官名，文獻中可指帝王"四輔臣"之一。"大后丞印"正用的是丞的古義。

【秦官2018】

秦封泥有"大后丞印""大后行[丞]""康大后寢"和"康泰后寢"，可見秦時有專門負責與太后事物相關的官署機構。戰國秦漢時期太后、皇后均有印璽。《史記·秦始皇本紀》："長信侯毐作亂而覺，矯王御璽及太后璽，以發縣卒及衛卒、官騎、戎翟君公、舍人，將欲攻蘄年宮爲亂。"《古璽彙編》1068收錄一枚三晉"肖（趙）[圖]（大）句（后）"印，是趙國賹太后用印。漢皇后用印有陝西歷史博物館所藏白玉螭虎鈕"皇后之璽"。"大后丞"一職《漢書·百官公卿表》失載，而"詹事"一職總理與太后有關的一切事務，其屬官亦未見"大后丞印"一職。秦時封君有家丞，見十五年高陵君鼎銘文中的"高陵君丞"和珍秦齋藏王二十三年家巫戈。據此，我們認爲"大后丞"或爲太后"家丞"之省。"丞"本是助以決斷事情的古官名，《莊子·知北遊》："舜問乎丞曰：'道可得而有乎？'"秦封泥"大后丞印"可能用的正是丞的古義。

瑞按：大后，大通太，即太后。《漢書·外戚列傳》："漢興，因秦之稱號，帝母稱皇太后，祖母稱太皇太后，嫡稱皇后，妾皆稱夫人。又有美人、良人、八子、七子、長使、少使之號稱焉。"東漢蔡邕《獨斷》："帝嫡妃曰皇后；帝母曰皇太后；帝祖母曰太皇太后，其衆號皆如帝之稱。"《後漢記校注》卷8："凡帝妃稱皇后，帝母稱皇太后，祖母稱太皇太后，妾臣昭儀已下至家人子二十等，漢之制也。光武中興，悉闕昭儀，家人之號唯有貴人，金印紫綬，……。"聶新民先生曾指出，秦始皇死時未確定皇后，始皇後宮是"群妾無嫡"（《聶新民文稿》P189）。

大后行丞

《大系》P248

【職地2014】

　　印文似有省略。秦封泥中有"大行/泰行"、行印、行府、行車等種類，"行府"類又有御府行府、御羞行府、中羞行府等；行車類有行車府印、行車官印等。推測"大后行丞"最可能爲"大后行（府）丞"的省稱，是隨太后出行的服務機構。

【二十則2015】

　　"大后丞"和"大后行丞"，《漢書·百官公卿表》均失載。戰國時期太后、皇后均有印璽。《史記·秦始皇本紀》："長信侯毐作亂而覺，矯王御璽及太后璽，以發縣卒及衛卒、官騎、戎翟君公、舍人，將欲攻蘄年宮爲亂。"《古璽彙編》收錄一枚三晋"肖（趙）（賉）夫（大）句（后）"印，是趙國賉太后用印。漢皇后用印有陝西歷史博物館所收藏白玉螭虎鈕"皇后之璽"。秦漢出土文字資料所見"丞"類職官甚多，均爲職官機構主管官吏的佐官，秦璽印封泥亦無例外。若將"大后丞印"釋爲太后的佐官、副職則不合情理，而總理太后事務的"詹事"各屬官已經全面覆蓋了太后日常生活的各個方面，則"大后丞印"似乎也不是詹事屬官。秦時封君有"家丞"，見十五年高陵君鼎銘文中的"高陵君丞"和珍秦齋藏王二十三年家丞戈。據此，我們認爲"大后丞"或爲太后"家丞"之省。"丞"本爲古官名，文獻中可指帝王的"四輔臣"之一。《史記·夏本紀》："女無面諛，退而謗予。敬四輔臣。"集解引《尚書大傳》曰："古者天子必有四鄰：前曰疑，後曰丞，左曰輔，右曰弼。"《尚書大傳》卷二："古者天子必有四鄰：前曰疑，後曰丞，左曰輔，右曰弼。天子有問無以對，責之疑；可志而不志，責之丞；可正而不正，責之輔；可揚而不揚，責之弼。"《莊子·知北遊》："舜問乎丞曰：'道可得而有乎？'"可見"丞"原本是幫助君主決斷事情的職官名，秦封泥"大后丞印"正用的是丞的古義。"大后行丞"印文似略有省略。秦封泥中有大行、泰行、行印、行府、行車等種類，"行府"類又有御府行府、御羞行府、中羞行府；"行車"類又有行車府印、行車官印等。我們推測"大后行丞"最有可能爲"大后行（府）丞"的省稱，是跟隨太后出行的服務機構。

【秦官2018】

　　據秦封泥中的行車、行車府印、行車官印，行府、御府行府、御羞行府、中羞行府等推測,"大后行丞"最有可能爲"大后行(府)丞"之省,是跟隨太后出行的服務機構。

　　瑞按:大后,説見"大后丞印"。行,説見"大行丞印"。大后行丞,應是爲太后服務的職官。

大王后□丞

《大系》P249

　　瑞按:大王后,不見文獻。從有"王后將行"封泥看,抑或"王后"以大小區分乎?

(二) 王　　后

王后將行

《大系》P275

【職地2014】
　　"長秋"在秦時的舊名或秦時是否設置此官,因資料欠缺而不得確知,但由秦陶文"將行内者"可知秦時有"將行"。吕后時期的張家山漢簡已有了"詹事將行""長秋中謁者"和"長秋謁者令"等名稱(秩六百石),"將行"和"長秋"並存。景帝把"將行"改名爲"大長秋"(或是將"長秋"改名"大長秋",而把"將行"廢除,其職責合併歸入"大長秋"),負責有關皇帝的事務,又在詹事機構中另立"中長秋"負責皇后相關事務,正如太僕負責皇帝車馬而"中太僕"掌管皇后車馬一樣。漢成帝鴻嘉三年"省詹事官,並屬大長秋",即是將詹事機構中有關皇后的職官裁撤合併到"大長秋"下。至此,諸職官中僅有一個"大長秋"，所以顏師古就說"總屬長秋也"，將正式的名稱"大長秋"簡稱爲"長秋"，但也不會名稱上的混淆。秦出土文獻無"長秋"。南越國官吏墓葬中曾出土有"長秋居室"戳印，《二年律令・秩律》有"長秋中謁者""長秋謁者令"等名稱，可見"長秋"是秦滅亡之後才出現的職官名稱，南越國的"長秋"應是模仿吕后時期的漢朝職官設置。

　　瑞按：戰國中山王墓兆域圖有"王后"，朱德熙、裘錫圭先生指出"王后"當爲今后（《文物》1979年1期）。《史記・周本紀》有"黎化爲玄黿，以入王后宫"語，《史記・吕不韋列傳》《正義》引《戰國策》有"乃説秦王后弟陽泉君"等語。

王后庫印

《大系》P275

王后詹事丞

1　　　　　　　　　　　2

1.《大系》P275
2.《大系》P276

【職地2014】
　　詹事不見於秦璽印封泥，但湖南出土的兩件漆器上分別刻有銘文"十七年大后詹事丞長工師敔工季"和"廿九年大后詹事丞向右工帀（師）象〈爲？〉"，其時代屬秦昭襄王十七年和二十九年，可見秦詹事一職早在昭王時期即已設置，是太后屬官。張家山漢簡《二年律令・秩律》中“長信詹事”與大僕、少府令並列（秩二千石），長信詹事丞（秩各六百石），與“九卿”長丞相同。“詹事”與“和〈私〉府長”並列（秩五百石，丞三百石）。太后所屬的“長信詹事”位列“九卿”，而“詹事”一職的秩比“長信詹事”丞還要低，這種情況是呂后實際上把持政權的一個側影。能够反映呂后秉政的還有《二年律令・秩律》中名目繁多的詹事屬官，如永巷詹事丞，詹事將行（秩六百石）、詹事祠祀長、詹事廄長（秩二百石）等。又《津關令》有“丞相上：長信詹事書請，湯沐邑在諸侯屬長信詹事者，得買騎、輕車、吏乘、置傳馬關中，比關外縣”。由以上材料來看，“長信詹事”比一般的“詹事”地位明顯要高，且詹事類職官名目繁多，可見其機構龐大，吏員眾多。

（三）夫　　人

□右夫人

1　　　　　　　　　　　　2

1、2.《大系》P421

瑞按：封泥殘，一存“右人”2字，一存“夫人”2字。夫人之稱，文獻多載。《禮記・昏義》“古者天子立六宮，三夫人、九嬪、二十七世婦，八十一御妻。以聽天下之內治。”《禮記・曲禮》：“天子有后、有夫人、有妻、有妾。”“天子之妃曰后，諸侯曰夫人，大夫曰孺人、士曰婦人、庶人曰妻。”鄭氏曰：“后之言後也。夫之言扶，孺之言屬，婦之言服、妻之言齊。”后和夫人，是不同等級的稱謂。在廣州南越王墓出土“右夫人璽”龜紐金印、“左夫人印”“□夫人印”“泰夫人印”龜紐鎏金銅印，其用“璽”“印”也體現了不同的等級。《漢書・文帝紀》注引如淳曰：“列侯之妻曰夫人。列侯死，子復爲列侯，乃得稱太夫人。子不爲列侯不得稱也。”《白虎通・嫁娶》：“國君之妻稱之曰夫人何？明當扶進八人，謂八妾也。國人尊之，故稱君夫人也。……《論語》曰：‘國君之妻，君稱之曰夫人，夫人自稱曰小童，國人稱之曰君夫人，稱諸異邦曰寡小君。’”東漢蔡邕《獨斷》：“天子之妃曰后，后之言後也。諸侯之妃曰夫人，夫人之言扶也。”《釋名》：“諸侯之妃曰夫人，夫，扶也，扶助其君也。”

(四)中　官

中官

《印考》圖185;《補讀》圖22;《秦封》P200;《印集》P55;
《書集》P121;《彙考》P119;《璽印》P398;《大系》P377

【官印1990】

　　在考訂"中官徒府"印時指出,中官,爲宫中宦者之稱,《後漢書·何進傳》:"中官統領禁省,自古及今,漢家故事,不可廢也"。《史記·李斯列傳》"二世拜趙高爲中丞相",趙高係宦者,故稱中丞相。徒,指刑徒,《漢書·百官公卿表》:宗正"屬官有都司空令丞"注引如淳曰:"律,司空主水及罪人。賈誼曰,輸之司空,編之徒官"。徒府,應係與徒官性質相同的管理刑徒的機構。秦時常役使刑徒服徭役及擔負各種土木工程,秦簡《徭律》:"興徒以爲邑中之紅(功)者,令結(婕)堵卒歲。未卒堵壞,司空將紅(功)及君子主堵者有罪,令其徒復垣之,勿計爲繇(徭)"。《史記·秦始皇本紀》:"始皇初即位,穿治酈山,及並天下,天下徒送詣七十餘萬人"。此印字體秦篆,印面有田字格,亦係秦印。

【印考1997】

　　印面長方形,日字格。長2釐米,寬1釐米,印文清晰,邊欄寬博。皇后宫,一般稱"中宫"。《漢官儀》曰:"皇后稱中宫。"《外戚傳》師古曰:"中宫皇后所居。"東漢人鄭玄注《周禮·內宰》時也説:"若今稱皇后爲中宫矣。"《通典》卷二七有"職堂奉宣中宫命,凡給賜族親當謁者關通之,中宫出則從"的記載。

【補讀1998】

　　録於《秦封》。中宫見於兩漢記載,《漢書·外戚傳》:"中宫史曹宫,……爲學事史,通詩,授皇后。"《漢官儀》:"皇后稱中宫。"當爲皇后之居。漢印見《漢印》"中宫謁者"。漢封泥見《封泥》"中宫謁丞"。

【秦封2000】

　　中宫見於兩漢記載,《漢書·外戚傳》:"中宫史曹宫……爲學事史,通詩,授皇后。"又"舊故,中宫乃私奪左右之賤繒。"《漢官》"皇后稱中宫"。中宫當爲皇后之居。漢金文見:"中宫内者"雁足燈。漢封泥見:《封泥》"中宫謁丞",《漢新》:"中宫廄令"。漢印見:《漢印》"中宫謁者"。

【簡讀2002】

《漢官儀》:"皇后稱中宫"。《周禮・天官・内宰》鄭玄注:"婦人稱寢曰宫。……謂之六宫,若今稱皇后爲中宫矣"。《漢書・哀帝紀》:"食邑如長信宫、中宫。"師古曰:"中宫,皇后之宫。"

【彙考2007】

中官,爲皇后食官,與中私官相當。《國語・晋語・四》:"諸姬之良,掌其中官。"韋昭注曰:"中官,内官。"又《漢舊儀》:"中官、小兒官,及門户四尚、中黄門持兵,三百人侍宿。"同書又稱:"中官、私官尚食用白銀釦器。"説明中官乃内官。

【分域2009】

或認爲"中官"即王后之食官。或認爲"中官"爲宫中宦者之稱。或認爲中官榦官爲皇后食官,採購食品之官吏。《國語・晋語四》云:"諸姬之良,掌其中官。"韋昭注曰:"中官,内官。"按"中官"當是負責後宫管理膳食等事務的機構,其人員一般由宦者組成。"中官榦"當即中官榦官。《漢書・百官公卿表》載,治粟内史有屬官榦官長、丞。並釋"中官徒府"(《官璽印》11)。"徒"當是從者,《左傳・昭公四年》云:"旦而皆召其徒,無之。"杜預注曰:"徒,從者。"該印可能是管理中官屬下的府署所用印。或認爲"徒"是指刑徒,此印爲宦者所掌刑徒之府的印。並考釋"西宫中官"(《徵存》2.10)。"西宫"爲宫名。"中官"是指宫中之宦者,《後漢書・何進傳》何進與袁紹等策誅中官,"而以計白太后。太后不聽,曰:'中官統領禁省,自古至今,漢家故事,不可廢也。"該印可能爲掌管西宫事務的宦官所用之印。

【宫殿2011】

《漢舊儀卷下》云:"皇后稱中宫。"《漢書・哀帝紀》顏師古注曰:"中宫,皇后之宫。"《後漢書・百官志》:"(大長秋)中興常用宦者,職掌奉宣中宫命。凡給賜宗親,及宗親當謁見者關通之,中宫出則從。"劉昭注引張晏曰:"皇后卿。"可見中宫乃皇后所居之宫。秦始皇雖然未立皇后,但也不能就此斷定秦沒有形式意義上的"中宫"。此"中宫"封泥説明秦有"中宫"和管理中宫的機構。始皇子女甚多,中宫也可能是供其他嬪妃居住。

【集證2011】

中宫爲皇后之宫。《漢書・外戚傳》:"常給我言從中宫來,即從中宫來,許美人兒何從生中?"顏師古曰:"中宫,皇后所居。"此"中宫"或是皇后宫的管理機構。

【官名2013】

中官,掌王后之宫的内侍職官。《國語・晋語・四》:"諸姬之良,掌其中官。"韋昭注:"中官,内官。"

【職地2014】

《秦封泥集》有釋作"中宫"者,經與《新出土秦代封泥印集》及《秦封泥彙考》的拓片比對，二者爲同一封泥，當以釋作"中官"爲是。但秦陶文有"中宮工嫛"，或可説明秦有"中宮"。

又：中宮本指北極星所在星空的區域。《史記·天官書》："中宮天極星，其一明者，太一常居也。"司馬貞索隱引《文耀鈎》："中宮大帝，其精北極星。"中宮作爲皇后固定居處並用以指代皇后，應該是秦之後才逐漸固定下來的。《漢舊儀卷下》"皇后稱中宮。"《漢書·哀帝傳》顏師古注曰："中宮，皇后之宮。"《後漢書·百官志》："（大長秋）中興常用宦者，職掌奉宣中宮命。凡給賜宗親，及宗親當謁見者關通之，中宮出則從。"秦始皇雖然未立皇后，但也不能就此斷定秦没有形式意義上的"中宮"，秦陶文所見的"中宮"或可以説明這一點。即使秦確有中宮，也可能並不是專供嬪妃居住的寢宮，就像"中廏"類封泥所服務對象不僅僅限於後宫一樣。

【秦官2018】

文獻所見的"中官"起初是用以衡量臣屬與國君之間的親疏的泛稱，並非職官名，如《國語·晋語四》："諸姬之良，掌其中官。異姓之能，掌其遠官。"韋昭注："中官，内官。"出土資料也證明戰國時期至西漢均有中官機構，如山東臨淄出土的國子中官鼎（《集成》01935），洛陽西郊戰國墓葬出土的陶罐刻銘。新出戰國三晋兵器有兹氏中（中）官家子戈，可能是中官機構中主管貯藏的官吏。新出秦封泥有"中官""中官丞印""中官幹丞""中府"和"中府丞印"等，其中"中府"應爲"中官府"之省，是中官機構的官署印。傳世秦璽印還有"西宫中官"和"中官徒府"。可見，秦時中官機構設有官幹、徒府等部門，嬪妃所居之西宫也設有"中官"。秦時"中官"很可能是總理後宫中皇后或王后以及諸嬪妃事務的總機構，蓋與管理太后事務的總機構"詹事"異名而同實。秦時的"中官"不僅僅掌理君王妻妾的膳食事務，還是一個領有多種屬官的後宫機構，其屬官的種類和數量應該不限於秦璽印封泥所見。

【廣封2019】

案《漢書·高后紀》："諸中官、宦者令丞皆賜爵關内侯，食邑。"（師古曰："諸中官，凡閹人給事於中者皆是也。宦者令丞，宦者署之令丞。"）《漢書新證》，直按，《漢舊儀》云："大官尚食，用黄金釦器；中官、私官尚食，用白銀釦器。"《秦封泥彙考》：中官，爲皇后食官，與中私官相當。《國語·晋語·四》："諸姬之良，掌其中官。"韋昭注曰："中官，内官。"

瑞按：嶽麓秦簡中有"内官、中官隸臣妾……"等語，魯家亮指出整理者認爲中官與宦者關係密切，認爲王偉將中官看成一個獨立機構認識的證據並不充分，從秦簡看，内官、中官並舉，或説明兩者可能同屬少府（《嶽麓書院藏秦簡〈亡律〉零拾》《出土文獻與法律史研究（6）》P122—123）。其説可從。

中官丞印

　　1　　　　　　　　2

1.《印風》P133;《書法》P38;《彙考》P119;《大系》P377
2.《發現》圖81;《秦封》P177;《書集》P121;《彙考》P120;《璽印》P442;《大系》P378

【發現1997】

　　秦印有“西宮中官”印。洛陽出土陶文有“中官”。朱德熙、裘錫圭《戰國銅器銘文中的食官》認爲中官即王后之食官。《後漢書·郎顗傳》中官爲内朝官。《後漢書·宦者傳》中,中官即宦官。

【年代1997】

　　戰國銅器銘文中有“中官”,是王后的食官。

【宦官1997】

　　中官,作爲宦官的一種泛稱,屢見於有關史籍。如《後漢書·宦者列傳》:“中官用權,自(鄭)衆始焉。”又如《後漢書·何進傳》:“中官統領禁省,自古及今,漢家故事,不可廢也。”但是,此處之“中官丞印”中的“中官”,則顯然並非宦官的泛稱,而是一個宦官機構的名稱。作爲宦官機構的中官,未見文獻史籍記載。在此前見諸著録的秦漢官印中,則有“西宮中官”“中官府印”“中官徒府”等。置丞與設府,均説明了此處之中官顯係機構名稱。“中府丞”“宮臣丞”亦未見記載,顧名思義或與宦官機構有關。

【印考1997】

　　印面長方形,田字格,邊長2釐米,印文圓轉瘦勁,邊欄略粗。“中官”戰國時東周王室之食官,亦即王后之食官。秦時爲宮中宦官的通稱。一般由閹人充任。《後漢書·宦者傳》中載,中官爲宦官。《故宮藏印》《官印徵存》收録秦官印“中官徒府”“西宮中官”各一枚。

【秦封2000】

　　《國語·晋語四》:“胥籍……董韓,實掌近官。諸姬之良,掌其中官。異姓之能,掌其遠官。”韋昭注:“中官,内官”。《後漢·郎顗傳》:“方今中官外司各各考事。”《後漢·宦者傳》:“於是中官始盛焉。”朱德熙、裘錫圭《戰國銅器銘文中的食官》認爲中官即王后之食官。秦印有:《徵存》“中官徒府,西宮中官”。《秦銅》陝西寶雞揀選金甑上有銘“中官”。漢印有:《徵存》“中官府印”。

【考略2001】

中官先秦已設,見於《國語·晋語》。漢代有關中官記載頗多,如《後漢書》之《鄭衆傳》《郎顗傳》《樂巴傳》《宦者傳》多有記載。漢代"中官"亦稱"中常侍"。中官應爲宦官官署,有的學者認爲中官爲王后之食官,這顯然是大大縮減了中官職能。

【簡讀2002】

《漢書·高后紀》:"諸中官、宦者令丞皆賜爵關内侯,食邑。"如淳曰:"諸官加中者,多閹人也。"朱德熙、裘錫圭《戰國銅器銘文中的食官》指出中官爲王后食官。

【上封2002】

中官即中常侍之署,《後漢書·樂巴傳》:"雖住在中官,不與諸常侍交接。"中常侍亦宦者,《漢舊儀》"秩千石,出入卧内,禁中諸宫"。漢印有"中官府印",據此可知秦置中官丞一職。

【彙考2007】

中官丞爲中官之副職。

【分域2009】

説見"中官"。

【詹事2010】

《漢舊儀》卷上"太官尚食,用黄金釦器;中官私官尚食,用自銀釦器"以"太官""私官"對應,但"中官私官"如何理解? "中官"是作爲"私官"的定語? 或是"中官、私官"應該斷讀?《國語·晋語四》"諸姬之良,掌其中官",韋昭注:"中官,内官。"《漢舊儀》"中官、小兒官及門户四尚、中黄門持兵,三百人侍宿"。《後漢書·宦者列傳》"中官用權"。《後漢書·何進傳》"中官統領禁省",看來"中官"掌管的事情應該不少,較像一個宦官機構。把内官性質的"中官"和"私官"並列,並與"太官"對照,顯然並不恰當。秦金文有"王后中官",封泥有"中官丞印"。有學者以爲是"中官"可以稱"中私官"相當,我們以爲這不合適,"中私官"是"中官私官",是王后的食官,與"中官"不是同一回事。朱德熙、裘錫圭在《戰國銅器銘文中的食官》注15提到《漢舊儀》的"中官私官"可能是"中宫私官"之訛,這是很精闢的見解。

【集證2011】

"中官"已如上述,此爲其丞之印。(以下爲釋讀"西宫中官"文字)中官已見上引衛宏《漢舊儀》(瑞按:引文見"北宫私丞")。亦見於1954年洛陽西郊出土的一件陶罐。又《三代》2·53有"中私官鼎"、《鐵雲藏陶》4·13上有"中私官丞"封泥、《漢金文錄》1·17下有"王后中官"鼎。朱德熙、裘錫圭以爲"中官"不全是宫中之官的泛稱,很多可能與"中私官"相當,是皇后的食官。"西宫中官"與"王后中官"性質相近,可能是西宫諸妃之食官。又有"中官徒府"印,徒本是官府服徭役者。《周禮·天官·冢宰》:"胥十有二人,徒百有二十人。"鄭玄注:"此民給徭役者。"睡虎地秦簡《廐苑律》:"不盈十牛以下,及受服牛者卒歲死牛三以上,吏主者、徒食牛者及令、丞皆有罪。"中官服徭役之徒甚多,或需設府以供其所需物品。

【職地2014】

　　“中官”見於先秦兩漢文獻,如《國語·晋語四》“胥、籍、狐、箕、欒、郤、柏、先、羊舌、董、韓,寔掌近宮。諸姬之良,掌其中官。異姓之能,掌其遠官。”韋昭注“中官,内官”。《漢舊儀》“太官尚食,用黄金釦器。中官私官尚食,用白銀釦器。中官、小兒官及門户四尚、中黄門持兵,三百人侍宿。”《漢舊儀補遺》卷上“司隸校尉,武帝初置。後諸侯王貴戚不服,乃以中都、中官徒奴千二百人屬爲一校尉部刺史,督二千石也”。《漢書·高后紀》:“八年春……諸中官、宦者令丞皆賜爵關内侯,食邑。”師古曰:“諸中官,凡閹人給事於中者皆是也。宦者令丞,宦者署之令丞。”至東漢,文獻所見的“中官”基本上均指宦官。可見“中官”本是用以衡量臣屬與國君之間的親疏,並非職官名稱。《高后紀》中“中官”與“宦者令丞”並列,所賜爵位亦同,可見二者地位相當,互不包括,即中官不是宦官(但不排除有宦官在中官機構任職)。出土文獻資料表明,戰國時期至西漢均設中官機構,如山東臨淄出土的國子中官鼎(《集成》01935號),洛陽西郊戰國墓葬出土陶罐刻銘。另外新出戰國三晋兵器有兹氏中官塚子戈,若“‘塚子’是主管收藏的官吏”,則“中官塚家子”就是中官機構中主管收藏的官吏。秦和西漢的“中官”見於封泥和璽印資料。從秦封泥資料看,秦中官機構設榦官、徒府等部門,嬪妃所居西宮也設“中官”,也有隸屬王后的“中官”(王后中官鼎,《集成》00936號)。資料表明,“中官”很可能是總理後宮中皇后或王后以及諸嬪妃事務的總機構,與管理太后事務的總機構“詹事”異名同實。秦時“中官”不僅掌理君王妻妾膳食,還是一領多種屬官的後宮機構,其屬官種類和數量應不限於秦璽印封泥所見。《漢書·高后紀》顏師古注“諸中官,凡閹人給事於中者皆是也”,是唐代人對“中官”理解,雖不一定準確,但將《高后紀》所見“中官”看作宮中服務人員泛稱則大致不誤。秦“中官”總理後宮嬪妃事務,屬官有丞、榦官和徒府,西宮也設“中官”。

【廣封2019】

　　案《漢書·高后紀》:“諸中官、宦者令丞皆賜爵關内侯,食邑。”(師古曰:“諸中官,凡閹人給事於中者皆是也。宦者令丞,宦者署之令丞。”)《漢書新證》,直按,《漢舊儀》云:“大官尚食,用黄金釦器;中官、私官尚食,用白銀釦器。”《秦封泥彙考》:中官,爲皇后食官,與中私官相當。《國語·晋語·四》:“諸姬之良,掌其中官。”韋昭注曰:“中官,内官。”此其丞之印也。

中官榦丞

　　《釋續》圖14;《印風》P134;《印集》P55;《彙考》P118;《大系》P378

【釋續2001】

衛宏《漢舊儀》云："太官尚食用黃金釦器,中官、私官尚食用白銀釦器"。朱德熙、裘錫圭《戰國銅器銘文中的食官》以爲中官不全是宮中之官的泛稱,很可能與"中私官"相當,是皇后的食官。"丞"乃斡官之丞。《漢書·百官公卿表》治粟内史屬官有"斡官長、丞",顏師古注引如淳曰："斡音筦,或作幹。斡,主也,主均輸之事,所謂'斡鹽鐵而榷酒酤'也。"新出秦封泥有"少〔府〕斡丞",拙著《秦文字集證》以爲"秦時少府有斡官,爲宮庭選購所需之物"。"中官斡"爲中官斡官,乃是皇后食官採購食品之機構。新出封泥又有"北□(宮)斡丞",可見宮庭有斡官。此枚封泥也可能按"中斡官丞"的順序讀,爲皇后斡官。

【簡讀2002】

釋讀見"中官丞印""少府斡丞"條。

【彙考2007】

同《釋續2001》。

【分域2009】

説見"中官"。

【官名2013】

中官斡丞,當爲中官斡的屬官,隸屬於中官令、丞管理。

瑞按:封泥有"斡官""斡官丞印",不排除此封泥讀"中斡官丞"的可能性。

(五)中　　府

中府

| 1 | 2 | 3 | 4 |

1—3.《新出》P96;《大系》P376

4.《新選》P120;《大系》P376

【職地2014】

戰國晚期三晋、東周也設中府。《韓非子·外儲説左下》:"(晋平公)公又問曰:'中府之令誰使而可?'"戰國文字資料有傳世三晋玉印"中府"、王子中府鼎(《集成》02530號)、中府簠(《集成》03134號)、中府鐵(《集成》11906號)和中府丞趙許杖首(《集成》10465號)等,可見三晋中府既製作用器,也鑄造兵器。先秦兩漢文獻"中府"均屬儲藏

錢物機構。《穀梁傳》僖公二年:"荀息曰,此小國之所以事大國也。彼不借吾道,必不敢
受吾幣。如受吾幣而借吾道,則是我取之中府而藏之外府,取之中廏而置之外廏也。"
《史記·田叔列傳》:"魯王聞之大慚,發中府錢",正義曰"王之財物所藏也"。戰國時中
府多爲儲藏國君錢物府庫,漢代"中府"隸屬關係發生變化。《漢書·東方朔傳》"主因
推令散財交士,令中府曰:'董君所發,一日金滿百斤,錢滿百萬,帛滿千匹,乃白之。'"
顏師古注"中府,掌金帛之藏者也。"又漢銅器"清河大后中府"銅鐘,可見漢"中府"是
後宮和大后錢財府庫。我們認爲"中府"隸屬關係的轉變極可能發生在秦代。就現有
秦封泥看,中府之"中"均寫作"中",説明秦"中府"機構可能僅在統一前即已設置。
從中府不見於秦兵器刻辭看,秦中府或已成爲後宮或太后儲藏財物之府庫,與三晋中府
職能有別。秦封泥"中府"應指"中官之府",即中官機構的府庫。據《漢書·東方朔》
顏師古注,中府屬後宮"金帛之臧"。蓋因中府財產實際也是皇家私有,故又稱"中(官)
私府",如西漢"中私府"銅鐘和"中私府長李封字君游"印,其最簡名稱爲"私府"。若
結論成立,則"中府"即"中(官)之(私)府",或爲"私府"全稱,抑或上級機構。

　　瑞按: 嶽麓秦簡033—036號簡所記《亡律》中有"寺車府、少府、中府、中車府、泰官、
御府、特庫、私官隸臣,免爲士五、隱官,及隸妾以巧及勞免爲庶人……"等語。而007—009
號簡"佐弋隸臣、湯家臣,免爲士五,屬佐弋而亡者,論之,比寺車府。内官、中官隸臣妾、白
桀以巧及勞免爲士五、庶人、工、工隸隱官而復屬内官、中官者,其或亡……"的内容,整理
者認爲其中的佐弋、湯、内官、中官在秦時可能均一度屬少府管轄。魯家亮先生認爲007—
009當上接033—036號簡,而033—036號簡中已包含少府,因此本條律文或是專門針對少
府中一些特殊逃亡情況的補充規定(《嶽麓書院藏秦簡〈亡律〉零拾》《出土文獻與法律史
研究(6)》P121—122)。若如是,則中府當屬少府。然從033—036的内容看,在"寺車府、
少府、中府、中車府、泰官、御府、特庫、私官隸臣,免爲士五、隱官"中,少府和寺車府、中府、
中車府、泰官、御府、特庫、私官等職官爲並列關係,不僅尚難確定是時各職官均屬少府,反
而也可被看作判斷其他職官本不屬少府的證據。今暫從《漢書·百官公卿表》。

中府丞印

1 2 3

1.《印考》圖173;《書法》P38;《印集》P54;《書集》P121;《彙考》P117;《大系》P377
2.《大系》P377
3.《菁華》P32;《精品》P42;《大系》P377

【發現1997】

《穀梁傳・僖公二年》:"如受吾幣而借吾道,則是我取之中府,藏之外府。"《漢書・田叔傳》:"魯王聞之,大慚,發中府錢,使相償之。"師古注:"中府,王之財物藏也。"

【宦官1997】

說見"中官丞印"。

【印考1997】

印面正方形,無界格,邊長1.7釐米,邊欄完整,印文"中"字,尚有大篆遺韻。"中府丞",戰國時趙國及東周土室置,掌管土内府。黃盛璋在《試論三晋兵器的國別年代及其相關問題》一文中説:"傳世有一戈鐓,名爲'中府'。一枚首銘爲'三年,中府丞趙□×,冶泗'。"洛陽金村所出土東周銀器中也有"中府",可見"中府"也可能兼造兵器。秦時"中府"作何理解,還待進一步考證。

【秦封2000】

《穀梁・僖公二年》:"如受吾幣而借吾道,則是我取之中府,藏之外府。"《周禮・天官・内官》:"内府中士二人。"鄭玄注:"内府主良貨賄藏在内者。"《漢書・田叔傳》:"魯王聞之,大慚,發中府錢,使相償之。"師古曰:"中府,王之財物藏也。"《漢書・東方朔傳》:"主因推令散財交士。令中府曰……"師古曰:"中府,掌金帛之藏者也。"中府爲皇后、皇太后、太子、公子、諸侯王、王后金帛之藏府。漢封泥見:《臨淄》"齊后中府"。漢印見:《兩漢》"中私府長李封字君游"。太原曾出土西漢"清河太后中府鐘"。

【考略2001】

《史記・田叔列傳》:"發中府錢,使相償之。"張守節《正義》:"王之財物所藏也。"按中府爲後宮或諸侯之官署。漢《清河大后中府鐘》有"清河大后中府"銘。

【簡讀2002】

《穀梁傳・僖公二年》:"取之中府,藏之外府。"《漢書・田叔傳》:"發中府錢,使相償之。"師古注:"中府,王之財物藏也。"

【彙考2007】

中府,戰國趙及東周王室已置,掌王内府。中府爲皇后、皇太后、太子、公子、諸侯王、王后金帛之藏府。《漢書・東方朔傳》顏師古注曰:"中府,掌金帛之藏者也。"

【分域2009】

《漢書・田叔傳》云:"魯王聞之,大慚,發中府錢,使相賞之。"顏師古注曰:"中府,王之財物藏也。"該印當爲負責管理金帛財物的中府令的佐官所用。

【集證2011】

戰國晚期,三晋、東西周皆有中府,見於中府戈鐓(《三代》20・59・2)、中府杖首(同上18・31・2)、王子中府鼎(《小校》2・57)、春成侯中府鐘(《三代》18・19・3),然諸器"府"字皆作"𧷎""𧶠",從貝(目爲貝省),與秦之作"府"不同。中府是藏錢物的内府,《穀梁傳・僖公二年》:"入受吾幣而借吾道,則是我取之中府而藏之外府。"《史記・田叔列傳》:"魯王聞之大慚,發中府錢,使相償之。"《正義》:"王財物所藏也。"不過很多器物刻銘"中府",可能中府也製造器物。

【官名2013】

中府爲三晋常設貯藏君王財物之機構,《殷周金文集成》中收録的中府器有中府杖首、春成侯中府鐘、中府戈鐓、王子中府鼎等。中府的職官有中府丞等。《史記·田叔列傳》:"發中府錢,使相賞之。"秦曉華先生認爲:"中府與内府實爲一個概念,是指王室的倉庫。"並引《穀梁傳·僖公二年》:"如受吾幣,而借吾道,則是我取之中府,而藏之外府。"又引《韓非子·十過》爲證:"若受我幣而假我道,則是寶猶取之内府而藏之外府也。"另外,1928年在河南洛陽金村墓出土的銅器銘文記載有"中府左□""中府右□"。"左□""右□"都應是隸屬於中府,掌管貯藏物品的機構。1978年,在湖南漵浦縣田章鄉戰國楚墓中出土了中賻(府)鼎,中賻(府)屬楚系官府名,與晋系"中府"的職司異同很難辨别,秦、齊、燕三系文字中未見有關於"中府"的資料,唯有燕地出土的燕下都銅戈銘文中有"内府"一官府名,疑與三晋"中府"的職司接近。

【廣封2019】

案《漢書·欒布傳》:"魯王聞之,大慚,發中府錢,使相償之。"(師古曰:"中府,王之財物藏也。")《漢書·東方朔傳》:"主因推令散財交士,令中府曰:'董君所發,一日金滿百斤,錢滿百萬,帛滿千匹,乃白之。'"(師古曰:"中府,掌金帛之藏者也。")此其丞之印也。

瑞按:刻銘除表示生産單位外,亦可表示使用單位,"中府"是否生産器物,尚可探討。王輝先生等在《訂補2014》中指出,"四十年銀器足"爲昭襄王四十年器(公元前267年),上有兩周刻辭"中府右恬",謂"恬"黄氏讀曹,他家則讀酒。

(六)中 羞

中羞

1　　　　　　　　　2

1.《相家》P21;《大系》P382
2.《補讀》圖14;《秦封》P164;《彙考》P103

【補讀1998】

前已披露"中羞丞印"。"羞"意近"御羞",《漢表》水衡都尉屬官有御羞令丞。"中羞”職司當爲太子、皇后、皇太后膳食之官,約相當於漢代之“中廚”。“中羞府”爲中羞之府藏,膳廚器用也。“中羞行府”,所謂“行”,或意爲“行在”,即皇帝、太子、皇后、皇太后等巡幸隨車駕而設職。《獨斷》曰:“天子以四海爲家,故謂所居爲行在所。”秦印見《徵存》“中羞行府”。

【秦封2000】

“中”即中宮或中官。參見“中宮”,“中官丞印”。“羞”意近“御羞”,參見“御羞丞印”,《漢表》記:水衡都尉屬官有御羞令丞。“中羞”職司當爲太子、皇后、皇太后膳食之官。漢印見:《兩漢》“中廚印信”。

【考略2001】

相家巷遺址流散秦封泥有“中羞府印”“中羞丞印”。“中羞”應爲“中饈府”省文。“中羞”負責後宮膳食原料,由後宮食官掌膳食。“中羞”置令、丞或長、丞。

【簡讀2002】

“中”蓋即指中宮,參見“中宮”條。“羞”指“御羞”,參見“御羞”條。“中羞”或即是負責太子、皇后、皇太后的膳食之官。

【圖説2009】

羞爲饈之省文。中羞府應是主管中宮膳饈原料及器用的機構。中羞行府(《徵存》5)秦官印,瓦鈕,故宮博物院藏。“中羞行府”封泥(《泥集》166),筆者按:原多誤釋爲“中行羞府”,中行,無法解釋。行爲行宮之省,如楚璽“行邑大夫之璽”等亦是。或謂“行在”,即皇帝、太子、皇后、皇太后等巡幸隨車駕而設職。《獨斷》曰:“天子以四海爲家,故謂所居爲行在所。”“中羞行府”應該是與中羞府並列的,或是其分支機構,專事行宮御膳的官署。皇帝出行居於苑囿,隨行衆多,庖廚所需禽畜,部分當取自苑中。另外,祭祀所用,有時也由苑囿供應。

【詹事2010】

説見“北宮”。

【官名2013】

説見“御羞”。

【職地2014】

羞,即珍饈,中羞職掌後宮之珍饈而御羞專供天子。因服務對象不同,而在不同地方分設職能相近的機構,這樣理解既符合情理又有秦封泥資料的多處證明。

【秦官2018】

基於對少府屬官“御羞”是掌管貢納和進獻事務的理解,我們認爲“中羞”是職掌後宮進獻珍饈事物的機構,與御羞專供天子不同。“中羞行府”是隨後宮妃嬪出行的“中羞”機構,或隸屬於中羞府。

中羞之印

《大系》P385

中羞丞印

1   2

1.《印考》圖179;《秦封》P165;《彙考》P101;《大系》P383
2.《彙考》P104

【新見1996】

此官稱亦與《百官表》作“御羞令、丞”稍異,應是秦時初名。羞,饈之省。御羞掌天子膳饈之供,漢屬水衡都尉。北京故宮藏一“中行羞府”銅印,文字亦屬秦。兩者可互證秦時已置中羞府及羞丞。

【發現1997】

少府屬官,《漢書·百官公卿表》顏注引如淳曰:“御羞,地名也,在藍田,其土肥沃,多出御物可進者,《揚雄傳》謂之御宿。《三輔黃圖》御羞、宜春皆苑名也。”師古曰:“御宿,則今長安城南御宿川也,不在藍田。羞、宿聲相近,故或云御羞,或云御宿。宿者,珍羞所出,宿,止宿之義。”從中羞丞封泥可知,御羞地名說不確。

【宦官1997】

說見“中羞府印”。

【印考1997】

說見“中羞府印”。

【秦封2000】

　　中羞丞爲中羞之丞,參見"中羞"。秦印有:《徵存》"中行羞府"。

【簡讀2002】

　　釋讀見"中羞"條。

【上封2002】

　　"中羞"即中官饎官。

【彙考2007】

　　中羞丞,官名。"中"即中宮或中官。中羞應比照御羞設有丞。職司太子、皇后膳食之責。

【圖説2009】

　　説見"中羞"。

【分域2009】

　　説見"御羞丞印"。

【集證2011】

　　《漢書·百官公卿表》水衡都尉有"御羞令、丞",顏師古注引如淳曰:"御羞,地名也,在藍田。其土肥沃,多出御物可進者,《揚雄傳》謂之御宿。《三輔黃圖》御羞、宜春皆苑名也。"師古曰:"御宿則今長安城南御宿川也,不在藍田。羞、宿聲相近,故或云御羞,或云御宿耳。羞者,珍羞所出。宿,止宿之義。"《漢書補注》引何焯曰:"'御羞'與'禁圃'連類而言,則是出珍羞之地名,如説在藍田者爲近,不得如師古指御宿川以當之也。"《百官公卿表》又云:"初,御羞、上林、衡官及鑄錢皆屬少府。"今按如淳、何焯所説可能是漢代的情形,秦代的職掌不盡可知。秦代這兩種機構皆屬少府,從字面上理解,二者皆職掌宮庭膳食所需珍羞之物的供應。"中羞"之"中"指皇后之宮,"御羞"之"御"指皇帝御用,二者性質還是有所分別。

【廣封2019】

　　同《彙考2007》。

中羞府印

　　　　　　1　　　　　　　　　2　　　　　　　　　3

1.《補讀》圖15;《印考》圖174;《印集》P49;《書集》P121;《秦封》P166;《彙考》

　　P104;《璽印》P442;《大系》P383

2.《彙考》P104;《大系》P384

3.《相家》P17;《大系》P384

【宦官1997】

　　據《漢書·百官公卿表》，水衡都尉屬官有御羞令丞。御羞初屬少府，後屬水衡，有兩丞。如淳、顏師古諸注家均以"御羞"爲地名，陳直先生疑其注"恐未確，御羞即爲御饈省文"。此批新發現的封泥中，有"御羞丞印"，又有"中羞府印""中羞丞印"。其文"饈"字均爲"羞"字。這就證明了陳直先生的推測是完全正確的。御羞，所掌管的是君主帝宮的膳饈原料事務。中羞府，則當是掌管皇后宮膳饈原料事務的機構。中羞府未見文獻記載。《漢書·百官公卿表》云，皇后宮官詹事屬官有食官令丞。中宮之食官令丞當主管中宮的飲食事務，而中羞府則應主要掌管中宮膳饈原料供應事務，兩者之間的分工似有區別。此前見諸著録的類似秦漢官印，另有"中行羞府""中廚印信"等。

【印考1997】

　　印面均爲正方形，前者無界格，邊長1.8釐米；後兩者有田字格，邊長2釐米，邊欄完整，印文纖細瘦勁。（瑞按：前者指"中羞府印"；後者依次爲"中羞丞印""御羞丞印"。）"羞"同"饈"，意爲滋味好的食物。"中羞府""中羞丞""御羞丞"，三職文獻記載不甚明確，據其意當爲"尚食"之屬，爲秦宮廷中掌御膳之官，謂之"湯官"，有令、丞。《故宮藏印選》中有"中行羞府"秦官印一枚，當爲見證。

【補讀1998】

　　説見"中羞"。

【秦封2000】

　　中羞府爲中羞之府藏，掌膳廚器用也。參見"中羞"。

【簡讀2002】

　　釋讀見"中羞"條。中羞府或即是負責中羞府藏之官職。

【彙考2007】

　　説見"中羞丞印"。

【分域2009】

　　説見"御羞丞印"。

【集證2011】

　　"中羞府"與"中行羞府"亦有別，説見上。（瑞按：見下文"行中羞府"和"中羞丞印"。）

【廣封2019】

　　説見"中羞丞印"。

中羞行府

1 2

1.《大系》P384
2.《圖例》P54;《補讀》圖16;《秦封》P166;《彙考》P104;《璽印》P442;《大系》P38

【官印1990】

在考訂"中行羞府"印時指出,中行,未詳。羞府,當是掌膳饈的官署,《漢書·百官公卿表》:水衡都尉屬官有御羞。陳直云:"御羞即御饈省文,所管爲帝王膳饈的原料,太官、湯官所管爲帝王之烹調。《善齋吉金錄》卷中二頁有秦'中行羞府'印,所掌亦爲膳饈事宜。《地理志》注交趾郡有羞官,南海郡有圃羞官,皆饈字省作羞之明證。"此印有田字格,字體爲秦篆,陳直訂爲秦印,可信。

【補讀1998】

説見"中羞"。

【秦封2000】

秦印有《徵存》"中行羞府",爲本封泥之同文印。"中羞府"參見"中羞","中羞府印"。所謂"行",或意爲"行在",即皇帝、太子、皇后、皇太后等巡幸隨車駕而設職。《獨斷》曰:"天子以四海爲家,故謂所居爲行在所。"一説讀作"行中羞府"。一説讀作"中羞行府"。

【簡讀2002】

釋讀見"中羞"條。行中羞或即是太子、皇后、皇太后出行在外時負責膳食的職官。

【彙考2007】

説見"中羞丞印"。

【圖説2009】

説見"中羞"。

【分域2009】

釋讀爲"中行羞(饈)府","中"爲中宮之省。"羞"與"饈"通,"行羞府"當是掌管膳食之府署。《漢書·百官公卿表》中有"御羞"一職。該印可能爲中宮掌管膳食事務的府署所用之印。

【集證2011】

《漢書·百官公卿表》水衡都尉屬有御羞令。然《表》云水衡都尉"武帝元鼎二年初置,掌上林苑"。故或以爲漢印。按《漢印文字徵》14・17有"御羞丞印",羞字作䍺,與此作䍻有別。此"羞"字與"中羞丞印"同,印文古樸,爲鑿印,從文字風格看,此當是秦印。《官印徵存》疑"中行羞府"爲"宦者隨行在御羞府"之省文,非是。"中行羞府"當是后妃之宮派駐在外的採辦機構,猶京外之宮稱行宮。(此節文字在釋讀"中行羞府"印下)

【文府2014】

説見"御羞行府"。

【職地2014】

中羞行府是隨後宮妃嬪出行的中羞機構,或統屬於中羞府印,或與之平級。

陽中羞園

《大系》P384

瑞按:舊讀"中羞陽園",然從"陰御羞園"看,似可讀爲"陽中羞園"。

(七)中 謁 者

中謁者

　　　1　　　　　　　2　　　　　　　3

1.《補讀》圖25;《印考》圖161;《印風》P134;《秦封》P222;《書法》P40;《印集》P75;《書集》P115;《彙考》P151;《璽印》P441《大系》P385

2.《新出》P96;《大系》P385

3.《精品》P33;《大系》P385

【印考1997】

印面爲圓形，無界格，無邊欄，印文筆力剛勁，布局風格獨具，是秦封泥官印中最爲典型的一枚。秦時及漢初有"中謁者"和"大謁者"的官名，掌宮中拜授報章之事。《史記·樊酈滕灌列傳》："沛公立爲漢王，拜（灌）嬰爲郎中，從入漢中，十月拜爲中謁者。"《漢書·高惠高后文功臣表》：陽河齊侯其石"以中謁者從入漢"。此外，還有"河堤謁者"，西安北郊漢長安城遺址曾出土"河堤謁者"印一枚。

【補讀1998】

録於《秦封2000》。疑爲中宮之謁者，參見"中宮"。又，《漢表》少府屬官有"中書謁者"，漢成帝"建始四年更名中書謁者令爲中謁者令"。此時，距高文景武已遠，似與本封泥之"中謁者"關係不大。《後漢·百官志》："中宮謁者令一人，六百石。"本注曰："宦者。中宮謁者三人。""四百石。"本注曰："宦者，主報中章"。漢印見《漢印》"中宮謁者"。漢封泥見《封泥》"中宮謁丞"。

【秦封2000】

疑爲中宮之謁者。參見"中宮"。又《漢表》少府屬官有"中書謁者"，《漢書·高后紀》記："八年春，封中謁者張釋卿爲列侯。"注見孟康曰："宦官也。"如淳曰："《百官表》謁者掌賓贊受事。灌嬰爲中謁者，後常以閹人爲之。諸官加中者，多閹人也。"《漢書·成帝紀》注見臣瓚曰："漢初，中人有中謁者令，孝武加中謁者令爲中書謁者令，置僕射。"《漢官舊儀》記："漢置中官，領尚書事。中書謁者令一人。成帝建始四年罷中書官，以中書爲中謁者令"。漢成帝，"建始四年更名中書謁者令爲中謁者令"。《後漢·百官志》："中宮謁者令一人，六百石。"本注曰："宦者。中宮謁者三人，四百石。本注曰："宦者，主報中章。"漢封泥見：《封泥》"中宮謁者，中宮謁丞"，《齊魯》《再續》"齊中謁者"。漢印見：《漢印》"中宮謁丞"。

【考略2001】

"中謁者"爲"中宮謁者"省稱，《封泥考略》有"中宮謁者"封泥。"中宮"爲皇后總稱。以往學術界認爲"中謁者"西漢置。"中謁者"秦封泥的出土，說明此官秦已有之。

【簡讀2002】

《漢書·高后紀》記："八年春，封中謁者張釋卿爲列侯。"注："孟康曰：'宦者也。'如淳曰：'《百官志》謁者掌賓贊受事。灌嬰爲中謁者，後常以閹人爲之。諸官加中者，多閹人也。'"《漢表》少府屬官有"中書謁者"，"建始四年更名中書謁者爲中謁者令"，與此不同。《張家·二年·秩律》："中謁者……秩各六百石，有丞、尉者半之。"

【彙考2007】

中謁者，官名。主文書遞奏傳達，屬少府。《漢書·百官公卿表》：少府屬官有中書謁者令，並云："成帝建始四年更名中書謁者令爲中謁者令。"但《漢書·成帝紀》注引臣瓚曰："漢初，中人有中謁者令，孝武加中謁者令爲中書謁者令，置僕射。"可見漢初已有中謁者一職。由此封泥看，秦時已有"中謁者"之名，非漢成帝更名。其更名另有他故也。

【分域2009】

中謁者，職官名，屬少府，並可以設府。掌管文書的派送傳達。據《漢書·百官公卿表》載，少府屬官中有中書謁者令。

【集證2011】

《古封泥集成》364 "齊中謁者"，160 "中宮謁丞"，《漢印文字徵》3·3 "中宮謁者"，"中" 即 "中宮" 之省。《漢書·百官公卿表》少府屬官有 "中書謁者"。《説文》："謁，白也。" 謁本義爲稟告，引申爲進見、拜見。春秋時已有謁者一官，掌管引進拜見。《國語·晋語四》："謂謁者曰：'沐則心覆，心覆則圖反，宜吾不得見也。'"《後漢書·百官志》大長秋屬官有 "中宮謁者令一人，六百石"，本注曰："宦者。" 又有 "中宮謁者三人，四百石"，本注曰："宦者，主報中章。""中謁者" 即皇后宮之傳達。

【職地2014】

説見 "謁者丞印"。

又：漢武帝以秦時的中謁者爲中書謁者，由宦官充任，代替尚書掌出入奏事，但尚書之官未廢。由 "中謁者" 諸封泥可知，成帝建始四年的更名只是恢復秦時舊稱，停止自武帝開始的由宦官掌管出入奏事的做法。掌宮殿掖門户的郎中令屬官 "謁者"，掌管引見賓客，贊導受事；少府屬官 "中書謁者" 掌 "出入奏事"，二者有所不同。中的含義，安作璋等認爲 "到底是宮中、禁中之中，還是大、中、小之中，或者宮中、禁中不一定是閹人，而是表示皇帝的親信或中郎、郎中，恐怕以後者最爲合適（但不排斥用閹人，也不排斥與大謁者區別）"，此説有一定道理。漢初還有大謁者，《漢書·魏相傳》中大謁者與中謁者同時出現，大謁者比中謁者高。從張家山漢簡《津關令》看，中謁者的 "中" 或爲 "中大夫" 之省，則中謁者全稱爲 "中大夫謁者"，或是專門爲掌議論的中大夫通報傳達事宜而設立。這樣理解的話，中大夫謁者應爲郎中令屬官，似與《百官公卿表》記載 "中書謁者" 爲少府屬官矛盾。實際上，漢武帝設立的 "中書謁者" 是整合了秦時 "中謁者" 和 "尚書" 兩個職官的職能，因其職能是 "掌凡選署及奏下尚書曹文書衆事"，相當於皇帝私人的秘書班子，故隷屬於少府；而秦 "中謁者" 肯定與 "謁者之印" 的 "謁者" 有所區分，之所以名 "中謁者" 很可能是指最親近和最被皇帝信任的謁者。這些 "中謁者" 雖隷屬郎中令，但實際的職掌已經不限於一般的傳達和通報。原爲郎中令屬官的 "中大夫謁者" 改屬少府的時間，可能在漢武帝 "太初元年更名中大夫爲光禄大夫，秩比二千石" 前後。推測秦時各類 "謁者" 包括 "中謁者"（中大夫謁者）均爲郎中令屬官，可能有類似 "大謁者" 的職官統屬各類 "謁者"。吕后時設有長信謁者令（秩千石）、中謁者、長秋中謁者、長信謁者、長秋謁者令（秩各六百石），可見吕后所居長信宮的謁者令秩級高於一般的謁者。此時的謁者已開始分化爲長信、中和長秋等三類，以服務於不同物件。至漢武帝時，以秦時的中謁者（中大夫謁者）爲 "中書謁者"，由宦官充任，掌出入奏事，代替了秦時已有的 "尚書"（可能 "尚書" 作爲職官名還存在，但已無實際職能）。漢武帝之所以這樣改組，蓋因宦官身份特殊，又親近皇帝，便於召喚。漢成帝即位後，爲防止宦官憑藉 "中書宦者令" 之職專權用事而 "罷中書宦官"，所謂 "初置尚書" 可能也僅是恢復秦時"尚書"的職能。秦封泥既有中謁者也有尚書,可見秦時尚書與中謁者分置,班固所説"成帝建始四年更名中書謁者令爲中謁者令,初置尚書"就應該理解爲,成帝更名只是恢復秦時舊稱,而將中書謁者的"書"的職責分置爲"尚書"。張家山漢簡有多種謁者令而没有中謁者,蓋因吕后二年前後還沿用秦時舊制。

【秦官2018】

　　與"中謁者"有關的秦封泥有"中謁者""中謁者府""西方謁者""西方中謁"和"西中謁府"等。《漢書·百官公卿表》云"成帝建始四年更名書謁者令爲中謁者令",今由秦"中謁者"諸封泥可知,建始四年的更名只是恢復秦時舊稱。漢初還有"大謁者",見《漢書·高惠高后文功臣表》桃安侯劉襄"以大謁者擊布",而《漢書·魏相傳》中"大謁者"與"中謁者"同時出現,且"大謁者"地位比"中謁者"高。漢武帝時還有"中書謁者"(《續漢書·百官志三》)。另外,張家山漢簡《二年律令·秩律》還有長信謁者令(秩千石),中謁者、長秋中謁者、長信謁者、長秋謁者令(秩各六百石)等。綜合目前所見秦和漢初有關謁者的資料,我們推測秦時郎中令與少府各有"謁者"類屬官,郎中令所屬"謁者"掌管引見賓客,贊導受事,少府所屬"中謁者"掌"出入奏事",二者職能有所不同。漢武帝時以秦"中謁者"爲"中書謁者",由宦官充任,代替了秦時已有的"尚書"出入奏事;漢成帝即位後,爲防止宦官憑藉"中書宦者令"之職專權用事而"罷中書宦官",所謂"初置尚書"也僅是恢復秦時"尚書"的職能。

【廣封2019】

　　案《漢書·百官公卿表》:"少府,秦官,掌山海池澤之税,以給共養,有六丞。"屬官有"中書謁者"令丞。"成帝建始四年更名中書謁者令爲中謁者令。"又《漢書·高后紀》:八年春,封中謁者張釋卿爲列侯。《漢書·成帝紀》注,臣瓚曰:"漢初中人有中謁者令。孝武加中謁者令爲中書謁者令,置僕射。"而由此封泥可知在秦就已有中謁者,此其印也。

中謁者府

1　　　　　　　　　　2

1.《釋續》圖16;《印集》P76;《彙考》P152;《大系》P386

2.《印風》P134;《彙考》P152;《大系》P386

【釋續2001】

《漢書·百官公卿表》少府屬官有"中書謁者",又云:"成帝建始四年,更名中書謁者令爲中謁者令。"王先謙《補注》:"《成紀》所謂'罷中書宦官',續《志》所謂'成帝用士人復故'也。"由此封泥看,秦時已有"中謁者"之名,非漢成帝時更名也。謁者原爲宮廷賓贊受事之官,亦即帝、后傳達,秦時用士人,"自武帝遊宴後庭,故用宦者"。所謂"成帝用士人復故",不光是復用士人,還恢復了"中謁者"的舊名。中謁者府當是供中謁者器用的府庫。

【簡讀2002】

釋讀見"中謁者"條。中謁者府或即爲負責中謁者官署府藏之官職。

【彙考2007】

同《釋續2001》。

【分域2009】

説見"中謁者"。

【職地2014】

説見"謁者丞印"。

【秦官2018】

説見"中謁者"。

【廣封2019】

案《秦封泥彙考》:中謁者府當是供中謁者器用的府庫。

(八)私　官

私官

1　　　　　　　2　　　　　　　3

1.《西見》圖二:22;《新出》P76;《大系》P231
2.《新出》P76;《大系》P232
3.《大系》P232

【職地2014】

在分析"中官私官"時指出,又:大官是總管君王飲食並領屬多個部門的機構,中官也是一個領有多種屬官的後宮膳食機構。《漢舊儀》"中官私官尚食，用白銀釦器"中的中官私官，應理解爲"中官之私官"，即私官是中官機構所屬的曹屬之一。見於戰國和漢代銅器、璽印封泥中的"中私官"最可能是文獻所見"中官私官"的省稱，如戰國中私官鼎（《集成》02102號）、漢"中私官丞"封泥和"中私官"銅鍾等。漢瓦鈕"中廚印信"一般認爲是"詹事屬官皇后之廚"，比照"中官私官"與"中私官"在名稱上的聯繫，我們認爲"中廚"應是"中官私廚"的省稱，與西安長安神禾原大墓出土"中廚""私廚"等文字資料可以相互呼應。

私官丞印

1
2

1.《彙考》圖版P23
2.《古封》P29；《秦封》P179；《書集》P124；《彙考》P94；《璽印》P447；《大系》P232

【秦封2000】

《漢舊》："中官私官尚食，用白銀釦器。"《漢書·張湯傳·附張放》："太官、私官並供其第。"私官當係皇后官食，有丞、工官。《秦銅》三十六年私官鼎："三十六年工帀（師）瘨，工疑，一斗半升，十三斤八兩十四朱、厶（私）官。"私官鼎："私官鼎。"邵宮盉："邵工私官，四斗少半斗私工工感二十三斤十兩十五。"漢封泥見：《封拓》"北宮私丞"。《封泥》《考與》"長信私丞"。《文史》"中私官丞，私官丞印"。漢印見：《兩漢》"黄室私官右丞"。漢金文見：《文史》中私官銅鍾。南越王墓私官銅盒。徐州漢墓"楚私官"銅鍾。

【考略2001】

《漢書·張湯傳》："大官、私官並供其第。"師古注引應劭曰："私官，皇后之官也。"大官即太官，掌皇宮飲食；私官主後宮飲食，故大官與私官相提，河南三門峽秦漢墓地出土銅鼎有"私官"刻銘。《漢舊儀》和《漢官舊儀》卷二載："太官尚食，用黄金釦器；中官、私官尚食，用白銀釦器。"猶如"私府"稱"中私府"，"私官"亦謂"中私官"或"中私"。出土銅鍾有"中私官""中私"之名者，"中私"爲"中私官"省稱，"中"爲"中官"之省稱。《再續封泥考略》輯錄"中私官丞"封泥。此外，南越王墓出土銀盒有"私官"銘文、漢武帝茂陵陵區出土銅鍾有"中私官"銘文等。《齊魯封泥集存》和《封泥考略》均輯錄"私官丞印"封泥。私官早於戰國時代已出現，陝西咸陽塔兒坡出土戰國銅鼎中有秦昭襄王三十六年"私官"刻銘。

【簡讀2002】

《漢書・張湯傳》:"大官私官並供其第。"服虔曰:"私官,皇后之官也。"《漢舊儀》:"中官、私官尚食,用白銀釦器。"《張家・二年・秩律》:"長信私官……秩各六百石,有丞、尉者半之。"

【西見2005】

半通印,新見,有邊欄無界格。封泥完整,但第二字右邊被壓扁,仔細觀察爲"官"字無疑。私官,戰國秦置,主後宮飲食。關於私宮的文獻及考古資料均很豐富,不贅。已見者有私官丞印封泥,唯此新見者私字"厶"部首居上。

【彙考2007】

私官,官名。戰國秦置,乃皇后食官。私官丞應爲私官令之副。戰國及秦代的青銅器銘文已有私官字樣,如咸陽塔兒坡出土的"三十六年私官鼎"是其證也。《漢書・張湯傳》:"天子取婦,皇后嫁女,大官、私官並供其弟。"顏師古注引服虔曰:"私官,皇后之官也。"《漢舊儀》:"太官尚食用黃金釦器,中官私官尚食用白銀釦器,如祠廟器。"

【詹事2010】

秦封泥有"私官丞印"多方,見於新出西安相家巷的秦封泥及流散的秦封泥,也見於較早的著録《齊魯封泥集存》,漢代封泥"中私官丞"爲中宮私官之丞,這些都是爲皇后服務的食官。張家山漢簡有"長信詹事",又有"長信私官",爲"長信詹事"屬官,是專管太后膳食的食官,長信私官令,秩六百石,與太子食官令的俸秩一樣。長信私官令下有丞,"長信私丞",西漢封泥可爲證,薪俸三百石。"長信詹事"下除設"私官令"之外,也司能設有"私官長"。這些"私官"與爲王主膳食的"太官""泰官"有所區別,是特指王后或太后的食官。封泥資料將各種身份所屬都定義得很清楚。《漢書・張湯傳》以"大官""私官"並列,分別指王后的食官,就是最好的注解。"私官"一詞也習見於漢初的出土實物中。例如武帝太初二年做了一批"中私官銅鐘"(《文物》1980.7)、徐州銅山小龜山出土"楚私官量"(《文物》1973.4)等。

【廣封2019】

案《漢書・張湯傳》:"天子取婦,皇后嫁女。大官私官並供(具)〔其〕第。"(服虔曰:"私官,皇后之宮也。")又《漢書・百官公卿表》:"詹事,秦官,掌皇后、太子家,有丞。"屬官有"私府"長丞。《漢書新證》:直按,"大官令屬少府,私官屬詹事,大官供膳食,私官供用具。"又曰:私府,直按,"私府長丞,即私官長丞。"此其丞之印也。《秦封泥彙考》:戰國及秦代的青銅器銘文亦有私官字樣,如咸陽塔兒坡出土的"三十六年私官鼎"是其證也。

瑞按:嶽麓秦簡033—036號簡所記《亡律》中有"寺車府、少府、中府、中車府、泰官、御府、特庫、私官隸臣,免爲士五、隱官,及隸妾以巧及勞免爲庶人……"等語。魯家亮認爲律文或是專門針對少府中一些特殊逃亡情況的補充規定(《嶽麓書院藏秦簡〈亡律〉零拾》《出土文獻與法律史研究（6）》P121—122）。若如是，則私官應屬少府。然從033—036內容看，少府和寺車府、中府、中車府、泰官、御府、特庫、私官等職官爲並列關係，不僅尚難確定是時各職官均屬少府，反而也可被看作其它職官本不屬少府的證據。

私官左般

1
2

1.《在京》圖二：15；《大系》P233
2.《新官》圖24；《印集》P158；《彙考》P250；《大系》P233

【新官2002】
　　"私官"參見《秦封泥集》一·二·89"私官丞印"。李學勤先生在討論西漢齊王墓出土銅器銘文時指出："右般或右般者，較費解。按'右'與'侑'通，訓爲助，'般'可訓爲樂，'右般'可能是侑王宴樂的官職。"按"左"亦訓佐、助。左、右般除字面分列左、右外，可能亦如李先生所述之意。又《墨子·尚賢中》記："般爵以貴之，裂地以封之。"爲頒、賜之義，按私官之職，或有頒賞之事。西漢齊國銅器銘有鼎："齊食官，朱，南宮鼎。齊食大官，右般者。"勺："齊大官，右般。北粢人。"缶："齊大官，下米。齊大官，右般"等數件。鈁："重二斤十五兩。齊食官，上米，齊大官，又（右）般"等二件。銀盤銘："左工，一斤二兩。容五升。朱。南般。"秦之私官左、右般，自然是西漢齊王大官般、南官般之源。
【在京2005】
　　《漢書·張湯傳》："大官私官並供其第"。服虔曰："私官，皇后之官也。"左般爲與右般對應者。
【彙考2007】
　　王輝先生推測：般或指般游，遊樂。《爾雅·釋詁》："般，樂也。"邢昺疏："般者，遊樂也。"《荀子·仲尼》："閨門之內，般樂奢汰。"楊倞注："般亦樂也。"此或爲後宮助王后妃、諸公子遊樂的私官。因其人數較多，又分左右。
【分域2009】
　　讀作"左官私官"，左般和右般，官名。《爾雅·釋詁》云："般，樂也。""般"可能爲秦王室管理娛樂事務的官吏，並分爲左、右。

【詹事2010】

從新出秦封泥文字知"般"分"左""右",爲"私官"下屬,齊王器"右般"在"大官"下,常山王銅器"常食中般"應是"常山王食官中般"之省。那"信宮罍""信宮左般"應是"信宮食官左般"省。"般"分左、中、右,"右"訓爲"佑助"不妥,訓"般"爲"樂"還可,戰國齊器"陳曼簠"兩銘相似,"不敢般康"一作"不敢逸康","般康"經典或作"盤康","般"訓爲逸樂、安樂。"左般""中般""右般"應是食官(太官、私官)下屬,分左、中、右,其有司稱"般者",據齊王墓出土銅匕,"般"下屬有"粲人",黃展岳舉漢"雲陽鼎"銘文"粲食者"爲證,認爲"粲"爲"餐"之假借,"粲人"掌王之進獻饋食者。李學勤也讀"粲人"爲"餐人",是向王進飲食的人員,兩者的説法相同,都很正確。秦封泥又有"尚浴右般""尚浴寺般"(《考古與文物》2005.5),如封泥真僞及釋義不誤,"般"字或也可以讀爲"班次"的"班",位次、序列之意。秦封泥"信宮車府",上海博物館藏的"平官鼎"從字體看應是戰國晚期到秦風格。珍秦齋藏的"信宮罍"説是秦器,應該也是可以的。新出秦"私官左般""私官右般"封泥,聯繫西漢文字資料,使我們知道食官(大官、私官)屬下有分左、中、右的"般",其有司稱"般者","般者"還領有"粲人"(餐人)都是爲王與后餐飲服務的人員。

【左右般2013】

秦封泥中有"弄右般""私官左般""私官右般"和"尚浴右般",學者對其中的"左般"和"右般"的釋義有不同意見。通過對西漢齊王墓出土飲食器銘文的分析,其中"右般"與其他諸多負責王室飲食的職官同時出現在銘文中,其職掌應該與飲食製作有密切關係,而不可能是爲王室宴會提供樂舞。根據對秦漢時期器物銘文中"般"字的考察,認爲"般"同"盤",其職掌是負責製作盛放在盤中的食品。"右般"和"般"應是爲王室製作飲食的機構。般,通"盤"。推測齊王墓出土器物銘文以及秦封泥中的"左般""右般"和"般",應該釋作"左盤""右盤"和"盤"。"般"可能指的是一種裝在盤中的食品。"私官左般"與"私官右般"中的私官是一種食官。"左般"和"右般"中的"左""右"是秦漢職官設置的習慣做法,即將一個較大機構分成一左一右。李學勤先生將"右般"之"右"釋爲"侑",周曉陸等先生贊同李先生的觀點有待商榷。秦漢時期,某機構由於人員衆多常分爲兩個部門,爲區分而在兩部門前用一些相互對立的詞加以標識,如大與小、東與西、上與下、陰與陽等,其實際並無具體所指,只是作爲區分代號。秦漢官職分左右普遍,如左右丞相、左右司空,左右廄、左右工室、左右水等,不能釋爲"佐""侑"。且秦漢職官没有帶"侑"的,而"右"能釋爲"侑"也無一例。"左"可釋"佐"只有左弋。《秦封泥集》收"佐弋"五品,《新出封泥彙編》收錄"佐弋"七品,無一作"左弋",與《史記·秦始皇本紀》相同。官印封泥是官印反映,其文字是當時正式寫法,"佐弋"封泥説明秦時之"佐弋"而非有"左弋",《漢書》將"佐弋"寫作"左弋"可能是省筆,也不能排除錯寫、誤寫或傳抄誤寫的可能。

【職地2014】

從秦封泥來看,秦時私官有"左般"和"右般"之分。李學勤認爲"右般"是食官屬官,可能是佑王宴樂的官職,傅嘉儀認爲"般或指遊樂"。但從"尚浴右般""私官左般"

和"私官右般"來看,此"左般"和"右般"是曹署之分左右而並非職官名稱,蓋因後宮私官衆多,分爲左右兩曹理事。陳昭容分析戰國秦漢刻有"般"字器物,綜述各家意見："'左般''中般''右般'應是食官(大官、私官)下屬,分左、中、右,有司稱'般者'秦封泥又有'尚浴右般''尚浴寺般'。這個'般'字或也可以讀爲'班次'的'般',位次、序列之意。"秦封泥中"左般"和"右般"應是"左般者"和"右般者"之省。

又:秦仿效三晋設置私官機構後改用"左般"和"右般"來區分曹署,並被漢代沿用。

【廣封2019】

讀"左般私官",同《彙考2007》。

私官右般

1　　　　　　　2　　　　　　　3

1.《印集》P159;《彙考》P251;《大系》P233
2.《印風》P130;《大系》P233
3.《大系》P233

【新官2002】

说見"私官左般"。

【簡讀2002】

釋讀見"私官丞印"。李學勤先生《齊王墓器物坑銘文試析》認爲"右般"是食官屬官。

【彙考2007】

说見"右般私官"。

【分域2009】

讀爲"右般私官"。说見"私官左般"。

【詹事2010】

说見"私官左般"。

【研究2012】

考釋"右淳右般"時指出,羅福頤先生《官印徵存》讀爲"右右淳般",王人聰先生在《論西漢田字格官印及其年代下限》中讀作"右淳右般"。都未作解釋。王氏讀作"右淳右般"是正確的。"右淳"無考,"右般"爲官名,見於銅器。如傳世泰官鼎:"泰官,二斗十一升,右般中。"80年代從西漢齊王墓中又有多件出土。……李學勤先生在所著《齊王墓器物坑銘文試析》中,認爲"右般"是食官的屬官,是正確的。值得注意的是,除"右般"外,食官屬下還有"中般",1991年河北獲鹿高莊出土西漢常山國五件銅執爐,腹部外壁均刻有"常食中般"四字,所附兩件銅耳杯下也刻有"常食中般"四字。這裏"中般"爲常山國食官屬下,"中般""右般"之中、右顯然指方位而言,推測與"右般"相對應有"左般"。90年代,山東昌樂東圈西漢墓出土的燈盤,又添一"右般"新例。銘文説:"菑(瑞按,此處原缺)川宦謁右般北宮豆,元年五月造,第十五。"銘文中"宦謁",本文在考釋"廣陵宦謁"印時已經説明,它是由宦官充任的謁者,是詹事的屬官。看來,"右般"不僅僅是食官的屬官。般通班。……作爲官名的般可能是安排位次、排列順序的人。

【左右般2013】

　　説見"私官左般"。

【職地2014】

　　説見"私官左般"。

【廣封2019】

　　讀"右般私官",説見"私官左般"。

私官園□

《大系》P233

私南□丞

《大系》P234

（九）私　　府

私府丞印

《上封》P57

【官印1990】

在考訂"私府"印時指出,《漢書·百官公卿表》:"詹事,秦官",屬官有"私府"。此二印的字體及有日字格的特點來看,當係秦詹事的屬官"私府"所用之印。

【發現1997】

《漢書·百官公卿表》:"詹事,秦官。掌皇后、太子家,有丞。屬官有太子率更、家令丞、僕、中盾、衛率、廚廄長丞,又中長秋、私府、永巷、倉、廄、祠祀、食官令長丞。"

【宦官1997】

據《漢書·百官公卿表》,皇后宮官詹事的屬官有私府令丞。《後漢書·百官志》載,皇后宮官大長秋的屬官有中宮私府令丞,均爲宦官,其職掌爲"主中藏幣帛諸物,裁衣被補浣者皆主之"。就私府的性質、地位及職掌範圍而言,大致與御府相當。只是御府係少府屬官,主要爲君主服務;私府則係詹事或大長秋(西漢成帝省詹事官,並屬於由將行而更名的大長秋)的屬官,主要爲皇后服務。在皇太后宮官系統,也有私府機構的設置。《封泥考略》卷一錄有"長信私丞"封泥,私丞即爲私府丞之省文。私府,又有中私府、私官、中私官等名稱。秦私府未見史籍記載,此次"私府丞印"封泥的發現,無疑可以彌補史料的不足,說明私府機構秦已設置。

【印考1997】

印面正方形,田字格,邊長2釐米,印文瘦勁,邊欄完整。《漢書·百官公卿表》:"詹事,秦官,掌皇后、太子家,有丞。……又有中長秋、私府、永巷、倉廄、食官令長丞,諸宦官皆屬焉。"師古曰:"私府,藏鈔之府,天子曰少府,諸侯曰私府。""私府",又名"中宮藏府",亦稱"家府"。《漢書·外戚傳》記載成帝"省減椒房,掖庭用度"(師古曰:椒房殿皇后居住)。皇后上疏中說道:"……非可復若私府有所取也,其萌芽所以制妾者,恐人失理……"

【叢考1998】

秦之私府是主供皇后日常生活的宦官機構。……私府是爲皇后服務的宮官機構名,具有儲藏、製造功能;私官是皇后官名。……"私府丞印"爲私府長官私府令(或長)

之佐官印。

【考略 2001】

相家巷遺址流散秦封泥有“私府丞印”，疑此“私府丞□”爲“私府丞印”。《漢書·百官公卿表》載，“私府”爲皇后卿之屬官。私府掌後宫中收藏幣帛諸物，裁製補浣衣物。《後漢書·百官表》記載，大長秋屬官有“中宫私府令”，《漢儀》有“中宫藏府令”，《漢官》有“中藏府”，《漢官儀》有“中黄藏府”，“私府”或與“中宫私府”“中宫藏府”“中藏府”異名同官。《兩漢官印匯考》有“中私府長李封字君游”印，“中私府”當爲“中宫私府”之省稱。《漢金文録》有“中私府銅鐘”。

【秦封 2000】

《漢表》：“詹事，秦官，掌皇后太子家，”屬官有“私府……長丞”。師古曰：“皇后之官。”《後漢·百官志四》：“中官私府令一人，六百石。本注曰：宦者。主中藏幣帛諸物，裁衣被補浣者皆主之。丞一人。本注曰：宦者。”《漢書·外戚傳》：“若不私府小取，將安所仰乎？”“今吏甫受詔讀記，直豫言使后知之，非可復若私府有所取也。”《秦銅》禮泉北私府銅橢量“北私府”。秦印見：《徵存》“私府”。漢封泥見：《齊魯》《封泥》“私官丞印”，《齊魯》《再續》“中私官丞”，《封泥》《考與》“長信私丞”，“廣陵私府”（未發表圖）。漢印有：《徵存》“河間私長朱宏”。

【簡讀 2002】

《漢表》：“詹事，秦官。……屬官有……私府。”《漢書·路温舒傳》：“上善其言，遷廣陽私府長。”師古曰：“藏錢之府，天子曰少府，諸侯曰私府。”《張家·二年·秩律》：“私府長……秩各五百石，丞三百石。”

【上封 2002】

《百官表》屬詹事，《後漢書·百官志》（下簡稱《百官志》）有“中宫私府令”，主中藏幣帛諸物及裁衣被補浣者。館藏又有“私官丞印”，《漢書·張湯傳》：“太官，私官並供其第。”應劭曰：“私官，皇后之官也。”漢承秦，有“私官丞印”封泥。

【彙考 2007】

私府丞，官名，私府長之佐官。私府，主中藏幣帛之物，屬皇后詹事，秦置，漢因之。《漢書·百官公卿表》：“詹事，秦官，掌皇后、太子家，有丞。屬官有……私府……”《漢書·外戚傳》孝成許皇后上疏中有“……若不私府小取，將安所仰乎？”師古曰：“藏錢之府，天子曰少府，諸侯曰私府。”

【分域 2009】

私府丞，職官名，當爲私府令之佐官。私府，負責管理中藏幣帛之物，屬皇后詹事。《漢書·百官公卿表》云：“詹事，秦官。掌皇后、太子家，有丞。屬官有太子率更、家令丞、僕、中盾、衛率、廚廄長丞，又中長秋、私府、永巷、倉、廄、祠祀，食官令長丞。”又，詹事屬官中有“私府”，其功能與“私庫”相近。

【集證 2011】

“私”“府”二字已殘，但爲此二字則無疑。此封泥與“北私府”橢量皆證明秦有私府。(以下文字原爲釋讀"私府"秦印)私府秦漢皆有,《漢書・路温舒傳》:"上善其言,遷廣陽私府長。"師古曰:"藏錢之府,天子曰少府,諸侯曰私府。"又《百官公卿表》詹事屬官有私府令長丞。師古曰:"皇后之官。"私府爲皇后之官,"廣陽私府"則是廣陽國后之官(廣陽是燕王旦太子建的封邑)。秦有北私府,見於禮泉縣所出銅橢量。

【職地2014】

張家山漢簡有"和(私)府長",與文獻所見漢代諸侯王、諸公主家均有私府機構的記載是一致的。《後漢書・皇后紀》:"漢制,皇女皆封縣公主,儀服同列侯。漢法,大縣侯視三公。其尊崇者,加號長公主,儀服同蕃王……其職僚品秩,事在《百官志》。"注引《漢官儀》曰:"長公主傅一人,私府長一人,食官一人,永巷長一人,家令一人,秩皆六百石,各有員吏。"《漢書・路温舒傳》:"上善其言,遷廣陽私府長。"師古曰:"藏錢之府,天子曰少府,諸侯曰私府。"此與其在《百官公卿表》"詹事"屬官有"私府"前後説法似有矛盾。王先謙補注:"顔説非也,漢制諸侯王國亦有少府,不名私府。《百官表》詹事、中長秋、私府令長丞皆屬焉。然則私府皇后之官也,語侯王之後亦有之耳。"漢代私府是太后、皇后、諸侯王之後、諸公主家等所設立的管理其日常所需金錢、儀仗、兵器等的機構。《漢書・外戚傳・孝成許皇后》:"陛下見妾在椒房,終不肯給妾纖微内邪? 若不私府小取,將安所仰乎?"《漢書・文三王列傳・梁平王襄》:"鴻嘉中,太傅輔奏……非耕、祠,法駕毋得出宮,盡出馬置外苑,收兵杖藏私府,毋得以金錢財物假賜人。"秦私府也是管理金錢的機構。《戰國策・韓策・秦攻陘》:"陳軫謂秦王曰:'且王求百金於叁川而不可得,求千金於韓,一旦而具。今王攻韓,是在絶上交而固私府也,竊爲王弗取也。'"出土文獻所見秦"私府"資料較豐富。1982年陝西禮泉縣出土北私府橢量及新著録私府鼎,蓋鑿銘文"私府"。王輝先生認爲,北私府銅橢量之"北私府"是"北宮私府"之省,同意曹錦炎將"北私庫印"釋作"北宮私庫"之省的看法,説"北私庫"是皇后府、庫,"與'北庫'是朝廷府庫不同"。我們認爲,"北"指北宮和"北私庫"是皇后府庫均無問題,但需明確二者設立在皇帝所居北宮,但供給對象是皇后日用所需。同此,"武柏私府"或設於"武柏"的私府,武柏或爲秦某公主封邑。"私府丞印"封泥中"私"字所從之"禾"有明顯不同,即表示穀穗的一筆有拖曳而下,與整個字的下端齊平的寫法。"私"字這種寫法在半通"私府"璽印中常見。類似印文内容相同而文字筆畫有異現象在秦封泥中較常見,應是不同時期用於鈐蓋封泥的璽印不同所致。秦封泥"北宮私丞"和"長信私丞"的"私"有"私府""私庫"或"私官"之省三種可能。

【廣封2019】

案《漢書・百官公卿表》:"詹事,秦官,掌皇后、太子家,有丞。"屬官有"私府"長丞。此其丞之印也。

（十）北　　宮

北□

　　1　　　　　　2　　　　　　3　　　　　　4

1.《發現》圖85；《圖例》P55；《秦封》P204 ；《彙考》P132；《璽印》P392；《大系》P29
2.《大系》P35
3.《大系》P35
4.《酒餘》P27；《大系》P34

【發現1997】
　　《史記·高祖本紀·正義》引《輿地志》"秦時已有南、北宮"。以上封泥記録北宮有幹廥丞、工丞、左弋丞、私府丞、宦者丞之設。

【南北宫1997】
　　甘泉宫即"南宫"，稱"咸陽南宫"，"北宫"也只能在渭北。"北宫"位置，數證並舉，應在渭北。因此秦之"南宫""北宫"蓋因渭爲界而得名。秦封泥中，"北宫"屢見。"北宫"類封泥有"北宫""北宫幹丞""北宫工丞""北宫弋丞""北宫私丞""北官宦丞"等，其他資料又有"北私庫印""北庫""北私府"等，其職官機構龐大，反證"北宫"是一處規模宏大的宫室建築群。

【字典1998】
　　秦陶北宫，見《周禮·天官·内宰》"王之北宫"注："北宫，後之六宫。"諸侯後宫亦稱北宫。《左·襄十》："殺子駟、子國、子耳，劫鄭伯以如北宫。"

【叢考1998】
　　《史記·高祖本紀·正義》引《輿地志》云："秦地已有南、北宫。"……北宫，秦文字材料亦有證可尋，前引禮泉出土的秦兩詔銅橢量，上有銘"北私府"，即"北宫私府"之省稱。私府本詹事屬官，以宫命官，是秦之習慣，"北宫私府"是專屬於北宫的私府的分支機構，是專爲居於北宫的皇后服務的。……北宫位置，數證並舉，應在渭北，因此，秦之南、北宫，蓋因渭爲界而得名，當不會爲大誤。……北宫是一處規模宏大的宫室建築群。關於北宫性質，我們可以斷言其有後宫性質，……北宫即在渭北，又規模宏大，又有後宫性質，因而北宫極有可能就是渭北的咸陽宫。地位重要的咸陽宫在秦封泥中隻字未提,更可以作爲北宫即咸陽宫的依據。只有咸陽宫可與秦封泥中的北宫性質和地位相稱。因而我們幾乎可以説,北宫即咸陽宫。

【秦封2000】

《史記・高祖本紀》:"置酒洛陽南宫。"正義引《輿地志》云:"秦時已有南、北宫。"《史記・吕不韋列傳》:"齊人茅焦説秦王,秦王乃迎太后於雍,歸復咸陽。"集解引徐廣曰:"入南宫。"據此,則北宫在首都咸陽。參見"南宫郎丞"。

【簡讀2002】

《史記・高祖本紀》:"置酒洛陽南宫。"《正義》:"《輿地志》云:秦時已有南北宫。"

【彙考2007】

同《秦封2000》。

【圖説2009】

説見"南宫郎中"。

【分域2009】

北宫,秦宫名。據《史記・高祖本紀》正義載,秦時已經有南、北宫。工丞爲北宫工室丞的省稱。

【詹事2010】

從秦封泥資料看,不同單位有相同的職官名稱時,有所區別實屬必要。例如上述的太后詹事漆器就是以"身份"作區別。"隨其所在以名官"的原則,也同樣存在於秦代印文封泥中。例如秦都宫苑有"北宫""南宫",以渭河爲界。西安新出秦封泥多見兩宫相關資料,如"南宫郎丞""北宫榦丞"等。"北宫"指王與后所居的渭北咸陽宫,故北宫除了有王的屬官之外,也出現王后屬官如"北宫私丞"封泥等。"南宫"指渭南甘泉宫,太后所居,秦印有"南宫尚浴"等即是太后屬官。秦封泥有一些專理皇后事務的屬官封泥。常以"中"字開頭,如"中羞"管皇后食事,"中廄"爲皇后車馬所在,"中"爲"中宫"(皇后所居)之省,也是一種區別記號。

【宫殿2011】

北宫地望文獻失載,諸家均據《史記・高祖本》中正義引《輿地志》"秦時已有南北宫"來解釋,但北宫地望仍不明確,甚至有人認爲信宫就是咸陽宫。劉慶柱、李毓芳認爲:"北宫是相對南宫的位置而言的。……秦北宫與南宫是根據相對方位命名的,其參照系應是'渭河'而不是'章臺',這從《史記・秦始皇本紀》等有關'渭南'的文獻記載即可一目了然。'渭南',是相對'渭北'而言的,它們都是以渭河爲座標。因此我們認爲秦北宫應在渭河北岸的秦咸陽城内……秦北宫不僅僅是作爲'内宫',秦北宫作爲與渭南的章臺、興樂宫、甘泉宫、信宫(極廟)等相對應的'渭北'主要宫廷,也就是秦咸陽城的咸陽宫。"我們同意北宫就是咸陽宫的説法。《史記・始皇本紀》:"始皇置酒咸陽宫,博士七十人前爲壽……聽事,群臣受決事,悉於咸陽宫。"又《刺客列傳》"見燕使者咸陽宫"。可見咸陽宫就是秦始皇處理政事的朝宫,只是統一後又修建了"甘泉前殿"和連接"甘泉前殿"與咸陽宫之間的"甬道"。至此秦昭襄王時期常作爲朝宫的“渭南”的章臺的地位被完全取代了。咸陽宫作爲秦始皇處理政事的朝宫,當然也會有寢宫、後妃居所等。新出土秦封泥有北宫斡丞、北宫斡官、北宫工丞、北宫工室、北宫宦丞、北宫庫丞、北宫私丞、北宫弋丞、北宫御丞等,總品數多達37枚,其中有些是少府屬官,有些純粹是後宫屬官。這些封泥不管從數量還是職官的種類上都説明了北宫是“王之宫”的朝宫性質。西安市長安區神禾原秦大墓出土銅飾件上刻有“北宫樂府”銘文,可見北宫設有“樂府”機構,而樂府正是專門爲皇帝娛樂服務的專門機構。這些都説明北宫——咸陽宫就是秦始皇的朝宫。至於後來“始皇以爲咸陽人多,先王之宫廷小……乃營作朝宫渭南上林苑中”,是爲了將分割渭河兩岸的宫殿連接起來,以組成氣勢恢弘的宫殿群,也是秦始皇“大咸陽戰略”和“法天思想”的具體表現。

【集證2011】

　　第二字已殘,從殘畫看,殆是“宫”字,此爲秦北宫之印。

【職地2014】

　　同《宫殿2011》。

　　瑞按:原讀“北宫”,封泥下殘,是否爲“宫”尚難確定。

北宫丞印

　　無圖,釋讀見《職地》P315。

　　瑞按:封泥見《職地2014》P537所引,謂日本觀峰館藏,未見圖像。

北宫工丞

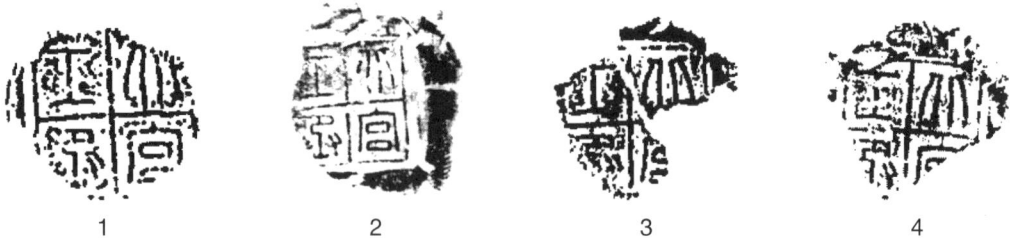

| 1 | 2 | 3 | 4 |

1.《秦封》P205;《彙考》P133
2.《彙考》P133;《大系》P30
3.《秦封》P205;《彙考》P133
4.《發現》圖87;《圖例》P55;《秦封》P205;《書集》P123;《彙考》P133

【發現1997】

説見"北宮"。

【印考1997】

説見"少府工丞"。

【簡讀2002】

釋讀見"北宮""少府工丞"條。

【秦封2000】

此爲北宮工室之丞。北宮之説見"北宮"。秦《睡虎·秦律雜抄》："省殿，貲工師一甲，丞及曹長一盾。"整理組注："丞，這裏應指工官的負責官員。"《睡虎·工律》："縣及工室聽官爲正衡石嬴（累）、斗用（桶）、升，毋過歲壺（壹）"。整理組注："工室，管理官營手工業的機構。《封泥彙編》有漢封泥'右工室丞''左工室印'。《漢書·百官公卿表》有考工室，屬於少府。"漢封泥有：《齊魯》《再續》"左工室印"，《再續》《澂秋》"右工室丞"，《印典》"齊左工丞"。

【上封2002】

"工丞"爲"工室丞"之省。《史記·高祖本紀》《正義》引《興地志》："秦時已有南北宮。"入漢，甘泉官地在雲陽，南宮又爲縣名，在今河北，與封泥無涉。秦北宮當與南宮相對，但史籍未記所指具體何在。秦時咸陽宮殿有渭南、北阪、渭北臨水三區，甘泉（南宮）在渭南，咸陽宮在渭北，《史記·秦始皇本紀》："秦每破諸侯，寫仿其宮室，作之咸陽北阪上。"有的學者認爲即咸陽宮。新出秦封泥中北宮之官又有斡丞、弋丞，冠以北宮的官名分別有少府及詹事屬官，説明包括了後宮在內，可見爲重要的一處官殿，我們認爲這與咸陽宮的地位是符合的。

【秦工2007】

説見"屬邦工室"。

【彙考2007】

北宮，秦漢宮殿名。《秦會要訂補·方輿中》引《興地志》云："秦時已有南北宮"。北宮工丞當爲北宮工室丞之省稱。

【圖説2009】

説見"南宮郎中"。

【分域2009】

工丞爲北宮工室丞的省稱。

【集證2011】

此爲北宮工丞之印，由例12"少府工丞"爲少府工室丞看，此"北宮工丞"亦當是北宮工室之丞。上文已提到秦時北宮爲皇后所居之處。秦時太后或設機構造器，如太后車舉有"太后"二字，拙著《秦銅集釋》以爲此車舉爲宣太后器，"宣太后是一位聽政的女主，權力又極大，故以太后的名義設立機構製造器物，或爲她專造器物，都是合乎情理的。宣太后之外的其他太后，恐怕就沒有這種特權了。"其他太后、皇后雖不以太后的名義造器。但其所居宫室仍設工官,製造日用器物。

【職地2014】

北宫工室,應該是負責皇帝日常生活所需器物的製造。

【廣封2019】

案《史記・秦始皇本紀》:“秦王乃迎太后於雍而入咸陽,復居甘泉宫。”注,《集解》徐廣曰:“表云咸陽南宫也。”據此當時也應有北宫。《睡虎地秦墓竹簡・工律》:“縣及工室聽官爲正衡石贏(累)、斗用(桶)、升。”整理小組注:“工室,管理官營手工業的機構。《封泥彙編》有漢封泥‘右工室丞’‘左工室印’。《漢書・百官表》有考工室,屬於少府。”《漢書・百官公卿表》:“少府,秦官,掌山海池澤之税,以給共養,有六丞”,屬官有“考工室”令丞。(臣瓚曰:“冬官爲考工,主作器械也。”)工丞應爲工室之丞也。

北宫工室

《在京》圖二:20;《璽印》P438;《大系》P31

【在京2005】

《史記・孝武本紀》:“又置壽宫、北宫,張羽旗,設供具,以禮神君。”《正義》:“《括地志》云:‘壽宫、北宫,皆在雍州長安縣西北三十里長安故城中。’《漢書》云:‘武帝壽宫以處神君。”《史記・外戚世家》:“唯獨置孝惠皇后居北宫。”《索隱》“按:宫在未央北,故曰北宫。”《正義》:“《括地志》云:‘北宫在雍州長安縣西北十四里,與桂宫相近,在長安故城中。”工室即工官。《史記・絳侯周勃世家》:“居無何,條侯子爲父買工官尚方甲楯五百被可以葬者。”《索隱》:“工官即尚方之工所做物,屬尚方,故云工官尚方。”《漢書・食貨志》:“邊兵不足,乃發武庫工官兵器以澹之。”“召工官治車諸器,皆仰給大農。”《睡虎・工律》:“縣及工室聽官爲正衡石贏、斗甬、升,毋過歲壹”。整理組注:“工室,管理官營手工業的機構。”《秦封2000》有“北宫工丞”。

【官名2013】

《秦會要補訂・方輿中》引《輿地志》曰:“秦時已有南北宫。”北宫工丞應是屬於北宫宦官系統的職官,執掌宫内物品的製造與修繕之職。

【職地2014】

秦設有北宫工室,是負責皇帝日常生活所需器物的製造。

北宫左工丞

1　2

1.《新出》P7;《大系》P33
2.《大系》P34

　　瑞按: 封泥已有"北宫工丞""北宫工室",此"北宫左工丞"或即爲"北宫左工室丞"省。

北宫司空丞

《大系》P32

　　瑞按: 秦代建築遺址如阿房宫、秦始皇陵等多處出土有"北司"陶文,以本封泥言,其當爲"北宫司空"之省。從"北司"陶文廣泛見於秦代大型建築的情況看,北宫司空應爲秦統一之後的一個具有非常重要地位的建築機構。

北宫弋丞

1　2

1.《印集》P64;《彙考》P134;《大系》P33
2.《發現》圖88;《圖例》P55;《秦封》P205;《書集》P123;《彙考》P134;《璽印》P437;《大系》P33

【發現1997】

説見"北宫"。

【印考1997】

説見"佐弋丞印"。

【叢考1998】

左弋,《漢書·百官公卿表》:少府屬官有左弋,武帝太初元年改名佽飛。左弋即佐弋,左佐字同。王先謙《漢書補注》云:"佐謂助弋射之事,因以名官。"佐弋即助弋射之官,有令丞。漢城遺址多出土有"佐弋"瓦當,居延漢簡有"左弋弩六百廿"等文,漢代佐弋還兼造弓弩。……北宫弋丞,按照秦以宫命官的習慣,是專設於北宫的助弋之官,性質與左弋同。

【秦封2000】

《漢表》:"少府屬官有左弋,掌弋射。"此爲北宫之弋(原文爲"戈"字)丞。北宫之説見"北宫"。參見"佐弋丞印"。

【簡讀2002】

釋讀見"北宫""佐弋丞印"條。

【彙考2007】

《漢書·百官公卿表》少府屬官有左弋,掌弋射。"北宫弋丞"指設於北宫内主射獵之官吏。

【圖説2009】

説見"南宫郎中"。

【分域2009】

弋,當指弋射而言,可能是設在北宫掌管射獵事務的官吏。

【集證2011】

《漢書·百官公卿表》少府屬官有"左弋令、丞","北宫弋"當爲"北宫左弋"之省。

【秦官2018】

説見"佐弋丞印"。

【廣封2019】

案《漢書·百官公卿表》:"少府,秦官,掌山海池澤之税,以給共養,有六丞。"屬官有"左弋"令丞,武帝太初元年更名左弋爲佽飛,佽飛掌弋射。又《史記·秦始皇本紀》:"秦王乃迎太后於雍而入咸陽,復居甘泉宫"注,《集解》徐廣曰:"表云咸陽南宫也。"據此當時也應有北宫。

北宮幹官

1

2

1.《在京》圖三：2;《璽印》P438;《大系》P30
2.《新出》P6;《大系》P30

【在京2005】
　　《秦封》録有"北宮工丞"。幹官見前釋。

【璽印2018】
　　説見"少府幹官"。

【秦官2018】
　　據秦封泥"北宮幹官"和"北宮幹丞",可知皇帝所據之北宮亦設置幹官。從秦少府的皇家私官的性質和職掌範圍來看,北宮所設"幹官"應該屬少府幹官管轄。

北宮幹丞

1

2

3

4

1.《印集》P64;《書集》P123;《彙考》P134;《大系》P29
2、3.《大系》P29
4.《大系》P427

【發現1997】
　　説見"北宮"。

【印考1997】

說見"少府斡丞"。

【叢考1998】

斡官就是管理鹽鐵酒等財貨的官吏。……北宮斡丞當因北宮地名而設,是主管北宮錢幣、財貨之官。其長官爲令,丞爲其佐。

【秦封2000】

此爲北宮之斡丞,參見"北宮","斡廥都丞"。

【簡讀2002】

釋讀見"北宮""少府斡丞"條。

【彙考2007】

斡,木名。其意亦爲築墙時立在兩頭之木。《左傳》:"(宣十一年)平板斡,稱畚築。"故北宮斡丞當爲設於北宮主管宮室建築、負責所需木材的官吏。

【圖說2009】

說見"南宮郎中"。

【分域2009】

斡丞,當是指負責宮室建造事務的佐官。

【集證2011】

第二、三字殘,第三字爲"斡"字無問題,第二字依文例亦當爲"宮"字。由前文我們知道少府有"斡丞",而由此印我們又知道北宮亦有"斡丞",這些都可以補《漢書‧百官公卿表》之缺。

【職地2014】

說見"少府"。

【秦官2018】

說見"北宮斡官"。

【廣封2019】

案《秦封泥彙考》:"斡,木名。其意亦爲築墙時立在兩頭之木。《左傳》:'(宣王十一年)平板斡,稱畚築。'故北宮斡丞當爲設於北宮主管宮室建築、負責所需木材的官吏。"又《漢書‧百官公卿表》:治粟內史屬官有"斡官",有長丞,"初,斡官屬少府,中屬主爵,後屬大司農。"(如淳曰:"斡音筦,或作幹。斡,主也,主均輸之事,所謂斡鹽鐵而榷酒酤也。")《史記‧秦始皇本紀》:"秦王乃迎太后於雍而入咸陽,復居甘泉宮。"注,《集解》徐廣曰:"表云咸陽南宮也。"據此當時也應有北宮。

北宮私丞

1 2

1.《發現》圖89;《書集》P123
2.《秦封》P207;《彙考》P136

【官印1990】
　　在考訂"北私庫印"印時指出,此印有田字格,印文右起由上至下讀,字體秦篆。"北私庫"當係主管收藏和鑄造兵器和銅器的機構。1961年咸陽長陵車站北沙坑出土一件秦代銅鋪首,背刻"北庫"二字。河北平山中山王國墓出土的銅衡及金泡飾、銀泡飾均刻有"私庫嗇夫"銘文。此印文的"私庫"性質當與之相倣。當時或有南庫、東庫、西庫,所以冠以"北"字以示區別。長陵車站出土銅鋪首的"北庫"二字,很可能就是印文"北私庫"的省稱。

【發現1997】
　　説見"北宮"。

【宦官1997】
　　此批新發現的封泥中,有"南宮郎丞""北宮"等記有南宮、北宮官署職官名稱的封泥若干。其中"北宮工丞""北宮弋丞"等北宮某丞的封泥有五種,應與宦官機構明確有關者即"北宮宦丞""北宮私丞"。據有關文獻資料,秦時已有南宮、北宮。西漢未央宮東北亦有北宮。此處之"北宮宦丞",當爲北宮宦者丞之省文,"北宮私丞"則爲北宮私府丞之省文。北宮宦者丞與北宮私府丞,均未見文獻記載。見諸著録的秦代官印有"北私庫印",或即爲北宮私庫之印。既云"私庫",當屬皇后宮官系統。

【叢考1998】
　　秦封泥"北宮私丞"應爲"北宮私官丞"之省文,乃北宮私官佐官——北宮私官丞之官印。

【印考1997】
　　説見"私府丞印"。

【秦封2000】
　　此爲北宮之私丞,北宮之説見"北宮"。《漢表》:詹事屬官有私府。《漢舊》卷上:"太官尚食用黃金釦器,中官私官尚食用白銀釦器。"《後漢·百官志四》:"中宮私府令一人，六百石。本注曰：宦者。主中藏幣帛諸物，裁衣被補浣者皆主之。丞一人。本注曰：宦者。”《漢書·外戚傳》：“若不私府小取，將安所仰乎？”“今吏甫受詔讀記，直豫言使后知之，非可復若私府有所取也。”《漢書·路溫舒傳》：溫舒“遷廣陽私府長”。私官，朱德熙、裘錫圭先生認爲是皇后之食官。《秦銅》三十六年私官鼎“三十六年工帀（師）瑱，工疑，一斗半正，十三斤八兩十四朱（銖）厶（私）官”。北私府銅橢量“右北私府半斗”（柄部銘文）。私官鼎“私官”。邵宮盉“邵宮私官四斗少半半私工工感二十二斤十兩十五”。漢封泥見：《封泥》《考與》“長信私丞”，《文史》：“中私官丞，私官丞印”。

【考略2001】

　　秦封泥有“私府丞印”“私官丞印”，“私丞”爲“私府丞”或“私官丞”之省文。宮置“私丞”，秦封泥中還有“長信私丞”。“北宮私丞”當爲“北宮私府丞”或“北宮私官丞”省文。《封泥拓本》輯録“北宮私丞”封泥。除了“北宮私丞”之外，相家巷遺址流散秦封泥中涉及“北宮”文字内容的還有“北宮”“北宮宦丞”“北宮榦丞”“北宮工丞”封泥等。關於北宮的地望，不見於文獻記載。北宮是相對南宮的位置而言的。有的學者認爲出土秦封泥的相家巷遺址“正值西漢北宮遺址之北墙外”，這裏“隱約可見漢代宮區與秦代宮區的相疊壓關係”，因此認爲漢代北宮“繼承了秦北宮而得名”，從而得出秦北宮就在相家巷附近，而秦南宮在“章臺”以南的結論。我們認爲上述説法值得商榷。根據我們考古發掘出土秦封泥的相家巷遺址地望來看，這裏東距西漢北宮遺址1250米，它們不在“西漢北宮遺址之北墙外”，而是位於漢長安城西市遺址東南部、桂宮遺址東北部。因此相家巷遺址秦封泥出土處不存在“漢代宮區與秦代宮區”（實際其認爲是西漢北宮與秦代北宮）的地層疊壓關係。秦北宮與南宮是根據相對方位命名的，其參照系應是“渭河”，而不是“章臺”，這從《史記·秦始皇本紀》等有關“渭南”的文獻記載即可一目了然。“渭南”是相對“渭北”而言的，它們是以渭河爲座標。因此，我們認爲秦北宮應在渭河北岸的秦咸陽城内。關於北宮性質，有的學者認爲北宮爲“後宮”性質。從相家巷遺址出土、流散秦封泥中有關“北宮”内容的分析，秦北宮不是僅僅作爲“内宮”，秦北宮作爲與“渭南”的章臺、興樂宮、甘泉宮、信宮（極廟）等相對應的“渭北”主要宮廷，也就是秦咸陽城的咸陽宮。《史記·秦始皇本紀》載：其時“聽事，群臣受決事，悉於咸陽宮”。當然咸陽宮也包括後宮。因此秦封泥中有“北宮弋丞”“北宮榦丞”，又有“北宮私丞”“北宮宦丞”等。前者（左弋、榦官）爲少府屬官，後者（私官、宦者）可爲後宮屬官。

【簡讀2002】

　　釋讀見“北宮”“私府丞印”“私官丞印”條。

【上封2002】

　　“私丞”即私府丞，封泥爲周進舊藏。……新出秦封泥中北宮之官又有榦丞、弋丞，冠以北宮的官名分別有少府及詹事屬官，説明包括了後宮在内，可見爲重要的一處宮殿，我們認爲這與咸陽宮的地位是符合的。

【彙考2007】

"私丞"即"私府丞"或"私官丞"之省稱。

【圖説2009】

説見"南宮郎中"。

【分域2009】

私丞,可能是私府令的佐官。

【集證2011】

《漢書·百官公卿表》:"詹事,秦官,掌皇后、太子家。……屬官有……私府……令長丞。""北宮私丞"可能爲"北宮私府丞"之省。禮泉縣藥王洞鄉出土一件銅橢量,柄面上刻"北私府""右""半斗一",柄左側刻一"私"字,此"私"即"北私府"之省,而"北私府"拙著《秦銅集釋》以爲即"北宮私府"之省。太后秦時又有私官。1956年臨潼縣斜口鄉地窯村出土鼎有銘文"私官"二字。又咸陽塔兒坡出土昭王三十六年鼎蓋銘"私官"二字。傳世又有邵宮私官盉,銘"邵宮私官,四斗少半斗。私工工感,二十三斤十兩,十五"(《三代》14·11·3)。以上皆秦器。"私官"還見於三晋、中山及漢代銅器。衛宏《漢舊儀》云:"太官尚食用黃金釦器;中官、私官尚食,用白銀釦器,如祠廟器云。"朱德熙、裘錫圭《戰國銅器銘文中的食官》據此謂"私官應是皇后食官"。值得注意的是邵宮私官盉有"私工工感",此"私"字爲"私官"之省。由此例看印文"私"字也有可能爲"私官"之省。以上兩種可能性尚無法作出最終判斷。《封泥彙編》18·2有漢"長信私丞"封泥,無界格,但稱"私丞"則與此同例。

【訂補2014】

在考訂"北私府銅橢量"時指出,私府爲皇后之府,《漢書·百官公卿表》:"詹事秦官,掌皇后太子家,有丞。"其屬官有私府令長丞。"北私府"《秦銅》推測爲北宮私府之省稱。傳世秦封泥有"北宮宦者",近年西安北郊秦出封泥有"北宮工丞""北宮私丞""北宮弋丞",很可能"北宮私丞"即"北宮私府丞"之省。秦北宮殆在咸陽。量銘"私"字從禾,而昭襄王三十六年私官鼎不從,足監前者時代較晚。朱捷元、陳安禮謂此量作於戰國秦"物勒工名"制度確立之前,甚至要早於高奴石權、商鞅方升,失之。

【官名2013】

包山簡中的"玉令",應是"玉府令"的省稱。秦封泥中的"北宮私丞""北宮御丞"與"長信私丞"分別是"北宮私府丞""北宮御府丞"與"長信私府丞"的省稱,減省部分是作爲機構名的"府"。

【職地2014】

説見"私府丞印"。又,由"北(宮)私府""北(宮)私庫""北宮宦(者)丞"等省略規律看,"北宮私丞"和"長信私丞"中的"私"應是"私官"之省。第一,秦印一般保持印文四字原則,"北私庫印"是"北宮私庫印"省,其丞印可能省去"宮""印"二字而加"丞",作"北(宮)私庫丞",而不會省作"北宮私丞";"北宮私丞"應是指"北宮私官丞"。第二,省稱以不產生歧義爲原則,且同名稱一般不會有兩個不同省稱。"北私府"和"北私庫印"

雖有省略，但核心"府"和"庫"均未省。"北宮私庫丞"不會既省作"北私庫丞"，又省作"北宮私丞"。第三，秦出土文獻有"私官"省作"私"例。秦卲宮私官盉銘文："卲宮私官，四帀少半帀，私工＝感"。"私工＝感"屬"私官工（師）、工感"之省。又《西安文物精華·青銅器》收錄秦器虎形轄刻"卅六年私工工勉"，文例同上，區別是"工"字分寫，無重文符號。第四，從漢銅器和陶器上"長信私官"銘文及張家山漢簡"長信私官"可知，秦封泥"長信私丞"是"長信私官丞"之省，而"北宮私丞"即爲"北宮私官丞"省。這些均是"私官"省作"私"。綜上，秦封泥中"私官"可省作"私"，秦銅器銘文"私工"即"私官工師"省，秦時掌管皇室膳食的私官也有製作器物"工師"。從秦昭宮鼎銘"廿一年內官右工，卲（昭）宮私宮"格式看，秦私官雖有自己"工師"，但可能並無獨立製造器物的"工室"，私官工師可能歸宗正屬官"內官"管轄。若西安市長安區神禾原秦大墓出土文字中"私廚"銘屬實，"私廚"爲"私官廚"之省基本無疑義，也與墓主人身份相符。

【廣封2019】

　　案《漢書·百官公卿表》：詹事有屬官"私府"長丞。《秦封泥彙考》："私丞"即"私府丞"或"私官丞"之省稱。

　　瑞按：《分域2009》考釋"北私庫印"指出，"北私庫"可能爲"北宮私庫"之省稱。"私庫"是府庫名。漢代皇后官屬有"私官"，《漢書·張湯傳》云："天子取婦，皇后嫁女。大官、私官並供其第。"服虔注曰："私官，皇后之官也。"從風格來看，該印顯然爲秦系，其意指供皇后驅使的私庫所用印。

北宮樂丞

《大系》P33

　　瑞按：2016年在咸陽宮西側府庫遺址發掘出土石磬上有銘文"北宮樂府""樂府""右四"等文字，"確定了秦置北宮並設樂府的歷史事實，……是秦都咸陽城考古中第一次可明確用途和名稱的建築遺址，對研究咸陽城北區布局有重要的意義"（《考古與文物》2018年第5期P71—72）。此外，《訂補2014》收錄西安神禾原秦陵園出土石磬亦有"北宮樂府"銘文，指出"北宮"爲皇后所居之宮。並指出神禾原秦陵園的墓主人學界有爭論，張天恩等以爲是秦王政的祖母夏太后。《史記·秦始皇本紀》："七年，彗星先出東方，見北方。五月，見西方。……十六日，夏太后死。"磬爲陵園之物，必七年夏太厚葬前所用。

北宮庫丞

《在京》圖三：3；《璽印》P437；《大系》P32

【在京2005】

　　《史記·高祖本紀》："置酒洛陽南宫。"《正義》："《輿地志》云：秦時已有南北宫。"

【通論2010】

　　咸陽遺址長陵車站附近出土銅鋪首有"北庫"銘文，北庫應爲北宫私庫之省，陝西禮泉縣出土"北私府"銅橢量，與此同類。北庫爲置用地。

　　瑞按：秦咸陽遺址出土有"北庫"銘文鋪首，《訂補2014》指出北庫應是咸陽庫名，"但不知是否'北宫私庫'之省文"。從封泥看，"北庫"爲"北宫庫"之省的可能性更大。

北宫御丞

　　　　1　　　　　　　2　　　　　　　3

1.《在京》圖三：4；《璽印》P438；《新出》P7；《大系》P33
2.《新出》P7；《大系》P33
3.《大系》P33

【在京2005】

　　北宫見前釋。御見前釋。

【官名2013】

　　說見"北宫私丞"。

【職地2014】

"北宮御丞" 應是 "北宮御府丞" 之省,是在皇帝所居北宮設立的御府機構。

【秦官2018】

印文有省略。或指 "北宮御府丞",是秦在皇帝所居的北宮設立的御府機構;或指
"北宮御弄丞" 或是 "北宮御羞丞"。

北宮宧丞

1　　　　　　　　2

1.《新出》P6;《青泥》P20;《大系》P31
2.《新出》P6;《大系》P31

【發現1997】

説見 "北宮"。

【宧官1997】

説見 "北宮私丞"。

【印考1997】

説見 "宧者丞印"。

【秦封2000】

《漢表》: 詹事屬官有諸宧官。《史記·秦始皇本紀》:"王知之,令相國……攻毐。戰
咸陽,斬首數百,皆拜爵,及宧者皆在戰中,亦拜爵一級。" 秦《睡虎·倉律》:"宧者、都官
吏、都官人有事上爲將,令縣貸之。"《睡虎·傳食律》:"宧奄如不更。" 漢封泥有:《封泥》
"長信宧丞,宧者丞印"。

【簡讀2002】

讀見 "北宮" "宧者丞印" 條。

【上封2002】

説見 "北宮私丞"。周進舊物亦有 "北宮宧□",與此似不同範。

【彙考2007】

北宮宧者,官名。應爲管理北宮宧者的官員。

【圖説2009】

説見 "南宮郎中"。

【分域2009】

宦丞,當是指管理宦者的官吏。

【集證2011】

"宦丞"應爲"宦者丞"之省。(下爲釋《封泥彙編》"北宮宦□"內容)宦者春秋時謂之寺人,《詩·秦風》:"未見君子,寺人之令。"戰國各國皆有宦者,趙有宦者令嫪賢,秦有景監、嫪毐,又《史記·李斯列傳》記始皇駕崩沙丘,"書及璽皆在趙高所,獨子胡亥、丞相李斯、趙高及幸宦者五、六人知始皇崩,餘群臣皆莫知也。李斯以爲上在外崩,無真天子,故秘之。置始皇輼輬車中,百官奏事上食如故,宦者輒以輼輬車中叫諸奏事。"類似記載也見於《秦始皇本紀》,可見秦之宦者不但人多,親幸者且得參與機密大事。秦宦者令爲少府屬官,《漢書·百官公卿表》少府屬官有"宦者令丞"。北宮、南宮俱爲秦宮名。《史記·呂不韋列傳》:"秦王乃迎太后於雍,復歸咸陽。"《集解》:"徐廣曰:入南宮。"又《史記·高祖本紀》:"置酒洛陽南宮。"《正義》引《輿地志》云:"秦時已有南、北宮。"

【官名2013】

秦封泥所見宮廷的近衛宦侍類官名較多,時有省稱現象,如"北宮宦丞"爲"北宮宦者丞"或"北宮宦走丞"的省稱,"高章宦丞"爲"高章宦者丞"或"高章宦走丞"的省稱等。

【秦官2018】

秦時的宦者應普遍設立於服務皇帝的少府和負責太后、皇后事務的詹事等機構。"北宮宦丞"應是"北宮宦者丞",是設於北宮的宦者機構。

【廣封2019】

案《漢書·百官公卿表》:"少府,秦官,掌山海池澤之稅,以給共養,有六丞。"屬官有"宦者"令丞。《史記·秦始皇本紀》:"秦王乃迎太后於雍而入咸陽,復居甘泉宮。"注,《集解》徐廣曰:"表云咸陽南宮也。"據此當時也應有北宮。

北宮居室

《大系》P32

瑞按:《漢書·百官公卿表》有"甘泉居室",甘泉爲秦宮。從封泥"北宮"類封泥看，北宮規模龐大，設置"居室"應在情理之中。然迄今爲止未見"北宮居室"陶文，而僅見"北司"陶文。其原因或可能是由於在北宮設立了司空，北宮的居室不再參與營建。

（十一）南　　宮

南宮内者

《大系》P176

【官印 1990】

在考訂"南宮尚浴"印時指出，南宮，宮名。《史記·呂不韋列傳》："秦王乃迎太后於雍，歸復咸陽"，《集解》："徐廣曰，入南宮"。《高祖本紀》："高祖置酒洛陽南宮"，《正義》引《輿地志》云："秦時已有南、北宮"。尚浴，官名。《通典·職官八》引《漢儀注》曰："或云秦置六尚，謂尚冠、尚衣、尚食、尚沐、尚席、尚書，若今殿中之任"。《宋書·百官志》："秦世少府遣吏四人在殿中主發書，故謂之尚書。漢初有尚冠、尚衣、尚食、尚沐、尚席、尚書，謂之六尚。戰國時已有尚冠、尚衣之屬矣。秦時有尚書令、尚書僕射、尚書丞，至漢初並隸少府"。今有印文及《宋志》參證，可知《漢儀注》所記尚沐應當就是尚浴。

【職地 2014】

基於對"北宮"的理解，我們認爲"南宮"就是《史記·秦始皇本紀》"秦王乃迎太后於雍而入咸陽，復居甘泉宮"，《集解》徐廣曰："表云咸陽南宮"的南宮，也就是甘泉宮。劉慶柱、李毓芳也認爲："秦甘泉宮（即秦南宮）遺址應在渭河南岸（即秦之'渭南'），漢長安城遺址西北部。"秦之甘泉宮或與古甘水有關。或秦時南宮並不是一個單獨的宮殿，而是地處渭南上林苑中的一個宮殿群的總名稱，甘泉宮僅是其中的一個宮殿。從《始皇本紀》中"自極廟（即信宮）道通麗山，做甘泉前殿"的記載來看，甘泉宮或與信宮臨近。

瑞按：現發現秦封泥的情況看，與龐大而繁雜的"北宮"類封泥相比，"南宮"類封泥無論是種類還是數量，都遠不如"北宮"，二者應存在較大差距。

南宮郎中

1

2

1.《印風》P131;《新官》圖28;《印集》P62;《彙考》P130;《大系》P176
2.《大系》P176

【新官2002】

參見"南宮郎丞"《秦封泥集》一·四·7。

【簡讀2002】

釋讀見"南宮郎丞"。

【彙考2007】

南宮郎中,官名。南宮,宮殿名。《史記·秦始皇本紀》:"(十年)秦王乃迎太后於雍而入咸陽",《集解》引徐廣曰:"表云咸陽南宮也"。《史記·高祖本紀·正義》引《輿地志》:"秦時已有南、北宮。"郎中,官名,屬郎中令。《漢書·百官公卿表》:郎中令屬官有郎,"郎掌守門戶,出充車騎,有議郎、中郎、侍郎、郎中,皆無員,多至千人"。南宮郎中當爲執掌南宮門戶、出充車騎的官員。

【分域2009】

南宮,宮殿名。《史記·秦始皇本紀》云:"(十年)秦王乃迎太后於雍而入咸陽。"《集解》引徐廣日:"表云咸陽南宮也。"上列兩印當爲負責管理南宮門戶、進出車馬等事務的官吏所用。

【官名2013】

南宮郎中,掌南宮宿衛之長官,丞,爲其佐官。

【秦官2018】

"南宮郎中",即衛戍南宮的郎中職官用印。南宮一般認爲是太后寢宮,可知太后所居的南宮亦設有郎中(及丞),是郎中機構的分支之一。推想其他宮殿亦應設有郎中及丞等職官和機構。

【廣封2019】

案《漢書·百官公卿表》:"郎中令,秦官,掌宮殿掖門戶,有丞。武帝太初元年更名光禄勳。屬官有大夫、郎、謁者,皆秦宮。……郎掌守門戶,出充車騎,有議郎、中郎、侍郎、郎中,皆無員,多至千人。"又《史記·秦始皇本紀》:"秦王乃迎太后於雍而入咸陽,復居甘泉宮。"（［集解］徐廣曰："表云咸陽南宮也。"）

南宮郎丞

　　　　1　　　　　　　　2　　　　　　　　3

1.《書集》P123;《彙考》P131;《大系》P176
2.《新獲》P91;《大系》P176
3.《新出》P25

【發現1997】
　　《史記·呂不韋傳》:十年,免相國呂不韋,"齊人茅焦說秦王。秦王乃迎太后於雍,歸復咸陽。"《集解》引徐廣曰:"入南宮。"秦印有"南宮尚浴"。

【印考1997】
　　印面爲正方形,田字格,邊長1.8釐米,印文筆畫纖細,邊欄比較完整。南宮,古時皇帝的寢宮,與王后寢宮北宮相對。《史記·高祖本紀·正義》引《輿地志》云:"秦時已有南、北宮。"《史記·呂不韋列傳》:"十年,免相國呂不韋,……齊人茅焦說秦王,秦王乃迎太后於雍,歸復咸陽。"《集解》徐廣曰:"入南宮。"秦二世時的趙高、呂后時的陳平、文帝時的張武、景帝時的周仁都任過郎中令。"南宮郎丞相",當是秦時皇帝居住的南宮的宿衛官(瑞按:原作宮)。

【南北宮1997】
　　甘泉前殿既在渭南,甘泉宮在渭南毫無疑問。因而秦之甘泉宮在渭南,又稱"咸陽南宮","南宮"即甘泉宮。

【叢考1998】
　　《史記·高祖本紀·正義》引《輿服志》云:"秦地已有南、北宮。"……南宮所指,在文獻中可以找到根據。……"南宮"即甘泉宮。……至遲從昭王三十五年(前272年),秦已有甘泉宮。……南宮即甘泉宮的位置,有人認爲漢長安城西北的桂宮即秦甘泉宮故址,即今西安市西北郊夾城堡一帶。

【秦封2000】
　　《史記·呂不韋列傳》:"齊人茅焦說秦王,秦王乃迎太后於雍,歸復咸陽。"集解引徐廣曰:"入南宮。"《史記·高祖本紀》:"置酒洛陽南宮。"正義引《輿地志》:"秦時已有南、北宮。"《漢表》："郎中令，秦官，掌宮殿掖門户，有丞……屬官有大夫、郎、謁者，皆秦官。""郎掌守門户，出入充車騎"。秦印有：《徵存》"南宮尚浴"。漢封泥有：《臨淄》《澂秋》《續封》《建德》《齊魯》《封存》"南宮郎丞"，《臨淄》《封存》《澂秋》《齊魯》《續封》《建德》"南宮平丞"，《印典》"南宮□丞"。

【考略2001】

《漢書·百官公卿表》："郎中令，秦官，掌宮殿掖門户，……屬官有大夫、郎、謁者，皆秦官。……郎掌守門户。"南宮郎應爲掌南宮宮門的屬官。《臨淄封泥文字》《澂秋館藏古封泥》和《續建德周氏藏封泥拓影》均輯有"南宮丞印"封泥。西安北郊相家巷遺址出土、流散秦封泥中，有"南宮"文字的封泥數量很多。關於秦南宮的地望，長期以來衆説紛紜。秦"南宮"雖未見於《史記》正文，但注文中有記載。如《史記·秦始皇本紀》載：秦王十年，"乃迎太后於雍而入咸陽，復居甘泉宮。"《集解》引徐廣曰："表云，咸陽南宮也。"又如《史記·吕不韋列傳》同上内容，《集解》引徐廣曰："入南宮。"由此可見，秦甘泉宮即秦南宮，南宮爲"咸陽南宮"，這與"迎太后而入咸陽"的記載是一致的。南宮的具體位置不見記載。作爲南宮的秦甘泉宮地望，秦漢之後的文獻有所記載。《初學記》引《關中記》《太平寰宇記》引《三秦記》均載："桂宮一名甘泉宮。"近年在漢長安城桂宮遺址北部考古發掘的桂宮第四號建築遺址出土有秦瓦當等遺物。在該遺址附近考古勘探和試掘發現，西漢建築遺址的地層堆積之下，還疊壓有秦代或戰國晚期的地層堆積。這説明該地在西漢時代以前分布有秦代或戰國晚期的建築堆積，它們爲確定秦甘泉宮遺址位於此地，提供了考古學的支持。秦甘泉宮（即秦南宮）遺址應在渭河南岸（即秦之"渭南"），漢長安城遺址西北部。作爲南宮的秦甘泉宮，其地位與作爲北宮的咸陽宮是相近的。秦始皇建立秦帝國伊始，就在"渭南"的甘泉宮修築了"甘泉前殿"，即秦王朝的大朝正殿。與此同時，又修築了連接渭河南北的"甘泉前殿"與咸陽宮之間的"甬道"。這時的甘泉前殿已經取代了章臺的"渭南"朝宮地位。秦代南宮與北宮成爲秦咸陽城"渭南"和"渭北"的兩座朝宮。

【簡讀2002】

《史記·吕不韋傳》"及齊人茅焦説秦王，秦王乃迎太后於雍，歸復咸陽。"《集解》："徐廣曰：入南宮。"《漢表》："郎中令，秦官，掌宮殿掖門户，……屬官有大夫、郎、謁者，皆秦官。……郎掌守門户，出充車騎，有議郎、中郎、侍郎、郎中，皆無員，所至千人。"《史記·李斯列傳》："不韋賢之，任以爲郎。"

【上封2002】

郎丞爲郎中令佐輔，掌宮殿掖門户並車騎。南宮一説即秦甘泉官。《史記·高祖本紀》《正義》引《輿地志》："秦時已有南北宮。"入漢，甘泉宮地在雲陽，南宮又爲縣名，在今河北，與封泥無涉。秦北宮當與南宮相對，但史籍未記所指具體何在。秦時咸陽宮殿有渭南、北阪、渭北臨水三區，甘泉（南宮）在渭南，咸陽宮在渭北，《史記·秦始皇本紀》："秦每破諸侯，寫倣其宮室，作之咸陽北阪上。"有的學者認爲即咸陽宫。新出秦封泥中北宫之官又有斡丞、弋丞,冠以北宫的官名分別有少府及詹事屬官,説明包括了後宫在内,可見爲重要的一處宫殿,我們認爲這與咸陽宫的地位是符合的。

【彙考2007】

南宫郎丞爲南宫郎中令之佐官。

【圖説2009】

文獻記載"秦時已有南、北宫"。秦昭襄王和宣太后建咸陽宫,秦南北宫皆在秦都咸陽範圍之内。有關"北宫"内容的封泥,無論就品種還是數量,都出土得比較多,而近年西安一大批秦封泥的出土地,恰在漢城遺址北宫——在秦亦應當是北宫的北墻外。所以,秦南北宫皆在秦都咸陽宫範圍之内。

【分域2009】

説見"南宫郎中"。

【詹事2010】

説見"北宫"。

【南宫2011】

曹錦炎據孫詒讓《周禮正義》:"古者宫必南向,王路寝在前,謂之南宫",而認爲"南宫"爲王之宫;王輝等認爲:"秦之'南宫'或僅爲一宫名,不必特指王朝見百官之宫'"。基於上面對"北宫"的理解,我們認爲"南宫"就是甘泉宫。《史記·秦始皇本紀》:"秦王乃迎太后於雍而入咸陽,復居甘泉宫",《集解》引徐廣曰:"表云咸陽南宫"的南宫,也就是秦甘泉宫。劉慶柱、李毓芳也認爲:"秦甘泉宫(即秦南宫)遺址應在渭河南岸(即秦之'渭南'),漢長安城遺址西北部。"秦宣太后曾在甘泉宫詐殺義渠戎王,始皇母親從雍接回後也住在甘泉宫,可見甘泉宫(南宫)是太后住所。昭襄王也説"會義渠之事急,寡人旦暮自請太后"云云。昭襄王能與太后早晚相見,可見宣太后所居之甘泉宫距離咸陽北宫不遠。《三輔故事》也記載咸陽宫在渭北,秦昭王作渭橋之事,可見咸陽宫和甘泉宫雖隔渭河,但有渭橋相通往來十分便利。西安北郊相家巷秦封泥出土地性質的幾種説法(甘泉宫、信宫、北宫)當中,北宫在渭河以北,幾乎没有了可能;信宫是統一後第二年才興建的,從考古地層關係和新出封泥有"璽"等特徵判斷,此處從統一之前就開始使用,並延續到秦末,所以信宫的可能性也降低了。從新出土秦封泥中數量巨大、品種豐富的後宫私官和禁苑、園囿、臺觀名稱來看,此處不是帝王處理政事的朝宫,而極可能是秦甘泉宫,即秦太后所居之南宫。甘泉宫至少在宣太后詐殺義渠王時就有,一直到始皇迎其母"復居甘泉宫"時仍存在。

【集證2011】

《百官公卿表》云郎中令"屬官有大夫、郎、謁者,皆秦官。"《史記·秦始皇本紀》云:"(二世)乃行誅大臣及諸公子,以罪過連逮少近官三郎。"由此印看,秦時南宫有郎,主其宫之宿衛,丞爲其副官。

【官名2013】

　　郎丞,應是郎中丞的省稱。

【職地2014】

　　在考訂秦璽印"南宮尚浴"時指出,應是掌管太后所居南宮洗浴事務的官吏用印。《漢書·百官公卿表》:"郎中令,秦官,掌宮殿掖門(宮殿正門兩旁的邊門)户,有丞。""南宮郎中"和"南宮郎丞"封泥應是負責南宮宮門守衛的職官用印。

【秦官2018】

　　説見"郎中丞印"。

【廣封2019】

　　案《漢書·百官公卿表》:"郎中令,秦官,掌宮殿掖門户,有丞。……郎掌守門户,出充車騎,有議郎、中郎、侍郎、郎中,皆無員,多至千人。"(臣瓚曰:"主郎内諸官,故曰郎中令。")此其丞之印。

　　瑞按:秦封泥發現後,隨着"北宮""南宮"類封泥的不斷發現,學者多認爲北宮指咸陽宮,南宮指甘泉宮。然封泥中有以"甘泉"名者,未見"咸陽宮"名。由於"北宮"類封泥無論數量還是種類均甚爲龐大,遠超"南宮",因此我更傾向於"北宮"是指渭河以北包括咸陽宮在内的北部宮區,而"南宮"則指渭河以南的南部宮區。即,南宮、北宮均爲區域性泛指,不存在實體的北宮與南宮。

信宮車府

《古封》P29;《印風》P125;《秦封》P199;《上封》P40;《書集》P123;《大系》P309

【兩漢1993】

　　西漢早期,封泥。印文二行四字。有界欄。印文"宮"字稍損。上海博物館藏。信宮,殆長信宮之省文。漢代太皇太后或太后所居宮名。《漢官儀》:"帝祖母爲太皇太后,其所居爲長信宮。"又謂"帝母稱長樂宮,故有長樂少府、長信少府及職吏,皆宦者爲之。"然《漢書·百官公卿表》則曰:"長信詹事掌皇太后宮,景帝中六年(公元前一四四年)更名長信少府,平帝元始四年(公元四年)更名爲長樂少府。"言皇太后宮亦名長信宮。注引張晏曰:"以太后所居宮爲名也。居長信宮則曰長信少府,居長樂宮則曰長樂少府也。"

所述不一,或爲太皇太后與皇太后所居宫名前後有所變化故。《漢書・百官公卿表》曰,中太僕掌皇太后輿馬,《通典・職官九》云:"漢景帝中元六年改將行爲大長秋……成帝加置太僕一人,掌太后輿馬,通謂之皇太后卿,皆隨太后宫爲官號,在正卿上,無太后則闕。"此"信宫車府"當爲皇太后卿之中太僕或太僕屬官,以專事長信宫與輿馬者。

【秦式1998】

錄於《續封》《建德》。《史記・秦始皇本紀》:"二十七年作信宫渭南,己、更命信宫爲極廟,象天極"《三輔》:"信宫,亦曰咸陽宫。"《漢表》太僕屬官有車府令丞。

【秦封2002】

《史記・秦始皇本紀》:"二十七年,作信宫渭南,已,更命信宫爲極廟,象天極。"《三輔》:"信宫,亦曰咸陽宫。"《漢表》:太僕屬官有車府令丞。漢封泥見:《封泥》"車府丞印",《兩漢》"長信車丞"。

【上封2002】

封泥上限爲秦始皇二十七年,是年秦作信宫於渭南。車府係主乘輿路車之官。印文作交叉讀序,同例又見館藏"公車右馬",秦衛尉屬官有公車司馬,相家巷新出封泥見"公車司馬丞"。此印文又同於新出"中車府丞",當爲秦代之制。前此《兩漢官印匯考》定"信宫車府"爲西漢初,現據新出資料訂正。

【分域2009】

信宫,宫名,《三輔黄圖》秦宫室有"信宫,亦曰咸陽宫"。該印當爲(長)信宫管理車輛的機構。

【圖説2009】

《三輔黄圖》秦宫室有"信宫,亦曰咸陽宫。"信宫作於始皇二十七年,根據《天官書》,信宫可能就是中宫,屬下有"車府"。看來秦之各宫均有車府。

【宫殿2011】

《史記・始皇本紀》"(二十七年)作信宫渭南,已更命信宫爲極廟,象天極。自極廟道通酈山,作甘泉前殿。築甬道,自咸陽屬之。"索隱曰:爲宫廟象天極,故曰極廟。《天官書》曰"中宫曰天極"是也。可見是始稱信宫,後更名"極廟"。蓋因爲渭北的咸陽宫地勢偏狹、水源缺乏,始皇有意將政治中心南移。秦始皇將渭河納入咸陽城内,形成"渭水灌都"之勢,實際上就暗示了他的"大咸陽"規劃。後來興建的阿房宫的藍圖和規模正是這種規劃的具體體現。由此,秦封泥"車府"和"信宫車府"含義就更容易理解了:太僕屬官"車府"掌管天下車馬。信宫是皇帝别宫,何清谷《關中秦宫位置考察》認爲"極廟(信宫)是秦始皇爲自己所建的祠廟",王學理也説信宫是"生祠"。秦始皇爲什麼要"自極廟道通驪山"——因爲驪山是自己的陵寢,將自己陵寢和自己的祠廟用通道連接起來合情合理;秦始皇要從此往來於驪山,此處設車官也是必須的。

【職地2014】

信宫所設的"車官丞印"的全稱應爲"信宫車官丞印",或簡稱爲"信宫車丞",而西漢封泥有"長信車丞",應即"長信車官丞印"。又:《史記・始皇本紀》"(二十七年)作信宫渭南,已更命信宫爲極廟,象天極。自極廟道通驪山,作甘泉前殿。築甬道,自咸陽屬之。"索隱曰:"爲宫廟象天極,故曰極廟。《天官書》曰'中宫曰天極'是也。"可見是開始時稱信宫,隨後更名"極廟"。

蓋因爲渭北咸陽宫殿布局不能適應統一後的局勢,始皇有意將政治中心南移,拓展渭河以南地區。始皇將渭河納入咸陽城内,形成"渭水灌都"之勢,實際上就暗示了他的"大咸陽"規劃。後來興建的阿房宫的藍圖和規模正是這種規劃的具體體現。

由此,秦封泥"車府"和"信宫車府"含義就更容易理解了:太僕屬官"車府"掌管天下車馬。信宫是皇帝別宫,何清谷《關中秦宫位置考察》認爲"極廟(信宫)是秦始皇爲自己所建的祠廟",王學理也説信宫是"生祠"。秦始皇爲什麼要"自極廟道通驪山",因爲驪山是自己陵寢,將陵寢和祠廟用通道連接合情合理;秦始皇要從此往來驪山,此處設"車官"也是必須。

【廣封2019】

案《續封泥考略》:《漢書·百官公卿表》《續漢書·百官志》:太僕屬官皆有車府令丞。又《漢書》表有"中太僕掌皇太后輿馬",又"長信詹事掌皇太后宫",注張晏曰:"以太后所居宫爲名也。居長信宫則曰長信,居長樂宫則曰長樂。"此信宫或即長信宫,則是中太僕之屬官也。或曰,此印文錯綜似是秦印也。

瑞按:《訂補2014》收錄有三十三年信宫茜府漆盤,爲始皇三十三年(前214年)器。又收錄信宫罍,約秦始皇二十七年至西漢早期器,其上有銘文"四斗古西共今左般信宫左般西共左十九斤"銘文,《訂補2014》指出《史記·始皇本紀》"(二十七年)作信宫渭南,已更命信宫爲極廟,象天極"。本銘文中有"信宫",故此器上限不早於秦始皇二十七年(前220年)。

長信私丞

《陝封》(下)圖一:5;《秦封》P201;《璽印》P436;《大系》P42

【陝封1996】

《漢書·百官公卿表》載:"長信詹事掌皇太后宫,景帝中六年更名長信少府,平帝元始四年更名長樂少府。"張晏曰:"以太后所居宫爲名也,居長信宫則曰長信少府,居長樂宫則曰長樂少府。"長信私丞當是長信私府丞之省文,以適應印文四字之限制。長信宦丞當是長信宦者丞的省文,是景帝中六年(前144年)長信詹事改稱長信少府時所設。

倉印、車府當是長信宮倉儲、車府宮吏公用之印。長信詹事屬官雖然《漢書·百官公卿表》缺載,但從出土的封泥可知其有私官令、丞,宦者令、丞,車府令、丞,倉長、丞,永巷令、丞等。推測其屬官種類和數量,與掌管皇后太子家的詹事屬官大體相當。

【秦式1998】

收藏於《陝博》,録於《考與》。《漢表》:詹事、秦官,屬官有"長信詹事",掌皇太后宮,景帝中六年更名長信少府。《史記·秦始皇本紀》等記載嫪毐曾封長信侯,當與其侍皇太后之職司有關。漢封泥見:《封泥》"長信車丞""長信宦臣""長信倉丞""長信私丞""長信永巷"、漢金文見《滿城》"長信"宮燈。

【秦封2002】

《漢表》:詹事,秦官,屬官有"長信詹事",掌皇太后宮,景帝中六年更名長信少府,平帝元始四年更名長樂少府。《史記·秦始皇帝本紀》等載,嫪毐曾封長信侯,當與侍奉皇太后之職司有關。漢封泥見:《封泥》"長信車丞、長信宦丞、長信倉丞、長信私丞、長信永巷"。漢金文見:《滿丞》"長信"宮燈。

【詹事2010】

説見"私官丞印"。根據一般官印慣例,比照漢代封泥"長信詹事",秦的王后、太后"詹事",或可稱"中宮詹事""南宮詹事",但這僅是虛擬,秦封泥中並未見到這樣的印文内容。秦"太后詹事"一職爲漢所承,就是漢代封泥呈現的"長信詹事"印文。陳直《漢書新證》"長信少府"詞條案語曰:"西安漢城遺址出土有'長信詹事'封泥。蓋景帝中六年以前之物,與表文正合。"芝加哥大學收藏漢代"長信詹事"封泥一枚,正是西漢太后宮官之長的官印印文。據《張家山漢簡·二年律令·秩律》所述,"長信詹事"秩二千石,二與《漢官儀》所載王后"詹事"薪俸相同。張家山漢簡的寫成時代,根據墓中曆譜止於吕后二年(前186年),又其中"二年律令"的"二年"也正是指吕后二年,因此張家山漢簡的寫成時代不晚於吕后二年這個年份,這一點是很清楚的。吕后二年"長信詹事"尚未改成"長信少府",《二年律令·秩律》稱"長信詹事"而不見"長信少府",合乎當時事實。"長信詹事"這一枚漢代封泥,其年代應該是在景帝中元六年"長信詹事"改稱"長信少府"(前144年)之前。

【宮殿2011】

周曉陸説:"(長信私丞)當與侍奉皇太后之職司有關。"《史記·始皇本紀》有"嫪毐封爲長信侯……長信嫪毐作亂而覺",從文獻記載和張家山漢簡所反映的情況來看,漢代的長信宮是太后所居。秦的"長信"有兩種可能:一是與長信侯有關;二是始皇建"信宮"後,將太后宮名改稱"長信",漢代沿用。

【官名2013】

説見"北宮私丞"。

【職地2014】

説見:"北宮私丞"。周曉陸説"(長信私丞)當與侍奉皇太后之職司有關"。《史記·始皇本紀》有"嫪毐封爲長信侯……長信侯毐作亂而覺",從文獻記載看和張家山漢簡所反映的情況看,漢代長信宮是太后所居。秦的"長信"有兩種可能,一是與長信侯有關，二是秦始皇建信宮後，將太后宮名改稱長信，漢代沿用。從長信宮設有私官的情況看，後者的可能性較大。

涇□君□

《大系》P128

　　瑞按：原讀"涇陽君□"，封泥殘，"陽"字不存。涇陽君，見《史記・穰侯列傳》"宣太后二弟：其異父長弟曰穰侯，姓魏氏，名冉；同父弟曰芈戎，爲華陽君。而昭王同母弟曰高陵君、涇陽君。而魏冉最賢，自惠王、武王時任職用事。""昭王七年，樗里子死，而使涇陽君質於齊。""范睢言宣太后專制，穰侯擅權於諸侯，涇陽君、高陵君之屬太侈，富於王室。於是秦昭王悟，乃免相國，令涇陽之屬皆出關，就封邑。"《史記・范睢列傳》"穰侯，華陽君，昭王母宣太后之弟也；而涇陽君、高陵君皆昭王同母弟也。穰侯相，三人者更將，有封邑，以太后故，私家富重於王室。及穰侯爲秦將，且欲越韓、魏而伐齊綱壽，欲以廣其陶封。"《史記・田敬仲完列傳》"十三年，秦惠王卒。二十三年，與秦擊敗楚於重丘。二十四年，秦使涇陽君質於齊。二十五年，歸涇陽君於秦。"

十六、內　　史

內史之印

1

2

1.《彙考》P8；《大系》P172
2.《秦封》P180；《彙考》P9；《璽印》P427；《大系》P172

【發現1997】

《漢書·百官公卿表》:"内史,周官,秦因之,掌治京師。"另秦有内史郡,此枚封泥非内史郡封泥。

【印考1997】

印面正方形,邊長2釐米,印文筆畫略顯方,邊欄完整。《漢書·百官公卿表》:"内史,周官,秦因之,掌治京師。"《元和郡縣志》:"秦兼天下,置内史以領關中。"《史記·蒙恬列傳》:"始皇二十六年,蒙恬……拜爲内史。"

【叢考1998】

秦内史的設置時間,……在秦始皇九年(前237年)前——項籍入關(前206年)這一時期内。内史之印封泥時代亦不出這一範圍。内史之職,掌治京畿,相當於後世的京兆尹,……内史既爲官名,又爲政區名,此政區名即以内史爲名,不稱郡。内史的轄區相當於今關中平原及商洛一部分。……若按袁先生説,此内史亦可能爲治粟内史之省。此可備一説。

【秦封2000】

《漢表》:"内史,周官,秦因之,掌治京師。"秦還有治粟内史,《漢表》:"治粟内史,秦官,掌穀貨,有兩丞。"又京城左近設内史,郡級。此内史約當爲掌治京師,兼修山陵之職署。《國策·秦三》:"范睢謂昭王自斗食以上,至尉、内史、及王左右,非有相國人者乎?"《史記·秦本紀》繆公時,有"内史廖"。《史記·秦始皇本紀》"有内史肆""内史騰"。《史記·蒙恬列傳》:"(秦王政二十四年)拜(蒙)毅爲内史。"《漢書·文帝紀》:文帝修霸陵,"發内史卒萬五千人"。秦《睡虎·廐苑律》:"内史課縣。"《睡虎·倉律》:"入禾稼、芻槀,輒爲廥籍,上内史。"《青川》:"内史偃。"漢封泥見:《齊魯》《再續》"内史",《齊魯》《臨淄》"齊内史印",《臨淄》"齊内史丞",《齊魯》《再續》"長沙内史",《封泥》《建德》"菑川内史",《封泥》"趙内史章,淮陰内史章,内史之印",《續封》《建封》《建德》"泗水内史章",《封泥》"六安内史章",《再續》《澂秋》"真定内史章"。

【考略2001】

戰國秦置内史,漢初沿用,係掌治京師之官。漢景帝二年(前155年),内史分置左、右,武帝太初元年(前104年)改左内史爲左馮翊,右内史爲京兆尹,加之右扶風,號稱"三輔"。《史記》載内史之官有"内史廖""内史肆""内史騰"和内史蒙恬等。

【簡讀2002】

《漢表》:"内史,周官,秦因之,掌治京師。景帝二年分置左、右内史。"《史記·蒙恬列傳》:"拜爲内史"。《秦簡·廐苑律》:"内史課殿,大倉課都官及受服者。"《秦簡·倉律》:"入禾稼、芻槀,輒爲廥籍,上内史。"《張家·二年·田律》:"上内史,恒會八月望"。《張家·二年·秩律》:"内史……秩各二千石。"

【上封2002】

秦置,掌京師。《史記·秦始皇本紀》有内史肆,内史騰,内史蒙恬。至西漢景帝初分置左右内史。新獲秦封泥中,屬秦内史地範圍的縣丞封泥,往往重複較多。

【彙考2007】

　　內史，行政區域名及官名。指京畿之地及其主管官員。《漢書·百官公卿表》："內史，周官，秦因之，掌治京師。景帝二年分置左（右）內史。"顏師古注曰："《地理志》云：武帝建元六年置左右內史，而此《表》云：景帝二年分置，表志不同。又據《史記》知志誤矣。"屬官有長安市、廚兩令丞，又都水、鐵官兩長丞。又《漢書·地理志》："本秦京師爲內史，分天下爲三十六郡。"顏師古注曰："京師，天子所都畿內也。秦併天下，改立郡縣，而京畿所統，特號內史，言其在內，以別於諸郡守也。"

【政區2009】

　　秦內史本是周官名，戰國秦因之，掌治京師，後逐漸掌握地方行政，並因此而成爲地方行政區名。秦置內史，不知始於何時。秦穆公時已有王子謬官內史，《史記·秦始皇本紀》載始皇時，任其官職者尤衆，有內史膳、內史肆，以及內史蒙恬等。此外四川青川縣考古出土的秦武王二年"更修田律木牘"有"內史匽"（《編年》64）。秦內史首轄秦京師，"天子所都畿內也"。師古曰："秦併天下，改立郡縣，而京畿所統，特號內史，言其在內，以別於諸郡守也。"其範圍基本上包括西漢的京兆尹、左馮翊、右扶風三郡和弘農郡的西部。《漢志》："京兆尹、左馮翊、右扶風，本秦京師爲內史。"譚其驤認爲其中北界與西漢左馮翊略不同，部分左馮翊地屬上郡，但不知所據。筆者認爲漢左馮翊地都應屬秦內史。其界址東至秦函谷關，其界自弘農郡故關以西，今靈寶縣西；南以武關爲界。故譚其驤在考訂秦郡的界址時說："楊圖東盡，今豫陝省界。關中之地爲秦王業所基，斷不能割以隸外郡。秦函谷關在今靈寶縣西南里許，是則豫境自靈寶以西，亦當在內史界內。"秦內史的界址四至大概正如《史記·項羽本紀》引《集解》徐廣曰："東函谷，南武關，西散關，北蕭關。"故《史記·張儀列傳》云："秦地半天下，兵敵四國，被險帶河，四塞以爲固。"秦內史領縣的具體數目、具體置縣都沒有確證，文獻也只是大概說明。戰國秦孝公十二年，商鞅變法，併小鄉，集爲大縣，置31縣；又《史記·秦本紀》："（孝公）十二年，併諸小鄉聚，集爲大縣，縣一令，四十一縣"；《史記·六國年表》："三十縣"。史書記載的出入，有人以爲"這可能是後人傳抄之誤"，其實非也。秦內史領縣的設置同秦郡，是逐漸增設，並非一步到位，置41縣。秦獻公時的改革，就"遷國都，推廣縣制"，先後設置陝縣、藍田、櫟陽等縣。秦孝公時，秦轄地包括關中、隴西和蜀地的漢中地。商鞅變法是在獻公改革的基礎上，普遍實行縣制，並在全國推廣，其縣數的變化，"應當是隨着土地擴大逐步增設的"。31縣或41縣自然包括秦孝公時到秦統一時，隨着土地的擴張、人口的增多，以及經濟開發不同階段的數字反映。有關秦內史的具體領縣，不同學者出發點不同，運用文獻材料的不同，所考其領縣者數目不同，互有參差，歧中有歧。如王遽常34縣，譚其驤27縣，馬非百40縣，史念海36縣。另周曉陸利用新出秦封泥中的有關內史的縣級資料實證了24縣。事實上，有關秦內史置縣具體數量的綫索應從《漢志》出發，找尋答案。西漢京兆尹12縣，左馮翊24縣，右扶風21縣，共57縣。除去可確指爲西漢時增置九縣外（如安陵、茂陵、平陵、祋祤、雲陵、萬年、長陵、長安、奉明），其他40多縣應皆爲漢初所承秦的故縣。又西漢弘農郡的屬縣在秦內史範圍的有商縣、上雒二縣。

【分域2009】

《漢書·百官公卿表》云："內史,周官,秦因之,掌治京師。"該印當爲掌管京畿之地事務的官吏或官署所用之物。

【內史2010】

《漢書·百官公卿表》有內史、治粟內史兩種職官,《地理志》也説內史是一級行政區劃,而出土秦至漢初封泥、簡牘只見內史,不見治粟內史。戰國中期晚期、秦代乃至秦漢之際,內史都是畿內的行政長官,主管其轄地內的經濟事務,也參與行政、軍事活動。內史屬官主要有大內、太倉、鐵市、幹官、鐵官、少內、內官、咸陽工室、雍工室、櫟陽工室、雲陽工室等。嶽麓秦簡"內史郡……"應讀作"內史、郡",二者爲並列關係。説明內史和郡皆爲一級行政單位,且二者不完全相同。洞庭郡的兵器輸往內史及巴郡、南郡、蒼梧郡,內史與郡並列,足證內史是一政區。張家山簡《二年律令·秩律》稱"內史"與"郡守""秩各二千石",待遇相同。秦時內史雖與郡並列,但其後不加郡字,郡長官稱太守,內史不稱。在秩律諸官排序中,內史明顯靠前。內史與郡的關係,大體如今首都、直轄市與省、自治區的關係,在行政級別上都屬省部級,但直轄市特別是首都,因其地理位置的特殊,故地位高於一般的省。戰國中晚期之前,內史主管册命、賞賜、保存檔案等,戰國中晚期之後,這一職責已由御史代替。秦內史與郡的職責並無根本區別,無論統一前還是統一後,都是掌治其轄地的政務和京師事務。不過內史因地處畿內,經濟事務更多一些而已。內史轄地的苑囿的具體事務,歸少府主管。秦時工官分中央和地方兩個系統,內史主管者應爲其轄地的工官。咸陽、櫟陽、雍工官屬中央還是地方系統,目前學人意見不一,雲陽工官則肯定屬地方系統。無論如何,以上四地都在內史轄地之內,由內史主管。睡簡《均工》談到內史對工匠的調度、管理,恐主要涉及的是內史轄地的工匠。

【集證2011】

《漢書·百官公卿表》:"內史,周官,秦因之,掌治京師。景帝二年分置左、右(瑞按:原文無"右"字)內史。"顏師古注:"《地理志》云武帝建元六年置左右內史,而此《表》云景帝二年分置,《表》《志》不同。又據《史記》、知《志》誤矣。"《漢書補注》引錢大昭曰:"按《公卿表》景帝元年中大夫晁錯爲左內史,二年左內史晁錯爲御史大夫,則分置左右,又在景帝之前。《地理志》以爲武帝建元六年分置者固非,而此《表》以爲景二年分置者,亦未的也。"可見最遲在景帝即位時,內史已分置左右。《漢書·地理志》云:"京兆尹,故秦內史。……左馮翊,故秦內史。……右扶風,故秦內史。"可知漢三輔之地秦皆屬內史。《百官公卿表》又有治粟內史。封泥"內史"應是"掌治京師"的內史,而不大可能是"掌穀貨"的治粟內史之省稱。睡虎地秦簡內史之名數見。如《廄苑律》:"內史課殿,大倉課都官及受服者。"《倉律》:"入禾稼、芻稾,輒爲廥籍,上內史。"《金布律》:"糞其有物不可以須時,求先賈(賣),以書時謁其狀內史。"《均工律》:"(新工)盈期不成學者,籍書而上內史。"《內史雜》:"都官歲上出器求補者數,上會九月內史。"《法律答問》:"盜出朱(珠)玉邦關及買(賣)於客者,上(珠)玉內史,內史材鼠(予)購。"對《廄苑律》的內史,《睡虎地秦墓竹簡》整理小組雖然理解爲"掌治京師"的內史,但又云："一説,此處應指治粟內史。"對《廄苑律》及《倉律》的內史,固然不能排除有治粟內史的可能,但《均工律》的內史説的是有關工匠的事,工匠滿期而不能學成,應記名上報內史,此內史與穀貨無關,肯定爲"掌治京師"之內史。再説,似也未見治粟內史爲內史之例。內史之名也見於西周昭王以後金文,又有作册內史、作命內史等,見於戎鼎、師虎簋、利鼎等,也見於《周禮·春官宗伯·內史》。《周禮》云:"內史掌王之八枋之灋,以詔王治。一曰爵,二曰禄,……七曰予,八曰奪。執國灋及國令之貳,以考政事,以逆會計。……凡命諸侯及孤卿大夫,則策命之。凡四方之事書,內史讀之。"西周之內史是一種史官,常侍王左右。至於何時變爲"掌治京師"的地方行政長官,今已不可具知。彭邦炯説秦簡的內史仍應爲史官,恐怕不對,從簡文看,內史顯然是一級行政機關,而不是具體官員。

【戰國2013】

秦國在京城咸陽所在的京畿地區設置的郡級政區,因地處都城咸陽的特殊性,其性質相當於郡。《漢志》謂:"本秦京師爲內史,分天下作三十六郡。"師古曰:"京師,天子所都畿内也,秦併天下改立郡縣,而京畿所統,特號內史,言其在內,以別於諸郡守也。"意即以首都咸陽爲中心的京畿附近地區則稱之曰"內史",是相當於郡一級的行政區,但不稱"郡",以示京畿區的特別性。內史,先秦時本爲周史官名,主要從事册命諸侯,製作文書,考政事等重要大事,戰國以後逐漸從史官體系中分離出來,演變成與財務、京師治理相關的職官。孫詒讓《周禮正義·卷五十二》云:"內史掌爲册命,《書》云'作册'是也。"秦因之,掌治京師,並因以名郡。秦孝公十三年遷都咸陽後,開始把京師咸陽作爲內史的治所,估計戰國後期內史就已經是行政官員。《戰國策·秦策三》:"(范睢謂昭王)自斗食以上,至尉、內史,及王左右,有非相國之人者。"秦始皇統一全國以後,將內史分爲治粟內史和內史兩職,以內史作京畿行政長官,以明確其職責。內史治京師咸陽,不僅是帝王所居之所和國都所在之地,也是全國政治、經濟、文化的中心,因此它的地位比其他郡重要,機構設置與諸郡也有所不同。其長官不稱郡守而稱內史。出土秦封泥有"內史之印",就是秦內史長官之印。因內史掌治京師行政、軍事、經濟、司法和治安,位要權重,故一般由皇帝的近臣或重臣擔任。《史記·秦本紀》載秦穆公內史廖,《史記·秦始皇本紀》載秦始皇內史肆、內史騰及內史蒙恬。《史記·蒙恬列傳》:"始皇二十六年,蒙恬因家世得爲秦將,攻齊,大破之,拜爲內史,位至上卿,出則參乘,入則御前。"《史記·秦始皇本紀》:"十七年,內史騰攻韓,得韓王安。"此外四川省青川縣考古出土秦武王二年"更修田律木牘"有"內史匽"(《編年》64)。

又:秦內史本是周官名,戰國秦因之,掌治京師,後逐漸掌握地方行政,並因此而成爲地方行政區名。秦置內史,不知始於何時。秦內史首轄秦京師,"天子所都畿内也"。師古曰:"秦併天下,改立郡縣,而京畿所統,特號內史,言其在內,以別於諸郡守也。"其範圍基本上包括西漢的京兆尹、左馮翊、右扶風三郡和弘農郡的西部。《漢志》:"京兆尹、左馮翊、右扶風,本秦京師爲內史。"秦內史的界址四至大概正如《史記·項羽本紀》引《集解》徐廣曰:"東函谷,南武關,西散關,北蕭關。"故《史記·張儀列傳》云:"秦地被山帶河,四塞以爲固。"秦内史領縣的具體數目、具體置縣都没有確證,文獻也只是説明了個大概。戰國秦孝公十二年,商鞅變法,併小鄉,集爲大縣,置31縣;又《史記·秦本紀》:"(孝公)十二年,併諸小鄉聚,集爲大縣,縣一令,四十一縣";《史記·六國年表》:"三十一縣"。史書記載的出入,故有人以爲"這可能是後人傳抄之誤",其實非也。秦内史領縣的設置同秦郡,是逐漸增設,並非一步到位,置四十一縣。秦獻公時的改革,就"遷國都,推廣縣制",先後設置陝縣、藍田、櫟陽等縣。秦孝公時,秦轄地包括關中、隴西和蜀地的漢中地。商鞅變法是在獻公改革的基礎上,普遍實行縣制,並在全國推廣,其縣數的變化,"應當是隨着土地擴大逐步增設的"。31縣或41縣自然包括孝公時到秦統一時,隨着土地的擴張、人口的增多,以及經濟開發不同階段的數字反映。有關秦内史的具體領縣,不同學者出發點不同,運用文獻材料的不同,所考其領縣者數目不同,互有參差,歧中有歧。

【官名2013】

　　内史,即治粟内史,掌國中貯藏糧食之數目。《漢書·百官公卿表》:"治粟内史,秦官,掌穀貨,有兩丞。"有學者認爲,大内也是治粟内史的省稱。秦中央至地方均設少内之官,當爲大内之屬下,負責貯藏和管理糧食。

【訂補2014】

　　戈銘有"王八年内史操左之造"。"王八年"應是秦惠王更元八年(前317年)。以往所見秦兵器中有4件在幾年前加"王"字,均爲秦惠王時物。"王"年戈的上限爲惠文王更元元年(前324年)。"操"之名見於《史記·六國年表》:"秦惠王七年(前331年),義渠内亂,庶長操將兵定之。"此戈或屬中央鑄造系統兵器,"内史操左"是内史操輔佐(相邦)監造;或屬地方系統鑄造,"内史操左"是内史操的副手監造。地方系統長官自行監造兵器,這是秦兵器鑄造制度的又一次大變化。

【職地2014】

　　據表、志所記,秦時有内史和治粟内史兩種職官,内史爲行政機構,治理京師咸陽,管轄範圍大概相當於今陝西關中地區,而治粟内史主管經濟事務。二者職責不同。張家山漢簡《二年律令》中内史數十見,但無"治粟内史"。反映出漢初内史主要職責不僅是"掌治京師",而是兼管"穀貨"和幫助皇帝處理國家政務的一個龐大的行政機構。西周至春秋時的内史一直有着"宣達王命"的職責。秦内史見於文獻者有秦穆公時的内史廖、秦始皇時内史肆、内史騰、蒙恬等,但關於内史職能的信息很少,可確知者如内史可以出兵征戰。睡虎地秦簡中有與内史相關的簡文,其中反映出的情況與張家山漢簡基本一致。秦更修田律木牘中有内史匽氏。綜合相關資料,秦内史職責包括:1. 總理全國各縣的效計、簿籍,即各郡縣統計每年農業、畜牧業、林業、財貨以及各種國有物資的收支情況,將賬簿上報内史管理。2. 管理國内珠玉珍寶,不使之流出"邦關"。3. 參與國家法律的制定和修訂。秦内史職能廣泛,主要管理全國財政經濟,也參與修訂法律。我們認爲陳長崎提出統一前内史是國家經濟主管部門,統一後職能一分爲二,變爲内史與治粟内史,治粟内史保留内史原有職能,内史則成爲掌治京師的行政機構的意見,似嫌簡單。"治粟内史"是由秦時的"内史"分置而來,是將有關農業、糧草倉庫和國家財政經濟有關的機構整合而來,可能還吸收了少府的部分機構和職能。剥離了以上職能的内史,逐漸轉變爲純粹的行政管理機構。大體可以認爲,《百官公卿表》所記治粟内史和内史兩種職官的職能合併一起才相當於秦時的内史。秦内史爲掌治京師的行政機構,有獨立的管轄範圍,應是一級政區;同時内史又是職官名稱,即内史機構長官的名稱。内史與郡的行政級別相當,但從名稱、職能和所處地理位置看,内史有其特殊性。

【秦業2016】

此封泥於2006年出自陝西省長安縣神禾原戰國秦陵園遺址,陵園主人爲秦孝文王的次夫人、秦莊襄王生母、秦始皇的祖母夏太后。夏太后於始皇七年(公元前240年)去世,葬於杜東。此封泥印面方形,印文"内史之印"四字。封泥背面有封緘過的織物痕迹,輪廓方正,應該是使用了封泥匣的結果。秦"内史"有三種含義:首先是内史機構的長官名稱,後來演變成爲"掌治京師"的行政機構名稱,後來又成爲京師地區的行政名稱。戰國秦内史治理秦都咸陽,也管理關中秦畿内之地的政治經濟事務。漢初景帝二年將内史之地分爲左、右兩部分,《漢書·地理志》記京兆尹、左馮翊和右扶風均爲"故秦内史"。(董珊、余兆冰)

【秦地2017】

内史不在三十六郡之列。嶽麓書院藏秦簡"内史郡二千石共令",是"内史"與"郡二千石"所共之令,内史與郡並列,可證内史與郡爲同等性質,均爲掌控地域形態之職官。從里耶簡16-5看,至遲此時内史已成爲具有地域形態之名稱。張家山漢簡《奏讞書》中涉及雍、汧二縣案件,最後上告廷尉,並由廷尉發文汧、雍,其中不見内史。時在秦王政二年(前245年),此時内史並不負責雍、汧二地的司法事務,其時掌治京師的内史尚未成立。大約秦始皇統一六國,分天下爲三十六郡,京畿地區則專由内史掌控,作爲地域形態的内史宣告成立。

【秦官2018】

《漢書·百官公卿表》:"内史,周官,秦因之,掌治京師。景帝二年分置左内史、右内史,武帝太初元年更名京兆尹。屬官有長安市、廚兩令丞,又都水、鐵官兩長丞。左内史更名左馮翊,屬官有廩犧令丞尉。又左都水、鐵官、雲壘、長安四市四長丞皆屬焉。"從漢代典籍和張家山漢簡反映的情況來看,漢初内史的主要職責不僅是"掌治京師",而是兼管"穀貨"(國家糧草、財物和兵甲府庫)和幫助皇帝處理國家政務的一個龐大的行政機構。王輝先生據秦封泥等相關文字資料對秦内史及其屬官作了系統討論,認爲秦時内史主要管理首都咸陽及畿内縣事務,秦統一前後以至漢初,内史的職責似無大的變化,可見秦内史與郡的職責並無根本分別,無論在統一前還是統一後,都是"掌治"其轄地的政務與經濟事務的。不過,内史因地處畿内,經濟事務更多一些罷了。據王輝先生文所論,秦内史的屬官應包括大内、太倉、幹官類、鐵官、鐵市、采司空、少内、苴陽少内和其轄地的工官等。另里耶秦簡還有"武關内史"(8-206),"☐蜀中内史☐"(8-1387)和"卅二年遷陵内史計"(8-1845)等。因簡文殘斷或文義難以明瞭,故難以判定是否内史下設在各郡縣的分支機構。又里耶秦簡新出現了"内史守"(8-228)的職官名,與秦封泥"内史之印”合觀，可知是反映秦時職官代理制度的新資料，值得進一步探討。内史所屬的大部分職官前文已有論及，以下僅討論少内和内史所轄工官兩類。又，内史所轄工室，秦封泥有“咸陽工室”“咸陽工室丞”，“櫟陽左工室”“櫟陽左工室丞”“櫟陽右工室丞”，“雝工室印”“雝工室丞”“雲陽工丞”等，其中秦舊都櫟陽的工室有左右之分，“雲陽工丞”應爲“雲陽工室丞”之省。又秦宜工銅權銘文“宜工”應是“宜陽工室”之省。

【廣封2019】

案《漢書・百官公卿表》:“内史，周官，秦因之，掌治京師。景帝二年分置左〔右〕内史。屬官有長安市、廚兩令丞，又都水、鐵官兩長丞。”（師古曰:“《地理志》云：武帝建元六年置左右内史，而此表云景帝二年分置，表志不同。又據《史記》，知志誤矣。”）又《漢書・地理志》云:“本秦京師爲内史，分天下作三十六郡。”（師古曰:“京師，天子所都畿内也。秦併天下，改立郡縣，而京畿所統，特號内史，言其在内，以别於諸郡守也。”）

瑞按：從嶽麓秦簡“内史、郡、二千石共令”的簡文看，内史是與郡、二千石並列且排列爲前的一級機構，與漢代京兆尹在地位上高於郡的情況相似。從《漢書・地理志》等的記載看，京兆尹雖然高於它郡，但因有具體管轄區域，故據此將其暫列編中。此外，從陳松長先生公布的嶽麓秦簡的令名（《嶽麓秦簡中的秦令令名訂補》《出土文獻與法律史研究（6）》P96）看，在20種令名中，内史有關的令名即有“内史、郡、二千石官共令、内史官共令、内史倉曹令、内史户曹令、内史旁金布令”等5種令名，顯示出内史的地位非常重要。

十七、宫臺・禁苑

（一）宫

西陵宫印

《大系》P288

瑞按：西陵宫，不見史載。西陵有數，其一，《漢書・地理志》爲江夏郡屬縣，“有雲夢官。莽曰江陽。”《史記・高祖本紀》“至丹水，高武侯鰓、襄侯王陵降西陵。還攻胡陽”。

張家山漢墓竹簡《二年律令・秩律》有"西陵、夷道、下雋、析、酈、鄧"。其二,《史記・秦始皇本紀》"出子享國六年,居西陵",《索隱》"一云居西陂,葬衙"。其三,《史記・五帝本紀》"黄帝居軒轅之丘,而娶於西陵之女,是爲嫘祖。"《正義》"西陵,國名也"。其四,《武威漢簡・王杖十簡》"汝南西陵縣昌里"。據蔡邕《獨斷》"天子[以天下爲家],自謂[所居]曰行在所,猶言今雖在京師,行所至耳。巡狩天下,所奏事處皆爲宮。在[長安則](京師)曰'奏長安宮',在泰山則曰'奏奉高宮'"。西陵宮,當爲設在西陵之宮。

窀宮之印

《大系》P52

　　瑞按:窀宮,不見於文獻。窀,文獻中較多,如《周禮注疏》卷三十"掌喪祭奠窀之俎實"。疏"掌喪"至"俎實",釋曰:"諸於喪祭,多據虞祭而言。此'喪祭'文連'奠窀',窀是壙内,故鄭以喪祭爲大遣奠解之。是以《大司馬》'喪祭'亦爲遣奠也。注'窀亦'至'於旁',釋曰:按《塚人》云'請度甫窀',窀,穿壙之名。"窀宮,或爲天子窀而設之宮。

鴻鴟宮池

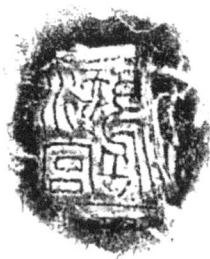

《大系》P114

　　瑞按:"鴻鴟池宮",宮名文獻未載。封泥中"鴻鴟"二字模糊,釋讀或當存疑。若釋讀確,封泥或亦可讀爲"鴻池宮""鴻鴟宮池"。由於三字宮名罕見,故以"鴻鴟宮"的可能性較大。當然亦存在"鴻宮"爲名,而此讀作"鴻宮鴟池"的可能性。

萯陽宮印

《古封》P23；《新泥》P72；《秦封》P201；《上封》P24；《大系》P36

【新泥 1999】

　　封泥，有界格。上海博物館藏資料。萯陽宮，秦宮名。《漢書·地理志》右扶風下注：“有萯陽宮，秦文王所起，今在鄠縣西南二十四里。”西漢時仍爲行宮，《漢書》見載有：甘露二年，“冬十二月，行幸萯宮屬玉觀”（《宣帝紀》）……。此封泥印文緊結，筆畫較細，體勢與秦銘刻文字相類，並施加界格，應爲秦代遺物。秦封泥存世可考者稀，《封泥考略》著録“叁川尉印”，據地理沿革及文字特徵可確知爲秦物。此“萯陽宮印”乃行宮署印，爲罕見之例。

【秦式 1998】

　　録於《封拓》。《漢志》右扶風鄠縣，班固注：“有萯陽宮，秦文王起”。《漢書·宣帝紀》：“（甘露二年）冬十二月，行幸萯陽宮屬玉觀。”《説苑·正諫》：“（秦始皇）取皇太后遷之於萯陽宮。”茅焦諫“遷母萯陽宮，有不孝行。”“皇帝立駕千乘萬騎，空左方，自行迎太后萯陽宮，歸於咸陽。”秦萯陽鼎銘：“萯共”，又後刻漢銘：“萯陽共鼎”，秦萯陽宮在今陝西鄠縣北，渭河以南，澇峪河側的美陂。漢世沿用。

【秦封 2000】

　　《漢表》右扶風鄠縣班固注“有萯陽宮，秦文王起。”《漢書·東方朔傳》：“投宿諸宮，長楊、五柞、倍陽、宣曲尤幸。”《漢書·宣帝紀》“甘露二年，冬十二月，行幸萯陽宮屬玉觀。”《説苑·正諫》：“（秦始皇）取秦太后遷之於萯陽宮。”茅焦諫“遷母萯陽宮，有不孝之行。”“皇帝立駕千乘萬騎，空左方，自行迎太后萯陽宮，歸於咸陽。”秦萯陽宮在今陝西戶縣北，渭河以南，澇浴河側的美陂。漢世沿用。《文物》秦萯陽宮鼎銘：“萯共，六斤十二兩，過”，又後刻漢銘“萯陽共鼎，容一斗一升，重六斤七兩，第百卅七，第百卅七”。

【圖説 2009】

　　秦宮名。秦孝公建萯陽宮，在咸陽渭南宮區。《漢書·東方朔傳》：“倍陽”，顏師古注：“倍陽即萯陽也”。《説苑》記嬴政與太后交惡，誅滅嫪毒之後，遷太后於萯陽宮（《孫慰祖論印文稿》72）。

【集證 2011】

　　萯陽爲秦宮，第一章四十四條“萯陽鼎”一節已有説。此爲萯陽宮管理機構之印。

車武宮印

《大系》P44

　　瑞按：首字殘。車武宮，文獻未載。若首字確爲"車"，或亦可讀爲"武宮車印"，武宮亦不見於文獻。

高章丞印

《大系》P92

　　瑞按：高章，不見於文獻。從秦封泥有"高章宦者""高章宦丞"所顯示的設有"宦者"的情況看，其應爲秦宮之名。

高章宦者

　　　1　　　　　　　　　2　　　　　　　　　3

1.《印鳳》P132；《印集》P66；《彙考》P137；《大系》P93
2.《發現》圖92；《秦封》P209；《印鳳》P132；《彙考》P138；《璽印》P443
3.《大系》P93

【發現1997】

所謂高章,是否秦之宫室,或與其他建築有關,史無確載。但其設宦者、宦丞,必是帝室盤桓之處,疑與章臺有關。

【宦官1997】

高章顯然是宫名,但高章宫名未見史籍記載。"宦丞"係宦者丞之省文。

【印考1997】

說見"宦者丞印"。

【秦封2000】

高章,當係宫名,或與章臺有關。說見"章臺"。《漢表》:詹事屬官有諸宦官。《史記·秦始皇本紀》:"令相國……攻毒。戰咸陽,斬首數百,皆拜爵,及宦者皆在戰中,亦拜爵一級。"秦《睡虎·傳食律》:"宦奄如不更。"《睡虎·倉律》:"宦者、都官吏、都官人有事上爲將,令縣貸之。"漢封泥見:《臨淄》"長信宦者",《封泥》"宦者丞印"。

【考略2001】

《漢書·百官公卿表》載少府屬官有"宦者令丞"。宦者即閹人,除王宫、皇宫之中有大量宦者外,其他各宫亦置宦者,如王獻唐《臨淄封泥文字》載有"長信宦者",《續封泥考略》輯有"北宫宦者"封泥。長信爲太后之宫,長信、北宫均爲宫名,"高章"亦當爲宫名。

【簡讀2002】

高章當爲宫名,史籍未載。"宦丞"釋讀見"宦者丞印"條。

【彙考2007】

高章宦者,官署名。秦在各地均分置有宦者,高章,宫名,文獻失載。

【圖說2009】

說見"章臺"。

【分域2009】

"高章"當與章臺有關。兩印均爲管理宦者事務的官吏所用。

【集證2011】

從"北宫宦丞"的例子看,"高章"亦應爲秦宫觀名。高章之名文獻失載。

【秦官2018】

秦時的宦者應普遍設立于服務皇帝的少府和負責太后、皇后事務的詹事等機構。"高章"或是後庭的宫室名稱,亦設有宦者機構。

【廣封2019】

案《漢書·百官公卿表》:少府屬官有"宦者"令丞。《秦封泥彙考》:高章宦者,官署名。秦在各地均分置有宦者。高章,官名,文獻失載。

高章宦丞

　　1　　　　　　　　　　2　　　　　　　　　　3

1.《彙考》P138
2.《大系》P93
3.《秦封》P210;《彙考》P138

【新見1996】

　　兩封泥官稱皆不見史志。“宦丞”即宦者丞,屬少府。古時宮内雜役多由宦者充任,並置令、丞領之。《十鐘山房印舉》及《封泥考略》著録有“宦者丞印”印章、封泥各一,與《百官表》所載同。宦丞既爲宮官,則“高章”應是宮名。傳世封泥有“長信宦丞”“北宮宦丞”,長信、北宮皆是秦時離宮(見《三輔黃圖》),又轉可證知“高章宦丞”當與之同例,“高章”爲秦封泥考證與斷代載之秦宮名似可無疑。《漢書・五行志》説秦時“離宮三百”,然皆毀於秦末之火,今見史載者亦僅部分而已。

【發現1997】

　　説見“高章宦者”。

【宦官1997】

　　説見“高章宦者”。

【印考1997】

　　説見“宦者丞印”。

【秦封2000】

　　《漢表》:少府屬官有宦者令丞。高章之説見“高章宦者”。漢封泥見:《封泥》“宦者丞印”,《臨淄》“長信宦丞”。

【考略2001】

　　“宦丞”應爲“宦者丞”省稱。相家巷流散秦封泥有“北宮宦丞”,《封泥考略》輯録有“長信宦丞”。“高章”之名未見文獻記載。高章屬官有“宦者丞”,可見其不同於一般宮室。根據現有考古資料來看,置“宦者”“宦丞”的宮有“北宮”“長信”等宮室。我們認爲在秦咸陽城附近,只有“章臺”之地位可與“北宮”“長信”相比。“高章”或即“章臺”之宮。

【簡讀2002】

釋讀見"高章宦者"條。

【上封2002】

宦丞即宦者丞,館藏者另見"宦者丞印"。《史記·廉頗藺相如列傳》有"趙宦者令繆賢",可見宦者令、丞見置早於秦代。《百官表》少府、詹事屬官均有宦者,服宮内雜役,有令、丞領署,又按"長信宦丞""北宮宦丞"例,高章應爲失載之秦宮。或以爲即章臺之宮,可從。但二者爲何種關係?《史記·廉頗藺相如列傳》:"秦王坐章臺見相如",封泥中又見"章臺",可見當時各有其名。"章臺"或是高章宮内之臺屬之類建築,而非宮之本名。因朝拜活動主要在此,史書遂以代稱其宮。《三輔黃圖》載秦興樂宮有鴻臺,漢甘泉宮有通天臺。

【彙考2007】

高章宦丞,應爲高章宦者丞之省稱,官名。

【圖説2009】

説見"章臺"。

【分域2009】

説見"高章宦者"。

【官名2013】

説見"北宮宦丞"。

【廣封2019】

應爲前封泥"高章宦者"之丞之印也。

章□宮□

《大系》P368

瑞按:封泥殘。從殘存筆畫看,首字"章"或可成立。秦有章臺,《史記·秦始皇本紀》"諸廟及章臺、上林皆在渭南。"《史記·藺相如傳》"秦王坐章臺見相如……今臣至,大王見臣列觀,禮節甚倨"。秦封泥有"章臺""章廄"等,此或爲"章臺宮"之殘。

宣曲

1、2.《大系》P313

【集證2011】

　　釋讀"宣曲喪吏"時指出,宣曲應爲地名,殆在長安附近。《史記·貨殖列傳》:"宣曲任氏之先,爲督道倉吏。"《集解》徐廣曰:"高祖功臣有宣曲侯。《上林賦》云:'西馳宣曲'。當在京輔,今闕其地。"至漢,其地有宣曲宮。《漢書·東方朔傳》:"上大驩樂之……後乃私置更衣,從宣曲以南十二所,中休更衣,投宿諸宮,長楊、五柞、倍陽、宣曲尤幸。"顏師古曰:"宣曲宮名,在昆明池西。"《徵存》以此爲漢初印,但既然漢高祖時已有宣曲侯,則宣曲當爲秦地,一如"倍陽"即秦萯陽宮。"喪吏"一職文獻失載,其職蓋主管喪葬之事。《周禮·地官·牛人》:"喪事供其奠牛。"

【職地2014】

　　宣曲,地名。《史記·司馬相如列傳》"西馳宣曲,濯鷁牛首,登龍臺,掩細柳……"《集解》引《漢書音義》曰:"宣曲,宮名,在昆明池西。牛首,池名,在上林苑西頭。"《漢書·東方朔傳》顏師古注同。王輝先生説"殆在長安附近"。古長安城南有五曲:韋曲(今韋曲鎮一帶)、杜曲(今杜曲鎮一帶)、王曲(王曲鎮一帶)、章曲(今大兆鄉南、北章曲寨村一帶)、黄曲(今地不詳,約在今黄渠頭村漢樂游苑一帶)。今西安市長安區有韋曲、杜曲、王曲等名稱,應是以上諸地名的孑遺。

　　瑞按:"宣曲"文獻載爲宮名,《漢書·東方朔傳》"後乃私置更衣,從宣曲以南十二所,中休更衣,投宿諸宮,長楊、五柞、倍陽、宣曲尤幸。"顏師古曰:"宣曲,宮名,在昆明池西。"文獻中宣曲有"胡騎",《漢書·百官公卿表》"長水校尉掌長水、宣曲胡騎",顏師古曰:"長水,胡名也。宣曲,觀名,胡騎之屯於宣曲者。"漢有"宣曲侯",見《史記·高祖功臣侯者年表》。《史記·貨殖列傳》"宣曲任氏之先,爲督道倉吏。"《集解》徐廣曰:"高祖功臣有宣曲侯。"《索隱》韋昭云:"地名。高祖功有宣曲侯。"《上林賦》云"西馳宣曲",當在京輔,今闕其地。《正義》案:其地合在關内。張揖云"宣曲,宮名,在昆池西也"。

陰室宮印

無圖,釋讀見《秦選》P77。

瑞按:陰室,不見於秦漢文獻。但在後世文獻中有出現。《宋書·武帝本紀》"孝武大明中,壞上所居陰室,於其處起玉燭殿,與群臣觀之",《宋書·禮志六》"元帝世,懷帝殤太子又祔廟,號爲陰室四殤","晉氏又有陰室四殤,治禮引陰室以次奠爵於饌前。"《隋書·百官志》"太常寺罷太祝署,而留太祝員八人,屬寺。後又增爲十人。奉禮減置六人。太廟署又置陰室丞,守視陰室。"《唐會要》卷十九"若准魏晉故事。即晉愍懷太子、殤太子、哀太孫、沖太孫,皆於祖廟北牖而置陰室。歲時祔享。以至親盡。今伏以國家變三代之典。從東漢之制。九廟既有周殿之隘。一室難修處奧之儀。況別廟陰室。俱爲變禮。"《通典》卷48"東晉尚書符問太常賀循:太廟制度,南向七室,北向陰室復有七。帝后應共處七室垙中,當別處陰室?"

鬃□宮印

1　　　　　　　　　2

1、2.《大系2018》P311

虢□宮印

《大系》P104

　　瑞按: 封泥模糊,宮名難辨。

千□宮□

《大系》P197

　　瑞按: 封泥殘,首字似爲"千"字。秦宮以"千"字起首者文獻未載。

(二) 臺

安臺之印

《在京》圖三:6;《璽印》P435

【在京2005】

　　《秦封》錄有"安臺丞印"。

　　瑞按: 安臺,在上林苑三號遺址出土"安臺居室"陶文,可據此基本確定遺址原名即"安臺"。安臺見《史記·孝武本紀》,"乃令越巫立越祝祠,安臺無壇,亦祠天神上帝百鬼,而以雞卜",《史記·封禪書》《漢書·郊祀志》近同,但安臺何在,舊均無注。《三輔黃圖》卷五、《長安志》卷四、《類編長安志》卷三上林苑有"安臺觀",《三輔黃圖》《長安志》引《關中記》均謂安臺在長安城外。此外,據《通典》卷一百四五漢"巴渝舞""舞曲有矛渝、安臺、弩渝、行辭本歌曲,有四篇。其辭既古,莫能曉其句度",亦有"安臺"之名。而在西安相家巷等地出土秦封泥中,還有相當數量"安臺丞印"封泥,歷史上也出土過"安臺左壄"封泥。任隆指出《長安志》引《關中記》上林苑中有"觀二十五……仙人觀、霸昌觀、安臺觀、淪沮觀,……在長安城外",安臺爲秦時上林苑觀名。王輝先生提出安臺爲秦觀,釋"安臺左墅"時引趙超《三輔黄圖》(畢沅校本)卷五:'安臺觀、渝沮觀在城外。'(觀與館同)可能該印即爲安臺館左墅印",並按印文"臺"字與長沙出土二十九年漆盒"工大人臺"之臺字接近,"墅"上"既"亦與泰山刻石"既"字近,趙氏定秦印近是。周曉陸、路東之先生《秦封泥集》指出安臺爲咸陽佚名臺榭,傅嘉儀同。陳曉捷先生提出《長安志》引《關中記》上林苑中有"長門宮、鈎弋宮、渭橋宮、仙人觀、霸昌觀、安臺觀、渝沮觀,以上三宮四觀在長安城外",安臺觀的得名與秦安臺有關(漢宮之名多有沿用秦代者),判斷安臺亦應在上林苑中,具體位置從前揭三宮四觀名稱看,似在秦章臺宮、興樂宮之西,即在漢長安城之西側。陳松長先生指出,在嶽麓秦簡中有"安臺居室、居室共令"的令名(《嶽麓秦簡中的秦令令名訂補》《出土文獻與法律史研究(6)》P96),在嶽麓秦簡已公布的二十多中秦令的名稱中,"安臺"爲唯一一個入令名的宮室臺觀名稱,顯示出其地位應非常重要。上林苑三號建築位於阿房宮北,距漢長安城不遠。從文獻看,漢都名長安源於"長安鄉",安臺或可能即位於其中。

安臺丞印

1　　　　　　　　2　　　　　　　　3

1.《發掘》圖一九:7;《新獲》P291
2.《彙考》P140
3.《酒餘》P26上

【兩漢1993】

　　西漢早期,封泥。印文二行四字。有界欄。《封泥考略》著録。安臺,縣名,漢志失載。

【發現1997】

　　這種封泥出土數量較多,歷史上也曾經出過"安臺丞印""安臺左墅"封泥各一枚。前人釋"安臺"爲縣名是不正確的,秦有章臺、鴻臺、懷清台等,安臺當爲秦時諸台之一。這批封泥出土地據漢安門遺址不遠,故安臺也可能就在附近,西漢安門沿襲此地名。

【印考1997】

　　印面正方形,田字格,邊長2釐米,印文精勁,邊欄左側留有自然的空白。安臺,秦時上林苑觀名。《長安志》引《關中記》云,上林苑中有"觀二十五……仙人觀、霸昌觀、安臺觀、渝沮觀,……在長安城外。"此即當是安臺觀之佐官。

【秦封2000】

安臺,舊注謂當爲縣,誤,應爲秦都咸陽的佚名臺榭。

【小劄2001】

又《長安志》引《關中記》上林苑中有"長門宮、鈎弋宮、渭橋宮、仙人觀、霸昌觀、安臺觀、淪沮觀,以上三宮四觀在長安城外"。其中之安臺觀的得名,應與秦安臺有關(漢宮之名多有沿用秦代者)。由此可知,秦安臺亦應在上林苑中,而具體位置從上揭之三宮四觀之名來看,似在秦章臺宮、興樂宮之西即漢長安城之西。

【簡讀2002】

陳曉捷《學金小札》指出:"又《長安志》引《關中記》上林苑中有'長門宮、鈎弋宮、渭橋宮、仙人觀、霸昌觀、安臺觀、淪沮觀,以上三宮四觀在長安城外'。其中之安臺觀的得名,應與秦安臺有關(漢宮之名多有沿用秦代者)。由此可知,秦安臺亦應在上林苑中,而具體位置從上揭之三宮四觀之名來看,似在秦章臺宮、興樂宮之西即漢長安城之西。"

【上封2002】

安臺,地名未見載。《三輔黃圖》:"安臺觀,淪沮觀,在城外。""安臺丞"是否與之有關,待考。

【彙考2007】

安臺,秦始皇多作高臺宮殿建築,取其近天之意。安臺或爲文獻失載的殿臺之一。

【分域2009】

"安臺"之名可能與"章臺"相類,爲秦之諸台之一。

【集證2011】

安臺爲秦觀,……此爲安臺觀丞之官印。(以下文字原爲釋讀"安臺左墼")趙超云:"……《三輔黃圖》(畢沅校本)卷五:'……安臺觀、淪沮觀在城外。'(觀與館通)可能該印即爲安臺館左墼印。"今按印文"臺"字與長沙出土二十九年漆盉"工大人臺"臺字接近,"墼"上"既"亦與泰山刻石"既"字近,趙氏定爲秦印當近是。

【廣封2019】

同《彙考2007》。

安臺居室

《大系》P24

【五十例2005】

《長安志》卷四引《關中記》："長門宮、鈎弋宮、渭橋宮、仙人觀、霸昌觀、安臺觀、淪沮觀，以上三宮四觀在長安城外。"按此爲漢代宮觀，然秦宮觀漢代往往修葺之，則安臺觀亦當因秦之舊。居室掌繫獄事。《漢書·百官公卿表》：少府屬官有居室令丞、甘泉居室令巫。又《魏其武安侯傳》："劾灌夫罵坐不敬，繫居室。"《秦封2000》有秦封泥"安臺丞印""安臺左壓""居室丞印""居室寺從。"

【在京2005】

《漢表》："少府，秦官，……屬官有……居室、甘泉居室令……武帝太初元年更名……居室爲保宮，甘泉居室爲昆臺。"《漢書·蘇武傳》："加之老母系葆宮"，保宮即居室，時爲拘禁將士家屬之所。《張家·二年·秩律》："居室……秩各六百石，有丞，尉者半之"。據"安臺居室"知秦時在某些宮內設居室。

【銘刻2010】

秦封泥中有安臺丞印、安臺左壓，最早著錄於《封泥考略》，孫慰祖先生將其視爲漢代之物，並謂安臺爲"縣名，漢志失載"，其說不確。周曉陸先生云："安臺當是秦時諸臺之一"，位置當在漢長安城安門附近。筆者在對相關記述排比後推測安臺應在漢長安城之西。

【職地2014】

安臺爲秦宮室或重要建築名稱，秦封泥"安臺居室"與文獻"甘泉居室"的情形類似，是設在安臺的居室機構。安臺居室與文獻中甘泉居室的情形類似，是設在安臺的居室機構，而"安居室丞"應是"安（臺）居室丞"之省稱。

【秦官2018】

說見"居室丞印"。

瑞按：上林苑三號建築出土"安臺居室"陶文，可與此對讀。

安居室丞

1　　　　　　　　　　2

1.《在京》圖三：7；《璽印》P440；《大系》P22
2.《新出》P5；《大系》P22

【在京2005】

"安居室"疑"安臺居室"簡稱。《漢表》："少府，秦官，……屬官有……居室、甘泉居室令……武帝太初元年更名……居室爲保宮,甘泉居室爲昆臺。"

【秦官2018】

說見"居室丞印"。

安臺左壁

《古封》P356;《中封》P117;《秦封》P213;《書集》P127;
《彙考》P262;《璽印》P435;《大系》P24

【秦式1998】

錄於《封泥》。安臺舊注謂當爲縣,誤。應爲秦都咸陽的佚名臺榭。《說文·土部》:"壁,以土增大道上",段玉裁注:"此與茨同意,以草次於屋上曰茨,以土次於道上曰壁。從土次聲。壁,古文壁"。案,左壁,當掌宮室道路修治。

【小劄2001】

說見"安臺丞印"。

【秦封2002】

安臺應爲秦宮名。說見一·四·18"安臺丞印"。《說文·土部》:"壁,以土增大道上。"段玉裁注:此與茨同意,以草次於屋上曰茨,以土茨於道上曰壁。"壁"從土次聲。壁,古文"壁"。左壁,當掌宮室道路修治。一說"壁"爲土坯之名,至今中國北方猶言之,亦建築之用也。

【彙考2007】

《封泥考略》著錄。《古封泥集成》考爲"安臺左壁"。

【集證2011】

趙氏云:"壁字,《說文解字》十三云:'仰涂也。'有涂飾、修補意。雲夢秦簡云:'漏屋涂壁(壁)'。左壁可能是負責修飾宮室的工官,屬將作少府管轄。《三輔黃圖》卷五:'……安臺觀、渝沮觀在城外。'(觀與館通)可能該印即爲安臺館左壁印。"今按印文"臺"字與長沙出土二十九年漆盒"工大人臺"臺字接近,"壁"上"既"亦與泰山刻石"既"字近,趙氏定爲秦印當近是。

【職地2014】

《長安史迹叢刊·三秦記輯注》云:"安臺觀在長安城外,虎圈觀、郎池觀並在上林苑中。"安臺的得名與安臺觀有關,或安臺就是安臺觀的省稱,或秦時名安臺,漢代改稱安臺觀。從"安臺左墍"封泥來看,秦在安臺設有負責修繕事務的機構。

【廣封2019】

　　案《續封泥考略》,《説文》:墍,仰涂也。《書·梓材》:"惟其塗墍茨。"《揚雄傳》:"獿人亡,則匠石輟斤而不敢妄斲。"服虔曰:"獿,古之善塗墍者也。"顔注:"獿,扙拭也。故謂塗者爲獿人。"此云左墍獿人之職也。封泥有"安臺丞",漢志無其縣,姑附"安臺丞"後。或曰:宮室之治,將作大匠之所屬也,亦通"安臺"。此爲詳前。附"安臺丞印"後。

楊臺□丞

《大系》P323

　　瑞按:"楊臺"不見於文獻。漢有長楊宮。

楊□共□

《新選》P116;《大系》P32

【十五則2017】

　　此封泥右下角殘,但田字格印面仍可分辨。首字左旁爲木,右半殘失,釋爲"楊臺共印",殆是。《新見秦封泥五十例考略》一文曾著録有"楊臺苑印",但未附圖版,暫無法對照。近出嶽麓秦簡有"去之楊臺苑中除芝徒所聞士誤善……"之名。因簡文殘缺,楊臺苑具體所在難以確指。根據同出簡文所記案件均在秦南郡各縣,我們推測楊臺苑似在秦南郡境,至少不在關中。除秦封泥中的西共、西共丞印外,"西共"還見於珍秦齋藏秦信宫鼎和西漢南越王墓出土銀洗刻銘等；漢代銅器也多見地名或宫室名稱後帶"共"字的銘文，如杜共、杜宣共、鄂貧陽共、黄共、黄山共、華共等。秦封泥之"共"，舊説或爲《詩經·大雅·皇矣》中"侵阮徂共"之共地，今則認爲應是"共廚"之省。對於"共廚"，一般認爲是爲帝王提供祭祀用品與飲食的機構，凡設"共廚"之地大多與祭祀活動有關。今由秦簡資料可知秦確有楊臺苑，"楊臺共印"似乎是楊臺苑內所設的共廚，不一定與祭祀活動有關。已經公布的秦封泥資料有"苑共丞印"，似乎也能説明秦時在一些苑囿內設置"共廚"；只是"苑共丞印"封泥並未公布圖版，詳情有待進一步確認。

　　瑞按：封泥殘，原讀"楊臺共印"。

章臺

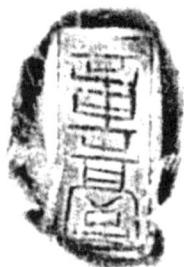 

　　　　　1　　　　　　　　　　　2

1.《相家》P23；《大系》P367
2.《新出》94；《大系》P368

【發現1997】
　　《史記·蘇秦列傳》蘇秦説楚威王曰："今乃欲西面而事秦，則諸侯莫不西面而朝於章臺之下矣。"《史記·秦始皇本紀》："諸廟及章臺、上林，皆在渭南。"《史記·藺相如列傳》："趙王遣藺相如奉璧西入秦，秦王坐章臺，見相如。"《史記·樗里子列傳》："昭王七年，樗里子卒，葬於渭南章臺之東。"《三輔黄圖》："章臺宫在漢長安故城西，秦宫也，中有章臺，因名。"值得注意的是，夢齋所藏封泥均出於漢長安城大小白楊村間章臺遺址附近。（瑞按：此説後已更改）。

【印考1997】
　　印面爲長方形，日字格，長2釐米，寬1釐米，邊欄上下及左側寬博，印文纖細精勁。章臺，秦宫名。章臺宫的省（瑞按：原爲"首"）稱，戰國秦的離宫。治所在西安市郊漢長安城舊址西側。《史記·蘇秦列傳》：蘇秦説楚威王曰："今乃個人成分西面而事秦，則諸侯莫有西面而朝于章臺之下矣。"《史記·藺相如列傳》亦云："趙王遣藺相如奉璧西秦，秦王坐章臺,見相如。"《史記‧樗里子列傳》:"昭王七年,樗里子卒,葬於渭南章臺之東。"《史記‧秦本紀》説:"諸廟及章、上林,皆在渭南。" 文獻中的 "渭南",當指渭河以南。

【秦封2000】

《史記‧蘇秦列傳》:"今乃欲西面而事秦,則諸侯莫不西面而朝于章臺之下矣。"《史記‧秦始皇本紀》:"諸廟及章臺、上林,皆在渭南。"《三輔》:"章臺宮在漢長安故城西,秦宮也,中有章臺,因名。"《史記‧廉頗藺相如列傳》:"秦王坐章臺,見相如。"《史記‧樗里子甘茂列傳》:"昭王七年,樗里子卒,葬於渭南章臺之東。" 漢封泥見:《文研》"章門觀監"。

【簡讀2002】

《史記‧秦始皇本紀》:"諸廟及章臺、上林,皆在渭南。"《史記‧藺相如列傳》:"秦王坐章臺見相如。"《史記‧樗里子列傳》:"昭王七年,樗里子卒,葬於渭南章臺之東"。

【彙考2007】

章臺,即章臺宮之省稱。戰國時秦國之離宮。可能建於秦惠文王時代。《史記‧楚世家》: 昭王誘楚懷王 "西至咸陽,朝章臺,如藩臣,不與亢禮"。《史記‧蘇秦列傳》:"則諸侯莫不西面而朝於章臺之下矣。"《史記‧藺相如列傳》:"藺相如西入秦,秦王坐章臺,見相如。"《三輔黃圖》:"始皇廿六年,徙天下高貲富豪於咸陽十二萬户,諸廟及臺苑,皆在渭南……南臨渭,自雍門以東至涇、渭,殿屋複道周閣相屬,所得諸侯美人鐘鼓以充之。"

【圖説2009】

秦惠文上建章臺宮,在咸陽渭南宮區。章臺是秦王坐理朝政的宮殿。《史記‧蘇秦列傳》蘇秦説楚威王曰:"今乃欲西面而事秦,則諸侯莫不西面而朝於章臺之下矣。"《史記‧秦始皇本紀》:"諸廟及章臺、上林,皆在渭南。"《史記‧藺相如列傳》:"趙王遣藺相如奉(和氏)璧西入秦,秦王坐章臺,見相如" 於此。《三輔黃圖》:"章臺宮在漢長安故城西,秦宮也。中有章臺,因名。" 徐衛民《秦漢園林特點瑣議》説:"上林苑中有很多超高建築,如神明台、井幹樓、通天台等,高達50餘丈(今合110餘米高),章臺是秦王主政朝見之所,必定高大,是謂高章。章臺當在今西安漢城遺址中漢未央宮前殿處。"

【分域2009】

章臺,宮殿名。《史記‧秦始皇本紀》云:"諸廟及章臺、上林皆在渭南。"《三輔黃圖》云:"章臺宮在漢長安故城西,秦宮也;中有章臺,因名。" 該印當爲章臺之地的官吏用印。

【集證2011】

章臺爲秦宮名。《史記‧樗里子甘茂列傳》:"昭王七年,樗里子卒,葬於渭南章臺之東。曰:'後百歲,是當有天子之宮夾我墓。' ……至漢興,長樂宮在其東,未央宮在其西,武庫正值其墓。" 漢長安城中有章臺街,《漢書‧張敞傳》:"敞無威儀,時罷朝會過,走馬章臺街。" 顏師古注引孟康曰:"在長安中。" 又引臣瓚曰:"在章臺下街也。" 有學者據此認爲章臺宮在漢未央前殿一帶。也有學者認爲漢建章宮即在秦之章臺宮舊址興建,遺址在今西安市西北高低堡子一帶。兩種説法中,大概以前説爲近是。近年劉慶柱對漢長安城未央宮作了勘探,也發現未央前殿A區遺址的漢代建築之下疊壓有戰國時代的秦瓦和瓦當等遺物。周曉陸初以爲夢齋封泥出土於章臺宮附近的大、小白楊村之間,不過後來事實證明這僅是賈人誤傳。周氏《補讀1998》已加糾正。1997年初，西安市文管會曾在漢長安城北隅今相家巷附近一灰坑發掘大批封泥，據云與夢齋封泥、傅嘉儀封泥同屬一批。陳根遠《西安秦封泥出土地在秦地望芻議》（《秦陵秦俑研究動態》1998年1期）以爲相家巷村在漢桂宮附近，而"漢桂宮是在秦甘泉宮基礎上擴建而成"的。《太平寰宇記》卷二十五引《三秦記》曰："桂宮一名甘泉宮。"宣太后曾居甘泉宮，誘殺義渠王。秦始皇之母在嫪毐被殺後居雍，一年後，"秦王乃迎太后於雍而入咸陽，復居甘泉宮。"徐廣認爲甘泉宮即咸陽南宮。甘泉宮在渭南，鄰近橫橋。《史記·秦始皇本紀》（二十七年）"作信宮渭南，已更名信宮爲極廟，象天極。自極廟道通驪山，作甘泉前殿。"這一看法，以前徐衛民也提到過。甘泉宮有前殿，規模宏大，皇帝亦常居此。《史記·李斯列傳》："是時二世在甘泉，方作觳抵優俳之觀，李斯不得見，因上書言趙高之短曰……"既然皇帝、皇后常居此，則臣下進奉文書、物品，緘以封泥，本不足怪。當然，章臺位置與此無關，只是爲糾正誤傳，故附論於此。

【職地2014】

　　章臺在秦國歷史上很著名。《史記》記載"諸廟及章臺、上林皆在渭南"，楚懷王"朝章臺"，"秦王坐章臺見相如"，樗里子也"葬於渭南章臺之東"。可見戰國後期秦王經常在章臺舉行各種重要的政治活動，幾乎相當於朝宮。蓋秦王經常往來渭北咸陽宮與渭南章臺之間，故在章臺設有管理廄馬的機構，秦璽印"章廄將馬"、秦封泥"章廄""章廄丞印"就是明證。秦有章臺壺，銘文有"大官四斗……章臺"。陳直云"此秦惠文王至秦昭王時器也"，殆是。

【廣封2019】

　　案《史記·秦始皇本紀》："諸廟及章臺、上林皆在渭南。"《史記·廉頗藺相如列傳》："秦王坐章臺見相如，相如奉璧奏秦王。"《三輔黃圖》："始皇廿六年，徙天下高貲富豪於咸陽十二萬户，諸廟及臺、苑，皆在渭南。"注，臺、苑，即章臺宮、上林苑。章臺宮簡稱章臺，可能築於秦惠文王時代。

（三）園

霸園

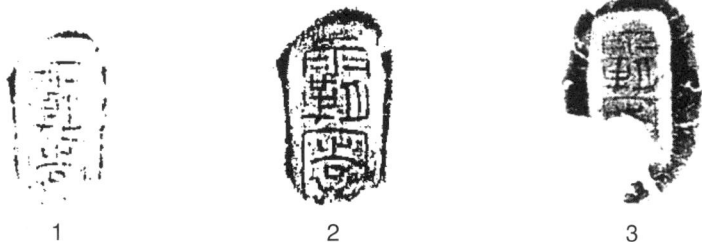

1　　　　　　2　　　　　　3

1.《在京》圖三：8；《璽印》P396
2.《璽印》P450；《大系》P26
3.《相家》P33；《大系》P26

【在京2005】

半通。《史記·司馬相如列傳》："終始灞滻,出入徑渭"《索隱》:"張揖云:'灞出藍田西北而入渭。滻,亦出藍田谷,北至霸陵入灞,灞滻,二水盡於苑中不出,故云終始也。"《水經注》卷日七:"霸者,水上地名也。古曰滋水矣,秦穆公霸世,更名滋水爲霸水,以顯霸功。"

【圖説2009】

《水經注·卷十九》:"霸者,水上地名也。古曰滋水矣,秦穆公霸世,更名滋水爲霸水,以顯霸功。"《三輔黃圖》曰:"霸水出藍田谷,西北入渭。"在今陝西長安縣。

【職地2014】

《水經注·渭水三》:"霸者,水上地名也,古曰滋水矣。秦穆公霸世,更名滋水爲霸水,以顯霸功,水出藍田縣藍田谷。"霸園蓋在霸水兩岸一帶。

博望蘺園

1 　　　　　　2

1.《新出》P57;《青泥》P23;《選考》圖1;《大系》P39
2.《新出》P57;《大系》P39

【選考2013】

蘺爲香草。《説文·艸部》:"江蘺,蘪蕪。"又蘺:"楚謂之蘺,晋謂之虈,齊謂之茝。"司馬相如《上林賦》:"被以江蘺。"宋人洪芻《香譜》卷上"芳香"條:"《本草》云,即白芷也,一名茝,又名蘺,又曰莞,又曰符蘺,又名澤芬。生下濕地,河東川谷尤佳,近道亦有。道家以此香浴去屍蟲。"蘺又爲藥物。《神農本草經》中品有自芷,"氣味辛溫,主女人漏下赤白血閉,陰腫寒熱,風侵頭目,淚出。長肌膚,潤澤,可作面脂"。由此可知,秦漢時蘺草既有藥用又有熏香之功用。博望,史書記載有二。《史記·田敬仲完世家》載,齊宣王二年,"使田忌、田嬰將,孫子爲師,救韓、趙以擊魏,大敗之馬陵,殺其將龐涓,虜魏太子申。其後三晋之王皆因田嬰朝齊王於博望,盟而去。"《讀史方輿紀要》卷三十四《山東五·東昌府》博平縣條:"博望城,或曰在故縣城西南。《史記》:齊宣王二年,擊魏,敗之,三晋之王,皆因田嬰朝齊王於博望,盟而去。即此地云。"此博望秦代爲東郡所屬,其治地在今山東博平縣西。《漢書·地理志》載南陽郡有博望縣。《水經・淯水注》：“淯水又東南流，逕博望縣故城東。”《讀史方輿紀要》卷五十一《河南六・南陽府》：“博望城，在府東北六十里。漢縣，屬南陽郡。武帝封張騫爲侯邑。後漢亦屬南陽郡。晉屬南陽國。宋廢。《括地志》：‘博望城在向城東南四十里。’今有博望驛。”博望縣秦代爲南陽郡屬縣，其治地在河南方城縣西南博望鎮。從上文所引《說文》“楚謂之蘺”可知，此博望當爲南陽郡屬縣。

【職地2014】

《漢書・地理志》南陽郡有博望縣。據秦封泥有“博望之印”和“博望庫印”，可知秦時已置博望縣，並在此設立廥倉。蘺，即江蘺，又名蘪蕪，葉有香氣。《山海經・西山經》：“（浮山）有草焉，名曰薰草，麻葉而方莖，赤華而黑實，臭如蘪蕪，佩之可以已癘。”漢劉向《九歎・怨思》：“菀蘪蕪與蘭若兮，漸槀本於洿瀆。”“博望蘺園”應是博望縣爲朝廷提供香草的園圃。

　　瑞按：嶽麓秦簡《質日》三十五年“壬申宿博望鄉”，整理者注，地望不詳（《嶽麓書院藏秦簡（一—三）釋文修訂本》P16）。近年在咸陽城府庫建築遺址出土銅飾件上有“博望”刻銘（《府庫2019》）。

高櫟園印

1　　　　　　　　　　2

1.《新出》P63；《青泥》P19；《大系》P86
2.《大系》P86

【職地2014】

　　說見“高櫟苑”。

具園

1

2

1.《秦封》P215;《彙考》P145;《大系》P139
2.《彙考》P145;《大系》P139

【印考1997】

印面長方形,似有界格,長2釐米,寬1釐米,印文清晰,邊欄左右寬博。息,古國名,又作"鄎",爲西周分封的諸侯國。姬姓。在今河南息縣西南。"息園"一名,史籍沒有明載。秦使時有"北園""東園"。與"息"有關的還有"息壤",爲戰國時秦邑名。《史記·樗里子甘茂列傳》云:"秦武王使甘茂將兵伐宜陽。甘茂恐怕武王半途而廢,二人乃盟於息壤。""息園"推測有可能是先秦時"息壤"之下的一個地名或園名,待進一步考證。

【補讀1998】

初披露時誤作"息園",現據《秦封2000》讀出。《左傳·僖公三十三年》載,鄭皇武子曰:"鄭之有原圃,猶秦之有具囿也。"《正義》:"囿者,所以養禽獸。天子曰苑,諸侯曰囿。"秦統一之後,原有之具囿自應升格稱爲"具苑",亦即"具園"(同例有"宜春苑"在漢印中又作"宜春園")。具苑地望,或在上林苑中。

【續考1998】

前文考釋爲"息園",似有不妥,應爲"具園"。先秦時有"具囿",又作"具圃"。"具(園)",在今陝西鳳翔附近。《左傳》僖公三十三年:"鄭之有園圃,猶秦之有具囿也。"是爲證。

【秦封2000】

《左傳·僖公三十三年》載:鄭皇武子曰:"鄭之有原圃,猶秦之有具囿也。"《正義》:"囿者,所以養禽獸。天子曰苑,諸侯曰囿"。秦統一之後,原有之具囿自應升格稱爲"具苑",亦即"具園"(參見"東苑丞印"。具苑地望,或在上林苑中)。

【小劄2001】

案:《呂氏春秋·有始覽》載,九藪內有"秦之華陽"。注:"華陽在鳳翔,或曰在華陰西。《爾雅》作陽陓,《淮南》作陽汙。注云,陽汙在馮翊池陽,一名具圃。"依此,則具園與具圃當係一地,在今陝西省涇陽縣界。

【簡讀2002】

《左傳·僖公三十三年》:"鄭之有原圃,猶秦之有具囿也。"《吕氏春秋·有始覽》"秦之華陽"注:"華陽在鳳翔,或曰在華陰西。《爾雅》作陽陓,《淮南》作陽紆。注云,陽紆在馮翊池陽,一名具圃。"

【彙考2007】

《秦封》考:《左傳·僖公三十三年》載,鄭皇武子曰:"鄭之有原圃,猶秦之有具囿也。"《正義》:"囿者,所以養禽獸。天子曰苑,諸侯曰囿"。秦統一之後,原有之具囿自應陞格稱爲"具苑"。

【圖説2009】

此園爲秦自春秋時代以來之傳統園囿。《左傳·僖公三十三年》記:鄭皇武子告秦帥曰:"鄭之有原圃,猶秦之有具囿也,吾子取其麋鹿,以間敝邑,若何?"孔穎達疏:"囿者,所以養禽獸。天子曰苑,諸侯曰囿。"魯僖公三十二年當秦穆公三十三年(前627年),秦此時尚拘處關中西部,故具囿應在今陝西鳳翔縣附近。筆者按:具園應是戰國時名。不用界格,用筆方折如繆篆,若不是出於秦遺址,肯定會誤斷爲漢封泥。此印迹爲秦印、秦封泥的斷代提供了一個標尺。原被印學界公認爲漢印、漢封泥的,其中必有一部分屬於秦國璽印。又戰國具園或即春秋之具囿;或在上林苑中新建(遷移)之苑中園,筆者主張前者。

【分域2009】

具園、康園,園囿名。此處二印當爲秦負責管理具園、康園的機構所用。

【集證2011】

首字周曉陸初釋"息",後據任隆文糾正。《左傳·僖公三十三年》鄭皇武子曰:"鄭之有原圃,猶秦之有具囿也。"孔穎達疏:"天子曰苑,諸侯曰囿。"周氏云:"秦統一之後,原有之具囿自應升格稱爲'具苑',亦即'具園'……具苑地望,或在上林苑中。"其説殆是。

【職地2014】

《左傳·僖公十三年》鄭皇武子説"鄭之有原圃猶秦之有具囿。"《吕氏春秋·有始覽》載"九藪"有"秦之陽華",高誘注:"陽華在鳳翔,或曰在華陰西。"畢沅校正:《爾雅》作'陽陓',《淮南》作'陽汙'。注云,陽汙在馮翊池陽,一名具圃。"可見秦具園或名具囿、具圃。具園秦時在雍,屬内史,漢屬左馮翊池陽,約今陝西涇陽縣境。

【廣封2019】

案《秦封泥彙考》,《左傳·僖公三十三年》:"鄭之有原圃,猶秦之有具囿也。"《正義》:"囿者,所以養禽獸。天子曰苑,諸侯曰囿。"秦統一之後,原有之具囿自應升格爲"具苑"。又《三輔黄圖》注:唐孔穎達疏云:"囿者,築墙爲界域而禽獸在其中故云。"囿,西周曰囿,秦、漢稱苑,今稱園林。

康園

《印集》P70;《彙考》P146;《大系》P143

【彙考2007】

《後漢書·東平王蒼傳》:"園邑之興,始自彊秦。"康園可能是某位秦公或王的陵園。

【圖説2009】

康園(《新出》70),地望不詳。

【分域2009】

説見"具園"。

【職地2014】

《秦封泥彙考》認爲某位秦公或秦王的陵園。今據秦封泥"康泰后濅"知此説恐誤。"康泰后"字作"泰",應爲統一後所用之印,"康"或爲秦始皇母趙姬之謚號,康園爲秦始皇母康太后陵墓所在之園。

【廣封2019】

案《秦封泥彙考》,《後漢書·東平憲王蒼傳》:"園邑之興,始自彊秦 "康園可能是某位秦公或王的陵園。

樂成園印

《大系》P150

【職地2014】

《漢書·地理志》南陽郡有樂成侯國,河間國亦有樂成縣。樂成園蓋爲二者之一。

樂□園□

1　　　　　　　　　　　　2

1.《新出》P70;《大系》P150、P361
2.《大系》P150

　　瑞按: 封泥殘,文獻中未見秦以"樂"字爲首字之園名。

蘺園之印

1　　　　　　　　　　　　2

1.《新出》P70;《大系》P153
2.《大系》P153

【職地2014】
　　"離"與"蘺"或爲異體,待考。

杏園

《西見》圖二∶14;《大系》P311

【西見2005】

　　有邊欄無界格，半通印，新見。園字右半邊稍殘。已見相類似的秦封泥有具園、康園，印製相類，均爲半通。杏園，秦時皇家園囿，直到唐代時，這裏仍是長安園林風景區之一，它和鄰近的芙蓉園、樂游原、慈恩寺一起，形成了以曲江池爲中心的風景遊覽區。北宋哲宗時張禮《游城南記》載："杏園與慈恩寺南相直。唐新進士多游晏於此。與芙蓉園皆爲秦宜春苑之地。"杏園遺址在今西安市雁塔區廟坡頭村，南至植物園附近。

【職地2014】

　　杏園或本即杏樹園，是爲皇家培植果木的園圃。唐代的杏園是新科進士賜宴之地，故址在今西安市南郊大雁塔南。唐代杏園或是沿襲秦"杏園"而建，但功能有所變化。

　　瑞按：里耶秦簡16-1105有"屖陵漆園"，亦以植物名園。

枳園

《大系》P372

　　瑞按："枳園"不見於文獻，所在地不詳。"枳"，《漢書·地理志》巴郡屬縣有"枳"。《博物志》"橘渡江北化爲枳，今之江東甚有枳橘。"秦封泥有多種"橘"類封泥，此或當爲種植"枳"之園。

員里園印

《大系》P365

　　瑞按："員里"不見於文獻。封泥釋讀之"里"字的豎劃中間似斷，是否爲"里"尚可存疑。

宜春園□

《大系》P326

【職地2014】

　　説見"杜南苑印"。又,《史記·司馬相如列傳》"息宜春"。《正義》引《括地志》云:"宜春宮在雍州萬年縣西南三十里";《漢書·元帝紀》"宜春下苑",顏師古注"宜春下苑即今京師東南隅曲池是";《漢書·司馬相如傳》"下堂梨,息宜春",顏師古注"宜春,宮名,在杜縣東,即今曲江池是其處也。"據此可知漢"宜春下苑"約在今西安市雁塔區曲江一帶,那麼秦"宜春苑"或與漢"宜春下苑"爲一處。又《三輔黃圖》"宜春宮,本秦之離宮,在長安城東南杜縣東,近下杜。"《長安志》云"杜縣故城在長安縣南十五里"。考慮到秦二世墓今天所處位置,我們認爲《史記》所説的"杜南宜春苑"的"杜南"並不是秦的"杜南苑",而是秦杜縣城南。因爲秦的宜春苑範圍比較大,"杜南"可能僅是整個宜春苑的一部分,《史記》所説二世葬"杜南宜春苑"實際是説二世葬在"杜縣城南"漢宜春苑之内。

更駕園印

1

2

3

1、2.《大系》P94

3.《大系》P314

　　瑞按:"更駕"不見文獻,"更駕園"所在不詳。

陽壽園印

　　1　　　　　　　2　　　　　　　3　　　　　　　4

1—4.《大系》P320

　　瑞按：封泥磨勒嚴重,若現讀無誤,"陽壽園" 不見文獻,所在地點不詳。

柳園之印

《大系》P159

　　瑞按："柳園" 不見文獻,所在地點不詳。

平定園印

《大系》P188

　　瑞按："平定園" 不見文獻。平定,《漢書·地理志》西河郡屬縣有平定。《史記·呂

太后本紀》有"齊丞相壽爲平定侯"。《史記·惠景間侯者年表》"平定侯"下《索隱》
"漢志闕。或鄉名。"

平□園印

《大系》P191

瑞按：封泥殘泐，右下字"木"旁清晰，所指爲何，尚待完整封泥。

葦園之印

《大系》P276

瑞按："葦園"不見文獻，"葦園"所在不詳。

永父園□

1　　　　　　　　　　2

1、2.《大系》P335

瑞按：封泥殘泐，原讀“永園父□”，以諸園封泥看，似當讀爲“永父園印”。“父”字模糊，當可存疑。“永父園”不見文獻，所在地不詳。

（四）禁

阿陽禁印

《在京》圖三：13；《璽印》P439、P450；《大系》P22

【在京2005】

《漢志》：“天水郡，……罕开，綿諸道，阿陽，略陽道，冀，禹貢朱圉山在縣南梧中聚。”《水經注》卷五：“河水又東北，逕阿陽縣故城西。漢高帝七年。封朗中萬訢爲侯國。應劭曰：漯陰縣西南五十里有阿陽鄉，故縣也。”《水經注》卷十七：“北地羌胡與邊章侵隴右，漢陽長史蓋勳屯阿陽以拒賊，即此城也。”

【政區2009】

《漢書·高后紀》高后六年：“匈奴寇狄道，攻阿陽。”師古曰：“狄道屬隴西。阿陽，天水之縣也。今流俗書本或作河陽者，非也。”《漢志》天水郡屬縣阿陽縣。《水經·渭水注》：“又南逕阿陽縣故城東。中平元年，北地羌胡與邊章侵隴右，漢陽長史蓋勳屯阿陽以拒賊，即此城也。”據《圖集》知，秦漢阿陽縣地望在今甘肅省靜寧縣西南。

【圖説2009】

據《漢志》《水經注》載：“天水郡，綿諸道，漯陰縣西南五十里有阿陽鄉，故縣也。”

【職地2014】

《漢書·地理志》天水郡屬縣。隴縣店子秦墓出土陶文有“阿亭”。秦隴西郡，漢天水郡，在今甘肅靜寧縣西南。又：先秦文獻中“禁”亦可指圈養禽獸的牢圈。《周禮·地官·囿人》：“掌囿遊之獸禁。”鄭玄注：“禁者，其蕃衛也。”《管子·五行》：“天子出令，命祝宗選禽獸之禁。”尹知章注：“禁，謂牢。”秦璽印封泥中禁和苑的數量基本相當，二者秦時或有區別。

車禁之印

《新出》P57;《青泥》P6;《大系》P44

【五十例2005】

　　車禁史籍失載,然秦有車里,在雍城南。《史記·秦始皇本紀》:秦畢公(《秦本紀》作哀公)"葬車里北。"秦惠公"葬車里。"車里或後來又建有車宮,漢因之。《考古圖》有車宮承燭盤,銘文爲"車宮銅承燭盤,重三斤八兩,五鳳□年造。扶。"車禁爲車宮之禁苑,其地漢屬右扶風,秦屬内史,在今陝西鳳翔縣南。

【職地2014】

　　説見"車府"。又,《史記》載秦畢公、夷公、惠公"葬車里";《考古圖》有漢宣帝五鳳四年車宮承燭盤。秦屬内史,漢屬右扶風,在今陝西鳳翔縣南。

車禁丞印

《大系》P44

【五十例2005】

　　此爲車禁丞所用之印。

【官名2013】

　　秦在戰國晚期及統一後,大築苑囿,其數量、規模,非商周所能比擬。所設的禁苑有上林、平阿、宜春、壽陵、桑林、雲夢、華陽、麗山、具圊、鼎湖、盧山等。睡虎地簡《徭律》:"縣葆禁苑,公馬牛苑……"在秦封泥中,禁苑常省稱爲"禁"。

【職地2014】

　　説見"車府"。

坧禁丞印

1.《印風》P158;《書法》P39;《選釋》圖一:7;《新官》圖33;《印集》P61;《彙考》
　　P130;《璽印》P436;《大系》P405
2—4.《彙考》P130;《大系》P405

【選釋2001】

　　"坧"在秦文字中是首次出現,《説文》小篆作"坼",與此微異。《説文》小篆多有與秦篆不合者,此亦一例。《説文》:"墒,裂也。《詩》曰:'不墒不疈'從土,庶聲。"《玉篇》:"墒,《説文》坧。""坧"疑讀爲斥。上古音斥鐸部穿紐,坧鐸部透紐,二字疊韻,透、穿舌頭、舌面準雙聲,讀音極近,坧又以斥爲諧聲偏旁,故其通用,應無問題。《爾雅·釋地》:"東北之美者,有庴(以下通作斥)山之文皮焉。"郝懿行義疏:"斥山,瀕海之山。《隋地理志》東萊郡文登縣有斥山。《寰宇記》云:即《爾雅》之斥山。《齊乘》云:文登東南六十里。蓋以海濱廣斥得名。按山在今登州府榮成縣南一百二十里矣。"封泥之"坧"應即《爾雅》之"斥山",與成山或榮成山近。秦始皇出遊,曾兩次到過成山。除上文《秦始皇本紀》提到的三十七年一次外,二十八年亦有一次。《本紀》云:"二十八年,始皇東行郡縣,……於是乃並勃海以東,過黃、腄,窮成山,登之罘……"正義:"《括地志》云……成山在文登縣西北百九十里。窮猶登,極也。《封禪書》云:'八神……七曰日主,祠成山。成山斗入海。'"始皇既兩次至成山,或亦至坧山,宜於其地設禁苑行宫。《讀史方輿紀要》:"秦皇宫在文登縣東百八十里。《志》云:始皇東遊時築。又縣東北百二十里有望海臺,亦始皇所築。"

【簡讀2002】

　　王輝先生認爲"'坧'應即《爾雅》之'斥山',與成山或榮成山近。……始皇既兩次至成山,或亦至坧山,宜於其地設禁苑行宫。"

【彙考2007】

　　説見《選釋2001》"坧禁丞印"。

【分域2009】

印文"坏"或讀做斥,並認爲即《爾雅》中的"斥山",與成山或榮成山相近。據文獻記載,秦始皇出遊,曾兩次到過成山,《史記·秦始皇本紀》云:"二十八年,始皇東行郡縣……於是乃並渤海以東,過黃、腄,窮成山,登之罘……"因此,秦在此有禁苑之丞是有可能的。

【圖説2009】

坏即《爾雅》之"斥山",亦即成山或榮成山。史載秦始皇出遊曾兩次到過成山。所以其地設禁苑行宮也在情理之中。

【職地2014】

首字或可隸作珜,文獻失載。或將首字隸作坏,讀爲斥,謂即《爾雅·釋地》"斥山",《隋書·地理志》東萊郡文登縣有"斥山",亦即秦始皇曾登臨的"成山"。或在今山東榮成市境。

【廣封2019】

案《秦封泥彙考》:坏、斥通用。《爾雅·釋地》:"東北之美者,有斥(以下通作斥)山之文皮焉。"郝懿行義疏:"斥山,濱海之山。《隋地理志》東萊郡文登縣有斥山。《寰宇記》云《爾雅》之斥山。《齊乘》云:文登東南六十里。蓋以海濱廣斥得名。按山在今登州府榮成縣南一百二十里矣。"封泥之"坏"應即《爾雅》之"斥山",亦即成山或榮成山。秦始皇出游,曾兩次到過成山。《史記·秦始皇本紀》:二十八年,始皇東行郡縣,上鄒嶧山。……於是乃併渤海以東,過黃、腄,窮成山,登之罘,立石頌秦德焉而去。注,《括地志》云:"在萊州文登縣東北百八十里。成山在文登縣西北百九十里。"又云:"三十七年十月癸丑,始皇出游。……自琅邪北至榮成山,弗見。"注:[正義]即成山也,在萊州。《秦封泥彙考》:始皇既兩次至坏山,宜於其地設禁苑行宮。《讀史方輿紀要》:"秦皇宮。縣東百八十里。《志》云:始皇東游時築。又縣東北百二十里有望海臺,亦始皇築以望海云。"

鼎胡禁印

無圖;釋讀見《五十例》P314。

【五十例2005】

《三輔黃圖》:"鼎胡宮在藍田"。秦漢鼎胡延壽宮在今陝西省藍田縣焦岱鎮。《新集》有秦封泥"鼎胡苑丞",西漢瓦當見"鼎湖延壽宮""鼎湖延壽保"。

【職地2014】

《三輔黃圖》"鼎湖宮在藍田"。藍田出土漢"鼎湖延壽宮"瓦當。秦屬內史,漢書京兆,後分屬弘農郡。在今西安市藍田縣焦岱鎮。

廣襄禁印

《大系》P103

【在京2005】
　　廣襄,地名,無考。
【職地2014】
　　失載。

虢禁

《大系》P104

　　瑞按:封泥殘,從"虢禁丞印"看,封泥釋讀當可成立。"虢禁"文獻未載,所在地不詳。

虢禁丞□

《大系》P104

瑞按："虢禁"文獻不載,此當爲虢禁丞印所遺。

河外之禁

《職地》P272

【職地2014】

　　秦在郡縣設有禁苑見於龍崗秦簡等。秦都咸陽範圍之外的禁苑多以郡縣名稱呼,如鼎胡禁印、華陽禁印、盧山禁印、平阿禁印、平原禁印、陽陵禁丞等;以郡名命名的"河外之禁"僅一見,若此封泥不僞,則可證秦時曾在"河外"郡設立禁苑。又,秦河外郡所設之苑。河外或即秦河東郡異稱。秦封泥"河外府丞"。秦河東郡境。

虎林禁印

　　無圖,釋文見《五十例》P314。

【五十例2005】

　　或有二解。《漢志》,會稽郡錢唐縣有武林山,"武林水所出,東入海,行八百三十里。"《水經·漸江水注》:"浙江又東徑靈隱山,""山下有錢唐故縣。"按虎林即武林。《史記·秦始皇本紀》載,三十一年,"至錢唐。臨浙江"。故有可能在此設禁苑。禁爲禽獸之圈。《周禮·地官·囿人》:"掌囿遊之獸禁。"《管子·五行》:"令命祝宗選禽獸之禁。"虎林禁在今浙江杭州市西。或爲上林苑中虎圈。

【職地2014】

　　蓋爲上林苑中之虎圈,《長安史迹叢刊·三秦記輯注》云"虎圈觀、郎池觀並在上林苑中。"

【御弄2017】

　　"虎林禁印",虎林禁是掌管虎圈安全的機構。

虎林□□

1　　　　　　　2

1.《新出》P16;《青泥》P19;《大系》P115
2.《大系》P115

　　瑞按:"虎林禁印"未見圖像,此釋或可作參考。然以本封泥的殘存筆畫看,不排除爲"虎苑"乃至更多的可能。

虎□之印

《大系》P115

　　瑞按:封泥殘,"虎"下之字爲何,有待將來完整封泥。

華陽禁印

《釋續》圖10;《印集》P60;《彙考》P129;《大系》P116

【釋續2001】

《秦封》第202頁有"華陽丞印"。秦時名華陽之地有數處。《尚書·禹貢》:"華陽黑水惟梁州。"孔氏傳:"東據華山之南,西距黑水。"依其説,華陽在華山之陽,其地當在今商雒地區。秦宣太后弟羋戎封華陽君,昭襄王太子夫人封華陽夫人,皆在此地。拙著《秦文字集證》以爲華陽丞爲華陽君或華陽太后之丞。其二在河南密縣南。《史記·秦本紀》:"(昭襄王)三十三年,客卿胡傷攻魏卷、蔡陽、長社,取之,擊芒卯華陽,破之。"《集解》引司馬彪曰:"華陽,亭名,在密縣。"又睡虎地秦簡《編年記》:"(昭王)三十四年,攻華陽。"據此,華陽亦當爲秦縣。"華陽禁印"當爲華陽禁苑令之印,但其地是在陝西還是河南不能肯定。

【簡讀2002】

此或即是設於華陽之禁用印,釋讀見"華陽丞印"。

【彙考2007】

王輝先生考:秦時名華陽之地有數處。《尚書·禹貢》:"華陽黑水惟梁州。"孔氏傳:"東據華山之南,西據黑水。"依其説,華陽在華山之陽,其地當在今商洛地區。秦宣太后弟羋戎封華陽君,昭襄王太子夫人封華陽夫人,皆在此地。拙著《秦文字集證》以爲華陽丞爲華陽君或華陽太后之丞(臺灣藝文印書館一九九九年版)。其二在河南密縣南。《史記·秦本紀》:"(昭襄王)三十三年,客卿胡傷攻魏卷、蔡陽、長社,取之,擊芒卯華陽,破之。"集解引司馬彪曰:"華陽,亭名,在密縣。"

【圖説2009】

秦時華陽有兩處。一在今河南密縣南,睡虎地秦墓竹簡《編年記》:"(昭王)三十四年,攻華陽。"即此地。一在華山之陽。《尚書·禹貢》:"華陽黑水惟梁州。"孔氏傳:"東據華山之南,西距黑水。"今華陰市南部有華陽鄉,殆即其地。秦宣太后弟羋戎封華陽君,昭襄王夫人封華陽夫人,皆在此處。封泥"華陽"極可能指後者。

【分域2009】

禁當即禁苑。該印當爲華陽禁苑或華陽令的佐官用印。

【川渝2013】

華陽作爲地名,首見於《禹貢》,指華山之陽。後人考有陝西商洛、河南密縣甚至雲南、貴州等地,一説於四川,又《華陽國志》卷一"華陽之壤,梁岷之域,是其一囿;囿中之國,則巴蜀矣",《華陽國志》卷三"蜀之爲國,……地稱天府,原曰華陽"。另,南朝早期在今四川劍閣縣、廣元市建華陽縣。據此。可認爲秦時之華陽,當爲橫亘今陝、川之交的較大的禁苑。此爲秦華陽禁苑用印之遺。

【職地2014】

《史記·殷本紀》"封於商",集解引鄭玄注:"商國在大華之陽"。睡虎地秦簡《編年記》"(昭王)三十四年,攻華陽。"秦封泥有"華陽丞印"數枚。秦有華陽君、華陽太后,應與此有關。陝西漢中洋縣境内有華陽古鎮。約在今陝西商雒、漢中地區。

【廣封2019】

案《漢書·地理志》:"華陽黑水惟梁州。"(師古曰:"東據華山之南,西距黑水。")

則應在華山以南地區。又《史記・秦本紀》:(昭襄王)三十三年,客卿胡(傷)〔陽〕攻魏卷、蔡陽、長社,取之。擊芒卯華陽,破之,斬首十五萬。注,《集解》司馬彪曰:"華陽,亭名,在密縣。"《史記・穰侯列傳》:"及昭王即位,羋八子號爲宣太后……同父弟曰羋戎,爲華陽君。"注,《索隱》華陽。韓地,後屬秦。羋戎後又號新城君。《正義》司馬彪云:"華陽,亭名,在雒州密縣。"又故華城在鄭州管城縣南三十里,即此。

盧山禁丞

《選釋》圖一:6;《印風》P161;《書法》P39;《新官》圖36;《印集》P62;《彙考》P130

【選釋2001】

　　盧山在山東諸城縣南三十里。《漢書・地理志》琅邪郡橫縣(今諸城縣東南)下班氏自注:"故山,久台水所出……" 久台水即盧水,而水由山得名。王先謙《漢書補注》:"《濰水注》:'盧水即久台水。《地理志》曰:水出琅邪橫縣故山。山在東武縣故城東南,世謂之盧山也。久台水下入昌。' 顧祖禹云:《職方》:兗州其浸盧、維。班漢志《禹貢》維水而盧無聞。師古以爲在濟北盧縣,而泰山之盧又無盧水也。全祖望欲以城陽盧縣之盧川水當之。竊謂不如此水出盧山名盧水,入濰,以此當《職方》之'浸',較爲可據。"王氏以爲盧山在諸城,不在泰山郡之盧縣(今長清縣西南),其説是。盧山得名或説與秦博士盧敖有關。顧祖禹《讀史方輿紀要》:"盧山在諸城縣東南四十五里,以秦博士盧敖隱盧而名,其北即廢橫縣也。盧水源於此,岩壑頗勝。"秦始皇晚年喜歡出遊。《史記・秦始皇本紀》:"三十七年,十月癸丑,始皇出遊。……十一月,行至雲夢。……還過吳,從江乘渡,並海上,北至琅邪。……自琅邪北,至榮成山。……七月丙寅,始皇崩於沙丘平臺。" 始皇出遊,多宿於禁苑。雲夢有禁苑,龍崗簡278:"諸叚(假)兩雲夢□□及有到雲夢禁中者……"; 沙丘苑始建於商,秦亦沿用,龍崗簡195:"沙丘苑中風茶者……" 盧山在始皇北遊琅邪道上,其有禁苑設立行宮,自在情理之中。

【簡讀2002】

　　《漢書・匈奴傳》:"運府庫之財盧山之壑而不悔也。" 師古曰:"盧山,匈奴中山也。"

【新官2002】

　　此泥記載了一處未見記載的禁苑。《讀史方輿紀要・青州府・諸城縣》琅邪山條記:"盧山,縣東南四十五里,以秦博士盧敖隱處而名。""盧水源於此,岩壑頗勝。"《紀要·山東·琅邪》記:《史記》始皇二十八年南登琅邪,大樂之,留三月乃徙黔首三萬户琅邪臺下。復十二歲,作琅邪臺立石刻頌秦德。又三十七年,從會稽還,過吳並海上北至琅邪、之罘。"著名的琅邪山、臺與盧山禁苑或在一地,或交錯相鄰。

【在京2005】

《史記·河渠書》:"太史公曰:'余南登盧山,觀禹疏九江,……,"《水經注》卷三十九:"《山海經》創志大禹,記録遠矣。故《海内東經》曰:盧江出三天子都,入江彭澤西,是曰盧江之名,山水相依,互舉殊稱。"《元和郡縣志·江南道四·江州·得陽縣》:"盧山,在縣東三十二里。……周環五百餘里。"

【彙考2007】

王輝先生考:盧山在山東諸城縣南三十里。《漢書·地理志》琅邪郡横縣(今諸城縣東南)下班氏自注:"故山,久台水所出……"久台水即盧水,而水由山得名。王先謙《漢書補注》:"《濰水注》:'盧水即久台水。《地理志》曰:水出琅邪横縣故山。山在東武縣故城東南,世謂之盧山也。久台水下入昌。'顧祖禹云:'《職方》:兗州其浸盧、濰。'班僅志《禹貢》濰水而盧無聞。師古以爲在濟北盧縣,而泰山之盧又無盧水也。全祖望欲以城陽盧縣之盧川水當之。竊謂不如此水出盧山名盧水,入濰,以此當《職方》之'浸',較爲可據。"王氏以爲盧山在諸城,不在泰山郡之盧縣(今長清縣西南),其説是。盧山得名或説與秦博士盧敖有關。顧祖禹《讀史方輿紀要》:"盧山在諸城縣東南四十五里,以秦博士盧敖隱盧而明,其北即廢横縣也。盧水源於此,岩壑頗勝。"秦始皇晚年,喜歡出遊。《史記·秦始皇本紀》:"三十七年,十月癸丑,始皇出遊……十一月,行至雲夢……還過吳,從江乘渡,並海上,北至琅邪……自琅邪北,至榮成山……七月丙寅,始皇崩於沙丘平臺。"始皇出遊,多宿於禁苑。雲夢有禁苑,龍崗簡二七八:"諸叚(假)兩雲夢□□及有到雲夢禁中者……"沙丘苑始建於商,秦亦沿用,龍崗簡一九五:"沙丘苑中風荼者……"(劉信芳、梁柱:《雲夢龍崗秦簡》,科學出版社一九九七年版),盧山在始皇北遊琅邪道上,其有禁苑設立行宫,自在情理之中。

【分域2009】

盧山,地名,《漢書·地理志》云:"水出琅邪横縣故山;山在東武縣故城東南,世謂之盧山也。"王先謙《漢書補注》:"《濰水注》曰:'盧水即久台水。'"可見,盧山之得名當與"盧水"有關,其地在今山東諸城縣南三十里。"禁"即禁苑,當年秦始皇東巡時,可能宿於此地,故設有"禁丞"一職。

【圖説2009】

盧山,諸城縣東南四十五里,以秦博士盧敖隱處而名。"盧水源於此,岩壑頗勝。"《紀要·山東·琅邪》記:"《史記》始皇二十八年南登琅邪……復十二歲,作琅邪臺立石刻頌秦德。又三十七年,從會稽還,過吳並海上北至琅邪、之罘。"著名的琅邪山、臺與盧山禁苑或在一地,或就近相鄰。

【川渝2013】

盧山,地名,有山東諸城、江西萬安、山東煙臺、貴州惠水幾説。又《元和郡縣志》卷三二"盧山縣":盧山"在縣西北九里,其山西北連延入夷僚界,正北即邛州火井縣界。"《讀史方輿紀要》卷七二"蘆山縣",《寰宇記》:盧山高八里,東道控川,横亘於邛州火井縣界,青衣水出焉。"按:依束道(約束蜀道)控川之險要,此禁苑當在今四川省雅安市蘆山縣西北。此爲秦盧山禁苑用印之遺。

【職地2014】

《漢書·地理志》琅邪郡横縣有久台水即盧水,水由山得名。《水經注·濰水注》:"濰水又北右合盧水,即久台水也。《地理志》曰:水出琅邪横縣故山王莽之令丘也。山在東武縣故城東南,世謂之盧山也。"秦屬琅邪郡,在今山東諸城縣南三十里。

【廣封2019】

案《讀史方輿紀要》:"盧山在南康府西北二十里,九江府南二十里。高二千三百六十丈,周二百五十里,叠障九層,川流九派……殷、周時有匡俗兄弟七人緒廬於此,故曰盧山……上霄原亦在盧山絶頂,有石室,相傳大禹石刻藏其中。又有石梁瀑布,秦始皇嘗登其上,謂與霄漢相接也。志云:峰有秦皇、漢武刻,又太史公嘗登此,蓋即南康府之紫霄峰。"其地應設有禁苑行宫,此其丞之印。

麗山禁印

《大系》P154

瑞按:《史記·秦始皇本紀》"隱宫徒刑者七十餘萬人,乃分作阿房宫,或作麗山。"《史記·黥布列傳》:"黥布者,六人也,姓英氏。秦時爲布衣。……布已論輸麗山,麗山之徒數十萬人,"《正義》"言布論決受黥竟,麗山作陵也。"麗山爲秦始皇陵園所在,"麗山"常見於秦始皇陵所出陶文。如食官遺址出土"麗山食官右""麗山食官左",魚池遺址出土"麗山茜府斗二升",但麗山有禁此爲首見,具體地望不詳,然從名稱看應在秦始皇陵附近。

距虛禁印

《大系》P139

瑞按:"距虛"文獻未載,"距虛禁"所在地不詳。

平阿禁印

1　　　　　　　　2　　　　　　　　3

1.《釋續》圖4;《印風》P158;《上封》P86;《印集》P73;《彙考》P150;《大系》P187
2.《彙考》P150;《大系》P187
3.《大系》P187

【釋續2001】

　　《漢書·地理志》沛郡有平阿侯國。王先謙《漢書補注》:"魏惠王、齊宣王會此,見《魏世家》。"則平阿爲先秦古邑。《水經注·淮水》:"淮之西,有平阿故城,王莽之平寧也……《郡國志》曰:平阿縣有當塗山,淮出於荊山之左,當塗之右,奔流二山之間,西揚濤北注之。《春秋左傳》哀公十年,大夫對孟孫曰:禹會諸侯於塗山,執玉帛者萬國。杜預曰:塗山在壽春東北,非也。余按《國語》曰吳伐楚,墮會稽,獲骨節,節專車,吳子使來聘,且問之,客執骨而問之,敢問骨何爲大?仲尼曰:丘聞之,昔禹致群神於會稽之山,防風氏後至,禹殺之,其骨專車,此爲大也。蓋丘明親承聖旨,録爲實證矣。又劉向《説苑·辯物》,王肅之敘孔子廿二世孫孔猛所出先人書《家語》,並出此事,故塗山有會稽之名,考校群書,及方士之目,疑此非矣。蓋周穆之所會矣。"平阿即今安徽懷遠縣,縣臨淮河,有荊山、塗山二山,風景極佳，又有周穆王或禹之傳説，始皇出巡，或於其地設立離宮禁苑。戰國楚璽有"坪(平)阿"(《古璽彙編》037)，當指此處。或説，齊宣王、魏惠王所會之平阿爲齊邑。《吕氏春秋·離俗》："平阿之餘子。"高誘注："平阿，齊邑也。"齊璽有"平阿左廩"，曹錦炎《古璽通論》從高説。齊平阿不知是今何地。依其説，此封泥之"平阿"也有可能在山東。

【簡讀2002】

《史記·魏世家》："與齊宣王會平阿南"。《漢志》屬沛郡。《水經注·淮水》："淮之西，有平阿故城，王莽之平寧也"。《吕氏春秋·離俗》："平阿之餘子"。高誘注："平阿，齊邑也"。此爲設立於平阿之禁丞。

【彙考2007】

王輝先生考：《漢書·地理志》沛郡有平阿侯國。王先謙《漢書補注》："魏惠王、齊宣王會此，見《魏世家》。"則平阿爲先秦古邑。《水經注·淮水》："淮之西，有平阿故城，王莽之平寧也……《郡國志》曰：平阿縣有當塗山，淮出於荆山之左，當塗之右，奔流二山之間，西揚濤北注之。《春秋左傳》哀公十年，大夫對孟孫曰：禹會諸侯於塗山，執玉帛者萬國。杜預曰：塗山在壽春東北，非也。余按《國語》曰：吴伐楚，墮會稽，獲骨節，節專車，吴子使來聘，且問之，客執骨而問之，敢問骨何爲大？仲尼曰：丘聞之，昔禹致群神於會稽之山，防風氏後至，禹殺之，其骨專車，此爲大也。蓋丘明素承聖旨，録爲實證矣。又劉向《説苑·辯物》，王肅敍孔子廿二孫孔猛所出先人書《家語》，並出此事，故塗山有會稽之名，攷校群書，及方士之目，疑此非矣。蓋周穆之所會矣"。平阿即今安徽懷遠縣，縣臨淮河，有荆山、塗山二山，風景極佳，又有周穆王或禹之傳説，始皇出巡，或於其地設立離宮禁苑。戰國楚璽有"坪(平)阿"(《古璽彙編》〇一三七)，當即指此。或説，齊宣王、魏惠王所會之平阿爲齊邑。《吕氏春秋·離俗》："平阿之餘子"。高誘注："平阿，齊邑也"。齊璽有"平阿左廩"，曹錦炎《古璽通論》從高説。齊平阿不知是今何地。依其説，此封泥之"平阿"也有可能在山東。

【政區2009】

《史記·田敬仲完世家》："宣王七年，與魏王會平阿南。"《漢志》沛郡平阿，"侯國，莽曰平寧"。其故址即今安徽省懷遠縣西南六十里。

【圖説2009】

平阿即今安徽懷遠縣，縣臨淮河，有荆、塗二山，風景極佳，又有周穆王或禹之傳説，始皇出巡，或於其地設立離宮禁苑。戰國楚璽有"坪(平)阿"，當指此處。或説，齊宣王、魏惠王所會之平阿爲齊邑。齊璽有"平阿左廩"。齊平阿地望不詳。此封泥之"平阿"也有可能在山東。

【分域2009】

據《漢書·地理志》載，沛郡有平阿侯國，在今安徽懷遠縣。秦始皇出巡可能到此，並設立禁苑。

【戰國2013】

傳世齊兵器有"平阿"戈，有"平阿右"和"平阿左"戈(《小校》10.25；10.30戈)。

齊兵器和三晉兵器一樣，銘文中常有"左、右"，即"左庫、右庫"之省文，"平阿右"和"平阿左"戈即齊平阿城有"左、右"兵庫。《史記·田敬仲完世家》："宣王七年，與魏王會平阿南，明年復會甄"。平阿故城在今安徽省懷遠縣西南60里。

又：傳世楚國官璽印有"坪阿"（《璽匯》0371）。裘錫圭等釋讀璽文爲"平阿"。《史記·魏世家》（惠文王）十五年，"與齊宣王會平阿南"。《漢志》沛郡有平阿縣，故址今安徽懷遠縣一帶。

【職地2014】

《漢書·地理志》沛郡有平阿侯國；《水經注·淮水》："淮之西有平阿故城……《郡國志》曰平阿縣有當塗山……"，戰國齊文字多見地名"平阿"。先秦古邑，今安徽懷遠縣可能性較大。

【廣封2019】

案《史記·魏世家》："（惠王）三十五年，興齊宣王會平阿南。"注，[集解]《地理志》：沛郡有平阿縣也。《後漢書·郡國志》："平阿故屬沛。有塗山。"注應劭云：山在當塗。《左傳》："穆有塗山之會。"秦在此設立禁苑，此其印也。又《秦封泥彙考》：齊宣王、魏惠王所會之平阿爲齊邑。《呂氏春秋·離俗》："平阿之餘子。"高誘注："平阿，齊邑也。"齊璽有"平阿左廩"，曹錦炎《古璽通論》從高說。齊平阿不知是今何地。依其說，此封泥之"平阿"也有可能在山東。

平□禁丞

《大系》P187

瑞按：原讀"平阿禁丞"，封泥殘，"阿"字尚難確定。

平原禁印

《在京》圖三：11；《璽印》P439；《大系》P191

【在京 2005】

《漢志》：“平原郡，高帝置。莽曰河平。屬青州。……平原，有篤馬河，東北入海，五百六十里。”《水經注》卷五：“河水又北，逕平原縣故城東。《地理風俗記》曰：原，博平也，故曰平原矣。縣故平原郡治矣，漢高帝六年置，王莽改曰河平也。晋灼曰：齊西有平原，河水東北過高唐，高唐即平原也。”《史記·項羽本紀》：“田榮不勝，走至平原，平原民殺之。”《史記·曹相國世家》：“參以右丞相屬韓信，攻破齊歷下軍，遂取臨菑。還定濟北郡，攻著、漯陰、平原、鬲、盧。”《正義》：“《括地志》云：‘平原故城在德州平原縣東南十里。’”

【政區 2009】

原爲趙地，平原君趙勝始封之地，戰國趙置縣。《戰國策·秦策五》：“武安君死五月，趙亡，平原令見諸公”；“司空馬去趙，渡平原。”《史記·曹相國世家》：“還定濟北郡，攻著、漯陰、平原、鬲、盧。”《史記·項羽本紀》：“田榮敗，走平原，平原民殺之。”《讀史·卷三十一》：“平原城，舊城在平原縣西南五十里。秦置縣於此。漢二年，齊王田榮與項羽會戰於城陽，敗走平原，爲平原民所殺。漢縣亦治此。”《正義》引《括地志》云：“平原故城在德州平原縣東南十里。”秦平原縣故城在今山東平原縣西南50里。

【圖說 2009】

《括地志》云：“平原故城在德州平原縣東南十里。”

【戰國 2013】

《戰國策·秦策五》：“武安君死五月，趙亡，平原令見諸公”；“平原津令郭遺”。即趙國設置平原縣，其地在今山東平原縣南。

【職地 2014】

《漢書·地理志》平原郡有平原縣，春秋齊地，戰國入趙，趙平原君封邑。《始皇本紀》載秦始皇至平原津而病。漢屬平原郡，今山東今縣南。

青茷禁印

1　　　　　　2

1.《新出》P28；《青泥》P20；《大系》P197
2.《在京》圖三：14；《璽印》P438；《大系》P197

【五十例2005】

　　或有二解。《詩·小雅·菁菁者莪·序》："菁菁者莪，樂育材也。"青莪禁或與秦之官學有關。又同上傳："（莪），蘿蒿也。"疏："陸璣云：生澤田漸洳之處，葉似邪蒿而細，科生三月中，莖可生食，又可蒸，香美，味頗似蔞蒿。"青莪爲可食之蔬菜。《漢表》水衡都尉屬官有禁圃，或青莪禁是專爲皇帝種植蔬菜的園圃。

【在京2005】

　　青莪，地名，史籍不載。

【圖説2009】

　　青莪，地名，未見史籍記載。

【川渝2013】

　　青莪，地名，不見於文獻記載，疑在蜀郡。《漢書·地理志》載蜀郡有"青衣"縣，莪、衣聲近，在今四川雅安市名山縣北部。涐水（大渡河），《説文解字》："出蜀汶江徼外，東南入江。"其與青衣合於今樂山附近，"青莪禁"亦有可能爲今四川青衣江、大渡河近峨眉山處的一處禁苑。此爲秦青莪禁苑用印之遺。

【職地2014】

　　失載。《詩·小雅·菁菁者莪》："菁菁者莪，在彼中阿。"毛傳："菁菁，盛貌。"青莪禁之名蓋取意於此。

哭原禁丞

《新官》圖32；《印集》P164；《彙考》P254；《璽印》P437；《大系》P406

【新官2002】

　　此泥記載了一處未見記載的禁苑。"哭"字不見字書，上從網、下從犬，是個會意字；上網下禽獸（馬、豕、鳥等）的字，自商殷甲骨文中即有，意義也大多明瞭，爲俘獲相關禽獸之意。《讀史方輿紀要·西安府·藍田縣》白鹿原條記："《水經注》狗枷川經白鹿原西，原上有狗枷堡，秦襄公時堡也。"狗受枷，正合上網下犬會意，疑哭原即處於現今藍田白鹿原上，爲秦襄公時所建的禁苑之一。

【圖説2009】

　　"哭"字不見字書，上從網、下從犬，是個會意字。《讀史方輿紀要·西安府·藍田縣》白鹿原條記:"《水經注》狗枷川經白鹿原西,原上有狗枷堡,秦襄公時堡也。"狗受枷,正合上網下犬之會意,王輝考爲哭原,處於現今藍田白鹿原上,爲秦襄公時所建的禁苑之一。

【分域2009】

突原、□陽,地名,此二印當爲秦突原、□陽禁苑的官員所用。

【職地2014】

首字從罒從犬,或可隸作哭。失載。

突原府印

1　　　　　　　2　　　　　　　3

1、2.《新出》P98;《大系》P406

3.《大系》P406

瑞按:突原,不見於文獻。從封泥"突原禁丞"表明其設"禁",與"麗山"爲秦始皇陵名而設"麗山禁"的情況較爲相似,然其所在不詳。此爲在突原設府之遺。

突原倉印

《大系》P406

瑞按:突原,不見於文獻。從封泥"突原禁丞"表明其設"禁",與"麗山"爲秦始皇陵名而設"麗山禁"的情況較爲相似,然其所在不詳。此爲在突原設倉之遺。

陽陵禁丞

1　　　　　　　　　　　2

1.《印考》圖 201;《補讀》圖 23;《印風》P140;《秦封》P214;《印集》P69;《書集》
　P131;《彙考》P144;《璽印》P440;《大系》P320
2.《發現》圖 130;《圖例》P57;《秦封》P214;《彙考》P144;《大系》P320

【發現1997】

　　第三字殘,疑全應爲陽陵尉丞。《漢書·地理志》左馮翊:"陽陵,故弋陽,景帝更
名。"據秦陽陵虎符知《漢書》之記不確。

【郡縣1997】

　　或云第三字殘存尉字下部,如此則封泥爲"陽陵尉丞"或"陽陵邑丞"。陽陵係秦
莊襄王與帝太后合葬陵,地在芷陽(亦作芷陽)(見《史記·秦本紀·索隱》及《始皇本
紀》《呂不韋列傳》);傳世有秦"陽陵虎符"及西漢初之"陽陵邑丞"封泥(《齊魯封泥集
存》)。西漢陽陵爲景帝陵,且爲縣,在咸陽,近出有"涇置陽陵"瓦當,則與秦及西漢初陽
陵邑非一地。按秦漢邑相當於縣級,"皇后、太子、公主所食曰邑"(《漢官舊(原文爲"歸"
字)儀》)。秦陽陵邑地在今西安霸橋東。秦併六國前後,其屬秦內史。尉與丞一樣,同爲
縣令佐官(長吏)。按衛宏《漢官舊儀》云:"大縣兩尉,小縣一尉一丞。""更令吏曰令史,
丞吏曰丞史,尉吏曰尉史,捕盜賊得捕格。"是縣尉的屬吏曰尉史或尉史,未見有尉下有屬
官爲"丞"者。故封泥若爲"陽陵尉丞",則不可解;抑或尉、丞同署一印? 存疑。

【印考1997】

　　印面正方形,田字格,邊長 2 釐米,印文右側略殘,推知爲"陽陵"二字。陽陵,古縣
名。《漢書·地理志》左馮翊:"陽陵,故弋陽,景帝更名。"西漢五陵之一,本弋陽縣漢景
帝五年(公元前 152 年)在此築陽陵,並改縣名。治今陝西省咸陽市東北。"禁丞"一職,
文獻沒有明確記載。得知古時天子居住的地方,又稱"禁省""禁中""禁內""禁廷"等,
《魏武集》簡欣等曰:"漢制王所居曰禁中,諸公所居曰省中。"秦漢時還有掌管君主苑囿
的"禁苑嗇夫","禁苑"是專供君主狩獵的場所。"禁丞"有可能是"禁苑丞"的省稱。

【補讀1998】

　　初披露時第三字殘而未讀。《漢志》:"陽陵,故弋陽,景帝更名。"《史記·秦本紀》:
"子莊襄王立。"《索隱》:"葬陽陵。"《史記·高祖功臣侯年表》:"陽陵侯傅寬。"《索隱》

曰,屬馮翊,《楚漢春秋》作"陰陵"。齊召南曰:"按此陽陵別是一地,必非左馮翊之陽陵。以《地理志》證之,陽陵,故弋陽,景帝更名,是漢初不名陽陵也。"《兩京新記》載,莊襄王陵在通化門外。是秦漢各有陽陵。秦陽陵約屬內史,今約在陝西省西安市東韓森寨至滻河以西之間。此地在秦設禁苑。秦陽陵虎符:"甲兵之符,右在皇帝,左在陽陵。"

【秦封2000】

《漢志》:"陽陵,故弋陽,景帝更名。"《史記·秦本紀》:"子莊襄王立。"索隱:"葬陽陵。"《史記·高祖功臣侯年表》:"陽陵侯傅寬。"索隱曰,屬馮翊,《楚漢春秋》作陰陵。齊召南曰:"按此陽陵別是一地,必非左馮翊之陽陵。以《地理志》證之,陽陵,故弋陽,景帝更名,是漢初不名陽陵也。"《兩京新記》載,莊襄王陵在通化門外。是秦漢各有陽陵。秦陽陵約屬內史,今約在陝西省西安市東韓森寨至滻河以西之間。禁,陵寢之地,亦爲皇家禁地,置禁宮、禁苑、禁軍。《秦銅》秦陽陵虎符:"甲兵之符,右才皇帝,左才陽陵。"漢封泥見:《封泥》"禁圃左丞"。漢印見:《兩漢》"宜春禁丞"。

【簡讀2002】

《漢志》"陽陵,故弋陽,景帝更名"。《史記·秦本紀》:"子莊襄王立"。《索隱》:"葬陽陵"。秦陽陵虎符:"甲兵之符,右在皇帝,左在陽陵。"此爲設立於陽陵之禁丞。

【彙考2007】

陽陵,秦莊襄王與帝太后合葬陵。《史記·秦始皇本紀·索隱》:"(莊襄王)名子楚,三十二而立,立三年卒,葬陽陵。"秦在陵附近設邑。陽陵禁當爲陽陵邑中禁苑機構。

【分域2009】

陽陵,秦莊襄王的陵寢。《史記·秦本紀》索隱云:"(莊襄王)名子楚。三十二年而立,立三年卒,葬陽陵。"該印當爲管理秦在陽陵設立的禁苑機構所用之物。

【集證2011】

《漢書·地理志》左馮翊:"陽陵,故弋陽,景帝更名,莽曰渭陽。"《史記·孝景本紀》:"四年……後九月,更以弋陽爲陽陵。"《漢書·景帝紀》:"五年春正月,作陽陵邑。"《漢書補注》:"先謙曰:……《一統志》:'故城今咸陽縣東四十里。'吳卓信云:'咸陽縣東,高陵縣西南,鹿苑原自咸陽來,當涇渭二水間。即陽陵所在。'"秦亦有陽陵。陽陵虎符:"甲兵之符,右才(在)皇帝,左才陽陵。"王國維《秦陽陵虎符跋》:"漢陽陵雖云景帝所置,然《史記·高祖功臣侯年表》有陽陵侯,《傅寬列傳》亦同。《索隱》云:'陽陵,《楚漢春秋》作陰陵。'然濰縣郭氏有陽陵邑丞封泥,邑丞者,侯國之丞,足證傅寬所封爲陽陵而非陰陵。是高帝時已有陽陵,其因秦故名,蓋無可疑。"可見陽陵之名,不始於漢景帝之後。不過,秦之陽陵與漢之陽陵,未必是一地。《史記·秦本紀》:"孝文王除喪,十月己亥即位,三日辛丑卒。子莊襄王立。"《索隱》:"名子楚,三十二而立,立四年卒,葬陽陵。子始皇帝。"此"陽陵"在芷陽,不在涇渭之間,也可能是"芷陽陵"之省稱。陽陵虎符及傅寬所封者,或即此地。《後漢書·東平憲王蒼傳》云:"園邑之興,起自彊秦。"秦始皇爲修陵墓,曾置麗邑,並徙六國豪富於其中。《史記·秦始皇本紀》:"三十五年,……徙三萬家麗邑。"陵邑或駐有軍隊。如《漢書·文帝紀》記漢文帝遺詔談到治霸陵時説:"發近縣卒萬六千人,發內史卒萬五千人藏郭,穿復土,屬將軍武。"始皇在置麗邑時,會不會同時置其父之陽陵邑並駐有軍隊?看來是不無可能的。"禁"字第一次發表時未認出,《補讀》已據新拓糾正。禁指禁苑,睡虎地秦簡《田律》:"河(呵)禁所殺犬,皆完入公;其它禁苑殺者,食其肉而入皮。"龍崗秦簡274:"諸禁苑爲奰,去禁冊里禁……"陽陵禁苑在陽陵附近。《封泥彙編》20·1"禁圃左丞",無界格,爲漢印。漢禁圃令丞爲水衡都尉屬官。

【戰國2013】

包山楚簡有"陽陵連囂達"(J112);"陽陵人遠從志"(J193)等。《戰國策·楚策四》"莊辛謂楚襄王"章有"於是乃以執珪而授之爲陽陵君,與淮北之地也。"故包山楚簡應與楚國晚期"陽陵君"封邑有關,故址地望在今安徽淮河北。

【職地2014】

《史記·秦本紀》"莊襄王立",索隱云:"立三年卒,葬陽陵。"或爲"芷陽陵"之省稱。秦簡有陽陵縣。秦屬內史,今西安市臨潼區韓峪鄉一帶。

【悠悠2015】

秦封泥有"陽陵禁丞",通常以爲與漢代弋陽有關,實誤。《漢志》:"陽陵,故弋陽,景帝更名。"其故址在今陝西高陵西南。從此文獻可知,西漢左馮翊屬縣陽陵之前身實爲秦弋陽縣,與此封泥無關。傳世秦虎符有"陽陵虎符",銘文"甲兵之符,右才(在)皇帝,左才(在)陽陵"。王國維《秦陽陵虎符跋》云"實秦虎符也",但以爲此陽陵即西漢左馮翊屬縣陽陵,誤。又湘西里耶秦簡,簡文:"卅三年四月辛丑朔丙午,司空騰敢言之:陽陵宜居士五毋死有觢除錢八斡六十四。……卅五年四月己未朔乙丑,洞庭假(假)尉觿謂遷陵巫,陽陵卒署:遷陵其以律令從事報之……"從秦簡文格式看,由洞庭尉的批示陽陵列於遷陵之後。筆者推測此"陽陵"應爲洞庭郡下轄屬縣,故可知秦陽陵虎符實爲秦洞庭郡陽陵縣之物,具體地望不詳。故推之秦封泥"陽陵禁丞"中"陽陵"也與秦虎符和里耶秦簡牘中的"陽陵"有關。

【秦地2017】

里耶簡中有"陽陵司空""陽陵守"等。結合楚簡中的陽陵地名,推測其地當在陽翟、陽城一帶,今河南許昌附近。從地域範圍看,秦或屬潁川郡。

瑞按:《史記·秦本紀》"孝文王元年,赦罪人,修先王功臣,襃厚親戚,弛苑囿。孝文王除喪,十月己亥即位,三日辛丑卒,子莊襄王立",注引《索隱》"名子楚。三十二而立,立三年卒,葬陽陵"。里耶秦簡中有"陽陵"。從封泥與里耶秦簡看,秦當有"陽陵",晏昌貴、鍾煒認爲其當在陽翟、陽城一帶,在今河南許昌附近,在秦屬潁川郡(《中國歷史地理論叢》2006年4期)。若是,封泥中的陽陵禁,當爲設置於陽陵之禁苑。傳世有"陽陵虎符",以其言之,陽陵當在秦人故地。

【廣封2019】

案《史記·秦始皇本紀》注:[索隱](莊襄王)名子楚。三十二而立,立三年卒,葬陽陵。紀作“四年”。《秦封泥彙考》：秦在陵附近設邑，陽陵禁當爲陽陵邑中禁苑機構。
此其丞之印也。

宜春禁丞

1

2

1.《印風》P161；《書法》P40；《考釋》圖一：1；《上封》P67；《新官》圖34；《璽印》
　　P436；《大系》P326
2.《彙考》P143；《大系》P326

【官印1990】
　　在考訂“宜春禁丞”印時指出，宜春，苑名。秦時已有宜春苑，《史記·秦始皇本
紀》：趙高“以黔首葬二世杜南宜春苑中”。漢代亦有宜春苑，《三輔黄圖》：“宜春下
苑，在京城東南隅”。《漢書·元帝紀》：“初元二年，詔罷黄門乘輿狗馬，水衡禁圃、宜
春下苑”。師古曰：“宜春下苑，即今京城東南隅曲江池是”。《封泥考略》卷一録有
“宜春左園”漢印封泥，該書考云：“據此印知宜春上苑下苑亦稱左園右園，苑亦稱園，
御宿苑，《三輔黄圖》引《三秦記》作御宿園也”。禁，係禁圃的省稱，《漢書·百官公
卿表》：“水衡都尉，武帝元鼎二年初置，掌上林苑，有五丞，屬官有上林、均輸、御羞、
禁圃、輯濯、鍾官、技巧、六廄、辯銅九官令丞”。是知禁圃係水衡都尉的屬官，其長官
爲令及丞。《封泥考略》卷一有“禁圃左丞”封泥，由“左丞”可知當有“右丞”。《漢
印文字徵》著録有“宜春禁印”，係宜春禁圃官署所用的公章。此印署“宜春禁丞”
則是宜春禁圃吏員所用之官印。據上引《百官表》，水衡都尉是武帝元鼎二年初置，
《百官表》記述其屬官時，又云：“初，御羞、上林、衡官及鑄錢，皆屬少府”，其中未提
及禁圃，則禁圃應是元鼎二年後所置之官，此印年代亦當在此之間，其上限當不會早
於元鼎二年。

【考釋2001】
　　《史記·司馬相如列傳》：“還過宜春宮。”《正義》引《括地志》云：“秦宜春宮在雍
州萬年縣西南三十里，宜春苑在宮之東，杜之南。”《三輔黄圖》卷三：“宜春宮，本秦之離
宮，在長安城東南杜縣東，近下杜。”秦宜春宮漢時仍利用，其遺址在今西安曲江池南春
臨村西南。《史記·秦始皇本紀》：“以黔首葬二世杜南宜春苑中。”新出秦封泥有：“杜南

苑丞"。秦時或稱"杜南苑",或稱"宜春苑",二者應指一地。……"禁丞"爲禁苑令長之副,約與縣丞相當。

【簡讀2002】

《史記·秦始皇本紀》:"以黔首葬二世杜南宜春苑中"。《史記·司馬相如列傳》:"息宜春宮"。《正義》:"《括地志》云:宜春宮在雍州萬年縣西南三十里。"《三輔黃圖》卷三:"宜春宮,本秦之離宮,在長安城東南杜縣東,近下杜。"《博物志》:"二世爲趙高所殺於宜春宮,在杜城南四里,葬於旁。"

【新官2002】

在《秦封泥集》一·四·22"杜南苑丞"的討論中,我們已提及了杜南、宜春之關係,秦咸陽爲中心的關中地區禁苑頗多,有的緊鄰,有的疊錯,以杜南、宜春爲例,還有進一步研究之必要。漢封泥見《古封泥集成》173"宜春左園"。

【可齋2003】

在考訂"宜春禁丞"印時指出,印文篆法圓融工穩,有秦刻石之風,爲界格官印中罕見。歷來秦官印文字積累未豐,參證爲難,舊訂此印爲漢初,《兩漢官印匯考》亦從。庚辰冬在西安書法藝術博物館見所藏相家巷新出封泥有同文一品,風格亦類,徵知前説不確。今據大批出土封泥衡之,拙作《彙考》所收"宦者丞印""居室丞印""軍假司馬""岐丞之印""琅邪尉印""梁鄒丞印"等斷爲西漢初期皆屬偏晚,知今是而昨非。此新資料發現之價值所在也。宜春,秦宮苑名。禁丞,當"禁圃丞"之省,見《漢書·百官公卿表》。漢封泥中有"禁圃左丞",可證。

【彙考2007】

宜春,古宮名。今在陝西西安東南。本秦宮,漢沿之。《三輔黃圖》:"宜春宮,本秦之離宮,在長安城東南杜縣東,近下杜。"禁,此指禁苑或禁圃。禁圃是上林苑中栽培蔬菜之類場所,佐官有丞。《封泥考略》載有:"宜春左園",可知宜春苑又分置左、右園。故宮博物院又藏"宜春禁丞",故宜春禁丞應爲秦時管理禁圃之官吏,似無疑。

【圖説2009】

故宮博物院收藏,粗鼻鈕,秦印。傅嘉儀藏"宜春禁丞"封泥(《新出》68、《泥風》161)。秦惠文王把上林苑辟爲王室苑囿,秦始皇在這裏修建了阿房宮(《史記·李斯列傳》)。印面略大於此封泥。印與封泥的印文排序不同,"宜"字的繁簡也不同。其遺址在今西安曲江池南春臨村西南。宜春或稱苑,或稱禁,皆禁苑之省。"宜春左園"(《論叢》九),此爲宜春苑中之園。

【分域2009】

《漢書·司馬相如傳》顏師古注曰:"宜春,宮名,在杜縣東,即今曲江池是其處也。"

【職地2014】

《三輔黃圖》"宜春宮,本秦之離宮,在長安城東南杜縣東,近下杜。"《漢書·地理志》汝南郡和豫章郡各有宜春縣,但可能與此"宜春禁"無關。秦屬上林苑範圍,今西安市雁塔區曲江一帶。

【廣封2019】

案《史記·秦始皇本紀》："以黔首葬二世杜南宜春苑中。"《漢書·百官公卿表》注引如淳曰：《三輔黃圖》御羞、宜春皆苑名也。《讀史方輿紀要》："宜春宮，在今府東南，近曲江池。黃圖：'在杜縣南，秦離宮也。'趙高葬二世杜南宜春苑中，即此。漢亦爲宜春宮，武帝嘗東游宜春。又於宮東置苑，亦曰宜春下苑。初元二年罷宜春下苑，是也。其在鄠縣者又有宜春觀云。"又《漢書新證》：禁圃，直按，《善齋吉金録·璽印録》卷中，一頁，有"宜春禁丞"印。又《漢印文字徵》卷一，四頁，有"宜春禁印"（引《待時軒印存》，爲羅福頤自藏）。禁圃省文，稱禁印者爲宜春苑禁圃令官署中所用之公章，蓋禁圃令設在宜春苑中，故曰宜春禁圃。則此印應爲秦宜春苑禁丞之印。

浴禁丞印

《在京》圖三：18；《璽印》P436；《大系》P342、P413

【在京2005】

以字而釋，或者爲由尚浴管理的禁苑的禁丞。

【職地2014】

失載。

支陽禁印

《大系》P372

瑞按："支陽禁"文獻未載，所在地不詳。支陽亦不見於文獻。

《大系》P413

□禁丞印

【新官2002】

釋讀"玡禁丞印"。此泥記載了一處未見記載的禁苑。"玡"或"厈"字《玉篇·厂部》:"厈,周邑也"。《集韻·講韻》:"厈,周地名,通作玡。"《左傳·莊公二十一年》:"虢公爲王宮於玡。"杜預注:"玡,虢地"。江永《地理考實》:"在今河南府澠池縣界。"秦趙澠池之會爲人熟知,玡當爲澠池境内一處秦之禁苑。

鹿□禁□

無圖,釋讀見《發掘》P528。

【考略2001】

《漢印文字徵》卷一有"宜春禁印",《善齋吉金録·璽印録》載有"宜春禁丞"。相家巷遺址流散秦封泥有"陽陵禁丞","禁"爲"禁苑"省稱,當爲帝王之苑囿。相家巷流散秦封泥中有"麋圈","麋"爲鹿的一種,"麋圈"當爲養鹿之所,鹿是吉祥動物,又是秦人非常重視的動物,"鹿□禁□",當爲秦帝王養殖鹿之禁苑。

【職地2014】

失載。或是養殖鹿群的場所,與"麋圈"同屬上林苑諸獸圈。

【御弄2017】

"鹿□禁□",此雖未補全,但大致可看到,是關於鹿的管理機構,且"禁"爲皇家區域,當有鹿圈或鹿苑機構存在,苑内各類動物都有相應職官,筆者認爲以"鹿圈禁印(丞)"較爲合適,是管理鹿圈的機構。

（五）苑

白水之苑

1　　　　　　　　　　　　　2　　　　　　　　　　　　　3

1.《印風》P143；《印集》P71；《書集》P131；《彙考》P147；《大系》P27
2.《彙考》P147；《大系》P27
3.《相家》P22；《大系》P27

【官印 1990】

　　在考訂“白水弋丞”印時指出，《漢書·地理志》廣漢郡下有白水縣。弋丞，官名。《漢書·百官公卿表》少府屬官中有“左弋”，《補注》：“謂佐助射弋之事，因以官名”。陳直云：“《居延漢簡釋文》373頁有‘左弋弩力六百廿’之記載，可證左弋除掌弋射之外，兼造一部分兵器”，弋丞的職掌也應相同。漢代縣之佐官除縣丞之外，尚有因事特設的專官，如獄丞，《居延漢簡釋文》卷一第四十二頁有“陽翟獄丞”。是知此弋丞當係白水縣所特設之官。又，《漢書·百官公卿表》載，“武帝太初元年，更名考工室爲考工，左弋爲佽飛”。據此，亦可知此印之年代當在太初元年更名以前。

【發現 1997】

　　秦之苑囿，史籍失載。

【印考 1997】

　　印面正方形，田字格，邊長1.7釐米，印文清晰，邊欄完整。白水，曾爲水名、山名、關名、古縣名。今陝西渭南市東北有白水縣。秦時“白水”何指？“白水之苑”在哪裏。史籍無明載。很可能是秦時咸陽郊外興建的苑囿。《十鐘山房印舉》收録“白水弋丞”印一枚則爲證。

【秦封 2000】

　　秦時宮苑多以其地本名稱之，梁山宮，梁山苑，驪山苑是其例。白水苑當與白水有關，漢粟邑有白水，即今陝西白水縣南河，白水苑或在此。

【簡讀 2002】

　　秦苑囿，史籍失載。

【彙考2007】

白水，春秋時屬雍州。秦孝公十二年置白水縣。《史記·秦本紀》云孝公十二年，併小鄉爲縣。《雍大紀》云："秦置白水，以縣臨白水也。秦在白水置苑，未見於文獻。疑此苑爲廄苑。因白水縣司官一帶，自古乃水草豐美的養馬良場。"

【政區2009】

秦末漢初傳世官印有"白水弋丞"。蛇鈕，十字界欄，故宮博物院藏。學人多以爲漢初之印，目前從大量出土秦封泥看，可考慮爲秦印。《漢志》廣漢郡白水縣，應劭曰："出徼外，北入漢。"漢廣漢郡爲"高帝分（秦）巴、蜀郡置"。秦白水縣屬蜀郡，此弋丞爲白水縣所特設之官。秦白水縣故址在今四川省廣元市西北。

【圖説2009】

《漢書·地理志》廣漢郡有"白水"縣，治所即今四川青川縣東北白水。因白水流經而得名（《中國歷史地名辭典》232頁）。

【分域2009】

白水，地名，春秋時期屬雍州。秦孝公十二年置白水縣。該印當爲管理白水之地的苑囿和射獵事務的官吏用印。另有秦印"白水弋丞"。

【集證2011】

白水爲秦苑名，然文獻失載。《漢書·地理志》廣漢郡有"白水"縣，因白水流經而得名。顔師古注引應劭曰："出徼外，北入漢。"此所謂"漢"指嘉陵江上源西漢水。《漢書補注》王先謙曰："續《志》後漢因。《漾水注》：'西漢水自武都沮縣來，東南至白水縣西，下入葭。'明白水自陰平道來，東南逕白水縣故城東，合西谷水、東流水、刺稽水、清水下入葭。明《一統志》故城今昭化縣西北。"《封泥彙編》123·2爲"白水尉印"、3爲"白水左尉"、4爲"白水右尉"，諸封泥之"白水"應指此縣。不過此縣遠在秦嶺之南，戰國晚期雖屬秦，秦人未必會在其處設立苑囿。秦漢時稱爲白水者有好幾處。如《漢書·地理志》左馮翊粟邑縣後魏於其地置白水縣，即因縣有白水流經也。又湖北襄陽發源之水，流經南陽入唐白河者，故亦稱白水。《文選》張平子《南都賦》："（劉氏）曜朱光於白水，會九世而飛榮。"所以此封泥"白水"也可能指今白水縣之白水或別的什麼地方。

【川渝2013】

《漢書·地理志》載廣漢郡有"白水"縣，應劭曰："出徼外，北入漢。"在今四川北部廣元市、青川縣之間，部分可進入今陝西南部一些。此當爲秦時在白水所設禁苑用印之遺。

【戰國2013】

故宮博物院藏秦末漢初傳世官印有"白水弋丞"。學人多以爲漢初之印，目前從大量出土秦封泥看，可考慮爲秦印。《漢志》廣漢郡白水縣，應劭曰："出徼外，北入漢。"漢廣漢郡爲"高帝分（秦）巴、蜀郡置"。秦白水縣屬蜀郡，此弋丞爲白水縣所特設之官。秦白水縣故址在今四川省廣元市西北。

【官名2013】

《説文》："苑，所以養禽獸也。"《左傳》僖公三十三年："（皇武子告秦帥孟明曰）鄭之有原圃，猶秦之有具囿也。"孔穎達疏："天子曰苑，諸侯曰囿。"苑囿是古代帝王圈養野獸的地方，故有"虎圈""麋圈""獸圈"之名。《周禮》中有"囿人"爲大司徒的屬官，掌苑囿離宮。戰國時代各國的中央苑囿主要有以下幾種職能：一是管理園林，培植花草，以供王宮貴族遊玩；二是飼養珍禽異獸，以供王族獵射娛樂；三是爲宮廷膳食之用提供的畜禽；四是爲四時祭祀提供用牲。地方苑囿的主要職能：一是畜養牲口，以供軍國之用；二是組織徒工修築苑囿的垣墙、壕溝，以防止苑内的禽獸被盜竊或擅自外出吞食附近農田的禾稼。睡虎地秦簡《徭律》："縣葆禁苑、公馬牛苑，興徒以斬（塹）垣離（籬）散及補繕之，以效苑吏，苑吏循之……其近田恐獸及馬牛出食稼者，縣嗇夫材興有田其旁者，無貴賤，以田地多少出入，以垣繕之，不得爲徭。"

【職地2014】

《漢書·地理志》廣漢郡白水縣，《水經注·漾水》"西漢水自武都沮縣來，東南至白水縣西，下入葭。"秦封泥有"白水弋丞"，爲白水苑的"佐弋"。秦兵器銘文"白水"戈和"（叚）明"。漢廣漢郡白水縣，在今四川廣元市附近。

【秦水2016】

秦時宮苑多以其地本名稱之，梁山宮、梁山苑、驪山苑是其例。秦在白水設置的苑囿，未見於文獻。白水，春秋時期屬於雍州。《雍大紀》："秦置白水，以縣臨白水也"，亦說明自古就有以水域命名郡縣的傳統《史記·樊酈滕灌列傳》云："還定三秦，別擊西丞白水北。"《集解》徐廣曰："隴西有西縣。白水在武都。"駟案：如淳曰："皆地名也。"文獻中沒有關於白水苑的記載，但就白水縣的地理位置氣候環境來看，自古就是養馬良場，所以可能是在白水附近建造廄苑或其他苑囿。

【廣封2019】

案《秦封泥彙考》，《史記·秦本紀》云：孝公十二年，并小鄉爲縣。《雍大紀》云："秦置白水，以縣臨白水也。"秦在白水置苑，未見於文獻。疑此苑爲廄苑。因白水縣司官一帶，自古乃水草豐美的養馬良場。

瑞按：施謝捷先生指出黄浚《尊古齋古兵精拓》中92頁的銅戈文字有"白水"，爲銅戈置用地，《漢書·地理志》屬廣漢郡，秦爲蜀郡縣，地在今四川省廣元縣西北（《秦兵器刻銘零釋》，《安徽大學學報（哲學社會科學版）》2008年4期P11）。《訂補2014》指出其説是，並按，《漢書·地理志》益州廣漢郡有"葭明"縣，顏師古注："明，音萌"，王先謙《補注》："後漢因，《續志》作'葭萌'。"《武陵新見古兵三十六器集録》著録有秦始皇二十四年的"葭明"戈。史籍中有多處白水：廣漢郡白水縣即《水經注·漾水》"西漢水自武都沮縣來，東南至白水縣西，下入葭"之白水；另在今陝西省渭南市、今湖北棗陽、河南南陽等地均有"白水"。又《史記·魏世家》"絳水可以灌平陽"，《正義》引《括地志》云："絳水一名白水，今名弗泉，源出絳山。"今據此戈銘文"白水"與"（叚）明"同時出現，可知秦封泥"白水苑丞""白水之苑"和秦璽印"白水弋丞"中的白水確指廣漢郡之白水。

白水苑丞

1 　　　　　　　　　　　2

1.《印風》P143;《考釋》圖一：16;《新官》圖31;《印集》P72;《彙考》P148;《大系》P26
2.《彙考》P148;《大系》P26—27

【考釋2001】
　　新出秦封泥又有"白水之苑"(《集證2011》圖版253・254)。"之"字不很清楚,但"苑"字在左下角,與此封泥在左上角者不同。《漢書・地理志》廣漢郡有"白水"縣,因白水流經而得名。顏師古注引應劭曰:"出徼外,北入漢。"漢指嘉陵江上源西漢水。《封泥彙編》123・2"白水尉印",123・3"白水左尉",應即此縣。不過名白水之地有多處,如湖北棗陽發源之水,流經南陽入唐白河者,故亦稱白水。封泥之"白水"指何處,暫不能定,不過以前者的可能性爲較大。

【簡讀2002】
　　釋讀見"白水之苑"條。

【新官2002】
　　參見《秦封泥集》一・四・26"白水之苑"。

【彙考2007】
　　白水苑當設有主管官吏,丞乃其副。

【圖説2009】
　　説見"白水之苑"。

【分域2009】
　　説見"白水之苑"。

【研究2012】
　　羅福頤先生認爲"白水"即廣漢郡屬的白水縣,則"白水弋丞"。恐不確。"白水弋丞"應爲白水苑的佐弋丞。古陶文明博物館所藏有"白水之苑"秦封泥,表明秦有白水苑,並設有相應的管理機構。從"白水弋丞"看,白水苑爲漢代沿置。白水苑是在白水之濱設立的苑囿。歷史上白水有兩條,一爲今甘肅南部白龍江,源出甘肅、四川邊境由岷山北麓,東南流經舟曲、武都,至四川廣元西南入嘉陵江。一爲樊噲"別擊西丞"所到之白水,範圍大致在今甘肅境内。白水苑極可能在甘肅境内。

【川渝2013】

此當爲秦時白水禁苑之丞所用印之遺。

【秦水2016】

秦印有“白水弋丞”，可能爲白水苑的佐弋丞。《漢書·百官公卿表》中記載少府屬官中有左弋丞。又《漢書·宣帝紀》：“本秦左弋官也，武帝改曰佽飛官，有一令九丞，在上林苑中結矰繳以弋鳧雁，歲萬頭，以供祀宗廟。許慎曰‘佽，便利也’。便利矰繳以弋鳧雁，故曰佽飛。”説明左弋掌管弋射，左弋丞爲主射獵之官吏，同樣白水弋丞則可能爲白水苑主管射獵的官吏。

【廣封2019】

案《秦封泥彙考》，《史記·秦本紀》云：孝公十二年，併小鄉爲縣。《雍大紀》云：“秦置白水，以縣臨白水也。”秦在白水置苑，未見於文獻。疑此苑爲廄苑。因白水縣司官一帶，自古乃水草豐美的養馬良場。此其丞之印也。

北苑

1

2

1、2.《大系》P36

【職地2014】

失載。或在秦都咸陽之北阪。

葘陽苑印

《大系》P36

【秦漢2010】

　　西安中國書法藝術博物館藏下揭封泥,首字全殘,《新出土封泥印集》164.2、《秦封泥彙考》1562釋文缺釋,今據此可知所缺者爲"蒖"字。

【職地2014】

　　《漢書·地理志》"(右扶風)蒖陽宮,秦[惠]文王起。"《漢書·東方朔傳》作"倍陽",顏師古注:"倍陽即蒖陽,其音同耳。宮名,在鄠縣也。"《三輔黃圖》"蒖陽宮,秦[惠]文王起,今在鄠縣西南二十三里。"秦屬内史,漢屬右扶風,在今陝西省西安市鄠縣南。

　　瑞按:蒖陽爲秦宮名,見《漢書·地理志》右扶風"鄠縣"下,載爲"秦文王起"。顏師古注"蒖音倍",《漢書·東方朔傳》"投宿諸宮,長楊、五柞、倍陽、宣曲尤幸",顏師古注"倍陽、即蒖陽也,其音同耳,宮名,在鄠縣也。"蒖陽苑不見於文獻,此爲首見。

蒖陽苑丞

《菁華》P33

【廣封2019】

　　案《漢書·地理志》:右扶風,有縣"鄠","古國。有扈谷亭。扈,夏啟所伐。酆水出東南,又有潏水,皆北過上林苑入渭。有蒖陽宮,秦文王起"。《漢書·宣帝紀》:冬十二月,行幸蒖陽宮屬玉觀。(應劭曰:"宮在鄠,秦文王所起。"伏儼曰:"在扶風。"李斐曰:"蒖音倍。"師古曰:"應説、李音是也。")《説文解字》:"苑,所以養禽獸也。"秦時在蒖陽宮設苑,此其丞之印也。

　　瑞按:蒖陽,説見"蒖陽苑印",丞爲佐官。

鼎胡苑印

1　　　　　　　　　　　　2

1.《新官》圖30;《大系》P64
2.《大系》P64

【新官2002】

　　參見《秦封泥集》一·四·25 "鼎胡苑丞"。

【職地2014】

　　説見 "鼎湖禁印"。

鼎胡苑丞

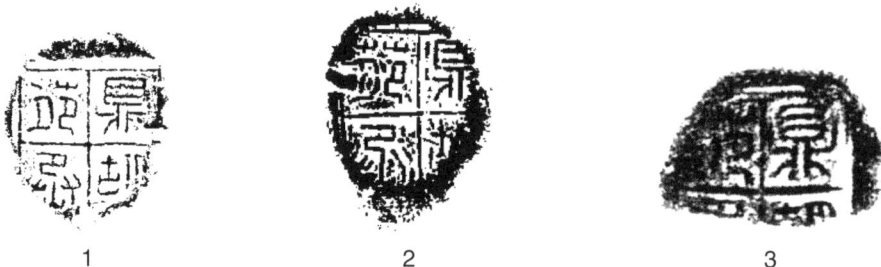

1.《考釋》圖一：2;《印風》P148;《秦封》P216;《書法》P40;《印集》P71;《彙考》
　　P146;《璽印》P437;《大系》P63
2.《彙考》P147;《大系》P63
3.《大系》P63

【續考1998】

　　鼎湖苑,爲秦苑囿之一。漢時又有擴展。《漢書·地理志》云:"武帝建元三年開上林苑,東南至藍田宜春、鼎湖、御宿、昆吾,旁南山而西,至長楊、五柞,北繞黄山,瀕渭水而東。周袤三百里。"此印當爲鼎湖苑之輔佐官。藍田焦岱鎮遺址曾出土 "鼎湖延壽宫" 及 "鼎湖延壽保" 瓦當兩件,當是明證。

【考釋2001】

　　……今藍田多次出土鼎胡宫瓦當,證明鼎胡宜在藍田,不在河南靈寶。……由此可知鼎胡在秦時已有禁苑。

【秦封2000】

　　鼎胡在《史記·封禪書》《漢書·郊祀志》《三輔》等文獻中記作 "鼎湖宫",《漢書·揚雄傳》記爲 "鼎胡",當以 "鼎胡" 爲是。《史》《漢》等皆載有黄帝采首山銅,鑄鼎于荆山下,鼎成而有龍垂胡須下,黄帝御龍上天,後因名該地爲鼎湖的傳説。《漢志》云武帝建元三年開上林苑,"東南至藍田、宜春、鼎湖"。《漢書·郊祀志》晋灼注曰:鼎湖“《黄圖》宫名,在京兆。《地理志》湖本在京兆,後分屬弘農也。”《三輔》以爲在藍田。近年考古發現,秦漢鼎胡宫遺址在今陝西藍田焦岱一帶。鼎胡苑爲秦漢時著名禁苑,或爲上林苑之一部,鼎胡宫即建築于鼎胡苑中。漢瓦當見:“鼎胡延壽宫”,“鼎胡延壽保”。

【簡讀2002】

《史記・封禪書》:“天子病鼎湖。”《索隱》“案,《三輔黄圖》‘鼎湖,宫名,在藍田。’韋昭曰:‘地名,近宜春’。”《漢書・楊雄傳》:“武帝廣開上林,南至宜春、鼎胡、御宿、昆吾。”晋灼曰:“鼎胡,宫名。《黄圖》以爲在藍田。”

【彙考2007】

鼎湖,位於陝西省藍田縣焦岱鎮西南。相傳黄帝采首山銅鑄鼎之處。《漢書・郊祀志》:“黄帝採首山銅,鑄鼎於荆山下。鼎既成,有龍垂胡髯下迎黄帝⋯⋯故後世因名其處曰鼎湖。”故此可知鼎湖爲秦漢著名禁苑之一。近年考古發現,陝西省藍田縣焦岱鎮有鼎胡宫遺址,更加證明此説爲是。

【圖説2009】

據《史記・封禪書》《漢書・郊祀志》等,都記載了黄帝鼎湖御龍的傳説,《漢書・揚雄傳》記作:“鼎胡”。《三輔黄圖》等文獻指出鼎湖宫在藍田縣焦岱鎮。傳世有“藍田鼎湖宫”行鐙、“鼎胡延壽宫”漢瓦當、‘“鼎胡延壽保”漢瓦當(見《秦漢瓦當文字》《周秦漢瓦當》《新編秦漢瓦當圖録》)。由此可知鼎胡在秦時已有禁苑。

【職地2014】

説見“鼎湖禁印”。

【廣封2019】

案《漢書・揚雄傳》:“武帝廣開上林,南至宜春、鼎胡、御宿、昆吾,旁南山而西,至長楊、五柞,北繞黄山,瀕渭而東,周袤數百里。”(晋灼曰:“鼎胡,宫也,黄圖以爲茬藍田。”)《漢書新證》,按:藍田有鼎湖延壽宫,志文未注。遺址現在藍田焦岱鎮,出土有“鼎胡延壽宫”及“鼎胡延壽保”兩種瓦當文字(見《秦漢瓦當文字》卷一,十一頁至十三頁)。《秦封泥彙考》:鼎湖爲秦時著名禁苑之一。近年考古發現,陝西省藍田縣焦岱鎮有秦漢鼎胡宫遺址,更加證明此説爲是。

束苑

1　　　　　2　　　　　3　　　　　4

1.《續釋》圖9;《印風》P167;《印集》P58;《彙考》P125;《大系》P66
2—4.《大系》P66

【簡讀2002】
　　《説文》:"苑,所以養禽獸也。"東苑史籍未載。

【彙考2007】
　　王輝先生考:"東苑丞印"亦著録於《秦封2000》二一四頁,但品相較差。周曉陸云:"東苑史無明載,文獻及秦代陶片上有'東園',西漢宜春苑在西漢印章中記爲宜春園,似苑與園可通……"不過東園與東苑的封泥同時出現,可能仍有一些區別,園爲寢園,莊襄王陵有"陽陵禁丞",除王陵之外還有其他禁苑,可見園、苑不全相同。東苑爲東陵之禁苑。又《史記·梁孝王世家》:"於是孝王築東苑。方三百餘里。"或以爲孝王東苑在秦東苑基礎上擴建,地在今河南商丘縣東南,不過秦漢東苑也有可能是異地同名。

【圖説2009】
　　園爲寢(陵)園,苑爲禁苑。故東園與東苑非爲一地。據《漢書·宣帝紀》《雍録》等記載,此"東苑"約在西漢宣帝杜陵一帶。徐衛民《秦代的苑囿》稱在今西安東南曲江池地區。

【分域2009】
　　"苑"是用以豢養禽獸供帝王權貴取樂的地方,該印當爲秦負責該項事務的官吏用印。

【職地2014】
　　蓋與北苑、南苑同,僅是以方位命名。

【廣封2019】
　　案《秦封泥集》考:"東苑史無明載,文獻及秦代陶片上有'東園',西漢宜春院在西漢印章中記爲宜春園,似苑興園可通。"《秦封泥彙考》:東園與東苑的封泥同時出現,可能仍有一些差別,園爲寢園,苑爲禁苑。莊襄王陵有"陽陵禁苑",除王陵之外還有其他禁苑,可見園、苑不全相同。東苑爲東陵之禁苑。又《史記·梁孝王世家》:"於是孝王建築東苑。方三百餘里。"或以爲孝王東苑在秦東苑基礎上擴建,地在今河南商丘縣東南。不過秦漢東苑也有可能是異地同名。

東苑丞印

1　　　　　2　　　　　3　　　　　4

1.《釋續》圖9;《印風》P147;《彙考》P125;《大系》P67
2.《彙考》P126
3.《大系》P67
4.《彙考》P126

【發現1997】

　　《説文》:"苑,所以養禽獸也。"東苑史無明載,文獻及秦代陶片上有"東園",西漢宜春苑在西漢印章中又記爲宜春園,似苑與園可通,地點約在臨潼一帶。稱東苑之時,當早於穿治驪山秦始皇帝陵墓。

【印考1997】

　　印面正方形,田字格,邊長1.8釐米,印文篆書四字清晰,邊欄右上角略殘。東苑,文獻没有明確記載。興建宮殿苑囿,是先秦時和秦始皇時代建築的重要組成部分。已知的秦苑囿主要有上林苑、宜春苑、五苑、甘泉苑、北園、驪蹕苑以及虎圈、麋圈、辰兔園等。《史記・滑稽列傳》裏還有秦始皇計畫擴大苑囿的記載。以秦始皇陵園的建制可知,陵上及陵内的設施,均是秦始皇生前咸陽宮廷生活的寫照。考古勘探表明:秦陵封土西北有寢殿、便殿,並有寺園吏舍之設;陵園座西向東,前有陳兵馬的雄師和天子馬廄,後有車馬儀仗和囿苑;附近遺址已發掘出象徵着宮廷囿苑的珍禽異獸坑;有象徵着宮廷廄苑的馬廄坑;在這裏出土的陶盆上還發現了"東園"的刻辭。"東苑"與"東園"很相近,從其意義上可相通。由此可推知,此印很有可能是始皇時代以前的或期間的苑囿之一。

【秦封2000】

　　《説文》:"苑,所以養禽獸也。"東苑史無明載,文獻及秦代陶片上有"東園",西漢宜春苑在西漢印章中記爲宜春園,似苑與園可通,地點約在陝西省臨潼一帶。始稱東苑之時,當早於穿治驪山秦始皇帝陵墓。

【釋續2001】

　　周曉陸云:"東苑史無明載,文獻及秦代陶片上有'東園',西漢宜春苑在西漢印章中記爲宜春園,似苑與園可通……",不過東園與東苑的封泥同時出現,可能仍有一些差別,園爲寢園,苑爲禁苑。莊襄王陵有"陽陵禁丞",除王陵之外還有其他禁苑,可見園、苑不全相同。東苑爲東陵之禁苑。又《史記・梁孝王世家》:"於是孝王築東苑,方三百餘里。"或以爲孝王東苑在秦東苑基礎上擴建,地在今河南商丘縣東南,不過秦漢東苑也有可能是異地同名。

【簡讀2002】

　　釋讀見"東苑"條。

【彙考2007】

　　東苑丞爲東苑令之副職。

【圖説2009】

　　説見"東苑"。

【分域 2009】

說見 "東苑"。

【集證 2011】

東苑之名文獻失載。《漢書·百官公卿表》將作少府屬官有 "東園主章",《秦代陶文》拓片 1482 陶盆刻文 "東園□" 周曉陸説西漢宜春苑在西漢印章中又記爲宜春園,私園與苑同,因疑東苑即東園。

【廣封 2019】

同《廣封 2019》"東苑"。此其丞之印也。

東苑尚帷

《大系》P68

【新官 2002】

參見《西安中國書法藝術博物館藏秦封泥選釋續》9 "東苑丞印、東苑",《西安中國書法藝術博物館藏秦封泥選釋續》3 "尚帷中御"(按此枚亦可讀)"中御尚帷"。由此可見,秦東苑也有 "尚帷" 之設。

段苑丞印

1　　　　　　　　　2　　　　　　　　　3

1.《大系》P76
2、3.《大系》P79

　　瑞按：原讀"段禁之印"，從右下文字殘存筆畫看，似當爲"苑"字。"段苑"文獻未載，所在地不詳。

杜南苑印

《大系》P74

【職地2014】

　　《長安志》"杜縣故城在長安縣南十五里"。秦屬内史，漢下杜縣城之南。又：《史記・秦始皇本紀》"以黔首葬二世杜南宜春苑中"，以前的研究者多認爲"杜南"和"宜春苑"是一個禁苑在不同時代的不同稱謂，即二者是同一地，秦始皇時稱杜南苑，二世時稱宜春苑，《史記》合二名作"杜南宜春苑"。今由秦封泥杜南苑丞和宜春禁丞等資料可知，秦時既有杜南苑，又有宜春禁，"杜南"與"宜春"是同時存在的兩個不同禁苑。據悉，西安長安區神禾原大墓出土陶文有"今宜春廚"，可見大墓所在地此前另有名字，"宜春"可能是設立陵園之後所改的新名稱，與"旃郎苑"設有"廚"一樣（旃郎廚丞），秦宜春禁也有廚機構。可見，秦時"杜南"和"宜春"是兩個不同的禁苑名稱。

【十則2019】

　　杜爲秦最早設置的縣之一。《史記・秦本紀》：秦武公"十一年，初縣杜、鄭。"正義引《括地志》："下杜故城在雍州長安縣東南九里，古杜伯國。"秦封泥杜丞之印亦可與之印證。杜南苑印和杜南苑丞是主管秦杜南苑的長官及其副手用印。杜南苑應是位於杜縣之南。杜南苑與《史記・秦始皇本紀》所記"以黔首葬二世杜南宜春苑中"之"杜南宜春苑"是否爲同一處，值得進一步探究。以往研究者多認爲此句中的"杜南"和"宜春苑"是一個禁苑在不同時代的不同稱謂，即二者是同一地，秦始皇時稱杜南苑，二世時稱宜春苑，《史記》合二名作"杜南宜春苑"。今由秦封泥杜南苑丞、宜春禁丞、宜春禁印可知，秦時既有杜南苑，又有宜春禁，"杜南"與"宜春"是同時存在的兩個不同禁苑。另，西安長安區神禾原大墓出土陶文有"今宜春廚"，可見大墓所在地此前另有名字，"宜春"可能是設立陵園之後所改的新名稱。這也可以佐證秦時"杜南"和"宜春"不是同一地。據《史記・司馬相如列傳》《正義》引《括地志》："宜春宮在雍州萬年縣西南三十里"和《漢書・元帝紀》"宜春下苑"及《漢書・司馬相如傳》顔師古注，可知漢"宜春下苑"約在今西安市雁塔區曲江一帶。那麼秦"宜春苑"也應與漢"宜春下苑"爲一處。又《三輔黃圖》"宜春宮,本秦之離宮,在長安城東南杜縣東,近下杜。"《長安志》云"杜縣故城在長安縣南十五"。考慮到秦二世墓今天所處的位置,我們認爲《史記》所説的"杜南宜春苑"的"杜南"并不是秦的"杜南苑",而是秦杜縣城南。因爲秦的宜春苑範圍比較大,"杜南"可能僅是整個宜春苑的一部分,司馬遷説二世葬"杜南宜春苑"實際是説二世葬在宜春苑的"杜縣城南"。

杜南苑丞

1　　　　　　　　　　　　　　2

1.《青泥》P18;《新出》P11;《大系》P74
2.《彙考》P144

【發現1997】

《史記·秦始皇本紀》記秦二世葬於"杜南宜春苑",可見宜春苑在秦稱杜南苑。《三輔黃圖》:"宜春宮,本秦之離宮,在長安城東南杜縣東,近下杜。"《漢書·司馬相如傳》有"息宜春",顏師古注云:"宜春,宮名,在杜縣東,即今曲江池是其處也。"

【印考1997】

印面正方形,田字格,邊長2釐米,印文清晰,邊欄寬博且左側殘破。杜南苑,亦即"宜春苑""宜春宮"。《三輔黃圖》記載,杜南苑在長安城東南杜縣東,近下杜。《史記·司馬相如列傳》:"上還宜春宮。相如奏賦,以哀二世行失也。"《史記·秦始皇本紀》:"以黔首葬二世杜南宜春苑中。""苑丞",苑令的佐貳官,掌天子苑囿之官。此印當是管理杜南苑的輔佐官。

【秦封2000】

《史記·秦始皇本紀》:二世葬"杜南宜春苑",可見宜春苑在秦又稱杜南苑。《三輔》:"宜春宮,本秦之離宮,在長安城東南杜縣東,近下杜。"《漢書·司馬相如傳》"息宜春",顏師古注云:"宜春,宮名,在杜縣東,即今曲江池是其處也。"從有關資料看,秦二世時似已在該地設宜春苑,而在始皇之時仍稱"杜南"。

【考略2001】

《史記·秦始皇本紀》載,秦二世葬"杜南宜春苑"。"杜南苑"或爲"杜南宜春苑"省稱。西漢時代有"宜春苑",又有"宜春下苑"之稱,如《文選·羽獵賦序》云:"武帝廣開上林，東南至宜春、鼎湖、御宿、昆吾，旁南山，西至長楊、五柞，北繞黄山，濱渭而東，周袤數百里。”又如《漢書·貢禹傳》載：漢元帝“省宜春下苑以與貧民。”“宜春下苑”似爲“杜南宜春苑”（或稱“杜南苑”）之一部分，《漢書·元帝紀》顏師古注曰：“宜春下苑即今京師（唐長安城）東南隅曲池是。”在今陝西省西安市雁塔區曲江鄉曲江村一帶，唐代曲江池故址亦在此。“杜”爲秦之杜縣。秦杜縣在西安市南郊杜城村一帶，其地附近1公里的手帕張堡曾出土著名的秦“杜虎符”和有“杜市”陶文的陶釜。西安市雁塔區曲江池一帶在秦杜縣東南，故其地稱“杜南”。漢印有“宜春禁印”“宜春禁丞”。

【簡讀2002】

《史記·秦始皇本紀》：“以黔首葬二世杜南宜春苑中”。杜南苑或當與宜春苑位置相鄰。

【彙考2007】

杜是秦最早設縣之一，其地在今長安縣西杜城（即古杜伯國）。杜南即杜縣之南，在今西安市曲江池之南原。《史記·秦始皇本紀》云二世被殺後，“以黔首葬杜南宜春苑中”。可見杜南苑位於宜春苑一帶。杜南苑丞，乃管理杜南苑之官吏。

【圖説2009】

《史記·秦始皇本紀》記二世葬於“杜南宜春苑”，“杜南苑”或爲“杜南宜春苑”省稱，秦始皇時稱杜南苑，二世時稱宜春苑。據《漢書·司馬相如傳》顏師古注，宜春宮在今陝西省西安市雁塔區曲江鄉曲江村一帶。其地附近1公里的張堡曾出土著名的秦“杜虎符”（《文博》1985.6）和有“杜市”陶文的陶釜。“杜”爲秦之杜縣，西安市雁塔區曲江池一帶在秦杜縣東南，故其地稱“杜南”。詩云：“游於北園，馴馬既閑。”鳳翔縣高莊村秦墓出有陶文“北園吕氏缶”“北園王氏缶”（《秦陶》1485、1488）。高莊在鳳翔縣城南五里許，其地在秦舊都平陽之北，故名北園。

【分域2009】

杜南，地名，據《史記·秦始皇本紀》載，二世葬於杜南宜春苑。所以，宜春苑在秦時可能在杜南境内。

【集證2011】

《史記·秦始皇本紀》“以黔首葬二世杜南宜春苑中。”《史記·司馬相如列傳》：“還過宜春宮。”《正義》引《括地志》云：“宜春宮在雍州萬年縣西南三十里，宜春苑在宮之東，杜之南。”由此封泥看，此苑在秦時稱杜南苑，漢改稱宜春苑，司馬遷合二名爲一，稱“杜南宜春苑”。故宫博物院藏“宜春禁丞”印，有田字格，但字體粗壯，爲漢武帝元鼎二年（前115年）以後之印。《漢書·百官公卿表》：“水衡都尉，武帝元鼎二年初置，掌上林苑，有五丞。屬官有上林、均輸、御羞、禁圃、……九官令丞。”此封泥稱“杜南苑”，不稱宜春苑，應爲秦物。

【廣封2019】

案《讀史方輿紀要》：“杜陵城，府東南十五里。周杜伯國也。秦武公十一年初置杜

縣。漢宣帝元康元年葬於杜東原上,曰杜陵。更縣曰杜陵縣。"又《史記·秦始皇本紀》:
"以黔首葬二世杜南宜春苑中。"《秦封泥彙考》:杜南苑位於宜春苑一帶。此其丞之印也。

　　瑞按:《博物志》:"二世爲趙高所殺於宜春宮,在杜城南四里,葬於旁。"

反苑之印

1　　　　　　　　2

1、2.《大系》P79

　　瑞按:"反苑"文獻失載,所在地不詳。從本封泥的首字殘存筆畫看,與"段苑丞印"
之"段"字甚似,可能即爲"段"字。

高泉苑印

1　　　　　　　　2

1.《新選》P94
2.《大系》P92

　　瑞按:"高泉苑"文獻失載,所在地不詳。《漢書·地理志》右扶風屬縣"美陽"下
注:"禹貢岐山在西北。中水鄉,周大王所邑。有高泉宮,秦宣太后起也。"從秦有薆陽
宮,亦有薆陽苑的情況看,此當爲高泉宮所設之苑,其地當在美陽之境。

高櫟苑丞

1 　　　　　　　　　2

1.《在京》圖三：11；《璽印》P439；《大系》P86
2.《相家》P23；《大系》P87

【在京2005】

《説文》："苑，所以養禽獸也。"《史記・曹相國世家》："圍好畤，取壤鄉。擊三秦軍壤東及高櫟，破之。"《索隱》："櫟音歷，按文穎云，壤鄉高櫟皆地名，在右扶風，今其地闕也。"《正義》："皆村邑名。壤鄉今在雍州武功縣東南二十餘里高壤坊，是高櫟近壤鄉也。"

【圖説2009】

"壤鄉高櫟皆地名，在右扶風。""壤鄉今在雍州武功縣東南二十餘里高壤坊，是高櫟近壤鄉也。"

【職地2014】

《史記・曹相國世家》"擊三秦軍壤東及高櫟，破之。"索隱："壤鄉、高櫟皆地名也。然盡在右扶風，今其地闕也。"正義："皆村邑名。壤鄉，今雍州武功縣東南十餘里高壤坊，是高櫟近壤鄉也。"秦屬内史，漢屬右扶風。

高櫟□□

《新獲》P289；《大系》P87

【考略2001】

《史記・曹相國世家》載：曹參"擊三秦軍壤東及高櫟，破之。"《索隱》："文穎云：

'壤鄉、高櫟皆地名也。'然盡在右扶風,今其地闕也。"《正義》:壤鄉、高櫟"皆村邑名。壤鄉,在今雍州武功縣東南一十餘里高壤坊,是高櫟近壤鄉也。"

【簡讀2002】

秦縣,《史記·曹相國世家》"擊三秦軍壤東及高櫟,破之。"《索隱》:"按:文穎云:'壤鄉,高櫟皆地名也。'然盡在右扶風,今其地闕也。"《正義》:"皆村邑名。壤鄉,在今雍州武功縣東南一十餘里高壤鄉,是高櫟近壤鄉也。"

【悠悠2015】

秦封泥有"高櫟□□",根據秦封泥的特徵,所缺之字或爲"丞印"。《漢志》渤海郡有屬縣高樂,"莽曰爲鄉","櫟""樂"互通,或秦時稱高櫟,西漢改爲高樂。《史記·曹相國世家》:"擊三秦軍壤東及高櫟,破之。"《索隱》文穎云:"高櫟,地名,其地闕。"《正義》:"村邑名,高櫟近壤鄉也。"即二者無涉。秦高櫟或爲西漢渤海郡高樂縣之前身,故址地望在今河北省滄州市南。

共苑丞印

無圖,釋讀見《在京》P12。

【在京2005】

爲共縣之苑丞。《漢志》河內郡:"共,故國。"孟康曰:"共伯入爲三公者也。"師古曰:"共音恭。"或可以讀爲"苑共丞印"。

【職地2014】

《漢書·地理志》河內郡有共縣。秦漢均屬河內郡,今河南輝縣。

旱上苑印

1　2

1.《大系》P106
2.《大系》P107

【於京2005】

"旱上□□",殘壞兩字,難以確讀。《漢書·地理志》:"漢中郡,秦置……南鄭,旱山，池水所出，東北入漢。"《水經注》卷二七："漢水右合池水，水出旱山。山下有祠，列石十二，不辨其由，蓋社主之流，百姓四時祈禱焉。"《太平寰宇記》卷一三三興元府南鄭縣："旱山，在縣西南二十里。《周地圖記》云：山上有雲則雨，故諺云牛頭戴蓋旱山晦，家中乾穀莫相貸。旁有石牛十二頭。一云，五頭蓋秦惠王所造以紿蜀者。山下有石池水，多蓴菜。"旱在今陝西漢中市漢臺區西南。

【職地2014】

《漢書·地理志》"（漢中郡）南鄭，旱山，池水所出，東北入漢。"《水經注·潀水》"潀水出漢中南鄭縣東南旱山，北至安陽縣，南入於沔。"秦漢均屬漢中郡，今陝西漢中市。

平陽苑印

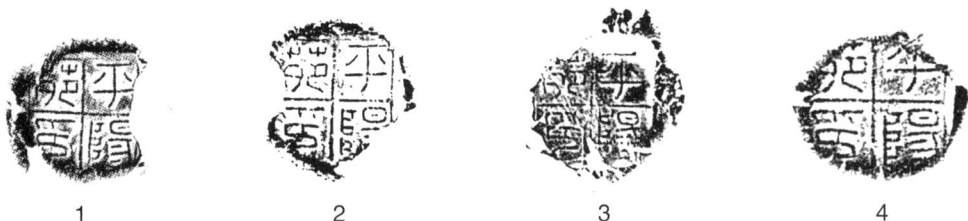

　　1　　　　　2　　　　　3　　　　　4

1.《新出》P73；《青泥》P21；《大系》P189；《擷珍》圖3-1、圖3-2
2.《新出》P73；《秦選》P87；《大系》P189
3、4.《新出》P73；《大系》P189

【職地2014】

《漢書·地理志》河東郡有平陽縣，戰國趙邑。三晉地名古璽有"平陽"。又《秦本紀》"武公葬雍平陽"，亦可能是在秦武公陵園附近所設的苑。秦時或屬河内郡，漢屬河東郡，在今山西臨汾西南。雍之平陽秦時内史。

曲橋苑印

《問陶》P171；《大系》P198

【職地2014】

失載,或在上林苑内,與秦璽印"曲池"有關。

西宮苑印

《問陶》P171;《大系》P198

【官印1990】

在考訂"西宮中官"印時指出,西宮、宮名,文獻未見記載。據前引《輿地志》云:"秦時已有南、北宮",亦應有西宮。中官,宦者之稱,見前"中官徒府"印考釋。此印有田字格,字體與南宮尚浴、中官徒府二者相同,當係秦西宮宦者所用印。

【宮殿2011】

《春秋公羊傳》僖公二十年:"五月乙巳,西宮災。西宮者何? 小寢也。小寢則曷爲謂之西宮? 有西宮則有東宮矣。魯子曰: 以有西宮。亦知諸侯之有三宮也。"《漢書‧五行志》進一步解釋説:"西宮者,小寢,夫人之居也。"中官,秦璽印"西宮中官",正説明了西宮正是殯妃所居之宮。

【職地2014】

《漢書‧五行志》"西宮者,小寢,夫人之居也。"由秦璽印封泥資料來看,秦西宮設有"中官"和管理西宮所屬禁苑的機構,應爲嬪妃所居寢宮。又,或是隸屬秦西宮的苑吏之印,非苑名。附此待考。

瑞按: 西宮,文獻未載秦有西宮。《史記‧灌夫傳》:"武安謂灌夫曰: 程李俱東西宮衛尉",《集解》:《漢書音義》曰:"李廣爲東宮,程不識爲西宮。"《漢書‧五行志》:"釐公二十年 '五月(己酉)[乙巳],西宮災'。《穀梁》以爲湣公宮也,以謚言之則若疏,故謂之西宮。劉向以爲釐立妾母爲夫人以入宗廟,故天災湣宮,若曰,去其卑而親者,將害宗廟之正禮。董仲舒以爲釐娶於楚,而齊媵之,脅公使立以爲夫人。西宮者,小寢,夫人之居也。若曰,妾何爲此宮! 誅去之意也。以天災之,故大之曰西宮也。左氏以爲西宮者,公宮也。言西,知有東。東宮,太子所居。言宮,舉區皆災也。"《武威漢簡‧甲本服傳》"子不私父,則不成爲子。故有東宮,有西宮,有南宮,有北宮,異居而同財,有餘則歸之於宗,不足則資於宗。" 從秦有貧陽宮,亦有貧陽苑的情況看,此爲西宮苑,則秦應設西宮。

西宮□□

1

2

1、2.《大系》P286

瑞按：秦印有"西宮中官"，此封泥左殘。西宮説見"西宮苑印"。

鄴苑

《大系》P310

瑞按："鄴苑"文獻未載，所在地不詳。

□□南苑

《大系》P181

【職地2014】

失載。

旃郎苑丞

《西見》圖二：15；《大系》P366

【官印1990】

在考訂"旃郎廚丞"印時指出，旃郎，未見文獻記載，無考。廚丞，據《漢書‧百官公卿表》詹事及三輔的屬官中，均有廚丞。此印爲蛇鈕，亦係漢初之物。

【西見2005】

有邊欄有界格，前二字殘，仍可辨識。新見。旃郎苑應爲史籍失載的秦時禁苑，具體地望待考。故宮博物院藏有"旃郎廚丞"秦印。查《史記》卷126《滑稽列傳》："優旃者，秦倡侏儒也。"記載了秦始皇時期一位元名叫旃的侏儒倡優以笑話勸諫的事蹟。由此是否可以推斷，"旃郎苑"是秦時設立的，由這位侏儒主持的一處專爲皇帝取樂的苑囿，否則，"旃郎"一詞無法理解。

【職地2014】

秦璽印又蛇鈕"旃郎廚丞"，可見秦旃郎苑設有廚官，可能是服務於後宮的廚官。又，失載，或在上林苑中。

瑞按：秦封泥有"旃左司空"，此封泥或可讀爲"旃苑郎丞"，爲設置在"旃苑"的郎丞。然以"旃郎廚丞"秦印看，讀"旃郎苑丞"更妥一些。若是，"旃郎"爲地名，文獻失載。

楊臺苑丞

無圖，釋讀見《五十例》P314。

【五十例2005】

苑，《呂氏春秋‧重己》："昔先聖王之爲苑囿園池也，足以觀望勞形而已矣。"注："畜禽獸所，大曰苑，小曰囿。"《漢書‧高帝紀》："故秦苑囿園池，令民得田之。"注："養鳥獸曰苑，苑有垣曰囿，所以種植謂之園。"楊臺苑所在失考（《五十例2005》此文本爲釋讀"楊臺苑印"）。

【職地2014】

失載。《嶽麓書院藏秦簡（三）》1829號簡有"楊臺苑"，或在秦南郡界內。或在南郡。

瑞按：秦封泥有"楊臺□丞"，此當爲設於"楊臺"之苑丞印之遺。

陰苑

《大系》P330

瑞按:"陰苑"文獻失載,所在地不詳。

左雲夢印

《大系》P401

【職地2014】

　　"兩雲夢"和"雲夢禁"見《龍崗秦簡》。秦封泥有"右雲夢丞"和"左雲夢丞"。秦時屬南郡,約在今湖北潛江市。

左雲夢丞

1　　　　　　　　　　2

1.《印集》P72;《彙考》P148;《大系》P401
2.《相家》P22;《大系》P401

【發現1997】

雲夢自古爲帝王遊畋之地,秦統一後,雲夢亦爲禁苑。

【管窺1997】

很可能即仿建的一處楚式苑囿或池沼。

【郡縣1997】

《漢書·地理志》南郡編縣本注:"有雲夢官。"華容縣本注:"雲夢澤在南,荆州藪。"又江夏郡西陵縣本注:"有雲夢官。"周壽昌《漢書注校補》云:"此(指雲夢官)疑如南海郡涯浦官,九江郡陂湖官之類,不可輕改作宫也。又案,晋志南海編縣下'有雲夢官',則晋時尚存此官。"封泥"左雲夢丞",證明秦時已有管理陂湖水利之"雲夢官"(可能沿襲楚國官制),且設有左右二員。此爲左雲夢官之佐吏——丞之印也。至於秦時云夢官設於何處,係中央還是郡縣? 不明。如以上引《漢書·地理志》南郡爲秦置,編縣下注之"雲夢官",很可能沿襲於秦。如此,則秦之左右雲夢官當也置於南郡之編縣(今湖北荆門縣西)。

【印考1997】

印面正方形,田字格,邊長2釐米,印文清晰,邊欄完整。雲夢,即今湖北省中部偏東地區。秦統一後,成爲禁園。據《史記·秦始皇本紀》記載:秦始皇三十七年十月癸丑,始皇出遊,上會稽,祭大禹,望於南海,立石刻字頌秦德,就是經雲夢、浮江下、觀籍柯、渡丹陽、至錢唐、臨浙江,從狹中渡而到達的。1975年在雲夢睡虎地出土了大量的秦代竹簡。"左雲夢丞",很有可能是雲夢左地區之佐官。

【秦封2000】

《吕氏·至忠》:"荆莊哀王獵於雲夢,隨射兕中之。"《史記·淮陰侯列傳》:"高帝以陳平計,天子巡狩諸侯,南方有雲夢,發使告諸侯會陳:'吾將遊雲夢'。"上古至秦漢,雲夢爲帝王游田之所。《龍崗》:"諸假兩雲夢節以及有到雲夢禁中者得取灌……"。

【簡讀2002】

《漢志》南郡編縣、江夏郡西陵縣本注:"有雲夢官",華容縣本注:"雲夢澤在南,荆州藪"。《龍崗》:"諸假兩雲夢節以及有到雲夢禁中者得取灌……"。雲夢爲天子游畋之處。《張家·二年·秩律》:"雲夢……秩各六百石,有丞、尉者半之"。

【彙考2007】

《漢書·陳平傳》:"平曰:'古者天子巡狩會諸侯,南方有雲夢。'……高帝以爲然,乃發使告諸侯會陳,'吾將南遊雲夢。'"王先謙《漢書補注》:"沈欽韓曰:《一統志》:安陸以南,華容以北,枝江以東,皆古之雲夢澤,後世悉爲邑居,聚落類此。"《漢書·地理志》南郡華容縣、編縣及江夏郡的西陵縣均有雲夢官。其中,華容縣條下,班固自注:"雲夢澤在南,荆州藪。"由此可知,雲夢丞即管理雲夢澤的官吏。秦時已有。

【圖説2009】

雲夢設有左、右丞,規模必定很大。上古至秦漢,雲夢爲帝王游田之所。雲夢有大澤,楚王常遊冶。《神女賦》:"楚襄王與宋玉游於雲夢之浦……"《呂氏·至忠》:"荆莊哀王獵於雲夢,隨射兕中之。"其地入秦後爲禁苑,泛指春秋戰國時楚王的游獵區,方圓數百里,秦始皇三十七年出巡……曾經過雲夢。1989年,雲夢縣城東北的龍崗6號秦墓出秦簡200餘枚,中有《禁苑》簡,苑有官吏管理,且官吏有多人。

【分域2009】

雲夢自古是帝王遊獵之地,秦統一後,亦在雲夢設立禁苑,並設左、右丞加以管理。

【集證2011】

雲夢本楚地,與安陸鄰近。睡虎地秦簡《編年紀》:"(昭王)廿九年,攻安陸。"《史記·秦本紀》:"(昭王)大良造白起攻楚取郢,爲南郡。"雲夢自此年後入秦。雲夢有大澤,楚王常遊冶,其地入秦後爲禁苑。1989年,雲夢縣城東北的龍崗6號秦墓出土秦簡200餘枚,中有《禁苑》簡,如278簡:"諸叚(假)兩雲夢□□及有到雲夢禁中者得取灌□□……"183簡:"馹(驅)入禁苑中勿敢擅殺,……"263簡:"從皇帝而行及舍禁苑……"251簡"禁苑吏、苑人及黔首……"可見皇帝曾至雲夢遊獵,苑有官吏管理,且官吏有多人。此"左雲夢丞"應爲雲夢禁苑之左丞。雲夢方數百里,故有多丞。

【研究2012】

據《漢書·地理志》,南郡編縣和江夏郡西陵縣都"有雲夢官"。南郡置於秦昭襄王二十九年(前278年),江夏郡置於漢高帝時。在漢置江夏郡以前,秦於西陵之地可能已經設雲夢官。此封泥"左雲夢"當指編縣之雲夢官。編縣在左,故稱左雲夢。那麼,秦代的時候,雲夢官已分左右二處,正是漢代編縣、西陵雲夢官的前身。《再續封泥考略》有"雲夢之印"封泥,大致屬於漢代,從印文直稱雲夢,不示區別看,後來兩處雲夢官已經合二爲一了。《晋書·地理志》僅南郡編縣下"有雲夢官",也可以證明這一點。

【職地2014】

説見"左雲夢印"。

【悠悠2015】

西安相家巷出土秦封泥有"左雲夢丞""右雲夢丞"。《戰國策·楚策一》:"楚王游於雲夢,結駟千乘,旌旗蔽日。"杜預注曰:"楚之雲夢,跨江南北。"胡三省曰:"安陸有雲夢澤,枝江有雲夢城。蓋古之雲夢澤甚廣,而後世悉爲邑居聚落,故地之以雲夢得名者非一處。"按譚其驤考證,春秋戰國時的雲夢範圍估計東西約八百里以上,南北不下五百里,比《子虛賦》所説"方九百里"要大上好幾倍。秦在古雲夢設左、右雲夢縣在秦簡中也得到證實。考古出土的湖北雲夢龍崗秦簡有"諸假兩雲夢節以及有到雲夢禁中者得取灌",此"兩雲夢"或就應指秦左、右雲夢縣。又《漢志》南郡屬縣編,"有雲夢官";江夏郡屬縣西陵,"有雲夢官"。二者或許就是秦左、右雲夢縣之舊址。秦左雲夢就是漢編縣之前身,今湖北荆門、南漳縣之間。

【廣封2019】

案《漢書·地理志》:"江夏郡,高帝置。屬荆州。"有縣"西陵,有雲夢官。""南郡,秦置。”有縣“編,有雲夢官。”又“華容,雲夢澤在南,荆州藪。”《讀史方輿紀要》:荆門州有雲夢澤“在州東北。舊蓋與德安府之雲夢相連。漢志注:編縣有雲夢官。又今州西北四十里有雲夢山,或以爲雲夢之浸舊至於此。今堙”。雲夢丞慮爲秦時管理雲夢澤的官員,分左右。

右雲夢丞

1   2   3

1.《印集》P73;《彙考》P149;《大系》P34
2.《在京》圖三:17;《璽印》P439;《大系》P340
3.《相家》P22;《大系》P341

【在京2005】
　　《爾雅·釋地·十藪》:“楚有雲夢。”《漢志》:“荆及衡陽惟荆州。江、漢朝宗於海。九江孔殷,沱、灊既道,雲夢,土作乂。”師古曰:“雲夢,澤名。言二水既從其道,則雲夢之土可爲(畋魚)(畎畝)之治也。”又記南郡編縣、江夏郡西陵縣本注:“有雲夢官”,華容縣本注:“雲夢澤在南,荆州藪”《水經注》卷三十二:“韋昭曰:雲夢在華容縣。按《春秋》魯昭公三年,鄭伯如楚,子産備田具,以田江南之夢。郭景純言華容縣東南巴丘湖,是也。杜預云:枝江縣、安陸縣有雲夢。蓋跨川互隰,兼苞勢廣矣。”《水經注》卷四十:“雲夢澤在南郡華容縣之東。”《元和郡縣志·江南道三·安州·安陸縣》:“雲夢澤在縣南五十里。《史記·司馬相如傳》云:‘楚有七澤,其小者爲雲夢。’《左傳》云,‘祁子之女,棄子於夢中,’無‘雲’字,‘楚子濟江雲中’復無夢字。以此推之,則雲夢二澤,本自別矣。而《禹貢》及《爾雅》皆言雲夢者,蓋雙舉二澤而言之。故後代以來,通名一事。《左傳》曰:‘田於江南之雲夢’,是也。”《龍崗》:“諸假兩雲夢節以及有到雲夢禁中者得取灌……”。雲夢爲天子游畋之處。《張家·二年·秩律》:“雲夢……秩各六百石,有丞、尉者半之”。《秦封2000》録有“左雲夢丞”。

【彙考2007】
　　雲夢丞以左、右分曹。説見“左雲夢丞”。

【圖説2009】
　　説見“左雲夢丞”。

【分域2009】

　　説見"左雲夢丞"。

【職地2014】

　　説見"左雲夢印"。

【悠悠2015】

　　説見"左雲夢丞"。

【廣封2019】

　　説見"左雲夢印"。

（六）池

每池

《新選》P102;《大系》P169

【五十例2005】

　　半通。每池史籍失載。按每與馮相通。高亨《古字通假會典》:《史記·伯夷列傳》:"衆庶馮生。"《索隱》:"馮,鄒誕生作每。"《史記·屈原賈生列傳》:"品庶馮生。"《索隱》:《漢書·賈誼傳》作每生。鄒誕本亦作每。"因此,每池當即馮池。《漢志》河南郡榮陽縣本注:"卞水、馮池皆在西南。"馮池故址在今河南榮陽縣西南。

【在京2005】

　　釋作"母池",《漢表》:"少府,秦官,掌山海池澤之税,以給共養。……屬官有……上林中十池監"。秦封泥有"池室之印"。

【圖説2009】

　　釋作"母池",可能是上林苑中"十池監"之一。

大池

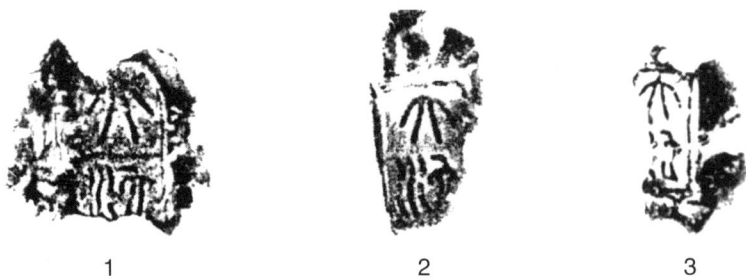

1　　　　2　　　　3

1—3.《大系》P244

瑞按：大池，文獻載見建章宫，指太液池。《漢書·郊祀志》"於是作建章宫，度爲千門萬户。前殿度高未央。其東則鳳闕，高二十餘丈。其西則商中，數十里虎圈。其北治大池，漸臺高二十餘丈，名曰泰液，池中有蓬萊、方丈、瀛州、壺梁，象海中神山龜魚之屬。"此外，《初學記·獸部》載有大池山，"《山海經》曰：大池山有獸如兔，鼠首，以其背飛，名飛兔。"《初學記·鳥部》載有大池水，"《山海經》曰：雁門山，雁出其間，在高柳北。《梁州記》曰：梁州縣界有雁塞山。傳云此山有大池水，雁棲集之，故因名曰雁塞。"秦之有大池，文獻未載，其所在地不詳。

大池丞印

《大系》P244

瑞按：説見"大池"，此爲大池丞印之遺。

平河池印

《大系》P188

　　瑞按：封泥存字較淺，是否爲"平河"尚可存疑。"平河池"文獻未載，所在地不詳。《漢書·地理志》河東郡有"平陽"，應劭曰："堯都也，在平河之陽。"《初學記·州郡》有平河，"後漢襄陵屬河東郡。《水經注》曰：平河水出晋陽縣西壺口山，東經狐穀亭。已上晋州。"

晦池之印

1　　　　　2　　　　　3　　　　　4

1.《新出》P67;《大系》121
2.《新選》P96
3、4.《大系》P122

【職地2014】

　　每、母、晦三字中，"晦"字與"東晦都水"封泥之"晦"寫法相同，因"東晦"文獻寫作"東海"，"晦池"或可讀爲"海池"，是一新見池名，而文獻失載。

【秦官2018】

　　説見"上林丞印"。

白水西池

《大系》P26

瑞按：白水，秦封泥有"白水之苑"等，此當爲設在白水苑内之池名。

沙池之印

《大系》P204

瑞按：封泥殘，首字是否爲"沙"尚可存疑。"沙池"文獻未載，所在地不詳。

白□池□

《大系》P44

瑞按：封泥殘，封泥中首字是否爲"池"尚可存疑。

息壤池印

1　　　　　　　　　　　2

1.《大系》P290
2.《新出》P80;《青泥》P21;《大系》P291

【職地2014】

左池、息壤池和南池也應是上林諸池之一。

（七）圈

麋圈

1　　　　　2　　　　　3　　　　　4

1.《大系》P166
2.《彙考》P146;《大系》P167
3.《秦封》P216;《彙考》P146;《大系》P167
4.《發現》圖98;《圖例》P55;《秦封》P216;《彙考》P146;《大系》P166

【發現1997】

秦上林苑中的動物圈囿之一,非特指麋,蓋鹿之類也。《史記·滑稽列傳》:"優旃者,秦倡侏儒也。"又載秦始皇嘗議欲大苑囿,優旃諷諫曰:"多縱禽獸於其中,寇從東方來,令麋鹿觸之足矣。"始皇以故輟止。

【印考1997】

印面長方形,日字格,長2釐米,寬1釐米,印文應釋爲"麋圈"二字。麋,亦即麋鹿,哺乳動物。《楚辭·九歌·湘夫人》："麋何食兮庭中；蛟何爲兮水裔？"據文獻記載，麋鹿，雄的有角，角似鹿非鹿，頭似馬非馬，身似驢非驢，蹄似牛非牛，從整體來看哪一種動物都不像，性温馴，以植物爲食。原産我國，是一種稀有的珍貴動物，亦名"四不像"。野生種已絶迹。現北京、上海等地有飼養。供皇帝遊樂射獵的上林苑，專門爲虎、狼、獅子等修圈，並在旁築觀，供人觀賞。《太平御覽》及《水經·渭水注》引《烈士（瑞按：原作土）傳》云：秦王召魏公子無忌，不行，於是朱亥奉璧一雙，詣秦王，王怒，使置亥虎圈中。亥"瞋目視虎，皆血濺於虎面，虎不敢動。"《漢書·郊祀志》記載："建章宮西有虎圈。"《長安志》引《漢宮殿疏》云："秦故狼圈廣八十步，長二十步，西去長安十五里。"上林苑中這些稀有動物的來源，除苑中禽獸繁殖外，主要是徵發附近先民爲苑中捕捉。《史記·滑稽列傳》記載："優旃者，秦倡侏儒也，善爲笑言，然合於大道。……始皇嘗議欲大苑囿，東至函谷關，西至雍、陳倉。優旃曰：'善，多縱禽獸於其中，寇從東方來，令麋鹿觸之足矣。'始皇以故輟止。"《上楊賦》裏亦有漢武帝時曾令貧苦農民入南山捕捉熊虎豹麋鹿等動物的記載。文獻説明，麋鹿本身稀有珍貴，在上林苑中闕舍修圈，當在情理之中。"麋圈"印當是見證。

【秦封2000】

《史記·滑稽列傳》：始皇嘗議欲大苑囿，東至函谷關，西至雍、陳倉。優旃曰："善。多縱禽獸於其中，寇從東方來，令麋鹿觸之足矣。"始皇以故輟止。麋圈當爲養鹿之所，或在上林苑中。秦《石鼓·車工》："麋鹿趒趒"。漢印見：《兩漢》"保虎圈"。

【簡讀2002】

秦動物圈囿之一，史籍失載。

【上封2002】

豢養獸類之檻，當屬上林苑。《三輔黄圖》："漢獸圈九，彘圈一，在未央宮中。""漢之上林苑即秦之舊苑也。"麋圈爲養鹿之處。秦時苑囿有"禁丞"管理。新出封泥又有"鹿□禁□"。麋，鹿科動物。

【彙考2007】

《三輔黄圖》："周靈囿，文王囿也。詩曰：'王在靈囿，麋鹿濯濯，白鳥翯翯。'"注引毛萇曰："囿，所以域養禽獸也，天子百里，諸侯四十里。"又《漢舊儀》："上林苑方三百里，苑中養百獸，天子秋冬射獵取之。"故麋圈應爲秦漢時囿、苑中養鹿之所。

【圖説2009】

"麋"，亦即"麋鹿"，哺乳動物，原産我國，亦名"四不像"，是吉祥動物。《三輔黄圖》："漢獸圈九，彘圈一，在未央宮中。""漢之上林苑即秦之舊苑也。"秦漢時專門在上林苑爲虎、狼、獅子、麋鹿等動物修圈，供人觀賞。此爲秦國麋圈官署的印迹。新出秦封泥中有"鹿□禁□"，當爲秦帝王養殖鹿之禁苑。"禁"爲"禁苑"或"禁丞"省稱，當爲帝王之苑囿或職官。

【分域2009】

麋圈爲秦豢養禽獸的苑囿之一，不一定專指麋。

【集證2011】

周曉陸云："秦上林苑中的動物圈囿之一，非特指麋，蓋鹿之類也。"可能有道理。

《史記·滑稽列傳》：“優旃者，秦倡侏儒也，善爲笑言，然合於大道。……始皇議欲大苑囿，東至函谷關，西至雍、陳倉。優旃曰：‘善，多縱禽獸於其中，寇從東方來，令麋鹿觸之足矣！’始皇以故輟止。”由此可知秦之禁苑多養禽獸。睡虎地秦簡《田律》：“百姓犬入禁苑中而不追獸及捕獸者，勿敢殺；其追獸及捕獸者，殺之。”由此可知禁苑禽獸是不能隨便捕殺的。麋爲禁苑專養，故設圈以保護之。

【職地2014】

《太平御覽》引《列士傳》云：“秦（昭）王怒，使置（朱）亥獸圈中”。《漢舊儀》卷下：“上林苑中，廣長三百里，置令、丞、左右尉。百五十亭苑，苑中養百獸。”獸圈應是秦漢時上林苑中飼養珍禽異獸的場所，秦始皇陵園内封土西側内外城垣之間的南區有數十座珍禽異獸的陪葬坑，或即獸圈的象徵。麋，俗稱四不像，自古以來即是珍貴的獸類。麋圈，專門飼養麋鹿之處。

【御弄2017】

“麋圈”，是專門管理苑囿内“麋”的專設官職，是苑囿職官管理的進一步細化。

【廣封2019】

案《三輔黄圓》：“周靈囿，文王囿也。詩曰：‘王在靈囿，麀鹿攸伏，麀鹿濯濯，白鳥翯翯。’”毛萇注云：“囿，所以域養禽獸也，天子百里，諸侯四十里。靈者，言文王之有靈德也。靈囿，言道行於苑囿也。”《漢舊儀》：“上林苑中，廣長三百里，置令、丞、左右尉。苑中養百獸。禽鹿嘗祭祠祀，賓客用鹿千枚，麛兔無數。”《秦封泥彙考》：麋圈應爲秦漢是囿、苑中養鹿之所。

麋圈□印

《大系》P168

【選考2013】

《秦封泥集》有“麋圈”封泥。麋鹿在秦漢時期的上林苑中皆有飼養。《史記·滑稽列傳》載：“始皇嘗議欲大苑囿，東至函谷關，西至雍、陳倉。優旃曰：‘善。多縱禽獸於其中，寇從東方來，令麋鹿觸之足矣。’”《史記·司馬相如列傳》：“獸則麔麚豦犎，沈牛麈麋。”又《三輔黄圖》載，上林苑中多池沼，則“麋圈池”當爲秦上林苑中的失載池沼。

瑞按：封泥殘，左上字是否爲“池”尚可存疑。